NTC's
Compact
RUSSIAN
and
ENGLISH
Dictionary

L. P. Popova

Managing Editor

National Textbook Company
a division of *NTC Publishing Group*

CONTENTS

TO THE USER

NTC's Compact Russian and English Dictionary contains about 30,000 senses of 20,000 entry words—10,000 in each language—used in normal conversational speech. This vocabulary is that used at an intermediate level of language instruction. Words that are highly specialized, archaic, dialectal, or slang are not included. The dictionary is intended for a wide range of users including students, tourists, and business people who travel abroad.

Each English entry is transcribed in the phonetic symbols of the International Phonetic Association. The approximate Russian sound values of these symbols is shown on pages vii and viii. Stress marks are given to indicate the proper accentuation of the entry words in both parts of the dictionary (with the exception of one-syllable words). Parentheses are used to indicate words, parts of words, and expressions that are optional rather than integral parts of the words or expressions contained in the entries. Parentheses are also used to indicate translations of expressions as well as any alternate expressions that might be given. Geographical names are listed separately at the end of each section of the dictionary. Names requiring the definite article appear with the place name first and the article second. Example: *Alps, the.* Read this as *the Alps.*

In each Russian entry, the stem of the entry word is separated from its endings by a vertical bar (|). Within each entry, the entry word is replaced by a swung dash (∼) in examples requiring a repetition of the entry word. In order to highlight endings, a swung dash (∼) is used for the stem, separated from the endings by a vertical bar (|). Words that are homonyms are entered separately and preceded by Roman numerals (I, II, etc.). Subsenses are indicated by Arabic numerals in partial parentheses, e.g., "1)." Subsenses that are different parts of speech are indicated by boldface Arabic numerals followed by periods. Special explanations appear in italics, in parentheses. In translated text, synonyms of translated words are preceded by commas; semicolons are used to set off nonsynonymous definitions. A diamond (♦) is used to signal an idiomatic phrase or any other phrase not directly related to the main definitions. Idioms and special expressions are included here to only a limited degree. A special section at the end of the dictionary provides conversion tables for U.S./British and Metric weights and measures, along with a scale showing equivalent Fahrenheit and Celsius temperatures.

PHONETIC SYMBOLS   ФОНЕТИЧЕСКИЕ ЗНАКИ

Vowels- *Гласные*

i: — долгое **и**

ı   — краткое **и** очень открытое **и**

e   — **е** в словах «шесть», «эти»

æ   — **э**, но более открытое; этот звук в английских словах встречается в начале слова или следует за твердыми согласными

ɑ: — долгое, заднее **а**, похожее на **а** в слове «палка»

ɔ   — краткое, очень открытое **о**

ɔ: — долгое **о**

u   — краткое **у** со слабым округлением губ

u: — долгое **у** без сильного выдвижения губ

ʌ   — русское неударное **о** и **а** в словах «мосты́», «сады́»; но английский звук «ʌ» почти всегда стоит под ударением

ə   — неясный безударный звук, близкий к «ʌ»

ə: — произносится как долгое **ё**, но встречается и под ударением

Diphthongs - *Двугласные*

eı ... эй	ɔı ... ой
əu ... оу	ıə ... иа
aı ... ай	εə ... эа
au ... ау	uə... уа

Ударение в двугласных падает на первый элемент.

Consonants- *Согласные*

p — п
b — б
m — м
w — звук, близкий к у, но не образующий слога
f — ф
v — в
θ — (без голоса), ð (с голосом). Для того, чтобы получить эти два щелевых звука — один без голоса, а другой с голосом, — следует образовать щель между передним краем языка и верхними зубами
s — с
z — з
t — т, произнесенное не у зубов, а у десен (альвеол)
d — д   ,,   ,,   ,,
n — н   ,,   ,,   ,,
l — л   ,,   ,,   ,,
r — нераскатистое, невибрирующее, очень краткое слабое р (кончик языка, немного завернутый назад, находится против той части твердого неба, где производится звук ж)
ʃ — мягкое ш
ʒ — мягкое ж
tʃ — ч
dʒ — очень слитное мягкое дж (иными словами — ч, произнесенное звонко, с голосом)
k — к
g — г
ŋ — задненебное н (т.е. н, произнесенное не кончиком языка, а задней частью его спинки)
h — простой выдох
i — слабое й

УСЛОВНЫЕ СОКРАЩЕНИЯ
ABBREVIATIONS

Русские
Russian

ав. — авиация aviation

амер. — американизм American

анат. — анатомия anatomy

архит. — архитектура architecture

безл. — безличная форма impersonal

биол. — биология biology

бот. — ботаника botany

бухг. — бухгалтерия book-keeping

вводн. сл. — вводное слово parenthesis

вин. п. — винительный падеж accusative

воен. — военное дело military

вчт. — вычислительная техника и программирование computer and programming

где-л. — где-либо somewhere

геогр. — география geography

геол. — геология geology

гл. — глагол verb

грам. — грамматика grammar

дат. п. — дательный падеж dative

дип. — дипломатия diplomacy

ед. ч. — единственное число singular

ж.-д. — железнодорожное дело railway

зоол. — зоология zoology

им. п. — именительный падеж nominative

карт. — термин карточной игры cards

кино — кинематография cinema

кто-л. — кто-либо somebody

куда-л. — куда-либо somewhere

кул. — кулинария cookery

мат. — математика mathematics

мед. — медицина medicine

мест. — местоимение pronoun

мн. ч. — множественное число plural

мор. — морское дело nautical

муз. — музыка music

нареч. — наречие adverb

п. — падеж case

перен. — переносное значение figurative

полигр. — полиграфия printing

полит. — политика politics

поэт. — поэтическое выражение poetical

превосх. ст. — превосходная степень superlative

предл. п. — предложный падеж prepositional

прил. — имя прилагательное adjective

радио — радиотехника radio

разг. — разговорное слово, выражение colloquial

род. п. — родительный падеж genitive

см. — смотри see

собир. — собирательно collective

спорт. — физкультура и спорт sports

сравнит. ст. — сравнительная степень comparative

сущ. — имя существительное noun

с.-х. — сельское хозяйство agriculture

тв. п. — творительный падеж instrumental

театр. — театральный термин theatre

текст. — текстильное дело textile

тех. — техника engineering

тж. — также also

физ. — физика physics

физиол. — физиология physiology

филос. — философия philosophy

фото — фотография photo

хим. — химия chemistry

числит. — числительное numeral

что-л. — что-либо something

шахм. — термин шахматной игры chess

эк. — экономика economics

эл. — электротехника electricity

юр. — юридический термин law

Английские
English

a — adjective имя прилагательное

adv — adverb наречие

conj — conjunction союз

inf — infinitive инфинитив

int — interjection междометие

n — noun имя существительное

num — numeral числительное

pl — plural множественное число

poss — possessive притяжательное (местоимение)

p.p. — past participle причастие прошедшего времени

prep — preposition предлог

pres — present настоящее время

pron — pronoun местоимение

sing — singular единственное число

sl. — slang сленг, жаргон

smb. — somebody кто-либо, кого-либо, кому-либо

smth. — something что-либо, чего-либо, чему-либо

v — verb глагол

АНГЛИЙСКИЙ АЛФАВИТ
ENGLISH ALPHABET

Aa	Gg	Nn	Uu
Bb	Hh	Oo	Vv
Cc	Ii	Pp	Ww
Dd	Jj	Qq	Xx
Ee	Kk	Rr	Yy
Ff	Ll	Ss	Zz
	Mm	Tt	

NTC's
Compact
RUSSIAN
and
ENGLISH
Dictionary

A

a [eɪ] *грам. неопределён-*
ный артикль

abandon [ə'bændən] покидáть

abbreviation [əbriːvɪ'eɪʃn] сокращéние

ABC ['eɪbiː'siː] 1) алфавúт; áзбука; буквáрь 2) азы́

abhorrent [əb'hɔrənt] отвратúтельный

ability [ə'bɪlɪtɪ] спосóбность, умéние

able [eɪbl] спосóбный; be ~ to мочь, быть в состоя́нии

abnormal [æb'nɔːməl] ненормáльный

aboard [ə'bɔːd] на бортý; на корáбле́

abolish [ə'bɔlɪʃ] отменя́ть; упраздня́ть

abolition [æbə'lɪʃn] отмéна, упразднéние

abominable [ə'bɔmɪnəbl] отвратúтельный, протúвный

abound [ə'baund] (in) изобúловать

about [ə'baut] 1. *adv* 1) кругóм 2) óколо, приблизúтельно 2. *prep* 1) о, относúтельно 2) вокрýг 3) :be ~ to + *inf* собирáться (*что-л. сде-лать*)

above [ə'bʌv] 1) над 2) вы́ше; свы́ше

abridge [ə'brɪdʒ] сокращáть

abroad [ə'brɔːd] за гранúцей; за гранúцу

abrupt [ə'brʌpt] 1) рéзкий, внезáпный 2) крутóй, обры́вистый

abscess ['æbsɪs] нары́в

absence ['æbsəns] отсýтствие

absent ['æbsənt] отсýтствующий; be ~ отсýтствовать

absent-minded ['æbsənt 'maɪndɪd] рассéянный; отсýтствующий

absolute ['æbsəluːt] 1) абсолю́тный; безуслóвный 2) неогранúченный

absolutely ['æbsəluːtlɪ] совсéм; совершéнно

absorb [əb'sɔːb] поглощáть; всáсывать; впúтывать

abstain [əb'steɪn] воздéрживаться

abstract ['æbstrækt] отвлечённый, абстрáктный

absurd [əb'səːd] нелéпый; ~ity [-ɪtɪ] нелéпость

abundant [ə'bʌndənt] обúльный

abuse 1. *v* [ə'bju:z] 1) злоупотреблять 2) ругать **2.** *n* [ə'bju:s] 1) злоупотребление 2) брань

abusive [ə'bju:sɪv] бранный

Academy [ə'kædəmɪ] академия

accelerate [æk'seləreɪt] ускорять

accent ['æksənt] 1) ударение 2) произношение, акцент

accept [ək'sept] принимать

access ['ækses] доступ; ~ible [æk'sesəbl] доступный

accident ['æksɪdənt] (несчастный) случай; by ~ нечаянно; ~al [æksɪ'dentl] случайный; нечаянный

accommodation [əkɔmə'deɪʃn] 1) помещение, жильё 2) приспособление

accompany [ə'kʌmpənɪ] 1) сопровождать 2) *муз.* аккомпанировать

accomplice [ə'kɔmplɪs] сообщник

accomplish [ə'kʌmplɪʃ] исполнять, завершать

accord [ə'kɔ:d] **1.** *n* согласие; соответствие **2.** *v* согласовать(ся); соответствовать; ~ance [-əns]: in ~ance with согласно, в соответствии с; ~ing [-ɪŋ]: ~ing to согласно; ~ingly [-ɪŋlɪ] соответственно

account [ə'kaunt] **1.** *n* 1) счёт 2) отчёт ◇ on ~ of из-за; on no ~ ни в коем слу-

чае **2.** *v:* ~ for давать отчёт; объяснять

accountant [ə'kauntənt] бухгалтер

accumulate [ə'kju:mjuleɪt] накапливать (ся)

accuracy ['ækjurəsɪ] точность

accurate ['ækjurɪt] точный

accusation [ækju:'zeɪʃn] обвинение

accusative [ə'kju:zətɪv] *грам.* винительный падеж

accuse [ə'kju:z] обвинять

accustom [ə'kʌstəm] приучать; be ~ed to привыкать

ache [eɪk] **1.** *n* боль **2.** *v* болеть

achieve [ə'tʃi:v] достигать; ~ment [-mənt] достижение

acid ['æsɪd] **1.** *a* кислый **2.** *n* кислота

acknowledge [ək'nɔlɪdʒ] 1) признавать 2) подтверждать (*получение*); ~ment [-mənt] 1) признание 2) подтверждение (*получения*)

acorn ['eɪkɔ:n] жёлудь

acquaintance [ə'kweɪntəns] знакомый

acquire [ə'kwaɪə] приобретать

acquit [ə'kwɪt] оправдывать

acre ['eɪkə] акр

acrid ['ækrɪd] 1) едкий 2) колкий

across [ə'krɔs] **1.** *prep.* через; сквозь **2.** *adv* поперёк

act [ækt] **1.** *n* 1) действие, поступок 2) *театр.* акт 3) закон (*принятый парламентом*) 2. *v* 1) действовать; вести себя; 2) играть (*роль*)

acting ['æktɪŋ] 1. *a* 1) исполняющий обязанности 2) действующий 2. *n* игра (актёра)

action ['ækʃn] 1) действие, поступок 2) *юр.* иск 3) военные действия

active ['æktɪv] деятельный, активный; ~ voice *грам.* действительный залог; on ~ service на действительной военной службе

activity [æk'tɪvɪtɪ] деятельность, активность

actor ['æktə] актёр

actress ['æktrɪs] актриса

actual ['æktjuəl] действительный; ~ly [-lɪ] фактически, на самом деле

acute [ə'kju:t] острый ◇ ~ satisfaction огромное удовлетворение

adaptation [ædæp'teɪʃn] 1) приспособление 2) переделка; обработка (*литературного произведения*)

add [æd] 1) прибавлять 2) *мат.* складывать

addict ['ædɪkt] наркоман

addition [ə'dɪʃn] 1) добавление 2) *мат.* сложение; ~al [-əl] добавочный

address [ə'dres] 1. *v* 1) адресовать, направлять 2) обращаться 2. *n* 1) адрес 2) обращение, речь

adequate ['ædɪkwɪt] 1) со-ответствующий 2) достаточный

adherent [əd'hɪərənt] приверженец, сторонник

adjacent [ə'dʒeɪsənt] смежный

adjective ['ædʒɪktɪv] *грам.* имя прилагательное

adjourn [ə'dʒə:n] 1) отсрочивать; откладывать 2) делать перерыв (*в заседаниях*)

adjust [ə'dʒʌst] 1) оправлять (*платье и т. п.*) 2) улаживать 3) приспособлять, прилаживать

administration [ədmɪnɪs'treɪʃn] 1) администрация 2) правительство

admiral ['ædmərəl] адмирал

admiralty ['ædmərəltɪ] морское министерство

admiration [ædmə'reɪʃn] восхищение

admire [əd'maɪə] восхищаться

admission [əd'mɪʃn] 1) вход 2) признание

admit [əd'mɪt] впускать; *перен.* допускать, признаваться; ~ting that this is the case допустим, что это так; ~tance [-əns] вход; no ~tance нет входа, вход воспрещён

adolescent [ædəu'lesnt] 1. *a* юношеский 2. *n* юноша, подросток

adopt [ə'dɔpt] 1) усыновлять 2) принимать; ~ion

3

[ə'dɔpʃn] 1) усыновле́ние 2) приня́тие

adore [ə'dɔ:] обожа́ть; поклоня́ться; люби́ть

adult ['ædʌlt] взро́слый

advance [əd'va:ns] **1.** *v* продвига́ть(ся) 2) повыша́ть(ся) 3) выдвига́ть **2.** *n* 1) продвиже́ние 2) ава́нс

advantage [əd'va:ntɪdʒ] преиму́щество

adventure [əd'ventʃə] приключе́ние

adventurer [əd'ventʃərə] иска́тель приключе́ний; авантюри́ст

adventurous [əd'ventʃərəs] отва́жный, предприи́мчивый; ~ journey путеше́ствие, по́лное приключе́ний

adverb ['ædvə:b] *грам.* наре́чие

adversary ['ædvəsərɪ] проти́вник

adversity [əd'və:sɪtɪ] бе́дствие, несча́стье

advertisement [əd'və:tɪsmənt] объявле́ние; рекла́ма

advice [əd'vaɪs] сове́т (*наставле́ние*)

advise [əd'vaɪz] 1) сове́товать 2) извеща́ть, уведомля́ть

advocate 1. *v* ['ædvəkeɪt] выступа́ть за; защища́ть **2.** *n* ['ædvəkɪt] сторо́нник, защи́тник

aerial ['ɛərɪəl] **1.** *a* возду́шный **2.** *n* анте́нна

aeroplane ['ɛərəpleɪn] самолёт

affair [ə'fɛə] де́ло

affect [ə'fekt] 1) (воз)де́йствовать 2) затра́гивать 3) поража́ть (*здоро́вье*)

affectation [æfek'teɪʃn] притво́рство

affection [ə'fekʃn] привя́занность; ~ate [-ɪt] лю́бящий; не́жный

affirm [ə'fə:m] утвержда́ть

affirmative [ə'fə:mətɪv] утверди́тельный

afford [ə'fɔ:d] 1) доставля́ть 2) позволя́ть себе́; I can't ~ a car я не в состоя́нии купи́ть маши́ну

affront [ə'frʌnt] оскорбле́ние

Afghan ['æfgæn] **1.** *a* афга́нский **2.** *n* афга́нец

afraid [ə'freɪd]: be ~ (of) боя́ться

afresh [ə'freʃ] за́ново

African ['æfrɪkən] **1.** *a* африка́нский **2.** *n* африка́нец

after ['a:ftə] **1.** *conj* по́сле того́ как **2.** *prep* по́сле; за; day ~ day день за днём; ~ all в конце́ концо́в

afternoon [a:ftə'nu:n] послеполу́денное вре́мя; good ~! до́брый день!, здра́вствуйте!

afters ['a:ftəz] *pl разг.* десе́рт

afterwards ['a:ftəwədz] пото́м, впосле́дствии

again [ə'gen] опя́ть; сно́ва

against [ə'genst] про́тив

agate ['ægət] ага́т

age [eɪdʒ] **1.** *n* 1) во́зраст

2) век ◇ for ~s давно́ 2. *v* 1) старе́ть 2) ста́рить

aged ['eɪdʒɪd] престаре́лый

agency ['eɪdʒənsɪ] 1) аге́нтство 2) сре́дство 3) :by (through) the ~ of посре́дством, с по́мощью

agenda [ə'dʒendə] пове́стка дня

agent ['eɪdʒənt] аге́нт; представи́тель

aggravate ['ægrəveɪt] 1) усугубля́ть, отягоща́ть 2) *разг.* раздража́ть, надоеда́ть

aggression [ə'greʃn] агре́ссия

agile ['ædʒaɪl] подви́жный, прово́рный

agitate ['ædʒɪteɪt] 1) волнова́ть, возбужда́ть 2) агити́ровать

agitator ['ædʒɪteɪtə] агита́тор

ago [ə'gəu] тому́ наза́д; long ~ давно́

agony ['ægənɪ] 1) страда́ние 2) аго́ния

agree [ə'gri:] 1) соглаша́ться; догова́риваться 2) ужива́ться 3) соотве́тствовать; ~able [ə'grɪəbl] прия́тный; ~ment [ə'gri:mənt] 1) согла́сие 2) соглаше́ние; догово́р 3) *грам.* согласова́ние

agriculture ['ægrɪkʌltʃə] се́льское хозя́йство

ahead [ə'hed] вперёд; впереди́ ◇ go ~! начина́йте!, дава́йте!

aid [eɪd] 1. *n* по́мощь 2. *v* помога́ть

AIDS, Aids [eɪdz] СПИД

aim [eɪm] 1. *n* цель 2. *v* 1) це́литься 2) стреми́ться

air I [ɛə] 1. *n* во́здух 2. *a* 1) возду́шный 2) авиацио́нный 3. *v* прове́тривать

air II [ɛə] вид; an ~ of importance ва́жный вид

air-conditioner ['ɛəkəndɪʃ(ə)nə] кондиционе́р (во́здуха)

aircraft ['ɛəkrɑ:ft] 1) самолёт 2) авиа́ция

airmail ['ɛəmeɪl] авиапо́чта

airport ['ɛəpɔ:t] аэропо́рт

airterminal ['ɛətə:mɪn(ə)l] аэровокза́л

air time ['ɛətaɪm] эфи́рное вре́мя

alarm [ə'lɑ:m] 1. *n* трево́га 2. *v* (вс)трево́жить; ~-clock [-klɔk] буди́льник

alas! [ə'lɑ:s] увы́!

Albanian [æl'beɪnjən] 1. *a* алба́нский 2. *n* алба́нец

alcohol ['ælkəhɔl] алкого́ль

alert [ə'lə:t] 1. *a* 1) бди́тельный 2) прово́рный 2. *n:* on the ~ насторо́же

algebra ['ældʒɪbrə] а́лгебра

alien ['eɪljən] 1. *a* 1) иностра́нный 2) чу́ждый 2. *n* иностра́нец

alight [ə'laɪt] 1) вы́йти (*из трамвая и т. п.*) 2) спуска́ться (*о самолёте*); сесть (*о птице*)

alike [ə'laɪk] **1.** *a* 1): they are very much ~ они очень похожи друг на друга 2): all children are ~ все дети одинаковы **2.** *adv* одинаково

alive [ə'laɪv] 1) живой 2): ~ with кишащий ◇ be ~ to понимать

all [ɔ:l] **1.** *a* весь, вся, всё, все ◇ once for ~ раз навсегда **2.** *n* всё, все ◇ at ~ совсем, вообще; not at ~ ! вовсе нет; пожалуйста! (*в ответ на благодарность*); ~ right! ладно!, хорошо!

allege [ə'ledʒ] 1) утверждать 2) ссылаться; приводить (*в подтверждение*)

allegiance [ə'li:dʒəns] преданность, верность

alley ['ælɪ] 1) аллея 2) переулок

alliance [ə'laɪəns] 1) союз 2) родство

allied [ə'laɪd] 1) союзный 2) родственный

allot [ə'lɔt] назначать; ~ment [-mənt] участок

allow [ə'lau] 1) позволять 2) допускать, признавать; ~ for принимать во внимание

allowance [ə'lauəns] 1) пособие, регулярная денежная помощь 2) *воен.* паёк ◇ make ~s for учитывать

alloy ['ælɔɪ] 1) примесь 2) сплав

all-purpose ['ɔ:lpə:pəs] универсальный

allude [ə'lu:d] (to) 1) упоминать 2) ссылаться

allusion [ə'lu:ʒn] 1) намёк 2) ссылка

ally 1. *n* ['ælaɪ] союзник **2.** *v* [ə'laɪ] соединять

almond ['a:mənd] миндаль; миндалина

almost ['ɔ:lməust] почти

aloft [ə'lɔft] наверху

alone [ə'ləun] один; I'm (all) ~ я (совсем) один; let *smb.* ~ оставлять в покое

along [ə'lɔŋ] вдоль, по

alongside [ə'lɔŋ'saɪd] вдоль

aloof [ə'lu:f] : hold (keep) ~ from *перен.* сторониться

aloud [ə'laud] громко, вслух

alphabet ['ælfəbɪt] алфавит, азбука

alpine ['ælpaɪn] альпийский

already [ɔ:l'redɪ] уже

also ['ɔ:lsəu] также, тоже

alter ['ɔ:ltə] (видо)изменять(ся); ~ation [ɔ:ltə'reɪʃn] изменение; перемена

alternate 1. *a* [ɔ:l'tə:nɪt] переменный **2.** *v* ['ɔ:ltə:neɪt] чередовать(ся)

alternative [ɔ:l'tə:nətɪv] выбор; альтернатива; there was no ~ не было другого выхода

although [ɔ:l'ðəu] хотя

altitude ['æltɪtju:d] высота

altogether [ɔ:ltə'geðə] совсем

aluminium [ælju'mɪnjəm] алюминий

always ['ɔ:lwəz] всегда

am [æm] *1 л. ед. ч. наст. вр. гл.* be

a.m. ['eɪ'em] (ante meridiem) до полу́дня; **5 a. m. 5** часо́в утра́

amalgamated [ə'mælgəmeɪtɪd] объединённый, соединённый

amateur ['æmətə:] **1.** *n* люби́тель, непрофессиона́л **2.** *a* люби́тельский

amaze [ə'meɪz] удивля́ть, изумля́ть; **~ment** [-mənt] удивле́ние, изумле́ние

ambassador [æm'bæsədə] посо́л

amber ['æmbə] **1.** *n* янта́рь **2.** *a* янта́рный

ambiguous [æm'bɪgjuəs] двусмы́сленный

ambition [æm'bɪʃn] 1) честолю́бие 2) стремле́ние

ambitious [æm'bɪʃəs] честолюби́вый

ambulance ['æmbjuləns] маши́на ско́рой по́мощи

ambush ['æmbuʃ] заса́да

amends [ə'mendz] *pl* возмеще́ние; make ~ (for) искупа́ть вину́

amenities [ə'menɪti:z] *pl* удо́бства

American [ə'merɪkən] **1.** *a* америка́нский **2.** *n* америка́нец

amiable ['eɪmjəbl] любе́зный, ми́лый

amicable ['æmɪkəbl] дру́жеский; дру́жественный

amid(st) [ə'mɪd(st)] среди́

amiss [ə'mɪs] 1) оши́бочно 2) неуда́чно

ammonia [ə'məunjə] аммиа́к; liquid ~ нашаты́рный спирт

ammunition [æmju'nɪʃn] боеприпа́сы

amnesty ['æmnɪstɪ] амни́стия

among(st) [ə'mʌŋ(st)] ме́жду, среди́

amount [ə'maunt] **1.** *n* 1) су́мма; ито́г 2) коли́чество **2.** *v* доходи́ть до; равня́ться

amputate ['æmpjuteɪt] ампути́ровать

amuse [ə'mju:z] забавля́ть, развлека́ть; **~ment** [-mənt] заба́ва; развлече́ние

amusing [ə'mju:zɪŋ] заба́вный, интере́сный

an [æn] *грам. неопределённый артикль перед гласными*

anaesthetic [ænɪs'θetɪk] нарко́з; обезбо́ливающее сре́дство

analyse ['ænəlaɪz] анализи́ровать, разбира́ть

analysis [ə'næləsɪs] ана́лиз

anarchy ['ænəkɪ] ана́рхия

anatomy [ə'nætəmɪ] анато́мия

ancestor ['ænsɪstə] пре́док

anchor ['æŋkə] я́корь

ancient ['eɪnʃənt] дре́вний

and [ænd] 1) и 2) а, но

angel ['eɪndʒəl] а́нгел

anger ['æŋgə] гнев

angle ['æŋgl] *мат.* у́гол

angry ['æŋgrɪ] серди́тый; be ~ серди́ться

anguish ['æŋgwɪʃ] страда́ние

animal ['ænɪməl] 1. *n* живо́тное 2. *a* живо́тный

animated ['ænɪmeɪtɪd] оживлённый; ~ cartoon мультипликацио́нный фильм

animosity [ænɪ'mɔsɪtɪ] враждебность

ankle ['æŋkl] щи́колотка

annex 1. *v* [ə'neks] присоединя́ть; аннекси́ровать 2. *n* ['æneks] 1) приложе́ние 2) пристро́йка; ~ation [ænek 'seɪʃn] присоедине́ние; анне́ксия

annihilate [ə'naɪəleɪt] уничтожа́ть

annihilation [ənaɪə'leɪʃn] уничтоже́ние

anniversary [ænɪ'və:sərɪ] годовщи́на; юбиле́й

announce [ə'nauns] объявля́ть; ~ment [-mənt] объявле́ние; сообще́ние; ~r [-ə] ди́ктор

annoy [ə'nɔɪ] досажда́ть, надоеда́ть

annual ['ænjuəl] 1. *a* годово́й, ежего́дный 2. *n* ежего́дник

annul [ə'nʌl] аннули́ровать, отменя́ть, уничтожа́ть

another [ə'nʌðə] друго́й

answer ['ɑ:nsə] 1. *n* отве́т 2. *v* отвеча́ть; ~ back огрыза́ться

answerphone ['ɑ:nsəfəun] автоотве́тчик

ant [ænt] мураве́й

antarctic [ænt'ɑ:ktɪk] антаркти́ческий

antenna [æn'tenə] 1) *зоол.* щу́пальце, у́сик 2) *радио* анте́нна

anthem ['ænθəm] гимн; national ~ госуда́рственный гимн

anticipate [æn'tɪsɪpeɪt] ожида́ть, предви́деть; ~ smb.'s wishes предупрежда́ть чьи-л. жела́ния

anticipation [æntɪsɪ'peɪʃn] ожида́ние, предвкуше́ние

antidote ['æntɪdəut] противоя́дие

anti-fascist [æntɪ'fæʃɪst] 1. *a* антифаши́стский 2. *n* антифаши́ст

antipathy [æn'tɪpəθɪ] антипа́тия

antique [æn'ti:k] дре́вний, анти́чный

antiquity [æn'tɪkwɪtɪ] дре́вность

anxiety [æŋ'zaɪətɪ] беспоко́йство, забо́та; трево́га

anxious ['æŋkʃəs] 1) озабо́ченный; встрево́женный; I am ~ about children я беспоко́юсь о де́тях 2) стра́стно жела́ющий; he is ~ to see you он о́чень хоте́л бы повида́ть вас

any ['enɪ] како́й-нибудь; любо́й; ~body [-bɔdɪ] кто́-нибудь; ~how [-hau] во вся́ком слу́чае; ~one [-wʌn] любо́й, вся́кий; кто́-нибудь; ~thing [-θɪŋ] что́-нибудь; что уго́дно; ~way [-weɪ] во вся́ком слу́чае; ~where [-wɛə] где́-нибудь, куда́-нибудь; где уго́дно, куда́ уго́дно

apart [ə'pɑːt] в стороне́, отде́льно; врозь; take ~ разобра́ть (*на части*); ~ from не счита́я, кро́ме; joking ~ шу́тки в сто́рону

apartment [ə'pɑːtmənt] ко́мната; кварти́ра

ape [eɪp] обезья́на (*человекообразная*)

apiece [ə'piːs] за шту́ку

apologize [ə'pɔlədʒaɪz] извиня́ться

apology [ə'pɔlədʒɪ] извине́ние

appal [ə'pɔːl] ужаса́ть, пуга́ть

apparatus [æpə'reɪtəs] аппара́т, прибо́р

apparently [ə'pærəntlɪ] очеви́дно; по-ви́димому

appeal [ə'piːl] 1. *n* 1) призы́в; обраще́ние; воззва́ние 2) *юр.* апелля́ция 2. *v* 1) обраща́ться, взыва́ть 2) (to) нра́виться, привлека́ть 3) *юр.* апелли́ровать

appear [ə'pɪə] 1) появля́ться 2) каза́ться 3) я́вствовать

appearance [ə'pɪərəns] 1) появле́ние 2) нару́жность, вид

appease [ə'piːz] умиротворя́ть; успока́ивать

appendix [ə'pendɪks] 1)

приложе́ние 2) *анат.* аппе́ндикс

appetite ['æpɪtaɪt] 1) аппети́т 2) охо́та, жела́ние

applaud [ə'plɔːd] 1) аплоди́ровать 2) хвали́ть

applause [ə'plɔːz] 1) аплодисме́нты 2) похвала́

apple ['æpl] я́блоко; ~ tree я́блоня

appliance [ə'plaɪəns] прибо́р, приспособле́ние

applicant ['æplɪkənt] 1) проси́тель 2) претенде́нт (*на место, должность*)

application [æplɪ'keɪʃn] 1) про́сьба, заявле́ние 2) примене́ние; ~ package *вчт.* паке́т прикладны́х да́нных 3) прилежа́ние 4) употребле́ние (*лекарства*)

applied [ə'plaɪd] прикладно́й

apply [ə'plaɪ] 1) (to, for) обраща́ться к, за 2) прилага́ть; применя́ть; употребля́ть (в де́ло)

appoint [ə'pɔɪnt] назнача́ть; ~ment [-mənt] 1) назначе́ние 2) до́лжность 3) свида́ние

appraise [ə'preɪz] оце́нивать

appreciable [ə'priːʃəbl] заме́тный, ощути́мый

appreciate [ə'priːʃɪeɪt] 1) цени́ть; отдава́ть до́лжное 2) оце́нивать

apprehend [æprɪ'hend] 1) понима́ть 2) заде́рживать, аресто́вывать

apprentice [ə'prentɪs] учени́к, подмасте́рье; ~ship [-ʃɪp] учени́чество

approach [ə'prəutʃ] 1. *v* приближа́ться, подходи́ть 2. *n* приближе́ние; подхо́д

approbation [æprə'beɪʃn] одобре́ние

appropriate 1. *a* [ə'prəuprɪɪt] подходя́щий, соотве́тствующий 2. *v* [ə'prəuprɪeɪt] присва́ивать

approval [ə'pru:vəl] одобре́ние

approve [ə'pru:v] одобря́ть

approximate [ə'prɔksɪmɪt] приблизи́тельный

apricot ['eɪprɪkɔt] абрико́с

April ['eɪprəl] апре́ль

apron ['eɪprən] фа́ртук

apt [æpt] 1) подходя́щий; уме́стный 2) скло́нный

aquatics [ə'kwætɪks] *pl* во́дный спорт

Arab ['ærəb] 1. *a* ара́бский 2. *n* ара́б

arable ['ærəbl] па́хотный

arbitrary ['a:bɪtrərɪ] произво́льный

arbour ['a:bə] бесе́дка

arc [a:k] *мат.* дуга́

arch [a:tʃ] 1) а́рка 2) свод

archaic [a:'keɪk] устаре́лый, архаи́ческий

archbishop [a:tʃ'bɪʃəp] архиепи́скоп

architect ['a:kɪtekt] архите́ктор; ~ure ['a:kɪtektʃə] архитекту́ра

arctic ['a:ktɪk] поля́рный, аркти́ческий

ardent ['a:dənt] пы́лкий

ardour ['a:də] жар; пыл, рве́ние

arduous ['a:djuəs] тяжё-лый, напряжённый

are [a:] *мн. ч. наст. вр. гл.* be

area ['ɛərɪə] 1) простра́нство, пло́щадь 2) райо́н, о́бласть; зо́на

arena [ə'ri:nə] аре́на

aren't [a:nt] *разг.* = are not

argue ['a:gju:] 1) спо́рить 2) дока́зывать

argument ['a:gjumənt] 1) до́вод 2) спор

arid ['ærɪd] сухо́й, засу́шливый

arise [ə'raɪz] (arose; arisen) возника́ть, появля́ться

arisen [ə'rɪzn] *p. p. от* arise

arithmetic [ə'rɪθmətɪk] арифме́тика

arm I [a:m] рука́ (*от кисти до плеча*)

arm II [a:m] 1. *n* (*обыкн. pl*) ору́жие; ~s race го́нка вооруже́ний 2. *v* вооружа́ть(ся)

armament ['a:məmənt] вооруже́ние

armchair ['a:mtʃɛə] кре́сло

armistice ['a:mɪstɪs] переми́рие

armour ['a:mə] броня́; ~-clad [-klæd] *a* брониро́ванный

armoury [ˈɑːmərɪ] 1) арсенáл 2) *амер.* оружéйный завóд

armpit [ˈɑːmpɪt] подмы́шка

army [ˈɑːmɪ] áрмия

arose [əˈrəuz] *past om* arise

around [əˈraund] вокрýг, кругóм

arouse [əˈrauz] будúть, пробуждáть

arrange [əˈreɪndʒ] расставля́ть, располагáть по вкýсу (*мебель, цветы и т. п.*); устрáивать; ~ the children according to height постáвить детéй по рóсту; ~ment [-mənt] 1) устрóйство, расположéние 2) *pl* приготовлéния

arrest [əˈrest] **1.** *v* 1) арестóвывать 2) прикóвывать (*внимание*) **2.** *n* арéст

arrival [əˈraɪvəl] прибы́тие

arrive [əˈraɪv] прибывáть

arrogance [ˈærəgəns] высокомéрие, надмéнность

arrow [ˈærəu] стрелá

arsenic [ˈɑːsnɪk] мышья́к

art [ɑːt] 1) искýсство 2) ремеслó 3) *pl* гуманитáрные нáуки

artful [ˈɑːtful] хи́трый, лóвкий

article [ˈɑːtɪkl] 1) статья́ 2) предмéт 3) *грам.* арти́кль, член

artificial [ɑːtɪˈfɪʃəl] искýсственный; притвóрный; ~

teeth вставны́е зýбы; ~ limb протéз

artillery [ɑːˈtɪlərɪ] артиллéрия

artist [ˈɑːtɪst] худóжник; ~ic [ɑːˈtɪstɪk] худóжественный

arts and crafts [ɑːtsənd ˈkrɑːfts] прикладнóе искýсство

as [æz] **1.** *conj* 1) так как 2) в то врéмя как, когдá ◇ as if как бýдто; as to что касáется **2.** *adv* как; так ◇ as far as наскóлько; as well тáкже; as well as так же, как

ascent [əˈsent] восхождéние, подъём

ascertain [æsəˈteɪn] установúть, удостовéриться

ascribe [əsˈkraɪb] (to) припи́сывать

ash I [æʃ] 1) золá; пéпел 2) *pl* прах

ash II [æʃ] я́сень

ashamed [əˈʃeɪmd]: be ~ стыди́ться

ashore [əˈʃɔː] к бéрегу, на берег(ý)

Asiatic [eɪʃɪˈætɪk] азиáтский

aside [əˈsaɪd] в стóрону; в сторонé, отдéльно

ask [ɑːsk] 1) спрáшивать 2) проси́ть; ~ after справля́ться о

askew [əˈskjuː] кри́во, кóсо

asleep [əˈsliːp]: be ~ спать; fall ~ заснýть

asp [æsp] оси́на

aspect ['æspekt] 1) вид 2) аспéкт, сторонá

aspiration [æspə'reɪʃn] стремлéние

aspire [əs'paɪə] стремúться

ass [æs] осёл

assassin [ə'sæsɪn] убúйца; ~ation [əsæsɪ'neɪʃn] убúйство

assault [ə'sɔ:lt] 1. n нападéние; штурм 2. v нападáть; штурмовáть

assemble [ə'sembl] 1) собирáть(ся) 2) mex. монтúровать

assembly [ə'semblɪ] собрáние; ассамблéя

assent [ə'sent] 1. n соглáсие 2. v соглашáться

assert [ə'sə:t] утверждáть; ~ oneself отстáивать свои правá

assign [ə'saɪn] 1) назначáть 2) ассигновáть; ~ment [-mənt] 1) назначéние 2) задáние, поручéние

assimilate [ə'sɪmɪleɪt] 1) усвáивать(ся) 2) ассимилúровать(ся)

assist [ə'sɪst] помогáть, содéйствовать; ~ance [-əns] пóмощь; содéйствие; ~ant [-ənt] помóщник, ассистéнт

associate 1. v [ə'səuʃɪeɪt] 1) соединять(ся) 2) общáться 2. n [ə'səuʃɪt] коллéга; учáстник

association [əsəusɪ'eɪʃn] óбщество; ассоциáция

assortment [ə'sɔ:tmənt] вы́бор, ассортимéнт

assume [ə'sju:m] 1) брать,

принимáть на себя́ 2) предполагáть, допускáть

assurance [ə'ʃuərəns] увéренность

assure [ə'ʃuə] уверять; заверять (кого-л.)

astonish [əs'tɒnɪʃ] удивлять, изумлять; ~ment [-mənt] удивлéние, изумлéние

astronaut ['æstrənɔ:t] космонáвт

astronomy [əs'trɒnəmɪ] астронóмия

asylum [ə'saɪləm] 1) приют; убéжище 2) психиатрúческая лечéбница

at [æt] в, на; при, у, óколо; по ◇ at all вообщé

ate [et] past om eat

atheist ['eɪθɪɪst] атеúст

athlete ['æθli:t] спортсмéн; атлéт

athletics [æθ'letɪks] атлéтика

atlas ['ætləs] áтлас

atmosphere ['ætməsfɪə] атмосфéра

atom ['ætəm] áтом; ~ bomb áтомная бóмба

atomic [ə'tɒmɪk] áтомный

atrocious [ə'trəuʃəs] 1) звéрский, жестóкий 2) разг. отвратúтельный

atrocity [ə'trɔsɪtɪ] звéрство

attach [ə'tætʃ] 1) прикреплять, присоединять; перен. привя́зывать 2) придавáть (значение); ~ment [-mənt] 1) привя́занность 2) прикреплéние attack [ə'tæk] 1. *v* атаковáть; нападáть 2. *n* 1) атáка; нападéние 2) припáдок, прúступ (*болезни*)

attain [ə'teɪn] достúгнуть; добúться

attempt [ə'tempt] 1. *n* 1) попы́тка 2) покушéние 2. *v* 1) пытáться 2) покушáться

attend [ə'tend] 1) уделя́ть внимáние; слýшать (*внимательно*); sorry, I wasn't ~ing простúте, я отвлёкся 2) забóтиться; I'll ~ to luggage я позабóчусь о багажé 3) присýтствовать, посещáть; ~ance [-əns] посещáемость; ~ant [-ənt] служúтель, слугá

attention [ə'tenʃn] внимáние

attentive [ə'tentɪv] внимáтельный

attest [ə'test] свидéтельствовать

attic ['ætɪk] чердáк

attitude ['ætɪtju:d] 1) отношéние 2) пóза

attorney [ə'tə:nɪ] повéренный; адвокáт; power of ~ полномóчие

attract [ə'trækt] притя́гивать; привлекáть; ~ion [ə'trækʃn] 1) притяжéние, тяготéние 2) привлекáтельность; ~ive [ə'træktɪv] привлекáтельный; замáнчивый

attribute 1. *n* ['ætrɪbju:t] 1) свóйство; прúзнак 2) *грам.* определéние 2. *v* [ə'trɪbju:t] припúсывать; относúть (к)

auction ['ɔ:kʃn] аукциóн

audacious [ɔ:'deɪʃəs] отвáжный; дéрзкий

audacity [ɔ:'dæsɪtɪ] 1) отвáга 2) нахáльство

audible ['ɔ:dəbl] слы́шный; слы́шимый

audience ['ɔ:djəns] 1) аудиéнция 2) аудитóрия, пýблика, слýшатели

August ['ɔ:gəst] áвгуст

aunt [ɑ:nt] тётка, тётя

austere [ɔs'tɪə] сурóвый, стрóгий

Australian [ɔs'treɪljən] 1. *a* австралúйский 2. *n* австралúец

authentic [ɔ:'θentɪk] пóдлинный

author ['ɔ:θə] áвтор

authoritative [ɔ:'θorɪtətɪv] авторитéтный

authority [ɔ:'θorɪtɪ] 1) власть, полномóчие 2) *pl* влáсти 3) авторитéт

authorize ['ɔ:θəraɪz] уполномóчивать

autobiography [ɔ:tɔbaɪ'ɔgrəfɪ] автобиогрáфия

automatic [ɔ:tə'mætɪk] автоматúческий

automobile ['ɔ:təməbi:l] автомобúль

autonomous [ɔ:'tɔnəməs] автонóмный

autumn ['ɔ:təm] óсень

auxiliary [ɔ:g'zɪljərɪ] вспомогáтельный; дополнúтельный

available [ə'veɪləbl] налúчный, имéющийся в распоряжёнии; are any tickets ~? нет ли билétов в продáже?

avalanche [ˈævəlɑ:nʃ] снéжный обвáл, лавúна

avarice [ˈævərɪs] áлчность, скýпость

avenge [əˈvendʒ] (ото)мстúть

avenue [ˈævɪnju:] проспéкт; аллéя

average [ˈævərɪdʒ] **1.** *n*: on an ~ в срéднем **2.** *a* срéдний

averse [əˈvə:s]: be ~ to быть прóтив

aversion [əˈvə:ʃn] отвращéние

avert [əˈvə:t] 1) отвернýться 2) отвращáть; отводúть 3) предотвращáть

aviation [eɪvɪˈeɪʃn] авиáция

avoid [əˈvɔɪd] избегáть; уклонÿться

awake [əˈweɪk] **1.** *v* (awoke; awaked) проснýться **2.** *a:* be ~ бóдрствовать; не спать

award [əˈwɔ:d] присуждáть; награждáть

aware [əˈwɛə]: be ~ of знать; I am ~ мне извéстно, я знáю

away [əˈweɪ] 1) прочь 2): he is ~ егó нет (*в городе и т. п.*)

awe [ɔ:] (благоговéйный) страх

awful [ˈɔ:ful] ужáсный; ~ly 1) [ˈɔ:fulɪ] ужáсно 2) [ˈɔ:flɪ] *разг.* óчень; крáйне

awkward [ˈɔ:kwəd] 1) не-

уклюжий, нелóвкий 2) неудóбный, затруднúтельный

awoke [əˈwəuk] *past и p. p. от* awake

axe [æks] топóр

axis [ˈæksɪs] ось

azure [ˈæʒə] **1.** *n* небéсная лазýрь **2.** *a* голубóй, лазýрный; *перен.* безóблачный

B

baby [ˈbeɪbɪ] ребёнок, младéнец; ~ish [-ɪʃ] ребÿческий

baby-sitter [ˈbeɪbɪsɪtə] нÿня (*приходящая*)

bachelor I [ˈbætʃələ] холостÿк

bachelor II [ˈbætʃələ] бакалáвр

back [bæk] **1.** *n* 1) спинá 2) спúнка (*стула*) 3) тÿльная сторонá **2.** *a* зáдний **3.** *adv* назáд **4.** *v* 1) поддéрживать 2) пÿтиться назáд; осáживать

backbone [ˈbækbəun] позвонóчник; *перен.* оснóва, суть

backdoor [ˈbækˈdɔ:] чёрный ход

background [ˈbækgraund] фон; зáдний план; keep in the ~ *перен.* оставáться в тенú, на зáднем плáне

backward [ˈbækwəd] **1.** *adv* назáд **2.** *a* 1) обрáтный 2) отстáлый

bacon ['beɪkən] бекóн

bad [bæd] 1) плохóй, нехорóший; too ~! обидно! 2) испóрченный (*о пище*); go ~ испóртиться (*о пище*)

badge [bædʒ] знак, значóк

badger ['bædʒə] барсýк

bag [bæg] мешóк; сýмка

baggage ['bægɪdʒ] багáж

bait [beɪt] примáнка

bake [beɪk] печь (*что-л.*)

bakery ['beɪkərɪ] бýлочная; пекáрня

balance ['bæləns] 1. *n* 1) весы́ 2) равновéсие 3) остáток; балáнс 2. *v* балансировать

bald [bɔːld] лы́сый

bale [beɪl] кипа, тюк

ball I [bɔːl] шар; мяч

ball II [bɔːl] бал

ballet ['bæleɪ] балéт

balloon [bə'luːn] воздýшный шар; barrage ~ аэростáт заграждéния

ballot ['bælət] баллотирóвка

ball-point ['bɔːlpɔɪnt]: ~ pen шáриковая рýчка

balls [bɔːlz] *разг.* чушь!

bamboo [bæm'buː] бамбýк

ban [bæn] 1. *n* запрéт, запрещéние 2. *v* запрещáть, налагáть запрéт

banana [bə'nɑːnə] банáн

band I [bænd] 1) лéнта, завя́зка; тесьмá 2) óбод, ободóк

band II [bænd] шáйка, бáнда

band III [bænd] духовóй оркéстр

bandage ['bændɪdʒ] 1. *n* бинт; повя́зка 2. *v* перевя́зывать, бинтовáть

band [bæŋ] ударя́ть; хлóпать (*дверью и т. п.*)

banisters ['bænɪstəz] *pl* перила (*лестницы*)

bank I [bæŋk] 1) вал, нáсыпь 2) бéрег (*реки*)

bank II [bæŋk] банк

banknote ['bæŋknəut] банкнóта

bankrupt ['bæŋkrəpt] 1. *n* банкрóт 2. *a* несостоя́тельный, обанкрóтившийся; go ~ обанкрóтиться

bankruptcy ['bæŋkrəpsɪ] банкрóтство

banner ['bænə] знáмя, флаг

baptize [bæp'taɪz] крестить

bar I [bɑː] 1. *n* 1) брусóк; ~ of chocolate плитка шоколáда 2) засóв 3) препя́тствие 2. *v* 1) запирáть на засóв 2) преграждáть

bar II [bɑː] бар, буфéт

bar III [bɑː]: the Bar адвокатýра; prisoner at the ~ подсудимый

barbed [bɑːbd] колю́чий; ~ wire колю́чая прóволока

barber ['bɑːbə] парикмáхер (*мужской*)

bar code ['bɑːkəud] кодированная информáция (*на товарах*) для компью́тера

bare [bɛə] го́лый, обна-жённый

barefooted ['bɛə'futɪd] бо-со́й

bare-headed ['bɛə'hedɪd] с обнажённой голово́й

bargain ['ba:gɪn] 1. *n* 1) сде́лка 2) уда́чная поку́пка 2. *v* торгова́ться

barge [ba:dʒ] ба́ржа

bark I [ba:k] кора́

bark II [ba:k] 1. *n* лай 2. *v* ла́ять

barley ['ba:lɪ] ячме́нь

barn [ba:n] амба́р

barrack ['bærək] 1) бара́к 2) *pl* каза́рмы

barrage ['bæra:ʒ] загражде́ние

barrel ['bærəl] бо́чка

barren ['bærən] беспло́дный; неплодоро́дный

barrier ['bærɪə] 1) барье́р 2) прегра́да

barrister ['bærɪstə] адвока́т

barter ['ba:tə] 1. *n* 1) товарообме́н 2) *эк.* ба́ртер 2. *v* меня́ть

base I [beɪs] 1. *n* 1) основа́ние 2) ба́за 2. *v* осно́вывать

base II [beɪs] по́длый, ни́зкий

baseball ['beɪsbɔ:l] бейсбо́л

basement ['beɪsmənt] подва́л

basic ['beɪsɪk] основно́й

basin ['beɪsn] 1) таз, ча́шка, ми́ска 2) *геогр.* бассе́йн

basis ['beɪsɪs] 1) основа́ние; ба́зис 2) ба́за

basket ['ba:skɪt] корзи́н(к)а

basketball ['ba:skɪtbɔ:l] баскетбо́л

bass [beɪs] 1. *n* бас 2. *a* басо́вый

bastard ['ba:stəd] внебра́чный ребёнок

bat I [bæt] *спорт.* бита́

bat II [bæt] лету́чая мышь

bath [ba:θ] ва́нна; have a ~ приня́ть ва́нну; swimming ~ бассе́йн для пла́вания

bathe [beɪð] 1) купа́ться 2) сма́чивать

bathrobe ['ba:θrəub] купа́льный хала́т

bathroom ['ba:θru:m] ва́нная (ко́мната)

battalion [bə'tæljən] батальо́н

battery ['bætərɪ] батаре́я

battle ['bætl] би́тва, бой; ~ship ['bætlʃɪp] лине́йный кора́бль

bay [beɪ] бу́хта; зали́в

be [bi:] (was; been) быть, существова́ть

beach [bi:tʃ] пляж; взмо́рье

beacon ['bi:kən] сигна́льный ого́нь; мая́к

bead [bi:d] 1) бу́сина 2) *pl* бу́сы; чётки

beak [bi:k] клюв

beam [bi:m] 1. *n* 1) ба́лка, стропи́ло 2) луч 2. *v* (про)сия́ть

bean [bi:n] боб

bear I [bɛə] (bore; borne) 1) носи́ть, нести́ 2) рожда́ть;

~ fruit приноси́ть плоды́ 3) выноси́ть, терпе́ть

bear II [bɛə] медве́дь

beard [bɪəd] борода́

bearer ['bɛərə] 1) носи́тель 2) пода́тель, предъяви́тель

beast [bi:st] зверь; don't be such a ~ шутл. не будь таки́м проти́вным; ~ly ['bi:stlɪ] разг. проти́вный

beat [bi:t] (beat; beaten) 1) бить; ~ time отбива́ть такт 2) победи́ть (в игре́, в спо́ре) 3) би́ться (о се́рдце); ~en [-n] p. p. от beat

beautiful ['bju:təful] краси́вый, прекра́сный

beauty ['bju:tɪ] 1) красота́ 2) краса́вица

became [bɪ'keɪm] past от become

because [bɪ'kɔz] потому́ что; так как; ~ of из-за, всле́дствие

beckon ['bekən] мани́ть, кива́ть

become [bɪ'kʌm] (became; become) 1) станови́ться, де́латься; what has ~ of him? что с ним случи́лось? 2) идти́, быть к лицу́

becoming [bɪ'kʌmɪŋ] (иду́щий) к лицу́; it's a very ~ hat вам э́та шля́па о́чень идёт

bed [bed] 1) посте́ль, крова́ть; go to ~ ложи́ться спать 2) клу́мба; гря́дка 3) дно (мо́ря, реки́)

bedbug ['bedbʌg] клоп

bedclothes ['bedkləuðz] pl посте́льное бельё

bedroom ['bedru:m] спа́льня

bee [bi:] пчела́

beech [bi:tʃ] бук

beef [bi:f] говя́дина; horse ~ кони́на

beehive ['bi:haɪv] у́лей

been [bi:n] p. p. от be

beer [bɪə] пи́во

beet [bi:t] (са́харная) свёкла

beetle ['bi:tl] жук

beetroot ['bi:tru:t] кра́сная свёкла

before [bɪ'fɔ:] 1. prep пе́ред; до 2. adv 1) впереди́ 2) ра́ньше; ~ long вско́ре; long ~ задо́лго до 3. conj пре́жде чем, скоре́е чем

beforehand [bɪ'fɔ:hænd] зара́нее

beg [beg] проси́ть

began [bɪ'gæn] past от begin

beggar ['begə] ни́щий

begin [bɪ'gɪn] (began; begun) начина́ть(ся); to ~ with во-пе́рвых; ~ner [-ə] новичо́к, начина́ющий; ~ning [-ɪŋ] нача́ло

begun [bɪ'gʌn] p. p. от begin

behalf [bɪ'ha:f]: on ~ of от и́мени; in (on) ~ of для, ра́ди, в по́льзу

behave [bɪ'heɪv] вести́ себя́, поступа́ть

behaviour [bɪ'heɪvjə] поведе́ние

behind [bɪˈhaɪnd] позади́, сза́ди, за

being [ˈbiːɪŋ] 1) существо́ 2) бытие́, существова́ние

Belgian [ˈbeldʒən] 1. *a* бельги́йский 2. *n* бельги́ец

belief [bɪˈliːf] ве́ра

believe [bɪˈliːv] 1) ве́рить 2) ду́мать, полага́ть

bell [bel] 1) ко́локол 2) звоно́к

belligerent [bɪˈlɪdʒərənt] вою́ющий

bellow [ˈbeləu] мыча́ть

belong [bɪˈlɔŋ] принадле-жа́ть; ~ings [-ɪŋz] *pl* ве́щи, пожи́тки

below [bɪˈləu] 1. *adv* внизу́ 2. *prep* ни́же, под; ~ zero ни́же нуля́

belt [belt] 1) по́яс; ре-ме́нь; safety ~ реме́нь безо-па́сности 2) зо́на

bench [bentʃ] 1) скаме́йка 2) верста́к, стано́к

bend [bend] 1. *v* (bent; bent) сгиба́ть(ся), гну́ть(ся); изгиба́ть(ся) 2. *n* сгиб; из-ги́б; излу́чина

beneath [bɪˈniːθ] 1. *prep* под, ни́же; ~ criticism ни́же вся́кой кри́тики 2. *adv* внизу́

beneficial [benɪˈfɪʃəl] бла-готво́рный, поле́зный

benefit [ˈbenɪfɪt] 1) ми́-лость 2) вы́года

benevolence [bɪˈnevələns] 1) благоскло́нность 2) благо-твори́тельность

bent [bent] *past и p. p. от* bend 1

berry [ˈberɪ] я́года

berth [bəːθ] 1) по́лка (*в поезде*); ко́йка (*на парохо-де*) 2) прича́л

beside [bɪˈsaɪd] ря́дом, о́коло ◇ ~ oneself вне себя́

besides [bɪˈsaɪdz] кро́ме (того́)

besiege [bɪˈsiːdʒ] осажда́ть

best [best] 1. *a* (наи)лу́ч-ший 2. *adv* лу́чше всего́

bestial [ˈbestjəl] 1) ско́т-ский 2) жесто́кий

best-seller [bestˈselə] бест-се́ллер

bet [bet] 1. *v* (bet, betted; bet, betted) держа́ть пари́ 2. *n* 1) пари́ 2) ста́вка

betray [bɪˈtreɪ] предава́ть; ~al [-əl] преда́тельство

better [ˈbetə] 1. *a* лу́чший; be ~, get ~ поправля́ться (*о больном*) 2. *adv* лу́чше

between [bɪˈtwiːn] ме́жду

beware [bɪˈwɛə] (of) осте-рега́ться

bewildered [bɪˈwɪldəd] по-ражённый, изумлённый

bewitch [bɪˈwɪtʃ] зачаро́вы-вать

beyond [bɪˈjɔnd] 1) по ту сто́рону, за 2) вне, сверх

bias(s)ed [ˈbaɪəst] пред-убеждённый, тенденцио́зный

Bible [ˈbaɪbl] Би́блия

bicker [ˈbɪkə] ссо́риться

bicycle [ˈbaɪsɪkl] велоси-пе́д

bicyclist [ˈbaɪsɪklɪst] вело-сипеди́ст

bid [bɪd] (bid, bidden) 1)

предлага́ть (*цену*) 2) прика́-
зывать

bidden [ˈbɪdn] *p. p. om* bid

big [bɪg] большо́й

bigot [ˈbɪgət] фана́тик

bill I [bɪl] 1) законопро-
е́кт, билль 2) счёт 3) *юр.*
иск 4) афи́ша, плака́т 5): ~
of fare меню́

bill II [bɪl] клюв

billboard [ˈbɪlbɔːd] *амер.*
рекла́мный щит, доска́ для
объявле́ний

billiards [ˈbɪljədz] билья́рд

billion [ˈbɪljən] биллио́н;
амер. миллиа́рд

bind [baɪnd] (bound;
bound) 1) свя́зывать; завя́зы-
вать; привя́зывать 2) пере-
плета́ть (*кни́гу*); ~ing
[ˈbaɪndɪŋ] переплёт

biology [baɪˈɔlədʒɪ] биоло́-
гия

birch [bəːtʃ] 1) берёза 2)
ро́зга

bird [bəːd] пти́ца

birth [bəːθ] 1) рожде́ние;
~ control плани́рование
семьи́ 2) ро́ды 3) происхож-
де́ние; ~rate [ˈbəːθreɪt] рож-
да́емость; проце́нт рожда́е-
мости

biscuit [ˈbɪskɪt] пече́нье

bishop [ˈbɪʃəp] 1) епи́скоп
2) *шахм.* слон

bit I [bɪt] *past и p. p. om*
bite 1

bit II [bɪt] кусо́чек ◇ a ~
(of) *разг.* немно́го; not a ~
разг. совсе́м не

bitch [bɪtʃ] су́ка

bite [baɪt] 1. *v* (bit; bit,
bitten) куса́ть 2. *n* 1) уку́с 2)
кусо́к

bitten [ˈbɪtn] *p. p. om* bite
1

bitter [ˈbɪtə] го́рький; ~ly
[-lɪ]: it's ~ly cold ужа́сно хо́-
лодно; he said ~ly он сказа́л
с го́речью

bizarre [bɪˈzɑː] стра́нный,
эксцентри́чный

black [blæk] 1. *a* чёрный
2. *n* чернота́

blackberry [ˈblækbərɪ]
ежеви́ка

blackboard [ˈblækbɔːd]
кла́ссная доска́

blackcurrant [ˈblækkʌrənt]
чёрная сморо́дина

blacken [ˈblækən] 1) чер-
ни́ть 2) черне́ть

black marketeer [blæk
ˈmɑːkətɪə] спекуля́нт, фар-
цо́вщик

blackout [ˈblækaut] затем-
не́ние

blacksmith [ˈblæksmɪθ]
кузне́ц

bladder [ˈblædə] мочево́й
пузы́рь

blade [bleɪd] 1) ле́звие 2)
ло́пасть 3) лист

blame [bleɪm] 1. *v* осуж-
да́ть, вини́ть 2. *n* порица́-
ние, упрёк

blameless [ˈbleɪmlɪs] бе-
зупре́чный

blanch [blɑːntʃ] 1) бели́ть
2) бледне́ть

blank [blæŋk] 1. *a* пусто́й,
незапо́лненный 2. *n* пробе́л

blanket ['blæŋkɪt] (шерстяно́е) одея́ло

blast [blɑ:st] 1. *n* 1) поры́в ве́тра 2) взрыв 2. *v* взрыва́ть

blaze [bleɪz] 1. *n* пла́мя 2. *v* пыла́ть, горе́ть

bleach [bli:tʃ] бели́ть (*ткань*)

bleak [bli:k] холо́дный; пусты́нный; го́лый

bled [bled] *past и p. p. от* bleed

bleed [bli:d] (bled; bled) истека́ть кро́вью; кровоточи́ть

blend [blend] 1. *v* сме́шивать 2. *n* смесь

blender ['blendə] ми́ксер

bless [bles] благословля́ть; ~ing ['blesɪŋ] благослове́ние

blew [blu:] *past от* blow II

blind [blaɪnd] 1. *a* слепо́й 2. *n* што́ра; *перен.* ши́рма 3. *v* ослепля́ть

blind alley [blaɪnd'ælɪ] тупи́к

blink [blɪŋk] мига́ть

blister ['blɪstə] волды́рь, водяно́й пузы́рь

blizzard ['blɪzəd] мете́ль, пурга́

bloc [blɔk] *полит.* блок

block I [blɔk] 1. *n* 1) чурба́н 2) про́бка, зато́р (*движения*) 2. *v* прегражда́ть

block II [blɔk] кварта́л

blockade [blɔ'keɪd] блока́да

blockhead ['blɔkhed] болва́н

blocks [blɔks] *pl* ку́бики (*де́тские*)

blond [blɔnd] белоку́рый

blood [blʌd] кровь ◇ in cold ~ преднаме́ренно; ~shed ['blʌdʃed] кровопроли́тие

bloom [blu:m] расцве́т

blossom ['blɔsəm] 1. *n* цвето́к (*на дере́вьях, куста́х*) 2. *v* расцвета́ть

blot [blɔt] 1. *n* 1) кля́кса 2) пятно́ (*тж. перен.*) 2. *v* промока́ть

blouse [blauz] ко́фточка (*блузка*)

blow I [bləu] уда́р

blow II [bləu] (blew; blown) дуть; раздува́ть; ~ one's nose сморка́ться; ~ out задува́ть; туши́ть; ~ over минова́ть; ~ up взрыва́ть

blown [bləun] *p. p. от* blow II

blowout ['bləuaut] разры́в (*шины*)

blue [blu:] голубо́й, си́ний

blues [blu:z] блюз

bluff [blʌf] обма́н, блеф

blunder ['blʌndə] (гру́бая) оши́бка

blunt [blʌnt] 1) тупо́й 2) ре́зкий; прямо́й

blurt [blə:t]: ~ out сболтну́ть

blush [blʌʃ] 1. *v* (по)красне́ть 2. *n* кра́ска стыда́, смуще́ния

board [bɔ:d] 1. *n* 1) доска́ 2) стол, пита́ние; ~ and lodging кварти́ра и стол 3) правле́ние; министе́рство 4) борт (*судна*) **2.** *v* столова́ться

boarding-house [ˈbɔːdɪŋhaus] пансио́н

boarding-school [ˈbɔːdɪŋskuːl] интерна́т (*школа*)

boast [bəust] хва́стать(ся)

boat [bəut] ло́дка; су́дно

body [ˈbɔdɪ] те́ло ◇ in a ~ в по́лном соста́ве

body-building [ˈbɔdɪbɪldɪŋ] культури́зм

bog [bɔg] тряси́на

boil [bɔɪl] кипе́ть; кипяти́ть(ся); вари́ть(ся); ~er [ˈbɔɪlə] котёл

boisterous [ˈbɔɪstərəs] неи́стовый; шу́мный

bold [bəuld] 1) сме́лый; де́рзкий 2) разма́шистый (*почерк*)

bolt [bəult] **1.** *n* 1) болт; засо́в 2): like a ~ from the blue ≈ как снег на́ голову **2.** *v* 1) запира́ть на засо́в; 2) понести́ (*о лошади*)

bomb [bɔm] **1.** *n* бо́мба **2.** *v* бомби́ть

bomber [ˈbɔmə] (самолёт-) бомбардиро́вщик

bond [bɔnd] 1) у́зы; связь 2) *pl* облига́ции

bondage [ˈbɔndɪdʒ] ра́бство; зави́симость

bone [bəun] кость

bonfire [ˈbɔnfaɪə] костёр

bonnet [ˈbɔnɪt] *тех.* капо́т

bonny [ˈbɔnɪ] краси́вый, здоро́вый

bonus [ˈbəunəs] пре́мия

book [buk] **1.** *n* кни́га **2.** *v* зака́зывать биле́т

bookcase [ˈbukkeɪs] кни́жный шкаф

booking office [ˈbukɪŋɔfɪs] биле́тная ка́сса

bookmaker [ˈbukmeɪkə] букме́кер

boom [buːm] **1.** *v* 1) гуде́ть; греме́ть 2) производи́ть сенса́цию **2.** *n* 1) гул 2) бум, большо́й спрос

boot [buːt] 1) боти́нок; сапо́г 2) бага́жник

booth [buːð] бу́дка; пала́тка

booty [ˈbuːtɪ] награ́бленное добро́, добы́ча

border [ˈbɔːdə] **1.** *n* 1) грани́ца; край 2) кайма́ **2.** *v* 1) грани́чить 2) окаймля́ть

bore I [bɔː] **1.** *v* бура́вить **2.** *n* вы́сверленное отве́рстие

bore II [bɔː] **1.** *v* надоеда́ть **2.** *n* ну́дный челове́к

bore III [bɔː] *past от* bear I

born [bɔːn] (при)рождённый

borne [bɔːn] *p. p. от* bear I

borrow [ˈbɔrəu] 1) занима́ть 2) заи́мствовать

bosom [ˈbuzəm] грудь; ~ friend закады́чный друг

boss [bɔs] хозя́ин; босс

botany [ˈbɔtənɪ] бота́ника

botcher [ˈbɔtʃə] «сапо́жник», плохо́й рабо́тник

both [bəuθ] о́ба

bother [ˈbɔðə] **1.** *v* беспо-

21

кóить(ся); надоедáть; don't ~ ! не беспокóйтесь! **2.** *n* беспокóйство; хлóпоты; what a ~ ! как досáдно!

bottle ['bɔtl] буты́лка

bottom ['bɔtəm] дно

bough [bau] ветвь, сук

bought [bɔ:t] *past и p. p. от* buy

bound I [baund] *past и p. p. от* bind

bound II [baund]: be ~ for направля́ться

bound III [baund] предéл

boundary ['baundərı] грани́ца

boundless ['baundlıs] безграни́чный

bourgeoisie [buəʒwa:'zi:] буржуази́я

bow I [bau] **1.** *n* поклóн **2.** *v* кла́няться

bow II [bau] 1) лук (*оружие*) 2) смычóк 3) бант 4) изги́б

bow III [bau] нос (*корабля*)

bowels ['bauəlz] *pl* кишéчник

bowl [boul] чáша; ми́ска; кýбок

box I [bɔks] 1) я́щик; корóбка 2) лóжа (*театральная*)

box II [bɔks] **1.** *v* бокси́ровать **2.** *n* 1) удáр; ~ on the ear пощёчина 2) бокс; ~er ['bɔksə] боксёр

box office ['bɔks'ɔfıs] театрáльная кáсса

boy [bɔı] мáльчик

boy friend ['bɔıfrend] «молодóй человéк», возлюбленный

boyhood ['bɔıhud] óтрочество

bra [bra:] ли́фчик, бюстгáльтер

braces ['breısız] *pl* подтя́жки

bracket ['brækıt] **1.** *n* 1) скóбка 2) подпóрка 3): higher ~s вы́сшие слои óбщества **2.** *v* заключáть в скóбки

brag [bræg] **1.** *v* хвáстаться **2.** *n* хвастовствó

braid [breıd] **1.** *n* 1) косá (*волóс*) 2) тесьмá **2.** *v* плести́, заплетáть

brain [breın] мозг; *перен.* ум

brainwash ['breınwɔʃ] *разг.* «промывáть мозги́»

brake [breık] **1.** *n* тóрмоз **2.** *v* тормози́ть

branch [bra:ntʃ] 1) ветвь, вéтка 2) óтрасль 3) филиáл 4) рукáв (*реки́*)

brand [brænd] **1.** *n* 1) головня́ 2) клеймó 3) фабри́чная мáрка 4) сорт **2.** *v* клейми́ть

brandy ['brændı] конья́к, брéнди

brass [bra:s] жёлтая медь, латýнь

brave [breıv] **1.** *a* хрáбрый **2.** *v* презирáть (*опáсность и т. п.*)

brawl [brɔ:l] шýмная ссóра

brazen ['breızn] бесстыжий, нáглый

breach [bri:tʃ] 1) брешь, отвéрстие 2) нарушéние (закона) 3) разры́в (отношений)

bread [bred] хлеб

breadth [bredθ] ширинá

break [breɪk] 1. v (broke; broken) 1) ломáть(ся); разрушáть(ся) 2) нарушáть (закóн); ~ away убежáть; ~ down 1) разрушáться 2) провáливаться; ~ off обрывáть; ~ out разрази́ться; вспы́хнуть; ~ up расходи́ться (о собрании) 2. n 1) проры́в 2) переры́в; lunch ~ обéденный переры́в

breakdown ['breɪkdaun] 1) упáдок сил 2) полóмка; авáрия

breakfast ['brekfəst] 1. n (у́тренний) зáвтрак 2. v зáвтракать

breakthrough ['breɪkθru:] 1) проры́в 2) достижéние, побéда (научная и т. п.)

breast [brest] грудь ◇ make a clean ~ of it чистосердéчно признáться в чём-л.

breath [breθ] дыхáние; вздох; be out of ~ запыхáться

breathe [bri:ð] 1) дышáть 2) ти́хо говори́ть

breathing ['bri:ðɪŋ] дыхáние

breathless ['breθlɪs] запыхáвшийся ◇ ~ silence немáя тишинá

bred [bred] past и p. p. от breed 1

breeches ['brɪtʃɪz] pl брю́ки, бри́джи

breed [bri:d] 1. v (bred; bred) 1) разводи́ть; выводи́ть; вскáрмливать 2) размножáться 2. n порóда; ~ing ['bri:dɪŋ] (благо)воспи́танность

breeze [bri:z] ветерóк, бриз

brevity ['brevɪtɪ] крáткость

brew [bru:] 1) вари́ть (пиво) 2) завáривать (чай)

bribe [braɪb] 1. v подкупáть 2. n взя́тка; ~ry ['braɪbərɪ] взя́точничество

brick [brɪk] 1. n 1) кирпи́ч 2) разг. молодéц, слáвный пáрень 2. a кирпи́чный; ~layer ['brɪkleɪə] кáменщик

bricks [brɪks] pl ку́бики (детские)

bride [braɪd] невéста, новобрáчная; ~groom ['braɪdgrum] жени́х

bridge [brɪdʒ] мост; ~ of one's nose перенóсица

bridle ['braɪdl] 1. n уздá, пóвод 2. v взну́здывать

brief [bri:f] крáткий

briefcase ['bri:fkeɪs] портфéль

briefing ['bri:fɪŋ] бри́финг, инструктáж

brigade [brɪ'geɪd] бригáда; отря́д

bright [braɪt] 1) я́ркий; свéтлый 2) смышлёный

brilliant ['brɪljənt] 1. a блестя́щий 2. n бриллиáнт

brim [brɪm] 1) край 2) поля (*шляпы*)

bring [brɪŋ] (brought; brought) 1) приносить 2) приводить; ~ about осуществлять; ~ up воспитывать

brink [brɪŋk] край (*обрыва, пропасти*)

brisk [brɪsk] живой; проворный

bristle ['brɪsl] 1. *n* щетина 2. *v* (о)щетиниться; ~ up вспылить

British ['brɪtɪʃ] 1. *a* британский 2. *n:* the ~ британцы

brittle ['brɪtl] хрупкий, ломкий

broad [brɔ:d] широкий

broadcast ['brɔ:dkɑ:st] 1. *v* (broadcast; broadcast) передавать по радио 2. *n* радиопередача

broke [brəuk] *past om* break 1

broken ['brəukən] 1. *p. p. om* break 1 2. *a* 1) разбитый; сломанный 2) нарушенный 3) ломаный (*о языке*)

broker ['brəukə] маклер, брокер

brooch [brəutʃ] брошь

brood [bru:d] 1. *v* 1) высиживать (*цыплят*) 2) (on, over) размышлять 2. *n* выводок

brook [bruk] ручей

broom [brum] метла; половая щётка

broth [brɔθ] бульон

brother ['brʌðə] брат;

~hood [-hud] братство; ~-in--law ['brʌðərɪnlɔ:] зять

brought [brɔ:t] *past и p. p. om* bring

brow [brau] бровь

brown [braun] коричневый; бурый; ~ paper обёрточная бумага ◇ in a ~ study в глубоком раздумье

bruise [bru:z] 1. *v* ушибать 2. *n* синяк; ушиб

brunch [brʌntʃ] *амер. разг.* поздний завтрак

brush [brʌʃ] 1. *n* 1) щётка 2) кисть 2. *v* 1) чистить щёткой 2) причёсывать (*волосы*)

brutal ['bru:tl] жестокий, грубый

brute [bru:t] зверь, скотина

bubble ['bʌbl] 1. *v* кипеть; пузыриться 2. *n* пузырь

bubble gum ['bʌblgʌm] надувная жевательная резинка

buck [bʌk] *амер. разг.* доллар США

bucket ['bʌkɪt] ведро

buckle ['bʌkl] пряжка

buckwheat ['bʌkwi:t] гречиха

bud [bʌd] 1. *n* почка; бутон 2. *v* давать почки; пускать ростки

buddy ['bʌdɪ] *амер. разг.* приятель

budget ['bʌdʒɪt] бюджет

buffalo ['bʌfəlou] буйвол

bug [bʌg] 1) клоп; насекомое; жук (*амер.*) 2) микрофóн для тáйного подслу́шивания

bugle ['bju:gl] горн, рог

build [bɪld] (built; built) стрóить; ~er ['bɪldə] стрóитель; ~ing ['bɪldɪŋ] строéние, здáние

built [bɪlt] *past и p. p. от* build

bulb [bʌlb] 1) лу́ковица 2) электри́ческая лáмпочка

Bulgarian [bʌl'gɛərɪən] 1. *a* болгáрский 2. *n* болгáрин

bulge [bʌldʒ] вы́пуклость

bulk [bʌlk] (основнáя) мáсса

bulky ['bʌlkɪ] громóздкий

bull [bul] бык

bullet ['bulɪt] пу́ля

bulletin ['bulɪtɪn] бюллетéнь

bull's-eye ['bulzaɪ] мишéнь, «я́блочко»

bully I ['bulɪ] 1. *n* задúра; забия́ка 2. *v* запу́гивать; дразнúть

bully II ['bulɪ] *разг.* мясны́е консéрвы

bumble ['bʌmbl] мя́млить

bump [bʌmp] 1. *n* 1) удáр, толчóк 2) шúшка 2. *v* ударя́ть(-ся); сту́каться

bun [bʌn] сдóбная бу́лочка

bunch [bʌntʃ] свя́зка, пучóк; букéт

bundle ['bʌndl] у́зел, пакéт

bungalow ['bʌŋgələu] (одноэтáжная) дáча, бу́нгало

buoy [bɔɪ] буй, бáкен

burden ['bə:dn] 1. *n* нóша; брéмя 2. *v* нагружáть; обременя́ть; ~some ['bə:dnsəm] обременúтельный

bureau [bjuə'rəu] 1) бюрó; секретéр 2) контóра, отдéл

burglar ['bə:glə] вор-взлóмщик; ~y [-rɪ] крáжа со взлóмом

burial ['berɪəl] погребéние

burn [bə:n] 1. *v* (burnt; burnt) 1) сжигáть 2) горéть 2. *n* ожóг

burnt [bə:nt] *past и p. p. от* burn 1

burst [bə:st] 1. *v* (burst; burst) 1) лóпаться 2) взрывáть(ся) 3) (into) разражáться (*смехом, слезами*) 2. *n* взрыв; вспы́шка

bury ['berɪ] 1) хоронúть 2) зарывáть

bus [bʌs] автóбус; ~ stop автóбусная остановка

bush [buʃ] куст, кустáрник

business ['bɪznɪs] дéло, заня́тие; ~like [-laɪk] деловóй; ~man [-mən] делéц

bust I [bʌst] бюст

bust II [bʌst] 1) разбúть 2) арестовáть

bustle ['bʌsl] 1. *v* суетúться 2. *n* суматóха, суетá

busy ['bɪzɪ] заня́той; be ~ быть заня́тым

but [bʌt] 1. *conj* а, но, однáко; ~ for éсли бы не 2. *prep* крóме, за исключéнием; the last page ~ one предпослéдняя странúца

butcher ['butʃə] 1) мясни́к 2) уби́йца, пала́ч

butter ['bʌtə] ма́сло (сливочное)

butterfly ['bʌtəflaɪ] ба́бочка

buttocks ['bʌtəks] pl я́годицы

button ['bʌtn] 1. n 1) пу́говица 2) кно́пка 2. v застёгивать(ся); ~hole [-həul] пе́тля

buy [baɪ] (bought; bought) покупа́ть

buzz [bʌz] 1. v жужжа́ть; гуде́ть 2. n жужжа́ние; гул; ~er ['bʌzə] (фабри́чный) гудо́к

by [baɪ] 1. prep 1) у, при, о́коло; к (о сроке); by two к двум (часа́м); by July к ию́лю 2) посре́дством; by air (train, sea) самолётом (по́ездом, парохо́дом); by kindness добро́той; it runs by electricity рабо́тает на электри́честве; by hand от руки́ ◇ by heart наизу́сть 2. adv 1) ря́дом, побли́зости 2) ми́мо ◇ by and by вско́ре; by the by, by the way кста́ти, ме́жду про́чим

bye [baɪ] (тж. bye-bye) разг. пока́!

by-election ['baɪɪlekʃn] дополни́тельные вы́боры

bypass ['baɪpɑ:s] объездна́я доро́га

byword ['baɪwə:d] погово́рка

C

cab [kæb] наёмный экипа́ж; изво́зчик; такси́

cabbage ['kæbɪdʒ] (коча́нная) капу́ста

cabin ['kæbɪn] 1) каби́на 2) каю́та

cabinet ['kæbɪnɪt] кабине́т (мини́стров)

cable ['keɪbl] 1. n 1) кана́т 2) ка́бель; ~ television ка́бельное телеви́дение 3) разг. телегра́мма 2. v телеграфи́ровать

cad [kæd] хам

cage [keɪdʒ] 1. n кле́тка 2. v сажа́ть в кле́тку

cake [keɪk] 1) торт, пиро́жное 2) кусо́к, брусо́к; пли́тка; ~ of soap кусо́к мы́ла

calamity [kə'læmɪtɪ] (стихи́йное) бе́дствие

calculate ['kælkjuleɪt] 1) вычисля́ть 2) рассчи́тывать

calculator ['kælkjuleɪtə] калькуля́тор

calendar ['kælɪndə] календа́рь

calf I [kɑ:f] телёнок

calf II [kɑ:f] икра́ (ноги́)

call [kɔ:l] 1. n 1) зов, о́клик 2) (телефо́нный) вы́зов 3) визи́т 2. v 1) звать, оклика́ть 2) называ́ть 3) буди́ть; ~ for а) тре́бовать; б) заходи́ть за кем-л., чем-л.; ~ on посеща́ть; навеща́ть; ~ up а) звони́ть (*по телефо́ну*); б) *воен.* призыва́ть

calling [ˈkɔ:lɪŋ] 1) призва́ние 2) профе́ссия

callous [ˈkæləs] безду́шный, чёрствый

calm [kɑ:m] 1. *a* споко́йный 2. *n* 1) тишина́ 2) безве́трие, штиль 3. *v* успока́ивать

came [keɪm] *past om* come

camel [ˈkæməl] верблю́д

camera [ˈkæmərə] фотоаппара́т; кинока́мера; ~man [-mæn] фоторепортёр; кинооперáтор

camp [kæmp] 1. *n* ла́герь, прива́л 2. *v* располага́ться ла́герем

campaign [kæmˈpeɪn] кампа́ния; похо́д

campus [ˈkæmpəs] университе́тский городо́к

can I [kæn] (could) мочь

can II [kæn] 1. *n* 1) бидо́н 2) жестяна́я коро́бка, ба́нка 2. *v* консерви́ровать

canal [kəˈnæl] кана́л

cancel [ˈkænsəl] аннули́ровать

cancer [ˈkænsə] *мед.* рак

candid [ˈkændɪd] че́стный, и́скренний; открове́нный

candle [ˈkændl] свеча́; ~stick [ˈkændlstɪk] подсве́чник

candy [ˈkændɪ] 1) ледене́ц 2) *амер.* конфе́та

cane [keɪn] 1) тростни́к 2) трость

canned [kænd] консерви́рованный

cannibal [ˈkænɪbəl] людое́д, каннибáл

cannon [ˈkænən] пу́шка, ору́дие

cannot [ˈkænɔt]: I ~ я не могу́

canoe [kəˈnu:] кано́э; байда́рка

can opener [ˈkænəupnə] консе́рвный нож

can't [kɑ:nt] *разг.* = cannot

canvas [ˈkænvəs] 1) паруси́на; холст; полотно́ (*карти́на*) 2) *собир.* паруса́

canvass [ˈkænvəs] агити́ровать (*пе́ред вы́борами*)

cap [kæp] ша́пка; фура́жка

capable [ˈkeɪpəbl] спосо́бный

capacious [kəˈpeɪʃəs] просто́рный, вмести́тельный, объёмистый

capacity [kəˈpæsɪtɪ] 1) ёмкость 2) спосо́бность ◇ in my ~ as a doctor я как врач

cape I [keɪp] капюшо́н; наки́дка

cape II [keɪp] мыс

capital I [ˈkæpɪtl] 1. *n* столи́ца 2. *a* 1) превосхо́дный 2): ~ letter загла́вная бу́ква ◇ ~ punishment сме́ртная казнь

capital II [ˈkæpɪtl] капита́л; ~ism [ˈkæpɪtəlɪzm] капитали́зм; ~ist [ˈkæpɪtəlɪst] 1. *n* капитали́ст 2. *a* капиталисти́ческий capitulate [kə'pɪtjuleɪt] капитулировать

captain ['kæptɪn] капитан

caption ['kæpʃn] надпись; подпись; *кино* титр

captivate ['kæptɪveɪt] увлекать

captive ['kæptɪv] пленный

capture ['kæptʃə] 1. *v* захватывать 2. *n* захват

car [ka:] 1) вагон 2) автомобиль

carbon ['ka:bən] углерод; ~ paper копировальная бумага

card [ka:d] 1) карта (*игральная*) 2) карточка 3) билет (*членский, пригласительный*)

cardboard ['ka:dɔ:d] картон

cardinal ['ka:dɪnl] 1. *a* основной, главный; ~ numbers количественные числительные; ~ points страны света 2. *n* кардинал

care [kɛə] 1. *n* забота; ~ of (с/о) для передачи... (*на письмах*); take ~ (of) заботиться; take ~ ! берегитесь! 2. *v* (for) любить (*кого-л., что-л.*); интересоваться (*чем-л.*) ◇ I don't ~ мне всё равно

career [kə'rɪə] карьера

careful ['kɛəful] 1) осторожный; be ~ ! осторожно! 2) заботливый 3) аккуратный; тщательный

careless ['kɛəlɪs] небрежный

caress [kə'res] 1. *n* ласка 2. *v* ласкать

caretaker ['kɛəteɪkə] сторож

carfare ['ka:fɛə] плата за проезд в автобусе

cargo ['ka:gəu] (корабельный) груз

caricature [kærɪkə'tjuə] карикатура

carnation [ka:'neɪʃn] (крупная) гвоздика

carpenter ['ka:pɪntə] столяр

carpet ['ka:pɪt] ковёр

carriage ['kærɪdʒ] 1) экипаж 2) вагон (ж.-д.) 3) перевозка 4) стоимость доставки 5) осанка

carriage free ['kærɪdʒ'fri:] доставка бесплатно

carrier ['kærɪə] носильщик; (пере)возчик

carrier rocket ['kærɪə 'rɔkɪt] ракета-носитель

carrot ['kærət] морковь

carry ['kærɪ] носить; ~ on продолжать; ~ out выполнять, осуществлять

cart [ka:t] телега; повозка

cartoon [ka:'tu:n] 1) карикатура 2) мультипликационный фильм (*тж.* animated ~)

cartridge ['ka:trɪdʒ] патрон

carve [ka:v] 1) вырезать (*по дереву и т. п.*); высекать (*из камня*) 2) резать мясо (*за столом*)

case I [keɪs] 1) я́щик 2) футля́р

case II [keɪs] 1) слу́чай; in any ~ во вся́ком слу́чае 2) де́ло (*судебное*) 3) *грам.* паде́ж

cash [kæʃ] 1. *n* нали́чные де́ньги; ~ register ка́сса 2. *v:* ~ a cheque получа́ть де́ньги по че́ку

cashier [kæ'ʃɪə] касси́р

cask [kɑ:sk] бочо́нок

cassette [kə'set] кассе́та

cast [kɑ:st] 1. *v* (cast; cast) 1) броса́ть; сбра́сывать 2) лить (*металл*) 2. *n* слѐпок

cast iron ['kɑ:st'aɪən] чугу́н

castle ['kɑ:sl] 1) за́мок 2) *шахм.* ладья́

cast-off ['kɑst'ɔf] 1. *a* поно́шенный; него́дный 2. *n pl* обно́ски

casual ['kæʒjuəl] 1) случа́йный 2) небре́жный, непринуждённый; ~ty [-tɪ] 1) несча́стный случай 2) *pl* поте́ри (*на войне*)

cat [kæt] кот; ко́шка

catalogue ['kætəlɔg] катало́г

catch [kætʃ] 1. *v* (caught; caught) лови́ть, пойма́ть; схва́тывать; ~ cold простуди́ться; ~ fire загоре́ться 2. *n* 1) поймка, захва́т 2) уло́в, добы́ча

catchpenny ['kætʃpenɪ] показно́й, рассчи́танный на дешёвый успе́х

caterpillar ['kætəpɪlə] гу́сеница (*тж. тех.*)

cathedral [kə'θi:drəl] собо́р

catnap ['kætnæp] вздремну́ть

cattle ['kætl] (рога́тый) скот

caught [kɔ:t] *past и p. p. от* catch 1

cauliflower ['kɔlɪflauə] цветна́я капу́ста

cause [kɔ:z] 1. *n* 1) причи́на 2) по́вод 3) де́ло 2. *v* 1) причиня́ть 2) заставля́ть

cautious ['kɔ:ʃəs] осторо́жный

cavalry ['kævəlrɪ] кавале́рия, ко́нница

cave [keɪv] пеще́ра

caviare ['kævɪɑ:] икра́

cavity ['kævɪtɪ] впа́дина; по́лость

cease [si:s] прекраща́ть(ся); ~less ['si:slɪs] беспреста́нный, непреры́вный

cedar ['si:də] кедр

ceiling ['si:lɪŋ] потоло́к

celebrate ['selɪbreɪt] 1) пра́здновать 2) прославля́ть

celebrated ['selɪbreɪtɪd] знамени́тый

celebrity [sɪ'lebrɪtɪ] изве́стность; знамени́тость

cell [sel] 1) тюре́мная ка́мера 2) яче́йка 3) *биол.* клѐт(оч)ка

cellar ['selə] 1) подва́л 2) ви́нный по́греб

cemetery ['semɪtrɪ] кла́дбище

censorship ['sensəʃɪp] цензу́ра

censure ['senʃə] 1. *v* порица́ть, осужда́ть 2. *n* порица́ние, осужде́ние

census ['sensəs] пе́репись

cent [sent] цент

central ['sentrəl] центра́льный

centre ['sentə] 1. *n* центр 2. *v* сосредото́чивать(ся)

century ['sentʃurɪ] век, столе́тие

cereals ['sɪərɪəlz] *pl* зерновы́е

ceremony ['serɪmənɪ] обря́д; церемо́ния

certain ['sə:tn] определённый, изве́стный; be ~ быть уве́ренным; for ~ наверняка́; a ~ не́который, не́кий; ~ly [-lɪ] коне́чно, непреме́нно; ~ty [-tɪ] уве́ренность

certificate [sə'tɪfɪkɪt] свиде́тельство, удостовере́ние

certitude ['sə:tɪtju:d] уве́ренность; несомне́нность

cessation [se'seɪʃn] прекраще́ние

chain [tʃeɪn] 1. *n* цепь; цепо́чка 2. *v* ско́вывать

chair [tʃɛə] 1) стул 2) ка́федра 3) председа́тельское ме́сто; ~man ['tʃɛəmən] председа́тель

chalk [tʃɔ:k] мел

challenge ['tʃælɪndʒ] 1. *n* вы́зов 2. *v* вызыва́ть

chamber ['tʃeɪmbə] пала́та

champion ['tʃæmpjən] 1) боре́ц; побо́рник 2) чемпио́н; ~ship [-ʃɪp] 1) чемпиона́т 2) зва́ние чемпио́на

chance [tʃɑ:ns] 1. *n* возмо́жность; слу́чай 2. *a* случа́йный

chancellor ['tʃɑ:nsələ] ка́нцлер

change [tʃeɪndʒ] 1. *v* 1) меня́ть(ся); ~ one's mind переду́мать 2) переса́живаться, де́лать переса́дку 2. *n* 1) измене́ние; переме́на 2) сда́ча, ме́лочь 3) переса́дка

channel ['tʃænl] 1) ру́сло 2) кана́л; проли́в

chaos ['keɪɔs] ха́ос

chap [tʃæp] *разг.* па́рень, ма́лый; old ~ старина́, прия́тель

chapter ['tʃæptə] глава́ (*книги*)

character ['kærɪktə] хара́ктер; ~istic [kærɪktə'rɪstɪk] характе́рный

charge [tʃɑ:dʒ] 1. *n* 1) попече́ние; be in ~ of заве́довать; отвеча́ть за (*кого-л., что-л.*) 2) *юр.* обвине́ние 3) цена́; free of ~ беспла́тно 2. *v* 1) поруча́ть; возлага́ть на (*кого-л.*) 2) *юр.* обвиня́ть 3) заряжа́ть 4) назнача́ть це́ну

charitable ['tʃærɪtəbl] 1) благотвори́тельный 2) милосе́рдный 3) терпи́мый

charity ['tʃærɪtɪ] 1) благотвори́тельность 2) милосе́рдие

charm [tʃɑ:m] 1. *n* обая́ние, очарова́ние 2. *v* очаро́-

вывать; ~ing ['tʃɑːmɪŋ] очаровательный, прелестный

chart [tʃɑːt] 1) (морская) карта 2) диаграмма

charter ['tʃɑːtə] *полит.* пакт

charwoman ['tʃɑːwumən] уборщица

chase [tʃeɪs] 1. *n* погоня 2. *v* 1) охотиться 2) гнаться, преследовать 3) прогонять

chat [tʃæt] дружеская беседа; let's have a ~ поболтаем; ~ show телеинтервью

chatter ['tʃætə] 1. *v* болтать 2. *n* болтовня

chauffeur ['ʃəufə] шофёр

cheap [tʃiːp] 1. *a* дешёвый 2. *adv* дёшево

cheat [tʃiːt] 1. *v* обманывать, надувать 2. *n* обманщик, плут

check [tʃek] 1. *n* 1) задержка 2) *амер.* чек 3) багажная квитанция 4) *шахм.* шах 5) клётка (*на материи*) 2. *v* 1) сдерживать 2) проверять, контролировать

check-in ['tʃekɪn] регистрация (*в аэропорту*)

checkout ['tʃekaut] контроль (*в магазине, в библиотеке*)

cheek [tʃiːk] 1) щека 2) *разг.* нахальство; ~y ['tʃiːkɪ] развязный

cheer [tʃɪə] 1. *n* приветственное восклицание, ура; give a ~ кричать ура; three ~s for...! да здравствует...! 2. *v* 1) приветствовать 2) ободрять; ~ up приободрять(ся); ~ful ['tʃɪəful] бодрый, весёлый, жизнерадостный

cheese [tʃiːz] сыр

chemical ['kemɪkəl] химический

chemise [ʃɪ'miːz] сорочка (*женская*)

chemist ['kemɪst] 1) химик 2) аптекарь; ~ry ['kemɪstrɪ] химия

cheque [tʃek] чек

cherry ['tʃerɪ] вишня; черёшня

chess [tʃes] шахматы; ~men ['tʃesmen] шахматные фигуры

chest [tʃest] 1) сундук; ящик; ~ of drawers комод 2) грудь

chestnut ['tʃesnʌt] 1. *n* каштан 2. *a* каштановый (*о цвете*)

chew [tʃuː] жевать

chewing gum ['tʃuːɪŋgʌm] жевательная резинка, жвачка

chicken ['tʃɪkɪn] 1) цыплёнок 2) курица (*как кушанье*)

chief [tʃiːf] 1. *n* глава, руководитель, начальник 2. *a* главный; ~ly ['tʃiːflɪ] главным образом

child [tʃaɪld] дитя, ребёнок; ~birth ['tʃaɪldbəːθ] роды; ~hood ['tʃaɪldhud] детство; ~ish ['tʃaɪldɪʃ] детский, ребяческий

children ['tʃɪldrən] *pl om* child

chill [tʃɪl] простуда; you'll get a ~ вы простудитесь

chilly ['tʃɪlɪ] 1) холодный 2) сухой, чопорный

chimney ['tʃɪmnɪ] труба (дымовая)

chin [tʃɪn] подбородок

china ['tʃaɪnə] 1. n фарфор 2. a фарфоровый

Chinese [tʃaɪ'ni:z] 1. a китайский 2. n китаец

chip [tʃɪp] 1. n щепка; стружка 2. v откалывать; отбивать

chirp [tʃə:p] 1. n чириканье 2. v чирикать

chit I [tʃɪt] ребёнок

chit II [tʃɪt] 1) записка 2) расписка

chivalrous ['ʃɪvəlrəs] рыцарский

chocolate ['tʃɔklət] шоколад

choice [tʃɔɪs] выбор

choir ['kwaɪə] хор

choke [tʃəuk] 1) душить 2) задыхаться

choose [tʃu:z] (chose; chosen) выбирать

chop [tʃɔp] 1. v рубить 2. n (отбивная) котлета

chord I [kɔ:d] 1) струна 2) анат. связка; spinal ~ спинной мозг; vocal ~s голосовые связки

chord II [kɔ:d] аккорд

chorus ['kɔ:rəs] хор

chose [tʃəuz] past от choose; ~n [-n] p. p. от choose

christen ['krɪsn] крестить; давать имя

Christian ['krɪstjən] 1. a христианский; ~ name имя (в отличие от фамилии) 2. n христианин

Christmas ['krɪsməs] рождество; ~ Eve сочельник; ~ tree новогодняя ёлка

chronic ['krɔnɪk] хронический

chronicle ['krɔnɪkl] 1. n летопись, хроника 2. v отмечать

church [tʃə:tʃ] церковь; ~yard ['tʃə:tʃja:d] кладбище

cigarette [sɪgə'ret] сигарета

cinder ['sɪndə] 1) шлак 2) pl зола

Cinderella [sɪndə'relə] Золушка

cinema ['sɪnɪmə] кино

cipher ['saɪfə] 1. n 1) шифр 2) цифра 3) нуль; перен. ничтожество 2. v зашифровывать

circle ['sə:kl] круг; окружность

circuit ['sə:kɪt] 1) объезд 2) округ 3) эл. цепь; short ~ короткое замыкание

circular ['sə:kjulə] 1. a 1) круглый 2) круговой 2. n циркуляр

circulate ['sə:kjuleɪt] 1) циркулировать 2) обращаться (о деньгах) 3) распространяться

circulation [sə:kju'leɪʃn] 1) кровообращение 2) тираж

circumference [sə'kʌm-fərəns] окру́жность

circumstance ['sə:kəm-stəns] обстоя́тельство

circus ['sə:kəs] цирк

cistern ['sıstən] 1) цисте́рна, бак 2) водоём

cite [saıt] цити́ровать

citizen ['sıtızn] 1) граждани́н 2) горожа́нин

city ['sıtı] (большо́й) го́род

civil ['sıvl] 1) гражда́нский, шта́тский 2) ве́жливый

civilian [sı'vıljən] шта́тский

civility [sı'vılıtı] любе́зность, ве́жливость

civilization [sıvılaı'zeıʃn] цивилиза́ция

claim [kleım] 1. v 1) тре́бовать 2) претендова́ть 3) утвержда́ть 2. n 1) тре́бование 2) прете́нзия

clamour ['klæmə] шум, кри́ки

clap [klæp] 1. v хло́пать; аплоди́ровать 2. n уда́р; хлопо́к

clarity ['klærətı] прозра́чность, я́сность

clash [klæʃ] 1. n 1) столкнове́ние 2) лязг 2. v ста́лкиваться

clasp [kla:sp] 1. v прижима́ть (к груди́); обнима́ть; сжима́ть (в руке́) 2. n 1) рукопожа́тие; объя́тия 2) застёжка, пря́жка

class I [kla:s] 1. n (обще́-ственный) класс 2. a кла́ссовый

class II [kla:s] 1) класс (в шко́ле) 2) разря́д

classify ['klæsıfaı] классифици́ровать

classmate ['kla:smeıt] однокла́ссник

classroom ['kla:sru:m] класс

clatter ['klætə] 1. n стук; звон 2. v стуча́ть, греме́ть

clause [klɔ:z] 1) статья́, пункт 2) грам. предложе́ние

claw [klɔ:] 1) ко́готь 2) клешня́

clay [kleı] гли́на

clean [kli:n] 1. a 1) чи́стый 2) чистопло́тный 2. v чи́стить; ~ up убира́ть; ~liness ['klenlınıs] чистопло́тность

clear [klıə] 1. a 1) я́сный 2) све́тлый; чи́стый; ~ conscience чи́стая со́весть; ~ sky чи́стое не́бо 2. v очища́ть; ~ up а) проясни́ться; б) выясня́ть; в) убира́ть

clench [klentʃ] сжима́ть (кулаки́, зу́бы)

clergy ['klə:dʒı] духове́нство; ~man [-mən] свяще́нник

clerk [kla:k] чино́вник; слу́жащий

clever ['klevə] 1) у́мный; спосо́бный 2) иску́сный

client ['klaıənt] клие́нт; покупа́тель

cliff [klıf] утёс, скала́

climate ['klaımıt] кли́мат

climax ['klaɪmæks] кульминационный пункт

climb [klaɪm] подниматься; карабкаться; лазить

cling [klɪŋ] (clung; clung) 1) цепляться 2) (при)льнуть

clip I [klɪp] стричь; отрезать; отсекать

clip II [klɪp] зажим; скрепка

cloak [kləuk] плащ; ~room ['kləukru:m] 1) раздевалка 2) камера хранения (багажа)

clock [klɔk] часы (стенные, настольные, башенные)

close I [kləuz] 1. v закрывать(ся) 2. n конец

close II [kləus] 1) близкий 2) душный

closet ['klɔzɪt] чулан

cloth [klɔθ] 1) ткань 2) сукно 3) скатерть

clothe [kləuð] (clothed; clothed) одевать

clothes [kləuðz] pl одежда, платье; бельё

cloud [klaud] 1. n облако, туча 2. v омрачать(ся); затемнять

clover ['kləuvə] клевер ◇ be (live) in ~ жить припеваючи

club I [klʌb] клуб

club II [klʌb] дубинка; клюшка

clue [klu:] ключ (к разгадке); улика

clumsy ['klʌmzɪ] неуклюжий

clung [klʌŋ] past и p. p. от cling

cluster ['klʌstə] 1. n гроздь 2. v скопляться; тесниться

coach I [kəutʃ] 1) экипаж 2) ж.-д. вагон

coach II [kəutʃ] 1. n тренер; инструктор; репетитор 2. v тренировать, подготовлять

coal [kəul] (каменный) уголь

coarse [kɔ:s] грубый, вульгарный

coast [kəust] морской берег, побережье

coat [kəut] 1. n 1) пальто 2) пиджак; жакет 3) шерсть (животных) 4) слой (краски и т. п.) 2. v покрывать (краской и т. п.)

cobbler ['kɔblə] сапожник

cobblestone ['kɔblstəun] булыжник

cobweb ['kɔbweb] паутина

cock I [kɔk] петух

cock II [kɔk] 1) кран 2) курок

cockroach ['kɔkrəutʃ] таракан

cocktail ['kɔkteɪl] коктейль

cocoa ['kəukəu] какао

coco-nut ['kəukənʌt] кокос

cocoon [kə'ku:n] кокон

c.o.d. ['si:'əu'di:] (cash on delivery) наложенным платежом

cod [kɔd] треска

code [kəud] 1. n 1) кодекс 2) шифр; код 3) система

сигна́лов **2.** *v* шифрова́ть по ко́ду

coexistence [kəuıg'zıstəns] сосуществова́ние

coffee ['kɔfɪ] ко́фе; ~ **beans** *pl* ко́фе в зёрнах; ~**pot** [-pɔt] кофе́йник

coffin ['kɔfɪn] гроб

coil [kɔɪl] **1.** *v* свёртывать(ся) кольцо́м, спира́лью **2.** *n* кольцо́; спира́ль; бу́хта (*троса*)

coin [kɔɪn] **1.** *n* моне́та **2.** *v* чека́нить (*монету*)

coincidence [kəu'ınsıdəns] совпаде́ние

coke [kəuk] 1) кокс 2) ко́ка-ко́ла

cold [kəuld] **1.** *a* холо́дный; it's ~ хо́лодно **2.** *n* 1) хо́лод 2) просту́да, на́сморк

collaboration [kəlæbə'reɪʃn] сотру́дничество

collapse [kə'læps] **1.** *n* 1) обва́л 2) прова́л 3) упа́док сил **2.** *v* 1) ру́шиться, обва́ливаться 2) спуска́ть (*о мяче, камере*)

collapsible [kə'læpsəbl] складно́й (*о стуле, столе и т. п.*)

collar ['kɔlə] 1) воротни́к; воротничо́к 2) оше́йник 3) хому́т

colleague ['kɔli:g] колле́га

collect [kə'lekt] собира́ть(ся); ~**ion** [kə'lekʃn] 1) собира́ние 2) колле́кция 3) сбор

collective [kə'lektɪv] коллекти́вный

college ['kɔlɪdʒ] ко́лледж

collier ['kɔlɪə] углеко́п, шахтёр

collision [kə'lɪʒn] столкнове́ние

colloquial [kə'ləukwɪəl] разгово́рный

collusion [kə'lu:ʒn] та́йный сго́вор

colon ['kəulən] двоето́чие

colonel ['kə:nl] полко́вник

colonial [kə'ləunjəl] колониа́льный

colonize ['kɔlənaɪz] заселя́ть, колонизи́ровать

colony ['kɔlənɪ] коло́ния

column ['kɔləm] 1) коло́нна 2) столб(ик) 3) столбе́ц

comb [kəum] **1.** *n* гре́бень, гребёнка **2.** *v* чеса́ть, расчёсывать

combat ['kɔmbət] сраже́ние

combination [kɔmbɪ'neɪʃn] сочета́ние

combine 1. *v* [kəm'baɪn] 1) объединя́ть(ся) 2) сочета́ть **2.** *n* ['kɔmbaɪn] 1) с.-х. комба́йн 2) комбина́т

combustion [kəm'bʌstʃn] горе́ние, сгора́ние

come [kʌm] (came; come) приходи́ть; приезжа́ть; ~ **back** возвраща́ться; ~ **in** входи́ть ◇ it didn't ~ off! не вы́шло!

comedy ['kɔmɪdɪ] коме́дия

comfort ['kʌmfət] **1.** *n* 1) утеше́ние 2) *pl* удо́бства **2.** *v* утешáть; ~able ['kʌmfətəbl] удóбный; уютный

comic ['kɔmɪk] смешнóй, комúческий; ~ strip кóмикс

coming ['kʌmɪŋ] бýдущий, наступáющий

comma ['kɔmə] запятáя; inverted ~s кавычки

command [kə'mɑ:nd] 1. v 1) прикáзывать 2) комáндовать 3) госпóдствовать 2. n 1) прикáз 2) комáндование; ~er [kə'mɑ:ndə] командúр, военачáльник; комáндующий

commend [kə'mend] хвалúть

comment ['kɔment] 1. n примечáние, толковáние; any ~s? есть замечáния? 2. v комментúровать; ~ator [-eɪtə] комментáтор

commerce ['kɔm ə:s] торгóвля

commercial [kə'mə:ʃəl] торгóвый

commission [kə'mɪʃn] 1) комúссия 2) поручéние

commit [kə'mɪt] совершáть (*преступление*)

committee [kə'mɪtɪ] комитéт; комúссия

commodity [kə'mɔdɪtɪ] товáр, предмéт потреблéния

common ['kɔmən] 1) óбщий 2) общéственный 3) обыкновéнный

commonplace ['kɔmənpleɪs] 1. n банáльность, óбщее мéсто 2. a банáльный

common sense ['kɔmən 'sens] здрáвый смысл

commotion [kə'məuʃn] 1) смятéние 2) волнéние

commune ['kɔmju:n] коммýна

communicate [kə'mju:nɪkeɪt] 1) сообщáть, передавáть 2) сообщáться

communication [kəmju:nɪ'keɪʃn] сообщéние; связь; коммуникáция

communism ['kɔmjunɪzm] коммунúзм

communist ['kɔmjunɪst] 1. n коммунúст 2. a коммунистúческий

community [kə'mju:nɪtɪ] 1) общúна 2) óбщность

compact 1. a [kəm'pækt] компáктный; плóтный, сжáтый 2. n ['kɔmpækt] пýдреница

companion [kəm'pænjən] товáрищ; спýтник, попýтчик

company ['kʌmpənɪ] óбщество; компáния; товáрищество

comparative [kəm'pærətɪv] 1. a сравнúтельный; относúтельный 2. n *грам.* сравнúтельная стéпень

compare [kəm'pɛə] срáвнивать

comparison [kəm'pærɪsn] сравнéние; in ~ with по сравнéнию с

compartment [kəm'pɑ:tmənt] отделéние; купé

compass ['kʌmpəs] 1) объём; диапазóн 2) кóмпас 3) *pl* цúркуль

compassion [kəm'pæʃn] жáлость, сострадáние

compatriot [kəm'pætrɪət] соотéчественник

compel [kəm'pel] заставлять, вынуждáть

compensate ['kɔmpenseɪt] возмещáть; вознаграждáть; компенсúровать

compete [kəm'pi:t] состязáться; конкурúровать

competence ['kɔmpɪtəns] 1) умéние, квалификáция 2) компетéнтность 3) достáток

competent ['kɔmpɪtənt] 1) умéлый 2) полноправный

competition [kɔmpɪ'tɪʃn] 1) соревновáние; кóнкурс 2) конкурéнция

competitor [kəm'petɪtə] конкурéнт; учáстник кóнкурса

compile [kəm'paɪl] составлять

complacent [kəm'pleɪsnt] самодовóльный

complain [kəm'pleɪn] жáловаться

complaint [kəm'pleɪnt] 1) жáлоба; недовóльство 2) болéзнь

complement ['kɔmplɪmənt] дополнéние (*тж. грам.*)

complete [kəm'pli:t] **1.** *a* пóлный **2.** *v* 1) закáнчивать, завершáть 2) пополнять; ~ly [-lɪ] совершéнно

complex ['kɔmpleks] слóжный

complexion [kəm'plekʃn] цвет лицá

compliance [kəm'plaɪəns]: in ~ with в соотвéтствии с, соглáсно

complicate ['kɔmplɪkeɪt] усложнять

complicated ['kɔmplɪkeɪtɪd] слóжный, запýтанный

compliment 1. *n* ['kɔmplɪmənt] 1) комплимéнт 2) *pl* привéт **2.** *v* ['kɔmplɪment] дéлать комплимéнт(ы)

complimentary [kɔmplɪ'mentərɪ] 1) лéстный 2) даровóй; ~ ticket бесплáтный билéт; ~ copy бесплáтный экземпляр

comply [kəm'plaɪ] 1) соглашáться 2) исполнять (*просьбу, желáние*)

compose [kəm'pəuz] 1) составлять 2) сочинять 3) набирáть 4): ~ oneself успокáиваться; ~d [-d] спокóйный

composer [kəm'pəuzə] композúтор

composition [kɔmpə'zɪʃn] 1) композúция 2) состáв, смесь 3) музыкáльное произведéние 4) шкóльное сочинéние

compositor [kəm'pɔzɪtə] набóрщик

composure [kəm'pəuʒə] спокóйствие, самооблада́ние

compound ['kɔmpaund] **1.** *n* смесь **2.** *a* 1) составнóй 2) слóжный 3) *грам.* сложносочинённый

comprehensive [kɔmprɪ'hensɪv] всесторо́нний; исче́рпывающий

compress ['kɔmpres] компре́сс

comprise [kəm'praɪz] охва́тывать; заключа́ть (в себе)

compromise ['kɔmprəmaɪz] 1. n компроми́сс 2. v 1) пойти́ на компроми́сс 2) компромети́ровать

compulsory [kəm'pʌlsərɪ] принуди́тельный; обяза́тельный

computer [kəm'pju:tə] компью́тер, ЭВМ

comrade ['kɔmrɪd] това́рищ

concave [kɔn'keɪv] во́гнутый

conceal [kən'si:l] скрыва́ть

concede [kən'si:d] 1) уступа́ть 2) допуска́ть (возможность и т. п.)

conceit [kən'si:t] самомне́ние; ~ed [kən'si:tɪd] самодово́льный, тщесла́вный

concentrate ['kɔnsentreɪt] сосредото́чить (ся)

concentration [kɔnsen'treɪʃn] сосредото́чение; концентра́ция; ~ camp концентраци́онный ла́герь

conception [kən'sepʃn] 1) поня́тие; представле́ние; концепция 2) зача́тие

concern [kən'sə:n] 1. n 1) де́ло, отноше́ние; it's no ~ of mine э́то меня́ не каса́ется 2) предприя́тие 3) огорче́ние 2. v каса́ться; интересова́ться;

as far as I am ~ed что каса́ется меня́; ~ed [-d] 1) заинтересо́ванный 2) озабо́ченный; огорчённый; ~ing [-ɪŋ] относи́тельно

concert ['kɔnsət] концерт ◇ in ~ with вме́сте с

concession [kən'seʃn] 1) усту́пка 2) эк. конце́ссия

conciliate [kən'sɪlɪeɪt] 1) примиря́ть 2) задо́брить; утихоми́рить

concise [kən'saɪs] сжа́тый, кра́ткий

conclude [kən'klu:d] 1) зака́нчивать; заключа́ть 2) де́лать вы́вод

conclusion [kən'klu:ʒn] 1) оконча́ние; заключе́ние 2) вы́вод

conclusive [kən'klu:sɪv] оконча́тельный, реша́ющий; убеди́тельный

concrete ['kɔnkri:t] 1. a 1) конкре́тный 2) бето́нный 2. n бето́н

concur [kən'kə:] 1) совпада́ть; сходи́ться 2) соглаша́ться

concussion [kən'kʌʃn] сотрясе́ние (мозга)

condemn [kən'dem] осужда́ть; пригова́ривать

condensed [kən'denst] сгущённый

condescend [kɔndɪ'send] снисходи́ть; ~ing [kɔndɪ'sendɪŋ] снисходи́тельный

condition [kən'dɪʃn] 1) усло́вие 2) состоя́ние 3) pl обстоя́тельства

conduct 1. *v* [kən'dʌkt] 1) вести́ 2) дирижи́ровать **2.** *n* ['kɔndəkt] поведе́ние

conductor [kən'dʌktə] 1) конду́ктор 2) дирижёр 3) проводни́к (*тж. физ.*)

cone [kəun] 1) ко́нус 2) ши́шка (*еловая и т. п.*)

conference ['kɔnfərəns] совеща́ние, конфере́нция

confess [kən'fes] 1) признава́ться 2) испове́доваться; ~ion [kən'feʃn] 1) призна́ние 2) и́споведь

confide [kən'faɪd] 1) доверя́ть; полага́ться 2) признава́ться

confidence ['kɔnfɪdəns] 1) дове́рие 2) уве́ренность; самоуве́ренность

confident ['kɔnfɪdənt] уве́ренный; ~ial [kɔnfɪ'denʃəl] конфиденциа́льный, секре́тный

confine [kən'faɪn] 1) ограни́чивать 2) заключа́ть в тюрьму́; ~ment [-mənt] тюре́мное заключе́ние

confirm [kən'fə:m] подтвержда́ть; ~ation [kɔnfə:'meɪʃn] подтвержде́ние

conflict 1. *n* ['kɔnflɪkt] конфли́кт **2.** *v* [kən'flɪkt] (with) противоре́чить

conform [kən'fɔ:m] 1) соотве́тствовать 2) подчиня́ться; ~ist [-ɪst] конформи́ст; ~ity [-ɪtɪ]: in ~ity with в соотве́тствии с

confront [kən'frʌnt] 1) стоя́ть лицо́м к лицу́ 2) дать кому́-л. о́чную ста́вку

confuse [kən'fju:z] 1) сме́шивать; спу́тывать 2) смуща́ться

confusion [kən'fju:ʒn] 1) пу́таница, беспоря́док 2) смуще́ние

congenial [kən'dʒi:njəl] 1) подходя́щий, благоприя́тный 2) бли́зкий по ду́ху

congratulate [kən'grætjuleɪt] поздравля́ть

congress ['kɔŋgres] съезд; конгре́сс

conjecture [kən'dʒektʃə] **1.** *n* дога́дка, предположе́ние **2.** *v* предполага́ть

conjugation [kɔndʒu'geɪʃn] *грам.* спряже́ние

conjunction [kən'dʒʌŋkʃn] 1) соедине́ние 2) *грам.* сою́з

connect [kə'nekt] соединя́ть(ся); свя́зывать(ся)

connection [kə'nekʃn] связь

conquer ['kɔŋkə] завоёвывать; побежда́ть; ~or ['kɔŋkərə] завоева́тель; победи́тель

conquest ['kɔŋkwest] завоева́ние

conscience ['kɔnʃəns] со́весть

conscientious [kɔnʃɪ'enʃəs] добросо́вестный

conscious ['kɔnʃəs] 1) сознаю́щий; ощуща́ющий; be ~ of знать, сознава́ть 2) созна́тельный; ~ness [-nɪs] 1) созна́ние 2) созна́тельность

consecutive [kən'sekjutıv] послéдовательный

consent [kən'sent] 1. *n* соглáсие 2. *v* соглашáться

consequence ['kɔnsıkwəns] 1) послéдствие 2) значéние; it's of no ~ это не имéет значéния, невáжно

consequently ['kɔnsıkwəntlı] слéдовательно, поэтому

conservation [kɔnsə:'veıʃn] сохранéние

conservative [kən'sə:vətıv] 1. *a* консервáтивный ◇ at a ~ estimate без преувеличéния 2. *n* консервáтор

consider [kən'sıdə] 1) считáть, полагáть 2) рассмáтривать, обсуждáть

considerable [kən'sıdərəbl] значúтельный

considerate [kən'sıdərıt] внимáтельный (к другúм), чýткий

consideration [kənsıdə'reıʃn] 1) размышлéние; рассмотрéние 2) соображéние; take into ~ принять во внимáние; have ~ for others считáться с другúми

consignment [kən'saınmənt] 1) отпрáвка товáров 2) накладнáя

consist [kən'sıst] (of) состоять (из)

consistent [kən'sıstənt] послéдовательный

consolation [kɔnsə'leıʃn] утешéние

console [kən'səul] утешáть

consolidate [kən'sɔlıdeıt] укрепля́ть (ся)

consonant ['kɔnsənənt] соглáсный (звук)

conspicuous [kən'spıkjuəs] замéтный; выдаю́щийся

conspiracy [kən'spırəsı] зáговор

conspire [kən'spaıə] тáйно договáриваться

constable ['kʌnstəbəl] констéбль, полицéйский

constancy ['kɔnstənsı] постоя́нство

constant ['kɔnstənt] постоя́нный

constellation [kɔnstə'leıʃn] созвéздие; *перен.* плея́да

constituency [kən'stıtjuənsı] избирáтельный óкруг

constituent [kən'stıtjuənt] 1. *a* составнóй 2. *n* 1) составнáя часть 2) избирáтель

constitute ['kɔnstıtjuːt] составля́ть, образóвывать

constitution [kɔnstı'tjuːʃn] конститýция; ~al [kɔnstı'tjuːʃənəl] конституциóнный

construct [kən'strʌkt] стрóить; ~ion [kən'strʌkʃn] 1) стройтельство 2) здáние

consult [kən'sʌlt] 1) совéтоваться 2) справля́ться (*по книгам*)

consume [kən'sjuːm] потребля́ть; ~r [-ə] потребúтель; ~ goods товáры нарóдного потреблéния

consumption I [kən'sʌmpʃn] потребле́ние

consumption II [kən'sʌmpʃn] туберкулёз лёгких, чахо́тка

contact ['kɔntækt] (со)прикоснове́ние; конта́кт

contagious [kən'teɪdʒəs] зара́зный

contain [kən'teɪn] содержа́ть; вмеща́ть

container [kən'teɪnə] конте́йнер

contaminate [kən'tæmɪneɪt] 1) загрязня́ть 2) заража́ть

contemplate ['kɔntempleɪt] 1) созерца́ть 2) предполага́ть, намерева́ться

contemporary [kən'tempərərɪ] 1. *a* совреме́нный 2. *n* совреме́нник

contempt [kən'tempt] презре́ние; ~ible [kən'temptəbl] презре́нный, ничто́жный

contend [kən'tend] 1) боро́ться 2) (that) утвержда́ть 3) спо́рить

content [kən'tent] 1. *a* дово́льный 2. *v* удовлетворя́ть

contents ['kɔntents] *pl* 1) содержа́ние 2) содержи́мое 3) оглавле́ние

contest 1. *n* ['kɔntest] спор; состяза́ние 2. *v* [kən'test] оспа́ривать

continent ['kɔntɪnənt] матери́к

contingency [kən'tɪndʒənsɪ] слу́чай; случа́йность

continual [kən'tɪnjuəl] бес-

преста́нный; ~ly [kən'tɪnjuəlɪ] постоя́нно

continuation [kəntɪnju'eɪʃn] продолже́ние

continue [kən'tɪnju:] продолжа́ть(ся)

continuous [kən'tɪnjuəs] непреры́вный

contraceptive [kɔntrə'septɪv] противозача́точное сре́дство

contract ['kɔntrækt] догово́р

contraction [kən'trækʃn] сжа́тие, сокраще́ние

contradict [kɔntrə'dɪkt] 1) опроверга́ть 2) противоре́чить; ~ion [kɔntrə'dɪkʃn] 1) опроверже́ние 2) противоре́чие

contrary ['kɔntrərɪ] 1. *a* 1) противополо́жный 2) проти́вный (*о ветре*) 2. *n:* on the ~ наоборо́т

contrast 1. *n* ['kɔntræst] контра́ст 2. *v* [kən'træst] 1) противопоставля́ть 2) составля́ть контра́ст

contribute [kən'trɪbju:t] 1) де́лать вклад 2) же́ртвовать (*де́ньги*) 3) (to) спосо́бствовать; that will not ~ much to my happiness э́то не о́чень спосо́бствует моему́ сча́стью 4) сотру́дничать (*в газе́те, журна́ле*)

contribution [kɔntrɪ'bju:ʃn] 1) вклад; ~ to science вклад в нау́ку 2) соде́йствие 3) сотру́дничество

contrivance [kən'traɪvəns]

изобретéние; приспособлéние

control [kən'trəul] **1.** *n* 1) управлéние; have ~ over one's feelings владéть собóй 2) контрóль **2.** *v* 1) управлять; ~ oneself! держи себя в рукáх! 2) контролировать

controversy ['kɔntrəvə:sɪ] спор; полéмика

convalescence [kɔnvə'lesns] выздоровлéние

convene [kən'vi:n] созывáть

convenience [kən'vi:njəns] удóбство

convenient [kən'vi:njənt] удóбный; подходящий

conventional [kən'venʃənl] 1) принятый 2) чóпорный, благовоспитанный

conversation [kɔnvə'seɪʃn] разговóр, бесéда

conversion [kən'və:ʃn] 1) превращéние 2) конвéрсия

convert [kən'və:t] 1) превращáть 2) обращáть (*в другую вéру*); ~ible [-əbl] конвертируемый

convex ['kɔnveks] выпуклый

convey [kən'veɪ] 1) перевозить 2) передавáть (*мысль, звук*)

convict 1. *v* [kən'vɪkt] признавáть виновным, осуждáть **2.** *n* ['kɔnvɪkt] осуждённый, заключённый; кáторжник

conviction [kən'vɪkʃn] 1) убеждéние 2) *юр.* осуждéние

convince [kən'vɪns] убеждáть

convincing [kən'vɪnsɪŋ] убедительный

cook [kuk] **1.** *v* готóвить пищу; варить **2.** *n* кухáрка; пóвар

cooker ['kukə] плитá

cool [ku:l] **1.** *a* 1) прохлáдный, свéжий 2) хладнокрóвный **2.** *v* 1) охлаждáть 2) остывáть

cooperate [kəu'ɔpəreɪt] сотрýдничать

coordinate 1. *v* [kəu'ɔ:dɪneɪt] координировать **2.** *n* [kəu'ɔ:dənɪt] координáта

coordinated [kəu'ɔ:dɪneɪtɪd] согласóванный

cop [kɔp] *разг.* полицéйский

cope [kəup] справляться (*с дéлом, задáчей*)

copper ['kɔpə] медь

copy ['kɔpɪ] **1.** *n* 1) кóпия 2) экземпляр 3) репродýкция **2.** *v* 1) снимáть кóпию 2) копировать 3) подражáть комý-л.; ~book [-buk] тетрáдь

copyright ['kɔpɪraɪt] áвторское прáво

cord [kɔ:d] 1) верёвка; шнур 2) *анат.* связка

cordial ['kɔdjəl] сердéчный

core [kɔ:] 1) сердцевина 2) сýщность, суть

cork [kɔ:k] **1.** *n* прóбка **2.**

v затыка́ть про́бкой; ~-screw ['kɔ:kskru:] што́пор

corn I [kɔ:n] 1) зерно́ 2) хлеба́ 3) *амер.* кукуру́за, ма́ис

corn II [kɔ:n] мозо́ль

corner ['kɔ:nə] у́гол

cornflower ['kɔ:nflauə] василёк

corps [kɔ:] *воен.* ко́рпус

corpse [kɔ:ps] труп

correct [kə'rekt] 1. *a* пра́вильный 2. *v* корректи́ровать; исправля́ть; ~ion [kə'rekʃn] исправле́ние

correspond [kɔrɪs'pɔnd] 1) соотве́тствовать 2) перепи́сываться

corroborate [kə'rɔbəreɪt] подтвержда́ть

corrupt [kə'rʌpt] 1. *v* 1) по́ртить; развраща́ть 2) подкупа́ть 2. *a* 1) испо́рченный; развращённый 2) прода́жный; ~ion [kə'rʌpʃn] 1) извраще́ние 2) прода́жность 3) ковёрканье (*слова, фамилии и т. п.*)

cosmodrome ['kɔzmədrəum] космодро́м

cosmonaut ['kɔzmənɔ:t] космона́вт

cosmos ['kɔzməs] ко́смос, вселённая

cost [kɔst] 1. *n* 1) цена́; сто́имость 2) *pl* суде́бные изде́ржки 2. *v* (cost; cost) сто́ить, обходи́ться; how much does it ~? ско́лько э́то сто́ит?

cosy ['kəuzɪ] ую́тный

cottage ['kɔtɪdʒ] 1) дере-вéнский дом; хи́жина 2) котте́дж

cotton ['kɔtn] 1. *n* 1) хло́пок 2) (хлопчато)бума́жная ткань 2. *a* (хлопчато)бума́жный; ~ wool ва́та

couch [kautʃ] куше́тка

cough [kɔf] 1. *n* ка́шель 2. *v* ка́шлять

could [kud] *past от* can I

council ['kaunsl] 1) сове́т (*организация*) 2) совеща́ние

counsel ['kaunsəl] 1. *n* 1) сове́т (*указание*) 2) адвока́т 2. *v* сове́товать; ~lor [-ə] сове́тник

count [kaunt] 1. *v* счита́ть; ~ on рассчи́тывать (*на кого-л., что-л.*) 2. *n* счёт

counter ['kauntə] прила́вок; сто́йка

counteract [kauntə'rækt] противоде́йствовать

countermand [kauntə'ma:nd] отменя́ть (*приказание, заказ*)

country ['kʌntrɪ] 1) страна́ 2) дере́вня; ~man [-mən] соотéчественник

county ['kauntɪ] гра́фство

couple ['kʌpl] па́ра; чета́

courage ['kʌrɪdʒ] му́жество; хра́брость; ~ous [kə'reɪdʒəs] хра́брый

course [kɔ:s] 1) курс 2) ход, тече́ние; let things take their ~ ! пусть всё идёт свои́м чередо́м! 3) блю́до (*за обедом и т. п.*) ◇ of ~ коне́чно

court [kɔ:t] 1. *n* 1) двор 2) суд 2. *v* ухáживать

courteous ['kɔ:tjəs] вéжливый, учтúвый

courtesy ['kɔ:tısı] вéжливость, учтúвость

courtyard ['kɔ:tja:d] двор

cousin ['kʌzn] двоюродный брат, двоюродная сестрá

cover ['kʌvə] 1. *v* 1) закрывáть; покрывáть 2) охвáтывать 2. *n* 1) (по)крышка; покрывáло; чехóл; take ~ прятаться 2) прибóр (*обеденный*)

covet ['kʌvıt] жáждать; домогáться; ~ous ['kʌvıtəs] áлчный, скупóй

cow [kau] корóва

coward ['kauəd] трус; ~ice [-ıs] трýсость; ~ly [-lı] труслúвый; малодýшный

cowboy ['kaubɔı] ковбóй

coy [kɔı] застéнчивый

crab [kræb] 1) краб 2) (C.) Рак (*знак зодиака*)

crack [kræk] 1. *v* 1) раскáлывать(ся), трéскаться 2) щёлкать 2. *n* трéщина

cracker ['krækə] 1) печéнье 2) хлопýшка

crackle ['krækl] хрустéть; потрéскивать

cradle ['kreıdl] колыбéль

craft [kra:ft] 1) ремеслó 2) сýдно; *собир.* судá

craftsman ['kra:ftsmən] ремéсленник

cram [kræm] 1) запúхивать 2) пúчкать 3) учúть нá-

спех; натáскивать (*к экзаменам*)

crane [kreın] 1) журáвль 2) подъёмный кран

crank I [kræŋk] рукоятка, рýчка

crank II [kræŋk] чудáк

crash [kræʃ] 1. *n* 1) треск, грóхот 2) авáрия 3) крах, банкрóтство 2. *v* 1) разбúть(ся) (*о самолёте, машине*) 2) потерпéть крах

crawl [krɔ:l] пóлзать

craze [kreız] мáния; увлечéние

crazy ['kreızı] помéшанный

creak [kri:k] 1. *n* скрип 2. *v* скрипéть

cream [kri:m] 1. *n* слúвки; крем; double ~ густые слúвки 2. *a* крéмовый

crease [kri:s] склáдка

create [kri:'eıt] творúть, создавáть

creation [kri:'eıʃn] создáние; (со)творéние

creative [kri:'eıtıv] твóрческий

creator [kri:'eıtə] творéц, создáтель, áвтор

creature ['kri:tʃə] создáние

credentials [krı'denʃəlz] *pl* 1) верúтельные грáмоты 2) рекомендáция

credit ['kredıt] 1) довéрие 2) честь 3) кредúт

credulity [krı'dju:lıtı] легковéрие

credulous ['kredjuləs] легковéрный

creed [kri:d] 1) вероуче́ние 2) кре́до

creep [kri:p] (crept; crept) 1) по́лзать 2) кра́сться; ~er ['kri:pə] вью́щееся расте́ние

cremate [krɪ'meɪt] сжига́ть, креми́ровать

crept [krept] *past и p. p. от* creep

crescent ['kresnt] полуме́сяц

crest [krest] 1) гребешо́к, хохоло́к 2) гре́бень (*волны́, горы́*)

crevice ['krevɪs] тре́щина, расще́лина

crew I [kru:] экипа́ж, кома́нда (*судна*)

crew II [kru:] *past от* crow I

crib [krɪb] *разг.* шпарга́лка

cricket I ['krɪkɪt] сверчо́к

cricket II ['krɪkɪt] *спорт.* крике́т

crime [kraɪm] преступле́ние

criminal ['krɪmɪnl] 1. *a* престу́пный; уголо́вный 2. *n* престу́пник

crimson ['krɪmzn] а́лый; мали́новый

cringe [krɪndʒ] раболе́пствовать

cripple ['krɪpl] 1. *n* кале́ка 2. *v* кале́чить

crisis ['kraɪsɪs] 1) кри́зис 2) перело́м (*в ходе боле́зни*)

crisp [krɪsp] рассы́пчатый, хрустя́щий

critical ['krɪtɪkəl] крити́ческий

criticism ['krɪtɪsɪzm] кри́тика

criticize ['krɪtɪsaɪz] критикова́ть; порица́ть

crocodile ['krɔkədaɪl] кро코ди́л

crook [kruk] 1) изги́б 2) *разг.* жу́лик, моше́нник; ~ed ['krukɪd] 1) криво́й 2) нече́стный

crop [krɔp] 1. *n* 1) урожа́й; посе́в 2) зоб 2. *v* 1) подстрига́ть (*во́лосы*) 2) щипа́ть траву́ (*о живо́тных*)

cross I [krɔs] 1. *n* крест 2. *v* 1) пересека́ть 2) переезжа́ть, переходи́ть (*ре́ку, доро́гу*) 3) скре́щивать (*поро́ды*); ~ out вычёркивать

cross II [krɔs] серди́тый

cross-examination [krɔs ɪgzæmɪ'neɪʃn] перекрёстный допро́с

crossing ['krɔsɪŋ] перепра́ва

crossroads ['krɔsrəudz] перекрёсток

crouch [krautʃ] притаи́ться

crow I [krəu] (crowed, crew; crowed) петь, крича́ть (*о петухе́*)

crow II [krəu] воро́на

crowd [kraud] 1. *n* толпа́ 2. *v* толпи́ться; тесни́ться

crown [kraun] 1. *n* 1) коро́на 2) вено́к 3) маку́шка 4) кро́на (*моне́та*) 2. *v* 1) коронова́ть 2) уве́нчивать; to ~ all в доверше́ние всего́

crucial ['kru:ʃjəl] реша́ю-
щий, крити́ческий

crucify ['kru:sɪfaɪ] распя́ть
(*на кресте*)

crude [kru:d] 1) сыро́й,
незре́лый; *перен.* примити́в-
ный 2) необрабо́танный

cruel [kruəl] жесто́кий;
~ty ['kruəltɪ] жесто́кость

cruise [kru:z] 1. *v* крейси́-
ровать 2. *n* крейси́рование

cruiser ['kru:zə] кре́йсер

crumb [krʌm] кро́шка

crumble ['krʌmbl] 1) кро-
ши́ть(ся) 2) мя́ть(ся)

crush [krʌʃ] 1. *v* 1)
(раз)дави́ть 2) (с)мять 2. *n*
да́вка

crust [krʌst] ко́рка

crutch [krʌtʃ] косты́ль

cry [kraɪ] 1. *v* 1) крича́ть;
восклица́ть 2) пла́кать 2. *n*
крик

cub [kʌb] детёныш (*зве-
ря*)

cube [kju:b] куб

cubic ['kju:bɪk] куби́че-
ский

cuckoo ['kuku:] куку́шка

cucumber ['kju:kəmbə]
огуре́ц

cue [kju:] 1) ре́плика 2)
намёк

cuff [kʌf] 1) манже́та; об-
шла́г 2) уда́р

culprit ['kʌlprɪt] 1) обви-
ня́емый 2) престу́пник

cultivate ['kʌltɪveɪt] 1) воз-
де́лывать (*зе́млю*) 2) разви-
ва́ть (*таланты*)

culture ['kʌltʃə] культу́ра;
~d [-d] культу́рный

cunning ['kʌnɪŋ] 1. *n* хи́т-
рость 2. *a* хи́трый, кова́рный

cup [kʌp] 1) ча́шка 2) ку́-
бок; ~board ['kʌbəd] шкаф;
буфе́т

curb [kə:b] 1. *n* 1) узда́ 2)
край тротуа́ра 2. *v* обуздывать

curdle ['kə:dl] свёртывать-
ся (*о молоке*)

curds [kə:dz] *pl* творо́г

cure [kjuə] 1. *v* 1) лечи́ть
2) консерви́ровать 2. *n* сре́д-
ство; лече́ние

curiosity [kjuərɪ'ɔsɪtɪ] лю-
бопы́тство

curious ['kjuərɪəs] 1) лю-
бопы́тный 2) любозна́тель-
ный 3) курьёзный, стра́н-
ный

curl [kə:l] 1. *v* ви́ться; за-
вива́ть(ся) 2. *n* ло́кон, зави-
то́к

currant ['kʌrənt] 1) ко-
ри́нка 2) сморо́дина

currency ['kʌrənsɪ] 1) (де́-
нежное) обраще́ние 2) ва-
лю́та

current ['kʌrənt] 1. *a* 1)
теку́щий 2) ходя́чий (*о вы-
ражениях и т. п.*) 2. *n* 1)
пото́к; тече́ние 2) струя́; *эл.*
ток

curse [kə:s] 1. *v* прокли-
на́ть 2. *n* прокля́тие

cursory ['kə:sərɪ]: ~
reading бе́глое чте́ние

curt [kə:t] сухо́й (*об ответе и т. п.*)

curtail [kə:'teɪl] сокращáть, урéзывать

curtain ['kə:tn] **1.** *n* зáнавес, занавéска **2.** *v* за(на)вéшивать

curve [kə:v] **1.** *n* кривáя (лúния) **2.** *v* изгибáть(ся)

cushion ['kuʃən] (дивáнная) подýшка

custody ['kʌstədɪ] 1) опéка 2): in ~ под арéстом

custom ['kʌstəm] 1) обúчай 2) привúчка

customary ['kʌstəmərɪ] обúчный

customer ['kʌstəmə] покупáтель; закáзчик

custom house ['kʌstəm haus] тамóжня

customs ['kʌstəmz] *pl* 1) тамóженный контрóль 2) тамóженные пóшлины

cut [kʌt] **1.** *n* порéз; разрéз **2.** *v* (cut; cut) 1) рéзать 2) рубúть 3) стричь; ~ down сокращáть; ~ off отключáть (*электричество*); ~ out вырезáть; крóить ◇ he is ~ting his teeth у негó прорéзываются зýбы

cut glass ['kʌtgla:s] хрустáль (*посуда*)

cutlery ['kʌtlərɪ] столóвый прибóр (*вилки, ложки, ножи*)

cutlet ['kʌtlɪt] котлéта

cutting ['kʌtɪŋ] **1.** *n* газéтная вúрезка **2.** *a* óстрый, рéзкий; ~ remark язвúтельное замечáние

cybernetics [saɪbə:'netɪks] кибернéтика

cycle ['saɪkl] цикл

cyclist ['saɪklɪst] велосипедúст

cynical ['sɪnɪkəl] цинúчный; бесстúдный

cypress ['saɪprɪs] кипарúс

Czech [tʃek] **1.** *n* чех **2.** *a* чéшский

Czechoslovak ['tʃekəu'sləuvæk] чехословáцкий

D

dad, daddy [dæd, 'dædɪ] *разг.* пáпа, пáпочка

dagger ['dægə] кинжáл

daily ['deɪlɪ] **1.** *a* ежеднéвный **2.** *adv* ежеднéвно

dainty ['deɪntɪ] лáкомство; деликатéс

dairy ['dɛərɪ] молóчный магазúн; ~ farm молóчная фéрма

daisy ['deɪzɪ] маргарúтка

dam [dæm] **1.** *n* дáмба, плотúна **2.** *v* запрýживать

damage ['dæmɪdʒ] **1.** *n* 1) вред 2) ущéрб 3) *pl юр.* убúтки; вознаграждéние за убúтки **2.** *v* 1) поврeждáть 2) наносúть ущéрб

damn [dæm] **1.** *n* проклятие **2.** *v:* ~ it! чёрт возьмú!

damp [dæmp] **1.** *n* 1) сúрость; влáжность 2) унúние, подáвленность **2.** *a* сырóй, влáжный

dance [dɑːns] 1. *n* 1) та́нец 2) бал 2. *v* танцева́ть

dancer [′dɑːnsə] танцо́вщица; танцо́р

dandelion [′dændɪlaɪən] одува́нчик

Dane [deɪn] датча́нин

danger [′deɪndʒə] опа́сность; ~ous [′deɪndʒrəs] опа́сный

dangle [′dæŋgl] 1) кача́ться 2) подве́шивать

Danish [′deɪnɪʃ] да́тский

dare [dɛə] 1) сметь, отва́живаться 2) (*smb. to*) вызыва́ть на ◇ I ~ say вероя́тно

daring [′dɛərɪŋ] 1. *n* сме́лость, отва́га 2. сме́лый, отва́жный

dark [dɑːk] 1. *a* 1) тёмный 2) сму́глый 2. *n* темнота́; ~ness [′dɑːknɪs] темнота́

darling [′dɑːlɪŋ] 1. *a* люби́мый; ми́лый; дорого́й 2. *n* люби́мец

darn [dɑːn] што́пать

dash [dæʃ] 1. *v* промча́ться 2. *n* тире́

data [′deɪtə] *pl* 1) да́нные 2) фа́кты

database [′deɪtəbeɪs] *вчт.* ба́за да́нных

date I [deɪt] 1. *n* 1) да́та, число́; вре́мя; out of ~ устаре́лый; up to ~ совреме́нный 2) *амер. разг.* свида́ние; make a ~ назнача́ть свида́ние 2. *v* дати́ровать; ~ from относи́ться (*к какому-л. времени*)

date II [deɪt] фи́ник

daughter [′dɔːtə] дочь; ~-in-law [′dɔːtərɪnlɔː] неве́стка, сноха́

daunt [dɔːnt] запу́гивать, обескура́живать

daw [dɔː] га́лка

dawdle [′dɔːdl] (away) зря тра́тить вре́мя, безде́льничать

dawn [dɔːn] 1. *v* рассвета́ть 2. *n* рассве́т; (у́тренняя) заря́

day [deɪ] день; ~ off выходно́й день; the ~ before yesterday позавчера́; the ~ after tomorrow послеза́втра; ~break [′deɪbreɪk] рассве́т

daze [deɪz] удиви́ть, ошеломи́ть

dazed [deɪzd] ошеломлённый

dazzle [′dæzl] ослепля́ть; прельща́ть

dead [ded] мёртвый; he is ~ он у́мер ◇ ~ shot ме́ткий стрело́к

deaf [def] глухо́й; ~ mute глухонемо́й; ~en [′defn] 1) оглуша́ть 2) заглуша́ть

deal [diːl] 1. *v* (dealt; dealt) сдава́ть (*карты*); ~ in торгова́ть; ~ out распределя́ть; ~ with име́ть де́ло (*с кем-л.*) 2. *n* 1) коли́чество; a great ~ of мно́го 2) сде́лка, де́ло; ~ing(s) [′diːlɪŋ(z)] дела́, деловы́е отноше́ния

dealt [delt] *past и p. p. от* deal 1

dean [diːn] 1) дека́н 2) настоя́тель собо́ра

dear I [dɪə] **1.** *a* дорогóй; my ~ мой мúлый; ~ Sir мúлостивый госудáрь (*в письмах*) **2.** *adv* дóрого

death [deθ] смерть; put to ~ казнúть; ~ **rate** [ˈdeθreɪt] смéртность, процéнт смéртности

debate [dɪˈbeɪt] **1.** *v* обсуждáть **2.** *n* 1) дебáты, прéния 2) спор

debt [det] долг; ~or [ˈdetə] должнúк

decade [ˈdekeɪd] десятилéтие

decathlon [dɪˈkæθlɔn] десятибóрье

decay [dɪˈkeɪ] **1.** *v* 1) гнить, разлагáться 2) приходúть в упáдок **2.** *n* 1) гниéние; разложéние; распáд 2) упáдок

deceased [dɪˈsiːst] (the) покóйник, умéрший

deceit [dɪˈsiːt] обмáн, хúтрость

deceive [dɪˈsiːv] обмáнывать

December [dɪˈsembə] декáбрь

decency [ˈdiːsnsɪ] прилúчие, благопристóйность

decent [ˈdiːsnt] 1) прилúчный; порядочный 2) скрóмный

deception [dɪˈsepʃn] обмáн

deceptive [dɪˈseptɪv] обмáнчивый

decide [dɪˈsaɪd] решáть

decimal [ˈdesɪməl] **1.** *a* десятúчный **2.** *n* десятúчная дробь

decimate [ˈdesɪmeɪt] убúть, уничтóжить бóльшую часть

decipher [dɪˈsaɪfə] расшифрóвывать

decision [dɪˈsɪʒn] 1) решéние 2) решúмость

decisive [dɪˈsaɪsɪv] 1) решáющий 2) решúтельный

deck [dek] пáлуба

declaim [dɪˈkleɪm] 1) говорúть с пáфосом, декламúровать 2) (against) протестовáть

declaration [dekləˈreɪʃn] 1) заявлéние; декларáция 2) объявлéние

declare [dɪˈklɛə] 1) объявлять; провозглашáть 2) заявлять

declension [dɪˈklenʃn] *грам.* склонéние

decline [dɪˈklaɪn] **1.** *v* 1) отклонять; откáзывать(ся) 2) *грам.* склонять **2.** *n* упáдок, падéние

decontrol [diːkənˈtrəul] освобождáть от госудáрственного контрóля

decorate [ˈdekəreɪt] 1) украшáть 2) награждáть знáком отлúчия

decoration [dekəˈreɪʃn] 1) украшéние 2) знак отлúчия, óрден

decoy [dɪˈkɔɪ] **1.** *n* 1) западня 2) примáнка **2.** *v* замáнивать в ловýшку

decrease 1. *v* [diːˈkriːs] уменьшáть(ся); убывáть **2.** *n* ['di:kri:s] уменьшёние; ýбыль

decree [dɪ'kri:] 1. *n* декрёт, укáз 2. *v* издавáть декрёт; постановлять

decrepit [dɪ'krepɪt] 1) вётхий 2) дряхлый

decry [dɪ'kraɪ] выступáть прóтив, осуждáть

dedicate ['dedɪkeɪt] посвящáть

deduct [dɪ'dʌkt] вычитáть; отнимáть; ~ion [dɪ'dʌkʃn] 1) вычитáние; выʼчет; удержáние 2) выʼвод, заключёние

deed [di:d] 1) дёло, постýпок 2) *юр.* докумёнт, акт

deep [di:p] 1. *a* глубóкий 2. *adv* глубокó; ~ly ['di:plɪ] глубокó

deer [dɪə] олёнь; лань

deface [dɪ'feɪs] пóртить (внёшний вид)

defame [dɪ'feɪm] клеветáть, порóчить

defeat [dɪ'fi:t] 1. *v* побеждáть, наносить поражёние 2. *n* поражёние

defect [dɪ'fekt] недостáток; недочёт; ~ive [-ɪv] неисправный; недостáточный, неполноцённый; дефективный

defence [dɪ'fens] защита; оборóна; ~less [-lɪs] беззащитный

defend [dɪ'fend] защищáть

defensive [dɪ'fensɪv] 1. *a* оборонительный 2. *n* оборóна

deference ['defərəns] почтительность

defiance [dɪ'faɪəns] выʼзов, открыʼтое неповиновёние

defiant [dɪ'faɪənt] вызывáющий

deficiency [dɪ'fɪʃənsɪ] недостáток; дефицит

define [dɪ'faɪn] определять, устанáвливать

definite ['defɪnɪt] определённый

definition [defɪ'nɪʃn] определёние

deflection [dɪ'flekʃn] отклонёние

deformed [dɪ'fɔ:md] обезобрáженный

deft [deft] лóвкий, искýсный

defuse [di:'fju:z] снизить напряжёние, успокóить

defy [dɪ'faɪ] 1) дёйствовать наперекóр; ~ *smb.* to вызывáть на спор; I ~ you to find ручáюсь, что не найдёте 2) пренебрегáть (*опасностью и т. п.*)

degenerate 1. *v* [dɪ'dʒenəreɪt] вырождáться 2. *a* [dɪ'dʒenərɪt] вырождáющийся 3. *n* [dɪ'dʒenərɪt] дегенерáт

degrade [dɪ'greɪd] понижáть; разжáловать; ~d [-ɪd] 1) разжáлованный 2) опустившийся

degree [dɪ'gri:] 1) стýпень; стёпень; by ~s постепённо 2) грáдус 3) учёная стёпень

deign [deɪn] снизойти

deity ['di:ɪtɪ] божествó

dejected [dɪ'dʒektɪd] удручённый, угнетённый

delay [dɪ'leɪ] **1.** *v* задерживать; откладывать; медлить **2.** *n* задержка; промедление

delegate 1. *v* ['delɪgeɪt] посылать делегатом **2.** *n* ['delɪgɪt] делегат

deliberate [dɪ'lɪbərɪt] обдуманный, намеренный

delicacy ['delɪkəsɪ] 1) деликатность; тонкость 2) нежность (*красок*) 3) хрупкость, болезненность 4) лакомство

delicate ['delɪkɪt] 1) тонкий 2) болезненный, слабый 3) щекотливый (*вопрос, дело*) 4) тактичный

delicious [dɪ'lɪʃəs] 1) восхитительный, прелестный 2) вкусный

delight [dɪ'laɪt] **1.** *n* наслаждение; восторг **2.** *v* приводить в восторг; ~ful [dɪ'laɪtful] прелестный, восхитительный

delinquency [dɪ'lɪŋkwənsɪ] преступность, правонарушение (*несовершеннолетних*)

delirium [dɪ'lɪrɪəm] бред

deliver [dɪ'lɪvə] 1) доставлять 2) освобождать; избавлять 3) сделать (*доклад*); произносить (*речь*); ~ance [dɪ'lɪvərəns] освобождение, избавление

delivery [dɪ'lɪvərɪ] 1) доставка 2) роды

delusion [dɪ'lu:ʒn] заблуждение

demand [dɪ'mɑ:nd] **1.** *v* 1) требовать 2) спрашивать **2.** *n* 1) требование 2) *эк.* спрос; in ~ имеющий спрос

demeanour [dɪ'mi:nə] поведение

demobilize [di:'məubɪlaɪz] демобилизовать

democracy [dɪ'mɔkrəsɪ] демократия

democratic [demə'krætɪk] демократический

demolish [dɪ'mɔlɪʃ] разрушать

demonstrate ['demənstreɪt] 1) показывать; демонстрировать 2) доказывать

demonstration [deməns'treɪʃn] 1) показ; демонстрация 2) доказательство

demoralized [dɪ'mɔrəlaɪzd] 1) обескураженный; деморализованный 2) опустившийся

demote [dɪ'məut] понизить в должности

den [den] 1) берлога 2) притон

denial [dɪ'naɪəl] отрицание

denomination [dɪnɔmɪ'neɪʃn] 1) название; наименование 2) вероисповедание 3) : money of small ~s купюры малого достоинства

denote [dɪ'nəut] означать; обозначать

denounce [dɪ'nauns] обвинять, обличать

dense [dens] густо́й, пло́тный

density [ˈdensɪtɪ] пло́тность

dent [dent] вы́емка, углубле́ние

dentist [ˈdentɪst] зубно́й врач

denude [dɪˈnjuːd] обнажа́ть, оголя́ть

deny [dɪˈnaɪ] 1) отрица́ть 2) отка́зывать(ся)

deodorant [diːˈəudərənt] дезодора́нт

depart [dɪˈpɑːt] отбыва́ть, уезжа́ть

department [dɪˈpɑːtmənt] 1) отде́л; ~ store универма́г 2) ве́домство; департа́мент 3) *амер.* министе́рство

departure [dɪˈpɑːtʃə] 1) отбы́тие, отъе́зд; вы́лет, отлёт 2) отклоне́ние

depend [dɪˈpend] (on) 1) зави́сеть (от) 2) полага́ться (на); ~ant [-ənt] иждиве́нец; ~ence [-əns] зави́симость; ~ent [-ənt] зави́симый

depict [dɪˈpɪkt] опи́сывать

deplorable [dɪˈplɔːrəbl] плаче́вный

deportation [diːpɔːˈteɪʃən] депорта́ция, вы́сылка

deposit [dɪˈpɔzɪt] 1. *v* 1) класть 2) положи́ть (*в банк*) 3) отлага́ть, дава́ть оса́док 2. *n* 1) вклад 2) зада́ток 3) оса́док

depot [ˈdepəu] 1) депо́ 2) склад 3) *амер.* железнодоро́жная ста́нция

depraved [dɪˈpreɪvd] испо́рченный; развращённый

deprecate [ˈdeprəkeɪt] осужда́ть, протестова́ть

depreciate [dɪˈpriːʃɪeɪt] обесце́нивать(ся)

depress [dɪˈpres] удруча́ть, угнета́ть; ~ion [dɪˈpreʃn] 1) уны́ние 2) *эк.* депре́ссия

deprive [dɪˈpraɪv] лиша́ть

depth [depθ] глубина́

deputy [ˈdepjutɪ] 1) депута́т; делега́т 2) замести́тель

deranged [dɪˈreɪndʒd] ненорма́льный, сумасше́дший

derisive [dɪˈraɪsɪv] насме́шливый, ирони́ческий

derivation [derɪˈveɪʃn] исто́чник, происхожде́ние, нача́ло

descend [dɪˈsend] спуска́ться; be ~ed from происходи́ть от; ~ant [-ənt] пото́мок

descent [dɪˈsent] 1) спуск 2) склон 3) деса́нт 4) происхожде́ние

describe [dɪsˈkraɪb] опи́сывать

description [dɪsˈkrɪpʃn] описа́ние

desert 1. *v* [dɪˈzəːt] 1) покида́ть, броса́ть 2) дезерти́ровать **2.** *n* [ˈdezət] пусты́ня **3.** *a* [ˈdezət] необита́емый; ~ed [dɪˈzəːtɪd] бро́шенный, пусты́нный; ~er [dɪˈzəːtə] дезерти́р

deserts [dɪˈzəːts] *pl* заслу́-

ги; according to one's ~ по
заслу́гам

deserve [dɪ'zə:v] заслу́живать

design [dɪ'zaɪn] 1. *n* 1) за́мысел 2) прое́кт 3) узо́р 2. *v*
1) замышля́ть; намерева́ться
2) проекти́ровать

designate ['dezɪgneɪt]
(пред)назнача́ть

desirable [dɪ'zaɪərəbl] жела́тельный

desire [dɪ'zaɪə] 1. *n* жела́ние 2. *v* жела́ть

desirous [dɪ'zaɪərəs]: be ~
of жела́ть

desk [desk] 1) пи́сьменный стол 2) конто́рка 3)
па́рта

desolate ['desəlɪt] поки́нутый, забро́шенный

despair [dɪs'pɛə] 1. *n* отча́яние 2. *v* (of) отча́иваться

despatch [dɪs'pætʃ] *см.*
dispatch

desperate ['despərɪt] отча́янный, безнадёжный

despicable [de'spɪkəbl]
презре́нный

despise [dɪs'paɪz] презира́ть

despite [dɪs'paɪt] несмотря́
на, вопреки́

despotic [des'pɔtɪk] деспоти́ческий

destination [destɪ'neɪʃn] 1)
(пред)назначе́ние 2) ме́сто
назначе́ния

destiny ['destɪnɪ] судьба́

destitute ['destɪtju:t]

(си́льно) нужда́ющийся; ~ of
лишённый чего́-л.

destroy [dɪs'trɔɪ] разруша́ть; уничтожа́ть

destroyer [dɪs'trɔɪə] эска́дренный миноно́сец

destruction [dɪs'trʌkʃn]
разруше́ние, уничтоже́ние

detach [dɪ'tætʃ] 1) отделя́ть 2) *воен.* посыла́ть;
~ment [-mənt] 1) отделе́ние
2) отря́д

detail ['di:teɪl] подро́бность, дета́ль

detain [dɪ'teɪn] 1) заде́рживать 2) уде́рживать (*зарплату*)

detect [dɪ'tckt] обнару́живать

detective [dɪ'tektɪv] сы́щик

detention [dɪ'tenʃən] заде́ржа́ние, аре́ст

deteriorate [dɪ'tɪərɪəreɪt]
ухудша́ться, по́ртиться

determination [dɪtə:mɪ'neɪʃn] 1) определе́ние 2)
реши́мость

determine [dɪ'tə:mɪn] 1)
определя́ть 2) реша́ть(ся)

detest [dɪ'test] ненави́деть

detonate ['detəneɪt] взрыва́ть

devaluation [di:vælju'eɪʃən]
девальва́ция

devastate ['devəsteɪt] опустоша́ть, разоря́ть

develop [dɪ'veləp] 1) развива́ть(ся) 2) *фото* проявля́ть; ~ment [-mənt] 1) разви́тие 2) *фото* проявле́ние

deviation [di:vɪ'eɪʃn] 1) отклонéние 2) *полит.* уклóн

device [dɪ'vaɪs] 1) план, схéма, проéкт 2) девúз 3) приспособлéние; механúзм

devil ['devl] дьявол, чёрт

devise [dɪ'vaɪz] придýмывать; изобретáть

devoid [dɪ'vɔɪd] (of) лишённый чегó-л.

devote [dɪ'vəut] посвящáть (себя́); ~d [-ɪd] прéданный

devotion [dɪ'vəuʃn] прéданность

devour [dɪ'vauə] пожирáть

dew [dju:] росá

dexterity [deks'terɪtɪ] провóрство, лóвкость

diagram ['daɪəgræm] диагрáмма; схéма

dial ['daɪəl] 1. *n* циферблáт 2. *v* набирáть нóмер (*по телефóну*)

dialectical [daɪə'lektɪkəl] диалектúческий

diameter [daɪ'æmɪtə] диáметр

diamond ['daɪəmənd] алмáз; бриллиáнт

diaper ['daɪəpə] пелёнка

diary ['daɪərɪ] дневнúк

dictate [dɪk'teɪt] диктовáть

dictation [dɪk'teɪʃn] диктáнт

dictatorship [dɪk'teɪtəʃɪp] диктатýра

dictionary ['dɪkʃənrɪ] словáрь

did [dɪd] *past om* do

die [daɪ] умирáть; ~ away замирáть (*о звуке*)

diet ['daɪət] 1) пúща 2) диéта

differ ['dɪfə] 1) отличáться 2) расходúться во мнéниях; ~ence ['dɪfrəns] 1) рáзница, разлúчие 2) разноглáсие; ~ent ['dɪfrənt] 1) другóй 2) рáзный

difficult ['dɪfɪkəlt] трýдный; ~y [-ɪ] трýдность; затруднéние

diffidence ['dɪfɪdəns] неувéренность в себé

diffident ['dɪfɪdənt] неувéренный; застéнчивый

diffuse [dɪ'fju:s] 1) многослóвный 2) рассéянный (*о свéте*)

dig [dɪg] (dug; dug) рыть, копáть; закáпывать

digest 1. *v* [dɪ'dʒest] 1) перевáривать 2) усвáивать 2. *n* ['daɪdʒest] крáткое изложéние; ~ion [dɪ'dʒestʃn] пищеварéние

dignified ['dɪgnɪfaɪd] достóйный

dignity ['dɪgnɪtɪ] 1) достóинство 2) звáние, сан

dike [daɪk] 1) канáва 2) дáмба

dilapidated [dɪ'læpɪdeɪtɪd] вéтхий, полуразвалúвшийся

diligence ['dɪlɪdʒəns] прилежáние

diligent ['dɪlɪdʒənt] прилéжный

dilittante [dɪlɪ'tæntɪ] дилетáнт, любúтель

dill [dɪl] укрóп

dilute [daɪ'lju:t] разбавлять

dim [dɪm] 1) тýсклый, нея́сный 2) слáбый (*о зрении*) 3) тумáнный, смýтный

dime [daɪm] *амер.* монéта в 10 цéнтов

dimension [dɪ'menʃn] 1) измерéние 2) *pl* размéры, величинá

diminish [dɪ'mɪnɪʃ] уменьшáться

diminutive [dɪ'mɪnjutɪv] 1) миниатю́рный 2) *грам.* уменьши́тельный

dimple ['dɪmpl] я́мочка (*на щеке*)

dine [daɪn] обéдать

dining car ['daɪnɪŋka:] вагóн-ресторáн

dining room ['daɪnɪŋrum] столóвая

dinner ['dɪnə] обéд

dip [dɪp] 1. *v* окунáть; ~ the flag спусти́ть флаг 2. *n:* have a ~ искупáться

diplomacy [dɪ'pləuməsɪ] дипломáтия

diplomat ['dɪpləmæt] дипломáт; ~ic [dɪplə'mætɪk] дипломати́ческий

direct [dɪ'rekt] 1. *a* прямóй 2. *v* 1) направля́ть 2) руководи́ть 3) прикáзывать; ~ion [dɪ'rekʃn] 1) направлéние 2) указáние 3) руковóдство; ~ly [-lɪ] 1) пря́мо 2) тóтчас, немéдленно

directory [dɪ'rektərɪ] áдресная кни́га, спрáвочник

dirt [də:t] грязь; ~y ['də:tɪ] гря́зный

disabled [dɪs'eɪbld] искалéченный, вы́веденный из стрóя

disadvantage [dɪsəd'va:ntɪdʒ] неудóбство; невы́года; at a ~ в невы́годном положéнии; catch smb. at a ~ застáть когó-л. врасплóх

disagree [dɪsə'gri:] 1) не соглашáться 2) расходи́ться, противорéчить

disagreeable [dɪsə'grɪəbl] неприя́тный

disappear [dɪsə'pɪə] исчезáть

disappoint [dɪsə'pɔɪnt] 1) разочарóвывать 2) обманýть (*надежды*)

disapprobation [dɪsæprə'beɪʃən] неодобрéние, осуждéние

disapproval [dɪsə'pru:vəl] неодобрéние

disarm [dɪs'a:m] 1) обезорýживать; ~ing smile обезорýживающая улы́бка 2) разоружáть(ся)

disaster [dɪ'za:stə] катастрóфа; бéдствие

disastrous [dɪ'za:strəs] ги́бельный; катастрофи́ческий

disband [dɪs'bænd] распускáть (*войска*)

disbelief [dɪsbɪ'li:f] невéрие

discern [dɪ'sə:n] различáть, ви́деть

discharge [dɪs'tʃa:dʒ] 1. *v*

55

1) разгружа́ть 2) *эл.* разряжа́ть 3) вы́стрелить 4) увольня́ть 5) выпи́сывать (*из больни́цы*) **2.** *n* 1) *эл.* разря́д 2) вы́стрел 3) увольне́ние

disciple [dɪ'saɪpl] учени́к, после́дователь

discipline ['dɪsɪplɪn] дисципли́на

disclose [dɪs'kləus] раскрыва́ть, обнару́живать

discomfit [dɪs'kʌmfɪt] приводи́ть в замеша́тельство, наруша́ть пла́ны

discomfort [dɪs'kʌmfət] неудо́бство

disconcert [dɪskən'sə:t] приводи́ть в замеша́тельство, смуща́ть

disconnect [dɪskə'nekt] разъединя́ть

discontent [dɪskən'tent] недово́льство; ~ed [-ɪd] недово́льный

discontinue [dɪskən'tɪnju:] прекраща́ть, прерыва́ть

discord ['dɪskɔ:d] 1) раздо́ры 2) *муз.* диссона́нс

discount 1. *v* [dɪs'kaunt] 1) учи́тывать векселя́ 2) де́лать ски́дку **2.** *n* ['dɪskaunt] 1) учёт векселе́й 2) ски́дка

discourage [dɪs'kʌrɪdʒ] обескура́живать, озада́чивать

discover [dɪs'kʌvə] открыва́ть; обнару́живать

discovery [dɪs'kʌvərɪ] откры́тие

discredit [dɪs'kredɪt] недове́рие, сомне́ние

discreet [dɪs'kri:t] 1) осторо́жный 2) сде́ржанный

discrepancy [dɪs'krepənsɪ] разногла́сие; противоре́чие

discretion [dɪs'kreʃn] 1) такт; сде́ржанность 2): at your ~ на ва́ше усмотре́ние

discriminat|e [dɪs'krɪmɪneɪt] различа́ть; ~ion [dɪskrɪmɪ'neɪʃn] 1) предпочте́ние 2) дискримина́ция

discuss [dɪs'kʌs] обсужда́ть; ~ion [dɪs'kʌʃn] обсужде́ние; диску́ссия

disdain [dɪs'deɪn] **1.** *v* презира́ть; пренебрега́ть **2.** *n* презре́ние; пренебреже́ние

diseas|e [dɪ'zi:z] боле́знь; ~ed [-d] больно́й; ~ed liver больна́я пе́чень

disembark [dɪsəm'ba:k] выгружа́ть, выса́живать (на бе́рег)

disfigure [dɪs'fɪgə] обезобра́живать; по́ртить

disgrace [dɪs'greɪs] **1.** *n* 1) позо́р, бесче́стье 2): be in ~ быть в неми́лости **2.** *v* позо́рить; ~ful [-ful] позо́рный

disguise [dɪs'gaɪz] **1.** *v* 1) переодева́ться; маскирова́ться 2) скрыва́ть **2.** *n* маскиро́вка; *перен.* ма́ска; in ~ переоде́тый

disgust [dɪs'gʌst] **1.** *n* отвраще́ние **2.** *v* вызыва́ть отвраще́ние; be ~ed чу́вствовать отвраще́ние

dish [dɪʃ] блю́до

dishevelled [dɪ'ʃevəld] растрёпанный; взъеро́шенный

dishonest [dɪs'ɔnɪst] нечё-
стный

dishonour [dɪs'ɔnə] позор;
~**able** [dɪs'ɔnərəbl] бесчёст-
ный, позорный

dishwasher ['dɪʃwɔʃə] по-
судомоечная машина

disillusion [dɪsɪ'luːʒn] 1. *v*
разочаровывать 2. *n* разоча-
рование

disinterested [dɪs'ɪntrɪstɪd]
1) бескорыстный; беспри-
страстный 2) *амер.* равнодуш-
ный

disk [dɪsk] диск; floppy ~
гибкий диск; ~**ette** [dɪs'ket]
дискета

dislike [dɪs'laɪk] 1. *n* не-
любовь, неприязнь 2. *v* не
любить

dismal ['dɪzməl] мрачный,
унылый

dismay [dɪs'meɪ] ужас

dismiss [dɪs'mɪs] 1) распу-
скать (*учеников*) 2) выгонять, увольнять 3): ~ an idea
выбросить из головы

dismount [dɪs'maunt] спе-
шиваться

disobey ['dɪsə'beɪ] не повиноваться; не слушаться

disorder [dɪs'ɔːdə] беспо-
рядок

disorganize [dɪs'ɔːgənaɪz]
расстраивать, вносить беспо-
рядок

dispatch [dɪs'pætʃ] 1. *v* от-
правлять; посылать 2. *n* 1)
отправка 2) депеша

dispense [dɪs'pens] разда-

вать; ~ with обходиться без
чего-л.

disperse [dɪs'pəːs] 1) рас-
сеивать(ся) 2) разгонять

displace [dɪs'pleɪs] переме-
щать; ~d persons перемещён-
ные лица

display [dɪs'pleɪ] 1. *n* 1)
показ, выставка 2) дисплей
2. *v* 1) выставлять; показывать 2) проявлять, обнаруживать

displease [dɪs'pliːz] сердить, раздражать; ~d [-d]
недовольный

displeasure [dɪs'pleʒə] не-
удовольствие, недовольство,
досада

disposable [dɪ'spəuzəbl]
одноразовый, одноразового
пользования; ~ syringe одноразовый шприц

disposal [dɪs'pəuzəl]: at my
~ в моём распоряжении

dispose [dɪs'pəuz] распо-
лагать ◇ ~ of избавляться от

disposition [dɪspə'zɪʃn] характер

dispute [dɪs'pjuːt] 1. *v* спо-
рить; оспаривать 2. *n* спор

disregard ['dɪsrɪ'gɑːd] 1. *v*
пренебрегать 2. *n* пренебре-
жение

disreputable [dɪs'repjutəbl]
пользующийся дурной репу-
тацией, позорный

disrupt [dɪs'rʌpt] разры-
вать, разрушать

dissatisfaction [dɪsætɪs
'fækʃn] недовольство, неу-
довлетворённость

dissemble [dɪˈsembl] скры-
ва́ть, маскирова́ть

disseminate [dɪˈsemɪneɪt]
разбра́сывать, рассе́ивать

dissension [dɪˈsenʃn] 1)
разногла́сие 2) разла́д

dissident [ˈdɪsɪdənt] ина-
комы́слящий

dissimilar [dɪˈsɪmɪlə] не-
схо́дный, непохо́жий

dissipate [ˈdɪsəpeɪt] рассе́-
ивать, разгоня́ть

dissolution [dɪsəˈluːʃn] 1)
распа́д 2) ро́спуск 3) растор-
же́ние

dissolve [dɪˈzɔlv] 1) рас-
творя́ть(ся) 2) распуска́ть 3)
расторга́ть

dissuade [dɪˈsweɪd] отгова́-
ривать

distance [ˈdɪstəns] рассто-
я́ние

distant [ˈdɪstənt] отдалённый

distinct [dɪsˈtɪŋkt] отчётливый, я́сный; ~ion [dɪsˈtɪŋkʃn]
1) разли́чие, отли́чие 2)
знак отли́чия

distinguish [dɪsˈtɪŋgwɪʃ] 1)
различа́ть 2) отлича́ть; ~ed
[-t] выдаю́щийся; почётный

distract [dɪsˈtrækt] отвле-
ка́ть

distress [dɪsˈtres] 1. *n* 1)
го́ре 2) нужда́ 2. *v* огорча́ть,
расстра́ивать

distribute [dɪsˈtrɪbjuːt] рас-
пределя́ть

distribution [dɪstrɪˈbjuːʃn]
распределе́ние

district [ˈdɪstrɪkt] райо́н;
о́круг

distrust [dɪsˈtrʌst] 1. *n* не-
дове́рие 2. *v* не доверя́ть

disturb [dɪsˈtəːb] 1) беспо-
ко́ить, меша́ть 2) трево́жить

ditch [dɪtʃ] кана́ва

dive [daɪv] 1. *v* 1) ныря́ть
2) *ав.* пики́ровать 2. *n* ныря́-
ние

diver [ˈdaɪvə] водола́з

diverse [daɪˈvəːs] ра́зный,
разли́чный

diversity [daɪˈvəːsɪtɪ] раз-
нообра́зие, разли́чие

divert [daɪˈvəːt] 1) отво-
ди́ть 2) отвлека́ть

divide [dɪˈvaɪd] де-
ли́ть(ся); разделя́ть(ся)

divine [dɪˈvaɪn] боже́ствен-
ный

division [dɪˈvɪʒn] 1)
(раз)деле́ние 2) часть, раз-
де́л; отде́л 3) *воен.* диви́зия

divorce [dɪˈvɔːs] 1. *n* раз-
во́д 2. *v* 1) разводи́ть(ся) 2)
разъединя́ть

do [duː] (did; done) 1) де́-
лать; do one's bed стели́ть
посте́ль; do a room убира́ть
ко́мнату; do one's hair при-
чёсываться 2) *как вспомогат. глагол в вопросит. и
отрицат. формах:* didn't
you see me? ра́зве вы меня́
не ви́дели?; I do not (don't)
speak French я не говорю́ по-
-францу́зски 3) *для усиле-
ния:* do come! пожа́луйста,
приходи́те!; do **up** застёгивать; do **without** обходи́ться

без ◇ that will do! a) хва́тит!; дово́льно!; б) э́то подходя́ще!; how do you do! здра́вствуйте!; this will never do э́то никуда́ не годи́тся

dock I [dɔk] скамья́ подсуди́мых

dock II [dɔk] 1) док 2) при́стань; ~er [ˈdɔkə] до́кер, порто́вый рабо́чий

doctor [ˈdɔktə] врач, до́ктор

document [ˈdɔkjumənt] докуме́нт

doesn't [ˈdʌznt] *разг.* = does not

dog [dɔg] соба́ка

dogged [ˈdɔgɪd] упо́рный

doll [dɔl] ку́кла

dollar [ˈdɔlə] до́ллар

dolphin [ˈdɔlfɪn] дельфи́н

dome [dəum] ку́пол

domestic [dəˈmestɪk] 1) дома́шний 2) вну́тренний

dominant [ˈdɔmɪnənt] госпо́дствующий

dominate [ˈdɔmɪneɪt] 1) преоблада́ть 2) госпо́дствовать

dominion [dəˈmɪnjən] 1) влады́чество 2) владе́ние 3) доминио́н

donate [dəuˈneɪt] поже́ртвовать

donation [dəuˈneɪʃn] поже́ртвование

done [dʌn] *p. p. от* do

donkey [ˈdɔŋkɪ] осёл

don't [dəunt] *разг.* = do not

doom [du:m] 1. *n* 1) рок, судьба́ 2) (по)ги́бель 2. *v* осужда́ть, обрека́ть

door [dɔ:] дверь

doorstep [ˈdɔ:step] поро́г

dormitory [ˈdɔ:mɪtərɪ] 1) спа́льня 2) *амер.* студе́нческое общежи́тие

dot [dɔt] то́чка

double [ˈdʌbl] 1. *a* двойно́й 2. *adv* вдвойне́ 3. *v* удва́ивать 4. *n* двойни́к

doubly [ˈdʌblɪ] вдво́е

doubt [daut] 1. *n* сомне́ние; no ~ несомне́нно 2. *v* сомнева́ться; ~ful [ˈdautful] сомни́тельный; be ~ful сомнева́ться; ~less [ˈdautlɪs] несомне́нно

dough [dəu] те́сто

dove [dʌv] го́лубь

down I [daun] 1. *adv* 1) вниз 2) внизу́ 2. *prep* вниз; по

down II [daun] пух

downstairs [ˈdaunˈstɛəz] 1) вниз (*по лестнице*) 2) внизу́, в ни́жнем этаже́

doze [dəuz] дрема́ть

dozen [dʌzn] дю́жина

draft [drɑ:ft] 1) *см.* draught 2) *воен.* набо́р в а́рмию

drag [dræg] тащи́ть(ся)

drain [dreɪn] 1. *v* 1) осуша́ть 2) истоща́ть (*силы, средства*) 2. *n pl* канализа́ция; ~ pipe водоотво́д

dramatic [drəˈmætɪk] драмати́ческий

drank [dræŋk] *past от* drink 1

drapery ['dreɪpərɪ] 1) ткáни 2) драпирóвка

drastic ['dræstɪk]: ~ measures решúтельные мéры; ~ remedy сúльное срéдство

draught [drɑ:ft] 1) сквознЯк 2) набрóсок; черновúк

draw [drɔ:] 1. v (drew; drawn) 1) тянýть; тащúть; ~ near приближáться 2) привлекáть 3) чертúть; рисовáть 4) чéрпать 2. n ничьЯ (в игре); the match ended in a ~ игрá окóнчилась вничью

drawer [drɔ:] Ящик (выдвижнóй)

drawers [drɔ:z] pl кальсóны

drawing ['drɔ:ɪŋ] рисýнок

drawn [drɔ:n] p. p. от draw 1

dread [dred] 1. v страшúться 2. n страх; ~ful ['dredful] ужáсный, стрáшный

dream [dri:m] 1. n 1) сон 2) мечтá 2. v (dreamt; dreamt) 1) вúдеть во снé 2) мечтáть

dreamt [dremt] past и p. p. от dream 2

dreary ['drɪərɪ] мрáчный, унЫлый

dress [dres] 1. n плáтье, одéжда 2. v 1) одевáть(ся) 2) перевЯзывать (рану)

dressing gown ['dresɪŋ gaun] халáт

dressing table ['dresɪŋ teɪbl] туалéтный стóлик

dressmaker ['dresmeɪkə] портнúха

drew [dru:] past от draw 1

dried [draɪd] сушёный

drift [drɪft] 1. n 1) течéние 2) стремлéние 3) сугрóб 2. v относúть течéнием; плыть по течéнию

drill I [drɪl] воен. строевóе учéние

drill II [drɪl] 1. n сверлó 2. v сверлúть

drink [drɪŋk] 1. v (drank; drunk) пить 2. n питьё; напúток (тж. алкогóльный); to have a ~ вЫпить

drip [drɪp] кáпать

drive [draɪv] 1. v (drove; driven) 1) гнать 2) везтú, éхать (в машине, экипаже); управлЯть (машиной) 3) вбивáть (гвоздь) 2. n 1) поéздка, прогýлка (в машине, экипаже) 2) подъезднáя аллéя (к дому); ~n ['drɪvn] p. p. от drive 1; ~r ['draɪvə] 1) вознúца 2) водúтель (машины)

droop [dru:p] поникáть

drop [drɔp] 1. n 1) кáпля 2) понижéние; падéние 2. v 1) кáпать 2) ронЯть 3) опускáть; бросáть 4) понижáть(ся); ~ in зайтú (мимоходом)

dropout ['drɔpaut] вЫбывший, исключённый (человек)

drought [draut] зáсуха

drove [drəuv] past от drive 1

drown [draun] 1) тону́ть 2) топи́ть(ся) 3) заглуша́ть

drowse [drauz] дрема́ть

drug [drʌg] 1) медика́мент, лека́рство 2) нарко́тик; ~gist [ˈdrʌgɪst] апте́карь; ~store [ˈdrʌgstɔ:] *амер.* апте́ка

drum [drʌm] 1. *n* бараба́н 2. *v* бараба́нить; стуча́ть

drunk [drʌŋk] 1. *p. p. от* drink 1 2. *a* пья́ный

drunkard [ˈdrʌŋkəd] пья́ница

dry [draɪ] 1. *a* сухо́й 2. *v* 1) суши́ть 2) со́хнуть

dry cleaner's [draɪˈkli:nəz] химчи́стка

dubious [ˈdju:bjəs] сомни́тельный

duchess [ˈdʌtʃɪs] герцоги́ня

duck [dʌk] у́тка

due [dju:] 1) до́лжный 2) причита́ющийся 3) обусло́вленный, вы́званный; ~ to благодаря́, всле́дствие

dues [dju:z] *pl* 1) сбо́ры 2) взно́сы

dug [dʌg] *past и p. p. от* dig

duke [dju:k] ге́рцог

dull [dʌl] 1) тупо́й, глу́пый 2) ску́чный 3) ту́склый; па́смурный 4) приту́пленный; ~ edge тупо́е ле́звие

dumb [dʌm] 1) немо́й 2) бессло́весный 3) *амер.* бестолко́вый

dummy [ˈdʌmɪ] 1) манеке́н 2) маке́т

dump [dʌmp] му́сорная сва́лка

dupe [dju:p] 1. *n* же́ртва обма́на; проста́к 2. *v* обма́нывать, води́ть за́ нос

duplicate [ˈdju:plɪkɪt] дубли́ка́т, ко́пия

durable [ˈdjuərəbl] про́чный

duration [djuəˈreɪʃn] продолжи́тельность

during [ˈdjuərɪŋ] в тече́ние, в продолже́ние

dusk [dʌsk] су́мерки

dust [dʌst] 1. *n* пыль 2. *v* стира́ть пыль; ~er [ˈdʌstə] пы́льная тря́пка; ~y [ˈdʌstɪ] пы́льный

dustpan [ˈdʌstpæn] сово́к

Dutch [dʌtʃ] 1. *a* голла́ндский 2. *n:* the ~ голла́ндцы; ~man [ˈdʌtʃmən] голла́ндец; ~woman [ˈdʌtʃwumən] голла́ндка

duty [ˈdju:tɪ] 1) долг; обя́занность 2) по́шлина ◇ on ~ дежу́рный

duty-free [ˈdju:tɪˈfri:] беспо́шлинный; ~ shop магази́н в междунаро́дных аэропо́ртах

dwarf [dwɔ:f] ка́рлик; *миф.* гном

dwell [dwel] (dwelt; dwelt) жить; ~ on распространя́ться (*о чём-л.*); ~ing [ˈdwelɪŋ] жильё

dwelt [dwelt] *past и p. p. от* dwell

dye [daɪ] 1. *n* кра́ска 2. *v*

красить; ~d [-d] крашеный; ~d hair крашеные волосы

dying ['daɪŋ] 1) умирающий 2) предсмертный

dysentery ['dɪsntrɪ] дизентерия

E

each [i:tʃ] каждый; ~ other друг друга

eager ['i:gə] пылкий; be ~ to гореть желанием; ~ness ['i:gənɪs] пыл, рвение, желание

eagle ['i:gl] орёл

ear I [ɪə] ухо

ear II [ɪə] 1. *n* колос 2. *v* колоситься

early ['ə:lɪ] 1. *a* ранний 2. *adv* рано

earn [ə:n] 1) зарабатывать 2) заслуживать

earnest ['ə:nɪst] 1. *a* 1) серьёзный 2) горячий, убедительный 2. *n:* in ~ всерьёз

earnings ['ə:nɪŋz] *pl* заработок

earring ['ɪərɪŋ] серьга

earth [ə:θ] земля ◇ what on ~ is the matter? в чём же дело?; ~ly ['ə:θlɪ] земной ◇ it's no ~ly use asking him бесполезно его спрашивать

earthquake ['ə:θkweɪk] землетрясение

ease [i:z] 1. *n* лёгкость; at ~ непринуждённо; ill at ~ неловко 2. *v* облегчать (*боль и т. п.*)

easel ['i:zl] мольберт

easily ['i:zɪlɪ] легко

east [i:st] 1. *n* восток 2. *a* восточный 3. *adv* на восток(е), к востоку

Easter ['i:stə] Пасха

eastern ['i:stən] восточный

easy ['i:zɪ] 1) лёгкий; it's ~ это легко 2) непринуждённый (*о манерах*)

eat [i:t] (ate; eaten) есть; ~en [-n] *p. p. от* eat

eaves [i:vz] карниз (*крыши*)

eavesdrop ['i:vzdrɔp] (on) подслушивать

ebb [eb] 1. *n* отлив 2. *v* убывать

eccentric [ɪk'sentrɪk] чудаковатый, странный

echo ['ekəu] 1. *n* 1) эхо 2) подражание 2. *v* вторить, подражать

eclipse [ɪ'klɪps] 1. *n* затмение 2. *v* затмевать

ecology [ɪ'kɔlədʒɪ] экология

economic [i:kə'nɔmɪk] экономический; ~al [-l] бережливый, экономный

economics [i:kə'nɔmɪks] экономика; народное хозяйство

economy [i:'kɔnəmɪ] 1) экономия; бережливость 2) (народное) хозяйство ◇ political ~ политическая экономия

edge [edʒ] край; остриё; кромка

edible ['edɪbl] съедобный

edit ['edɪt] редакти́ровать; ~ion [ɪ'dɪʃn] изда́ние; ~or ['edɪtə] реда́ктор; ~orial [edɪ'tɔ:rɪəl] 1. *a* редакцио́нный 2. *n* амер. передова́я статья́

educate ['edju:keɪt] дава́ть образова́ние; воспи́тывать; ~d [-ɪd] образо́ванный

education [edju:'keɪʃn] образова́ние; воспита́ние

effect [ɪ'fekt] 1) результа́т 2) де́йствие; ~ive [-ɪv] эффекти́вный, де́йственный

efficient [ɪ'fɪʃnt] 1) де́льный, толко́вый, уме́лый 2) эффекти́вный

effort ['efət] уси́лие; напряже́ние

e.g. ['i:'dʒi:] напр. (наприме́р)

egg [eg] яйцо́; bacon and ~s яи́чница с ветчино́й

egocentric [egəu'sentrɪk] эгоцентри́ст

Egyptian [ɪ'dʒɪpʃn] 1. *a* еги́петский 2. *n* египтя́нин

eight [eɪt] во́семь

eighteen ['eɪ'ti:n] восемна́дцать; ~th [-θ] восемна́дцатый

eighth [eɪtθ] восьмо́й

eightieth ['eɪtɪɪθ] восьмидеся́тый

eighty ['eɪtɪ] во́семьдесят

either ['aɪðə] 1. *a, pron* ка́ждый, любо́й (*из двух*) 2. *adv, conj:* ~ ... or и́ли... и́ли

elaborate [ɪ'læbərɪt] тща́тельно разрабо́танный; подро́бный; ~ lie иску́сная

ложь; ~ explanation простра́нное объясне́ние

elapse [ɪ'læps] проходи́ть (*о времени*)

elastic [ɪ'læstɪk] 1. *a* эласти́чный, упру́гий 2. *n* рези́нка

elated [ɪ'leɪtɪd] окрылённый

elbow ['elbəu] ло́коть

elder ['eldə] ста́рший; ~ly [-lɪ] пожило́й

eldest ['eldɪst] (са́мый) ста́рший

elect [ɪ'lekt] выбира́ть, избира́ть; ~ion [ɪ'lekʃn] 1) вы́боры; general ~ion всео́бщие вы́боры 2) избра́ние; ~ive [-ɪv] вы́борный; избира́тельный; ~or [ɪ'lektə] избира́тель

electric(al) [ɪ'lektrɪk(əl)] электри́ческий

electricity [ɪlek'trɪsɪtɪ] электри́чество

electrocution [ɪlektrə'kju:ʃn] казнь на электри́ческом сту́ле

electronics [ɪlek'trɔnɪks] электро́ника

elegant ['elɪgənt] изя́щный

element ['elɪmənt] 1) элеме́нт 2) стихи́я 3) *pl* осно́вы (*науки и т. п.*)

elementary [elɪ'mentərɪ] элемента́рный; (перво)нача́льный

elephant ['elɪfənt] слон

elevate ['elɪveɪt] поднима́ть, возвыша́ть

eleven [ɪ'levn] оди́ннадцать; ~th [-θ] оди́ннадцатый

elicit [ɪ'lɪsɪt] извлекáть, дéлать вы́воды (*на основе фактов*)

eligible ['elɪdʒəbl] 1) имéющий прáво быть и́збранным 2) подходя́щий

eliminate [ɪ'lɪmɪneɪt] исключáть; устраня́ть

elk [elk] лось

elm [elm] вяз

eloquent ['eləkwənt] красноречи́вый

else [els] 1) ещё; крóме; what ~? что ещё?; who ~? кто ещё?; somebody ~ ктó-нибудь другóй; no one ~ бóльше никогó; никтó другóй 2): or ~ инáче

elsewhere [els'wɛə] гдé-нибудь в другóм мéсте

elude [ɪ'lu:d] избегáть, уклоня́ться

emancipation [ɪmænsɪ'peɪʃn] освобождéние, эмансипáция

embankment [ɪm'bæŋkmənt] нáбережная

embargo [em'ba:gəu] эмбáрго

embark [ɪm'ba:k] сади́ться на корáбль; ~ for отплывáть; ~ upon приступи́ть к чемý-л.

embarrass [ɪm'bærəs] смущáть

embassy ['embəsɪ] посóльство

emblem ['embləm] эмблéма; си́мвол

embody [ɪm'bɒdɪ] воплощáть

embrace [ɪm'breɪs] **1.** *v* 1) обнимáть(ся) 2) охвáтывать **2.** *n* объя́тия

embroider [ɪm'brɔɪdə] 1) вышивáть 2) приукрáшивать; ~y [-rɪ] вы́шивка

embryo ['embrɪəu] эмбриóн, зарóдыш

emerald ['emərəld] изумрýд

emerge [ɪ'mə:dʒ] появля́ться

emergency [ɪ'mə:dʒənsɪ] крити́ческое положéние, крáйность; in case of ~ при крáйней необходи́мости; ~ exit запáсный вы́ход

eminent ['emɪnənt] выдаю́щийся

emotion [ɪ'məuʃn] волнéние; чýвство

emperor ['empərə] импе-рáтор

emphasis ['emfəsɪs] ударéние

emphasize ['emfəsaɪz] подчёркивать

emphatic [ɪm'fætɪk] 1) вырази́тельный; многозначи́тельный 2) реши́тельный; ~ refusal реши́тельный откáз

empire ['empaɪə] импéрия

employ [ɪm'plɔɪ] 1) нанимáть; держáть на слýжбе 2) употребля́ть, применя́ть

employee [emplɔ'i:] слýжащий

employer [ɪm'plɔɪə] предпринимáтель, хозя́ин

employment [ɪm'plɔɪmənt] рабóта, слýжба; заня́тие

empower [ɪm'pauə] уполномо́чивать

empty ['emptɪ] 1. *a* пусто́й 2. *v* опорожня́ть

emulation [emju'leɪʃn] соревнова́ние

enable [ɪ'neɪbl] дава́ть возмо́жность (*сделать что-л.*)

enamel [ɪ'næməl] 1) эма́ль 2) глазу́рь

encamp [ɪn'kæmp] располага́ть ла́герь

encase [ɪn'keɪs] упако́вывать

enchanted [ɪn'tʃɑːntɪd] очаро́ванный, околдо́ванный

encircle [ɪn'sə:kl] окружа́ть

enclose [ɪn'kləuz] 1) огора́живать; заключа́ть 2) вкла́дывать (*в конверт*)

encompass [ɪn'kʌmpəs] включа́ть, охва́тывать

encounter [ɪn'kauntə] 1. *n* 1) встре́ча 2) столкнове́ние 2. *v* 1) встреча́ть(ся); 2) ста́лкиваться (*с кем-л., с чем-л.*)

encourage [ɪn'kʌrɪdʒ] 1) ободря́ть 2) поощря́ть

end [end] 1. *n* коне́ц 2. *v* конча́ть(ся)

endearment [ɪn'dɪəmənt] выраже́ние любви́

endeavour [ɪn'devə] 1. *v* пыта́ться, стара́ться 2. *n* попы́тка, стара́ние

ending ['endɪŋ] оконча́ние, коне́ц

endless ['endlɪs] бесконе́чный

endurance [ɪn'djuərəns] выно́сливость; терпе́ние

enemy ['enɪmɪ] враг, неприя́тель

energetic [enə'dʒetɪk] энерги́чный

energy ['enədʒɪ] эне́ргия, си́ла

enforce [ɪn'fɔ:s] 1) принужда́ть; наста́ивать 2) проводи́ть в жизнь

engage [ɪn'geɪdʒ] 1) нанима́ть 2) (in) вступа́ть (*в сраже́ние, в разговор*) ◇ be ~d а) быть за́нятым; б) быть помо́лвленным; ~d [-d] 1) за́нятый 2) приглашённый 3) помо́лвленный; ~ment [-mənt] 1) де́ло, заня́тие 2) приглаше́ние; свида́ние 3) помо́лвка

engine ['endʒɪn] 1) мото́р, дви́гатель 2) парово́з; ~ driver машини́ст

engineer [endʒɪ'nɪə] 1) инжене́р; меха́ник 2) *амер.* машини́ст; ~ing [endʒɪ'nɪərɪŋ] те́хника

English ['ɪŋglɪʃ] 1. *a* англи́йский 2. *n* 1): the ~ англича́не 2) англи́йский язы́к

Englishman ['ɪŋglɪʃmən] англича́нин

Englishwoman ['ɪŋglɪʃwumən] англича́нка

engrave [ɪn'greɪv] гравирова́ть

engross [ɪn'grəus] (in) по́лностью поглоща́ть (*время, внимание*)

enhance [ɪn'hɑ:ns] увели́чивать, уси́ливать, углубля́ть

enjoin [ɪn'dʒɔɪn] приказа́ть вы́полнить

enjoy [ɪn'dʒɔɪ] 1) наслажда́ться; получа́ть удово́льствие 2) облада́ть; ~ment [-mənt] 1) удово́льствие, наслажде́ние 2) облада́ние

enlarge [ɪn'lɑ:dʒ] 1) расширя́ть(ся) 2) увели́чивать(ся)

enlighten [ɪn'laɪtn] просвеща́ть

enlist [ɪn'lɪst] поступа́ть на вое́нную слу́жбу

enmity ['enmɪtɪ] вражда́

enormous [ɪ'nɔ:məs] грома́дный

enough [ɪ'nʌf] дово́льно; доста́точно; not ~ ма́ло, недоста́точно; have you ~ money? у вас хва́тит де́нег?; that's ~ ! дово́льно!; is that ~ ? хва́тит?

enquire [ɪn'kwaɪə] *см.* inquire

enrich [ɪn'rɪtʃ] обогаща́ть

enrol(l) [ɪn'rəul] регистри́ровать

enslave [ɪn'sleɪv] порабоща́ть

ensue [ɪn'sju:] сле́довать, вытека́ть, получа́ться в результа́те

entangled [ɪn'tæŋgld] запу́танный

enter ['entə] 1) входи́ть 2) вноси́ть (*в кни́гу; в спи́сок*); ~ into вступа́ть (*в перегово́ры и т. п.*)

enterprise ['entəpraɪz] 1) предприя́тие 2) предприи́мчивость

enterprising ['entəpraɪzɪŋ] предприи́мчивый

entertain [entə'teɪn] 1) развлека́ть; принима́ть (*госте́й*) 2) пита́ть (*наде́жду*)

enthusiasm [ɪn'θju:zɪæzm] энтузиа́зм; восто́рг

enthusiastic [ɪnθju:zɪ'æstɪk] восто́рженный, горя́чий

entice [ɪn'taɪs] соблазня́ть

entire [ɪn'taɪə] по́лный; це́лый; весь; ~ly [-lɪ] всеце́ло, вполне́, соверше́нно

entitle [ɪn'taɪtl] 1) называ́ться 2) дава́ть пра́во; be ~d (to) име́ть пра́во

entrance ['entrəns] вход

entreat [ɪn'tri:t] умоля́ть; ~y [-ɪ] мольба́

entry ['entrɪ] 1) вход 2) вступле́ние 3) за́пись

enumerate [ɪ'nju:məreɪt] перечисля́ть

envelop [ɪn'veləp] завора́чивать; заку́тывать

envelope ['envɪləup] конве́рт

envious ['envɪəs] зави́стливый

environment [ɪn'vaɪərənmənt] среда́, окруже́ние, обстано́вка

envy ['envɪ] 1. *n* за́висть 2. *v* зави́довать

epidemic [epɪ'demɪk] 1. *a* эпидеми́ческий 2. *n* эпиде́мия

epoch ['i:pɔk] эпо́ха

equal [ˈiːkwəl] 1. *a* ра́вный 2. *v* равня́ться; ~ity [iːˈkwɔlɪtɪ] ра́венство

equation [ɪˈkweɪʒn] *мат.* уравне́ние

equator [ɪˈkweɪtə] эква́тор

equip [ɪˈkwɪp] снаряжа́ть; ~ment [-mənt] 1) обору́дование; снаряже́ние 2) обмундирова́ние

equivalent [ɪˈkwɪvələnt]: be ~ to равня́ться

era [ˈɪərə] э́ра

eradicate [ɪˈrædɪkeɪt] искореня́ть

erase [ɪˈreɪz] стира́ть (*резинкой*); *перен.* изгла́живать

erect [ɪˈrekt] 1. *v* воздвига́ть, сооружа́ть 2. *a* прямо́й

errand [ˈerənd] поруче́ние

erroneous [ɪˈrəʊnjəs] оши́бочный

error [ˈerə] оши́бка, заблужде́ние

eruption [ɪˈrʌpʃn] изверже́ние

escalation [eskəˈleɪʃən] эскала́ция, расшире́ние, обостре́ние

escape [ɪsˈkeɪp] 1. *v* 1) убежа́ть 2) избежа́ть 3) ускользну́ть 2. *n* бе́гство; избавле́ние; he had a narrow ~ он едва́ спа́сся

escort 1. *n* [ˈeskɔːt] охра́на, конво́й 2. *v* [ɪsˈkɔːt] сопровожда́ть, конвои́ровать

especially [ɪsˈpeʃəlɪ] осо́бенно

essay [ˈeseɪ] о́черк

essence [ˈesns] 1) су́щ-ность, существо́ 2) эссе́нция; духи́

essential [ɪˈsenʃəl] суще́ственный

establish [ɪsˈtæblɪʃ] устана́вливать; осно́вывать; ~ment [-mənt] учрежде́ние

estate [ɪsˈteɪt] 1) име́ние 2) иму́щество; real ~ недви́жимое иму́щество

esteem [ɪsˈtiːm] 1. *v* уважа́ть, почита́ть 2. *n* уваже́ние

estimate 1. *v* [ˈestɪmeɪt] оце́нивать 2. *n* [ˈestɪmɪt] 1) оце́нка 2) сме́та

etc. [ɪtˈsetrə] (et cetera) и т. д., и т. п. (и так да́лее, и тому́ подо́бное)

eternal [iːˈtəːnəl] ве́чный

eternity [iːˈtəːnɪtɪ] ве́чность

ether [ˈiːθə] эфи́р

European [juərəˈpiːən] 1. *a* европе́йский 2. *n* европе́ец

evacuate [ɪˈvækjueɪt] эваку́ировать

evade [ɪˈveɪd] 1) избега́ть 2) уклоня́ться; обходи́ть (*закон*)

evaluate [ɪˈvæljueɪt] оце́нивать

evaporate [ɪˈvæpəreɪt] 1) испаря́ться 2) выпа́ривать

eve [iːv] кану́н; on the ~ накану́не

even I [ˈiːvən] ро́вный; ~ number чётный но́мер

even II [ˈiːvən] да́же

evening [ˈiːvnɪŋ] ве́чер; ~ party вечери́нка

event [ɪˈvənt] собы́тие,

происше́ствие; at all ~s во вся́ком слу́чае; ~ful [-ful] знамена́тельный

eventually [ɪ'ventjuəlɪ] в конце́ концо́в

ever ['evə] когда́-либо; for ~ навсегда́

every ['evrɪ] ка́ждый; ~ other day че́рез день; ~body [-bɔdɪ] ка́ждый; все; ~day [-deɪ] ежедне́вный, повседне́вный; ~one [-wʌn] ка́ждый; ~thing [-θɪŋ] всё; ~where [-wɛə] всю́ду

evidence ['evɪdəns] 1) доказа́тельство 2) *юр.* ули́ка; свиде́тельское показа́ние

evidently ['evɪdəntlɪ] очеви́дно

evil ['iːvl] **1.** *a* дурно́й **2.** *n* зло

evince [ɪ'vɪns] проявля́ть, выка́зывать

evoke [ɪ'vəuk] вызыва́ть (*симпатию и т. п.*)

exact [ɪg'zækt] то́чный; ~ly [-lɪ] то́чно

exaggerate [ɪg'zædʒəreɪt] преувели́чивать

exalt [ɪg'zɔːlt] 1) возвыша́ть 2) превозноси́ть

examination [ɪgzæmɪ'neɪʃn] 1) экза́мен 2) осмо́тр; иссле́дование

examine [ɪg'zæmɪn] 1) экзаменова́ть 2) осма́тривать; иссле́довать

example [ɪg'zɑːmpl] приме́р, образе́ц; for ~ наприме́р

exasperation [ɪgzɑːspə-

'reɪʃn] раздраже́ние; ожесточе́ние

excavate ['ekskəveɪt] выка́пывать; раска́пывать

excavator ['ekskəveɪtə] экскава́тор; walking ~ шага́ющий экскава́тор

exceed [ɪk'siːd] 1) превыша́ть 2) превосходи́ть 3) преувели́чивать

exceedingly [ɪk'siːdɪŋlɪ] чрезвыча́йно

excel [ɪk'sel] 1) превосходи́ть 2) отлича́ться

excellent ['eksələnt] превосхо́дный

except [ɪk'sept] исключа́я, кро́ме; ~ing [-ɪŋ] за исключе́нием; ~ion [ɪk'sepʃn] исключе́ние; ~ional [ɪk'sepʃənəl] исключи́тельный

excess [ɪk'ses] изли́шек; to ~ до кра́йности; ~ive [-ɪv] чрезме́рный

exchange [ɪks'tʃeɪndʒ] **1.** *n* 1) обме́н; разме́н 2) би́ржа **2.** *v* обме́нивать

excite [ɪk'saɪt] возбужда́ть; ~ment [-mənt] возбужде́ние, волне́ние

exclaim [ɪks'kleɪm] восклица́ть

exclamation [eksklə'meɪʃn] восклица́ние

exclude [ɪks'kluːd] исключа́ть

exclusive [ɪks'kluːsɪv]: for the ~ use of исключи́тельно (то́лько) для

excursion [ɪks'kəːʃn] экску́рсия; пое́здка

excuse 1. *v* [ıks'kju:z] извинять; прощать **2.** *n* [ıks'kju:s] оправдание; a good ~ предлог

execute ['eksıkju:t] 1) исполнять 2) казнить

execution [eksı'kju:ʃn] 1) выполнение 2) казнь

executive [ıg'zekjutıv] 1) исполнительный 2) *амер.* административный

exercise ['eksəsaız] **1.** *n* упражнение; take ~ гулять; заниматься спортом **2.** *v* упражнять(ся)

exert [ıg'zə:t] 1) напрягать (*силы*); ~ oneself стараться 2) оказывать (*действие, влияние и т. п.*); ~ion [ıg'zə:ʃn] напряжение, усилие

exhaust [ıg'zɔ:st] **1.** *v* исчерпывать; истощать **2.** *n тех.* выхлоп; ~ed [-ıd] истощённый; измученный; изнурённый; ~ion [ıg'zɔ:stʃn] истощение; изнеможение

exhibit [ıg'zıbıt] **1.** *v* 1) показывать 2) выставлять **2.** *n* экспонат; ~ion [eksı'bıʃn] выставка

exile ['eksaıl] **1.** *n* 1) ссылка 2) изгнанник **2.** *v* ссылать

exist [ıg'zıst] существовать; ~ence [-əns] существование

exit ['eksıt] выход

expand [ıks'pænd] расширять(ся)

expansion [ıks'pænʃn] 1) расширение 2) экспансия

expatriate [eks'pætrıeıt] изгонять из отечества

expect [ıks'pekt] ожидать; надеяться; ~ation [ekspek'teıʃn] ожидание

expedient [ık'spi:dıənt] целесообразный, подходящий, выгодный

expedition [ekspı'dıʃn] экспедиция

expel [ıks'pel] выгонять, исключать

expenditure [ıks'pendıtʃə] трата, расход

expense [ıks'pens] расход; at smb.'s ~ за счёт кого-л.

expensive [ıks'pensıv] дорогой (*о цене*)

experience [ıks'pıərıəns] **1.** *n* 1) опыт 2) переживание **2.** *v* испытывать; ~d [-t] опытный; много испытавший

experiment 1. *n* [ıks'perımənt] опыт, эксперимент **2.** *v* [ıks'perıment] экспериментировать

expert ['ekspə:t] **1.** *a* опытный, искусный; квалифицированный **2.** *n* знаток, эксперт

expire [ıks'paıə] истекать (*о сроке*)

explain [ıks'pleın] объяснять

explanation [eksplə'neıʃn] объяснение, толкование

explicit [ıks'plısıt] ясный, высказанный до конца, определённый; категорический explode [ɪks'pləud] взрывать(ся)

exploit I [ɪks'plɔɪt] 1) разрабáтывать 2) эксплуати́ровать

exploit II ['eksplɔɪt] пóдвиг

explore [ɪks'plɔ:] исслéдовать; ~r [ɪks'plɔ:rə] исслéдователь

explosion [ɪks'pləuʒn] взрыв

explosive [ɪks'pləusɪv] 1. *a* взры́вчатый 2. *n* взры́вчатое веществó

Expo. [ɪks'pəu] вы́ставка; экспози́ция

export 1. *v* [eks'pɔ:t] экспорти́ровать; вывози́ть 2. *n* ['ekspɔ:t] э́кспорт, вы́воз

expose [ɪks'pəuz] 1) выставля́ть 2) подверга́ть 3) разоблача́ть

express I [ɪks'pres] 1. *v* выража́ть 2. *a* определённый, я́сно вы́раженный

express II [ɪks'pres] 1) срóчный 2) курьéрский; ~ train экспрéсс

expression [ɪks'preʃn] выражéние

expressive [ɪks'presɪv] вырази́тельный

expressly I [ɪks'preslɪ] нарóчно, специáльно

expressly II [ɪks'preslɪ] тóчно, я́сно; категори́чески

extend [ɪks'tend] 1) простирáться 2) выкáзывать (*сочувствие*)

extension [ɪks'tenʃn] 1)

протяжéние 2) расширéние, распространéние

extensive [ɪks'tensɪv] обши́рный

extent [ɪks'tent] протяжéние; to what ~? до какóй стéпени?

extenuating [eks'tenjueɪtɪŋ]: ~ circumstances смягчáющие (вину́) обстоя́тельства

exterior [eks'tɪərɪə] 1. *a* внéшний 2. *n* внéшность, внéшний вид

external [eks'tə:nl] внéшний

extinct [ɪks'tɪŋkt] 1) потýхший (*о вулкане*) 2) вы́мерший

extinguish [ɪks'tɪŋgwɪʃ] гаси́ть

extort [ɪks'tɔ:t] 1) вымогáть 2) выпы́тывать

extra ['ekstrə] добáвочный; сверх-

extract 1. *v* [ɪks'trækt] удаля́ть, извлекáть 2. *n* ['ekstrækt] 1) экстрáкт 2) вы́держка (*из книги*)

extraordinary [ɪks'trɔ:dnrɪ] 1) необычáйный 2) чрезвычáйный

extravagant [ɪks'trævəgənt] 1) сумасбрóдный; ~ speeches сумасбрóдные рéчи 2) расточи́тельный 3) преувели́ченный

extreme [ɪks'tri:m] 1. *a* крáйний 2. *n* крáйность

extremity [ɪks'tremɪtɪ] 1)

конéц, край 2) крáйность 3) *pl* конéчности

exult [ɪɡ'zʌlt] ликовáть, рáдоваться

eye [aɪ] 1. *n* глаз 2. *v* рассмáтривать, смотрéть; ~brow ['aɪbrau] бровь; ~lash ['aɪlæʃ] реснúца; ~lid ['aɪlɪd] вéко

eyedropper ['aɪdrɔpə] пипéтка

eyeglasses ['aɪɡlɑːsɪz] очкú

eye shadow ['aɪʃædəu] тéни для век

F

fable ['feɪbl] бáсня

fabric ['fæbrɪk] ткань

fabricate ['fæbrɪkeɪt] выдýмывать, сочинять

fabulous ['fæbjuləs] 1) баснослóвный 2) невероятный, неправдоподóбный

face [feɪs] 1. *n* лицó; make ~s гримáсничать; ~ of the clock циферблáт (*часов*) 2. *v* 1) быть обращённым к 2) встречáть (*трудности и т. п.*); we must ~ facts нáдо прямо смотрéть прáвде в лицó; the problem that ~s us стоящая пéред нáми проблéма

facetious [fə'siːʃəs] игрúвый

facility [fə'sɪlɪtɪ] 1) лёгкость 2) *pl* срéдства; удóбства

fact [fækt] факт; in ~ действúтельно

faction ['fækʃn] фрáкция

factory ['fæktərɪ] фáбрика, завóд

faculty ['fækəltɪ] 1) дар, спосóбность 2) факультéт

fade [feɪd] увядáть

fail [feɪl] 1) недоставáть, не хватáть 2) обманýть ожидáния 3) провалúться (*на экзамене*) 4) не удавáться

failure ['feɪljə] 1) неудáча 2) банкрóтство

faint [feɪnt] 1. *a* слáбый 2. *v* пáдать в óбморок

fair I [fɛə] ярмарка

fair II [fɛə] 1) чéстный; справедлúвый 2) белокýрый; ~ly ['fɛəlɪ] 1) чéстно; справедлúво 2) довóльно, достáточно; ~ly well неплóхо

fairy tale ['fɛərɪteɪl] (волшéбная) скáзка

faith [feɪθ] вéра; ~ful ['feɪθful] вéрный; прéданный

falcon ['fɔːlkən] сóкол

fall [fɔːl] 1. *v* (fell; fallen) 1) пáдать; понижáться 2) впадáть в 3) пасть (*в бою*) 4) наступáть (*о ночи*) ◇ ~ asleep засыпáть; ~ in love влюбляться 2. *n* 1) падéние 2) *амер.* óсень

fallacy ['fæləsɪ] лóжное заключéние; ошúбка

fallen ['fɔːlən] *p. p. от* fall 1

false [fɔːls] 1) лóжный 2) лжúвый; фальшúвый 3) иску́сственный; ~hood ['fɔ:lshud] ложь

fame [feɪm] сла́ва; изве́стность

familiar [fə'mɪljə] 1) знако́мый, общеизве́стный 2) фамилья́рный

family ['fæmɪlɪ] 1) семья́ 2) род

famine ['fæmɪn] го́лод

famous ['feɪməs] знамени́тый, изве́стный

fan I [fæn] **1.** *n* 1) ве́ер 2) вентиля́тор 3) ве́ялка **2.** *v* обма́хивать(ся) ве́ером

fan II [fæn] *разг.* 1) энтузиа́ст, покло́нник; a Charlie Chaplin ~ покло́нник Ча́рли Ча́плина; ~ mail пи́сьма почита́телей (*актёру и т. п.*) 2) *спорт.* боле́льщик

fancy ['fænsɪ] **1.** *n* 1) воображе́ние, фанта́зия 2) пристра́стие; take a ~ to облюбова́ть 3) капри́з **2.** *a* 1) причу́дливый 2): ~ dress маскара́дный костю́м **3.** *v* представля́ть себе́, вообража́ть

fantastic [fæn'tæstɪk] 1) фантасти́ческий 2) причу́дливый

far [fɑ:] **1.** *adv* далеко́ ◇ as ~ as поско́льку; so ~ до сих пор, пока́ **2.** *a* да́льний, далёкий

fare [fɛə] пла́та за прое́зд

farewell [fɛə'wel] **1.** *n* проща́ние **2.** *int* проща́йте!, до свида́ния!

farm [fɑ:m] **1.** *n* 1) (кре-стья́нское) хозя́йство 2) фе́рма **2.** *v* обраба́тывать зе́млю; ~er ['fɑ:mə] фе́рмер

farsighted [fɑ:'saɪtɪd] дальнови́дный

farther ['fɑ:ðə] да́льше

fascinate ['fæsɪneɪt] очаро́вывать

fashion ['fæʃn] мо́да; ~able [-əbl] 1) мо́дный 2) све́тский

fast [fɑ:st] **1.** *a* 1) ско́рый, бы́стрый; be ~ спеши́ть (*о часах*) 2) про́чный (*о краске*) **2.** *adv* 1) бы́стро 2) кре́пко

fasten ['fɑ:sn] прикрепля́ть, скрепля́ть; привя́зывать

fat [fæt] **1.** *a* то́лстый **2.** *n* жир, са́ло

fatal ['feɪtl] 1) роково́й 2) смерте́льный; па́губный

fate [feɪt] судьба́, рок

father ['fɑ:ðə] оте́ц; ~-in--law ['fɑ:ðərɪnlɔ:] тесть; свёкор

fatigue [fə'ti:g] **1.** *n* уста́лость **2.** *v* утомля́ть(ся)

fault [fɔ:lt] 1) недоста́ток 2) оши́бка, вина́; it's my ~ я винова́т

favour ['feɪvə] 1) благоскло́нность 2) одолже́ние ◇ in ~ of в по́льзу; ~able ['feɪvərəbl] 1) благоприя́тный 2) благоскло́нный

favourite ['feɪvərɪt] **1.** *a* люби́мый **2.** *n* люби́мец

fear [fɪə] **1.** *n* страх **2.** *v*

бояться; ~less ['fɪəlɪs] бесстра́шный

feast [fi:st] пир

feat [fi:t] по́двиг

feather ['feðə] перо́ (*птичье*)

feature ['fi:tʃə] 1) осо́бенность; при́знак 2) *pl* черты́ лица́

featuring ['fi:tʃərɪŋ] (*о фильме*) с уча́стием

February ['februərɪ] февра́ль

fed [fed] *past и p. p. от* feed

federal ['fedərəl] федера́льный; сою́зный

federative ['fedərətɪv] федерати́вный

fee [fi:] гонора́р

feeble ['fi:bl] сла́бый

feed [fi:d] (fed;fed) корми́ть

feel [fi:l] (felt; felt) 1) чу́вствовать 2) щу́пать; прощу́пывать; ~ing ['fi:lɪŋ] чу́вство

feet [fi:t] *pl от* foot

feign [feɪn] притворя́ться

felicity [fɪ'lɪsɪtɪ] сча́стье, блаже́нство

fell I [fel] руби́ть, вали́ть (*деревья*)

fell II [fel] *past от* fall 1

fellow ['feləu] 1) па́рень; old ~ дружи́ще, старина́; poor ~ бедня́га 2) това́рищ, собра́т 3) член учёного о́бщества

felt I [felt] во́йлок; фетр

felt II [felt] *past и p. p. от* feel

female ['fi:meɪl] 1. *a* же́нского по́ла; же́нский 2. *n* са́мка

feminine ['femɪnɪn] 1) же́нский 2) *грам.* же́нского ро́да

fence I [fens] 1. *n* и́згородь, забо́р 2. *v* огора́живать

fenc|e II [fens] фехтова́ть; ~ing ['fensɪŋ] фехтова́ние

ferment 1. *n* ['fə:ment] заква́ска; ферме́нт 2. *v* [fə'ment] броди́ть (*о вине, варенье*)

fern [fə:n] *бот.* па́поротник

ferocious [fə'rəuʃəs] свире́пый

ferocity [fə'rɔsɪtɪ] свире́пость

ferry ['ferɪ] 1. *n* паро́м 2. *v* перевози́ть, переезжа́ть (*на лодке, пароме*)

fertile ['fə:taɪl] плодоро́дный

fertilizer ['fə:tɪlaɪzə] удобре́ние

fervent ['fə:vənt] горя́чий, пы́лкий

fervour ['fə:və] жар, пыл, страсть

festival ['festəvəl] 1) пра́зднество 2) фестива́ль

fetch [fetʃ] 1) принести́ 2) сходи́ть за кем-л., чем-л.

feudalism ['fju:dəlɪzm] феодали́зм

fever ['fi:və] жар, лихора́дка; ~ish ['fi:vərɪʃ] лихора́дочный

few [fju:] 1) немно́гие; не-

много, мало 2): а ~ несколько

fiancé [fɪ'ɑ:nseɪ] жених

fiancée [fɪ'ɑ:nseɪ] невеста

fiction ['fɪkʃn] 1) вымысел
2) беллетристика

fiddle ['fɪdl] 1. *n* скрипка
2. *v* 1) играть на скрипке 2)
вертеть в руках

fidget ['fɪdʒɪt] ёрзать, вер-
теться

field [fi:ld] 1) поле; ~
glasses полевой бинокль 2)
сфера, поприще

fierce [fɪəs] свирепый,
лютый

fifteen [fɪf'ti:n] пятна́д-
цать; ~th [-θ] пятнадцатый

fifth [fɪfθ] пятый

fiftieth ['fɪftɪɪθ] пятидеся́-
тый

fifty ['fɪftɪ] пятьдеся́т

fight [faɪt] 1. *v* (fought;
fought) сражаться; бороться
2. *n* бой; драка; ~er ['faɪtə]
1) боец 2) *ав.* истребитель

figure ['fɪgə] 1) фигура; ~
skating фигурное катание 2)
цифра

file I [faɪl] 1. *n* напильник
2. *v* подпиливать; шлифо-
вать

file II [faɪl] 1. *n* шеренга,
строй; ряд 2. *v* идти шерен-
гой

file III [faɪl] 1. *n* 1) папка,
дело 2) картотека 2. *v* реги-
стрировать (*документы*)

fill [fɪl] 1) наполнять(ся)
2) пломбировать (*зуб*)

film [fɪlm] 1. *n* фильм;

плёнка 2. *v* производить ки-
носъёмку

filter ['fɪltə] 1. *n* фильтр 2.
v 1) фильтровать 2) проса́-
чиваться

fin [fɪn] плавник; swim ~s
спорт. ласты

final ['faɪnəl] конечный;
заключительный; послед-
ний; ~ly [-ɪ] наконец

finance [faɪ'næns] 1. *n*
финансы 2. *v* финансировать

find [faɪnd] (found; found)
находить; ~ out узнавать;
обнаруживать

fine I [faɪn] 1. *n* штраф 2.
v штрафовать

fine II [faɪn] 1) превосходный 2) изящный, тонкий
3) мелкий

finger ['fɪŋgə] палец

finish ['fɪnɪʃ] кончать

Finn [fɪn] финн; ~ish
['fɪnɪʃ] финский

fir [fə:] ель

fire ['faɪə] 1. *n* 1) огонь;
set on ~, set ~ to поджигать;
be on ~ гореть 2) пожар 2. *v*
стрелять; ~arm ['faɪərɑ:m]
огнестрельное оружие; ~man
[-mən] пожарный; ~place
[-pleɪs] очаг, камин; ~proof
[-pru:f] огнеупорный; ~wood
[-wud] дрова; ~works [-
wə:ks] фейерверк

firm I [fə:m] фирма

firm II [fə:m] 1) твёрдый
2) стойкий

first [fə:st] 1. *a, num* первый 2. *adv* сначала; at ~

сначáла; ~-rate [ˈfəːstˈreɪt] первоклáссный

fish [fɪʃ] **1.** *n* рыба **2.** *v* ловить, удить рыбу; ~ing [ˈfɪʃɪŋ] рыбная лóвля

fisherman [ˈfɪʃəmən] рыбáк

fishy [ˈfɪʃɪ] *разг.* подозрительный, сомнительный

fist [fɪst] кулáк

fit I [fɪt] **1)** припáдок **2)** порыв; by ~s and starts урывками

fit II [fɪt] **1.** *a* гóдный **2.** *v* быть впóру

fitter [ˈfɪtə] слéсарь-монтáжник

five [faɪv] пять

fix [fɪks] **1)** укреплять; устанáвливать **2)** фиксировать; ~ed [-t] **1)** неподвижный **2)** устанóвленный

flag [flæg] флаг, знáмя

flakes [fleɪks] *pl* хлóпья

flame [fleɪm] **1.** *n* плáмя **2.** *v* пылáть

flank [flæŋk] фланг

flannel [ˈflænəl] фланéль

flap [flæp] **1.** *v* **1)** развевáться **2)** взмáхивать (*крыльями*) **2.** *n* **1)** взмах (*крыльев*) **2)** клáпан

flare [flɛə] **1.** *v* вспыхивать **2.** *n* **1)** вспышка **2)** осветительная ракéта

flash [flæʃ] **1.** *v* **1)** сверкáть **2)** мелькáть; промелькнýть **2.** *n* вспышка; прóблеск; ~light [ˈflæʃlaɪt] **1)** сигнáльный огóнь **2)** вспыш-

ка мáгния **3)** ручнóй электрический фонáрь

flask [flɑːsk] фляжка

flat I [flæt] плóский

flat II [flæt] квартира

flatter [ˈflætə] льстить; ~ing [ˈflætərɪŋ] **1)** льстивый **2)** лéстный; ~y [ˈflætərɪ] лесть

flavour [ˈfleɪvə] **1.** *n* приятный вкус **2.** *v* приправлять

flaw [flɔː] изъян, недостáток; ~less [ˈflɔːlɪs] безукоризненный

flax [flæks] лён

flea [fliː] блохá

fleck [flek] крáпинка

fled [fled] *past и p. p. от* flee

flee [fliː] (fled; fled) бежáть, спасáться бéгством

fleet [fliːt] флот (илия)

flesh [fleʃ] **1)** плоть; тéло **2)** мякоть (*плодóв*)

flew [fluː] *past от* fly I, 1

flexible [ˈfleksəbl] гибкий

flick [flɪk] лёгкий удáр, щелчóк

flier [ˈflaɪə] лётчик

flight I [flaɪt] **1)** полёт **2):** ~ of stairs пролёт (лéстницы)

flight II [flaɪt] бéгство, побéг

fling [flɪŋ] (flung; flung) бросáть(ся); швырять(ся)

float [fləut] **1.** *v* плáвать (*на повéрхности воды*) **2.** *n* поплавóк

flock [flɔk] **1.** *n* стáдо; стáя **2.** *v* собирáться толпóй, толпиться

flood [flʌd] **1.** *n* наводне́ние; пото́п **2.** *v* затопля́ть, залива́ть

floor [flɔ:] 1) пол 2) эта́ж; ground ~ пе́рвый эта́ж; first ~ второ́й эта́ж (*в Англии*) ◇ take the ~ выступа́ть, брать сло́во

flour ['flauə] мука́

flourish ['flʌrɪʃ] **1.** *v* 1) процвета́ть 2) разма́хивать **2.** *n* ро́счерк

flow [fləu] **1.** *v* течь **2.** *n* тече́ние

flower ['flauə] **1.** *n* цвето́к **2.** *v* цвести́; ~bed [-bed] клу́мба; ~y ['flauərɪ] цвети́стый

flown [fləun] *p. p. от* fly I, 1

fluent ['flu:ənt] бе́глый; гла́дкий; ~ly [-lɪ] бе́гло; гла́дко

fluid ['flu:ɪd] **1.** *a* жи́дкий **2.** *n* жи́дкость

flung [flʌŋ] *past и p. p. от* fling

flush [flʌʃ] **1.** *n* пото́к; прили́в **2.** *v* вспы́хнуть, покрасне́ть

flute [flu:t] фле́йта

flutter ['flʌtə] 1) маха́ть, бить кры́льями; перепа́рхивать 2) развева́ться; колыха́ться

fly I [flaɪ] **1.** *v* (flew; flown) лета́ть **2.** *n* полёт

fly II [flaɪ] му́ха

flyer ['flaɪə] *см.* flier

foal [fəul] жеребёнок

foam [fəum] пе́на

fob [fɔb]: ~ off не обраща́ть внима́ния

f. o. b. ['ef'əu'bi:] (free on board) с беспла́тной погру́зкой

fodder ['fɔdə] фура́ж; корм

foe [fəu] враг

fog [fɔg] (густо́й) тума́н; ~gy ['fɔgɪ] тума́нный

foil [fɔɪl] фольга́

fold [fəuld] **1.** *v* 1) скла́дывать; сгиба́ть 2) скре́щивать (*ру́ки*) **2.** *n* скла́дка; ~er ['fəuldə] 1) па́пка (*для дел*) 2) *амер.* брошю́ра; ~ing ['fəuldɪŋ] складно́й

foliage ['fəulɪdʒ] листва́

folk [fəuk] 1) лю́ди 2) *pl разг.* родня́

folklore ['fəuklɔ:] фолькло́р

folk song ['fəuksɔŋ] наро́дная пе́сня

follow ['fɔləu] 1) сле́довать 2) следи́ть; ~er [-ə] после́дователь; ~ing [-ɪŋ] сле́дующий

folly ['fɔlɪ] глу́пость; безу́мие; безрассу́дство

fond [fɔnd]: be ~ of быть привя́занным, люби́ть кого́-л., что-л.

food [fu:d] пи́ща; ~stuffs ['fu:dstʌfs] проду́кты, продово́льствие

fool [fu:l] **1.** *n* дура́к; make a ~ of oneself поста́вить себя́ в глу́пое положе́ние; play the ~ валя́ть дурака́ **2.** *v* 1) дура́читься, шути́ть 2) одура́-

чивать; обма́нывать; ~ about болта́ться без де́ла

foolish [ˈfuːlɪʃ] глу́пый

foot [fut] 1) нога́; on ~ пешко́м 2) фут 3) подно́жие; ~ball [ˈfutbɔːl] 1) футбо́л 2) футбо́льный мяч; ~note [ˈfutnəut] подстро́чное примеча́ние, сно́ска; ~step [ˈfutstep] след; по́ступь, похо́дка

for [fɔː] 1. *prep.* 1) для; it's good ~ you вам э́то поле́зно 2) из-за 3) на (*определённое время*); ~ a few minutes на не́сколько мину́т 4) в тече́ние, в продолже́ние; ~ the past six weeks за после́дние 6 неде́ль 5) за, вме́сто; pay ~ me! заплати́ за меня́! 2. *conj* и́бо, потому́ что

forbade [fəˈbeɪd] *past om* forbid

forbid [fəˈbɪd] (forbade; forbidden) запреща́ть

forbidden [fəˈbɪdn] *p. p. om* forbid

force [fɔːs] 1. *n* си́ла; armed ~s вооружённые си́лы 2. *v* 1) заставля́ть; принужда́ть 2) взла́мывать

forced [fɔːst] 1) вы́нужденный 2) натя́нутый (*об улыбке и т. п.*)

forcible [ˈfɔːsəbl] 1) наси́льственный 2) убеди́тельный

ford [fɔːd] 1. *n* брод 2. *v* переходи́ть вброд

foreground [ˈfɔːgraund] пере́дний план

forehead [ˈfɔrɪd] лоб

foreign [ˈfɔrɪn] иностра́нный; Foreign Office мини́стерство иностра́нных дел (*Англии*); ~er [-ə] иностра́нец

foreman [ˈfɔːmən] ма́стер, ста́рший рабо́чий; те́хник, прора́б

foremost [ˈfɔːməust] пере́дний, передово́й

foresaw [fɔːˈsɔː] *past om* foresee

foresee [fɔːˈsiː] (foresaw; foreseen) предви́деть; ~n [-n] *p. p. om* foresee

foresight [ˈfɔːsaɪt] 1) предви́дение 2) предусмотри́тельность

forest [ˈfɔrɪst] лес

foretell [fɔːˈtel] (foretold; foretold) предска́зывать

foretold [fɔːˈtəuld] *past u p. p. om* foretell

foreword [ˈfɔːwəːd] предисло́вие

forfeit [ˈfɔːfɪt] лиша́ться, утра́чивать (*что-л.*)

forgave [fəˈgeɪv] *past om* forgive

forge [fɔːdʒ] 1. *n* ку́зница 2. *v* 1) кова́ть 2) подде́лывать; ~ry [ˈfɔːdʒərɪ] подде́лка, подло́г

forget [fəˈget] (forgot; forgotten) забыва́ть; ~ful [-ful] забы́вчивый

forget-me-not [fəˈgetmɪnɔt] незабу́дка

forgive [fə'gɪv] (forgave; forgiven) прощáть; ~n [-n] *p. p. om* forgive

forgot [fə'gɔt] *past om* forget; ~ten [-n] *p. p. om* forget

fork [fɔ:k] **1.** *n* 1) вúлка 2) вúлы 3) разветвлéние **2.** *v* разветвлýться

form [fɔ:m] **1.** *n* 1) фóрма 2) формáльность 3) бланк, анкéта 4) класс (*в школе*) **2.** *v* 1) придавáть фóрму 2) образóвывать; составлýть 3) вырабáтывать (*характер*)

formal ['fɔ:məl] 1) формáльный; официáльный 2) внéшний

formation [fɔ:'meɪʃn] образовáние; составлéние

former ['fɔ:mə] 1) прéжний 2) предшéствующий 3): the ~ пéрвый (*из упомянутых*); ~ly [-lɪ] прéжде; когдá-то

formula ['fɔ:mjulə] 1) фóрмула 2) рецéпт

forsake [fə'seɪk] оставлýть, покидáть навсегдá

forth [fɔ:θ] вперёд; ~coming [fɔ:θ'kʌmɪŋ] предстоýщий, грядýщий

fortieth ['fɔ:tɪθ] сороковóй

fortifications [fɔ:tɪfɪ'keɪʃnz] *pl* укреплéния

fortify ['fɔ:tɪfaɪ] 1) укреплýть 2) подкреплýть

fortitude ['fɔ:tɪtju:d] стóйкость, мýжество

fortnight ['fɔ:tnaɪt] две недéли

fortress ['fɔ:trɪs] крéпость

fortunate ['fɔ:tʃnɪt] счастлúвый; ~ly [-lɪ] к счáстью

fortune ['fɔ:tʃən] 1) счáстье, удáча 2) судьбá 3) состоýние, богáтство

forty ['fɔ:tɪ] сóрок

forward ['fɔ:wəd] **1.** *adv* 1) вперёд 2) впредь **2.** *v* отправлýть, пересылáть; ~s [-z] *см.* forward 1

fossil ['fɔsl] ископáемое

fought [fɔ:t] *past и p. p. om* fight 1

foul [faul] 1) загрязнённый, грýзный 2) бесчéстный; ~ play мошéнничество

found I [faund] *past и p. p. om* find

found II [faund] оснóвывать; ~ation [faun'deɪʃn] основáние, фундáмент

founder ['faundə] основáтель

fountain ['fauntɪn] фонтáн; ~ pen автоматúческая рýчка

four [fɔ:] четúре; ~teen [fɔ:'ti:n] четúрнадцать; ~teenth [fɔ:'ti:nθ] четúрнадцатый; ~th [fɔ:θ] четвёртый

fowl [faul] (домáшняя) птúца

fox [fɔks] лисúца

fraction ['frækʃn] 1) дробь 2) частúца

fracture ['fræktʃə] **1.** *n* 1) перелóм 2) излóм **2.** *v* ломáть

fragile ['frædʒaɪl] хрýпкий

fragment [ˈfrægmənt] 1) обломок 2) отрывок

fragrance [ˈfreɪgrəns] аромат

frail [freɪl] хрупкий; хилый

frame [freɪm] 1. *v* обрамлять 2. *n* 1) рама 2) остов; ~-**up** [ˈfreɪmʌp] *амер.* судебная инсценировка; ~**work** [ˈfreɪmwəːk] каркас; остов ◇ ~work of society общественный строй

frank [fræŋk] искренний, откровенный

frantic [ˈfræntɪk] безумный

fraternal [frəˈtəːnl] братский

fraud [frɔːd] 1) обман 2) обманщик

fraught [frɔːt] (with) чреватый

free [friː] 1. *a* 1) свободный 2) бесплатный 3) открытый (*о конкурсе и т. п.*) 2. *v* освобождать

freedom [ˈfriːdəm] свобода

freeze [friːz] (froze; frozen) 1) замораживать 2) замерзать, мёрзнуть; ~**r** [ˈfriːzə] морозильник

freight [freɪt] груз; ~ train *амер.* товарный поезд

French [frentʃ] 1. *a* французский 2. *n:* the ~ французы; ~**man** [ˈfrentʃmən] француз; ~**woman** [ˈfrentʃwumən] француженка

frequency [ˈfriːkwənsɪ] частота

frequent 1. *a* [ˈfriːkwənt] частый 2. *v* [frɪˈkwent] часто посещать; ~**ly** [ˈfriːkwəntlɪ] часто

fresh [freʃ] 1) свежий 2) пресный (*о воде*)

friction [ˈfrɪkʃn] трение

Friday [ˈfraɪdɪ] пятница

friend [frend] друг; товарищ; ~**less** [ˈfrendlɪs] одинокий; ~**ly** [ˈfrendlɪ] дружеский; дружелюбный; ~**ship** [ˈfrendʃɪp] дружба

fright [fraɪt] испуг; ~**en** [-n] пугать; ~**ful** [ˈfraɪtful] страшный; ужасный

fringe [frɪndʒ] 1. *n* 1) бахрома 2) кайма 3) чёлка 2. *v* окаймлять; украшать бахромой

fro [frəu]: to and ~ взад и вперёд

frock [frɔk] платье

frog [frɔg] лягушка

from [frɔm] от, из, с; по

front [frʌnt] 1. *n* 1) передняя сторона; фасад; in ~ of впереди; перед 2) фронт 2. *a* передний; ~ door парадная дверь

frontier [ˈfrʌntjə] граница; ~ guard пограничник

frost [frɔst] мороз; ~-**bitten** [ˈfrɔstbɪtn] обмороженный; ~**y** [ˈfrɔstɪ] морозный

froth [frɔθ] 1. *n* пена 2. *v* пениться

frown [fraun] 1. *v* нахмуриться 2. *n* недовольное выражение лица

froze [frəuz] *past om*

freeze; ~n [-n] *p. p. от* freeze

fruit [fru:t] плод; фрукт; bear ~ приносить плоды; ~ful ['fru:tful] плодотворный; ~less ['fru:tlıs] бесплодный

frustrate [frʌs'treıt] расстраивать, срывать (*планы*)

fry [fraı] жарить(ся)

frying pan ['fraıŋpæn] сковорода

fuel [fjuəl] топливо

fugitive ['fju:dʒıtıv] **1.** *a* 1) беглый 2) мимолётный **2.** *n* беглец

fulfil [ful'fıl] 1) выполнять; осуществлять 2) завершать

full [ful] полный (*чего-л.*) ◇ ~ dress парадная форма

fully ['fulı] вполне; совершенно

fume [fju:m] **1.** *n* 1) дым 2) *pl* пары 3) запах 4) волнение **2.** *v* 1) дымить; испаряться 2) окуривать 3) волноваться

fun [fʌn] шутка; забава; веселье; have ~ веселиться; for ~ в шутку; make ~ of высмеивать

function ['fʌŋkʃn] **1.** *n* 1) функция 2) обязанности **2.** *v* функционировать; действовать

fund [fʌnd] 1) запас 2) фонд

fundamental [fʌndə'mentl] основной; коренной

funeral ['fju:nərəl] **1.** *n* похороны **2.** *a* похоронный

funnel ['fʌnəl] 1) воронка 2) труба (*паровоза, парохода*)

funny ['fʌnı] 1) смешной, забавный 2) странный

fur [fə:] мех; ~ coat меховое пальто

furious ['fjuərıəs] 1) взбешённый; be ~ беситься 2) бешеный, неистовый

furlough ['fə:ləu] *воен.* отпуск

furnace ['fə:nıs] печь, топка; горн

furnish ['fə:nıʃ] 1) снабжать 2) меблировать, обставлять

furniture ['fə:nıtʃə] мебель, обстановка

furrow ['fʌrəu] борозда; ~ed [-d]: ~ed cheeks морщинистые щёки

furry ['fə:rı] пушистый

further ['fə:ðə] **1.** *adv* дальше **2.** *a* 1) более отдалённый 2) дальнейший **3.** *v* способствовать

furtive ['fə:tıv] скрытый, незаметный, тайный; ~ glance взгляд украдкой

fury ['fjuərı] неистовство, бешенство, ярость

fuse I [fju:z] 1) плавить(ся), сплавлять(ся) 2) перегорать; the bulb is ~d лампа перегорела

fuse II [fju:z] 1) взрыватель 2) *эл.* предохранитель

fuss [fʌs] **1.** *n* суета; make

a ~ about суети́ться, поднима́ть шум (*вокруг чего-л.*) 2. *v* суети́ться; беспоко́иться; хлопота́ть

futile ['fju:taɪl] 1) бесполе́зный, тще́тный 2) пусто́й (*о человеке*)

future ['fju:tʃə] 1. *a* бу́дущий; ~ tense *грам.* бу́дущее вре́мя 2. *n* бу́дущее

G

gadfly ['gædflaɪ] о́вод, слепе́нь

gaiety ['geɪətɪ] 1) весе́лье 2) наря́дность 3) *pl* развлече́ния

gaily ['geɪlɪ] ве́село

gain [geɪn] 1. *v* 1) получа́ть, зараба́тывать 2) достига́ть 3) выи́грывать 4) прибавля́ть (*в весе*) 2. *n* преиму́щество

gait [geɪt] похо́дка

galaxy ['gæləksɪ] гала́ктика

gall [gɔ:l] жёлчь; ~ bladder ['gɔ:lblædə] жёлчный пузы́рь

gallant ['gælənt] хра́брый, до́блестный

gallery ['gælərɪ] галере́я

gamble ['gæmbl] игра́ть (*в аза́ртные игры*); ~r [-ə] игро́к

game I [geɪm] игра́

game II [geɪm] дичь

gang [gæŋ] 1) ша́йка, ба́нда 2) брига́да; па́ртия; артéль; ~ster ['gæŋstə] банди́т, га́нгстер

gap [gæp] 1) проло́м 2) пробе́л 3) промежу́ток

gape [geɪp] зева́ть, глазе́ть

garage ['gæra:ʒ] гара́ж

garbage ['ga:bɪdʒ] му́сор

garden ['ga:dn] сад; ~ flowers садо́вые цветы́; ~er [-ə] садо́вник

garland ['ga:lənd] гирля́нда

garlic ['ga:lɪk] чесно́к

garment ['ga:mənt] оде́жда, одея́ние

garret ['gærət] манса́рда; чердáк

garrison ['gærɪsn] 1. *n* гарнизо́н 2. *v* ста́вить гарнизо́н

gas [gæs] 1) газ 2) *амер.* горю́чее

gasolene ['gæsəli:n] 1) газоли́н 2) *амер.* бензи́н

gasp [ga:sp] задыха́ться

gate [geɪt] кали́тка; воро́та

gather ['gæðə] собира́ть(ся)

gauge [geɪdʒ] разме́р; кали́бр; измери́тельный прибо́р; этало́н

gave [geɪv] *past от* give

gay [geɪ] 1) весёлый 2) беспу́тный

gaze [geɪz] 1. *v* при́стально гляде́ть 2. *n* при́стальный взгляд

gear [gɪə] 1) приспособле́ния; принадле́жности 2) *тех.* шестерня́; переда́ча;

привóд; in ~ включённый; out ~ выключенный

geese [gi:s] *pl om* goose

gender ['dʒendə] *грам.* род

general ['dʒenərəl] **1.** *a* 1) óбщий; in ~ вообщé 2) обы́чный **2.** *n* генерáл

generally ['dʒenərəlɪ] 1) вообщé 2) обы́чно

generate ['dʒenəreɪt] 1) вызывáть 2) генери́ровать

generation [dʒenə'reɪʃn] поколéние

generosity [dʒenə'rɔsɪtɪ] 1) великодýшие 2) щéдрость

generous ['dʒenərəs] 1) великодýшный; благорóдный 2) щéдрый

genial ['dʒi:njəl] привéтливый

genitive ['dʒenɪtɪv] *грам.* роди́тельный падéж

genius ['dʒi:njəs] гéний

gentle ['dʒentl] лáсковый; нéжный; мя́гкий

gentleman ['dʒentlmən] джентльмéн, господи́н

gently ['dʒentlɪ] 1) мя́гко, нéжно 2) осторóжно; спокóйно

genuine ['dʒenjuɪn] 1) пóдлинный; настоя́щий 2) и́скренний

geography [dʒɪ'ɔgrəfɪ] геогрáфия

geology [dʒɪ'ɔlədʒɪ] геолóгия

geometry [dʒɪ'ɔmɪtrɪ] геомéтрия

germ [dʒə:m] 1) *биол.* зарóдыш 2) микрóб

German ['dʒə:mən] **1.** *a* гермáнский, немéцкий **2.** *n* нéмец

gesture ['dʒestʃə] жест

get [get] (got; got) 1) получáть; доставáть 2) станови́ться; ~ warm согрéться; ~ better поправля́ться; ~ wet промóкнуть 3) *в конструкциях с* have *не переводится;* have you got a pencil? есть у вас карандáш? ~ in входи́ть; ~ on а) уживáться; б) дéлать успéхи; how are you ~ting on? как делá?; ~ out (of) выходи́ть; ~ up вставáть

ghost [gəust] привидéние, дух

giant ['dʒaɪənt] великáн, гигáнт

giddy ['gɪdɪ]: I am ~ у меня́ крýжится головá

gift [gɪft] подáрок; дар; ~ed ['gɪftɪd] одарённый

gigantic [dʒaɪ'gæntɪk] гигáнтский

giggle ['gɪgl] хихи́кать

gild [gɪld] золоти́ть

gilt [gɪlt] **1.** *n* позолóта **2.** *a* золочёный

Gipsy ['dʒɪpsɪ] **1.** *a* цыгáнский **2.** *n* цыгáн(ка)

girl [gə:l] 1) дéвочка 2) дéвушка

girlfriend ['gə:lfrend] люби́мая дéвушка, возлюбленная

give [gɪv] (gave; given) 1) давáть 2) доставля́ть (*удо-*

вольствие); причинять (*боль и т. п.*); ~ in уступать; ~ up бросить (*привычку*)

given ['gıvn] *p. p. от* give

glacier ['glæsjə] ледник, глётчер

glad [glæd]: be ~ радоваться; I am ~ я рад, доволен

glance [glɑːns] **1.** *n* быстрый взгляд **2.** *v* мельком взглянуть

gland [glænd] железа

glass [glɑːs] 1) стекло 2) стакан; бокал 3) зеркало 4) *pl* очки

gleam [gliːm] **1.** *n* проблеск **2.** *v* светиться

glide [glaıd] 1) скользить 2) *ав.* планировать

glimpse [glımps]: have a ~, get a ~ увидеть мельком

glitter ['glıtə] **1.** *v* блестеть, сверкать **2.** *n* блеск

globe [gləub] 1) (земной) шар 2) глобус

gloom [gluːm] 1) мрак 2) уныние; ~y ['gluːmı] 1) мрачный 2) угрюмый

glorify ['glɔːrıfaı] прославлять

glorious ['glɔːrıəs] 1) славный 2) великолепный

glory ['glɔːrı] 1) слава 2) великолепие

glossy ['glɔsı] глянцевитый; блестящий (*о волосах*)

glove [glʌv] перчатка

glow [gləu] **1.** *v* пылать **2.** *n* 1) пыл, жар 2) румянец ◇ evening ~ вечерняя заря

glue [gluː] **1.** *n* клей **2.** *v* клеить; приклеивать

gnat [næt] мошка

gnaw [nɔː] грызть, глодать

go [gəu] (went; gone) 1) идти; ходить 2) уходить; уезжать; ~ in войти; ~ on продолжать; ~ out выйти

goal [gəul] 1) цель 2) *спорт.* гол

goat [gəut] козёл; коза

god [gɔd] бог; ~dess ['gɔdıs] богиня

goggles ['gɔglz] защитные очки, очки-консервы

gold [gəuld] **1.** *n* золото **2.** *a* золотой; ~en ['gəuldən] золотой; золотистый

gone [gɔn] *p. p. от* go

good [gud] **1.** *a* 1) хороший 2) добрый **2.** *n* польза; добро ◇ for ~ навсегда

goodbye [gud'baı] до свидания!, прощайте!

good-looking ['gud'lukıŋ] красивый

good-natured ['gud 'neıtʃəd] добродушный

goodness ['gudnıs] доброта

goods [gudz] *pl* товары

goose [guːs] гусь

gooseberry ['guzbərı] крыжовник

Gospel ['gɔspəl] Евангелие

gossip ['gɔsıp] **1.** *n* 1) сплетня 2) болтовня 3) сплетник **2.** *v* 1) сплетничать 2) болтать got [gɔt] *past и p. p. от* get

gout [gaut] подáгра

govern ['gʌvən] управлять, прáвить; ~ment [-mənt] правительство; ~or [-ə] губернáтор

gown [gaun] плáтье

grab [græb] хватáть, схвáтывать

grace [greɪs] грáция; ~ful ['greɪsful] грациóзный

grade [greɪd] 1. *n* 1) класс (*в школе*) 2) стéпень; ранг 3) кáчество, сорт 2. *v* сортировáть

gradual ['grædjuəl] постепéнный

graduate 1. *v* ['grædjueɪt] кончáть (высшую) шкóлу 2. *n* ['grædjuɪt] окóнчивший высшую шкóлу

grain [greɪn] 1) зернó 2) крупинка 3) гран 4) волокнó

grammar ['græmə] граммáтика

grammar school ['græmə 'sku:l] срéдняя шкóла

gramme [græm] грамм

granary ['grænərɪ] амбáр; житница

grand [grænd] 1) величественный 2) *разг.* замечáтельный

grandchild ['græntʃaɪld] внук; внучка

grand-daughter ['græn dɔ:tə] внучка

grandeur ['grændʒə] 1) величие 2) великолéпие, грандиóзность

grandfather ['grænfɑ:ðə] дéд(ушка)

grandmother ['grænmʌðə] бáбушка

grandson ['grænsʌn] внук

granite ['grænɪt] гранит

grant [grɑ:nt] 1. *v* 1) удовлетворить (*прóсьбу*) 2) жáловать, дарить ◇ take for ~ed считáть самó собóй разумéющимся 2. *n* 1) субсидия 2) дар

grape [greɪp] виногрáд

graphic ['græfɪk] 1) графический 2) нагляáдный, óбразный

grasp [grɑ:sp] 1. *v* 1) зажимáть в рукé; схвáтывать 2) улáвливать смысл 2. *n:* hold in one's ~ держáть в рукáх; be in his ~ быть в егó влáсти; have a good ~ (of) хорошó схвáтывать (*смысл*)

grass [grɑ:s] травá; ~hopper ['grɑ:shɔpə] кузнéчик

grate I [greɪt] камúнная решётка

grate II [greɪt] 1) скрести; терéть 2) скрипéть

grateful ['greɪtful] благодáрный

grater ['greɪtə] тёрка

gratitude ['grætɪtju:d] благодáрность

grave I [greɪv] могила

grave II [greɪv] серьёзный; вáжный

gravel ['grævəl] грáвий

gravity ['grævɪtɪ] 1) серьёзность; важность 2) *физ.* сила тяжести

gray [greɪ] *см.* grey

graze I [greɪz] пасти(сь)

graze II [greɪz] 1) задевать 2) оцарапать; содрать (*кожу*)

grease 1. *n* [griːs] 1) жир, сало 2) мазь, смазка 2. *v* [griːz] смазывать (*жиром и т. п.*)

greasy ['griːzɪ] жирный, сальный

great [greɪt] 1) великий 2) большой; a ~ deal много

greedy ['griːdɪ] жадный

Greek [griːk] 1. *a* греческий 2. *n* грек

green [griːn] зелёный

greengrocer's ['griːn grəusəz] овощной магазин

greet [griːt] приветствовать; кланяться; ~ing ['griːtɪŋ] приветствие, поклон

grenade [grɪ'neɪd] граната

grew [gruː] *past om* grow

grey [greɪ] 1) серый 2) седой

grief [griːf] горе

grievance ['griːvəns] 1) обида 2) жалоба

grieve [griːv] 1) горевать 2) огорчать

grim [grɪm] 1) мрачный 2) неумолимый

grin [grɪn] 1. *v* 1) ухмыляться 2) скалить зубы 2. *n* усмешка

grind [graɪnd] (ground; ground) 1) молоть; толочь 2) точить ◇ ~ one's teeth скрежетать зубами; ~stone ['graɪndstəun] точильный камень

grip [grɪp] 1. *n* пожатие; хватка 2. *v* 1) схватывать 2) зажимать

groan [grəun] 1. *n* стон 2. *v* стонать

grocer ['grəusə] владелец небольшого продуктового магазина; ~y ['grəusərɪ] 1) небольшой продуктовый магазин 2) *pl* бакалея

groove [gruːv] жёлоб

gross [grəus] 1) грубый 2) валовой; оптовый

ground I [graund] *past и p. p. om* grind

ground II [graund] 1) земля, почва; ~ floor нижний этаж 2) основание, мотив 3) *жив.* грунт, фон 4) *pl* гуща 5) *pl* частный парк

group [gruːp] 1. *n* группа 2. *v* группировать(ся)

grow [grəu] (grew; grown) 1) расти 2) выращивать; разводить 3) становиться

growl [graul] 1. *v* 1) рычать 2) ворчать 2. *n* 1) рычание 2) ворчание

grown [grəun] *p. p. om* grow; ~-up ['grəunʌp] взрослый

growth [grəuθ] 1) рост 2) увеличение 3) опухоль

grudge [grʌdʒ] 1. *n:* bear (have) a ~ against smb. затаить злобу, име́ть зуб про́тив кого́-л. **2.** *v* 1) зави́довать 2) жале́ть (*время, деньги*)

grumble [′grʌmbl] ворча́ть, жа́ловаться

grunt [grʌnt] **1.** *v* хрю́кать **2.** *n* хрю́канье

guarantee [gærən′ti:] **1.** *n* гара́нтия; зало́г **2.** *v* гаранти́ровать

guard [ga:d] **1.** *n* 1) стра́жа; охра́на 2) *pl* гва́рдия 3) сто́рож 4) проводни́к (*в поезде*) 5) бди́тельность; be on (one's) ~ быть насторожё **2.** *v* охраня́ть; сторожи́ть

guardian [′ga:djən] опеку́н, попечи́тель

guerilla [gə′rılə] партиза́н; ~ war партиза́нская война́

guess [ges] **1.** *v* 1) уга́дывать 2) дога́дываться 3) *амер.* счита́ть, полага́ть **2.** *n* предположе́ние, дога́дка

guest [gest] гость

guide [gaıd] **1.** *n* 1) проводни́к, гид 2) руководи́тель 3) путеводи́тель **2.** *v* 1) руководи́ть 2) вести́

guilt [gılt] вина́; вино́вность

guilty [′gıltı] вино́вный

guinea [′gını] гине́я

guitar [gı′ta:] гита́ра

gulf [gʌlf] 1) зали́в 2) про́пасть, бе́здна 3) водоворо́т

gull [gʌl] ча́йка

gulp [gʌlp] **1.** *n* большо́й глото́к **2.** *v* жа́дно *или* бы́стро глота́ть

gum [gʌm] **1.** *n* смола́; клей **2.** *v* скле́ивать(ся)

gumboots [′gʌmbu:ts] *pl* рези́новые сапоги́

gums [gʌmz] *pl* дёсны

gun [gʌn] 1) огнестре́льное ору́жие; ружьё 2) пу́шка 3) *амер.* револьве́р; ~ner [′gʌnə] артиллери́ст; пулемётчик; ~powder [′gʌn paudə] по́рох

gust [gʌst] поры́в (*ветра*)

gusto [′gʌstəu] удово́льствие, смак

guts [gʌts] *pl* кишки́

gutter [′gʌtə] 1) водосто́чный жёлоб 2) кана́ва

Gypsy [′dʒıpsı] *см.* Gipsy

H

haberdashery [′hæbə dæʃərı] галантере́я

habit [′hæbıt] 1) привы́чка 2) обы́чай

habitual [hə′bıtjuəl] привы́чный, обы́чный

had [hæd] *past и p. p. от* have

hadn't [′hædnt] *разг.* = had not

haggard [′hægəd] измождённый, изму́ченный

hail I [heıl] **1.** *n* град **2.** *v* сы́паться гра́дом; it ~s, it is ~ing идёт град

hail II [heıl] 1) приве́тствовать 2) оклика́ть, звать

hair [hɛə] во́лос; во́лосы; ~brush [′hɛəbrʌʃ] щётка для

волóс; ~do ['hεədu:] причёска; ~dresser ['hεədresə] парикмáхер; ~pin ['hεəpɪn] шпи́лька

hairy ['hεərɪ] волосáтый

half [hɑ:f] **1.** *n* половúна **2.** *adv* наполовúну

half-hearted ['hɑ:f'hɑ:tɪd] нереши́тельный

halfpenny ['heɪpnɪ] полпéнни

half time [hɑ:f'taɪm] 1) непóлный рабóчий день (*на производстве*) 2) *спорт.* половúна игры́

hall [hɔ:l] 1) зал 2) перéдняя, вестибю́ль, холл

hallo [hə'ləu] аллó!

halt [hɔ:lt] **1.** *n* останóвка; привáл **2.** *v* останáвливать(ся) **3.** *int* стой!

ham [hæm] ветчинá; óкорок

hammer ['hæmə] **1.** *n* мóлот, молотóк **2.** *v* 1) вбивáть 2) колотúть

hammock ['hæmək] гамáк

hamper ['hæmpə] мешáть, препя́тствовать

hand [hænd] **1.** *n* 1) рукá 2) стрéлка (*часóв*) **2.** *v* вручáть; передавáть

handbag ['hændbæg] дáмская сýмочка

handbook ['hændbuk] спрáвочник; руковóдство

handful ['hændful] при́горшня

handicraft ['hændɪkrɑ:ft] ремеслó

handkerchief ['hæŋkətʃɪf] носовóй платóк

handle ['hændl] **1.** *n* рýчка; рукоя́ть **2.** *v* трóгать, хватáть

handsome ['hænsəm] краси́вый, интерéсный

handwriting ['hændraɪtɪŋ] пóчерк

handy ['hændɪ] 1) удóбный 2) лóвкий, искýсный

hang [hæŋ] (hung; hung) 1) висéть 2) вéшать; подвéшивать

hangar ['hæŋə] ангáр

hangover ['hæŋəuvə] 1) *амер.* пережúток 2) *разг.* похмéлье

happen ['hæpən] 1) случáться 2) случáйно оказáться

happiness ['hæpɪnɪs] счáстье

happy ['hæpɪ] счастли́вый

harass ['hærəs] тревóжить, беспокóить

harbour ['hɑ:bə] **1.** *n* гáвань **2.** *v* таúть (*мысль, злобу и т. п.*)

hard [hɑ:d] **1.** *a* 1) твёрдый, жёсткий 2) сурóвый 3) трýдный, тяжёлый **2.** *adv* 1) си́льно 2) усéрдно

harden ['hɑ:dn] 1) твердéть; грубéть 2) черствéть 3) закáливать

hardly ['hɑ:dlɪ] 1) едвá (ли) 2) с трудóм

hardship ['hɑ:dʃɪp] лишéние; it is no ~ (это) нетрýдно

hare [hεə] зáяц

harm [ha:m] 1. *n* вред 2. *v* вредить; ~less ['ha:mlıs] безврéдный, безобидный

harmonious [ha:'məunjəs] 1) гармоничный 2) дрýжный

harmony ['ha:mənı] 1) гармóния; созвýчие 2) соглáсие

harness ['ha:nıs] 1. *n* ýпряжь 2. *v* запрягáть

harrow ['hærəu] боронá

harsh [ha:ʃ] 1) жёсткий; грýбый 2) сурóвый; жестóкий

harvest ['ha:vıst] 1) жáтва 2) урожáй; ~er [-ə] 1) жнец 2) жáтвенная машина

hasn't ['hæznt] *разг.* = has not

haste [heıst] поспéшность; make ~ торопиться; ~n ['heısn] торопить(ся)

hastily ['heıstılı] 1) поспéшно 2) опромéтчиво 3) запáльчиво

hasty ['heıstı] 1) поспéшный 2) опромéтчивый 3) запáльчивый

hat [hæt] шляпа

hatch [hætʃ] высиживать (*цыплят*); be ~ed вылýпливаться

hatchet ['hætʃıt] топóр(ик)

hate [heıt] 1. *v* ненавидеть 2. *n* нéнависть; ~ful ['heıtful] ненавистный

hatred ['heıtrıd] нéнависть

hatstand ['hætstænd] вéшалка для шляп

haughty ['hɔ:tı] высокомéрный, надмéнный

haul [hɔ:l] 1. *v* тянýть, буксировать 2. *n* 1) тяга, волочéние 2) улóв

haunt [hɔ:nt] 1) преслéдовать (*о мыслях и т. п.*) 2) появляться (*как призрак*)

have [hæv] (had; had) 1) имéть 2) получáть; (will you) ~ a cigarette? хотите папирóсу? 3): ~ to + *inf.* быть дóлжным, вынужденным что-л. сдéлать; I ~ to go мне нýжно идти, я дóлжен идти

haven ['heıvn] 1) гáвань 2) убéжище

hawk [hɔ:k] ястреб

hay [heı] сéно; ~stack ['heıstæk] стог сéна

hazard ['hæzəd] опáсность, риск

hazel ['heızl] 1. *n* орéшник 2. *a* свéтло-корйчневый; кáрий

he [hi:] он

head [hed] 1. *n* 1) головá 2) главá; руководитель; ~ master дирéктор шкóлы 3) заголóвок 2. *v* 1) возглавлять 2) озаглáвливать

headache ['hedeık] головнáя боль

heading ['hedıŋ] заголóвок

headlight ['hedlaıt] фáра (*автомобиля*); огни (*паровоза*)

headlong ['hedlɔŋ] очертя гóлову

headquarters ['hed

'kwɔ:təz] 1) штаб 2) главное управление; центр

heal [hi:l] 1) излечивать 2) заживать

health [helθ] здоровье; ~ resort курорт

healthy ['helθɪ] здоровый

heap [hi:p] **1.** *n* куча; груда **2.** *v* нагромождать

hear [hɪə] (heard; heard) 1) слышать 2) слушать

heard [hə:d] *past и p. p. от* hear

hearer ['hɪərə] слушатель

hearing ['hɪərɪŋ] 1) слух 2) *юр.* разбор дела

heart [hɑ:t] 1) сердце; at ~ в глубине души 2) сердцевина ◇ by ~ наизусть

hearth [hɑ:θ] очаг

hearty ['hɑ:tɪ] 1) искренний; (чисто) сердечный; радушный 2) сытный; ~ meal сытная еда

heat [hi:t] **1.** *n* 1) тепло, жара 2) пыл 3) течка (*у животных*) **2.** *v* 1) нагревать(ся) 2) топить

heather ['heðə] вереск

heating ['hi:tɪŋ] 1) нагревание 2) отопление

heaven ['hevn] небеса, небо

heavy ['hevɪ] тяжёлый

hectare ['hektɑ:] гектар

hedge [hedʒ] живая изгородь

hedgehog ['hedʒhɔg] ёж

heedless ['hi:dlɪs] невнимательный; небрежный

heel [hi:l] 1) пятка 2) каблук

height [haɪt] 1) высота; вышина, рост 2) возвышенность 3): the ~ of верх (*глупости и т. п.*)

heir [ɛə] наследник

held [held] *past и p. p. от* hold I

hell [hel] ад

he'll [hi:l] *разг.* = he will

helm [helm] руль

helmet ['helmɪt] шлем, каска

help [help] **1.** *v* помогать **2.** *n* 1) помощь 2) *амер.* прислуга; ~ful ['helpful] полезный; ~less ['helplɪs] беспомощный

hem [hem] **1.** *n* 1) рубец 2) кромка; кайма **2.** *v* подшивать, подрубать

hemisphere ['hemɪsfɪə] полушарие

hemp [hemp] конопля; пенька

hen [hen] курица

hence [hens] следовательно; ~forward [hens'fɔ:wəd] впредь, отныне

her [hə:] 1) ей; её 2) своя

herald ['herəld] **1.** *n* вестник **2.** *v* возвещать

herb [hə:b] (лекарственная) трава

herd [hə:d] стадо

here [hɪə] 1) здесь, тут 2) сюда ◇ ~ you are! вот, пожалуйста!; ~by [hɪə'baɪ] этим; при сём

hereditary [hɪˈredɪtərɪ] на-
следственный

herein [hɪərˈɪn] в этом;
при сём

heresy [ˈherəsɪ] ересь

herewith [hɪəˈwɪð] при
сём; настоящим

heritage [ˈherɪtɪdʒ] наслéдство

hermit [ˈhəːmɪt] отшéль-
ник

hero [ˈhɪərəu] герóй; ~ic
[hɪˈrəuɪk] герóический; ге-
рóйский; ~ine [ˈherəuɪn] ге-
ройня; ~ism [ˈherəuɪzm] ге-
ройзм

heron [ˈherən] цáпля

herring [ˈherɪŋ] сельдь

hers [həːz] её

herself [həːˈself] 1) себя;
-ся 2) самá

he's [hiːz] *разг.* = he is

hesitate [ˈhezɪteɪt] коле-
бáться

hid [hɪd] *past и p. p. от*
hide I

hidden [ˈhɪdn] *p. p. от*
hide I

hide I [haɪd] (hid; hid,
hidden) прятать(ся); скры-
вáть(ся)

hide II [haɪd] шкýра;
~bound [ˈhaɪdbaund] огра-
нйченный

hideous [ˈhɪdɪəs] безобрáз-
ный, урóдливый, стрáшный

high [haɪ] высóкий ◇ ~
school срéдняя шкóла

highly [ˈhaɪlɪ] весьмá

highway [ˈhaɪweɪ] шоссé

hill [hɪl] холм

him [hɪm] емý; егó

himself [hɪmˈself] 1) себя;
-ся 2) сам

hinder [ˈhɪndə] мешáть;
препятствовать

hindrance [ˈhɪndrəns] помéха, препятствие

Hindu [ˈhɪnduː] 1. *a* ин-
дýсский 2. *n* индýс

hinge [hɪndʒ] 1. *n* пéтля;
шарнйр 2. *v* 1) висéть; вра-
щáться на пéтлях 2) *перен.*
(on) завйсеть (от)

hint [hɪnt] 1. *n* намёк 2. *v*
намекáть

hip [hɪp] бедрó

hippie, hippy [ˈhɪpɪ] хйп-
пи

hire [ˈhaɪə] нанимáть; for
~ выдаётся напрокáт

his [hɪz] егó; свой

hiss [hɪs] 1. *n* шипéние;
свист 2. *v* 1) шипéть; свистéть 2) освистáть

historic(al) [hɪsˈtɔrɪk(əl)]
исторйческий

history [ˈhɪstərɪ] истóрия

hit [hɪt] 1. *v* (hit; hit) 1)
ударять 2) попадáть 2. *n*
удáча; «гвоздь» (*сезона*)

hitherto [ˈhɪðəˈtuː] прéжде, до сих пóр

hive [haɪv] ýлей

hoard [hɔːd] 1. *n* запáс 2.
v запасáть; копйть

hoarfrost [hɔːˈfrɔst] йней

hoarse [hɔːs] хрйплый

hoax [həuks] злáя шýтка,
обмáн

hobby [ˈhɔbɪ] любймое занятие в часы досу́га; страсть; «конёк», хо́бби

hockey ['hɔkɪ] хокке́й

hoe [həu] моты́га

hog [hɔg] свинья́; бо́ров

hoist [hɔɪst] поднима́ть (*флаг, парус*)

hold I [həuld] (held; held) 1) держа́ть 2) вмеща́ть; содержа́ть (*в себе́*); ~ out a) выде́рживать; б) протя́гивать; ~ up заде́рживать

hold II [həuld] трюм

holdup ['həuldʌp] *разг.* налёт, ограбле́ние

hole [həul] 1) дыра́ 2) нора́

holiday ['hɔlədɪ] 1) пра́здник 2) о́тпуск 3) *pl* кани́кулы

hollow ['hɔləu] 1. *a* 1) по́лый, пусто́й 2) впа́лый 3) глухо́й (*о звуке*) 2. *n* 1) пустота́ 2) дупло́ 3) вы́боина 3. *v* выда́лбливать

holy ['həulɪ] свяще́нный, свято́й

homage ['hɔmɪdʒ]: do (pay) ~ воздава́ть по́чести; свиде́тельствовать почте́ние

home [həum] 1. *n* жили́ще; дом; at ~ до́ма 2. *a* 1) дома́шний 2) вну́тренний; Home Office министе́рство вну́тренних дел 3. *adv* домо́й; ~less ['həumlɪs] бездо́мный, бесприю́тный; ~sick ['həumsɪk] тоску́ющий по ро́дине, по до́му

honest ['ɔnɪst] че́стный

honesty ['ɔnɪstɪ] че́стность

honey ['hʌnɪ] мёд; ~comb [-kəum] со́ты; ~moon [-mu:n] медо́вый ме́сяц

honour ['ɔnə] 1. *n* 1) честь 2) почёт 3) *pl* по́чести 2. *v* почита́ть; ~able ['ɔnərəbl] 1) почётный 2) почте́нный 3) че́стный

hood [hud] 1) капюшо́н; ка́пор 2) *тех.* кры́шка, колпа́к

hoof [hu:f] копы́то

hook [huk] 1. *n* крюк 2. *v* 1) зацепля́ть 2) застёгивать (*на крючо́к*)

hoop [hu:p] о́бруч

hop I [hɔp] *бот.* хмель

hop II [hɔp] 1. *v* скака́ть 2. *n* прыжо́к

hope [həup] 1. *n* наде́жда 2. *v* наде́яться; ~ful ['həupful] 1) наде́ющийся; оптимисти́чески настро́енный 2) подаю́щий наде́жды, многообеща́ющий; ~less ['həuplɪs] безнадёжный

horizon [hə'raɪzn] 1) горизо́нт 2) (у́мственный) кругозо́р

horizontal [hɔrɪ'zɔntəl] горизонта́льный

horn [hɔ:n] рог

horrible ['hɔrəbl] ужа́сный; отврати́тельный

horror ['hɔrə] у́жас; отвраще́ние

horse [hɔ:s] ло́шадь; ~back ['hɔ:sbæk]: on ~back верхо́м; ~man ['hɔ:smən] вса́дник; ~shoe ['hɔ:sʃu:] подко́ва

horticulture [ˈhɔːtɪkʌltʃə] садово́дство

hose [həuz] рука́в, шланг

hosiery [ˈhəuʒərɪ] чуло́чные изде́лия; трикота́ж

hospitable [ˈhɔspɪtəbl] гостеприи́мный

hospital [ˈhɔspɪtl] больни́ца, го́спиталь

host I [həust] хозя́ин

host II [həust] мно́жество; толпа́

hostage [ˈhɔstɪdʒ] зало́жник

hostess [ˈhəustɪs] хозя́йка

hostile [ˈhɔstaɪl] враждé́бный

hostility [hɔsˈtɪlɪtɪ] 1) враждé́бность 2) *pl* вое́нные де́йствия

hot [hɔt] 1) горя́чий, жа́ркий 2) пы́лкий ◇ ~ line пряма́я телефо́нная связь

hotel [həuˈtel] гости́ница, оте́ль

hothouse [ˈhɔthaus] оранжере́я; тепли́ца

hour [ˈauə] час

house 1. *n* [haus] 1) дом; ~ painter маля́р 2) пала́та; the House of Commons пала́та о́бщин; the House of Lords пала́та ло́рдов **2.** *v* [hauz] 1) посели́ть 2) приюти́ть(ся)

household [ˈhaushəuld] 1) семья́ 2) хозя́йство; ~er [-ə] съё́мщик (*дома, квартиры*)

housekeeper [ˈhauskiːpə] эконо́мка

housemaid [ˈhausmeɪd] го́рничная

housewife [ˈhauswaɪf] дома́шняя хозя́йка

hover [ˈhɔvə] 1) пари́ть 2) верте́ться

how [hau] как?, каки́м о́бразом?; ~ever [hauˈevə] одна́ко; всё-таки, тем не ме́нее

howl [haul] **1.** *v* выть **2.** *n* вой

huge [hjuːdʒ] огро́мный, грома́дный

hum [hʌm] жужжа́ть, гуде́ть

human [ˈhjuːmən] челове́ческий

humane [hjuːˈmeɪn] челове́чный, гума́нный

humanity [hjuːˈmænɪtɪ] 1) челове́чество 2) гума́нность

humble [ˈhʌmbl] **1.** *a* 1) скро́мный 2) поко́рный, смире́нный **2.** *v* унижа́ть

humbug [ˈhʌmbʌg] 1) обма́нщик 2) ханжа́

humiliate [hjuːˈmɪlɪeɪt] унижа́ть

humorous [ˈhjuːmərəs] юмористи́ческий; заба́вный, смешно́й

humour [ˈhjuːmə] 1) ю́мор 2) настрое́ние; out of ~ не в ду́хе

hump [hʌmp] горб

hunchback [ˈhʌntʃbæk] горбу́н

hundred [ˈhʌndrəd] сто; со́тня; ~th [-θ] со́тый

hundredweight [ˈhʌndrədweɪt] це́нтнер

hung [hʌŋ] *past и p. p. от* hang

Hungarian [hʌŋˈgɛərɪən] **1.** *a* венге́рский **2.** *n* венгр

hunger [ˈhʌŋgə] го́лод

hungry [ˈhʌŋgrɪ] голо́дный

hunt [hʌnt] **1.** *n* охо́та **2.** *v* 1) охо́титься 2) гна́ться; ~ **for** иска́ть

hunter [ˈhʌntə] охо́тник

hurl [hə:l] швыря́ть

hurrah [huˈrɑ:] ура́!

hurricane [ˈhʌrɪkən] урага́н

hurry [ˈhʌrɪ] **1.** *v* торопи́ть(ся); ~ **up!** скоре́е! **2.** *n* спе́шка; **in a** ~ второпя́х; **I'm in a great** ~ я о́чень спешу́

hurt [hə:t] (hurt; hurt) причиня́ть боль; *перен.* задева́ть

husband [ˈhʌzbənd] муж

hush [hʌʃ] водворя́ть тишину́; ~! ти́ше!

husk [hʌsk] **1.** *n* шелуха́, скорлупа́; нару́жная оболо́чка **2.** *v* очища́ть от шелухи́

hut [hʌt] хи́жина

hydrogen [ˈhaɪdrɪdʒən] водоро́д

hydrophobia [haɪdrəˈfəubjə] водобоя́знь; бе́шенство

hygienic [haɪˈdʒi:nɪk] гигиени́ческий

hyphen [ˈhaɪfən] дефи́с

hypocrisy [hɪˈpɔkrəsɪ] лицеме́рие

hypocrite [ˈhɪpəkrɪt] лицеме́р

hysterical [hɪsˈterɪkəl] истери́ческий

I [aɪ] я

ice [aɪs] 1) лёд 2) моро́женое; ~**berg** [ˈaɪsbə:g] а́йсберг; ~ **cream** [aɪsˈkri:m] моро́женое

Icelander [ˈaɪsləndə] исла́ндец

Icelandic [aɪsˈlændɪk] исла́ндский

icicle [ˈaɪsɪkl] сосу́лька

icy [ˈaɪsɪ] ледяно́й

I'd [aɪd] *разг.* = I should, I would, I had

idea [aɪˈdɪə] иде́я; представле́ние; мысль

ideal [aɪˈdɪəl] **1.** *a* идеа́льный **2.** *n* идеа́л

identical [aɪˈdentɪkəl] тожде́ственный

identify [aɪˈdentɪfaɪ] 1) отождествля́ть(ся) 2) опознава́ть

ideology [aɪdɪˈɔlədʒɪ] идеоло́гия

idiot [ˈɪdɪət] идио́т

idle [ˈaɪdl] 1) пра́здный, лени́вый 2) тще́тный; бесполе́зный

idol [ˈaɪdl] 1) и́дол 2) куми́р

i.e. [ˈaɪˈi:] (id est) то есть, а и́менно

if [ɪf] е́сли; **if only** е́сли бы; хотя́ бы; **I don't know if he is here** я не зна́ю, здесь ли он

ignorance ['ɪgnərəns] 1) невежество 2) незнание

ignorant ['ɪgnərənt] 1) невежественный 2) неосведомлённый, несведущий

ignore [ɪg'nɔ:] игнорировать; пренебрегать

ill [ɪl] больной; be ~ быть больным; fall ~ заболеть

ill-bred ['ɪl'bred] невоспитанный

illegal [ɪ'li:gəl] незаконный, нелегальный

illiterate [ɪ'lɪtərɪt] неграмотный

illness ['ɪlnɪs] болезнь

illuminate [ɪ'lju:mɪneɪt] освещать

illustrate ['ɪləstreɪt] иллюстрировать

I'm [aɪm] разг. = I am

image ['ɪmɪdʒ] образ; изображение

imagination [ɪmædʒɪ'neɪʃn] воображение

imagine [ɪ'mædʒɪn] воображать, представлять себе

imitate ['ɪmɪteɪt] подражать

imitation [ɪmɪ'teɪʃn] 1) подражание 2) имитация

immediately [ɪ'mi:djətlɪ] немедленно

immense [ɪ'mens] огромный, необъятный

immigrant ['ɪmɪgrənt] иммигрант

imminent ['ɪmɪnənt] неминуемый; грозящий

immoral [ɪ'mɔrəl] безнравственный

immortal [ɪ'mɔ:tl] бессмертный

immunity [ɪ'mju:nɪtɪ] неприкосновенность

impartial [ɪm'pɑ:ʃəl] беспристрастный

impatience [ɪm'peɪʃəns] нетерпение

impatient [ɪm'peɪʃənt] нетерпеливый; be ~ to + inf. гореть желанием

impediment [ɪm'pedɪmənt] препятствие

impel [ɪm'pel] побуждать

impenetrable [ɪm'penɪtrəbl] непроницаемый

imperative [ɪm'perətɪv] 1. a 1) повелительный 2) насущный (о потребностях) 2. n грам. повелительное наклонение

imperfect [ɪm'pə:fɪkt] несовершенный

imperialism [ɪm'pɪərɪəlɪzm] империализм

imperialistic [ɪmpɪərɪə'lɪstɪk] империалистический

impersonal [ɪm'pə:snəl] безличный (тж. грам.)

impertinence [ɪm'pə:tɪnəns] дерзость

imperturbable [ɪmpə:'tə:bəbl] невозмутимый, спокойный

implement ['ɪmplɪmənt] 1. n орудие, инструмент 2. v выполнять, осуществлять

implore [ɪm'plɔ:] умолять

imply [ɪm'plaɪ] подразумевать; намекать

import 1. *v* [ɪm'pɔ:t] ввозить 2. *n* ['ɪmpɔ:t] импорт; ввоз

importance [ɪm'pɔ:təns] важность, значительность

important [ɪm'pɔ:tənt] важный, значительный

importunity [ɪmpɔ:'tjunɪtɪ] назойливость

impose [ɪm'pəuz] 1) налагать; облагать (*налогом, штрафом*) 2) навязывать; ~ (up)on злоупотреблять (*гостеприимством, доверием*)

impossible [ɪm'pɔsəbl] невозможный; it is ~ невозможно

impostor [ɪm'pɔstə] самозванец

impoverish [ɪm'pɔvərɪʃ] 1) доводить до нищеты 2) истощать

impress [ɪm'pres] 1) производить впечатление 2) внушать

impression [ɪm'preʃn] 1) впечатление 2) отпечаток

imprison [ɪm'prɪzn] заключать в тюрьму

improbable [ɪm'prɔbəbl] неправдоподобный; it is ~ маловероятно, вряд ли

improper [ɪm'prɔpə] неподходящий; неприличный

improve [ɪm'pru:v] улучшать(ся), совершенствовать(ся); ~ment [-mənt] улучшение, усовершенствование

impulse ['ɪmpʌls] побуждение; порыв

impunity [ɪm'pju:nɪtɪ]: with ~ безнаказанно

in [ɪn] 1. *prep* в, во 2. *adv* внутри; внутрь; is he in? он дома?

inability [ɪnə'bɪlɪtɪ] неспособность

inaccesible [ɪnæk'sesəbl] недоступный

inadequate [ɪn'ædɪkwɪt] не отвечающий требованиям; недостаточный

inapt [ɪn'æpt] неуместный

inattentive [ɪnə'tentɪv] невнимательный

inaudible [ɪn'ɔ:dəbl] неслышный

inauguration [ɪnɔ:gju'reɪʃn] 1) торжественное открытие 2) торжественное вступление в должность

inborn [ɪn'bɔ:n] прирождённый

inbred [ɪn'bred] врождённый

incapable [ɪn'keɪpəbl] (of) неспособный (к)

incentive [ɪn'sentɪv] стимул, побуждение

incessant [ɪn'sesnt] непрерывный, бесконечный

inch [ɪntʃ] дюйм

incident ['ɪnsɪdənt] случай, происшествие; ~ally [ɪnsɪ'dentəlɪ] между прочим

incite [ɪn'saɪt] возбуждать; подстрекать

inclination [ɪnklɪ'neɪʃn] склонность

inclined [ɪn'klaɪnd] наклонный; ~ to склонный

include [ɪn'klu:d] заключа́ть, содержа́ть, включа́ть

including [ɪn'klu:dɪŋ] включа́я, в том числе́

inclusive [ɪn'klu:sɪv] включа́ющий в себя́, содержа́щий

incoherent [ɪŋkəu'hɪərənt] бессвя́зный

income ['ɪnkəm] дохо́д; ~ tax подохо́дный нало́г

incompatible [ɪŋkəm'pæt əbl] несовмести́мый

incomprehensible [ɪnkəm prɪ'hensəbl] непоня́тный, непостижи́мый

inconsiderate [ɪnkən 'sɪdərɪt] невнима́тельный (к други́м), нечу́ткий

inconsistent [ɪnkən'sɪstənt] непосле́довательный

inconvenient [ɪnkən'vi:n jənt] неудо́бный

incorrect [ɪnkə'rekt] неве́рный, непра́вильный

increase 1. *v* [ɪn'kri:s] увели́чивать(ся); уси́ливать(ся) **2.** *n* ['ɪnkri:s] возраста́ние; увеличе́ние; приро́ст

incredible [ɪn'kredəbl] невероя́тный

incumbent [ɪn'kʌmbənt]: it is ~ upon me мне прихо́дится, я обя́зан

incur [ɪn'kə:] подверга́ться чему́-л., навле́чь на себя́

incurable [ɪn'kjuərəbl] неизлечи́мый

indebted [ɪn'detɪd]: be ~ быть обя́занным, быть в долгу́

indecent [ɪn'di:snt] неприли́чный

indeed [ɪn'di:d] в са́мом де́ле, действи́тельно

indefinite [ɪn'defɪnɪt] 1) неопределённый 2) неограни́ченный

independence [ɪndɪ'pendə ns] незави́симость

independent [ɪndɪ'pendənt] незави́симый

index ['ɪndeks] 1) указа́тель; и́ндекс 2) показа́тель

Indian ['ɪndjən] **1.** *a* 1) инди́йский 2) инде́йский ◇ ~ summer «ба́бье ле́то» **2.** *n* 1) инди́ец 2) инде́ец

indicate ['ɪndɪkeɪt] 1) ука́зывать; пока́зывать 2) тре́бовать (*лечения*)

indicative [ɪn'dɪkətɪv] *грам.* изъяви́тельное наклоне́ние

indicator ['ɪndɪkeɪtə] указа́тель, индика́тор

indifference [ɪn'dɪfrəns] равноду́шие, безразли́чие

indifferent [ɪn'dɪfrənt] равноду́шный, безразли́чный

indignant [ɪn'dɪgnənt] негоду́ющий, возмущённый

indignation [ɪndɪg'neɪʃn] негодова́ние, возмуще́ние

indirect [ɪndɪ'rekt] 1) ко́свенный 2) непрямо́й 3) укло́нчивый

indiscreet [ɪndɪs'kri:t] 1) неосторо́жный 2) нескро́мный; ~ question нескро́мный вопро́с

indispensable [ɪndɪs

'pensəbl] необходимый; обязательный; nobody is ~! незаменимых людей нет!

individual [ˌɪndɪ'vɪdjuəl] **1.** *a* 1) личный; индивидуальный 2) отдельный **2.** *n* 1) индивидуум 2) человек

indivisible [ˌɪndɪ'vɪzəbl] неделимый

indoors [ɪn'dɔ:z] дома, в помещении

induce [ɪn'dju:s] 1) убеждать 2) побуждать

indulge [ɪn'dʌldʒ] 1) потворствовать, баловать 2) (in) предаваться (удовольствиям)

industrial [ɪn'dʌstrɪəl] промышленный; производственный

industrious [ɪn'dʌstrɪəs] трудолюбивый, прилежный

industry ['ɪndəstrɪ] 1) промышленность 2) прилежание

inedible [ɪn'edɪbl] несъедобный

inefficient [ˌɪnɪ'fɪʃənt] 1) неспособный; неумелый 2) неэффективный

inept [ɪ'nept] 1) неумелый 2) неуместный

inertia [ɪ'nə:ʃjə] 1) инерция 2) инертность

inevitable [ɪn'evɪtəbl] неизбежный

inexorable [ɪn'eksərəbl] неумолимый

inexplicable [ɪn'eksplɪkəbl] необъяснимый

infant ['ɪnfənt] младенец

infantry ['ɪnfəntrɪ] пехота

infect [ɪn'fekt] заражать; ~ious [ɪn'fekʃəs] заразный

infer [ɪn'fə:] заключать, делать вывод

inferior [ɪn'fɪərɪə] 1) низший (*по чину, положению*) 2) плохой; худший (*по качеству*)

infinite ['ɪnfɪnɪt] безграничный, бесконечный

infinitive [ɪn'fɪnɪtɪv] *грам.* неопределённая форма глагола

inflammation [ˌɪnflə'meɪʃn] воспаление

inflate [ɪn'fleɪt] надувать, наполнять газом

inflict [ɪn'flɪkt] 1) наносить (*удар*) 2) налагать (*взыскание*) 3) причинять (*боль, горе и т. п.*)

influence ['ɪnfluəns] **1.** *n* влияние **2.** *v* влиять

inform [ɪn'fɔ:m] 1) сообщать; уведомлять 2) доносить (*на кого-л.*)

informal [ɪn'fɔ:məl] неофициальный

information [ˌɪnfə'meɪʃn] сообщение; сведения

ingenious [ɪn'dʒi:njəs] 1) изобретательный; остроумный 2) находчивый

ingenuous [ɪn'dʒenjuəs] 1) бесхитростный; простодушный 2) искренний

ingratitude [ɪn'grætɪtju:d] неблагодарность

ingredient [ɪn'gri:djənt] составная часть

inhabit [ɪn'hæbɪt] жить, обита́ть; ~ant [-ənt] жи́тель

inhale [ɪn'heɪl] вдыха́ть

inherent [ɪn'hɪərənt] 1) сво́йственный 2) врождённый

inherit [ɪn'herɪt] (у)насле́довать; ~ance [-əns] насле́дство

inhuman [ɪn'hju:mən] бесчелове́чный

initial [ɪ'nɪʃəl] 1. *a* (перво)нача́льный 2. *n pl* инициа́лы

initiative [ɪ'nɪʃɪətɪv] почи́н, инициати́ва

injection [ɪn'dʒekʃn] инъе́кция, впры́скивание

injure ['ɪndʒə] 1) повреди́ть; ра́нить 2) оскорби́ть

injury ['ɪndʒərɪ] 1) поврежде́ние; вред 2) оскорбле́ние; оби́да

injustice [ɪn'dʒʌstɪs] несправедли́вость

ink [ɪŋk] черни́ла; ~stand ['ɪŋkstænd] черни́льница; пи́сьменный прибо́р

inland 1. *a* ['ɪnlənd] вну́тренний 2. *adv* [ɪn'lænd] внутрь; внутри́ страны́

inn [ɪn] гости́ница, посто́ялый двор

inner ['ɪnə] 1) вну́тренний 2) скры́тый; ~ meaning скры́тый смысл

innocence ['ɪnəsns] 1) неви́нность 2) *юр.* невино́вность

innocent ['ɪnəsnt] 1) неви́нный 2) *юр.* невино́вный

innovation [ɪnəu'veɪʃn] но́вшество

innumerable [ɪ'nju:mərəbl] бесчи́сленный

inoculation [ɪnɔkju'leɪʃn] приви́вка

inoffensive [ɪnə'fensɪv] безоби́дный, безвре́дный

input ['ɪnput] 1. *n* 1) ввод 2) загру́зка 2. *v* вводи́ть да́нные

inquest ['ɪnkwest] *юр.* сле́дствие

inquire [ɪn'kwaɪə] 1) спра́шивать; справля́ться, осведомля́ться 2) (into) иссле́довать, разузнава́ть

inquiries [ɪn'kwaɪərɪz] *pl* спра́вочное бюро́

inquiry [ɪn'kwaɪərɪ] 1) запро́с 2) рассле́дование; ~ agent ча́стный детекти́в

inquisitive [ɪn'kwɪzɪtɪv] любопы́тный

insane [ɪn'seɪn] душевнобольно́й, ненорма́льный

inscription [ɪn'skrɪpʃn] на́дпись

insect ['ɪnsekt] насеко́мое

insecure [ɪnsɪ'kjuə] ненадёжный, небезопа́сный

inseparable [ɪn'sepərəbl] неотдели́мый; неразлу́чный

insert [ɪn'sə:t] 1) вставля́ть 2) помеща́ть (*в газете*)

inside [ɪn'saɪd] 1. *n* вну́тренняя сторона́; вну́тренность; изна́нка; ~ out наизна́нку 2. *a* вну́тренний ◇ ~ information секре́тные све́дения 3. *adv* внутри́, внутрь

insignificant [ɪnsɪg'nɪfɪkənt] незначительный; ничтожный

insincere [ɪnsɪn'sɪə] неискренний

insipid [ɪn'sɪpɪd] безвкусный; бесцветный

insist [ɪn'sɪst] настаивать

insolent ['ɪnsələnt] наглый, дерзкий; оскорбительный

inspect [ɪn'spekt] 1) осматривать 2) инспектировать; ~ion [ɪn'spekʃn] 1) осмотр 2) инспекция; ~or [-ə] контролёр; инспектор

inspiration [ɪnspə'reɪʃn] вдохновение

inspire [ɪn'spaɪə] 1) вдохновлять 2) внушать 3) инспирировать

install [ɪn'stɔ:l] 1) водворять; устраивать 2) устанавливать

instalment [ɪn'stɔ:lmənt] 1) очередной взнос; by ~s в рассрочку 2) выпуск, серия (*об издании*)

instance ['ɪnstəns] пример; for ~ например

instant ['ɪnstənt] мгновение; this ~ сейчас же; ~ly [-lɪ] немедленно, сейчас же

instead [ɪn'sted] вместо; взамен; ~ of вместо того, чтобы

instinct ['ɪnstɪŋkt] инстинкт

institute ['ɪnstɪtju:t] институт, учреждение

institution [ɪnstɪ'tju:ʃn] 1) учреждение 2) установление

instruct [ɪn'strʌkt] учить, инструктировать; ~ion [ɪn'strʌkʃn] инструкция; ~or [-ə] инструктор

instrument ['ɪnstrumənt] инструмент, орудие; прибор

insubstantial [ɪnsəb'stænʃəl] 1) иллюзорный 2) непрочный

insult 1. *n* ['ɪnsʌlt] оскорбление 2. *v* [ɪn'sʌlt] оскорблять

insurance [ɪn'ʃuərəns] страхование

insure [ɪn'ʃuə] страховать

insurrection [ɪnsə'rekʃn] восстание

integral ['ɪntɪɡrəl] 1. *a* существенный; целый 2. *n* интеграл

intellect ['ɪntɪlekt] ум, интеллект; ~ual [ɪntɪ'lektjuəl] интеллектуальный; умственный

intelligence [ɪn'telɪdʒəns] 1) ум; понятливость 2) сведение ◇ ~ service разведывательная служба, разведка

intelligent [ɪn'telɪdʒənt] 1) развитой, умный 2) толковый, смышлёный

intend [ɪn'tend] намереваться; ~ed [-ɪd] предназначенный, предполагаемый

intense [ɪn'tens] 1) сильный 2) крайне напряжённый; интенсивный

intensify [ɪn'tensɪfaɪ] усиливать (ся)

intention [ɪn'tenʃn] наме́рение; у́мысел; ~al [-əl] умы́шленный

interact [ɪntər'ækt] 1) взаимоде́йствовать 2) возде́йствовать

intercept [ɪntə:'sept] перехва́тывать

interchange 1. *v* [ɪntə'tʃeɪndʒ] 1) обме́нивать(ся) 2) чередова́ться **2.** *n* ['ɪntətʃeɪndʒ] 1) обме́н 2) сме́на; чередова́ние

intercity [ɪntə'sɪtɪ] междугоро́дный

interest ['ɪntrəst] **1.** *n* 1) интере́с 2) вы́года **2.** *v* интересова́ть; заинтересо́вывать; ~ing [-ɪŋ] интере́сный

interface ['ɪntəfeɪs] 1) пересече́ние 2) интерфе́йс

interfere [ɪntə'fɪə] 1) вме́шиваться 2) помеша́ть; ~nce [ɪntə'fɪərəns] 1) вмеша́тельство 2) поме́ха, препя́тствие

interior [ɪn'tɪərɪə] **1.** *a* вну́тренний **2.** *n* 1) вну́тренность 2) вну́тренние райо́ны страны́; глуби́нка (*разг.*) ◇ Department of the Interior мини́стерство вну́тренних дел

interjection [ɪntə'dʒekʃn] 1) восклица́ние 2) *грам.* междоме́тие

intermediary [ɪntə'mi:djərɪ] **1.** *n* посре́дник **2.** *a* промежу́точный

internal [ɪn'tə:nəl] вну́тренний

international [ɪntə'næʃnəl] междунаро́дный; интернаци-

она́льный; ~ism [-ɪzm] интернационали́зм

interpret [ɪn'tə:prɪt] 1) переводи́ть (*устно*) 2) объясня́ть, толкова́ть; ~ation [ɪntə:prɪ'teɪʃn] толкова́ние; интерпрета́ция; ~er [-ə] перево́дчик (*устный*)

interrogate [ɪn'terəgeɪt] 1) спра́шивать 2) допра́шивать

interrupt [ɪntə'rʌpt] прерыва́ть

interval ['ɪntəvəl] 1) промежу́ток; интерва́л 2) па́уза; переры́в; переме́на; антра́кт

intervene [ɪntə'vi:n] вме́шиваться

intervention [ɪntə'venʃn] 1) интерве́нция 2) вмеша́тельство

interview ['ɪntəvju:] **1.** *n* 1) свида́ние; бесе́да 2) интервью́ **2.** *v* име́ть бесе́ду, интервьюи́ровать (*кого-л.*)

intimacy ['ɪntɪməsɪ] инти́мность; бли́зость

intimate ['ɪntɪmɪt] инти́мный; бли́зкий; ~ knowledge бли́зкое знако́мство

into ['ɪntu] в, во

intolerable [ɪn'tɔlərəbl] невыноси́мый, нестерпи́мый

intolerant [ɪn'tɔlərənt] нетерпи́мый

intonation [ɪntə'neɪʃn] интона́ция

intoxicate [ɪn'tɔksɪkeɪt] опьяня́ть; возбужда́ть

intransitive [ɪn'trænsɪtɪv] *грам.* перехо́дный (*о глаго́ле*)

intrepid [ɪn'trepɪd] бесстрашный

intricate ['ɪntrɪkɪt] запутанный

intrigue [ɪn'triːg] интрига

introduce [ɪntrə'djuːs] 1) вносить на обсуждение (*вопрос и т. п.*) 2) вводить 3) представлять, знакомить

introduction [ɪntrə'dʌkʃn] 1) предисловие 2) введение чего-л

intrude [ɪn'truːd] 1) вторгаться, вмешиваться 2) навязываться

invade [ɪn'veɪd] 1) вторгаться 2) нахлынуть

invader [ɪn'veɪdə] захватчик; оккупант

invalid I ['ɪnvəliːd] больной, инвалид

invalid II [ɪn'vælɪd] *юр.* недействительный

invaluable [ɪn'væljuəbl] неоценимый

invasion [ɪn'veɪʒn] вторжение, нашествие

invent [ɪn'vent] 1) изобретать 2) выдумывать; ~ion [ɪn'venʃn] 1) изобретение 2) выдумка; ~or [-ə] изобретатель

inventory ['ɪnvəntrɪ] опись

invest [ɪn'vest] вкладывать, помещать (*капитал*)

investigate [ɪn'vestɪgeɪt] 1) исследовать 2) расследовать

investment [ɪn'vestmənt] (капитало)вложение

inveterate [ɪn'vetərɪt] закоренелый; an ~ smoker заядлый курильщик; an ~ foe заклятый враг

invisible [ɪn'vɪzəbl] невидимый

invitation [ɪnvɪ'teɪʃn] приглашение

invite [ɪn'vaɪt] приглашать

involuntary [ɪn'vɔləntərɪ] невольный

involve [ɪn'vɔlv] вовлекать; запутывать

inward ['ɪnwəd] внутренний; ~ly [-lɪ] 1) внутри, внутрь 2) в душе, про себя

iris ['aɪərɪs] 1) радужная оболочка (*глаза*) 2) *бот.* ирис

Irish ['aɪərɪʃ] 1. *a* ирландский 2. *n*: the ~ ирландцы; ~man [-mən] ирландец

iron ['aɪən] 1. *n* 1) железо 2) утюг 2. *a* железный 3. *v* гладить, утюжить; ~clad [-klæd] бронированный

ironical [aɪ'rɔnɪkəl] иронический

irregular [ɪ'regjulə] 1) неправильный 2) беспорядочный 3) неровный 4) несимметричный

irrelevant [ɪ'relɪvənt] неуместный, ненужный; that's ~ это к делу не относится

irresistible [ɪrɪ'zɪstəbl] неотразимый, непреодолимый

irresolute [ɪ'rezəluːt] нерешительный

irresponsible [ɪrɪs'pɔnsəbl] безответственный

irrigation [ɪrɪ'geɪʃn] орошéние

irritate ['ɪrɪteɪt] раздражáть

is [ɪz] *3 л. ед. ч. наст. вр. гл.* be

island ['aɪlənd] óстров

isle [aɪl] óстров

isn't ['ɪznt] *разг.* = is not

isolate ['aɪsəleɪt] изолúровать, отделя́ть

isolation [aɪsə'leɪʃn] изоля́ция; in ~ отдéльно, изолúрованно; ~ hospital инфекциóнная больнúца; ~ ward изоля́тор

issue ['ɪsjuː] 1. *n* 1) вы́ход 2) исхóд 3) издáние, вы́пуск 2. *v* 1) выходúть 2) издавáть

isthmus ['ɪsməs] перешéек

it [ɪt] 1) он, онá, онó 2) э́то

Italian [ɪ'tæljən] 1. *a* итальянский 2. *n* итальянец

italics [ɪ'tælɪks] *pl* курсúв

itch [ɪtʃ] зуд

item ['aɪtem] 1) пункт, парáграф; статья́; предмéт (*в списке*) 2) нóмер прогрáммы

its [ɪts] егó, её; свой

it's [ɪts] *разг.* = it is

itself [ɪt'self] 1) себя́; -ся 2) самó, сам, самá

I've [aɪv] *разг.* = I have

ivory ['aɪvərɪ] слонóвая кость

ivy ['aɪvɪ] плющ

J

jack [dʒæk] домкрáт

jackal ['dʒækɔːl] шакáл

jackdaw ['dʒækdɔː] гáлка

jacket ['dʒækɪt] 1) жакéт, кýртка; пиджáк 2) супероблóжка

jag [dʒæg] зубéц

jail [dʒeɪl] тюрьмá; ~er ['dʒeɪlə] тюрéмщик

jam I [dʒæm] 1. *n* прóбка, затóр (*уличного движения*) 2. *v* 1) зажимáть, сжимáть 2) *радио* заглушáть

jam II [dʒæm] повúдло, джем, варéнье

janitor ['dʒænɪtə] 1) швейцáр 2) стóрож; дворник

January ['dʒænjuərɪ] янвáрь

Japanese [dʒæpə'niːz] 1. *a* япóнский 2. *n* япóнец

jar [dʒɑː] бáнка

jaw [dʒɔː] чéлюсть

jazz [dʒæz] джаз ◇ and all that ~ и всё такóе; ~y ['dʒæzɪ] 1) джáзовый 2) пёстрый, кричáщий

jealous ['dʒeləs] ревнúвый; ~y [-ɪ] рéвность

jeans [dʒiːnz] джúнсы

jeer [dʒɪə] высмéивать; насмехáться

jelly ['dʒelɪ] 1) желé 2) стýдень; ~fish [-fɪʃ] медýза

jeopardize ['dʒepədaɪz] подвергáть опáсности, рисковáть

jerk [dʒə:k] **1.** *n* 1) рéзкий толчóк 2) подёргивание **2.** *v* рéзко толкáть, дёргать

jest [dʒest] **1.** *n* шýтка; half in ~ полушутлúво **2.** *v* шутúть; высмéивать

jet [dʒet] 1) струя́ (*воды, пáра, гáза*) 2) реактúвный самолёт

Jew [dʒu:] еврéй

jewel [ˈdʒu:əl] драгоцéнный кáмень; ~ler [-ə] ювелúр; ~lery [-гɪ] драгоцéнности

Jewish [ˈdʒu:ɪʃ] еврéйский

job [dʒɔb] рабóта, слýжба

jogging [ˈdʒɔgɪŋ] бег трусцóй

join [dʒɔɪn] 1) свя́зывать(ся); соединя́ть(ся) 2) присоединя́ть(ся) 3) вступáть, поступáть

joiner [ˈdʒɔɪnə] плóтник; столя́р

joint [dʒɔɪnt] **1.** *a* соединённый; совмéстный **2.** *n* сустáв

joke [dʒəuk] **1.** *n* шýтка **2.** *v* шутúть

jolly [ˈdʒɔlɪ] 1) весёлый 2) *разг.* слáвный

journal [ˈdʒə:nəl] журнáл; ~ist [-ɪst] журналúст

journey [ˈdʒə:nɪ] путешéствие, поéздка

joy [dʒɔɪ] рáдость; ~ful [ˈdʒɔɪful], ~ous [ˈdʒɔɪəs] рáдостный, весёлый

jubilee [ˈdʒu:bɪli:] юбилéй

judge [dʒʌdʒ] **1.** *n* 1) судья́ 2) знатóк **2.** *v* судúть;

~ment [ˈdʒʌdʒmənt] 1) приговóр 2) суждéние

jug [dʒʌg] кувшúн

juice [dʒu:s] сок

juicy [ˈdʒu:sɪ] сóчный

July [dʒu:ˈlaɪ] июль

jump [dʒʌmp] **1.** *v* прыгать **2.** *n* прыжóк

jumper [ˈdʒʌmpə] джéмпер

junction [ˈdʒʌŋkʃn] 1) соединéние 2) ж.-д. ýзел

June [dʒu:n] июнь

jungle [ˈdʒʌŋgl] джýнгли

junior [ˈdʒu:njə] млáдший

jury [ˈdʒuərɪ] 1) присяжные 2) жюрú

just I [dʒʌst] справедлúвый

just II [dʒʌst] 1) тóчно, как рáз 2) тóлько что; ~ now сейчáс; тóлько что

justice [ˈdʒʌstɪs] 1) справедлúвость; do ~ воздавáть дóлжное (*человéку*) 2) правосýдие

justify [ˈdʒʌstɪfaɪ] опрáвдывать

juvenile [ˈdʒu:vɪnaɪl] юный, юношеский

K

keel [ki:l] киль

keen [ki:n] 1) óстрый 2) пронúзывающий 3) сúльный, рéзкий 4) проницáтельный (*об умé, взгля́де*) 5) тóнкий (*о слýхе*)

keep [ki:p] (kept; kept) 1) храни́ть 2) держа́ть 3) соблюда́ть; ~er [′ki:pə] храни́тель; смотри́тель

kennel [′kenl] (соба́чья) конура́; *pl* соба́чий пито́мник

kept [kept] *past и p. p. от* keep

kerb [kə:b] обо́чина

kernel [′kə:nəl] ядро́, зерно́

kettle [′ketl] (металли́ческий) ча́йник

key [ki:] 1) ключ 2) кла́виша; ~hole [′ki:həul] замо́чная сква́жина

keyboard [′ki:bɔ:d] клавиату́ра (компью́тера)

kick [kık] 1. *v* ляга́ть, толка́ть (*ного́й*); брыка́ться 2. *n* пино́к

kid I [kıd] 1) козлёнок 2) *разг.* малы́ш; ~-glove [′kıd glʌv] делика́тный

kid II [kıd] *v* подшу́чивать; обма́нывать; no ~ding? ты серьёзно?

kidnap [′kıdnæp] похища́ть (*челове́ка*)

kidney [′kıdnı] *анат.* по́чка

kill [kıl] 1) убива́ть 2) ре́зать (*скот*)

kind I [kaınd] до́брый; любе́зный; you are very ~ о́чень любе́зно с ва́шей стороны́

kind II [kaınd] 1) род 2) сорт

kindly [′kaındlı] 1. *a* до-

брый; добродушный 2. *adv* ла́сково; любе́зно

kindness [′kaındnıs] доброта́

king [kıŋ] коро́ль; ~dom [′kıŋdəm] короле́вство, ца́рство

kiss [kıs] 1. *n* поцелу́й 2. *v* целова́ть

kitchen [′kıtʃın] ку́хня; ~ garden огоро́д

kitten [′kıtn] котёнок

knapsack [′næpsæk] 1) рюкза́к 2) ра́нец

knave [neıv] *карт.* вале́т

knee [ni:] коле́но

kneel [ni:l] (knelt; knelt) 1) станови́ться на коле́ни 2) (to) стоя́ть на коле́нях (*перед кем-л.*)

knelt [nelt] *past и p. p. от* kneel

knew [nju:] *past от* know

knife [naıf] нож

knight [naıt] 1) ры́царь 2) *шахм.* конь

knit [nıt] 1) вяза́ть; ~ting [′nıtıŋ] вяза́нье 2): ~ one's brows хму́рить бро́ви

knitwear [′nıtwɛə] трикота́ж

knock [nɔk] 1. *n* стук 2. *v* стуча́ть; ~ down сбива́ть с ног

knot [nɔt] 1. *n* у́зел 2. *v* завя́зывать у́зел

know [nəu] (knew; known) 1) знать; быть знако́мым 2) узнава́ть

knowledge [′nɔlıdʒ] зна́ние

known [nəun] 1. *p. p. от* know 2. *a* известный

Korean [kəˈrɪən] 1. *a* корейский 2. *n* кореец

L

label [ˈleɪbl] 1. *n* ярлык; этикётка, наклёйка 2. *v* наклёивать ярлык

laboratory [ləˈbɔrətərɪ] лаборатория

labour [ˈleɪbə] 1. *n* 1) труд; работа 2) рабочий класс ◇ Labour Party лейбористская партия 2. *v* трудиться, работать

lace [leɪs] 1) кружево 2) шнурок

lack [læk] 1. *n* отсутствие, недостаток 2. *v* недоставать

lad [læd] парень

ladder [ˈlædə] лёстница (*приставная*)

lady [ˈleɪdɪ] дама

ladybird [ˈleɪdɪbə:d] божья коровка

lag [læg]: ~ behind отставать

laid [leɪd] *past и p. p. от* lay II

lain [leɪn] *p. p. от* lie II

lake [leɪk] озеро

lamb [læm] ягнёнок; *перен.* агнец, овечка

lame [leɪm] 1) хромой 2) неубедительный; ~ excuse слабое оправдание

lamp [læmp] лампа; ~shade [ˈlæmpʃeɪd] абажур

land [lænd] 1. *n* 1) земля, суша 2) страна 2. *v* 1) высаживаться на берег 2) приземляться; ~lady [ˈlænleɪdɪ] хозяйка (*дома, гостиницы*); ~lord [ˈlænlɔ:d] 1) хозяин (*дома, гостиницы*) 2) владелец; ~owner [ˈlændəunə] землевладелец

landscape [ˈlændskeɪp] пейзаж

lane [leɪn] 1) просёлочная дорога 2) переулок

language [ˈlæŋgwɪdʒ] язык (*речь*); bad ~ брань

lap I [læp] колёни; *перен.* лоно; in the ~ of luxury в роскоши

lap II [læp] лакать

lard [la:d] топлёное свиное сало

large [la:dʒ] большой; крупный; at ~ а) в цёлом б) пространно в) на свободе

lark [la:k] жаворонок

laser [ˈleɪzə] лазер

lash [læʃ] 1. *v* хлестать; ударять 2. *n* плеть

lass [læs] девушка

last I [la:st] 1. *a* 1) послёдний 2) прошлый 2. *n*: at ~ наконёц; to the ~ до конца

last II [la:st] 1) длиться 2) сохраняться; хватать; that'll ~ me for a week мне хватит этого на недёлю

latch [lætʃ] задвижка, щеколда; ~key [ˈlætʃki:] ключ от квартиры

late [leɪt] **1.** *a* 1) пóздний; запоздáвший; be ~ опоздáть 2) недáвний, послéдний **2.** *n*: the ~ покóйный, умéрший ◇ of ~ недáвно; за послéднее врéмя **3.** *adv* пóздно; ~ly ['leɪtlɪ] за послéднее врéмя

later ['leɪtə] **1.** *a* бóлее пóздний **2.** *adv* пóзже, потóм

latitude ['lætɪtjuːd] *геогр.* широтá

latter ['lætə] 1) послéдний 2) недáвний

laugh [laːf] **1.** *v* смеяться **2.** *n* смех; ~ter ['laːftə] смех; хóхот

laundry ['lɔːndrɪ] прáчечная

laurel ['lɔrəl] 1) лавр 2) *pl* лáвры

lavatory ['lævətərɪ] туалéт, убóрная

law [lɔː] закóн; прáво

lawn I [lɔːn] газóн

lawn II [lɔːn] батúст

lawyer ['lɔːjə] адвокáт; юрúст

lay I [leɪ] *past от* lie II

lay II [leɪ] (laid; laid) класть; положúть

laziness ['leɪzɪnɪs] лень

lazy ['leɪzɪ] ленúвый

lead I [liːd] (led; led) 1) вестú 2) руководúть

lead II [led] 1) свинéц 2) грúфель

leader ['liːdə] 1) вождь; руководúтель 2) передовáя (статья); ~ship [-ʃɪp] руковóдство

leaf [liːf] 1) лист 2) странúца

league [liːg] лúга, соѓз

leak [liːk] **1.** *n* течь **2.** *v* протекáть, просáчиваться

lean I [liːn] (leaned, leant; leaned, leant) 1) наклонять(ся) 2) прислонять(ся)

lean II [liːn] худощáвый, тóщий

leant [lent] *past и p. p. от* lean I

leap [liːp] **1.** *v* (leapt, leaped; leapt, leaped) прыѓать **2.** *n* прыжóк

leapt [lept] *past и p. p. от* leap 1

leap year ['liːpjəː] високóсный год

learn [ləːn] (learnt, learned; learnt, learned) 1) учúть; учúться 2) узнавáть

learnt [ləːnt] *past и p. p. от* learn

lease [liːs] **1.** *n* арéнда **2.** *v* сдавáть; брать в арéнду

least [liːst] **1.** *a* наимéньший **2.** *adv* наимéнее **3.** *n* (the) сáмое мéньшее ◇ at ~ по крáйней мéре; not in the ~ ничýть

leather ['leðə] **1.** *n* кóжа **2.** *a* кóжаный

leave I [liːv] (left; left) 1) покидáть 2) оставлять 3) уезжáть; ~ out пропускáть ◇ ~ smb. alone остáвить когó-л. в покóе

leave II [liːv] 1) разрешéние 2) óтпуск 3): take ~ (of)

прощáться (*с кем-л., чем-л.*)

leaves [li:vz] *pl om* leaf

lecture ['lektʃə] 1. *n* лéкция 2. *v* читáть лéкции

led [led] *past и p. p. om* lead I

leech [li:tʃ] пиявка

left I [left] *past и p. p. om* leave I

left II [left] 1. *a* лéвый 2. *adv* налéво; слéва; ~-hander [-'hændə] левшá

leg [leg] 1) ногá 2) нóжка (*стола и т. п.*)

legacy ['legəsɪ] наслéдство

legal ['li:gəl] 1) юридический 2) закóнный

legend ['ledʒənd] 1) легéнда 2) нáдпись

legible ['ledʒəbl] разбóрчивый, чёткий

legislation [ledʒɪs'leɪʃn] законодáтельство

legitimate [lɪ'dʒɪtɪmɪt] закóнный

leisure ['leʒə] досýг; ~ly [-lɪ] неторопливый

lemon ['lemən] лимóн; ~ade [lemə'neɪd] лимонáд

lend [lend] (lent; lent) давáть взаймы́

length [leŋθ] длинá ◇ at ~ наконéц; at great ~ подрóбно; ~en ['leŋθən] удлинять(ся)

lens [lenz] линза

lent [lent] *past и p. p. om* lend

leopard ['lepəd] леопáрд

less [les] 1. *a* мéньший 2. *adv* мéньше, мéнее; ~en ['lesn] уменьшáть(ся)

lesson ['lesn] урóк

let [let] (let; let) 1) давáть; позволять; пускáть 2) *в повелительном наклонении как вспомогат. глагол:* ~'s go пойдёмте 3) сдавáть внаём; ~ in впускáть; ~ out выпускáть ◇ ~ smb. know сообщáть (*кому-л.*); ~ alone оставлять в покóе

letter ['letə] 1) бýква 2) письмó 3) *pl* литератýра

lettuce ['letɪs] салáт (*растение*)

level ['levl] 1. *n* ýровень 2. *a* рóвный

levy ['levɪ] сбор (налóгов)

lexical ['leksɪkəl] словáрный; лексический

liable ['laɪəbl] (to) 1) подвéрженный 2) обязанный

liar ['laɪə] лгун

libel ['laɪbəl] 1. *n* клеветá 2. *v* клеветáть

liberal ['lɪbərəl] 1. *a* 1) либерáльный 2) щéдрый 2. *n* либерáл

liberate ['lɪbəreɪt] освобождáть

liberty ['lɪbətɪ] свобóда

librarian [laɪ'breərɪən] библиотéкарь

library ['laɪbrərɪ] библиотéка; lending ~ абонемéнт (*библиотеки*)

lice [laɪs] *pl om* louse

licence ['laɪsəns] разрешéние; правá; лицéнзия

lichen ['laɪkən, 'lɪtʃən] мох

lick [lɪk] лизáть

lid [lɪd] крышка

lie I [laɪ] 1. *n* ложь 2. *v* лгать

lie II [laɪ] (lay; lain) лежáть; ~ down ложиться

lieutenant [lef'tenənt] лейтенáнт

life [laɪf] жизнь

life belt ['laɪfbelt] спасáтельный пояс

lift [lɪft] 1. *v* поднимáть 2. *n* 1) лифт 2): give a ~ подвезти (*кого-л.*)

light I [laɪt] 1. *n* свет; *pl* огни 2. *a* свéтлый 3. *v* (lit, lighted; lit, lighted) зажигáть(ся); освещáть(ся)

light II [laɪt] лёгкий (*о весе*)

lighthouse ['laɪthaus] маяк

lightning ['laɪtnɪŋ] мóлния

like I [laɪk] 1. *a* похóжий, подóбный 2. *adv* похóже; подóбно; как

like II [laɪk] любить; I ~ мне нрáвится; я люблю; I should ~ я хотéл бы

likely ['laɪklɪ] верóятно; скорéе всегó

likeness ['laɪknɪs] схóдство

lilac ['laɪlək] 1. *n* сирéнь 2. *a* сирéневый

lily ['lɪlɪ] лилия; ~ of the valley лáндыш

limb [lɪm] *анат.* конéчность

lime [laɪm] известь

lime (tree) ['laɪm (tri:)] липа

limit ['lɪmɪt] 1. *n* границa,

предéл 2. *v* ограничивать; ~ation [lɪmɪ'teɪʃn] ограничéние

limp [lɪmp] хромáть

line [laɪn] 1. *n* 1) линия 2) ряд 3) строкá 4) óбласть (*деятельности*) 2. *v:* ~ up выстрáивать в ряд

linen ['lɪnɪn] 1. *a* льнянóй 2. *n* 1) (льняное) полотнó 2) бельё

liner ['laɪnə] лáйнер

linger ['lɪŋgə] мéдлить, задéрживаться

linguistics [lɪŋ'gwɪstɪks] лингвистика

lining ['laɪnɪŋ] подклáдка

link [lɪŋk] 1. *n* 1) звенó; связь 2) *тех.* шарнир 2. *v* соединять, связывать

lion ['laɪən] лев

lip [lɪp] губá; ~stick ['lɪpstɪk] губнáя помáда

liquid ['lɪkwɪd] 1. *a* жидкий 2. *n* жидкость

liquor ['lɪkə] *амер.* спиртнóй напиток

lisp [lɪsp] шепелявить

list [lɪst] списoк

listen ['lɪsn] слушать; ~er ['lɪsənə] слушатель

listless ['lɪstləs] вялый, апатичный

lit [lɪt] *past и p. p. от* light I, 3

literal ['lɪtərəl] буквенный; буквáльный

literary ['lɪtərərɪ] литератýрный

literate ['lɪtərɪt] грáмотный

literature ['lɪtərɪtʃə] литература

litmus ['lɪtməs] *хим.* лакмус

litre ['li:tə] литр

litter ['lɪtə] 1) сор, мусор 2) подстилка 3) помёт (*поросят, щенят*)

little ['lɪtl] **1.** *a* маленький **2.** *adv* мало; a ~ немного

little finger [lɪtl'fɪŋɡə] мизинец

live [lɪv] жить

liver ['lɪvə] печень

living ['lɪvɪŋ] **1.** *n* средства к существованию **2.** *a* живой; живущий; ~ room гостиная

lizard ['lɪzəd] ящерица

load [ləud] **1.** *n* 1) груз 2) бремя **2.** *v* 1) грузить 2) обременять 3) заряжать

loaf I [ləuf] батон хлеба

loaf II [ləuf] бездельничать, слоняться

loan [ləun] заём

loathe [ləuθ] чувствовать отвращение; ненавидеть

lobe [ləub] мочка (уха)

lobby ['lɔbɪ] вестибюль

lobster ['lɔbstə] омар

local ['ləukəl] местный; ~ity [ləu'kælɪtɪ] местность

lock I [lɔk] **1.** *n* 1) замок 2) шлюз **2.** *v* запирать(ся)

lock II [lɔk] локон

locker ['lɔkə] запирающийся шкафчик

locksmith ['lɔksmɪθ] слесарь

locust ['ləukəst] саранча

lodge [lɔdʒ] помещение привратника, садовника *и т. п.;* сторожка у ворот

lodger ['lɔdʒə] жилец

lodgings ['lɔdʒɪŋz] *pl* квартира

loft [lɔft] 1) сеновал 2) чердак

lofty ['lɔftɪ] 1) высокий 2) возвышенный

log [lɔɡ] колода; бревно; чурбан

log cabin [lɔɡ'kæbɪn] бревенчатая хижина

logic ['lɔdʒɪk] логика

loiter ['lɔɪtə] слоняться без дела

lollipop ['lɔlɪpɔp] леденец на палочке

lonely ['ləunlɪ] одинокий; be ~ чувствовать себя одиноким

long I [lɔŋ] **1.** *a* 1) длинный 2) долгий **2.** *adv* долго; ~ ago давно

long II [lɔŋ] 1) стремиться 2) (for) жаждать 3) (to) тосковать, томиться (по)

long-distance call ['lɔŋ dɪstəns'kɔ:l] междугородный *или* международный разговор

longing ['lɔŋɪŋ] сильное, страстное желание

longitude ['lɔndʒɪtju:d] *геогр.* долгота

loo [lu:] *разг.* туалет

look [luk] **1.** *v* 1) смотреть 2) выглядеть 3) выходить на (*о комнате, окнах*); ~ after заботиться; ~ for искать; ~

on наблюда́ть; ~ out остере-
га́ться; ~ over просма́три-
вать; ~ up справля́ться (по
кни́ге) 2. n 1) взгляд 2) вид

looking glass [ˈlukɪŋglɑ:s]
зе́ркало

looks [luks] pl вне́шность
(особ. привлека́тельная)

loom [lu:m] тка́цкий ста-
но́к

loop [lu:p] пе́тля́; ав. мёр-
твая пе́тля́

loophole [ˈlu:phəul] лазе́й-
ка, уве́ртка

loose [lu:s] 1) свобо́дный
2) неприкреплённый; ~n
[ˈlu:sn] 1) развя́зывать, рас-
пуска́ть 2) ослабля́ть

loot [lu:t] добы́ча, награ́б-
ленное

lord [lɔ:d] лорд

lorry [ˈlɔrɪ] грузови́к

lose [lu:z] (lost; lost) 1)
теря́ть 2) прои́грывать ◇ be
lost заблуди́ться

loss [lɔs] 1) поте́ря 2)
убы́ток; про́игрыш ◇ be at a
~ быть в затрудне́нии

lost [lɔst] 1. past и p. p.
от lose 2. a 1) поги́бший;
поте́рянный 2) прои́гранный

lot [lɔt] 1) жре́бий 2)
у́часть; до́ля 3) уча́сток зем-
ли́ 4) разг.: a ~ of мно́жест-
во, ма́сса

lotion [ˈləuʃn] лосьо́н,
примо́чка

loud [laud] 1. a 1) гро́м-
кий 2) шу́мный 3) крича́-
щий (о цве́те) 2. adv гро́мко

loudspeaker [laudˈspi:kə]
громкоговори́тель

lounge [ləundʒ] холл,
ко́мната для о́тдыха

louse [laus] вошь

lousy [ˈlauzɪ] отврати́тель-
ный

love [lʌv] 1. n любо́вь; in ~
with влюблённый в; make ~
to занима́ться любо́вью 2. v
люби́ть; ~ly [ˈlʌvlɪ] преле́ст-
ный, краси́вый; ~r [ˈlʌvə] 1)
любо́вник; возлю́бленный 2)
люби́тель

low [ləu] 1. a 1) ни́зкий 2)
ти́хий (о го́лосе) 3): ~ spirits
уны́ние 2. adv ни́зко

lower [ˈləuə] 1. a ни́зший;
ни́зкий 2. adv ни́же 3. v по-
нижа́ть (ся)

loyal [ˈlɔɪəl] ве́рный, пре́-
данный; ~ty [-tɪ] ве́рность,
пре́данность

luck [lʌk] сча́стье, уда́ча;
I'm in ~ мне везёт; a stroke
of ~ везе́ние; good ~! счаст-
ли́во!; ~ily [ˈlʌkɪlɪ] к сча́-
стью; ~y [ˈlʌkɪ] счастли́вый;
уда́чный; this is a ~y day for
me мне сего́дня везёт

ludicrous [ˈlu:dɪkrəs] неле́-
пый, смехотво́рный

luggage [ˈlʌgɪdʒ] бага́ж

lull [lʌl] 1. v 1) убаю́ки-
вать 2) стиха́ть 2. n зати́шье

lumber [ˈlʌmbə] лесомате-
риа́лы

lump [lʌmp] кусо́к, комо́к

lunatic [ˈlu:nətɪk] сума-
сше́дший

lunch [lʌntʃ] 1. n обе́д; ~

hours обеденный перерыв 2. *v* обедать

lung [lʌŋ] *анат.* лёгкое

lure [ljuə] 1. *n* приманка 2. *v* завлекать; заманивать

lustre [ˈlʌstə] блеск; лоск; глянец

lusty [ˈlʌstɪ] здоровый, крепкий

luxurious [lʌgˈzjuərɪəs] роскошный

luxury [ˈlʌkʃərɪ] роскошь, ~ goods предметы роскоши

lying [ˈlaɪŋ] *pres. p. от* lie I, 2 и II

lynx [lɪŋks] рысь

lyric [ˈlɪrɪk] 1. *n* лирическое стихотворение 2. *a* лирический; ~al [-əl] лирический

M

macabre [məˈkɑːbrə] мрачный, жуткий

machine [məˈʃiːn] 1) машина 2) механизм

machinery [məˈʃiːnərɪ] 1) машины 2) механизмы

mad [mæd] 1) сумасшедший, безумный; be ~ about быть помешанным на (*чём-л.*) 2) бешеный (*о собаке*)

made [meɪd] *past и p. p. от* make

made-up [ˈmeɪdʌp] 1) накрашенный 2) придуманный

magazine [mægəˈziːn] журнал

magic [ˈmædʒɪk] волшебный; ~ian [məˈdʒɪʃn] волшебник

magnet [ˈmægnɪt] магнит; ~ic [mægˈnetɪk] магнитный

magnificent [mægˈnɪfɪsnt] великолепный, пышный

magpie [ˈmægpaɪ] сорока

maid [meɪd] горничная, служанка

mail [meɪl] 1. *n* почта 2. *v* посылать почтой

main [meɪn] главный; in the ~ в основном

mainland [ˈmeɪnlənd] материк

mainly [ˈmeɪnlɪ] главным образом

maintain [menˈteɪn] 1) поддерживать 2) содержать 3) утверждать 4) продолжать

majesty [ˈmædʒɪstɪ] 1) величественность 2) величество (*титул*)

major [ˈmeɪdʒə] 1. *a* 1) главный 2) *муз.* мажорный 2. *n* майор; ~ity [məˈdʒɔrɪtɪ] 1) большинство 2) совершеннолетие

make [meɪk] (made; made) 1) делать; производить; совершать 2) заставлять; ~ out а) различать; б) понять; ~ up а) выдумывать; б) гримировать ◇ ~ up one's mind решиться

make-up [ˈmeɪkʌp] косметика; грим

male [meɪl] 1. *a* мужской 2. *n* самец

malicious [məˈlɪʃəs] злобный

malignant [məˈlɪgnənt] 1) злобный, злостный 2) злокачественный

mammal [ˈmæml] млекопитающее

man [mæn] 1) человек 2) мужчина

manage [ˈmænɪdʒ] 1) руководить; управлять; заведовать 2) ухитриться, суметь; ~ment [-mənt] управление; ~r [-ə] заведующий; управляющий, директор

mane [meɪn] грива

mania [ˈmeɪnjə] мания

manifest [ˈmænɪfest] 1. *a* явный 2. *v* проявлять(ся)

mankind [mænˈkaɪnd] человечество; род человеческий

manner [ˈmænə] 1) способ; стиль; манера; in this ~ таким образом 2) *pl* манеры; поведение

mansion [ˈmænʃn] особняк

manual [ˈmænjuəl] 1. *n* руководство, справочник 2. *a* ручной; ~ labour физический труд

manufacture [mænjuˈfæktʃə] производство, изготовление

manure [məˈnjuə] удобрение

manuscript [ˈmænjuskrɪpt] рукопись

many [ˈmenɪ] 1. *a* многие; много; how ~? сколько?; as ~ as столько же сколько 2. *n*: a great ~ множество

map [mæp] 1) карта (*географическая*) 2) план

maple [ˈmeɪpl] клён

marble [ˈmɑːbl] мрамор

March [mɑːtʃ] март

march [mɑːtʃ] 1. *v* маршировать; идти 2. *n* марш ◇ ~ of events ход, развитие событий

mare [mɛə] кобыла

margin [ˈmɑːdʒɪn] 1) край 2) поле (*страницы*) 3) запас (*времени, денег и т. п.*)

marine [məˈriːn] 1. *a* морской 2. *n* 1) флот 2) *pl* морская пехота; ~r [ˈmærɪnə] моряк

mark [mɑːk] 1. *n* 1) знак 2) признак 3) мишень 4) отпечаток; след 5) отметка ◇ up to the ~ на должной высоте 2. *v* отмечать; замечать

market [ˈmɑːkɪt] рынок (*тж. эк.*)

marketing [ˈmɑːkətɪŋ] маркетинг

marriage [ˈmærɪdʒ] брак; женитьба, замужество

married [ˈmærɪd] женатый, замужняя

marry [ˈmærɪ] 1) женить(ся); выходить замуж; выдавать замуж 2) венчаться

marsh [mɑːʃ] болото

marshal [ˈmɑːʃəl] маршал

martial [ˈmɑːʃəl] военный;

войнственный ◇ ~ law воённое положе́ние

martin ['ma:tn] ла́сточка; стриж

martyr ['ma:tə] **1.** *n* му́ченик, же́ртва **2.** *v* му́чить

marvellous ['ma:viləs] удиви́тельный, замеча́тельный

Marxism ['ma:ksızm] марксизм

masculine ['ma:skjulın] 1) мужско́й 2) *грам.* мужско́го ро́да

mash [mæʃ] **1.** *n* карто́фельное пюре́ **2.** *v* мять

mask [ma:sk] ма́ска

mason ['meisn] 1) ка́менщик 2) (M.) масо́н

masquerade [mæskə'reid] **1.** *n* маскара́д **2.** *v* маскирова́ться; притворя́ться

mass [mæs] 1) ма́сса; мно́жество 2) *pl* наро́дные ма́ссы

massacre ['mæsəkə] резня́, избие́ние

massage ['mæsa:ʒ] **1.** *n* масса́ж **2.** *v* массажи́ровать

massive ['mæsıv] масси́вный; соли́дный

mass media [mæs'mi:dıə] сре́дства ма́ссовой информа́ции

mast [ma:st] ма́чта

master ['ma:stə] **1.** *n* 1) хозя́ин 2) учи́тель 3) ма́стер **2.** *v* овладе́ть; ~piece [-pi:s] шеде́вр

mat [mæt] полови́к; доро́жка; ко́врик

match I [mætʃ] спи́чка

match II [mætʃ] **1.** *n* 1) ро́вня, па́ра 2) брак 3) состяза́ние, матч **2.** *v* подходи́ть друг к дру́гу

mate [meit] 1) това́рищ 2) саме́ц, са́мка

material [mə'tıərıəl] **1.** *a* 1) материа́льный 2) суще́ственный **2.** *n* 1) материа́л 2) *текст.* мате́рия

materialism [mə'tıərıəlızm] материали́зм

maternal [mə'tə:nəl] матери́нский

mathematics [mæθı'mætıks] матема́тика

matter ['mætə] **1.** *n* 1) вещество́ 2) мате́рия 3) де́ло, вопро́с; what's the ~? в чём де́ло?; as a ~ of fact в са́мом де́ле **2.** *v* име́ть значе́ние; it doesn't ~ нева́жно, ничего́

mattress ['mætrıs] матра́ц

mature [mə'tjuə] **1.** *a* зре́лый; созре́вший **2.** *v* созрева́ть

May [mei] май; ~ Day Пе́рвое ма́я

may [mei] (*past* might) мочь; ~be ['meibi:] мо́жет быть

mayor [mɛə] мэр

me [mi:] мне; меня́

meadow ['medəu] луг

meal [mi:l] еда́, тра́пеза

mean I [mi:n] (meant; meant) 1) намерева́ться; хоте́ть; what d'you ~? что вы хоти́те э́тим сказа́ть? 2) иметь в виду; подразумевать 3) значить; it ~s значит

mean II [mi:n] 1) подлый 2) скупой

mean III [mi:n] **1.** *a* средний **2.** *n* середина

meaning ['mi:nɪŋ] значение; смысл; what's the ~ of this? это что значит?

meaningless ['mi:nɪŋləs] бессмысленный

means [mi:nz] *pl* средства; by ~ of посредством; by all ~ во что бы то ни стало; by no ~ отнюдь не; ни в коем случае

meant [ment] *past и p. p. от* mean I

meantime ['mi:ntaim]: in the ~ между тем, тем временем

meanwhile ['mi:nwail] тем временем

measles ['mi:zlz] корь; German ~ краснуха

measure ['meʒə] **1.** *n* 1) мера 2) мерка 3) *муз.* такт 4) размер (*стиха*) **2.** *v* 1) измерять; отмерять 2) иметь (определённый) размер; ~ment [-mənt] 1) измерение 2) *pl* размеры

meat [mi:t] мясо

mechanic [mɪ'kænɪk] механик; ~al [-əl] механический; ~s [-s] механика

mechanism ['mekənɪzm] механизм

meddle ['medl] вмешиваться

medical ['medɪkəl] медицинский

medicine ['medsɪn] 1) медицина 2) лекарство

medieval [medɪ'i:vəl] средневековый

meditate ['medɪteɪt] размышлять; обдумывать

medium ['mi:djəm] **1.** *n* 1) средство 2) *физ.* среда **2.** *a* средний

meek [mi:k] кроткий

meet [mi:t] (met; met) 1) встречать(ся) 2) собираться; ~ing ['mi:tɪŋ] 1) встреча 2) собрание, митинг

mellow ['meləu] зрелый; созревший

melody ['melədɪ] мелодия

melon ['melən] дыня

melt [melt] 1) таять; *перен.* смягчать 2) плавить(ся)

member ['membə] член; ~ship [-ʃɪp] членство

memorable ['memərəbl] памятный

memorial [mɪ'mɔ:rɪəl] 1) памятник 2) *pl* историческая хроника

memory ['memərɪ] 1) память 2) *pl* воспоминания

men [men] *pl от* man

menace ['menəs] **1.** *n* угроза **2.** *v* угрожать

mend [mend] исправлять, чинить; штопать

mental ['mentl] 1) умственный 2) мысленный

mention ['menʃn] **1.** *v* упоминать; dont ~ it не стоит благодарности; not to ~ не

говоря́ уже́ о 2. *n* упомина́-
ние

menu ['menju:] меню́

mercenary ['mə:sɪnərɪ] 1. *a*
коры́стный; прода́жный 2. *n*
наёмник

merchant ['mə:tʃənt] ку-
пе́ц, торго́вец

merciful ['mə:sɪful] мило-
се́рдный

merciless ['mə:sɪləs] бес-
поща́дный

mercury ['mə:kjurɪ] ртуть

mercy ['mə:sɪ] 1) милосе́р-
дие 2) ми́лость; поми́лова-
ние

mere [mɪə] просто́й; a ~
child ещё ребёнок; it was a ~
chance э́то бы́ло случа́йно

merely ['mɪəlɪ] то́лько,
про́сто

merge [mə:dʒ] сли-
ва́ть(ся), соединя́ть(ся)

meridian [mə'rɪdɪən] мери-
диа́н

merit ['merɪt] 1. *n* 1) за-
слу́га 2) досто́инство 2. *v* за-
слу́живать

merry ['merɪ] весёлый, ра́-
достный

mess [mes] 1. *n* беспоря́-
док, пу́таница 2. *v* пу́тать; ~
up по́ртить

message ['mesɪdʒ] 1) сооб-
ще́ние 2) посла́ние 3) пору-
че́ние

messenger ['mesɪndʒə] 1)
курье́р 2) ве́стник 3) рас-
сы́льный

met [met] *past и p. p. от*
meet

metal ['metl] мета́лл

meteor ['mi:tjə] метео́р

meter ['mi:tə] счётчик

method ['meθəd] 1) ме́тод;
спо́соб 2) систе́ма

metre ['mi:tə] 1) метр 2)
разме́р (*стиха*)

mice [maɪs] *pl от* mouse

microscope ['maɪkrəskəup]
микроско́п

microwave ['maɪkrəuweɪv]:
~ oven микроволно́вая печь

midday ['mɪddeɪ] по́лдень

middle ['mɪdl] 1. *n* середи́-
на 2. *a* сре́дний; ~ classes
сре́дние кла́ссы о́бщества; ~-
-aged ['mɪdl'eɪdʒd] пожило́й

midnight ['mɪdnaɪt] по́л-
ночь

midwife ['mɪdwaɪf] аку-
ше́рка

might I [maɪt] *past от* may

might II [maɪt] могу́щест-
во; си́ла; ~y ['maɪtɪ] могу́ще-
ственный

mild [maɪld] 1) мя́гкий
(*климат, характер и т. п.*)
2) нео́стрый (*о пище*); сла́-
бый (*о пиве, вине*)

mile [maɪl] ми́ля; ~age
['maɪlɪdʒ] расстоя́ние в ми́-
лях

military ['mɪlɪtərɪ] вое́н-
ный, во́инский; ~ uniform
вое́нная фо́рма

milk [mɪlk] 1. *n* молоко́ 2.
v дои́ть

mill [mɪl] 1) ме́льница;
~er ['mɪlə] ме́льник 2) фа́б-
рика

millet ['mılıt] просо; пшено

million ['mıljən] миллион

millionaire [mıljə'nɛə] миллионер

millstone ['mılstəun] жёрнов

mince [mıns] **1.** *v* пропускать через мясорубку; рубить ◇ not to ~ words (matters) говорить без обиняков **2.** *n* фарш

mind [maınd] **1.** *n* 1) разум; ум 2): bear in ~ помнить, иметь в виду **2.** *v* возражать, иметь что-л. против; do you ~ my smoking? вы не возражаете, если я закурю?; I don't ~ мне всё равно ◇ never ~! ничего!, не беспокойтесь!

mine I [maın] мой

mine II [maın] **1.** *n* 1) шахта, рудник 2) *воен.* мина **2.** *v* 1) разрабатывать рудник; добывать руду 2) минировать

miner ['maınə] горняк, шахтёр

mineral ['mınərəl] **1.** *n* минерал **2.** *a* минеральный

minimize ['mınımaız] преуменьшать

minimum ['mınıməm] минимум

mining ['maınıŋ] горная промышленность

minister ['mınıstə] 1) министр 2) посланник 3) священник

ministry ['mınıstrı] министерство

mink [mıŋk] норка

minor ['maınə] **1.** *a* 1) второстепенный 2) младший 3) *муз.* минорный **2.** *n* несовершеннолетний, подросток; ~ity [maı'nɔrıtı] меньшинство

mint I [mınt] мята

mint II [mınt] монетный двор

minus ['maınəs] минус

minute I ['mınıt] 1) минута 2) *pl* протокол(ы)

minute II [maı'nju:t] 1) крошечный 2) подробный, детальный

miracle ['mırəkl] чудо

mirror ['mırə] зеркало

mirth [mə:θ] веселье, радость

misadventure [mısəd'ventʃə] несчастье; несчастный случай

misapprehension [mısæprı'henʃn] недоразумение

misbehaviour [mısbı'heıvjə] недостойное поведение

miscarriage [mıs'kærıdʒ] выкидыш

miscellaneous [mısı'leınjəs] смешанный, разнообразный

mischief ['mıstʃıf] 1) зло; беда; make ~ сеять раздоры 2) шалость, озорство

mischievous ['mıstʃıvəs] 1) злонамеренный, злобный 2) шаловливый, озорной

miser ['maızə] скряга

miserable ['mɪzərəbl] несчáстный; жáлкий

misery ['mɪzərɪ] 1) несчáстье 2) нищетá

misfortune [mɪs'fɔ:tʃn] несчáстье

misgiving [mɪs'gɪvɪŋ] опасéние, предчýвствие дурнóго

misinterpret [mɪsɪn'tə:prɪt] невéрно понять; непрáвильно истолковáть

mislay [mɪs'leɪ] засýнуть кудá-л., потерять

mislead [mɪs'li:d] (misled; misled) вводить в заблуждéние

misled [mɪs'led] *past и p. p. от* mislead

misprint ['mɪsprɪnt] опечáтка

miss I [mɪs] 1. *v* 1) промахнýться, не попáсть 2) упустить; пропустить 3) скучáть по 2. *n* прóмах

miss II [mɪs] мисс (*незамужняя женщина*)

missile ['mɪsaɪl] ракéта

missing ['mɪsɪŋ] 1) недостаю́щий, отсýтствующий 2) пропáвший (бéз вести)

mission ['mɪʃn] 1) миссия 2) поручéние; командирóвка 3) призвáние

mist [mɪst] тумáн, мгла

mistake [mɪs'teɪk] 1. *v* (mistook; mistaken) ошибáться; be ~n ошибáться 2. *n* ошибка; make a ~ ошибáться; ~n [-n] *p. p. от* mistake

mistook [mɪs'tuk] *past от* mistake

mistress ['mɪstrɪs] 1) хозяйка 2) учительница 3) любóвница

mistrust [mɪs'trʌst] 1. *n* недовéрие 2. *v* недоверять

misty ['mɪstɪ] тумáнный

misunderstand ['mɪsʌndə'stænd] (misunderstood; misunderstood) непрáвильно понять; ~ing [-ɪŋ] недоразумéние

misunderstood ['mɪsʌndə'stud] *past и p. p. от* misunderstand

mitten ['mɪtn] вáрежка

mix [mɪks] смéшивать(ся); ~ up спýтать, перепýтать; ~er ['mɪksə] миксер; ~ture ['mɪkstʃə] смесь

moan [məun] 1. *n* стон 2. *v* стонáть

mob [mɔb] толпá, сбóрище

mobile ['məubaɪl] подвижнóй

mobilization [məubɪlaɪ'zeɪʃn] мобилизáция

mock [mɔk] высмéивать; издевáться; ~ery ['mɔkərɪ] издевáтельство

mode [məud] спóсоб, мéтод

model ['mɔdl] 1) образéц 2) модéль 3) натýрщик, натýрщица

moderate ['mɔdərɪt] умéренный

modern ['mɔdən] совремéнный; сегóдняшний; ~ times нóвые временá

modest ['mɔdɪst] скрóмный

modify ['mɔdıfaı] видоизменя́ть

moist [mɔıst] вла́жный; ~en ['mɔısn] сма́чивать; увлажня́ть(ся); ~ure ['mɔıstʃə] вла́жность

mole I [məul] ро́динка

mole II [məul] крот

moment ['məumənt] миг, моме́нт

monarch ['mɔnək] мона́рх; ~y [-ı] мона́рхия

Monday ['mʌndı] понеде́льник

monetary ['mʌnıtərı] де́нежный

money ['mʌnı] де́ньги; ~ order де́нежный перево́д

Mongol ['mɔŋgɔl] 1. a монго́льский 2. n монго́л

monitor ['mɔnıtə] тех. монито́р

monk [mʌŋk] мона́х

monkey ['mʌŋkı] обезья́на

monopoly [mə'nɔpəlı] моно́полия

monotonous [mə'nɔtənəs] однообра́зный, моното́нный

monster ['mɔnstə] чудо́вище

monstrous ['mɔnstrəs] чудо́вищный

month [mʌnθ] ме́сяц; ~ly ['mʌnθlı] 1. a (еже)ме́сячный 2. adv ежеме́сячно

monument ['mɔnjumənt] па́мятник

mood I [mu:d] настрое́ние

mood II [mu:d] грам. наклоне́ние

moon [mu:n] луна́

mop [mɔp] 1. n шва́бра 2. v мыть пол (шва́брой)

moral ['mɔrəl] 1. a мора́льный; нра́вственный 2. n 1) мора́ль 2) pl нра́вы; нра́вственность

more [mɔ:] 1. a бо́льший 2. adv бо́льше, бо́лее; ~over [mɔ:'rəuvə] бо́лее того́, кро́ме того́

morning ['mɔ:nıŋ] у́тро

morose [mə'rəus] угрю́мый

morse [mɔ:s] морж

morsel ['mɔ:səl] кусо́чек

mortal ['mɔ:tl] 1) сме́ртный 2) смерте́льный; ~ity [mɔ:'tælıtı] 1) сме́ртность 2) смерте́льность

mortgage ['mɔ:gıdʒ] 1. n 1) закла́д 2) закладна́я 3) ссу́да на поку́пку до́ма 2. v закла́дывать

mosquito [məs'ki:təu] кома́р

moss [mɔs] мох

most [məust] 1. a наибо́льший 2. adv наибо́лее, бо́льше всего́ 3. n большинство́, бо́льшая часть; ~ly ['məustlı] гла́вным о́бразом; ча́ще всего́

motel [məu'tel] моте́ль

moth [mɔθ] 1) моль 2) мотылёк

mothball ['mɔθbɔ:l] антимо́ль

mother ['mʌðə] мать; ~-in-law ['mʌðərınlɔ:] тёща; свекро́вь; ~-of-pearl ['mʌðərəvpə:l] перламу́тр

motion ['məuʃn] 1) движе́ние, ход; ~ picture кинофи́льм 2) предложе́ние (*на собрании*); ~less [-lɪs] неподви́жный

motive ['məutɪv] 1. *n* моти́в; побужде́ние 2. *a* дви́жущий

motor ['məutə] дви́гатель, мото́р; ~way [-weɪ] шоссе́, автостра́да

motto ['mɔtəu] ло́зунг, деви́з

mould ['məuld] 1. *n тех.* фо́рма; шабло́н 2. *v* формова́ть, отлива́ть фо́рму

mound [maund] на́сыпь; хо́лмик

mount [maunt] 1) поднима́ться 2) вскочи́ть (*на коня*) 3) монти́ровать; вставля́ть

mountain ['mauntɪn] гора́

mountaineering [mauntɪn'ɪərɪŋ] альпини́зм

mourn [mɔ:n] горева́ть, опла́кивать; ~ful ['mɔ:nful] гру́стный; ~ing ['mɔ:nɪŋ] тра́ур

mouse [maus] мышь

moustache [məs'ta:ʃ] усы́

mouth [mauθ] 1) рот 2) отве́рстие 3) у́стье

move [mu:v] 1. *v* 1) дви́гать(ся) 2) переезжа́ть 3) тро́гать; ~ smb. to tears растро́гать кого́-л. до слёз 4) вноси́ть предложе́ние 2. *n* ход (*в игре*); *перен.* посту́пок; шаг; ~ment ['mu:vmənt] движе́ние

movie ['mu:vɪ]: ~ camera кинока́мера

movies ['mu:vɪz] *pl разг.* кино́

moving ['mu:vɪŋ] тро́гательный

mow [məu] (mowed; mown) коси́ть; ~n [-n] *p. p. от* mow

Mr. ['mɪstə] (mister) господи́н

Mrs. ['mɪsɪz] (mistress) госпожа́

much [mʌtʃ] мно́го; гора́здо; how ~ ? ско́лько?; as ~ as сто́лько же

mud [mʌd] грязь; ~dy ['mʌdɪ] 1) гря́зный 2) му́тный

mug [mʌg] кру́жка

multiplication [mʌltɪplɪ'keɪʃn] умноже́ние

multiply ['mʌltɪplaɪ] 1) увели́чивать(ся) 2) умножа́ть

multistage ['mʌltɪsteɪdʒ] многоступе́нчатый

multitude ['mʌltɪtju:d] 1) мно́жество 2) толпа́

mumble ['mʌmbl] бормота́ть

mummy ['mʌmɪ] му́мия

munitions [mju:'nɪʃnz] *pl* вое́нные запа́сы; снаряже́ние

murder ['mə:də] 1. *n* уби́йство 2. *v* убива́ть; ~er [-rə] уби́йца

murmur ['mə:mə] 1. *n* 1) журча́ние 2) бормота́ние 3) ро́пот 2. *v* 1) журча́ть 2) (про)бормота́ть 3) ворча́ть, ропта́ть

muscle [ˈmʌsl] му́скул, мы́шца

muse [mjuːz] размышля́ть, заду́мываться

museum [mjuːˈzɪəm] музе́й

mushroom [ˈmʌʃrum] гриб

music [ˈmjuːzɪk] 1) му́зыка 2) но́ты; ~ian [mjuːˈzɪʃn] музыка́нт

must [mʌst] быть обя́занным; I ~ go я до́лжен идти́

mustard [ˈmʌstəd] горчи́ца

mute [mjuːt] 1) молчали́вый 2) немо́й

mutilate [ˈmjuːtɪleɪt] 1) уве́чить 2) уро́довать, по́ртить

mutiny [ˈmjuːtɪnɪ] 1. n мяте́ж 2. v подня́ть мяте́ж

mutter [ˈmʌtə] бормота́ть

mutton [ˈmʌtn] бара́нина

mutual [ˈmjuːtjuəl] взаи́мный, обою́дный

muzzle [ˈmʌzl] 1) мо́рда 2) намо́рдник 3) ду́ло

my [maɪ] мой, моя́, моё; мои́

myself [maɪˈself] 1) себя́; -ся 2) сам, сама́, само́

mysterious [mɪsˈtɪərɪəs] таи́нственный

mystery [ˈmɪstərɪ] та́йна

mystify [ˈmɪstɪfaɪ] мистифици́ровать

myth [mɪθ] миф

mythology [mɪˈθɔlədʒɪ] мифоло́гия

N

nag [næg] придира́ться

nail [neɪl] 1. n 1) но́готь 2) гвоздь 2. v прибива́ть; пригвожда́ть

nail varnish [ˈneɪlvaːnɪʃ] лак для ногте́й

naïve [naːˈiːv] наи́вный

naked [ˈneɪkɪd] го́лый ◇ with ~ eye невооружённым гла́зом

name [neɪm] 1. n и́мя; фами́лия 2. v называ́ть; ~ly [ˈneɪmlɪ] и́менно, то есть

nanny [ˈnænɪ] ня́ня

nap I [næp] ворс

nap II [næp] 1. n дремо́та; to take a ~ вздремну́ть 2. v вздремну́ть ◇ to catch smb. ~ping засти́гнуть кого́-л. враспло́х

nape [neɪp]: ~ of the neck заты́лок

napkin [ˈnæpkɪn] 1) салфе́тка 2) пелёнка

narrative [ˈnærətɪv] повествова́ние, расска́з

narrow [ˈnærəu] у́зкий ◇ I had a ~ escape я с трудо́м избежа́л опа́сности; ~-minded [-ˈmaɪndɪd] ограни́ченный, у́зкий

nasty [ˈnaːstɪ] 1) га́дкий, скве́рный 2) непристо́йный, гря́зный

nation [ˈneɪʃn] на́ция, наро́д; ~al [ˈnæʃnəl] национа́льный; наро́дный; ~ality [næʃə'næliti] национа́льность

native ['neitiv] **1.** *a* 1) родно́й 2) тузе́мный **2.** *n* уроже́нец; тузе́мец

natural ['nætʃrəl] есте́ственный, приро́дный; ~ly [-i] коне́чно

nature ['neitʃə] 1) приро́да 2) нату́ра, хара́ктер

naughty ['nɔ:ti] нехоро́ший; капри́зный (*о ребёнке*)

naval ['neivəl] вое́нно--морско́й

navigable ['nævigəbl] судохо́дный

navigation [nævi'geiʃn] судохо́дство; пла́вание, навига́ция

navvy ['nævi] землеко́п, чернорабо́чий

navy ['neivi] вое́нный флот

near [niə] бли́зко, о́коло; ~ly ['niəli] почти́; приблизи́тельно

neat [ni:t] 1) опря́тный, аккура́тный 2) то́чный, чёткий 3) чи́стый (*о спирте*)

necessary ['nesisəri] необходи́мый

necessity [ni'sesiti] 1) необходи́мость 2) нужда́

neck [nek] 1) шея 2) го́рлышко; ~lace ['neklis] ожере́лье

need [ni:d] **1.** *n* на́добность, потре́бность; нужда́; be in ~ of нужда́ться в чём--л. **2.** *v* нужда́ться

needle ['ni:dl] 1) иго́лка; игла́ 2) стре́лка (*компаса*)

negative ['negətiv] **1.** *a* отрица́тельный **2.** *n* 1) отрица́ние 2) негати́в

neglect [ni'glekt] **1.** *v* пренебрега́ть, запуска́ть **2.** *n* пренебреже́ние

negligence ['neglidʒəns] небре́жность

negotiate [ni'gəuʃieit] вести́ перегово́ры; догова́риваться

negotiation [nigəuʃi'eiʃn] перегово́ры

Negro ['ni:grəu] **1.** *a* негритя́нский **2.** *n* негр

neigh [nei] ржать

neighbour ['neibə] сосе́д; ~hood [-hud] 1) сосе́дство 2) окре́стности; ~ing ['neibəriŋ] сосе́дний

neither ['naiðə] **1.** *adv* та́кже не **2.**: ~ ... nor... ни... ни... **3.** *a* никако́й **4.** *pron* ни тот, ни друго́й

nephew ['nevju:] племя́нник

nerve [nə:v] нерв

nervous ['nə:vəs] не́рвный; I'm ~ about him я о́чень беспоко́юсь о нём; ~ break down не́рвный срыв

nest [nest] **1.** *n* гнездо́ **2.** *v* гнезди́ться

net I [net] се́тка, сеть

net II [net] чи́стый, не́тто (*о весе*)

nettle ['netl] крапи́ва

network ['netwə:k] 1) сеть 2) радиосе́ть 3) *эл.* схе́ма

neuter ['nju:tə] *грам.* среднего рода

neutral ['nju:trəl] нейтральный; **~ity** [nju:'trælıtı] нейтралитет

never ['nevə] никогда

nevertheless [nevəðə'les] тем не менее

new [nju:] 1) новый 2) свежий; ~ potatoes молодой картофель; **~born** ['nju:bɔ:n] новорождённый

newcomer ['nju:kʌmə] вновь прибывший

newlywed ['nju:lıwed] молодожён

news [nju:z] (*употр. как sing*) новость, известие, сообщение

news agency ['nju:z 'eɪdʒənsı] агентство новостей; информационное агентство

newspaper ['nju:speɪpə] газета

newsreel ['nju:zri:l] кинохроника, киножурнал

next [nekst] 1. *a* следующий (*по порядку*); ближайший 2. *adv* после этого; потом 3. *prep* рядом, около

nice [naɪs] 1) хороший; симпатичный; how ~ of him! как мило с его стороны! 2) вкусный

nickel ['nıkl] 1) никель 2) *амер.* монета в 5 центов

nickname ['nıkneɪm] прозвище

niece [ni:s] племянница

night [naɪt] ночь; вечер;

~dress ['naɪtdres], **~gown** ['naɪtgaun], **~ie** ['naɪtı] ночная рубашка

nightingale ['naɪtıŋgeɪl] соловей

nightmare ['naɪtmɛə] кошмар

night school ['naɪtsku:l] вечерняя школа, курсы

nine [naɪn] девять; **~teen** [naɪn'ti:n] девятнадцать; **~teenth** [naɪn'ti:nθ] девятнадцатый; **~tieth** ['naɪntɪθ] девяностый; **~ty** ['naɪntı] девяносто

ninth [naɪnθ] девятый

nip [nıp] щипать

nipple ['nıpl] сосок

nitrogen ['naɪtrıdʒən] азот

no [nəu] 1. *part* нет; ~ bread хлеба нет 2. *adv* не (*при сравнит. степени*); no more нет (больше)

noble ['nəubl] благородный; **~man** [-mən] дворянин

nobody ['nəubədı] никто

nod [nɔd] 1. *v* 1) кивать головой 2) дремать 2. *n* кивок

noise [nɔız] шум; **~less** ['nɔızlıs] бесшумный

noisy ['nɔızı] шумный

nominate ['nɔmıneɪt] 1) назначать 2) выставлять кандидатуру

nomination [nɔmı'neɪʃn] 1) назначение (*на должность*) 2) выставление кандидатуры

nominative ['nɔmınətıv] *грам.* именительный падеж

none [nʌn] **1.** *a* никакóй; have you a cigarette? — I have ~ у вас есть сигарéта? — Нет **2.** *pron* ни одúн, никтó

nonentity [nɔ'nentɪtɪ] ничтóжество

non-party ['nɔnpɑ:tɪ] беспартúйный

nonsense ['nɔnsəns] вздор, бессмýслица, чепухá

noodle ['nu:dl] лапшá

noon [nu:n] пóлдень

nor [nɔ:] и не; тáкже не; neither... ~ ... ни... ни...

normal ['nɔ:məl] обúчный, нормáльный

north [nɔ:θ] **1.** *n* сéвер **2.** *a* сéверный **3.** *adv* на сéвер(e), к сéверу

northern ['nɔ:ðən] сéверный; ~ lights сéверное сияние

Norwegian [nɔ:'wi:dʒn] **1.** *a* норвéжский **2.** *n* норвéжец

nose [nəuz] нос

nostril ['nɔstrɪl] ноздря

nosy ['nəuzɪ] *разг.* чересчýр любопúтный

not [nɔt] не, нет, ни

notch [nɔtʃ] зарýбка

note [nəut] **1.** *n* 1) примечáние; замечáние 2) запúска; make a ~ записáть 3) *дип., муз.* нóта **2.** *v* 1) замечáть; отмечáть 2) запúсывать

notebook ['nəutbuk] тетрáдь

noteworthy ['nəutwə:ðɪ] достóйный внимáния

nothing ['nʌθɪŋ] ничтó, ничегó

notice ['nəutɪs] **1.** *n* 1) извещéние; предупреждéние 2) замéтка 3) внимáние **2.** *v* замечáть

noticeable ['nəutɪsəbl] замéтный, примéтный

notify ['nəutɪfaɪ] извещáть, уведомлять

notion ['nəuʃn] понятие; представлéние

notorious [nəu'tɔ:rɪəs] 1) извéстный 2) отъявленный

noun [naun] *грам.* úмя существúтельное

nought [nɔ:t] ноль; ~s and crosses крéстики и нóлики

nourish ['nʌrɪʃ] питáть; кормúть; ~ing [-ɪŋ] питáтельный; ~ment [-mənt] 1) питáние 2) пúща

novel ['nɔvl] **1.** *n* ромáн **2.** *a* оригинáльный

novelty ['nɔvəltɪ] 1) новизнá 2) новúнка

November [nəu'vembə] ноябрь

novice ['nɔvɪs] новичóк, начинáющий

now [nau] тепéрь ◇ ~ and again, ~ and then врéмя от врéмени; just ~ тóлько что

nowadays ['nauədeɪz] в настоящее врéмя

nowhere ['nəuwɛə] нигдé; никудá

nuclear ['nju:klɪə] ядерный; ~ reactor ядерный реактор; ~ weapons ядерное оружие

nucleus ['nju:klɪəs] ядро (клетки)

nudge [nʌdʒ] подтолкнуть (локтем)

nugget ['nʌgɪt] самородок

nuisance ['nju:sns] 1) неприятность; досада; what a ~ ! какая досада! 2) неприятный, надоедливый человек

numb [nʌm] онемелый, оцепенелый

number ['nʌmbə] 1. *n* 1) число; количество 2) номер 2. *v* 1) считать 2) нумеровать 3) насчитывать

numeral ['nju:mərəl] *грам.* числительное

numerous ['nju:mərəs] многочисленный; ~ly [-lɪ] в большом количестве

nun [nʌn] монахиня

nurse [nə:s] 1. *n* 1) няня 2) сиделка, сестра 2. *v* 1) нянчить 2) ухаживать (за больным) 3) кормить (ребёнка)

nursery ['nə:srɪ] детская (комната)

nut I [nʌt] орех

nut II [nʌt] *тех.* гайка

nutritious [nju:'trɪʃəs] питательный

nuts [nʌts] *разг.* сумасшедший

nutshell ['nʌtʃel]: in a ~ вкратце

O

oak [əuk] дуб; ~en ['əukən] дубовый

oar [ɔ:] весло

oath [əuθ] клятва; присяга

oatmeal ['əutmi:l] овсянка

oat(s) [əut(s)] овёс

obedience [ə'bi:djəns] послушание

obedient [ə'bi:djənt] послушный

obey [ə'beɪ] слушаться, повиноваться

obituary [ə'bɪtʃuərɪ] некролог

object 1. *n* ['ɔbdʒɪkt] 1) предмет; объект 2) цель 3) *грам.* дополнение 2. *v* [əb'dʒekt] возражать; ~ion [əb'dʒekʃn] возражение

objective [əb'dʒektɪv] 1. *n* 1) цель; задача 2) *грам.* объектный падеж 2. *a* объективный

obligation [ɔblɪ'geɪʃn] 1) обязательство 2) обязанность

oblige [ə'blaɪdʒ] 1) обязывать 2) делать одолжение; ~d [-d] обязанный

oblique [ə'bli:k] косой, наклонный

obliterate [ə'blɪtəreɪt] стирать, уничтожать

oblivion [ə'blɪvɪən] забвение

oblong ['ɔblɔŋ] продолговатый, удлинённый

obscene [ɔb'si:n] непристо́йный, неприли́чный

obscure [əb'skjuə] 1) не́ясный 2) неизве́стный; an ~ little village зате́рянная дереву́шка

obsequious [ɔb'si:kwiəs] подобостра́стный, раболе́пный

observance [əb'zə:vəns] соблюде́ние (*закона, обычая и т. п.*)

observation [ɔbzə:'veiʃn] 1) наблюде́ние 2) замеча́ние

observe [əb'zə:v] 1) наблюда́ть 2) замеча́ть 3) соблюда́ть; ~r [-ə] наблюда́тель

obsess [əb'ses] завладе́ть умо́м; ~ion [-ʃn] одержи́мость

obsolete ['ɔbsəli:t] устаре́лый

obstacle ['ɔbstəkl] препя́тствие

obstinate ['ɔbstinit] упря́мый

obstruct [əb'strʌkt] загражда́ть путь; чини́ть препя́тствия

obtain [əb'tein] достава́ть, получа́ть

obvious ['ɔbviəs] очеви́дный; я́сный

occasion [ə'keiʒn] 1) слу́чай 2) по́вод; there is no ~ for wonder нет основа́ний удивля́ться; ~al [-əl] случа́йный, ре́дкий; ~ally [-əli] случа́йно; и́зредка

occupation [ɔkju'peiʃn] 1) заня́тие 2) оккупа́ция

occupy ['ɔkjupai] 1) занима́ть 2) оккупи́ровать

occur [ə'kə:] 1) случа́ться, име́ть ме́сто 2) приходи́ть на ум; it ~s to me мне пришло́ в го́лову; ~rence [ə'kʌrəns] собы́тие, слу́чай, происше́ствие

ocean ['əuʃn] океа́н; ~ liner океа́нский ла́йнер

o'clock [ə'klɔk]: at three ~ в три часа́

October [ɔk'təubə] октя́брь

odd [ɔd] 1) нечётный 2) непа́рный 3) стра́нный, необы́чный 4) случа́йный

odious ['əudiəs] гну́сный, отврати́тельный

odour ['əudə] за́пах, аро́мат

of [ɔv, əv] *предлог, с по́мощью кото́рого образу́ются роди́тельный и предло́жный падежи* ◇ of course коне́чно, разуме́ется

off [ɔ:f, ɔf] 1. *prep* с, со; от; take the book ~ the table сними́ кни́гу со стола́ 2. *adv:* hands ~! ру́ки прочь!

offence [ə'fens] 1) оби́да; give ~ обижа́ть, оскорбля́ть; take ~ обижа́ться 2) наруше́ние (*закона*)

offend [ə'fend] обижа́ть; ~er [-ə] 1) оби́дчик 2) наруши́тель

offensive [ə'fensiv] 1. *a* 1) оскорби́тельный 2) отврати́-

тельный 3) наступа́тельный
2. *n* наступле́ние

offer ['ɔfə] 1. *v* предлага́ть
2. *n* предложе́ние

office ['ɔfɪs] 1) конто́ра,
бюро́ 2) (O.) министе́рство
3) фу́нкция, до́лжность

officer ['ɔfɪsə] 1) офице́р
2) должностно́е лицо́; чино́вник

official [ɔ'fɪʃəl] 1. *a* официа́льный; служе́бный 2. *n*
должностно́е лицо́, чино́вник, отве́тственный слу́жащий

often ['ɔfn] ча́сто

oil [ɔɪl] 1. *n* 1) расти́тельное ма́сло 2) маши́нное
ма́сло 3) нефть 2. *v* сма́зывать; ~cloth ['ɔɪlklɔθ] клеёнка; ~ paint ['ɔɪlpeɪnt] ма́сляная кра́ска

ointment ['ɔɪntmənt] мазь

O. K.! [əu'keɪ] *амер.* ла́дно!; everything's O. K. всё в
поря́дке

old [əuld] ста́рый; ~ age
ста́рость; ~ boy *разг.* стари́на́; ten years ~ десяти́ лет;
how ~ are you? ско́лько вам
лет?; ~-fashioned [-'fæʃənd]
1) стари́нный 2) старомо́дный

olive ['ɔlɪv] 1. *n* оли́ва,
масли́на 2. *a* оли́вкового
цве́та; ~ oil прова́нское ма́сло

omen ['əumən] знак, предзнаменова́ние

ominous ['ɔmɪnəs] злове́щий

omit [əu'mɪt] опуска́ть;
пропуска́ть, упуска́ть

on [ɔn] 1. *prep* 1) на 2)
(*по определённым дням*) on
Monday в понеде́льник; I'll
see you on the third я уви́жу
вас тре́тьего 2. *adv* вперёд,
да́льше

once [wʌns] (оди́н) раз;
одна́жды, не́когда, когда́-то
◇ ~ more ещё раз; at ~ сра́зу, сейча́с же

one [wʌn] 1. *пит* оди́н 2.
pron 1) не́кто, кто́-то; ~
another друг дру́га 2) *в безл.
предложении не переводится*: ~ can't help liking him его́
тру́дно не люби́ть; ~ feels so
helpless чу́вствуешь себя́ тако́й беспо́мощной

oneself [wʌn'self] 1) -ся;
excuse ~ извиня́ться 2) (самого́) себя́

onion ['ʌnjən] лук

only ['əunlɪ] 1. *adv* то́лько
2. *a* еди́нственный

onward ['ɔnwəd] 1. *adv*
вперёд, да́лее 2. *a* продвига́ющийся вперёд

open ['əupən] 1. *a* откры́тый 2. *v* открыва́ть(ся); ~ing
['əupnɪŋ] 1. *n* 1) отве́рстие
2) нача́ло 3) откры́тие 4)
шахм. дебю́т 2. *a* вступи́тельный

opera ['ɔpərə] о́пера; ~
glasses *pl* бино́кль (*театра́льный*)

operate ['ɔpəreɪt] 1) де́йствовать 2) управля́ть 3)
мед. опери́ровать

operation [ɔpə'reɪʃn] опе-
рáция; дéйствие

opinion [ə'pɪnjən] мнéние

opponent [ə'pəunənt] про-
тúвник, оппонéнт

opportunity [ɔpə'tjuːnɪtɪ]
удóбный слýчай; возмóж-
ность

oppose [ə'pəuz] 1) проти-
вопоставля́ть 2) протúвиться

opposite ['ɔpəzɪt] **1.** *a* про-
тивополóжный **2.** *prep, adv*
(на)прóтив **3.** *n* противопо-
лóжность; quite the ~ совсéм
наоборóт

opposition [ɔpə'zɪʃn] 1)
сопротивлéние 2) оппозúция

oppress [ə'pres] угнетáть;
~ion [ə'preʃn] угнетéние;
~ive [-ɪv] гнетýщий; ~or [-ə]
угнетáтель

optic ['ɔptɪk] глазнóй, зрú-
тельный

optimistic [ɔptɪ'mɪstɪk] оп-
тимистúчный

optimum ['ɔptɪməm] наи-
бóлее благоприя́тный

option ['ɔpʃn] вы́бор, за-
мéна

opulent ['ɔpjulənt] богá-
тый, роскóшный

or [ɔː] úли

oracle ['ɔrəkl] 1) орáкул
2) прорицáние, предсказá-
ние

oral ['ɔːrəl] ýстный

orange ['ɔrɪndʒ] **1.** *n*
апельсúн **2.** *a* орáнжевый (*о
цвете*)

orator ['ɔrətə] орáтор

orbit ['ɔːbɪt] **1.** *n* орбúта **2.**
v выводúть на орбúту

orchard ['ɔːtʃəd] фруктó-
вый сад

orchestra ['ɔːkɪstrə] оркéстр

ordeal [ɔː'diːl] тяжёлое
испытáние

order ['ɔːdə] **1.** *n* 1) поря́-
док 2) прикáз 3) закáз 4)
óрден 5) *воен.* строй ◇ in ~
that с тем, чтóбы **2.** *v* 1)
прикáзывать 2) закáзывать

ordinal ['ɔːdɪnəl] *грам.* по-
ря́дковое числúтельное

ordinary ['ɔːdnrɪ] обы́ч-
ный, обыкновéнный

ore [ɔː] рудá

organ ['ɔːgən] 1) óрган 2)
муз. оргáн; ~ic [ɔː'gænɪk]
органúческий; ~ism [-ɪzm]
органúзм

organization [ɔːgənaɪ
'zeɪʃn] организáция

organize ['ɔːgənaɪz] орга-
низóвывать; ~r [-ə] органи-
зáтор

oriental [ɔːrɪ'entl] востóчный

origin ['ɔrɪdʒɪn] 1) истóчник, начáло 2) происхождé-
ние; ~al [ə'rɪdʒənəl] **1.** *a* 1)
первоначáльный 2) пóдлин-
ный 3) оригинáльный **2.** *n*
пóдлинник; ~ate [ə'rɪdʒɪneɪt]
возникáть; происходúть

ornament 1. *n* ['ɔːnəmənt]
украшéние; орнáмент **2.** *v*
['ɔːnəment] украшáть

orphan ['ɔːfən] **1.** *n* сиротá
2. *a* сирóтский

orthodox [ˈɔ:θədɔks] 1) ортодо́кс 2) (О.) *рел.* правосла́вный

osier [ˈəuʒə] и́ва; и́вовая лоза́

ostentatious [ɔstenˈteiʃəs] показно́й, наро́читый, хвастли́вый

ostrich [ˈɔstritʃ] стра́ус

other [ˈʌðə] друго́й, ино́й ◇ the ~ day на днях; every ~ day че́рез день; ~wise [-waiz] ина́че; в проти́вном слу́чае

ought [ɔ:t]: you ~ to know that... вам бы сле́довало знать, что...; it ~ to be ready э́то должно́ бы́ло бы быть гото́во

ounce [auns] у́нция

our, ours [auə, auəz] наш, на́ша, на́ше; на́ши

ourself, ourselves [auəˈself, auəˈselvz] 1) себя́; -сь 2) (мы) са́ми

out [aut] из; вне; нару́жу; he is ~ его́ нет до́ма

outbreak [ˈautbreik] 1) взрыв, вспы́шка 2) нача́ло (*войны и т. п.*)

outcast [ˈautkɑ:st] и́згнанный, бездо́мный

outclass [ˈautklɑ:s] превзойти́

outcome [ˈautkʌm] результа́т, исхо́д

outcry [ˈautkrai] 1) крик 2) проте́ст

outdoors [ˈautdɔ:z] на откры́том во́здухе

outer [ˈautə] вне́шний, нару́жный

outfit [ˈautfit] 1) снаряже́ние; обмундирова́ние 2) обору́дование

outing [ˈautiŋ] экску́рсия; похо́д в теа́тр, кино́ *и т. п.*

outlaw [ˈautlɔ:] лицо́ вне зако́на, отве́рженный

outline [ˈautlain] 1. *n* очерта́ния; ко́нтур 2. *v* наброса́ть в о́бщих черта́х

outlook [ˈautluk] вид, перспекти́ва

out-of-doors [autəvˈdɔ:z] на откры́том во́здухе

output [ˈautput] 1) добы́ча; проду́кция 2) производи́тельность

outrageous [autˈreidʒəs] возмути́тельный

outright [ˈautrait] прямо́й, откры́тый

outside [ˈautˈsaid] 1. *n* нару́жная сторона́ 2. *a* нару́жный 3. *adv* снару́жи

outskirts [ˈautskə:ts] *pl* 1) окра́ина (*го́рода*) 2) опу́шка (*ле́са*)

outspread [ˈautspred] 1) распространя́ть 2) простира́ться

outstanding [autˈstændiŋ] выдаю́щийся; (хорошо́) изве́стный

outward [ˈautwəd] вне́шний, нару́жный

outworn [autˈwɔ:n] устаре́лый

oven [ˈʌvn] печь

over [ˈəuvə] 1. *prep* над;

через, на, по; за; influence ~ влияние на; travel all ~ the world путешествовать по всему свету 2. *adv* больше (чем); старше (*о возрасте*); he is ~ fifty ему за 50 ◇ be ~ быть оконченным

overbearing [əuvə'bɛərɪŋ] властный

overburden [əuvə'bə:dn] перегружать

overcame [əuvə'keɪm] *past от* overcome

overcoat ['əuvəkəut] пальто

overcome [əuvə'kʌm] (overcame; overcome) побороть; преодолеть ◇ he was ~ with gratitude он был преисполнен благодарности

overdo [əuvə'du:] 1) заходить слишком далеко 2) перестараться

overflow [əuvə'fləu] 1) переливаться через край; заливать 2) переполнять

overhead ['əuvə'hed] 1. *adv* наверху; над головой 2. *a* 1) верхний 2): ~ charges, ~ expenses накладные расходы

overhear [əuvə'hɪə] (overheard; overheard) нечаянно услышать; ~d [əuvə'hə:d] *past и p. p. от* overhear

overlook [əuvə'luk] 1) не заметить, проглядеть 2) смотреть сквозь пальцы; простить

overnight [əuvə'naɪt] 1)

накануне вечером 2) всю ночь

oversea [əuvə'si:] 1. *adv* за морем 2. *a* заморский, заокеанский; ~s [-z] *см.* oversea 1

overshoe ['əuvə'ʃu:] галоша, ботик

overtake [əuvə'teɪk] (overtook; overtaken) 1) догнать 2) застигнуть врасплох; ~n [-n] *p. p. от* overtake

overthrew [əuvə'θru:] *past от* overthrow 1

overthrow 1. *v* [əuvə'θrəu] (overthrew; overthrown) 1) опрокидывать 2) свергать 2. *n* ['əuvəθrəu] ниспровержение; ~n [əuvə'θrəun] *p. p. от* overthrow

overtime ['əuvətaɪm] сверхурочный

overtook [əuvə'tuk] *past от* overtake

overturn [əuvə'tə:n] 1) опрокидывать(ся) 2) ниспровергать

overwhelm [əuvə'welm] 1) засыпать; забрасывать (*вопросами и т. п.*) 2) сокрушать; be ~ed быть ошеломлённым

owe [əu] быть должным; быть обязанным

owing ['əuɪŋ]: ~ to благодаря

owl [aul] сова

own [əun] 1. *v* 1) обладать; владеть 2) признавать(ся); ~ one's faults признáть свои ошибки 2. *a* 1) собственный 2): my ~ мой дорогóй

owner ['əunə] обладáтель; владéлец, собственник; **~ship** [-ʃɪp] владéние; прáво собственности

oxide ['ɔksaɪd] *хим.* óкись, óкисел

oxygen ['ɔksɪdʒən] кислорóд

oyster ['ɔɪstə] ýстрица

P

pace [peɪs] 1. *n* шаг 2. *v* шагáть

pacific [pə'sɪfɪk] мирный; миролюбивый ◇ the Pacific Тихий океáн

pack [pæk] 1. *n* 1) вьюк; кипа; ~ of cigarettes *амер.* пáчка сигарéт 2) колóда (*карт*) 2. *v* упакóвывать(ся); **~age** ['pækɪdʒ] пакéт; свёрток

packet ['pækɪt] свЯзка; пáчка

pact [pækt] пакт, договóр; mutual assistance ~ пакт о взаимопóмощи

pad [pæd] 1. *n* мЯгкая проклáдка, подýшка 2. *v* подбивáть (*ватой и т. п.*)

paddle I ['pædl] 1. *n* корóткое веслó 2. *v* грести одним веслóм

paddle II ['pædl] шлёпать по водé

padlock ['pædlɔk] висЯчий замóк

pagan ['peɪgən] язычник

page [peɪdʒ] страница

paid [peɪd] *past и p. p. от* pay

pail [peɪl] ведрó

pain [peɪn] 1. *n* боль ◇ take ~s старáться 2. *v* 1) причинЯть боль 2) огорчáть; **~ful** ['peɪnful] 1) болéзненный 2) печáльный (*о событии и т. п.*)

paint [peɪnt] 1. *n* крáска 2. *v* 1) крáсить 2) писáть крáсками; **~er** ['peɪntə] живописец; **~ing** ['peɪntɪŋ] 1) живопись 2) картина

pair [pɛə] пáра; четá

pal [pæl] *разг.* приЯтель, дружóк

palace ['pælɪs] дворéц

pale [peɪl] 1. *a* блéдный 2. *v* бледнéть

palm I [pɑːm] ладóнь

palm II [pɑːm] пáльма

paltry ['pɔːltrɪ] ничтóжный, презрéнный

pamphlet ['pæmflɪt] брошюра; памфлéт

pan [pæn] кастрюля

pancake ['pænkeɪk] блин

pane [peɪn] окóнное стеклó

pang [pæŋ] óстрая боль; ~s of conscience угрызéния сóвести

panic ['pænɪk] пáника

pansy ['pænzɪ] *бот.* анютины глáзки

pant [pænt] задыхáться

panther ['pænθə] пантéра

panties ['pæntɪz] трýсики

pants [pænts] *амер.* брюки

panty hose ['pæntɪhəuz] *амер.* колгóтки

paper ['peɪpə] 1. *n* 1) бумáга 2) обóи 3) газéта 4) *pl* докумéнты 2. *v:* ~ a room оклéивать кóмнату обóями

parachute ['pærəʃuːt] парашют

parade [pə'reɪd] 1. *n* парáд 2. *v* 1) учáствовать в парáде 2) выставлять напокáз

paradise ['pærədaɪs] 1) рай 2) *театр.* галёрка

paragraph ['pærəgrɑːf] 1) абзáц 2) парáграф

parallel ['pærəlel] параллéльный; ~ed [-d]: ~ed bars брýсья

paralyse ['pærəlaɪz] парализовáть

parcel ['pɑːsl] пакéт; посылка

pardon ['pɑːdn] 1. *n* прощéние; помилование; I beg your ~! простите! 2. *v* прощáть; (по)миловать

parents ['pɛərənts] *pl* родители

park [pɑːk] 1. *n* парк 2. *v* постáвить на стоянку (*автомашину*)

parking lot ['pɑːkɪŋlət] *амер.* стоянка для автомашин

parliament ['pɑːləmənt] парлáмент

parlour ['pɑːlə] гостиная

parrot ['pærət] попугáй

parsley ['pɑːslɪ] *бот.* петрýшка

part [pɑːt] 1. *n* 1) часть 2) учáстие 3) роль 4) *амер.* пробóр 2. *v* 1) делить(ся); разделять(ся) 2) расставáться

partake [pɑː'teɪk] *шутл.* принимáть пищу; прóбовать напитки

partial ['pɑːʃəl] 1) частичный 2) пристрáстный

participate [pɑː'tɪsɪpeɪt] принимáть учáстие, учáствовать

participle ['pɑːtɪsɪpl] *грам.* причáстие

particle ['pɑːtɪkl] частица; not a ~ of truth in it ни крупицы истины в этом

particular [pə'tɪkjulə] 1. *a* 1) осóбый, осóбенный 2) определённый 3) приверéдливый 2. *n* подрóбность; in ~ в чáстности, в осóбенности; ~ly [-lɪ] осóбенно

parting ['pɑːtɪŋ] 1. *n* 1) расставáние; разлýка 2) пробóр 2. *a* прощáльный

partisan [pɑːtɪ'zæn] 1) сторóнник, привéрженец 2) партизáн

partition [pɑː'tɪʃn] 1) раздел(éние), расчленéние 2) перегорóдка; перебóрка

partly ['pɑːtlɪ] частично, отчáсти, чáстью

partner ['pɑːtnə] 1) компаньóн 2) партнёр

partridge ['pɑːtrɪdʒ] куропáтка

party ['pɑ:tɪ] 1) па́ртия 2) гру́ппа 3) *юр.* сторона́ 4) компа́ния 5) вечери́нка; tea ~ чаепи́тие

pass [pɑ:s] 1. *v* 1) проходи́ть; проезжа́ть 2) минова́ть 3) сдать (*экзамен*) 4) передава́ть 2. *n* 1) перева́л; уще́лье 2) про́пуск

passage ['pæsɪdʒ] 1) прохо́д; прое́зд 2) коридо́р 3) отры́вок (*из книги*)

passenger ['pæsɪndʒə] пассажи́р

passerby ['pɑ:sə'baɪ] прохо́жий

passion ['pæʃn] 1) страсть, пыл 2) гнев, я́рость; ~ate ['pæʃənɪt] стра́стный

passive ['pæsɪv] 1) пасси́вный, безде́ятельный 2) *грам.* страда́тельный

passmark ['pɑ:smɑ:k] удовлетвори́тельная оце́нка

passport ['pɑ:spɔ:t] па́спорт

past [pɑ:st] 1. *a* 1) про́шлый, мину́вший; for some time ~ после́днее вре́мя 2) *грам.* проше́дший 2. *n* про́шлое 3. *adv* ми́мо; she walked ~ она́ прошла́ ми́мо 4. *prep* за, по́сле; ~ four пя́тый час; ten minutes ~ four 10 мину́т пя́того

paste [peɪst] 1. *n* 1) те́сто 2) кле́йстер; па́ста 2. *v* кле́ить, скле́ивать

pastime ['pɑ:staɪm] прия́тное заня́тие, развлече́ние

pastry ['peɪstrɪ] конди́терские изде́лия

pasture ['pɑ:stʃə] па́стбище

patch [pætʃ] 1. *n* 1) запла́та 2) пятно́ 2. *v* класть запла́ты, чини́ть

patent ['peɪtənt] 1. *n* пате́нт 2. *a* 1) я́вный 2) патенто́ванный; ~ leather лакиро́ванная ко́жа 3. *v* брать пате́нт (*на что-л.*)

paternal [pə'tə:nəl] отцо́вский; оте́ческий

path [pɑ:θ] 1) доро́жка; тропи́нка 2) путь

pathetic [pə'θetɪk] тро́гательный

pathos ['peɪθɔs] воодушевле́ние, энтузиа́зм

patience ['peɪʃns] терпе́ние

patient ['peɪʃnt] 1. *n* пацие́нт, больно́й 2. *a* терпели́вый

patriot ['pætrɪət] патрио́т; ~ic [pætrɪ'ɔtɪk] патриоти́ческий; ~ism [-ɪzm] патриоти́зм

patronize ['pætrənaɪz] 1) покрови́тельствовать 2) относи́ться свысока́

pattern ['pætən] 1) образе́ц; моде́ль 2) вы́кройка 3) узо́р

pause [pɔ:z] 1. *n* па́уза; переды́шка 2. *v* остана́вливать(ся); де́лать па́узу

pave [peɪv] мости́ть; ~ the way прокла́дывать путь, подготовля́ть; ~ment ['peɪvmənt]

1) тротуа́р 2) *амер.* мостова́я

pavilion [pə'vɪljən] 1) пала́тка 2) павильо́н

paw [pɔ:] ла́па

pawn I [pɔ:n] *шахм.* пе́шка

pawn II [pɔ:n] закла́дывать

pay [peɪ] 1. *v* (paid; paid) плати́ть; опла́чивать 2. *n* пла́та, жа́лованье; ~ment ['peɪmənt] упла́та, платёж

pea [pi:] горо́х

peace [pi:s] 1) мир 2) поко́й; ~able ['pi:səbl] миролюби́вый; ми́рный; ~ful ['pi:sful] ми́рный; споко́йный; ти́хий

peach [pi:tʃ] пе́рсик

peacock ['pi:kɔk] павли́н

peak [pi:k] пик, верши́на

peanut ['pi:nʌt] земляно́й оре́х

pear [pɛə] гру́ша

pearl [pə:l] же́мчуг

peasant ['peznt] крестья́нин

peat [pi:t] торф

pebble ['pebl] га́лька

peck [pek] клева́ть

peculiar [pɪ'kju:ljə] 1) необы́чный, стра́нный 2) осо́бенный; ~ to сво́йственный

pedal ['pedl] педа́ль

pedestrian [pɪ'destrɪən] пешехо́д

peel [pi:l] 1. *n* 1) кожура́; шелуха́ 2) ко́рка 2. *v* 1) чи́стить, обдира́ть (*кожу, кору*) 2) шелуши́ться

peep [pi:p] 1) прогля́дывать 2) выгля́дывать

peephole ['pi:phəul] дверно́й глазо́к

peer I [pɪə] пэр, лорд

peer II [pɪə] всма́триваться

peevish ['pi:vɪʃ] сварли́вый, раздражи́тельный

peg [peg] 1) ве́шалка 2) ко́лышек

pelican ['pelɪkən] пелика́н; ~ crossing пешехо́дный перехо́д, «зе́бра»

pen [pen] перо́, ру́чка; ballpoint ~ ша́риковая ру́чка

penalty ['penəltɪ] наказа́ние; штраф

pence [pens] *pl* пе́нсы

pencil ['pensl] каранда́ш

penetrate ['penɪtreɪt] проника́ть внутрь

pen friend ['penfrend] друг по перепи́ске

peninsula [pɪ'nɪnsjulə] полуо́стров

penknife ['pennaɪf] перочи́нный нож(ик)

pen name ['penneɪm] псевдони́м

penny ['penɪ] пе́нни

pension ['penʃn] пе́нсия

pentagon ['pentəgən] 1) пятиуго́льник 2) (the P.) Пентаго́н (*США*)

pentathlon [pen'tæθlɔn] пятибо́рье

people ['pi:pl] 1. *n* наро́д; лю́ди; young ~ молодёжь 2. *v* населя́ть; заселя́ть

pepper ['pepə] пе́рец

per [pə:] 1) чéрез, посрéдством 2) в; на; ~ annum в год; ~ head на человéка

perceive [pə'si:v] 1) воспринимáть 2) ощущáть

per cent [pə'sent] процéнт

perception [pə'sepʃn] восприя́тие

perfect 1. *a* ['pə:fɪkt] совершéнный 2. *n* ['pə:fɪkt] *грам.* перфéкт; совершéнная фóрма 3. *v* [pə'fekt] совершéнствовать; ~ion [pə'fekʃn] совершéнство

perform [pə'fɔ:m] исполня́ть, выполня́ть; ~ance [-əns] 1) исполнéние 2) *театр.* представлéние

perfume 1. *n* ['pə:fju:m] 1) аромáт 2) духи́ 2. *v* [pə'fju:m] (на)души́ть

perhaps [pə'hæps, præps] мóжет быть, возмóжно

peril ['perɪl] опáсность; ~ous [-əs] опáсный, рискóванный

period ['pɪərɪəd] перѝод, эпóха

perish ['perɪʃ] ги́бнуть, погибáть

permanent ['pə:mənənt] постоя́нный

permission [pə'mɪʃn] позволéние, разрешéние

permit 1. *v* [pə'mɪt] разрешáть, позволя́ть 2. *n* ['pə:mɪt] прóпуск

perpendicular [pə:pən'dɪkjulə] перпендикуля́рный

perpetual [pə'petjuəl] вéчный; постоя́нный

perplex [pə'pleks] смущáть, озадáчивать

persecute ['pə:sɪkju:t] преслéдовать

perseverance [pə:sɪ'vɪərəns] настóйчивость, упóрство

Persian ['pə:ʃən] 1. *a* перси́дский 2. *n* перс, ирáнец

persist [pə'sɪst] упóрствовать; ~ent [-ənt] настóйчивый, упóрный

person ['pə:sn] лицó; осóба; человéк; ~al [-əl] ли́чный; чáстный; ~ality [pə:sə'nælɪtɪ] ли́чность, индивидуáльность; a strong ~ality си́льная ли́чность

perspire [pəs'paɪə] потéть

persuade [pə'sweɪd] убеждáть

pertain [pə:'teɪn] принадлежáть; относи́ться

perverse [pə'və:s] 1) извращённый, испóрченный 2) преврáтный

pest [pest] парази́т, вреди́тель; *перен.* я́зва, бич

pet [pet] 1. *n* люби́мец, бáловень 2. *v* баловáть

petal ['petl] лепестóк

petition [pɪ'tɪʃn] 1. *n* пети́ция, прошéние 2. *v* подавáть пети́цию

petrol ['petrəl] бензи́н; ~ station запрáвочная стáнция

petroleum [pɪ'trəuljəm] 1) нефть 2) кероси́н

petticoat ['petɪkəut] (нижняя) юбка

petty ['petɪ] мелкий

petulance ['petjuləns] 1) раздражительность 2) дурное настроение

phantom ['fæntəm] 1) фантом, призрак 2) иллюзия

pharmacy ['fɑːməsɪ] аптека

phase [feɪz] 1) фаза, стадия 2) аспект

phenomenon [fɪ'nɔmɪnən] (*pl* -mena) феномен

philologist [fɪ'lɔlədʒɪst] филолог

philology [fɪ'lɔlədʒɪ] филология

philosopher [fɪ'lɔsəfə] философ

philosophy [fɪ'lɔsəfɪ] философия

phone [fəun] *разг.* 1. *n* телефон 2. *v* звонить по телефону

phony ['fəunɪ] поддельный; фальшивый

photocopy ['fəutəukɔpɪ] фотокопия

photograph ['fəutəgrɑːf] 1. *n* фотография, снимок 2. *v* фотографировать

phrase [freɪz] фраза; выражение

physical ['fɪzɪkəl] физический

physician [fɪ'zɪʃn] врач

physic|ist ['fɪzɪsɪst] физик; ~s ['fɪzɪks] физика

piano ['pjænəu] пианино; grand ~ рояль

pick [pɪk] 1) рвать, соби-

рать (*цветы, фрукты*) 2) ковырять 3) выбирать; ~ out выдёргивать; ~ out a tune подбирать мелодию; ~ up a) поднимать, подбирать; б) схватывать, воспринимать

picket ['pɪkɪt] пикет

pickle ['pɪkl] 1) *pl* соленья 2) рассол, маринад

picture ['pɪktʃə] 1) картина; иллюстрация 2) портрет 3): the ~s кино

picturesque [pɪktʃə'resk] живописный; образный, яркий

pie [paɪ] пирог

piece [piːs] 1) кусок 2) произведение; пьеса; ~work ['piːswəːk] сдельная работа

pier [pɪə] 1) пристань 2) мол 3) свая, бык

pierce [pɪəs] 1) пронзать; протыкать 2) пронизывать 3) проникать

pig [pɪg] свинья

pigeon ['pɪdʒɪn] голубь

pike [paɪk] щука

pile [paɪl] 1. *n* куча, груда; штабель 2. *v* нагромождать

pilgrimage ['pɪlgrɪmɪdʒ] паломничество

pill [pɪl] пилюля

pillar ['pɪlə] колонна; столб; ~ box почтовый ящик

pillow ['pɪləu] подушка; ~case [-keɪs] наволочка

pilot ['paɪlət] 1. *n* 1) пилот; лётчик 2) лоцман 2. *v* вести, управлять; пилотировать

pin [pɪn] 1. *n* була́вка ◇ ~ money де́ньги на ме́лкие расхо́ды 2. *v* прика́лывать

pincers [ˈpɪnsəz] *pl* кле́щи; щипцы́

pinch [pɪntʃ] 1. *v* 1) щипа́ть 2) прищеми́ть 2. *n* щипо́к

pine I [paɪn] сосна́

pine II [paɪn] (for) тоскова́ть

pineapple [ˈpaɪnæpl] анана́с

pinecone [ˈpaɪnkəun] сосно́вая ши́шка

ping [pɪŋ] 1) свист (*пули*) 2) жужжа́ние

pink [pɪŋk] 1. *a* ро́зовый 2. *n бот.* гвозди́ка

pint [paɪnt] пи́нта (*0,57 литра*)

pious [ˈpaɪəs] набо́жный

pip [pɪp] ко́сточка, зёрнышко

pipe [paɪp] 1) труба́ 2) (кури́тельная) тру́бка 3) ду́дка

pipeline [ˈpaɪplaɪn] трубопрово́д

pique [piːk] заде́тое самолю́бие, раздраже́ние

pirate [ˈpaɪərɪt] пира́т

pistol [ˈpɪstl] револьве́р; пистоле́т

pit [pɪt] 1) я́ма; впа́дина 2) ша́хта, копь; карье́р 3) *театр.* за́дние ряды́ парте́ра

pitch I [pɪtʃ] смола́

pitch II [pɪtʃ] 1) высота́ (*звука*) 2) у́ровень, сте́пень

pitch-dark [pɪtʃˈdɑːk] темно́, хоть глаз вы́коли

piteous [ˈpɪtɪəs] жа́лкий, жа́лобный

pitiless [ˈpɪtɪlɪs] безжа́лостный

pity [ˈpɪtɪ] 1. *n* жа́лость 2. *v* жале́ть

pivot [ˈpɪvət] ось, сте́ржень

pizza [ˈpiːtsə] пи́цца

place [pleɪs] 1. *n* ме́сто ◇ take ~ име́ть ме́сто; состоя́ться; ~ setting столо́вый прибо́р 2. *v* класть, помеща́ть

plague [pleɪg] 1) чума́ 2) бич, наше́ствие

plaid [plæd] плед

plain [pleɪn] 1. *a* 1) я́сный; просто́й; ~ chocolate чи́стый шокола́д 2) некраси́вый 2. *n* равни́на

plaintive [ˈpleɪntɪv] жа́лобный, зауны́вный

plait [plæt] коса́ (*волос*)

plan [plæn] 1. *n* 1) план 2) схе́ма; прое́кт 2. *v* составля́ть план; плани́ровать

plane I [pleɪn] 1) пло́скость 2) самолёт

plane II [pleɪn] 1. *n* руба́нок 2. *v* строга́ть

planet [ˈplænɪt] плане́та

plank [plæŋk] доска́

plant [plɑːnt] 1. *n* 1) расте́ние 2) заво́д; фа́брика 2. *v* 1) сажа́ть 2) насажда́ть

plantation [plænˈteɪʃn] планта́ция

plash [plæʃ] плеск; всплеск

plaster ['plɑ:stə] **1.** *n* 1) пла́стырь; put a ~ on накла́дывать пла́стырь 2) штукату́рка **2.** *v* штукату́рить

plastic ['plæstɪk] пла́стик

plate [pleɪt] таре́лка

platform ['plætfɔ:m] 1) платфо́рма 2) трибу́на

play [pleɪ] **1.** *n* 1) игра́ 2) пье́са **2.** *v* игра́ть; ~bill ['pleɪbɪl] афи́ша; ~boy ['pleɪbɔɪ] пове́са; ~mate ['pleɪmeɪt] друг де́тства; ~wright ['pleɪraɪt] драмату́рг

plead [pli:d] 1) защища́ть де́ло (*в суде́*) 2) опра́вдывать(ся) 3) (for) проси́ть (*о чём-л.*)

pleasant ['pleznt] прия́тный

please [pli:z] доставля́ть удово́льствие; be ~d быть дово́льным; ~ пожа́луйста

pleasure ['pleʒə] удово́льствие

pleat [pli:t] скла́дка

plenty ['plentɪ] (из)оби́лие; мно́жество; ~ of мно́го, ско́лько уго́дно

pliable ['plaɪəbl] 1) сгиба́емый, ги́бкий 2) легко́ поддаю́щийся влия́нию

plot [plɔt] **1.** *n* 1) за́говор 2) фа́була, сюже́т 3) уча́сток (*земли́*) **2.** *v* 1) замышля́ть; интригова́ть, приду́мывать 2) устра́ивать за́говор

plough [plau] **1.** *n* плуг **2.** *v* паха́ть

pluck I [plʌk] 1) ощи́пывать; выщи́пывать 2) рвать (*цветы́*)

pluck II [plʌk] сме́лость, отва́га

plucky ['plʌkɪ] сме́лый, отва́жный

plug [plʌg] про́бка, заты́чка

plum [plʌm] сли́ва

plump [plʌmp] пу́хлый, по́лный

plunder ['plʌndə] **1.** *n* добы́ча **2.** *v* гра́бить

plunge [plʌndʒ] **1.** *v* окуна́ть(ся), погружа́ть(ся) **2.** *n* погруже́ние

plural ['pluərəl] *грам.* мно́жественное число́

plus [plʌs] плюс

plywood ['plaɪwud] фане́ра

p. m. ['pi:'em] (post meridiem) по́сле полу́дня

pocket ['pɔkɪt] **1.** *n* карма́н; ~ money карма́нные де́ньги **2.** *v* 1) класть в карма́н 2) присва́ивать; ~book [-buk] бума́жник

poem ['pəuɪm] поэ́ма; стихотворе́ние

poet ['pəuɪt] поэ́т; ~ry [-rɪ] поэ́зия; стихи́

poignant ['pɔɪnjənt] го́рький, мучи́тельный

point [pɔɪnt] **1.** *n* 1) то́чка 2) пункт; вопро́с; the ~ is де́ло в том 3) очко́ 4) острие́ **2.** *v* пока́зывать (па́льцем); ~ out ука́зывать; ~ed ['pɔɪntɪd] 1) о́стрый 2) ко́лкий, крити́ческий 3) подчёркнутый

poison ['pɔɪzn] **1.** *n* яд **2.** *v*

отравля́ть; ~ous [-əs] ядови́-
тый

poke [pəuk] 1) толка́ть,
пиха́ть 2) сова́ть (нос, палец)

polar ['pəulə] поля́рный

Pole [pəul] поля́к

pole I [pəul] шест; столб

pole II [pəul] по́люс

police [pə'li:s] поли́ция;
~man [-mən] полице́йский;
~station [-steɪʃn] полице́й-
ский уча́сток

policy I ['pɔlɪsɪ] поли́тика

policy II ['pɔlɪsɪ] страхо-
во́й по́лис

Polish ['pəulɪʃ] по́льский

polish ['pɔlɪʃ] 1. v полиро-
ва́ть, шлифова́ть 2. n 1) по-
лиро́вка 2) лоск; гля́нец

polite [pə'laɪt] ве́жливый

political [pə'lɪtɪkəl] поли-
ти́ческий

politician [pɔlɪ'tɪʃn] поли-
ти́ческий де́ятель

politics ['pɔlɪtɪks] поли́тика

poll [pəul] 1. n 1) подсчёт
(голосов) 2) голосова́ние 2.
v 1) голосова́ть 2) подсчи́ты-
вать голоса́

pomp [pɔmp] пы́шность,
по́мпа

pond [pɔnd] пруд

pony ['pəunɪ] по́ни

pool [pu:l] лу́жа

poor [puə] 1) бе́дный 2)
ску́дный; жа́лкий 3) плохо́й,
нева́жный

pop [pɔp] 1. v хло́пать,
выстре́ливать (о пробке) 2.
n: ~ music поп-му́зыка

popcorn ['pɔpkɔ:n] воз-
ду́шная кукуру́за

pope [pəup] па́па (ри́м-
ский)

poplar ['pɔplə] то́поль

poppy ['pɔpɪ] мак

popular ['pɔpjulə] 1) на-
ро́дный 2) популя́рный; ~ity
[pɔpju'lærɪtɪ] популя́рность

population [pɔpju'leɪʃn]
(народо)населе́ние

porcelain ['pɔ:slɪn] фарфо́р

porch [pɔ:tʃ] 1) крыльцо́
2) амер. вера́нда, терра́са

pore [pɔ:] по́ра

pork [pɔ:k] свини́на

porridge ['pɔrɪdʒ] (овся́-
ная) ка́ша

port [pɔ:t] порт, га́вань

portable ['pɔ:təbl] порта-
ти́вный, перено́сный

porter ['pɔ:tə] 1) носи́ль-
щик 2) швейца́р

portion ['pɔ:ʃn] часть, до́ля

Portuguese [pɔ:tju'gi:z] 1.
a португа́льский 2. n порту-
га́лец

pose [pəuz] по́за

position [pə'zɪʃn] положе́-
ние; be in a ~ to + inf. быть в
состоя́нии, мочь (сделать
что-л.)

positive ['pɔzətɪv] 1. a 1)
положи́тельный 2) уве́рен-
ный 2. n грам. положи́тель-
ная сте́пень

possess [pə'zes] владе́ть,
облада́ть; ~ion [pə'zeʃn] вла-
де́ние, облада́ние; ~ive [-ɪv]
грам. притяжа́тельный; ~ive
case роди́тельный паде́ж

possibility [pɔsə'bılıtı] воз-
мóжность

possible ['pɔsəbl] возмóж-
ный

post I [pəust] 1. n столб 2.
v вывéшивать объявлéние

post II [pəust] пост

post III [pəust] 1. n пóчта
(утренняя и т. п.) 2. v от-
правлять пóчтой; ~age
['pəustıdʒ] почтóвые расхó-
ды; ~al ['pəustəl] почтóвый

poster ['pəustə] плакáт

posterity [pɔs'terıtı] потóм-
ство

postman ['pəustmən] поч-
тальóн

post office ['pəustɔfıs]
пóчта, почтóвое отделéние

postpone [pəust'pəun] от-
клáдывать, отсрóчивать

pot [pɔt] горшóк

potato(es) [pə'teıtəu(z)]
картóфель

potency ['pəutənsı] сúла,
могýщество

potential [pə'tenʃəl] потен-
циáльный

poultry ['pəultrı] домáш-
няя птúца

pound I [paund] 1) толóчь
2) колотúть

pound II [paund] 1) фунт
2) фунт стéрлингов

pour [pɔ:] лúть(ся); it's
~ing идёт сúльный дождь; ~
out a) наливáть; б) изливáть

poverty ['pɔvətı] бéдность

powder ['paudə] 1. n 1)
порошóк 2) пýдра; ~ puff
пухóвка 3) пóрох 2. v 1)

превращáть в порошóк 2)
пýдрить(ся)

power ['pauə] 1) сúла;
мóщность 2) власть; 3) де-
ржáва 4) мат. стéпень; ~ful
[-ful] могýщественный,
сúльный; мóщный; ~less
[-lıs] бессúльный

practical ['præktıkəl] прак-
тúческий; ~ly [-ı] 1) фактú-
чески 2) практúчески

practice ['præktıs] 1)
прáктика 2) учéние 3) тре-
нирóвка

practise ['præktıs] 1) уп-
ражнять(ся) 2) практико-
вáть, рабóтать (о враче,
юристе)

praise [preız] 1. v хвалúть
2. n (по)хвалá

pram [præm] дéтская ко-
ляска

pray [preı] просúть; мо-
лúть(ся); ~! пожáлуйста!;
~er [prɛə] 1) молúтва 2)
прóсьба

preach [pri:tʃ] проповéдо-
вать; ~er ['pri:tʃə] проповéд-
ник

precaution [prı'kɔ:ʃn] пре-
досторóжность

precede [prı'si:d] предшé-
ствовать; ~nt ['presıdənt]
прецедéнт

preceding [prı'si:dıŋ] предшéствующий

precious ['preʃəs] драго-
цéнный

precipice ['presıpıs] прó-
пасть; обрыв

precise [prı'saıs] тóчный

precision [prɪ'sɪʒn] тóчность

predecessor ['pri:dɪsesə] предшéственник

predicate ['predɪkɪt] *грам.* сказýемое

predict [prɪ'dɪkt] предскáзывать; ~ion [prɪ'dɪkʃn] предсказáние

preface ['prefɪs] предислóвие

prefer [prɪ'fə:] предпочитáть; ~able ['prefərəbl] предпочтѝтельный; ~ence ['prefərəns] 1) предпочтéние 2) преимýщество

prefix ['pri:fɪks] *грам.* прéфикс, пристáвка

pregnant ['pregnənt] 1) берéменная 2) чревáтый (*последствиями и т. п.*)

preheat [pri:'hi:t] подогревáть

prejudice ['predʒudɪs] 1. *n* 1) предубеждéние 2) предрассýдок 3) вред, ущéрб 2. *v* 1) предубеждáть 2) наносѝть ущéрб, причинять вред

preliminary [prɪ'lɪmɪnərɪ] предварѝтельный

premature [premə'tjuə] преждеврéменный

premiere ['premɪɛə] премьéра

premise ['premɪs] 1) предпосылка 2) *pl* помещéние

premium ['pri:mjəm] 1) (страховáя) прéмия 2) награ́да

preparation [prepə'reɪʃn] приготовлéние; подготóвка

prepare [prɪ'pɛə] приготáвливать(ся), подготáвливать(ся)

preposition [prepə'zɪʃn] *грам.* предлóг

prep school ['prep'sku:l] (чáстная) начáльная шкóла

prescribe [prɪs'kraɪb] прописывать

prescription [prɪs'krɪpʃn] 1) предписáние 2) рецéпт

presence ['prezns] присýтствие

present I ['preznt] 1. *a* 1) присýтствующий 2) теперéшний, настоящий; ~ tense *грам.* настоящее врéмя 2. *n* настоящее врéмя; at ~ теперь; в дáнное врéмя; for the ~ покá

present II 1. *n* ['preznt] подáрок 2. *v* [prɪ'zent] 1) представлять 2) преподносѝть, дарѝть

presentation [prezən'teɪʃn] презентáция

presentiment [prɪ'zentɪmənt] предчýвствие

presently ['prezntlɪ] вскóре; I'm coming ~ я сейчáс придý

preservation [prezə'veɪʃn] 1) сохранéние 2) сохрáнность 3) консервѝрование

preserve [prɪ'zə:v] 1) сохранять 2) консервѝровать

preside [prɪ'zaɪd] председáтельствовать

president ['prezɪdənt] 1) председáтель 2) президéнт

press [pres] 1. *v* 1) нажима́ть, выжима́ть; прижима́ть 2) гла́дить 3) наста́ивать **2.** *n* 1) пресс 2) печа́ть, пре́сса; ~ conference пресс-конфере́нция; ~ing ['presɪŋ] 1) неотло́жный, спе́шный 2) настоя́тельный; ~man ['pres mæn] репортёр

pressure ['preʃə] давле́ние; нажи́м; ~ cooker скорова́рка

presume [prɪ'zju:m] (пред)полага́ть

presumptuous [prɪ'zʌmptjuəs] самонадея́нный; наха́льный

pretence [prɪ'tens] 1) притво́рство 2) прете́нзия

pretend [prɪ'tend] притворя́ться, де́лать вид

pretext ['pri:tekst] предло́г, отгово́рка

pretty ['prɪtɪ] **1.** *a* хоро́шенький **2.** *adv разг.* дово́льно; it's ~ hot here здесь дово́льно жа́рко; ~ well вполне́

prevail [prɪ'veɪl] 1) преоблада́ть, госпо́дствовать 2) (over) побежда́ть; truth will ~ пра́вда победи́т; ~ (up)on убежда́ть, угова́ривать

prevent [prɪ'vent] 1) предотвраща́ть 2) меша́ть; ~ion [prɪ'venʃn] предотвраще́ние; предупрежде́ние

previous ['pri:vjəs] предыду́щий, предше́ствующий; ~ to пе́ред, пре́жде чем

prewar [pri:'wɔ:] довое́нный

prey [preɪ] добы́ча; *перен.*

же́ртва; beast of ~ хи́щное живо́тное; fall a ~ to стать же́ртвой

price [praɪs] цена́; ~less ['praɪslɪs] бесце́нный

prick [prɪk] (у)коло́ться; ~ly ['prɪklɪ] колю́чий

pride [praɪd] го́рдость; take ~ in горди́ться чем-л.

priest [pri:st] свяще́нник

primary ['praɪmərɪ] (перво)нача́льный, перви́чный; основно́й

prime [praɪm] **1.** *a* гла́вный; Prime Minister премье́р-мини́стр **2.** *n:* in the ~ of life во цве́те лет; в расцве́те сил

primeval [praɪ'mi:vəl] первобы́тный

primitive ['prɪmɪtɪv] 1) примити́вный 2) первобы́тный

prince [prɪns] принц; князь

principal ['prɪnsəpəl] гла́вный, основно́й; важне́йший

principle ['prɪnsəpl] при́нцип; пра́вило; on ~ из при́нципа, принципиа́льно

print [prɪnt] **1.** *n* 1) о́ттиск 2) печа́ть 3) шрифт 4) си́тец **2.** *v* печа́тать; ~er ['prɪntə] при́нтер

priority [praɪ'ɔrɪtɪ] приорите́т

prison ['prɪzn] тюрьма́; ~er ['prɪzənə] 1) заключённый 2) (военно)пле́нный

private ['praɪvɪt] **1.** *a* ча́стный, ли́чный; ~ property частная со́бственность 2. *n* рядово́й

privilege ['prɪvɪlɪdʒ] привиле́гия, преиму́щество; ~d [-d] привилегиро́ванный

prize [praɪz] 1. *n* 1) пре́мия; награ́да; приз; the Nobel Prize Но́белевская пре́мия 2) вы́игрыш 2. *v* высоко́ цени́ть

probability [prɔbə'bɪlɪtɪ] вероя́тность

probably ['prɔbəblɪ] вероя́тно

probe [prəub] зонди́ровать; иссле́довать

problem ['prɔbləm] пробле́ма; зада́ча

proceed [prə'si:d] 1) продолжа́ть 2) происходи́ть 3) приступа́ть, переходи́ть (*к чему-л.*); ~ing [-ɪŋ] 1) посту́пок 2) мероприя́тие 3) *pl* протоко́лы; запи́ски

process ['prəuses] проце́сс

procession [prə'seʃn] проце́ссия

proclaim [prə'kleɪm] провозглаша́ть; объявля́ть

proclamation [prɔklə'meɪʃn] воззва́ние; проклама́ция

procure [prɔ'kjuə] достава́ть, добыва́ть

produce 1. *v* [prə'dju:s] 1) производи́ть 2) предъявля́ть 2. *n* ['prɔdju:s] проду́кция, проду́кт

producer [prə'dju:sə] продю́сер, постано́вщик

product ['prɔdəkt] про-

ду́кт; результа́т; плоды́; ~ion [prə'dʌkʃn] 1) произво́дство 2) проду́кция; ~ive [prə'dʌktɪv] продукти́вный

profession [prə'feʃn] профе́ссия; ~al [prə'feʃənəl] 1. *a* профессиона́льный 2. *n* профессиона́л; специали́ст

professor [prə'fesə] профе́ссор

profile ['prəufaɪl] про́филь

profit ['prɔfɪt] 1. *n* 1) вы́года; по́льза 2) при́быль 2. *v* 1) приноси́ть по́льзу 2) извлека́ть по́льзу; ~able [-əbl] при́быльный; вы́годный; поле́зный

profound [prə'faund] глубо́кий

prognosis [prɔg'nəusɪs] прогно́з

program(me) ['prəugræm] програ́мма

programmer ['prəugræmə] программи́ст

programming ['prəugræmɪŋ] программи́рование

progress 1. *n* ['prəugres] продвиже́ние; разви́тие, прогре́сс 2. *v* [prə'gres] продвига́ться; де́лать успе́хи; ~ive [prə'gresɪv] 1) прогресси́вный, передово́й 2) возраста́ющий; прогресси́рующий

prohibit [prə'hɪbɪt] запреща́ть; ~ion [prəuɪ'bɪʃn] 1) запреще́ние 2) «сухо́й зако́н»

project 1. *n* ['prɔdʒekt]

проéкт 2. *v* [prə'dʒekt] 1) проекти́ровать 2) выдавáться

proletarian [prəule'tɛərɪən] 1. *n* пролетáрий 2. *a* пролетáрский

proliferate [prə'lɪfəreɪt] размножáться, распространя́ться

prolong [prə'lɒŋ] продлевáть

prominent ['prɒmɪnənt] выдаю́щийся, ви́дный

promise ['prɒmɪs] 1. *n* обещáние 2. *v* обещáть

promote [prə'məut] 1) повышáть; выдвигáть 2) содéйствовать

promotion [prə'məuʃn] 1) повышéние; выдвижéние 2) содéйствие

prompt [prɒmpt] 1. *a* бы́стрый; немéдленный 2. *v* 1) побуждáть 2) подскáзывать; ~er ['prɒmptə] суфлёр

pronoun ['prəunaun] *грам.* местоимéние

pronounce [prə'nauns] произноси́ть

pronunciation [prənʌnsɪ'eɪʃn] произношéние, вы́говор

proof [pru:f] 1. *n* 1) доказáтельство 2) корректу́ра; о́ттиск 2. *a:* ~ against *smth.* неуязви́мый

prop [prɒp] 1. *n* 1) подпóрка 2) опóра 2. *v* подпирáть

propaganda [prɒpə'gændə] пропагáнда

proper ['prɒpə] 1) свóйст-

венный 2) прáвильный; надлежáщий 3): ~ name, ~ noun *грам.* и́мя сóбственное; ~ly [-lɪ] как слéдует; ~ty [-tɪ] 1) сóбственность, иму́щество 2) свóйство

prophesy ['prɒfɪsaɪ] пророчить

prophet ['prɒfɪt] пророк; ~ic [prə'fetɪk] пророческий

proponent [prə'pəunənt] сторóнник

proportion [prə'pɔ:ʃn] пропóрция, отношéние

proposal [prə'pəuzəl] предложéние

propose [prə'pəuz] 1) предлагáть 2) дéлать предложéние

proposition [prɒpə'zɪʃn] 1) предложéние 2) план, проéкт

proprietor [prə'praɪətə] сóбственник, владéлец

prose [prəuz] прóза

prosecute ['prɒsɪkju:t] 1) проводи́ть 2) преслéдовать по суду́

prospect 1. *n* ['prɒspekt] 1) перспекти́ва 2) вид 2. *v* [prəs'pekt] развéдывать (*земные недра*)

prosper ['prɒspə] процветáть; ~ity [prɒs'perɪtɪ] процветáние; ~ous ['prɒspərəs] процветáющий

prostitution [prɒstɪ'tju:ʃn] проститу́ция

protect [prə'tekt] 1) защищáть 2) покрови́тельствовать; ~ion [prə'tekʃn] 1) защита 2) покровительство; ~or [-ə] защитник; покровитель

protest 1. *v* [prə'test] протестовать **2.** *n* ['prəutest] протест

proud [praud] гордый; be ~ of гордиться

prove [pru:v] 1) доказывать 2) оказываться (*кем-л., чем-л.*)

proverb ['prɔvəb] пословица

provide [prə'vaid] 1) снабжать 2) обеспечивать; ~ for предоставлять; предусматривать; ~d [-id] если, при условии

providence ['prɔvidəns] провидение

province ['prɔvins] 1) провинция; область 2) сфера деятельности

provision [prə'viʒn] 1) обеспечение, снабжение 2) *pl* провизия 3) условие

provocation [prɔvə'keiʃn] провокация

provocative [prə'vɔkətiv] 1) вызывающий 2) провокационный

provoke [prə'vəuk] 1) вызывать 2) провоцировать

prudent ['pru:dənt] осторожный, благоразумный

prune [pru:n] чернослив

psalm [sɑ:m] псалом

psychiatrist [sai'kaiətrist] психиатр

psychic ['saikik] телепатический

pub [pʌb] паб, пивная

public ['pʌblik] **1.** *a* публичный; общественный **2.** *n*: the ~ публика

publication [pʌbli'keiʃn] 1) опубликование; публикация 2) издание

publicity [pʌb'lisiti] 1) гласность; 2) реклама

publish ['pʌbliʃ] издавать; ~er [-ə] издатель

puck [pʌk] *спорт.* шайба

pudding ['pudiŋ] пудинг

puff [pʌf] **1.** *n* 1) дымок 2) дуновение (*ветра*) **2.** *v* дымить, попыхивать

pull [pul] **1.** *v* 1) тянуть, тащить 2) дёргать 3) нажать (*курок*) **2.** *n* рывок

pullover ['puləuvə] пуловер, джемпер

pulp [pʌlp] 1) мякоть 2) бумажная масса

pulse [pʌls] **1.** *n* пульс **2.** *v* пульсировать

pump [pʌmp] **1.** *n* насос; помпа **2.** *v* качать, выкачивать

pumpkin ['pʌmpkin] тыква

punch I [pʌntʃ] **1.** *v* 1) пробивать (отверстия) 2) ударять кулаком **2.** *n* удар кулаком

punch II [pʌntʃ] пунш

punctual ['pʌŋktjuəl] пунктуальный, аккуратный

punctuation [pʌŋktju'eiʃn]: ~ marks знаки препинания

punish ['pʌniʃ] наказывать; ~ment [-mənt] наказание

punk [pʌŋk] панк
pupil I ['pju:pl] ученик
pupil II ['pju:pl] зрачóк
puppet ['pʌpɪt] марионéт-
ка
puppy ['pʌpɪ] щенóк
purchase ['pə:tʃəs] 1. *v* по-
купáть 2. *n* покýпка
pure [pjuə] 1) чúстый;
беспримесный 2) непорóч-
ный 3) чистéйший; ~
imagination чистéйшая вы-
думка
purity ['pjuərɪtɪ] чистотá;
непорóчность
purple ['pə:pl] лилóвый;
малúновый
purpose ['pə:pəs] цель,
намéрение; on ~ нарóчно; to
no ~ тщéтно
purse [pə:s] кошелёк; *перен.* дéньги
pursue [pə'sju:] преслéдовать
pursuit [pə'sju:t] 1) пре-
слéдование; погóня 2) заня́-
тие
push [puʃ] 1. *v* 1)толкáть,
продвигáть 2) протáлкивать-
ся 2. *n* 1) толчóк; удáр 2)
энéргия, решúмость
put [put] (put; put) класть;
стáвить; ~ down запúсывать;
~ in вставля́ть; ~ off отклá-
дывать; ~ on надевáть; ~ out
тушúть
puzzle ['pʌzl] 1. *n* задáча;
загáдка 2. *v* озадáчивать,
стáвить в тупúк; ~ over ломáть себé гóлову над

pyjamas [pə'dʒɑ:məs] *pl*
пижáма
pyramid ['pɪrəmɪd] пира-
мúда

Q

quake [kweɪk] дрожáть,
трястúсь
qualification [kwɔlɪfɪ'keɪʃn]
1) квалификáция 2) оговóр-
ка, ограничéние 3) свóйство,
кáчество
quality ['kwɔlɪtɪ] 1) кáчество; достóинство 2) свóйство
quantity ['kwɔntɪtɪ] колú-
чество
quarrel ['kwɔrəl] 1. *n* ссóра 2. *v* ссóриться
quarry ['kwɔrɪ] камено-
лóмня, карьéр
quarter ['kwɔ:tə] 1. *n* 1)
чéтверть 2) квартáл (*гóда*)
3) *амер.* монéта в 25 цéнтов
4) *pl* жилúще; *воен.* квартú-
ры 2. *v* (on) расквартирóвы-
вать
quay [ki:] нáбережная
queen [kwi:n] 1) королéва
2) *шахм.* ферзь
queer [kwɪə] 1) стрáнный,
эксцентрúчный 2): feel ~
плóхо себя́ чýвствовать
quell [kwel] подавля́ть
quench [kwentʃ] утоля́ть
(*жáжду*)
quest [kwest] пóиски
question ['kwestʃn] 1. *n*

вопро́с; ~ mark вопроси́тельный знак 2. *v* 1) задава́ть вопро́с(ы), спра́шивать 2) подверга́ть сомне́нию

questionnaire [kwestɪə'nɛə] анке́та

queue [kju:] 1. *n* о́чередь 2. *v* (up) стоя́ть в о́череди

quick [kwɪk] 1. *a* бы́стрый 2. *adv* бы́стро; be ~! скоре́е; ~ly ['kwɪklɪ] бы́стро, прово́рно

quicksilver ['kwɪksɪlvə] ртуть

quiet ['kwaɪət] 1. *n* поко́й, тишина́ 2. *a* споко́йный, ти́хий 3. *v* успока́ивать(ся); ~down утиха́ть

quilt [kwɪlt] стёганое одея́ло

quit [kwɪt] оставля́ть, покида́ть

quite [kwaɪt] соверше́нно, вполне́, совсе́м, всеце́ло

quiver ['kwɪvə] 1. *v* дрожа́ть; трепета́ть 2. *n* дрожь; тре́пет

quiz [kwɪz] викторина

quotation [kwəu'teɪʃn] цита́та; ~ marks кавы́чки

quote [kwəut] цити́ровать; ссыла́ться

R

rabbit ['ræbɪt] кро́лик
raccoon [rə'ku:n] ено́т
race I [reɪs] го́нка; *pl* бега́, го́нки, ска́чки

race II [reɪs] ра́са
racial ['reɪʃəl] ра́совый
racing ['reɪsɪŋ] ска́чки
racket I ['rækɪt] *спорт.* раке́тка
racket II ['rækɪt] рэ́кет; ~eer [rækə'tɪə] рэкети́р
radiant ['reɪdjənt] 1) лучи́стый 2) сия́ющий; лучеза́рный
radiator ['reɪdɪeɪtə] радиа́тор
radical ['rædɪkəl] 1. *a* коренно́й; радика́льный 2. *n* радика́л
radio ['reɪdɪəu] ра́дио
radish ['rædɪʃ] реди́ска
rag [ræg] 1) тря́пка 2) *pl* лохмо́тья
rage [reɪdʒ] я́рость
ragged ['rægɪd] истрёпанный; обо́рванный; рва́ный
raid [reɪd] налёт
rail [reɪl] 1) пери́ла 2) перекла́дина 3) рельс; go by ~ е́хать по́ездом
railing ['reɪlɪŋ] огра́да; пери́ла
railroad ['reɪlrəud] *амер.* желе́зная доро́га
railway ['reɪlweɪ] желе́зная доро́га
rain [reɪn] 1. *n* дождь 2. *v*: it ~s, it is ~ing дождь идёт; ~bow ['reɪnbəu] ра́дуга; ~-coat ['reɪnkəut] дождеви́к, плащ
rainy ['reɪnɪ] дождли́вый
raise [reɪz] 1. *v* 1) поднима́ть; ~ one's hopes возбужда́ть наде́жды; ~ one's voice

повыша́ть го́лос 2) воспи́тывать 3) выра́щивать; разводи́ть 2. *n амер.* повыше́ние (*зарплаты*)

raisin ['reɪzn] изю́м

rake [reɪk] гра́бли

rally ['rælɪ] 1) ма́ссовый ми́тинг; слёт 2) восстановле́ние 3) авторалли

ram [ræm] бара́н

ran [ræn] *past om* run 1

ranch [rɑ:ntʃ] ра́нчо, (скотово́дческая) фе́рма

random ['rændəm]: at ~ наугад, наобум

rang [ræŋ] *past om* ring II, 1

range [reɪndʒ] 1. *n* 1) го́рная цепь 2) преде́л; разма́х, диапазо́н 3) ку́хонная плита́ 2. *v* 1) простира́ться 2) выстра́ивать(ся) в ряд; ста́вить в поря́дке

rank [ræŋk] 1) ряд, шере́нга 2) чин, ранг, разря́д

ransom ['rænsəm] 1. *n* вы́куп 2. *v* выкупа́ть

rape [reɪp] наси́ловать

rapid ['ræpɪd] 1. *a* бы́стрый, ско́рый 2. *n pl* поро́ги (*реки́*)

rare [rɛə] ре́дкий; необыкнове́нный

rash I [ræʃ] стреми́тельный; поспе́шный; опроме́тчивый

rash II [ræʃ] сыпь

raspberry ['rɑ:zbərɪ] мали́на

rat [ræt] кры́са

rate [reɪt] 1. *n* 1) но́рма; расце́нка; ста́вка 2) темп; ско́рость 3) нало́г ◇ at any ~ во вся́ком слу́чае; at this ~ в тако́м слу́чае, при таки́х усло́виях 2. *v* оце́нивать

rather ['rɑ:ðə] 1) скоре́е; лу́чше 2) слегка́; не́сколько

ratify ['rætɪfaɪ] ратифици́ровать

ration ['ræʃn] паёк

rational ['ræʃnəl] разу́мный, рациона́льный

rattle ['rætl] 1. *v* трещать; греме́ть; грохота́ть 2. *n* треск, гро́хот 2) погрему́шка; трещо́тка

raven ['reɪvn] во́рон

raw [rɔ:] сыро́й; необрабо́танный; ~ material сырьё

ray [reɪ] луч

razor ['reɪzə] бри́тва

re [ri:] *юр:* ~ your letter ссыла́ясь на ва́ше письмо́

re- [ri:-] *приставка* пере-; сно́ва, обра́тно

reach [ri:tʃ] 1. *v* 1) достига́ть; доходи́ть; доезжа́ть 2) доставать; дотя́гиваться 3) простира́ться 2. *n*: within ~ в преде́лах досяга́емости; под руко́й; out of ~ вне преде́лов досяга́емости

react [ri:'ækt] реаги́ровать

reaction [ri:'ækʃn] реа́кция

read [ri:d] (read [red]; read [red]) чита́ть; ~er ['ri:də] 1) чита́тель 2) хрестома́тия (*школьная*); ~ing ['ri:dɪŋ] 1) чте́ние; ~ing room читáльный зал 2) вариáнт тéкста, разночтéние

ready ['redɪ] готóвый ◇ ~ money налúчные дéньги

ready-made ['redɪ'meɪd] готóвый (*о платье*)

real [rɪəl] 1) действúтельный, настоя́щий 2): ~ estate недвúжимость

realistic [rɪə'lɪstɪk] реалистúческий; трéзвый

reality [ri:'ælɪtɪ] действúтельность

realize ['rɪəlaɪz] 1) осуществля́ть 2) понимáть; представля́ть себé

really ['rɪəlɪ] действúтельно, в сáмом дéле

reap [ri:p] 1) жать 2) пожинáть; ~er ['ri:pə] 1) жнец, жнúца 2) жáтвенная машúна, жáтка

rear I [rɪə] 1. *a* зáдний 2. *n* тыл; зáдняя сторонá; in the ~ в тылý

rear II [rɪə] 1) становúться на дыбы́ 2) воспúтывать, растúть

reason ['ri:zn] 1. *n* 1) причúна, основáние; дóвод 2) рáзум, благоразýмие 2. *v* рассуждáть; ~able ['ri:zənəbl] 1) разýмный 2) приéмлемый (*о цене*)

reassure [ri:ə'ʃuə] успокáивать

rebel 1. *n* ['rebl] повстáнец; мятéжник 2. *v* [rɪ'bel] восставáть; ~lion [rɪ'beljən] восстáние; бунт; ~lious

[rɪ'beljəs] мятéжный, бунтáрский

recall [rɪ'kɔ:l] 1. *v* 1) отзывáть 2) отменя́ть 3) вспоминáть 2. *n* отозвáние (*представителя, посланника и т. п.*)

receipt [rɪ'si:t] 1) получéние 2) распúска, квитáнция

receive [rɪ'si:v] 1) получáть 2) принимáть (*гостей*)

receiver [rɪ'si:və] 1) получáтель 2) *тех.* приёмник 3) трýбка (*телефóнная*)

recent ['ri:snt] недáвний, нóвый, свéжий; ~ly [-lɪ] недáвно

reception [rɪ'sepʃn] 1) приём 2) восприя́тие

recess [rɪ'ses] канúкулы (*парламента*)

recipe ['resɪpɪ] рецéпт

recite [rɪ'saɪt] читáть, декламúровать

reckless ['reklɪs] отчáянный; безрассýдный; опромéтчивый

reckon ['rekən] 1) считáть, подсчúтывать 2) *разг.* дýмать, считáть; ~ on рассчúтывать на

recognition [rekəg'nɪʃn] признáние

recognize ['rekəgnaɪz] признавáть; узнавáть

recollect [rekə'lekt] припоминáть; ~ion [rekə'lekʃn] воспоминáние

recommend [rekə'mend] рекомендовáть, совéтовать;

~ation [rekəmen′deıʃn] реко-
мендация

recompense [′rekəmpens]
1. *v* вознаграждать; компен-
сировать 2. *n* вознагражде-
ние; компенсация

reconcile [′rekənsaıl] при-
мирять

reconstruct [ri:kəns′trʌkt]
перестраивать; реконструи́-
ровать; ~ion [′ri:kəns′trʌkʃn]
перестройка; реконструкция

record 1. *v* [rı′kɔ:d] запи́-
сывать; регистри́ровать 2. *n*
[′rekɔ:d] 1) за́пись; протокол 2) граммофонная пла-
сти́нка 3) рекорд 4) ли́чное
де́ло; ~ of service послужной
список ◇ bad ~ плоха́я ре-
пута́ция; off the ~ не для
протокола; ~ player прои́г-
рыватель

recover [rı′kʌvə] 1) воз-
враща́ть 2) выздора́вливать;
поправля́ться; ~y [rı′kʌvərı]
1) выздоровле́ние 2) восста-
новле́ние

recreation [rekrı′eıʃn] о́т-
дых, развлече́ние

recruit [rı′kru:t] 1. *n* ново-
бра́нец, ре́крут 2. *v* вербо-
ва́ть

recur [rı′kə:] 1) возвра-
ща́ться (*к чему-л.*) 2) повто-
ря́ться

red [red] кра́сный

redeem [rı′di:m] 1) выку-
па́ть 2) искупа́ть 3) выпол-
ня́ть (*обещание и т. п.*)

reduce [rı′dju:s] 1) пони-

жа́ть 2) (to) доводи́ть до;
снижа́ть до

reduction [rı′dʌkʃn] сни-
же́ние; ски́дка; уменьше́ние

reed [ri:d] тростни́к; ка-
мы́ш

reel I [ri:l] 1) кату́шка 2)
тех. бараба́н 3) *кино* часть,
боби́на

reel II [ri:l] пошатываться;
спотыка́ться

refer [rı′fə:] 1) ссыла́ться
на 2) направля́ть кому́-л.;
~ee [refə′ri:] *спорт.* судья́,
ре́фери; ~ence [′refrəns] 1)
спра́вка 2) ссы́лка; упоми-
на́ние; with ~ence to a) ссы-
ла́ясь на; б) относи́тельно

refill [ri:′fıl] заправля́ть
ру́чку

refine [rı′faın] очища́ть

reflect [rı′flekt] 1) отра-
жа́ть(ся) 2) размышля́ть;
~ion [rı′flekʃn] 1) отраже́ние
2) размышле́ние

reform [rı′fɔ:m] 1. *v* 1) ре-
форми́ровать 2) исправ-
ля́ть(ся) 2. *n* рефо́рма

refrain I [rı′freın] припе́в

refrain II [rı′freın] (from)
возде́рживаться (от)

refresh [rı′freʃ] освежа́ть;
~ment [-mənt] 1) подкрепле́-
ние (*сил и т. п.*) 2) *pl* заку́-
ски и напи́тки; ~ment room
буфе́т

refrigerator [rı′frıdʒəreıtə]
холоди́льник

refuge [′refju:dʒ] убе́жи-
ще; take ~ спаса́ться

refugee [refju:'dʒi:] бе́женец

refusal [rɪ'fju:zəl] отка́з

refuse [rɪ'fju:z] отка́зывать(ся)

refute [rɪ'fju:t] опроверга́ть

regain [rɪ'geɪn] дости́чь; ~ the shore возврати́ться к бе́регу ◇ ~ consciousness прийти́ в себя́; ~ one's health попра́виться

regard [rɪ'gɑ:d] **1.** *v* 1) смотре́ть 2) рассма́тривать; счита́ть 3) каса́ться; as ~s что каса́ется **2.** *n* 1) уваже́ние 2) *pl* покло́н, приве́т ◇ in (with) ~ to относи́тельно

regatta [rɪ'gætə] рега́та

regime [reɪ'ʒi:m] строй, режи́м

regiment ['redʒɪmənt] полк

region ['ri:dʒən] 1) о́бласть 2) сфе́ра

register ['redʒɪstə] **1.** *n* журна́л (*за́писей*) **2.** *v* регистри́ровать; ~ed letter заказно́е письмо́

registration [redʒɪs'treɪʃn] регистра́ция

registry ['redʒɪstrɪ] регистрату́ра

regret [rɪ'gret] **1.** *v* сожале́ть; раска́иваться **2.** *n* сожале́ние

regular ['regjulə] пра́вильный; регуля́рный

regulate ['regjuleɪt] 1) регули́ровать 2) приспоса́бливать

regulation [regju'leɪʃn] 1)

регули́рование 2) *pl* пра́вила; регла́мент

rehearsal [rɪ'hə:səl] репети́ция

rehearse [rɪ'hə:s] репети́ровать

reign [reɪn] **1.** *n* ца́рствование; *перен.* госпо́дство **2.** *v* ца́рствовать; *перен.* госпо́дствовать

reindeer ['reɪndɪə] се́верный оле́нь

reinforce [ri:ɪn'fɔ:s] уси́ливать, подкрепля́ть; укрепля́ть

reins [reɪnz] *pl* пово́дья, во́жжи ◇ the ~ of government бразды́ правле́ния

reiterate [ri:'ɪtəreɪt] повторя́ть

reject [rɪ'dʒekt] отверга́ть

rejoice [rɪ'dʒɔɪs] ра́доваться(ся)

relate [rɪ'leɪt] расска́зывать

relation [rɪ'leɪʃn] 1) отноше́ние 2) ро́дственник

relationship [rɪ'leɪʃnʃɪp] 1) родство́ 2) (взаимо)отноше́ние; связь

relative ['relətɪv] **1.** *a* относи́тельный; сравни́тельный **2.** *n* ро́дственник

relax [rɪ'læks] 1) ослабля́ть; смягча́ть 2) отдыха́ть, расслабля́ться, де́лать переды́шку; ~ation [ri:læk'seɪʃn] ослабле́ние; расслабле́ние

release [rɪ'li:s] **1.** *v* 1) освобожда́ть 2) отпуска́ть; выпуска́ть **2.** *n* освобожде́ние

relent [rɪ'lent] смягча́ться; ~**less** [-lɪs] безжа́лостный

reliable [rɪ'laɪəbl] надёжный

reliance [rɪ'laɪəns] дове́рие; уве́ренность

relief [rɪ'li:f] 1) облегче́ние 2) по́мощь; посо́бие 3) сме́на (*дежурных и т. п.*)

relieve [rɪ'li:v] 1) облегча́ть 2) ока́зывать по́мощь 3) освобожда́ть 4) сменя́ть

religion [rɪ'lɪdʒn] рели́гия

religious [rɪ'lɪdʒəs] религио́зный

relish ['relɪʃ] 1) (при́)вкус 2) со́ус, припра́ва

reluctant [rɪ'lʌktənt] нерасполо́женный; be ~ быть нерасположенным; ~**ly** [-lɪ] неохо́тно

rely [rɪ'laɪ] (upon) полага́ться (на)

remain [rɪ'meɪn] **1.** *v* остава́ться **2.** *n pl* 1) оста́тки 2) оста́нки; ~**der** [-də] оста́ток

remark [rɪ'ma:k] **1.** *v* замеча́ть **2.** *n* замеча́ние; ~**able** [-əbl] замеча́тельный

remedy ['remɪdɪ] **1.** *n* 1) сре́дство 2) лека́рство **2.** *v* исправля́ть

remember [rɪ'membə] по́мнить, вспомина́ть

remembrance [rɪ'membrəns] воспомина́ние; па́мять

remind [rɪ'maɪnd] напомина́ть

reminiscence [remɪ'nɪsns] воспомина́ние

remittance [rɪ'mɪtəns] пересы́лка, перево́д де́нег

remnant ['remnənt] оста́ток

remorse [rɪ'mɔ:s] угрызе́ние со́вести

remote [rɪ'məut] отдалённый; уединённый; ~ control дистанцио́нное управле́ние

removal [rɪ'mu:vəl] 1) удале́ние; устране́ние 2) перее́зд на другу́ю кварти́ру

remove [rɪ'mu:v] 1) удаля́ть; устраня́ть; снима́ть 2) переезжа́ть

renew [rɪ'nju:] возобновля́ть

renounce [rɪ'nauns] 1) отка́зываться (*от прав и т. п.*) 2) отрека́ться (*от друзей*)

rent [rent] **1.** *n* аре́ндная пла́та **2.** *v* нанима́ть *или* сдава́ть в аре́нду

repaid [ri:'peɪd] *past и p. p. от* repay

repair [rɪ'pɛə] **1.** *v* ремонти́ровать; исправля́ть **2.** *n* почи́нка, ремо́нт; in good ~ в хоро́шем состоя́нии

repay [ri:'peɪ] (repaid; repaid) возмеща́ть; отпла́чивать

repeat [rɪ'pi:t] повторя́ть

repel [rɪ'pel] отта́лкивать; внуша́ть отвраще́ние

repent [rɪ'pent] раска́иваться; ~**ance** [-əns] раская́ние

repertoire ['repətwɑ:] репертуа́р

repetition [repɪ'tɪʃn] повторе́ние

replace [ri:'pleɪs] 1) положи́ть обра́тно 2) заменя́ть; замеща́ть

reply [rɪ'plaɪ] 1. *v* отвеча́ть 2. *n* отве́т

report [rɪ'pɔ:t] 1. *n* 1) докла́д; донесе́ние; ра́порт; отчёт 2) звук взры́ва, вы́стрела 2. *v* сообща́ть; докла́дывать; ~er [-ə] 1) докла́дчик; 2) репортёр

repose [rɪ'pəuz] 1. *v* 1) отдыха́ть 2) лежа́ть, поко́иться 2. *n* о́тдых; поко́й

represent [reprɪ'zent] 1) представля́ть 2) изобража́ть; ~ation [reprɪzen'teɪʃn] 1) представле́ние 2) изображе́ние

representative [reprɪ'zentətɪv] 1. *n* представи́тель 2. *a* представля́ющий; представи́тельный

repress [rɪ'pres] подавля́ть; ~ion [rɪ'preʃn] подавле́ние, репре́ссия

reproach [rɪ'prəutʃ] 1. *n* упрёк; осужде́ние 2. *v* упрека́ть

reproduce [ri:prə'dju:s] воспроизводи́ть

reproduction [ri:prə'dʌkʃn] воспроизведе́ние, репроду́кция

reproof [rɪ'pru:f] порица́ние; вы́говор

reprove [rɪ'pru:v] порица́ть; де́лать вы́говор

reptile ['reptaɪl] пресмыка́ющееся

republic [rɪ'pʌblɪk] респу́блика

repulse [rɪ'pʌls] 1. *v* 1) отража́ть (*нападение*) 2) отверга́ть; отта́лкивать 2. *n* отпо́р

repulsive [rɪ'pʌlsɪv] отта́лкивающий, омерзи́тельный

reputation [repju:'teɪʃn] репута́ция

request [rɪ'kwest] 1. *n* про́сьба 2. *v* проси́ть

require [rɪ'kwaɪə] 1) нужда́ться (*в чём-л.*) 2) тре́бовать; ~ment [-mənt] тре́бование, потре́бность

rescue ['reskju:] 1. *v* спаса́ть 2. *n* спасе́ние; to the ~ на по́мощь

research [rɪ'sə:tʃ] иссле́дование; нау́чная рабо́та

resemblance [rɪ'zembləns] схо́дство

resemble [rɪ'zembl] походи́ть, име́ть схо́дство

resent [rɪ'zent] обижа́ться; возмуща́ться; ~ment [-mənt] возмуще́ние

reservation [rezə'veɪʃn] 1) огово́рка 2) резерва́ция

reserve [rɪ'zə:v] 1. *v* 1) сберега́ть; запаса́ть 2) резерви́ровать 2. *n* 1) запа́с, резе́рв 2) сде́ржанность 3) запове́дник; ~d [-d] скры́тный; сде́ржанный

reside [rɪ'zaɪd] прожива́ть;

~nce ['rezɪdəns] местожи́-
тельство; резиде́нция; ~nt
['rezɪdənt] постоя́нный жи́-
тель

resign [rɪ'zaɪn] уходи́ть в
отста́вку; ~ oneself to подчи-
ня́ться, покоря́ться; ~ation
[rezɪg'neɪʃn] 1) отста́вка; за-
явле́ние об отста́вке 2) по-
ко́рность, смире́ние

resigned [rɪ'zaɪnd] поко́р-
ный, безро́потный

resist [rɪ'zɪst] сопротив-
ля́ться; ~ance [-əns] сопро-
тивле́ние

resolute ['rezəlu:t] реши́-
тельный

resolution [rezə'lu:ʃn] 1)
реше́ние, резолю́ция 2) ре-
ши́мость

resolve [rɪ'zɔlv] ре-
ша́ть(ся); принима́ть реше́-
ние

resort [rɪ'zɔ:t] 1. v (to)
прибега́ть (к) 2. n прибе́жи-
ще; summer ~ да́чное ме́сто

resound [rɪ'zaund] 1) зву-
ча́ть; оглаша́ть(ся) 2) гре-
ме́ть, производи́ть сенса́цию

resources [rɪ'sɔ:sɪz] ресу́р-
сы, сре́дства

respect [rɪs'pekt] 1. n 1)
уваже́ние 2): in ~ to в отно-
ше́нии 2. v уважа́ть; ~able
[-əbl] 1) почте́нный 2) по-
ря́дочный; ~ful [-ful] почти́-
тельный; ~ive [-ɪv] соотве́т-
ственный

respite ['respaɪt] переды́ш-
ка; отсро́чка

respond [rɪs'pɔnd] отве-
ча́ть; отзыва́ться

response [rɪs'pɔns] отве́т;
о́тклик

responsibility [rɪspɔnsə
'bɪlɪtɪ] 1) отве́тственность 2)
обя́занность

responsible [rɪs'pɔnsəbl]
отве́тственный; be ~ for от-
веча́ть за

responsive [rɪs'pɔnsɪv] от-
зы́вчивый

rest I [rest] 1. n 1) о́тдых;
поко́й 2) опо́ра 2. v 1) отды-
ха́ть; поко́иться 2) опира́ть-
ся

rest II [rest]: the ~ осталь-
но́е; остальны́е; оста́ток

restaurant ['restrɔ:ŋ] ре-
стора́н

restless ['restlɪs] беспо-
ко́йный, неугомо́нный

restoration [restə'reɪʃn]
восстановле́ние, реставра́ция

restore [rɪ'stɔ:] 1) восста-
на́вливать, реставри́ровать
2) возвраща́ть

restrain [rɪs'treɪn] сде́ржи-
вать

restriction [rɪs'trɪkʃn] огра-
ниче́ние

result [rɪ'zʌlt] 1. n резуль-
та́т, сле́дствие 2. v: ~ in кон-
ча́ться, име́ть результа́том

resume [rɪ'zju:m] возоб-
новля́ть

retail 1. n ['ri:teɪl] ро́знич-
ная прода́жа 2. adv ['ri:teɪl]
в ро́зницу 3. v [ri:'teɪl] про-
дава́ть(ся) в ро́зницу

retain [rɪ'teɪn] сохраня́ть

retire [rɪ'taɪə] 1) удаля́ться 2) уходи́ть в отста́вку 3) ложи́ться спать; ~ment [-mənt] 1) отста́вка 2) уедине́ние

retreat [rɪ'triːt] 1. *v* отступа́ть 2. *n* 1) отступле́ние 2) убе́жище

return [rɪ'təːn] 1. *v* 1) возвраща́ть(ся) 2) отвеча́ть 2. *n* 1) возвраще́ние; in ~ for в отве́т на 2) возвра́т, отда́ча; in ~ в опла́ту; в обме́н 3) дохо́д, при́быль

reveal [rɪ'viːl] открыва́ть, обнару́живать

revelation [revɪ'leɪʃn] откры́тие, обнаруже́ние

revenge [rɪ'vendʒ] 1. *n* месть 2. *v* мстить

revenue ['revɪnjuː] годово́й дохо́д

reverence ['revərəns] почте́ние; благогове́ние

reverse [rɪ'vəːs] 1. *a* обра́тный; переве́рнутый 2. *v* 1) переве́ртывать 2) меня́ть направле́ние (*движе́ния, враще́ния*) 3. *n* 1) противополо́жное, обра́тное; quite the ~! совсе́м наоборо́т! 2) неуда́ча, превра́тность 3) за́дний ход

review [rɪ'vjuː] 1. *n* 1) обзо́р 2) обозре́ние; журна́л 3) реце́нзия 2. *v* 1) пересма́тривать 2) де́лать обзо́р, реценз́ировать

revise [rɪ'vaɪz] исправля́ть; пересма́тривать

revive [rɪ'vaɪv] 1) ожива́ть

2) оживля́ть 3) восстана́вливать; возобновля́ть

revolt [rɪ'vəult] 1. *v* восстава́ть 2. *n* восста́ние; мяте́ж

revolution [revə'luːʃn] револю́ция

revolutionary [revə'luːʃənərɪ] 1. *a* революцио́нный 2. *n* революционе́р

revolve [rɪ'vɔlv] враща́ть(ся)

reward [rɪ'wɔːd] 1. *n* награ́да 2. *v* награжда́ть

rheumatism ['ruːmətɪzm] ревмати́зм

rhinoceros [raɪ'nɔsərəs] носоро́г

rhyme [raɪm] 1. *n* ри́фма 2. *v* рифмова́ть

rib [rɪb] ребро́

ribbon ['rɪbən] ле́нта

rice [raɪs] рис

rich [rɪtʃ] 1) бога́тый 2) плодоро́дный 3) жи́рный (*о пи́ще*); ~es ['rɪtʃɪz] *pl* 1) бога́тство 2) изоби́лие

rid [rɪd] (rid, ridded; rid, ridded) освобожда́ть, избавля́ть; get ~ of отде́лываться, избавля́ться

ridden ['rɪdn] *p. p. от* ride 1

riddle ['rɪdl] зага́дка

ride [raɪd] 1. *v* (rode; ridden) 1) е́хать верхо́м 2) е́хать 2. *n* 1) езда́ 2) прогу́лка (*в маши́не*)

rider ['raɪdə] нае́здник, вса́дник

ridge [rɪdʒ] 1) го́рный

хребе́т 2) гре́бень (*горы́ и т. n.*) 3): ~ of the roof конёк (кры́ши)

ridiculous [rɪ'dɪkjuləs] смехотво́рный, неле́пый

riding ['raɪdɪŋ] верхова́я езда́

rifle ['raɪfl] винто́вка; ~**man** [-mən] стрело́к

rift [rɪft] 1) тре́щина, щель 2) просве́т

right [raɪt] 1. *a* 1) пра́вильный; ве́рный; you are ~ вы пра́вы; ~ you are! пра́вильно! 2) пра́вый 3) прямо́й; ~ angle прямо́й у́гол 2. *n* 1) пра́во 2) пра́вая сторона́; turn to the ~ поверни́те напра́во 3. *adv* 1) пра́вильно; all ~ хорошо́ 2) пря́мо 3) напра́во

rigid ['rɪdʒɪd] засты́вший; негну́щийся; жёсткий

rim [rɪm] ободо́к, край

rind [raɪnd] 1) кожура́, кора́ 2) ко́рка

ring I [rɪŋ] 1) круг 2) кольцо́ 3) ринг, аре́на

ring II [rɪŋ] 1. *v* (rang; rung) 1) звони́ть 2) звуча́ть; ~ off дава́ть отбо́й; ~ up звони́ть (по телефо́ну) 2. *n* звон; звоно́к

rink [rɪŋk] като́к

rinse [rɪns] полоска́ть

riot ['raɪət] 1) бунт 2) разгу́л

ripe [raɪp] спе́лый; созре́вший; ~**n** ['raɪpən] зреть, созрева́ть

rise [raɪz] 1. *v* (rose; risen) 1) встава́ть; поднима́ться 2) восходи́ть (*о со́лнце*) 3) восстава́ть 4) увели́чиваться 2. *n* 1) подъём 2) нача́ло 3) восхо́д (*со́лнца*) 4) увеличе́ние (*зарпла́ты*)

risen ['rɪzn] *p. p. от* rise 1

risk [rɪsk] 1. *n* риск 2. *v* рискова́ть

rite [raɪt] церемо́ния, обря́д

rival ['raɪvəl] сопе́рник; конкуре́нт

river ['rɪvə] река́

road [rəud] доро́га

roam [rəum] броди́ть, скита́ться

roar [rɔ:] 1. *v* реве́ть 2. *n* 1) рёв 2) хо́хот

roast [rəust] 1. *v* жа́рить(ся) 2. *a* жа́реный 3. *n* жарко́е

rob [rɔb] гра́бить, обворо́вывать; ~**ber** ['rɔbə] граби́тель, разбо́йник; ~**bery** ['rɔbərɪ] кра́жа, грабёж

robin ['rɔbɪn] мали́новка

rock I [rɔk] 1) скала́ 2) *амер.* ка́мень 3) рок (*му́зыка*)

rock II [rɔk] кача́ть(ся); убаю́кивать

rocket ['rɔkɪt] раке́та

rod [rɔd] 1) прут 2) у́дочка

rode [rəud] *past от* ride 1

rogue [rəug] плут; моше́нник

role [rəul] роль

roll [rəul] 1. *v* 1) кати́ть(ся) 2) свёртывать(ся)

3) раскáтывать (*тесто*) 2. *n*
1) свёрток 2) спúсок 3) ру-
лóн 4) бýлочка 5) кáчка; ~
call переклúчка; ~er ['rəulə]
катóк, вáлик, ~er-skates
['rəuləskeɪts] *pl* рóликовые
конькú, рóлики

Roman ['rəumən] 1. *a*
рúмский; ~ Catholic катóлик
2. *n* рúмлянин

romance [rə'mæns] 1) ро-
мáнтика 2) романтúческая
истóрия

romantic [rə'mæntɪk] ро-
мантúческий; романтúчный

roof [ru:f] 1. *n* крýша;
кров 2. *v* настилáть, крыть
крýшу

rook I [ruk] грач

rook II [ruk] *шахм.* ладья

room [ru:m] 1) кóмната 2)
мéсто, прострáнство 3) нóмер (*гостúницы*)

root [ru:t] 1. *n* кóрень;
take ~ пускáть кóрни 2. *v:* ~
out искоренять

rope [rəup] верёвка, канáт

rose I [rəuz] *past om* rise 1

rose II [rəuz] рóза

rosy ['rəuzɪ] рóзовый; ру-
мяный

rot [rɔt] 1. *v* гнить 2. *n*
гниéние; гниль

rotation [rəu'teɪʃn] 1) вра-
щéние 2) чередовáние

rotten ['rɔtn] 1) гнилóй 2)
sl отвратúтельный

rough [rʌf] 1) грýбый; не-
рóвный;   шероховáтый   2)
бýйный, бýрный 3) неотдé-
ланный; ~ copy черновúк

Roumanian   [ru:'meɪnjən]
1. *a* румынский 2. *n* румын

round [raund] 1. *a* крýг-
лый 2. *n* 1) круг 2) обхóд 3)
рáунд, тур 3. *adv* 1) вокрýг
3) по крýгу

rouse [rauz] 1) будúть 2)
побуждáть

route [ru:t] маршрýт

routine [ru:'ti:n] режúм,
порядок

rove [rəuv] 1) скитáться
2) блуждáть (*о взгляде*)

row I [rəu] ряд

row II [rəu] грестú

row III [rau] *разг.* ссóра,
скандáл; свáлка

royal ['rɔɪəl] королéвский

rub [rʌb] 1) терéть(ся) 2)
натирáть

rubber ['rʌbə] 1) резúна;
каучýк 2) *амер. pl* галóши

rubbish ['rʌbɪʃ] 1) хлам,
мýсор 2) вздор

rudder ['rʌdə] руль

rude [ru:d] грýбый; невéжливый

ruffle ['rʌfl] 1) ерóшить
(*волосы*) 2) рябúть (*воду*)

rug [rʌg] 1) кóврик; ковёр
2) плед

rugby ['rʌgbɪ] *спорт.* рé-
гби

ruin [ruɪn] 1. *n* гúбель,
крушéние 2) (*обыкн. pl*)
развáлины 2. *v* 1) (по)губúть
2) разрушáть; разорять

rule [ru:l] 1. *n* 1) прáвило;
as a ~ обычно 2) правлéние
2. *v* 1) прáвить, управлять
2) линовáть

ruler ['ru:lə] 1) прави́тель 2) лине́йка

Rumanian [ru:'meɪnjən] *см.* Roumanian

rumour ['ru:mə] слух, молва́

rumple ['rʌmpl] мять

run [rʌn] 1 *v* (ran; run) 1) бе́гать, бежа́ть 2) идти́ (*о поезде, машине*) 3) течь 4) гласи́ть 5) вести́ (*дело, предприятие*); управля́ть (*машиной*); ~ over зада-ви́ть 2. *n* 1) бег 2) ход; in the long ~ в коне́чном счёте 3) рабо́та, де́йствие (*маши-ны*)

rung [rʌŋ] *p. p. от* ring II, 1

runner ['rʌnə] бегу́н

running ['rʌnɪŋ]: ~ jump прыжо́к с разбе́га; three days ~ три дня подря́д

runway ['rʌnweɪ] *ав.* взлётная полоса́

rural ['ruərəl] се́льский

rush [rʌʃ] мча́ться; ~ into врыва́ться

Russian ['rʌʃən] 1. *a* ру́с-ский 2. *n* 1) ру́сский 2) ру́с-ский язы́к

rust [rʌst] 1. *n* ржа́вчина 2. *v* ржа́веть

rustle ['rʌsl] 1. *n* ше́лест; шо́рох 2. *v* шелесте́ть, шур-ша́ть

rusty ['rʌstɪ] 1) заржа́в-ленный 2) порыже́вший

ruthless ['ru:θlɪs] безжа́ло-стный

rye [raɪ] рожь

S

sable ['seɪbl] 1) со́боль 2) собо́лий мех

sack [sæk] мешо́к

sacred ['seɪkrɪd] 1) свя-щённый 2) неприкоснове́н-ный

sacrifice ['sækrɪfaɪs] 1. *n* 1) жертвоприноше́ние 2) же́ртва 2. *v* приноси́ть в же́ртву; же́ртвовать

sad [sæd] печа́льный

saddle ['sædl] 1. *n* седло́ 2. *v* седла́ть

safe [seɪf] 1. *a* 1) невреди́-мый 2) безопа́сный 2. *n* сейф

safeguard ['seɪfgɑ:d] 1. *n* гара́нтия; предосторо́жность 2. *v* охраня́ть

safety ['seɪftɪ] безопа́с-ность; ~ measures ме́ры пре-досторо́жности; ~ razor без-опа́сная бри́тва

said [sed] *past и p. p. от* say

sail [seɪl] 1. *n* 1) па́рус 2) пла́вание (*на корабле*) 2. *v* пла́вать (*на корабле*); ~or ['seɪlə] моря́к; матро́с

saint [seɪnt] свято́й

sake [seɪk]: for the ~ of ра́-ди

salad ['sæləd] сала́т

salary ['sælərɪ] жа́ло-ванье, окла́д

sale [seɪl] прода́жа; рас-прода́жа; on ~ в прода́же

salesman ['seɪlzmən] продавéц

salmon ['sæmən] лосóсь; сёмга

salt [sɔːlt] 1. *n* соль 2. *a* солёный 3. *v* солúть; ~y ['sɔːltɪ] солёный

salute [sə'luːt] 1. *n* привéтствие; салю́т 2. *v* привéтствовать; салютовáть

same [seɪm] тот же, одинáковый; it's all the ~ to me мне э́то безразлúчно; all the ~ всё же, всё-таки

sample ['saːmpl] 2. *n* образéц; обрáзчик 2. *v* прóбовать

sanction ['sæŋkʃn] 1. *n* сáнкция; разрешéние 2. *v* санкционúровать

sand [sænd] песóк

sandal ['sændl] сандáлия

sandwich ['sænwɪdʒ] сáндвич, бутербрóд

sane [seɪn] нормáльный, в здрáвом умé; разýмный

sang [sæŋ] *past om* sing

sanitary ['sænɪtərɪ] санитáрный; гигиенúческий

sank [sæŋk] *past om* sink I

Santa Claus ['sæntə'klɔːz] Сáнта Клáус; Дед Морóз

sap I [sæp] сок (*растений*)

sap II [sæp] подрывáть

sardine [saː'dɪn] сардúна

sat [sæt] *past u p. p. om* sit

satellite ['sætəlaɪt] *астр.* спýтник

satin ['sætɪn] 1. *n* атлáс 2. *a* атлáсный

satire ['sætaɪə]] сатúра

satisfaction [sætɪs'fækʃn] удовлетворéние

satisfactory [sætɪs'fæktərɪ] удовлетворúтельный

satisfy ['sætɪsfaɪ] 1) удовлетворя́ть 2) утоля́ть

Saturday ['sætədɪ] суббóта

sauce [sɔːs] сóус; ~pan ['sɔːspən] кастрю́ля

saucer ['sɔːsə] блю́дце

saucy ['sɔːsɪ] нáглый, дéрзкий

sausage ['sɔsɪdʒ] сосúска; колбасá

savage ['sævɪdʒ] 1. *a* 1) дúкий 2) свирéпый, жестóкий 2. *n* дикáрь

save I [seɪv] 1) спасáть 2) эконóмить, берéчь; ~ up копúть дéньги

save II [seɪv] крóме, исключáя

savings ['seɪvɪŋz] сбережéния

saw I [sɔː] *past om* see

saw II [sɔː] 1. *n* пилá 2. *v* (sawed; sawed, sawn) пилúть

sawn [sɔːn] *p. p. om* saw II, 2

say [seɪ] (said; said) говорúть, сказáть; ~ing ['seɪɪŋ] поговóрка

scaffold ['skæfəld] эшафóт; ~ing [-ɪŋ] лесá (*строúтельные*)

scald [skɔːld] 1. *v* обвáривать, ошпáривать 2. *n* ожóг

scale I [skeɪl] чешуя́

scale II [skeɪl] 1) чáша весóв 2) *pl* весы́

scale III [skeɪl] 1) шкала; масштаб 2) *муз.* гамма

scandal ['skændl] 1) скандал; позор 2) злословие, сплетни

Scandinavian [skændɪ'neɪvjən] скандинавский

scanty ['skæntɪ] скудный, недостаточный

scar [ska:] шрам, рубец

scarce [skɛəs] 1) недостаточный, скудный 2) редкий; дефицитный; ~ly ['skɛəslɪ] едва, с трудом 2) едва ли, вряд ли

scarcity ['skɛəsɪtɪ] нехватка, недостаток

scare [skɛə] пугать; be ~d испугаться; бояться

scarf [ska:f] шарф, косынка

scarlet ['ska:lɪt] алый ◇ ~ fever скарлатина

scatter ['skætə] 1) разбрасывать; рассыпать 2) рассеивать, разгонять 3) рассыпаться в разные стороны, разбегаться

scene [si:n] 1) явление (*в пьесе*) 2) место действия 3) скандал; make a ~ устраивать скандал, сцену ◇ behind the ~s за кулисами; ~ry ['si:nərɪ] 1) пейзаж 2) декорации

scent [sent] 1. *n* 1) запах 2) духи 3) след 2. *v* 1) почуять 2) нюхать

schedule ['ʃedju:l, *амер.* 'skedju:l] расписание, график

scheme [ski:m] 1. *n* 1) схема; план 2) *pl* интриги, происки 2. *v* замышлять, интриговать

scholar ['skɔlə] учёный; ~ship [-ʃɪp] 1) эрудиция 2) стипендия

school [sku:l] школа; ~boy ['sku:lbɔɪ] школьник; ~days ['sku:ldeɪz] школьные годы; ~girl ['sku:lgə:l] школьница

science ['saɪəns] наука; ~ fiction научная фантастика

scientific [saɪən'tɪfɪk] научный

scientist ['saɪəntɪst] учёный

scissors ['sɪzəz] *pl* ножницы

scold [skəuld] бранить, ругать

scope [skəup] кругозор; охват; размах; it is beyond my ~ это вне моей компетенции

scorch [skɔ:tʃ] обжигать(ся); (с)палить

score [skɔ:] 1. *n* 1) счёт; what is the ~ now? *спорт.* какой сейчас счёт?; on that ~ на этот счёт 2) два десятка 3) *муз.* партитура 2. *v* 1) делать отметки 2) *спорт.* вести счёт 3) выигрывать

scorn [skɔ:n] 1. *n* презрение 2. *v* презирать; ~ful ['skɔ:nful] презрительный

Scotch [skɔtʃ]: the ~ шотландцы

Scottish ['skɔtɪʃ] шотландский

scoundrel ['skaundrəl] негодяй

scout [skaut] разведчик; boy ~ бойскаут

scramble ['skræmbl] карабкаться ◇ ~d eggs яичница-болтунья

scrap [skræp] 1. *n* 1) клочок, лоскуток; кусочек 2) лом 3) брак (*испорченная вещь*); ~ heap помойка, свалка 2. *v* браковать

scratch [skrætʃ] 1. *v* царапать(ся); чесать(ся) 2. *n* царапина

scream [skri:m] 1 *v* пронзительно кричать 2. *n* вопль, крик

screen [skri:n] 1. *n* ширма; экран 2. *v* 1) загораживать; защищать, укрывать 2) демонстрировать на экране

screw [skru:] 1. *n* винт 2. *v* завинчивать

script [skrɪpt] сценарий

scruple ['skru:pl] 1. *n* сомнение, колебание 2. *v* колебаться; не решаться на что-л.

scrupulous ['skru:pjuləs] 1) щепетильный 2) добросовестный

scull [skʌl] весло

sculptor ['skʌlptə] скульптор

sculpture ['skʌlptʃə] скульптура

scythe [saɪð] *с.-х.* коса

sea [si:] море, океан

sea-calf ['si:ka:f] тюлень

seagull ['si:gʌl] чайка

seal I [si:l] тюлень

seal II [si:l] 1. *n* печать; пломба 2. *v* скреплять печатью; запечатывать

seam [si:m] шов

seaman ['si:mən] моряк; матрос

search [sə:tʃ] 1. *v* 1) искать 2) обыскивать 2. *n* 1) поиски 2) обыск

seasick ['si:sɪk]: be ~ страдать морской болезнью; ~ness [-nɪs] морская болезнь

seaside ['si:saɪd] морской берег, побережье

season ['si:zn] 1. *n* время года; сезон 2. *v* приправлять (*пищу*); ~ed [-d] выдержанный (*о вине, дереве*); закалённый (*о человеке*)

seat [si:t] 1. *n* 1) стул, сиденье; take a ~ садиться 2) место (*в аудитории*) 2. *v* усадить, посадить; вмещать; ~ oneself садиться, сесть

second I ['sekənd] 1. *num* второй 2. *v* поддерживать (*предложение*)

second II ['sekənd] секунда

secondary ['sekəndərɪ] второстепенный ◇ ~ school средняя школа

second-hand [sekənd 'hænd] подержанный; ~ bookshop букинистический магазин

second-rate [sekənd'reɪt] второсортный, второразрядный

secret ['si:krɪt] 1. *n* секрет,

та́йна **2.** *a* секре́тный, та́йный

secretary ['sekrətrı] 1) секрета́рь 2) мини́стр; Secretary of State мини́стр (*в Англии*); мини́стр иностра́нных дел (*в США*)

section ['sekʃn] се́кция; отде́л; часть; отделе́ние

secure [sı'kjuə] **1.** *a* 1) про́чный, надёжный 2) обеспе́ченный **2.** *v* 1) обеспе́чивать, гаранти́ровать 2) закрепля́ть, скрепля́ть

security [sı'kjuərıtı] 1) безопа́сность 2) гара́нтия; обеспе́чение

sedative ['sedətıv] успока́ивающий, болеутоля́ющий

sediment ['sedımənt] оса́док

seduce [sı'dju:s] соблазня́ть, совраща́ть

see [si:] (saw; seen) ви́деть; смотре́ть; ~ off провожа́ть (*уезжающего*) ◇ ~ smb. home проводи́ть кого́-л. домо́й; I ~ понима́ю; let me ~ да́йте поду́мать

seed [si:d] се́мя

seek [si:k] (sought; sought) 1) иска́ть 2) пыта́ться, стара́ться (to)

seem [si:m] каза́ться

seen [si:n] *p. p. от* see

segregation [segrı'geıʃn] изоля́ция; сегрега́ция

seize [si:z] 1) схва́тывать 2) захва́тывать 3) понима́ть (*смысл, мысль*)

seldom ['seldəm] ре́дко

select [sı'lekt] **1.** *v* выбира́ть **2.** *a* и́збранный, отбо́рный; ~ion [sı'lekʃn] вы́бор

self [self] сам, себя́

self- [self-] *приставка* само-

self-confident [self 'kɔnfıdənt] самоуве́ренный

self-conscious [self'kɔnʃəs] засте́нчивый

self-control ['selfkən'trəul] самооблада́ние

self-defence [selfdı'fens] самооборо́на

selfish ['selfıʃ] эгоисти́чный

self-service ['self'sə:vıs] самообслу́живание

self-support [selfsə'pɔ:t] незави́симость

sell [sel] (sold; sold) продава́ть(ся); ~er ['selə] продаве́ц

selves [selvz] *pl от* self

semicolon [semı'kəulən] то́чка с запято́й

semifinal [semı'faınl] *спорт.* полуфина́л

senate ['senıt] сена́т

senator ['senətə] сена́тор

send [send] (sent; sent) 1) посыла́ть; отправля́ть; ~ for вызыва́ть; посыла́ть за 2) передава́ть (*по радио*)

senior ['si:njə] ста́рший

sensation [sen'seıʃn] 1) ощуще́ние, чу́вство 2) сенса́ция

sense [sens] **1.** *n* 1) чу́вство; созна́ние 2) смысл **2.** *v* чу́вствовать; ~less ['senslıs]

1) бессмы́сленный 2) бесчу́вственный

sensible [ˈsensəbl] (благо)разу́мный; be ~ of сознава́ть, чу́вствовать

sensitive [ˈsensɪtɪv] чувстви́тельный

sensual [ˈsensjuəl] чу́вственный

sent [sent] *past и p. p. от* send

sentence [ˈsentəns] 1. *n* 1) фра́за, предложе́ние 2) пригово́р 2. *v* осужда́ть, пригова́ривать

sentiment [ˈsentɪmənt] чу́вство; ~al [sentɪˈmentl] сентимента́льный

sentry [ˈsentrɪ] часово́й

separate 1. *a* [ˈseprɪt] отде́льный; осо́бый 2. *v* [ˈsepəreɪt] 1) отделя́ть(ся) 2) разлуча́ть(ся)

separation [sepəˈreɪʃn] 1) отделе́ние, разделе́ние 2) разлу́ка

September [səpˈtembə] сентя́брь

sequel [ˈsiːkwəl] 1) продолже́ние 2) результа́т

sequence [ˈsiːkwəns] после́довательность; ряд; поря́док

serf [səːf] *ист.* крепостно́й; раб

sergeant [ˈsɑːdʒənt] сержа́нт

series [ˈsɪəriːz] се́рия; ряд
serious [ˈsɪərɪəs] серьёзный; ва́жный

sermon [ˈsəːmən] про́поведь

serpent [ˈsəːpənt] змея́; змей

servant [ˈsəːvənt] слуга́; прислу́га

serve [səːv] 1) служи́ть 2) подава́ть *(на стол)* 3) обслу́живать 4) отбыва́ть *(срок)*

service [ˈsəːvɪs] 1) слу́жба 2) обслу́живание 3) услу́га 4) серви́з 5) *спорт.* пода́ча *(мяча)*

serviette [səːvɪˈet] салфе́тка

servile [ˈsəːvaɪl] раболе́пный, уго́дливый

session [ˈseʃn] 1) се́ссия 2) заседа́ние

set [set] 1. *v* (set; set) 1) ста́вить, класть 2) вправля́ть *(кость)* 3) приводи́ть *(в поря́док, в движе́ние)*; ~ free освобожда́ть 4) *полигр.* набира́ть 5) сади́ться *(о со́лнце)* 2. *n* 1) набо́р, компле́кт 2) гру́ппа; круг *(лиц)* 3) сет *(в те́ннисе)* 4) прибо́р, аппара́т

setting [ˈsetɪŋ] опра́ва *(камня)*

settle [ˈsetl] 1) посели́ть(ся), устро́ить(ся) 2) ула́живать(ся); устана́вливать(ся) 3) реша́ть; ~ment [-mənt] 1) поселе́ние; коло́ния 2) урегули́рование, реше́ние *(вопро́са)*

seven [ˈsevn] семь; ~teen [sevnˈtiːn] семна́дцать;

~teenth [sevn'ti:nθ] семнад-
цатый; ~th [-θ] седьмой;
~tieth [-tıθ] семидесятый;
~ty [-tı] семьдесят

several ['sevrəl] несколько

severe [sı'vıə] суровый;
строгий

sew [səu] (sewed; sewed,
sewn) шить; ~ing [-ıŋ]
шитьё; ~ing machine швей-
ная машина

sewn [səun] p. p. om sew

sex [seks] биол. пол; ~ual
['seksjuəl] половой, сексу-
альный

shabby ['ʃæbı] потрёпан-
ный, поношенный

shade [ʃeıd] 1. n 1) тень
2) оттенок 3) амер. штора 2.
v заслонять (от света); затемнять

shadow ['ʃædəu] 1. n тень
2. v следить, выслеживать

shady ['ʃeıdı] 1) тенистый
2) сомнительный, тёмный

shaft [ʃa:ft] 1) древко 2)
ручка, рукоятка 2) тех. вал

shaggy ['ʃægı] лохматый

shake [ʃeık] 1. v (shook;
shaken) 1) трясти, встряхи-
вать; ~ hands обменяться ру-
копожатием 2) дрожать 2. n
встряска

shaken ['ʃeıkn] p. p. om
shake 1

shall [ʃæl] (should) 1) как
вспомогат. глагол служит
для образования будущего
времени 1-го лица ед. и мн.
ч. 2) во 2 и 3 л. выражает
долженствование, уверен-

ность в чём-л.; he ~ be
there at six ему нужно быть
там в 6

shallow ['ʃæləu] 1. a 1)
мелкий 2) поверхностный 2.
n (от)мель

sham [ʃæm] 1) обман 2)
подделка

shame [ʃeım] 1. n стыд,
позор ◇ ~ on you! как тебе
не стыдно! 2. v стыдить; ~ful
['ʃeımful] позорный; ~less
['ʃeımlıs] бесстыдный

shampoo [ʃæm'pu:] шам-
пунь

shape [ʃeıp] форма; очер-
тание; ~less ['ʃeıplıs] бес-
форменный

share [ʃeə] 1. n 1) часть,
доля 2) пай; акция 2. v 1)
делить(ся) 2) разделять;
иметь долю (в чём-л.); участвовать; ~holder ['ʃeə
həuldə] пайщик; держатель
акций

shark [ʃa:k] акула

sharp [ʃa:p] 1. a 1) острый 2) резкий 2. n муз. ди-
ез; ~en ['ʃa:pən] точить

shatter ['ʃætə] 1) раз-
бить(ся) вдребезги 2) расша-
тать (здоровье)

shave [ʃeıv] 1. v (shaved;
shaved, shaven) брить(ся) 2.
n бритьё

shaven ['ʃeıvn] p. p. om
shave 1

shaving ['ʃeıvıŋ] бритьё

shawl [ʃɔ:l] платок, шаль

she [ʃi:] она

shear [ʃıə] стричь (овец)

shed I [ʃed] (shed; shed) 1) роня́ть, теря́ть *(шерсть, листья)* 2) пролива́ть, лить *(слёзы, кровь)*

shed II [ʃed] сара́й

sheep [ʃi:p] овца́; ~**dog** [ʃi:pdɔg] овча́рка

sheer [ʃɪə] я́вный

sheet [ʃi:t] 1) простыня́ 2) лист *(бумаги, железа)*

shelf [ʃelf] по́лка

shell [ʃel] 1. *n* 1) скорлупа́ 2) ра́ковина 3) оболо́чка 4) ги́льза *(патрона)* 5) снаря́д 2. *v* 1) чи́стить, снима́ть скорлупу́ 2) бомбардирова́ть

shelter [ˈʃeltə] 1. *n* прию́т, кров; убе́жище 2. *v* приюти́ть; укры́ть(ся)

shelves [ʃelvz] *pl om* shelf

shepherd [ˈʃepəd] пасту́х

shield [ʃi:ld] 1. *n* щит 2. *v* защища́ть; прикрыва́ть

shift [ʃɪft] 1. *v* переклады́вать; передвига́ть 2. *n* сме́на

shilling [ˈʃɪlɪŋ] ши́ллинг

shin [ʃɪn] го́лень

shine [ʃaɪn] (shone; shone) сия́ть, свети́ть(ся); блесте́ть

ship [ʃɪp] 1. *n* кора́бль, су́дно 2. *v* отправля́ть *(пароходом)*; ~**ment** [ˈʃɪpmənt] 1) погру́зка 2) груз; ~**wreck** [ˈʃɪprek] кораблекруше́ние; ~**yard** [ˈʃɪpjɑ:d] верфь

shirt [ʃə:t] мужска́я руба́шка

shiver [ˈʃɪvə] 1. *v* дрожа́ть 2. *n* дрожь

shock [ʃɔk] 1. *n* 1) уда́р, толчо́к 2) потрясе́ние 2. *v* потряса́ть; шоки́ровать; ~**ing** [ˈʃɔkɪŋ] возмути́тельный, ужа́сный

shod [ʃɔd] *past и p. p. om* shoe 2

shoe [ʃu:] 1. *n* боти́нок, ту́фля 2. *v* (shod; shod) подко́вывать; ~**maker** [ˈʃu:meikə] сапо́жник

shone [ʃɔn] *past и p. p. om* shine

shook [ʃuk] *past om* shake 1

shoot [ʃu:t] 1. *v* (shot; shot) 1) стреля́ть 2) застрели́ть 3) пуска́ть ростки́ 2. *n* побе́г, росто́к

shop [ʃɔp] *n* 1) магази́н, ла́вка; ~ window витри́на 2) мастерска́я; цех; ~**ping** [ˈʃɔpɪŋ]; go ~ping де́лать поку́пки

shore [ʃɔ:] бе́рег

short [ʃɔ:t] 1) коро́ткий; низкоро́слый 2): be ~ of испы́тывать недоста́ток в

shortage [ˈʃɔtɪdʒ] недоста́ток *(в чём-л.)*

shortcoming [ˈʃɔ:tkʌmɪŋ] недоста́ток; дефе́кт

shorten [ˈʃɔ:tn] сокраща́ть(ся), укора́чивать(ся)

shorthand [ˈʃɔ:thænd] стеногра́фия

shortly [ˈʃɔ:tlɪ] 1) незадо́лго 2) вско́ре 3) ре́зко

shorts [ˈʃɔ:ts] *pl* тру́сики; шо́рты

shortsighted [ʃɔ:tˈsaitid] близору́кий; *перен.* недальнови́дный

shot I [ʃɔt] *past и p. p. от* shoot 1

shot II [ʃɔt] 1) вы́стрел 2) дробь 3) стрело́к 4) *кино кадр*

should [ʃud] *модальный глагол; выражает долженствование:* you ~ be more careful вы должны́ быть бо́лее осторо́жны

shoulder [ʃəuldə] 1. *n* плечо́ 2. *v* 1) прота́лкиваться 2) взвали́ть *(на спину);* брать на себя́ *(ответственность, вину)*

shout [ʃaut] 1. *v* крича́ть 2. *n* крик

shove [ʃʌv] 1. *v* толка́ть(ся), пиха́ть 2. *n* толчо́к

shovel [ʃʌvl] лопа́та

show [ʃəu] 1. *v* (showed; showed, shown) пока́зывать(ся); ~ in ввести́ *(в дом, в комнату);* ~ off хва́статься 2. *n* 1) вы́ставка 2) спекта́кль, шоу

shower [ʃauə] 1. *n* ли́вень, дождь; ~ bath душ 2. *v* лить как из ведра́

shown [ʃəun] *p. p. от* show 1

shrank [ʃræŋk] *past от* shrink

shrewd [ʃru:d] 1) проница́тельный 2) ло́вкий *(делец)*

shriek [ʃri:k] 1. *v* крича́ть; вскри́кнуть 2. *n* пронзи́тельный крик

shrill [ʃrɪl] ре́зкий, пронзи́тельный

shrink [ʃrɪŋk] (shrank, shrunk; shrunk) 1) отпря́нуть 2) сади́ться *(о материи)*

shrubbery [ʃrʌbərɪ] куста́рник

shrug [ʃrʌg]: ~ one's shoulders пожима́ть плеча́ми

shrunk [ʃrʌŋk] *past и p. p. от* shrink

shudder [ʃʌdə] 1. *n* дрожь 2. *v* вздра́гивать; содрога́ться

shut [ʃʌt] (shut, shut) закрыва́ть(ся); ~ in запира́ть; ~ off выключа́ть *(ток, воду и т.п.);* ~ up: ~ up! молчи́!

shutter [ʃʌtə] 1) ста́вень 2) затво́р

shy [ʃaɪ] ро́бкий, засте́нчивый; be ~ стесня́ться; робе́ть

sick [sɪk] больно́й; be ~ of пресы́титься; I am ~ of мне надое́ло

sickle [sɪkl] серп

sick leave [sɪkli:v] о́тпуск по боле́зни

sick list [sɪklɪst] бюллете́нь

sickly [sɪklɪ] хи́лый, боле́зненный

sickness [sɪknɪs] 1) боле́знь 2) тошнота́, рво́та

side [saɪd] сторона́; бок; ~ by ~ ря́дом; ~walk [saɪdwɔ:k] *амер.* тротуа́р; ~ways [saɪdweɪz] 1) бо́ком 2) ко́свенно

siege [si:dʒ] оса́да

sieve [sɪv] решето́, си́то

sigh [saɪ] 1. *v* вздыхáть 2. *n* вздох

sight [saɪt] 1) зрéние 2) вид; зрéлище; catch ~ of увúдеть 3) *pl* достопримечáтельности

sign [saɪn] 1. *n* 1) знак 2) прúзнак 2. *v* распúсываться, подпúсывать (ся)

signal ['sɪɡnəl] 1. *n* сигнáл, знак 2. *v* сигнализúровать

signature ['sɪɡnɪtʃə] пóдпись

signboard ['saɪnbɔ:d] вúвеска

significance [sɪɡ'nɪfɪkəns] значéние

significant [sɪɡ'nɪfɪkənt] вáжный, сущéственный; многозначúтельный

signify ['sɪɡnɪfaɪ] 1) знáчить, означáть 2) имéть значéние

silence ['saɪləns] 1. *n* молчáние, тишинá 2. *v* застáвить замолчáть; заглушúть

silent ['saɪlənt] безмóлвный, молчалúвый

silk [sɪlk] шёлк

sill [sɪl] подокóнник

silly ['sɪlɪ] глýпый

silver ['sɪlvə] 1. *n* серебрó 2. *a* серéбряный

similar ['sɪmɪlə] схóдный, подóбный

simple ['sɪmpl] простóй, неслóжный

simultaneous [sɪməl'teɪnjəs] одноврéмéнный, синхрóнный

sin [sɪn] 1. *n* грех 2. *v* (со)грешúть

since [sɪns] 1. *prep* с; she hasn't seen him ~ last year онá не вúдела егó с прóшлого гóда 2. *conj* 1) с тех пóр как; where have you been ~ I saw you last? где вы бúли с тех пóр, как я вас вúдел в послéдний раз? 2) так как; sit down ~ you are here садúтесь, раз уж вы тут 3. *adv* с тех пóр; I've never been there ~ с тех пóр я там не был

sincere [sɪn'sɪə] úскренний; ~ly [-lɪ] úскренне

sincerity [sɪn'serɪtɪ] úскренность

sing [sɪŋ] (sang; sung) 1) петь 2) воспевáть; ~er ['sɪŋə] певéц; певúца

single ['sɪŋɡl] 1. *a* 1) едúнственный; not a ~ ни однóго 2) отдéльный 3) холостóй; незамýжняя 2. *v* выбирáть, отбирáть

singular ['sɪŋɡjulə] 1. *a* стрáнный; необúчный 2. *n* *грам.* едúнственное числó

sink I [sɪŋk] (sank; sunk) 1) тонýть, погружáться 2) опускáться; оседáть 3) топúть; ~ a ship потопúть корáбль

sink II [sɪŋk] рáковина (*водопровóдная*)

sir [sə:] сэр, господúн

sister ['sɪstə] сестрá; ~-in-law ['sɪstərɪnlɔ:] невéстка; золóвка sit [sɪt] (sat; sat) 1) сидéть 2) заседáть; ~ down садѝться

site [saɪt] местонахождéние, местоположéние

sitting ['sɪtɪŋ] заседáние; ~ room гостѝная

situated ['sɪtjueɪtɪd] располóженный

situation [sɪtju'eɪʃn] 1) местоположéние 2) дóлжность 3) обстоя́тельства, ситуáция

six [sɪks] шесть; ~teen [sɪks'ti:n] шестнáдцать; ~teenth [sɪks'ti:nθ] шестнáдцатый; ~th [-θ] шестóй; ~tieth ['sɪkstɪɪθ] шестидеся́тый; ~ty ['sɪkstɪ] шестьдеся́т

size [saɪz] размéр, величинá

skate [skeɪt] 1. n спорт. конёк 2. v катáться на конькáх

skateboard ['skeɪtbɔ:d] скéйтборд

skating rink ['skeɪtɪŋrɪŋk] катóк

skein [skeɪn] мотóк пря́жи

skeleton ['skelɪtn] скелéт; óстов

sketch [sketʃ] 1. n 1) эскѝз; набрóсок; рисýнок 2) скетч 2. v набрáсывать (план, рисунок и т.п.)

ski [ski:] 1. n лы́жа; лы́жи 2. v (ski'd; ski'd) ходѝть на лы́жах

ski'd [ski:d] past и p. p. от ski 2

skier ['ski:ə] лы́жник

skiing ['ski:ɪŋ] лы́жный спорт

skilful ['skɪlful] искýсный, умéлый

skill [skɪl] искýсство; мастерствó; лóвкость; ~ed [-d] квалифицѝрованный; искýсный

skin [skɪn] 1. n кóжа; шкýра; кожурá 2. v сдирáть кóжу

skin diving ['skɪndaɪvɪŋ] подвóдное плáвание в мáске

skirt [skə:t] ю́бка

skull [skʌl] чéреп

sky [skaɪ] нéбо; ~lark ['skaɪla:k] жáворонок

skyscraper ['skaɪskreɪpə] небоскрёб

slacken ['slækən] ослабля́ть; ослабевáть

slalom ['sleɪləm] слáлом

slander ['sla:ndə] 1. n клеветá 2. v клеветáть

slang [slæŋ] жаргóн, сленг

slap [slæp] шлёпать, хлóпать

slapstick ['slæpstɪk] дешёвый, грýбый фарс

slate [sleɪt] 1) слáнец, ши́фер 2) грѝфельная доскá

slaughter ['slɔ:tə] 1. n резня́; убóй 2. v рéзать; убивáть

Slav [sla:v] 1. a славя́нский 2. n славяни́н

slave [sleɪv] раб; ~ry ['sleɪvərɪ] рáбство

sled [sled] см. sledge

sledge [sledʒ] сáни

sleep [sli:p] 1. n сон 2. v (slept; slept) спать

sleeping car ['sli:pɪŋka:] спáльный вагóн

sleeping pills ['sli:pɪŋpɪlz] снотво́рное сре́дство

sleepy ['sli:pɪ] со́нный; сонли́вый

sleeve [sli:v] рука́в

slender ['slendə] то́нкий, стро́йный

slept [slept] *past и p. p. от* sleep 2

slice [slaɪs] ло́мтик

slid [slɪd] *past и p. p. от* slide 1

slide [slaɪd] 1. *v* (slid; slid) скользи́ть 2. *n* 1) слайд 2) зако́лка; ~ fastener застёжка «мо́лния»; ~ rule логарифми́ческая лине́йка

slight [slaɪt] лёгкий, незначи́тельный; ~est ['slaɪtɪst] мале́йший; ~ly ['slaɪtlɪ] слегка́

slim [slɪm] то́нкий, стро́йный

slime [slaɪm] 1) слизь 2) ли́пкая грязь, ил

slip [slɪp] 1. *v* 1) скользи́ть 2) поскользну́ться 3) вы́скользнуть 4) сде́лать оши́бку 2. *n* 1) скольже́ние 2) оши́бка, обмо́лвка; про́мах; make a ~ сде́лать оши́бку 3) комбина́ция *(бельё)* ◇ ~ of paper бума́жка

slipper ['slɪpə] 1) ту́фля--ло́дочка 2) ко́мнатная ту́фля

slippery ['slɪpərɪ] ско́льзкий

slogan ['sləugən] ло́зунг

slope [sləup] отко́с; склон

slot machine ['slɔtməʃi:n] (торго́вый) автома́т

slow [sləu] 1. *a* ме́дленный; медли́тельный; my watch is ~ мои́ часы́ отстаю́т 2. *v:* ~ down замедля́ть(ся); ~ly ['sləulɪ] ме́дленно

sly [slaɪ] хи́трый; on the ~ тайко́м

small [smɔ:l] ма́ленький, ме́лкий

smart [smɑ:t] наря́дный; изя́щный

smash [smæʃ] разбива́ть(ся) вдре́безги

smell [smel] 1. *n* 1) за́пах 2) обоня́ние 2. *v* (smelt; smelt) 1) па́хнуть 2) обоня́ть; ню́хать

smelt I [smelt] *past и p. p. от* smell 2

smelt II [smelt] пла́вить

smile [smaɪl] 1. *n* улы́бка 2. *v* улыба́ться

smoke [sməuk] 1. *n* дым 2. *v* 1) дыми́ть(ся) 2) кури́ть 3) оку́ривать, копти́ть

smoking car ['sməukɪŋkɑ:] ваго́н для куря́щих

smoking room ['sməu kɪŋru:m] кури́тельная ко́мната

smooth [smu:ð] 1. *a* 1) гла́дкий; ро́вный 2) пла́вный 2. *v* сгла́живать; ~ over смягча́ть

snack [snæk] заку́ска; ~ bar заку́сочная

snake [sneɪk] змея́

snap I [snæp] 1) ца́пнуть,

укуси́ть 2) огрыза́ться 3) щёлкать *(чем-л.)*

snap II [snæp] 1) щёлканье 2) треск 3) защёлка, щеко́лда; ~ fastener кно́пка *(застёжка)*

snare [snɛə] лову́шка

snarl [snɑ:l] 1. *v* рыча́ть; огрыза́ться 2. *n* 1) рыча́ние 2) ворча́ние

snatch [snætʃ] хвата́ть(ся); схвати́ть(ся)

sneer [snɪə] 1. *n* усме́шка; насме́шка 2. *v* насмеха́ться, издева́ться

sneeze [sni:z] 1. *v* чиха́ть 2. *n* чиха́нье

sniff [snɪf] сопе́ть; ~ at ню́хать

snore [snɔ:] 1. *v* храпе́ть 2. *n* храп

snow [snəu] 1. *n* снег 2. *v*: it ~s, it is ~ing идёт снег; ~ball ['snəubɔ:l] снежо́к; ~storm ['snəustɔ:m] мете́ль

snub-nosed [snʌb'nəuzd] курно́сый

snug [snʌg] ую́тный

so [səu] так; таки́м о́бразом; ита́к; so far до сих пор, пока́; so long! *амер.* пока́!

soak [səuk] 1) намочи́ть; пропи́тывать 2) проса́чиваться

so-and-so ['səuənsəu] тако́й-то *(вместо имени)*

soap [səup] 1. *n* мы́ло 2. *v* намы́ливать

sob [sɔb] 1. *n* рыда́ние, всхли́пывание 2. *v* рыда́ть, всхли́пывать

sober ['səubə] тре́звый

soccer ['sɔkə] футбо́л

sociable ['səuʃəbl] общи́тельный

social ['səuʃəl] обще́ственный; социа́льный

socialism ['səuʃəlɪzm] социали́зм

socialist ['səuʃəlɪst] 1. *n* социали́ст 2. *a* социалисти́ческий

society [sə'saɪətɪ] о́бщество

sock [sɔk] носо́к

socket ['sɔkɪt] 1) патро́н *(эл. лампочки)* 2) глазна́я впа́дина

soda ['səudə] 1) со́да 2) газиро́ванная вода́

sofa ['səufə] дива́н

soft [sɔft] мя́гкий, не́жный, ти́хий; ~-boiled ['sɔftbɔild] всмя́тку *(о яйце)*; ~en ['sɔfn] смягча́ть(ся)

software ['sɔftwɛə] програ́ммное обеспе́чение

soil I [sɔil] земля́, по́чва

soil II [sɔil] па́чкать(ся), грязни́ть(ся)

soiree ['swɑ:reɪ] вече́рний приём *(с концертом)*

sold [səuld] *past и p. p. от* sell

solder ['sɔldə] пая́ть

soldier ['səuldʒə] солда́т, во́ин

sole I [səul] 1. *n* подо́шва; подмётка 2. *v* ста́вить подмётку

sole II [səul] еди́нственный

solemn ['sɔləm] серьёзный; торжéственный

solicitor [sə'lɪsɪtə] присяжный; стряпчий; повéренный

solid ['sɔlɪd] **1.** *a* 1) твёрдый 2) сплошнóй 3) крéпкий 4) солйдный; основáтельный **2.** *n* физ. твёрдое тéло

solitary ['sɔlɪtərɪ] одинóкий; уединённый

solitude ['sɔlɪtju:d] одинóчество; уединéние

solution [sə'lu:ʃn] 1) решéние 2) раствóр

solve [sɔlv] решáть, разрешáть

sombre ['sɔmbə] тёмный, мрáчный

some [sʌm] **1.** *a* 1) какóй-либо, какóй-нибудь; нéкоторый; нéкий 2) нéсколько **2.** *pron* 1) нéкоторые 2) нéкоторое колйчество; ~**body** ['sʌmbədɪ] ктó-то; нéкто; ~**how** ['sʌmhau] кáк-нибудь; ~**one** ['sʌmwʌn] *см.* somebody; ~**thing** ['sʌmθɪŋ] чтó-то, кóе-чтó, нéчто; ~**times** ['sʌmtaɪmz] иногдá; ~**what** ['sʌmwɔt] нéсколько, до нéкоторой стéпени; ~**where** ['sʌmwɛə] гдé-нибудь; кудá-нибудь

son [sʌn] сын

sonde [sɔnd] зонд

song [sɔŋ] пéсня

sonic ['sɔnɪk]: ~ barrier звуковóй барьéр

son-in-law ['sʌnɪnlɔ:] зять

soon [su:n] вскóре, скóро; as ~ as как тóлько

soot [sut] сáжа

soothe [su:ð] 1) успокáивать, утешáть 2) облегчáть (*боль*)

sorcery ['sɔ:sərɪ] колдовствó

sore [sɔ:] **1.** *a* 1) чувствйтельный, болéзненный; I have a ~ throat у меня болйт гóрло 2) огорчённый; обйженный; my heart is ~ у меня болйт сéрдце **2.** *n* болячка; рáна

sorrow ['sɔrəu] гóре, печáль; скорбь; ~**ful** ['sɔrəful] печáльный; скóрбный

sorry ['sɔrɪ]: be ~ жалéть; быть огорчённым; ~! виновáт; I'm (so) ~! простйте!

sort [sɔ:t] **1.** *n* сорт; род, вид **2.** *v* сортировáть, разбирáть

sought [sɔ:t] *past и p.p. от* seek

soul [səul] душá

sound I [saund] **1.** *n* звук **2.** *v* звучáть

sound II [saund] 1) здорóвый, крéпкий; safe and ~ цел и невредйм 2) здрáвый, прáвильный

sound III [saund] измерять глубину

soup [su:p] суп

sour ['sauə] кйслый; turn ~ прокисáть

source [sɔ:s] 1) истóчник 2) начáло

souse [saus] **1.** *v* солйть;

мариновать 2. *n* рассол; маринад

south [sauθ] 1. *n* юг 2. *a* южный 3. *adv* на юг(е), к югу

southern ['sʌðən] южный

sovereign ['sɔvrɪn] 1) монарх; повелитель 2) соверен *(золотая монета в 1 фунт стерлингов)*; ~ty ['sɔvrənti] суверенитет

Soviet ['səuvɪet] 1. *n* совет *(орган государственной власти)* 2. *a* советский

sow [səu] (sowed; sown, sowed) сеять, засевать; ~n [-n] *p.p. от* sow

space [speɪs] 1) пространство 2) расстояние, протяжение 3) космос

spaceman ['speɪsmən] космонавт

spaceship ['speɪsʃɪp] космический корабль

spacious ['speɪʃəs] 1) просторный; обширный; поместительный 2) *перен.* широкий, большой

spade [speɪd] лопата; заступ ◇ call a ~ a ~ называть вещи своими именами

Spaniard ['spænjəd] испанец

Spanish ['spænɪʃ] испанский

spare [spɛə] 1. *v* 1) щадить, беречь 2) экономить 3) уделять *(время и т.п.)* 2. *a* запасный, лишний

spark [spɑːk] искра, вспышка

sparkle ['spɑːkl] сверкать; искриться

sparrow ['spærəu] воробей

spat [spæt] *past и p. p. от* spit

speak [spiːk] (spoke; spoken) говорить, разговаривать; ~er ['spiːkə] 1) оратор 2): the Speaker спикер *(в парламенте)*

spear [spɪə] дротик; копьё

spearmint ['spɪəmɪnt] мята

special ['speʃəl] 1) специальный 2) особый 3) экстренный; ~ist [-ɪst] специалист; ~ize [-aɪz] специализироваться

specific [spɪ'sɪfɪk] 1) характерный 2) особый, специфический 3) определённый 4) *физ.* удельный; ~weight удельный вес

specify ['spesɪfaɪ] точно определять, устанавливать

specimen ['spesɪmɪn] образец, образчик

spectacle ['spektəkl] зрелище

spectacles ['spektəklz] *pl* очки

spectator [spek'teɪtə] зритель

speculate ['spekjuleɪt] 1) размышлять; строить догадки 2) спекулировать

speculation [spekju'leɪʃn] 1) размышление; предположение 2) спекуляция

sped [sped] *past и p. p. от* speed 2

speech [spi:tʃ] речь; **~less** ['spi:tʃlıs] безмо́лвный

speed [spi:d] **1.** *n* ско́рость, быстрота́ **2.** *v* (sped, sped) спеши́ть; **~ up** ускоря́ть

spell I [spel] ча́ры, обая́ние

spell II [spel] (spelt; spelt) писа́ть *или* произноси́ть по бу́квам; **~ing** ['spelıŋ] правописа́ние

spelt [spelt] *past и p. p. от* spell II

spend [spend] (spent; spent) 1) тра́тить, расхо́довать 2) проводи́ть *(время)*

spent [spent] *past и p. p. от* spend

sphere [sfıə] 1) шар 2) сфе́ра; по́ле де́ятельности

spice [spaıs] пря́ность; *собир.* спе́ции

spider ['spaıdə] пау́к; **~'s web** паути́на

spike [spaık] 1) остриё 2) шип

spill [spıl] (spilt; spilt) 1) пролива́ть(ся) 2) рассыпа́ть(ся)

spilt [spılt] *past и p. p. от* spill

spin [spın] (spin; spun) 1) прясть 2) крути́ть(ся)

spine [spaın] позвоно́чный столб, позвоно́чник

spinster ['spınstə] незаму́жняя же́нщина; ста́рая де́ва

spire ['spaıə] шпиль

spirit I ['spırıt] 1) дух 2)

pl настрое́ние; **high ~s** хоро́шее настрое́ние; **low ~s** плохо́е настрое́ние

spirit II ['spırıt] 1) спирт 2) *pl* спиртны́е напи́тки

spirited ['spırıtıd] живо́й; бо́йкий

spiritual ['spırıtjuəl] духо́вный

spit [spıt] (spat; spat) плева́ть(ся)

spite [spaıt] злость; зло́ба ◇ **in ~ of** несмотря́ на; **~ful** ['spaıtful] зло́бный

splash [splæʃ] **1.** *v* бры́згать(ся); забры́згать; плеска́ть(ся) **2.** *n* плеск; бры́зги

splendid ['splendıd] великоле́пный, роско́шный; блестя́щий

splendour ['splendə] великоле́пие, ро́скошь; блеск

splinter ['splıntə] 1) ще́пка; оско́лок 2) зано́за

split [splıt] **1.** *v* (split; split) коло́ть; раска́лывать(ся) **2.** *n* 1) раско́л 2) тре́щина

spoil [spɔıl] **1.** *v* (spoilt, spoiled; spoilt, spoiled) 1) по́ртить(ся) 2) балова́ть **2.** *n* добы́ча; **~t** [-t] *past и p. p. от* spoil 1

spoke [spəuk] *past от* speak; **~n** ['spəukən] *p. p. от* speak

sponge [spʌndʒ] **1.** *n* гу́бка; **~ cake** бискви́т **2.** *v* 1) мыть гу́бкой 2) жить за чей-л. счёт

sponsor ['spɔnsə] **1.** *v* 1) руча́ться 2) устра́ивать 3) субсиди́ровать 2. *n* 1) пору-чи́тель 2) организа́тор 3) спо́нсор

spontaneous [spɔn'teɪnjəs] 1) самопроизво́льный 2) не-посре́дственный

spool [spu:l] кату́шка; шпу́лька

spoon [spu:n] ло́жка

sport [spɔ:t] 1) спорт 2) развлече́ние

sportsman ['spɔ:tsmən] спортсме́н

spot [spɔt] 1) пятно́ 2) ме́-сто 3) пры́щик; ~less ['spɔtlɪs] безупре́чный

spout [spaut] 1) но́сик *(посуды)* 2) жёлоб

sprang [spræŋ] *past om* spring I, 1

spray [spreɪ] 1. *v* 1) опры́-скивать 2) распыля́ть 2. *n* 1) бры́зги 2) пульвериза́тор; спрей

spread [spred] (spread; spread) 1) расстила́ть *(ска-терть и m.n.)* 2) распрост-раня́ться 3) простира́ться

spring I [sprɪŋ] 1. *v* (sprang; sprung) 1) пры́гать; вска́кивать 2) проистека́ть 2. *n* 1) прыжо́к 2) пружи́на 3) исто́чник, ключ

spring II [sprɪŋ] весна́

sprinkle ['sprɪŋkl] бры́з-гать

sprout [spraut] 1. *v* пус-ка́ть ростки́ 2. *n* отро́сток, побе́г

sprung [sprʌŋ] *p. p. om* spring I, 1

spume [spju:m] пе́на

spun [spʌn] *past и p. p. om* spin

spur [spə:] 1. *n* 1) шпо́ра 2) сти́мул 2. *v* 1) пришпо́ри-вать 2) подстрека́ть

spy [spaɪ] 1. *n* шпио́н 2. *v* шпио́нить

squad [skwɔd] 1) гру́ппа 2) кома́нда 3) отря́д

squadron ['skwɔdrən] 1) эскадро́н 2) *мор.* эска́дра

square [skwɛə] 1. *a* квад-ра́тный 2. *n* 1) квадра́т; пря-моуго́льник 2) пло́щадь; сквер

squash [skwɔʃ] 1. *v* да-ви́ть; сжима́ть 2. *n* да́вка; толпа́

squeeze [skwi:z] 1. *v* 1) выжима́ть 2) сжима́ть; да-ви́ть 3) впи́хивать 4) проти́-скиваться 2. *n* сжа́тие; да́вка

squint [skwɪnt] 1. *n* косо-гла́зие 2. *v* коси́ть *(о глазах)*

squirrel ['skwɪrəl] бе́лка

stab [stæb] 1. *v* заколо́ть; уда́рить ножо́м 2. *n* уда́р *(ножо́м и m.n.)*

stability [stə'bɪlɪtɪ] 1) ус-то́йчивость 2) сто́йкость, про́чность

stable I ['steɪbl] 1) усто́й-чивый 2) сто́йкий; про́чный

stable II ['steɪbl] коню́шня

stack [stæk] 1) стог 2) ку́-ча, гру́да

stadium ['steɪdjəm] стади-о́н

staff [sta:f] 1) штат; пер-сона́л 2) *воен.* штаб

stag [stæg] 1. *n* олень-самец 2. *a* холостяцкий

stage I [steɪdʒ] 1. *n* сцена 2. *v* инсценировать, ставить (*пьесу*)

stage II [steɪdʒ] фаза, стадия

stagger ['stægə] шататься

stagnation [stæg'neɪʃn] застой

stain [steɪn] 1. *n* пятно 2. *v* пятнать; пачкать

stainless ['steɪnlɪs] безупречный; ~ steel нержавеющая сталь

stair [stɛə] 1) ступенька 2) *pl* лестница; ~case ['stɛəkeɪs] лестница

stake [steɪk] ставка, заклад (*в пари*)

stale [steɪl] 1) чёрствый 2) затхлый; ~ joke избитая шутка

stalk [stɔ:k] стебель

stall [stɔ:l] 1) стойло 2) ларёк 3) *театр.* кресло в партере

stallion ['stæljən] жеребец

stammer ['stæmə] заикаться, запинаться

stamp [stæmp] 1. *v* 1) топать ногой 2) накладывать штамп 3) наклеивать марку 2. *n* 1) почтовая марка 2) штамп; штемпель

stand [stænd] 1. *v* (stood; stood) 1) стоять 2) поставить 3) выдерживать, выносить; ~ up for защищать 2. *n* 1) позиция 2) стойка; стенд

standard ['stændəd] 1. *n* 1) знамя 2) мерило, стандарт; ~ of living жизненный уровень 2. *a* стандартный

standpoint ['stændpɔɪnt] точка зрения

standstill ['stændstɪl]: be at a ~ остановиться на мёртвой точке

staple ['steɪpl] скреплять

star [sta:] звезда

starch [sta:tʃ] 1. *n* крахмал 2. *v* крахмалить

stare [stɛə] 1. *v* пристально смотреть; глазеть 2. *n* пристальный взгляд

starling ['sta:lɪŋ] скворец

start [sta:t] 1. *v* 1) начинать 2) отправляться 3) вскочить 4) вздрагивать 2. *n* 1) начало 2) *спорт.* старт

startle ['sta:tl] 1) испугать 2) поражать

starvation [sta:'veɪʃn] голод; истощение

starve [sta:v] 1) голодать; умирать от голода 2) морить голодом

state I [steɪt] 1) государство 2) штат

state II [steɪt] 1. *n* состояние 2. *v* заявлять; формулировать

stately ['steɪtlɪ] величавый, величественный

statement ['steɪtmənt] заявление, утверждение

statesman ['steɪtsmən] государственный деятель

station ['steɪʃn] 1. *n* 1) станция, вокзал 2) общественное положе́ние 2. *v* ста́вить, размеща́ть

stationary ['steɪʃnərɪ] 1) неподви́жный 2) постоя́нный

stationery ['steɪʃnərɪ] писчебума́жные принадле́жности

statistics [stə'tɪstɪks] стати́стика

statue ['stætju:] ста́туя; па́мятник

stature ['stætʃə] рост; of high ~ высо́кого ро́ста; grow in ~ расти́

statute ['stætju:t] 1) зако́н; стату́т 2) уста́в

stay [steɪ] 1. *v* 1) остава́ться 2) остана́вливаться; гости́ть *(у кого-л.)* 2. *n* 1) пребыва́ние 2) остано́вка

stay-at-home ['steɪəthəum] домосе́д(ка)

steady ['stedɪ] 1. *a* 1) усто́йчивый 2) постоя́нный; ро́вный 2. *v* де́лать(ся) усто́йчивым

steak [steɪk] бифште́кс

steal [sti:l] (stole; stolen) красть, ворова́ть

steam [sti:m] 1. *n* пар 2. *v* 1) выпуска́ть пар 2) разводи́ть пары́; ~er, ~ship ['sti:mə, 'sti:mʃɪp] парохо́д

steel [sti:l] 1. *n* сталь 2. *a* стально́й

steep [sti:p] круто́й

steer [stɪə] 1) пра́вить рулём, управля́ть *(машиной)* 2) направля́ть

stellar ['stelə] звёздный

stem [stem] ствол; сте́бель

step [step] 1. *n* 1) шаг; keep in ~ идти́ в но́гу 2) ступе́нька 2. *v* ступа́ть, шага́ть

stepdaughter ['stepdɔ:tə] па́дчерица

stepfather ['stepfɑ:ðə] о́тчим

stepmother ['stepmʌðə] ма́чеха

stepson ['stepsʌn] па́сынок

stereo ['sterɪəu] *сокр. от* stereophonic; ~ system *разг.* стереосисте́ма

stereophonic [sterɪə'fɔnɪk] стереофони́ческий

stern I [stə:n] суро́вый, стро́гий

stern II [stə:n] *мор.* корма́

stew [stju:] 1. *v* туши́ть *(мясо и т.п.);* ~ed fruit компо́т 2. *n* тушёное мя́со

steward ['stjuəd] 1) официа́нт *(на парохо́де, самолёте)* 2) управля́ющий *(имением)*

stick I [stɪk] па́лка, трость

stick II [stɪk] (stuck; stuck) 1) втыка́ть 2) прикле́ивать(ся); ~ in застрева́ть; ~ to быть ве́рным; приде́рживаться

sticky ['stɪkɪ] ли́пкий, кле́йкий

stiff [stɪf] негну́щийся; засты́вший; *перен.* холо́дный, натя́нутый; ~en [-n] (о)коченеть; (о)деревене́ть

still I [stɪl] 1. *a* 1) ти́хий 2) неподви́жный ◇ ~ waters run deep ≈ в ти́хом о́муте

175

чёрти вóдятся 2. *n* тишинá 3. *v* успокáивать

still II [stɪl] 1) до сих пóр; всё ещё; однáко 2) ещё *(в сравнении);* ~ better ещё лýчше

stimulant [ˈstɪmjulənt] 1) возбуждáющее срéдство 2) стúмул

stimulate [ˈstɪmjuleɪt] побуждáть, стимулúровать

sting [stɪŋ] 1. *v* (stung; stung) жáлить 2. *n* 1) жáло 2) укýс

stir [stə:] 1. *v* 1) шевелúть(ся) 2) размéшивать 3) возбуждáть 2. *n* движéние, оживлéние; make a ~ возбудúть óбщий интерéс

stitch [stɪtʃ] 1. *n* стежóк, пéтля *(в вязании)* 2. *v* шить; ~ up зашивáть

stock [stɔk] 1) род, порóда 2) запáс; фонд; ~ exchange бúржа 3) акционéрный капитáл 4) áкция; ~broker [ˈstɔkbrəukə] биржевóй мáклер, брóкер; ~holder [ˈstɔkhəuldə] акционéр

stocking [ˈstɔkɪŋ] чулóк

stole [stəul] *past om* steal; ~n [ˈstəulən] *p. p. om* steal

stomach [ˈstʌmək] желýдок; живóт

stone [stəun] 1. *n* 1) кáмень 2) кóсточка *(плода)* 2. *a* кáменный 3. *v* 1) побúть камнями 2) вынимáть кóсточки *(из плодов)*

stood [stud] *past и p.p. om* stand 1

stool [stu:l] табурéтка

stoop [stu:p] 1) наклонять(ся), нагибáть(ся) 2) сутýлиться, гóрбиться

stop [stɔp] 1. *v* 1) останáвливать(ся); прекращáть(ся) 2) затыкáть, задéлывать; пломбировáть *(зуб)* 2. *n* 1) останóвка; задéржка 2) знак препинáния; full ~ тóчка

stopper [ˈstɔpə] прóбка; затычка

storage [ˈstɔ:rɪdʒ] хранéние

store [stɔ:] 1. *n* 1) запáс 2) склад 3) магазúн; *pl* универмáг ◇ set great ~ by óчень ценúть, дорожúть 2. *v* 1) запасáть 2) хранúть на склáде

storey [ˈstɔ:rɪ] этáж

stork [stɔ:k] áист

storm [stɔ:m] 1. *n* 1) бýря; грозá 2) *воен.* штурм 2. *v* 1) бушевáть 2) *воен.* штурмовáть; ~y [ˈstɔ:mɪ] бýрный

story [ˈstɔ:rɪ] расскáз, пóвесть; истóрия

stout [staut] 1) тóлстый, пóлный 2) крéпкий

stove [stəuv] печь, пéчка, кýхонная плитá

straight [streɪt] 1. *a* прямóй 2. *adv* прямо; ~en [ˈstreɪtn] выпрямлять(ся)

strain [streɪn] 1. *v* 1) натягивать 2) напрягáть(ся) 2. *n* напряжéние

strait [streɪt] 1. *a* ýзкий 2. *n* 1) пролúв 2) *(обыкн. pl)* затрудни́тельное материа́льное положе́ние, нужда́

strange [streɪndʒ] 1) стра́нный 2) чужо́й; незнако́мый; ~r ['streɪndʒə] незнако́мец; чужо́й, посторо́нний челове́к

strangle ['stræŋgl] 1) (за)души́ть 2) задыха́ться 3) подавля́ть

strap [stræp] 1. *n* реме́нь 2. *v* стя́гивать ремнём

straw [strɔ:] 1. *n* соло́ма; соло́минка 2. *a* соло́менный

strawberry ['strɔ:bərɪ] земляни́ка; клубни́ка

stray [streɪ] 1. *v* сбива́ться с пути́ 2. *a* заблуди́вшийся ◇ ~ bullet шальна́я пу́ля

stream [stri:m] 1. *n* 1) пото́к; руче́й 2) тече́ние 2. *v* 1) течь, струи́ться 2) развева́ться

street [stri:t] у́лица; ~car ['stri:tkɑ:] *амер.* трамва́й

strength [streŋθ] си́ла; ~en ['streŋθən] уси́ливать(ся); крепи́ть

stress [stres] 1. *n* 1) стресс 2) нажи́м, давле́ние 3) ударе́ние 2. *v* подчёркивать; ста́вить ударе́ние

stretch [stretʃ] 1. *v* 1) протя́гивать 2) растя́гивать(ся) 3) тяну́ться 2. *n* 1) вытя́гивание 2) протяже́ние ◇ at a ~ без переры́ва, подря́д

stretcher ['stretʃə] носи́лки

strict [strɪkt] 1) стро́гий 2) то́чный

strident ['straɪdnt] ре́зкий, скрипу́чий

strike I [straɪk] (struck; struck) 1) ударя́ть(ся) 2): ~ a match заже́чь спи́чку 3) поража́ть 4) бить *(о часах)*

strike II [straɪk] 1. *n* ста́чка, забасто́вка 2. *v* бастова́ть; ~r ['straɪkə] забасто́вщик

string [strɪŋ] 1. *n* 1) верёвка; тесёмка, шнуро́к; завя́зка 2) ни́тка *(бус)* 3) струна́ 4) ряд, верени́ца 2. *v* (strung; strung) 1) завя́зывать 2) натя́гивать *(струну)* 3) нани́зывать

strip [strɪp] 1. *v* 1) обдира́ть 2) раздева́ться 2. *n* лоску́т; полоска; полоса́

stripe [straɪp] 1) полоса́ 2) наши́вка; ~d [-t] полоса́тый

strive [straɪv] (strove; striven) 1) стара́ться 2) боро́ться; ~n ['strɪvn] *p. p. от* strive

stroke [strəuk] 1. *n* 1) уда́р 2) взмах 2. *v* гла́дить, погла́живать

stroll [strəul] 1. *v* броди́ть, прогу́ливаться 2. *n* прогу́лка

strong [strɔŋ] си́льный; кре́пкий

strove [strəuv] *past от* strive

struck [strʌk] *past и p. p. от* strike I

structure ['strʌktʃə] 1) строе́ние, структу́ра 2) постро́йка

struggle ['strʌgl] **1.** *v* бороться **2.** *n* борьба

strung [strʌŋ] *past и p. p. от* string 2

stubborn ['stʌbən] упорный, упрямый

stuck [stʌk] *past и p. p. от* stick II

stud [stʌd] запонка

student ['stju:dənt] 1) студент; учащийся 2) изучающий что-л.

study ['stʌdı] **1.** *n* 1) изучение 2) предмет изучения 3) кабинет 4) этюд **2.** *v* 1) изучать 2) учиться, заниматься

stuff [stʌf] **1.** *n* вещество; материал **2.** *v* 1) набивать 2) фаршировать 3) затыкать

stumble ['stʌmbl] 1) спотыкаться 2) запинаться

stumbling block ['stʌmblıŋblɔk] камень преткновения

stump [stʌmp] 1) пень 2) обрубок

stun [stʌn] оглушать; ошеломлять

stung [stʌŋ] *past и p. p. от* sting 1

stupefy ['stju:pıfaı] 1) отуплять 2) изумлять, ошеломлять

stupid ['stju:pıd] глупый, тупой

stupor ['stju:pə] оцепенение

sturdy ['stə:dı] крепкий; здоровый

sturgeon ['stə:dʒən] осётр

style [staıl] 1) стиль; слог 2) мода; фасон

subdue [səb'dju:] подчинять; ~d [-d] подавленный

subject 1. *a* ['sʌbdʒıkt] 1) подчинённый; подвластный 2) (to) подверженный **2.** *n* ['sʌbdʒıkt] 1) предмет, тема 2) *грам.* подлежащее **3.** *v* [səb'dʒekt] 1) подчинять 2) подвергать (действию чего-л.)

subjunctive [səb'dʒʌŋktıv] *грам.* сослагательное наклонение

submarine ['sʌbməri:n] **1.** *a* подводный **2.** *n* подводная лодка

submerge [səb'mə:dʒ] погружать(ся) в воду

submission [səb'mıʃn] подчинение; покорность

submit [səb'mıt] 1) подчиняться; покоряться 2) представлять на рассмотрение

subordinate [sə'bɔ:dənıt] подчинённый

subpoena [səb'pi:nə] повестка (в суд)

subscribe [səb'skraıb] подписываться; ~r [-ə] подписчик

subscription [səb'skrıpʃn] 1) подпись 2) подписка

subsequent ['sʌbsıkwənt] последующий; ~ly [-lı] впоследствии, потом

subside [səb'saıd] 1) падать; убывать 2) утихать; умолкать

substance ['sʌbstəns] 1)

сущность 2) вещество, материя

substitute ['sʌbstɪtjuːt] **1.** *n* 1) заместитель 2) заменитель, суррогат **2.** *v* заменять; замещать

subtle ['sʌtl] тонкий, неуловимый; ~ty [-tɪ] тонкость

subtract [səb'trækt] *мат.* вычитать; ~ion [səb'trækʃn] *мат.* вычитание

suburb ['sʌbəːb] 1) пригород 2) *pl* предместье, окрестности *(города)*; ~an [sə'bəːbən] пригородный

subway ['sʌbweɪ] 1) тоннель 2) *амер.* метрополитен

succeed [sək'siːd] 1) следовать *(за чем-л.)*; быть преемником 2) достигать цели; иметь успех; I ~ed in мне удалось

success [sək'ses] успех, ~ful [-ful] удачный, успешный

succession [sək'seʃn] 1) последовательность 2) непрерывный ряд

successively [sək'sesɪvlɪ] последовательно, по порядку

successor [sək'sesə] преемник, наследник

such [sʌtʃ] такой

suck [sʌk] сосать

sudden ['sʌdn] **1.** *a* внезапный **2.** *n:* all of a ~ вдруг, внезапно; ~ly [-lɪ] вдруг, внезапно

sue [sjuː] преследовать судебным порядком, возбуждать дело в суде

suffer ['sʌfə] страдать; ~ing ['sʌfərɪŋ] страдание

sufficient [sʌ'fɪʃənt] достаточный

suffix ['sʌfɪks] *грам.* суффикс

suffocate ['sʌfəkeɪt] 1) душить 2) задыхаться

suffrage ['sʌfrɪdʒ] право голоса; universal ~ всеобщее избирательное право

sugar ['ʃugə] сахар; ~ beet сахарная свёкла; ~cane [-keɪn] сахарный тростник; ~y ['ʃugərɪ] 1) сахарный 2) льстивый

suggest [sə'dʒest] 1) предлагать 2) внушать; намекать; ~ion [sə'dʒestʃn] 1) предложение 2) внушение

suicide ['sjuɪsaɪd] 1) самоубийство; commit ~ покончить с собой 2) самоубийца

suit [sjuːt] **1.** *n* 1) костюм 2) комплект, набор 3) прошение; *юр.* иск **2.** *v* 1) подходить; годиться 2) быть к лицу

suitable ['sjuːtəbl] подходящий

suitcase ['sjuːtkeɪs] чемодан

suite [swiːt] 1) свита 2) несколько комнат, аппартаменты

sulphur ['sʌlfə] сера

sultry ['sʌltrɪ] знойный, душный

sum [sʌm] **1.** *n* 1) сумма, итог 2) арифметическая за-

дáча 2. *v:* ~ up подводи́ть
итóг

summary ['sʌmərɪ] крáткое изложéние, резюмé,
свóдка

summer ['sʌmə] лéто

summit ['sʌmɪt] 1) верши́-
на 2) предéл; верх 3) встрé-
ча в верхáх, на вы́сшем
у́ровне

summon ['sʌmən] 1) вызывáть *(в суд)* 2) созывáть

sun [sʌn] сóлнце; ~**beam**
['sʌnbi:m] сóлнечный луч; ~-
-**blind** ['sʌnblaɪnd] тент, на-
вéс; ~**burn** ['sʌnbə:n] загáр;
~**burnt** ['sʌnbə:nt] загорéлый

Sunday ['sʌndɪ] воскресéнье

sunflower ['sʌnflauə] под-
сóлнух

sung [sʌŋ] *p. p. от* sing

sunk [sʌŋk] *p. p. от* sink I

sunlight ['sʌnlaɪt] сóлнечный свет

sunny ['sʌnɪ] 1) сóлнечный 2) рáдостный

sunrise ['sʌnraɪz] восхóд
сóлнца

sunset ['sʌnset] закáт

sunshine ['sʌnʃaɪn] сóлнечный свет

sunstroke ['sʌnstrəuk] сóлнечный удáр

superficial [sju:pə'fɪʃəl]
повéрхностный, внéшний

superfluous [sju:'pə:fluəs]
изли́шний, чрезмéрный

superintend [sju:prɪn'tend]
надзирáть (за); ~**ent** [-ənt]
управля́ющий, завéдующий

superior [sju:'pɪərɪə] 1. *a*
вы́сший, превосходя́щий;
лу́чший 2. *n* стáрший, начáльник; ~**ity** [sju:pɪərɪ'ɔrɪtɪ]
превосхóдство

superlative [sju:'pə:lətɪv]
грам. превосхóдная стéпень

supermarket ['sju:pəma:
kɪt] универсáльный магази́н
самообслу́живания; супер-
мáркет

superstition [sju:pə'stɪʃn]
суевéрие; предрассу́дки

supper ['sʌpə] у́жин

supplement 1. *n* ['sʌp
lɪmənt] дополнéние, прило-
жéние 2. *v* ['sʌplɪment] по-
полня́ть, дополня́ть

supply [sə'plaɪ] 1. *v* снаб-
жáть; поставля́ть 2. *n* 1)
снабжéние 2) запáс 3) *эк.*
предложéние

support [sə'pɔ:t] 1. *v* 1)
поддéрживать 2) содержáть
2. *n* поддéржка; ~**er** [-ə]
сторóнник, привéрженец

suppose [sə'pəuz] предполагáть; полагáть

suppress [sə'pres] 1) по-
давля́ть 2) запрещáть *(газе-
ту)* 3) скрывáть *(прáвду)*;
~**ion** [sə'preʃn] 1) подавлé-
ние 2) запрещéние *(газеты
и т.п.)*

supreme [sju:'pri:m] вы́с-
ший; верхóвный

sure [ʃuə] 1. *a* увéренный;
несомнéнный; be ~ быть увé-
ренным; a ~ way надёжный
спóсоб 2. *adv* несомнéнно;
навернякá; ~**ly** ['ʃuəlɪ] не-

сомне́нно; коне́чно; ~ly you don't mean that! неуже́ли вы э́то всерьёз?

surf [sə:f] прибо́й

surface ['sə:fɪs] пове́рхность

surfing ['sə:fɪŋ] *спорт.* се́рфинг

surgeon ['sə:dʒn] 1) хиру́рг 2) вое́нный врач

surgery ['sə:dʒərɪ] 1) хирурги́я 2) приёмная *(хирурга)*

surname ['sə:neɪm] фами́лия

surpass [sə:'pɑ:s] превосходи́ть

surplus ['sə:pləs] 1. *n* изли́шек 2. *a* изли́шний

surprise [sə'praɪz] 1. *v* 1) удивля́ть; be ~d удивля́ться 2) захвати́ть враспло́х 2. *n* 1) удивле́ние 2) неожи́данность; сюрпри́з; take smb. by ~ захвати́ть кого́-л. враспло́х

surrender [sə'rendə] 1. *n* сда́ча, капитуля́ция 2. *v* сдава́ть(ся); капитули́ровать

surround [sə'raund] окружа́ть; ~ings [-ɪŋz] *pl* 1) окре́стности 2) среда́, окруже́ние

survey 1. *n* ['sə:veɪ] 1) обозре́ние, осмо́тр 2) топографи́ческая съёмка 2. *v* [sə:'veɪ] 1) обозрева́ть 2) межева́ть, де́лать съёмку

survive [sə'vaɪv] пережи́ть, вы́жить

survivor [sə'vaɪvə] уцеле́вший; оста́вшийся в живы́х

suspect 1. *v* [səs'pekt] подозрева́ть 2. *n* ['sʌspekt] подозрева́емый (челове́к)

suspend [səs'pend] 1) подве́шивать 2) приостана́вливать, отсро́чивать

suspenders [səs'pendəz] *амер.* подтя́жки

suspicion [səs'pɪʃn] подозре́ние

suspicious [səs'pɪʃəs] подозри́тельный

swallow I ['swɔləu] 1. *v* глота́ть, поглоща́ть 2. *n* глото́к; at a ~ одни́м глотко́м

swallow II ['swɔləu] ла́сточка

swam [swæm] *past om* swim

swamp [swɔmp] боло́то, топь

swan [swɔn] ле́бедь

swarm [swɔ:m] 1. *n* 1) рой 2) толпа́ 2. *v* 1) ро́иться 2) толпи́ться

sway [sweɪ] кача́ть(ся); раска́чивать(ся)

swear [sweə] (swore; sworn) 1) кля́сться, присяга́ть 2) руга́ться

sweat [swet] 1. *n* пот 2. *v* 1) поте́ть 2) эксплуати́ровать

sweater ['swetə] сви́тер

Swede [swi:d] швед

Swedish ['swi:dɪʃ] шве́дский

sweep [swi:p] 1. *v* (swept; swept) 1) нести́сь 2) мести́; вымета́ть 3) смета́ть 2. *n* взмах, разма́х

sweet [swi:t] 1. *a* 1) сладкий 2) ми́лый 2. *n* 1) сла́д-кое 2) *pl* конфе́ты, сла́дости

sweetheart ['swi:tha:t] 1) возлю́бленный; -ая 2) доро-го́й; -а́я *(как обраще́ние)*

swell [swel] (swelled; swollen) распуха́ть, вздува́ть-ся

swelling ['sweliŋ] вы́пук-лость; о́пухоль

swept [swept] *past и p. p. от* sweep 1

swift [swift] ско́рый, бы́ст-рый

swim [swim] (swam; swum) плыть, пла́вать; **~mer** ['swimə] пловец; **~ming** ['swimiŋ] пла́вание; **~ming pool** пла́вательный бассе́йн

swindle ['swindl] 1. *n* об-ма́н 2. *v* обма́нывать, наду-ва́ть

swing [swiŋ] 1. *v* (swung; swung) 1) кача́ть(ся) 2) раз-ма́хивать 2. *n* 1) разма́х 2) кача́ние 3) каче́ли

Swiss [swis] 1. *a* швейца́р-ский 2. *n* швейца́рец

switch [switʃ] 1. *n* 1) прут, хлыст 2) ж.-д. стре́лка 3) эл. выключа́тель 2. *v* переклю-ча́ть; ~ **off** выключа́ть; ~ **on** включа́ть

swollen ['swəulən] *p. p. от* swell

sword [sɔ:d] меч; шпа́га; са́бля

swore [swɔ:] *past от* swear

sworn [swɔ:n] *p. p. от* swear

swum [swʌm] *p. p. от* swim

swung [swʌŋ] *past и p. p. от* swing 1

syllable ['siləbl] слог; *пе-рен.* сло́во; **not a ~** ни сло́ва

symbol ['simbəl] си́мвол, знак

sympathize ['simpəθaiz] сочу́вствовать

sympathy ['simpəθi] сочу́в-ствие

symphony ['simfəni] сим-фо́ния

symptom ['simptəm] при́-знак, симпто́м

syringe ['sirindʒ] шприц; спринцо́вка

system ['sistim] систе́ма; строй

T

table ['teibl] 1) стол 2) пи́ща, стол 3) табли́ца; **~cloth** [-klɔ:θ] ска́терть

tacit ['tæsit] молчали́вый; **~ agreement** молчали́вый угово́р

tact [tækt] такт; **~ful** ['tæktful] такти́чный; **~less** ['tæktlis] беста́ктный

tag [tæg] ярлы́к

tail [teil] хвост

tailor ['teilə] портно́й

take [teik] (took; taken) брать; взять; ~ **off** снима́ть; ~ **out** вынима́ть ◇ ~ **care** (по)забо́титься; ~ **care!** осторóжнее!; ~ place случáться; ~n ['teɪkn] *p. p. om* take

tale [teɪl] 1) расскáз, пóвесть 2): tell ~s сплéтничать

talent ['tælənt] талáнт; ~ed [-ɪd] талáнтливый

talk [tɔ:k] 1. *v* говорúть; разговáривать 2. *n* разговóр

tall [tɔ:l] высóкий

tame [teɪm] 1. *a* ручнóй 2. *v* приручáть; укрощáть

tangerine [tændʒə'ri:n] мандарúн *(плод)*

tangle ['tæŋgl] 1. *n* сплетéние; пýтаница 2. *v* запýтывать(ся)

tank [tæŋk] 1) бак; резервуáр 2) танк

tap I [tæp] 1. *v* (по)стучáть; (по)хлóпать *(по плечу)* 2. *n* стук; постýкивание

tap II [tæp] кран *(водопроводный и т. п.)*

tape [teɪp] 1) тесьмá 2) телегрáфная лéнта

tape recorder ['teɪprɪkɔ:də] магнитофóн

tar [tɑ:] 1. *n* смолá; дёготь 2. *v* мáзать дёгтем; смолúть

target ['tɑ:gɪt] мишéнь

task [tɑ:sk] задáние; задáча

taste [teɪst] 1. *n* 1) вкус 2) склóнность 2. *v* 1) прóбовать 2) имéть (прú)вкус

taught [tɔ:t] *past и p. p. om* teach

tax [tæks] 1. *n* налóг 2. *v* облагáть налóгом

taxi ['tæksɪ] таксú

tea [ti:] чай

teach [ti:tʃ] (taught; taught) учúть, обучáть; ~er ['ti:tʃə] учúтель; ~ing ['ti:tʃɪŋ] 1) обучéние 2) *(чаще pl)* учéние

team [ti:m] 1) упрáжка 2) *спорт.* комáнда 3) бригáда рабóчих 4) экипáж сýдна

teapot ['ti:pɔt] чáйник *(для заварки)*

tear I [tɪə] слезá

tear II [tɛə] 1. *v* (tore; torn) рвáть(ся); отрывáть(ся); раздирáть 2. *n* дырá, прорéха

tease [ti:z] 1. *v* дразнúть 2. *n* задúра

teaspoon ['ti:spu:n] чáйная лóжка

technical ['teknɪkəl] технúческий

technique [tek'ni:k] тéхника

tedious ['ti:djəs] скýчный; утомúтельный

teem [ti:m] кишéть

teenager ['ti:neɪdʒə] подрóсток, тинэйджер

teeth [ti:θ] *pl om* tooth

telegram ['telɪgræm] телегрáмма

telegraph ['telɪgrɑ:f] 1. *n* телегрáф 2. *v* телеграфúровать

telephone ['telɪfəun] 1. *n* телефóн 2. *v* звонúть по телефóну

television ['telɪvɪʒn] телевúдение

telex ['teleks] тéлекс

tell [tel] (told; told) 1)

сказа́ть; говори́ть; ~ him to come попроси́ его́ прийти́ 2) расска́зывать 3) (on) ска́зываться; his years are beginning to ~ on him его́ во́зраст начина́ет ска́зываться

temper ['tempə] 1) хара́ктер 2) настрое́ние; lose one's ~ вы́йти из себя́

temperate ['tempərɪt] возде́ржанный; уме́ренный

temperature ['temprɪtʃə] температу́ра

temple I ['templ] храм

temple II ['templ] висо́к

temporary ['tempərərɪ] вре́менный

tempt [tempt] искуша́ть, соблазня́ть

temptation [temp'teɪʃn] искуше́ние, собла́зн

ten [ten] де́сять

tenant ['tenənt] 1) аренда́тор 2) жи́тель

tend [tend] склоня́ться; ~ency ['tendənsɪ] накло́нность, тенде́нция

tender ['tendə] не́жный; чувстви́тельный

tennis ['tenɪs] те́ннис

tense [tens] грам. вре́мя

tension ['tenʃn] напряже́ние

tent [tent] пала́тка

tenth [tenθ] деся́тый

tepid ['tepɪd] теплова́тый

term [tə:m] 1) срок 2) семе́стр 3) те́рмин; выраже́ние 4) pl усло́вия 5) pl отноше́ния

terminal ['tə:mɪnl] коне́чная ста́нция; air ~ аэровокза́л

terminate ['tə:mɪneɪt] конча́ть (ся)

termination [tə:mɪ'neɪʃn] коне́ц; оконча́ние

terrace ['terəs] терра́са; усту́п

terrible ['terəbl] стра́шный, ужа́сный

terrify ['terɪfaɪ] ужаса́ть

territory ['terɪtərɪ] террито́рия

terror ['terə] 1) у́жас 2) терро́р

test [test] 1. n 1) испыта́ние; nuclear weapon ~ испыта́ние я́дерного ору́жия 2) про́ба 2. v подверга́ть испыта́нию; испы́тывать

testify ['testɪfaɪ] свиде́тельствовать

testimony ['testɪmənɪ] показа́ние; свиде́тельство

text [tekst] текст; ~book ['tekstbuk] уче́бник, руково́дство

textile ['tekstaɪl] тексти́льный

than [ðæn] чем; не́жели

thank [θæŋk] 1. v благодари́ть; ~ you!, ~s! спаси́бо! 2. n pl благода́рность; ~s to благодаря́ (чему-л.); ~ful ['θæŋkful] благода́рный

that [ðæt] 1. pron 1) (э)тот, (э)та, (э)то 2) кото́рый 2. conj 1) что 2) чтобы; in order ~ для того́, чтобы

thaw [θɔ:] 1. v та́ять 2. n о́ттепель

the [ðɪ *перед гласным*, ðə *перед согласным*] 1. *грам. определённый артикль* 2. *adv* тем; ~ more ~ better чем больше, тем лучше

theatre ['θɪətə] театр

theft [θeft] кража

their, theirs [ðɛə, ðɛəz] их; свой

them [ðem] им; их

theme [θiːm] тема

themselves [ðəm'selvz] 1) себя; -ся 2) (они) сами

then [ðen] 1. *pron* 1) тогда 2) затем, потом 2. *conj* в таком случае; ~ I'll go в таком случае я уйду

theory ['θɪərɪ] теория

there [ðɛə] 1) там 2) туда 3) здесь, тут 4): ~ is, ~ are есть, имеется, имеются; ~by ['ðɛə'baɪ] тем самым; ~fore ['ðɛəfɔː] поэтому; следовательно; ~upon [ðɛərə'pɔn] 1) после чего 2) на что

these [ðiːz] эти

they [ðeɪ] они

thick [θɪk] 1) толстый; плотный 2) густой; ~ hair густые волосы

thief [θiːf] вор

thieves [θiːvz] *pl om* thief

thigh [θaɪ] бедро

thimble ['θɪmbl] напёрсток

thin [θɪn] 1) тонкий 2) худой 3) редкий; ~ hair редкие (жидкие) волосы

thing [θɪŋ] 1) вещь; предмет 2) дело, факт 3) *pl* вещи, принадлежности

think [θɪŋk] (thought; thought) думать; ~er ['θɪŋkə] мыслитель

third [θəːd] третий

thirst [θəːst] 1. *n* жажда 2. *v* испытывать жажду; ~ for жаждать

thirsty ['θəːstɪ]: be ~ хотеть пить

thirteen ['θəː'tiːn] тринадцать; ~th [-θ] тринадцатый

thirtieth ['θəːtɪɪθ] тридцатый

thirty ['θəːtɪ] тридцать

this [ðɪs] этот, эта, это

thorn [θɔːn] шип; колючка; ~y ['θɔːnɪ] колючий; *перен.* тернистый

thorough ['θʌrə] полный, совершённый; тщательный

thoroughfare ['θʌrəfɛə]: no ~ проезд запрещён (*надпись*)

those [ðəuz] те

though [ðəu] 1. *conj* хотя; as ~ как будто бы 2. *adv* однако

thought I [θɔːt] *past и p. p. om* think

thought II [θɔːt] мысль; мышление; ~ful ['θɔːtful] 1) задумчивый, погружённый в размышления 2) глубокий (*анализ и т.п.*) 3) заботливый, внимательный; ~less ['θɔːtlɪs] 1) необдуманный 2) беспечный 3) эгоистичный

thousand ['θauzənd] тысяча

thrash [θræʃ] 1) молотить 2) бить

thread [θred] нить, нитка

185

threat [θret] угро́за; ~en [-n] угрожа́ть

three [θri:] три

thresh [θreʃ] *см.* thrash

threshold ['θreʃhəuld] поро́г

threw [θru:] *past om* throw

thrift [θrɪft] бережли́вость; ~y ['θrɪftɪ] 1) бережли́вый, эконо́мный 2) процвета́ющий

thrill [θrɪl] 1. *n* тре́пет, содрога́ние 2. *v* си́льно взволнова́ть(ся)

thriller ['θrɪlə] рома́н *или* фильм у́жасов

throat [θrəut] го́рло; гло́тка

throb [θrɔb] си́льно би́ться; ~bing ['θrɔbɪŋ] пульса́ция, бие́ние

throne [θrəun] трон

through [θru:] 1) че́рез; сквозь; see ~ a telescope ви́деть в телеско́п 2) посре́дством, благодаря́

throughout [θru:'aut] 1. *adv* повсю́ду, везде́; the epidemic spread ~ the country эпиде́мия распространи́лась по всей стране́ 2. *prep* в продолже́ние *(всего времени);* ~ the century на протяже́нии всего́ ве́ка

throw [θrəu] (threw; thrown) броса́ть, кида́ть; ~n ['θrəun] *p. p. om* throw

thrust [θrʌst] 1. *v* (thrust; thrust) 1) толка́ть 2) вонза́ть 2. *n* 1) толчо́к 2) уда́р; вы́пад

thumb [θʌm] большо́й па́лец *(руки)*

thunder ['θʌndə] 1. *n* гром 2. *v* греме́ть; ~storm [-stɔ:m] гроза́

Thursday ['θə:zdɪ] четве́рг

thus [ðʌs] так, таки́м о́бразом

ticket ['tɪkɪt] 1) биле́т 2) ярлы́к

tickle ['tɪkl] щекота́ть

tide [taɪd] прили́в и отли́в

tidy ['taɪdɪ] 1. *a* аккура́тный, опря́тный 2. *v* прибира́ть

tie [taɪ] 1. *v* свя́зывать; привя́зывать 2. *n* 1) связь; *pl перен.* у́зы 2) га́лстук 3) *тех.* скре́па

tiger ['taɪgə] тигр

tight [taɪt] 1) туго́й; кре́пкий 2) те́сный; ~en ['taɪtn] натя́гивать(ся); ~s [-s] *pl* колго́тки

tile [taɪl] 1) черепи́ца 2) ка́фель

till [tɪl] 1. *prep* до 2. *conj* до тех пор пока́, пока́ не; I won't go to bed ~ you come я не ля́гу спать пока́ ты не придёшь

timber ['tɪmbə] строево́й лес

time [taɪm] 1. *n* 1) вре́мя 2) срок; in ~ во́время 3) раз 2. *v* 1) приуро́чить ко вре́мени 2) хронометри́ровать; ~table ['taɪmteɪbl] расписа́ние

timid ['tɪmɪd] ро́бкий, засте́нчивый

tin [tɪn] 1) блово 2) жесть 3) банка *(консервов)*

tinkle [ˈtɪŋkl] звенеть; позвякивать

tint [tɪnt] оттенок, тон; краска

tiny [ˈtaɪnɪ] крошечный

tip I [tɪp] 1. *n* кончик 2. *v:* ~ over, ~ up опрокидывать

tip II [tɪp] 1. *n* 1) чаевые 2) намёк, совет 2. *v* давать «на чай»

tiptoe [ˈtɪptəu]: on ~ на цыпочках

tire I [ˈtaɪə] утомлять(ся); I am ~d я устал

tire II [ˈtaɪə] шина

tiresome [ˈtaɪəsəm] надоедливый, скучный

tiring [ˈtaɪərɪŋ] утомительный

title [ˈtaɪtl] 1) заглавие, название 2) титул; звание

to [tu:, tu] 1) *(указывает направление)* к, в, на; he goes to school он ходит в школу; come to me! подойдите ко мне!; he has gone to a concert он пошёл на концерт 2) *соответствует русскому дательному падежу:* to my friend моему другу 3) *(о времени)* до; from four to six от 4 до 6 4) *ставится при инфинитиве:* to be быть

toad [təud] жаба

toast I [təust] 1. *n* тост 2. *v* пить за чьё-л. здоровье

toast II [təust] 1. *n* подсушенный ломтик хлеба; гренок 2. *v* подсушивать *(хлеб)*

tobacco [təˈbækəu] табак

today [təˈdeɪ] сегодня

toe [təu] 1) палец ноги 2) носок *(чулка, башмака)*

together [təˈgeðə] вместе

toil [tɔɪl] 1. *v* трудиться 2. *n* (тяжёлый) труд

toilet [ˈtɔɪlɪt] 1. *n* 1) туалет 2) *амер.* уборная 2. *a* туалетный

token [ˈtəukən] 1) знак 2) примета, признак

told [təuld] *past и p. p. от* tell

tolerable [ˈtɔlərəbl] сносный, допустимый

tolerant [ˈtɔlərənt] терпимый

tomato [təˈmɑ:təu] помидор

tomb [tu:m] могила, гробница

tomorrow [təˈmɔrəu] завтра

ton [tʌn] тонна

tone [təun] 1) тон 2) *мед.* тонус

tongs [tɔŋz] *pl* щипцы; клещи

tongue [tʌŋ] язык

tonight [təˈnaɪt] сегодня вечером, сегодня ночью

too [tu:] 1) также, тоже; к тому же 2) слишком, чересчур

took [tuk] *past от* take

tool [tu:l] инструмент, орудие

tooth [tu:θ] зуб; ~ache [ˈtu:θeɪk] зубная боль; ~brush [ˈtu:θbrʌʃ] зубная щётка; ~paste ['tu:θpeɪst] зубна́я па́ста

top [tɔp] **1.** *n* 1) верх 2) верши́на; маку́шка **2.** *a* ве́рхний; вы́сший

topic ['tɔpɪk] предме́т, те́ма; ~al [-əl] злободне́вный

torch [tɔ:tʃ] фа́кел

tore [tɔ:] *past om* tear II, 1

torment 1. *v* [tɔ:'ment] му́чить **2.** *n* ['tɔ:mənt] му́ка, муче́ние

torn [tɔ:n] *p.p. om* tear II, 1

torrent ['tɔrənt] пото́к

tortoise ['tɔ:təs] черепа́ха

torture ['tɔ:tʃə] **1.** *n* пы́тка **2.** *v* пыта́ть

toss [tɔs] 1) кача́ть(ся) 2) воро́чаться 3) швыря́ть

total ['təutl] **1.** *a* 1) весь 2) по́лный, абсолю́тный **2.** *n* о́бщая су́мма; ито́г

touch [tʌtʃ] **1.** *v* тро́гать; (при)каса́ться **2.** *n* 1) прикоснове́ние 2) осяза́ние; ~ing ['tʌtʃɪŋ] тро́гательный

tough [tʌf] 1) жёсткий 2) выно́сливый 3) упо́рный; упря́мый

tour [tuə] **1.** *n* путеше́ствие; турне́ **2.** *v* путеше́ствовать

toward(s) [tə'wɔ:d(z)] (по направле́нию) к

towel ['tauəl] полоте́нце

tower ['tauə] **1.** *n* ба́шня **2.** *v* 1) (over) вы́ситься (над) 2) выделя́ться

town [taun] го́род

toy [tɔɪ] игру́шка

trace [treɪs] **1.** *n* след **2.** *v* 1) проследи́ть 2) черти́ть

track [træk] **1.** *n* 1) след 2) ж.-д. колея́ 3) тропи́нка, доро́га **2.** *v* высле́живать

tractor ['træktə] тра́ктор

trade [treɪd] **1.** *n* 1) торго́вля 2) ремесло́, профе́ссия; ~ union профсою́з **2.** *v* торгова́ть

tradition [trə'dɪʃn] 1) тради́ция 2) преда́ние

traffic ['træfɪk] у́личное движе́ние; тра́нспорт; ~ lights светофо́р

tragedy ['trædʒɪdɪ] траге́дия

tragic ['trædʒɪk] траги́ческий

trail [treɪl] **1.** *v* 1) волочи́ть(ся), тащи́ть(ся) 2) высле́живать **2.** *n* след; ~er ['treɪlə] тре́йлер, прице́п к автомоби́лю

train I [treɪn] 1) по́езд 2) шлейф *(платья)* 3) сви́та

train II [treɪn] 1) обуча́ть; воспи́тывать 2) трениров́ать(ся); ~ing ['treɪnɪŋ] 1) обуче́ние 2) трениро́вка

traitor ['treɪtə] изме́нник, преда́тель

tram [træm] трамва́й

tramp [træmp] **1.** *v* 1) броди́ть 2) гро́мко то́пать **2.** *n* бродя́га

trample ['træmpl] топта́ть

tranquil ['træŋkwɪl] споко́йный; ~lity [træŋ'kwɪlɪtɪ] споко́йствие

transaction [træn'zækʃn]

1) де́ло, сде́лка 2) веде́ние *(дел)* 3) *pl* труды́, протоко́лы *(общества)*

transfer 1. *v* [træns'fə:] 1) перемеща́ть; переноси́ть 2) передава́ть **2.** *n* ['trænsfə:] 1) перено́с 2) переда́ча 3) перево́д

transform [træns'fɔ:m] превраща́ть

transit ['trænsıt] транзи́т, перево́зка

transition [træn'sıʒn] перехо́д

transitive ['trænsıtıv] *грам.* перехо́дный *(о глаголе)*

translate [træns'leıt] переводи́ть(ся)

translation [træns'leıʃn] перево́д

transmission [trænz'mıʃn] переда́ча

transparent [træns'pɛərənt] прозра́чный

transplant [træns'plɑ:nt] переса́живать; ~ation [trænsplɑ:n'teıʃn] транспланта́ция

transport 1. *n* ['trænspɔ:t] перево́зка; тра́нспорт **2.** *v* [træns'pɔ:t] перевози́ть

trap [træp] западня́, лову́шка, капка́н; ~door ['træpdɔ:] люк

travel ['trævl] **1.** *v* 1) путеше́ствовать 2) передвига́ться **2.** *n* путеше́ствие; ~ler [-ə] путеше́ственник; ~ler's cheque тури́стский чек

traverse ['trævə:s] пересека́ть

tray [treı] подно́с

treacherous ['tretʃərəs] преда́тельский

treachery ['tretʃərı] преда́тельство, изме́на

tread [tred] (trod; trodden) ступа́ть; наступа́ть

treadle ['tredl] педа́ль

treason ['tri:zn] (госуда́рственная) изме́на

treasure ['treʒə] **1.** *n* сокро́вище, клад **2.** *v* цени́ть; дорожи́ть

treat [tri:t] 1) обраща́ться, обходи́ться 2) угоща́ть 3) лечи́ть

treatment ['tri:tmənt] 1) обхожде́ние 2) обрабо́тка 3) лече́ние

treaty ['tri:tı] догово́р

tree [tri:] де́рево

tremble ['trembl] дрожа́ть, трепета́ть

tremendous [trı'mendəs] огро́мный

trench [trentʃ] ров; око́п

trespass ['trespəs] преступа́ть, наруша́ть грани́цу *(владения)*; ~ on злоупотребля́ть

trial ['traıəl] **1.** *n* 1) испыта́ние 2) суд, суде́бное разбира́тельство **2.** *a* про́бный

triangle ['traıæŋgl] треуго́льник

tribe [traıb] пле́мя; род

tribute ['trıbju:t] дань

trick [trık] 1) хи́трость, уло́вка 2) фо́кус, трюк

trifle ['traıfl] пустя́к

trigger ['trıgə] куро́к

trim [trɪm] **1.** *a* подтя́нутый **2.** *v* 1) подра́внивать, подстрига́ть 2) отде́лывать; украша́ть

trip [trɪp] 1) экску́рсия; пое́здка 2) пла́вание, рейс *(корабля́)*

triumph [ˈtraɪəmf] **1.** *n* торжество́ **2.** *v* (вос)торжествова́ть; ~al [traɪˈʌmfəl] триумфа́льный; ~ant [traɪˈʌmfənt] 1) торжеству́ющий 2) победоно́сный

trod [trɔd] *past om* tread

trodden [ˈtrɔdn] *p. p. om* tread

trolley [ˈtrɔlɪ] вагоне́тка; ~bus [-bʌs] тролле́йбус

troops [truːps] *pl* войска́

trophy [ˈtrəufɪ] трофе́й

tropic [ˈtrɔpɪk] тро́пик; the ~s тро́пики; ~al [-əl] тропи́ческий

trot [trɔt] **1.** *n* рысь, рысца́ **2.** *v* бежа́ть ры́сью

trouble [ˈtrʌbl] **1.** *n* 1) беспоко́йство 2) забо́та, хло́поты 3) го́ре, беда́ **2.** *v* беспоко́ить(ся); ~some [-səm] 1) тру́дный, неприя́тный 2) капри́зный *(о ребёнке)*

trousers [ˈtrauzəz] *pl* брю́ки

truce [truːs] 1) переми́рие 2) переды́шка; зати́шье

truck [trʌk] 1) грузови́к 2) ваго́н-платфо́рма

true [truː] 1) и́стинный; пра́вильный 2) по́длинный 3) ве́рный, пре́данный

truly [ˈtruːlɪ]: yours ~

пре́данный вам *(в конце́ письма́)*

trumpet [ˈtrʌmpɪt] *муз.* труба́

trunk [trʌŋk] 1) ствол 2) ту́ловище; ко́рпус 3) чемода́н; сунду́к 4) хо́бот

trust [trʌst] **1.** *n* 1) дове́рие 2) трест **2.** *v* 1) ве́рить 2) наде́яться, полага́ться; ~ee [trʌsˈtiː] опеку́н; попечи́тель

truth [truːθ] пра́вда; и́стина; ~ful [ˈtruːθful] правди́вый

try [traɪ] 1) попыта́ться; стара́ться 2) про́бовать, испы́тывать 3) суди́ть; ~ on примеря́ть *(пла́тье)*

tub [tʌb] 1) таз 2) ва́нна

tube [tjuːb] 1) тру́бка 2) тю́бик 3): the ~ метрополите́н *(в Ло́ндоне)*

Tuesday [ˈtjuːzdɪ] вто́рник

tulip [ˈtjuːlɪp] тюльпа́н

tune [tjuːn] **1.** *n* мело́дия; out of ~ расстро́енный; фальши́вый **2.** *n* настра́ивать

tunnel [ˈtʌnəl] тунне́ль

turf [təːf] дёрн

Turk [təːk] ту́рок

turkey [ˈtəːkɪ] индю́к; индю́шка

Turkish [ˈtəːkɪʃ] туре́цкий; ~ towel махро́вое полоте́нце

turn [təːn] **1.** *n* 1) верте́ть(ся); крути́ть(ся) 2) повора́чивать(ся) 3) де́латься, станови́ться; ~ pale побледне́ть; ~ off закрыва́ть *(кран);* ~ on открыва́ть

(кран); включа́ть *(свет);* ~
out a) выключа́ть *(свет);* б)
ока́зываться 2. *n* 1) поворо́т
2) о́чередь 3) вито́к

turner ['tə:nə] то́карь

turnip ['tə:nɪp] ре́па

turpentine ['tə:pəntaɪn]
скипида́р

turquoise ['tə:kwɑ:z] 1. *n*
бирюза́ 2. *a* бирюзо́вый цвет

tuxedo [tʌk'si:dəu] *амер.*
смо́кинг

twelfth [twelfθ] двена́дца-
тый

twelve [twelv] двена́дцать

twentieth ['twentɪɪθ] двад-
ца́тый

twenty ['twentɪ] два́дцать

twice [twaɪs] два́жды; ~ as
вдво́е

twig [twɪg] ве́т(оч)ка; пру́-
тик

twilight ['twaɪlaɪt] су́мерки

twinkle ['twɪŋkl] 1) мер-
ца́ть; сверка́ть; мига́ть 2)
мелька́ть

twins [twɪnz] близнецы́

twist [twɪst] 1. *v* 1) кру-
ти́ть; скру́чивать(ся) 2) ис-
кажа́ть 2. *n* 1) искривле́ние;
изги́б 2) верёвка

twitter ['twɪtə] щебета́ть,
чири́кать

two [tu:] два

type [taɪp] 1. *n* 1) тип 2)
шрифт 2. *v* печа́тать на ма-
ши́нке; ~writer ['taɪpraɪtə]
пи́шущая маши́нка

typhoid ['taɪfɔɪd]: ~ fever
брюшно́й тиф

typical ['tɪpɪkəl] типи́чный

typist ['taɪpɪst] машини́ст-
ка

tyranny ['tɪrənɪ] тирани́я;
деспоти́зм

tyrant ['taɪərənt] тира́н

tyre ['taɪə] *см.* tire II

U

ugly ['ʌglɪ] некраси́вый;
отта́лкивающий

ultimate ['ʌltɪmɪt] оконча́-
тельный

umbrella [ʌm'brelə] зо́н-
тик

umpire ['ʌmpaɪə] посре́д-
ник, трете́йский судья́

un- [ʌn-] *приставка* не-;
без-

unable ['ʌn'eɪbl] неспосо́б-
ный; be ~ не быть в состоя́-
нии; I am ~ я не могу́

unanimous [ju:'nænɪməs]
единоду́шный, единогла́сный

unbutton [ʌn'bʌtn] расстёгивать

uncertainty [ʌn'sə:tntɪ] 1)
неопределённость; неизве́ст-
ность 2) неуве́ренность

uncle ['ʌŋkl] дя́дя

uncomfortable [ʌn'kʌm
fətəbl] неудо́бный

uncommon [ʌn'kɔmən] не-
обыкнове́нный

unconscious [ʌn'kɔnʃəs] 1)
бессозна́тельный 2): be ~ of
не сознава́ть 3) нево́льный

undeniable [ʌndɪ'naɪəbl]
неоспори́мый, несомне́нный

under ['ʌndə] 1) под 2) при; ~ modern conditions при совреме́нных усло́виях; ~ no circumstances ни при каки́х обстоя́тельствах 3) ме́ньше (чем); ни́же *(о стоимо́сти)*; he is ~ fifty ему́ ме́ньше 50

underclothes ['ʌndəkləuðz] *pl* (ни́жнее) бельё

underestimate ['ʌndər 'estɪmeɪt] недооце́нивать

undergo [ʌndə'gəu] (underwent; undergone) подверга́ться; испы́тывать; ~ne [ʌndə'gɔn] *p. p. om* undergo

underground 1. *adv* [ʌndə'graund] под землёй 2. *a* ['ʌndəgraund] 1) подзе́мный 2) подпо́льный 3. *n* ['ʌndəgraund]: the ~ метрополите́н

underline [ʌndə'laɪn] подчёркивать

undermine [ʌndə'maɪn] подрыва́ть, подка́пывать

underneath [ʌndə'ni:θ] 1. *adv* вниз; внизу́ 2. *prep* под; from ~ из-под

understand [ʌndə'stænd] (understood; understood) понима́ть

understood [ʌndə'stud] *past и p. p. om* understand

undertake [ʌndə'teɪk] (undertook; undertaken) 1) предпринима́ть 2) руча́ться; ~n [-n] *p. p. om* undertake

undertaker's ['ʌndəteɪkəz] похоро́нное бюро́

undertaking [ʌndə'teɪkɪŋ] 1) предприя́тие 2) обяза́тельство

undertook [ʌndə'tuk] *past om* undertake

underwear ['ʌndəwɛə] ни́жнее бельё

underwent [ʌndə'went] *past om* undergo

undid ['ʌn'dɪd] *past om* undo

undo ['ʌn'du:] (undid; undone) развя́зывать; расстёгивать; ~ne ['ʌn'dʌn] *p. p. om* undo

undoubted [ʌn'dautɪd] несомне́нный; ~ly [-lɪ] несомне́нно

undress ['ʌn'dres] раздева́ть(ся)

uneasiness [ʌn'i:zɪnɪs] 1) трево́га 2) нело́вкость

uneasy [ʌn'i:zɪ] 1) встрево́женный 2) нело́вкий

unemployed ['ʌnɪm'plɔɪd] безрабо́тный

unemployment ['ʌnɪm 'plɔɪmənt] безрабо́тица

unequal [ʌn'i:kwəl] нера́вный

unexpected ['ʌnɪks'pektɪd] неожи́данный

unfinished ['ʌn'fɪnɪʃt] незако́нченный

unfit ['ʌn'fɪt] него́дный, неподходя́щий

unfortunate [ʌn'fɔ:tʃnɪt] 1) несча́стный; несчастли́вый 2) неуда́чный; ~ly [-lɪ] к несча́стью

ungrateful [ʌn'greɪtful] неблагода́рный

unhappy [ʌn'hæpɪ] несча́стный; несчастли́вый

unhealthy [ʌn'helθɪ] нездоро́вый

uniform ['juːnɪfɔːm] 1. *n* фо́рма, мунди́р 2. *a* единообра́зный; однор́одный

uninterrupted ['ʌnɪntə'rʌptɪd] непреры́вный

union ['juːnjən] 1) сою́з 2) объедине́ние

unit ['juːnɪt] 1) едини́ца 2) во́инская часть

unite [juː'naɪt] соединя́ть(ся); объединя́ть(ся)

unity ['juːnɪtɪ] 1) еди́нство 2) *мат.* едини́ца

universal [juːnɪ'vɜːsəl] универса́льный; всео́бщий

universe ['juːnɪvɜːs] мир, вселе́нная

university [juːnɪ'vɜːsɪtɪ] университе́т

unkind [ʌn'kaɪnd] злой, жесто́кий

unknown ['ʌn'nəun] неизве́стный

unless [ʌn'les] е́сли не; I won't go ~ the weather is fine я не пое́ду, е́сли не бу́дет хоро́шей пого́ды

unlike ['ʌn'laɪk] 1. *a* непохо́жий 2. *prep* в отли́чие от

unlimited [ʌn'lɪmɪtɪd] неограни́ченный

unload ['ʌn'ləud] 1) разгружа́ть(ся) 2) разряжа́ть *(оружие)*

unlock ['ʌn'lɔk] отпира́ть

unlucky [ʌn'lʌkɪ] несчастли́вый, неуда́чный

unmoved ['ʌn'muːvd] равноду́шный

unnatural [ʌn'nætʃrəl] неесте́ственный, противоесте́ственный

unnecessary [ʌn'nesɪsərɪ] нену́жный, изли́шний

unpleasant [ʌn'pleznt] неприя́тный

unprofitable [ʌn'prɔfɪtəbl] невы́годный; нерента́бельный

unreasonable [ʌn'riːzənəbl] неразу́мный, неблагоразу́мный

unrest ['ʌn'rest] беспоко́йство, волне́ние

unscrupulous [ʌn'skruːpjuləs] беспринци́пный, неразбо́рчивый в сре́дствах

unselfish ['ʌn'selfɪʃ] бескоры́стный; самоотве́рженный

unsteady ['ʌn'stedɪ] неусто́йчивый, нетвёрдый

until [ən'tɪl] 1. *prep* до 2. *conj* пока́ не

unusual ['ʌn'juːʒuəl] необыкнове́нный, необы́чный

unwelcome [ʌn'welkəm] 1) нежела́нный 2) неприя́тный

unwilling ['ʌn'wɪlɪŋ] нескло́нный, нерасполо́женный; I am ~ to refuse him я бы не хоте́л ему́ отказа́ть

unwise ['ʌn'waɪz] не(благо)разу́мный

unworthy [ʌn'wə:ði] недостойный

up [ʌp] **1.** *adv* наве́рх; вверх; up and down вверх и вниз; взад и вперёд **2.** *prep* вверх

upbringing ['ʌpbrɪŋɪŋ] воспита́ние

upon [ə'pɔn] *см.* on 1

upper ['ʌpə] ве́рхний; вы́сший

upright 1) ['ʌpraɪt] прямо́й; вертика́льный 2) ['ʌpraɪt] че́стный; справедли́вый

uproar ['ʌprɔ:] шум; волне́ние

uproot [ʌp'ru:t] вырыва́ть с ко́рнем; *перен.* искореня́ть

upset [ʌp'set] (upset; upset) 1) опроки́дывать (ся) 2) огорча́ть; расстра́ивать

upside down [ʌpsaɪd'daun] вверх дном

upstairs [ʌp'steəz] **1.** *adv* наве́рх; вверх (по ле́стнице) **2.** *a* (находя́щийся) на ве́рхнем этаже́

up-to-date ['ʌptə'deɪt] совреме́нный; передово́й; мо́дный

upward ['ʌpwəd] напра́вленный вверх; ~s [-z] вверх

urge [ə:dʒ] убежда́ть *(насто́йчиво);* ~ the horse понука́ть ло́шадь

urgent ['ə:dʒənt] сро́чный; ва́жный; настоя́тельный

urn [ə:n] у́рна

us [ʌs] нам; нас

usage ['ju:zɪdʒ] 1) употребле́ние 2) обы́чай

use 1. *n* [ju:s] 1) по́льза 2) по́льзование, употребле́ние **2.** *v* [ju:z] 1) употребля́ть, по́льзоваться 2) обраща́ться; ~ up испо́льзовать

used [ju:st]: he is ~ to он привы́к; he ~ to work at home ра́ньше он рабо́тал до́ма

useful ['ju:sful] поле́зный; приго́дный

useless ['ju:slɪs] бесполе́зный

usher ['ʌʃə] билетёр; капельди́нер

usual ['ju:ʒuəl] обы́чный, обыкнове́нный; ~ly [-ɪ] обы́чно, обыкнове́нно

usurp [ju:'zə:p] узурпи́ровать; ~er [-ə] узурпа́тор

utensil [ju:'tensl] у́тварь

utility [ju:'tɪlɪtɪ] 1) поле́зность; вы́годность 2) *pl* удо́бства, коммуна́льные услу́ги

utilize ['ju:tɪlaɪz] испо́льзовать

utmost ['ʌtməust] **1.** *a* кра́йний; преде́льный **2.** *n* са́мое большо́е; do one's ~ де́лать всё, что в чьих-л. си́лах

utter I ['ʌtə] по́лный; кра́йний; ~ darkness кроме́шная тьма

utter II ['ʌtə] издава́ть (зву́ки); произноси́ть; вы́молвить

utterly ['ʌtəlɪ] соверше́нно

V

vacancy ['veɪkənsɪ] 1) пустота́, пусто́е простра́нство 2) вака́нсия

vacant ['veɪkənt] 1) пусто́й 2) вака́нтный; свобо́дный 3) рассе́янный; бессмы́сленный *(взгляд)*

vacation [və'keɪʃn] 1) кани́кулы 2) *амер.* о́тпуск

vacuum cleaner ['vækju əm'kli:nə] пылесо́с

vague [veɪg] сму́тный, нея́сный; неопределённый

vain [veɪn] 1) тще́тный; in ~ напра́сно 2) пусто́й; тщесла́вный; самодово́льный

valid ['vælɪd] 1) *юр.* действи́тельный, име́ющий си́лу 2) ве́ский, обосно́ванный

valley ['vælɪ] доли́на

valuable ['væljuəbl] 1. *a* це́нный 2. *n pl* драгоце́нности

value ['vælju:] 1. *n* 1) це́нность 2) *эк.* сто́имость 3) *мат.* величина́ 2. *v* 1) оце́нивать 2) цени́ть

valve [vælv] 1) кла́пан 2) ство́рка 3) *радио* электро́нная ла́мпа

van I [væn] 1) фурго́н 2) бага́жный ваго́н

van II [væn] *см.* vanguard

vanguard ['vænga:d] аванга́рд

vanish ['vænɪʃ] исчеза́ть

vanity ['vænɪtɪ] тщесла́вие

vanquish ['væŋkwɪʃ] побежда́ть; преодолева́ть

vapour ['veɪpə] 1) пар 2) пары́

variety [və'raɪətɪ] 1) разнообра́зие 2) разнови́дность 3) варьете́

various ['vɛərɪəs] разли́чный; ра́зный

varnish ['va:nɪʃ] 1. *n* 1) лак 2) лоск 2. *v* лакирова́ть

vary ['vɛərɪ] 1) (из)меня́ться 2) разнообра́зить

vase [va:z] ва́за

vast [va:st] обши́рный, грома́дный

vault [vɔ:lt] свод

veal [vi:l] теля́тина

vegetable ['vedʒɪtəbl] 1. *a* расти́тельный 2. *n* о́вощ

vegetarian [vedʒə'tɛərɪən] 1. *n* вегетариа́нец 2. *a* вегетариа́нский

vegetation [vedʒə'teɪʃn] расти́тельность

vehement ['vi:ɪmənt] стра́стный, неи́стовый

vehicle ['vi:ɪkl] экипа́ж, пово́зка

veil [veɪl] 1. *n* вуа́ль 2. *v* завуали́ровать

vein [veɪn] 1) ве́на 2) жи́ла; жи́лка

velvet ['velvɪt] ба́рхат

vengeance ['vendʒəns] месть, мще́ние

ventilate ['ventɪleɪt] прове́тривать, вентили́ровать

venture ['ventʃə] рискну́ть; отва́житься

verb [və:b] *грам.* глаго́л

verbal ['və:bəl] 1) устный 2) *грам.* отглагольный

verdict ['və:dıkt] приговор

verdure ['və:dʒə] зелень

verge [və:dʒ] 1. *n* грань; *перен.* край 2. *v*: ~ on граничить; быть на грани

verify ['verıfaı] проверять

verse [və:s] 1) стих(и) 2) строфа

vertical ['və:tıkəl] вертикальный

very ['verı] 1. *adv* очень; весьма 2. *a* истинный, сущий; the ~ (тот) самый

vessel ['vesl] 1) сосуд 2) корабль; судно

vest [vest] *амер.* 1) жилет 2) майка

vet [vet] *разг.* ветеринар

veteran ['vetərən] 1) ветеран 2) (бывший) участник войны

vex [veks] раздражать, сердить; ~ation [vek'seıʃn] досада, раздражение

vibrate [vaı'breıt] вибрировать

vice [vaıs] порок

vice- [vaıs-] вице-

vicinity [vı'sınıtı] 1) окрестности 2) соседство, близость

vicious ['vıʃəs] 1) порочный 2) злобный

victim ['vıktım] жертва

victorious [vık'tɔ:rıəs] победоносный

victory ['vıktərı] победа

victuals ['vıtlz] *pl* провизия, продовольствие

video cassette [vıdıəu kə'set] видеокассета

videotape recorder ['vıdı əuteıprı'kɔ:də] видеомагнитофон

view [vju:] 1. *n* 1) вид 2) взгляд; point of ~ точка зрения 2. *v* 1) осматривать 2) рассматривать

vigilance ['vıdʒıləns] бдительность

vigorous ['vıgərəs] сильный, энергичный

vile [vaıl] подлый

village ['vılıdʒ] деревня, село; ~r [-ə] сельский житель

villain ['vılən] злодей, негодяй

vindicate ['vındıkeıt] оправдывать

vine [vaın] виноградная лоза

vinegar ['vınıgə] уксус

vineyard ['vınjəd] виноградник

violate ['vaıəleıt] 1) нарушать, попирать 2) насиловать

violence ['vaıələns] 1) сила, неистовство 2) насилие

violent ['vaıələnt] 1) сильный, неистовый, буйный 2) насильственный

violet ['vaıəlıt] 1. *n* фиалка 2. *a* фиолетовый

violin [vaıə'lın] скрипка

viper ['vaıpə] гадюка

virgin ['və:dʒn] девственный

virtual ['vә:tʃuәl] действительный, фактический

virtue ['vә:tju:] 1) добродетель 2) достоинство

virus ['vaırәs] вирус

visa ['vi:zә] виза

visible ['vızәbl] 1) видимый 2) очевидный

vision ['vıʒn] 1) зрёние 2) видение

visit ['vızıt] 1. n посещать 2. n визит, посещёние; ~or [-ә] гость, посетитель

visual ['vızjuәl] 1) зрительный 2) наглядный

vital ['vaıtl] 1) жизненный 2) насущный; важный

vivacious [vı'veıʃәs] живой, оживлённый

vivid ['vıvıd] живой, яркий

vocabulary [vә'kæbjulәrı] словарь, запас слов

vocal ['vәukәl] 1) голосовой 2) вокальный

vocation [vәu'keıʃn] призвание

vogue [vәug] мода; in ~ в мóде

voice [vɔıs] 1) гóлос 2) грам. залог

void [vɔıd] 1) лишённый 2) юр. недействительный (тж. null and ~)

volcano [vɔl'keınәu] вулкан

volition [vә'lıʃn] вóля, хотёние

volume ['vɔljum] 1) объём 2) том

voluntary ['vɔlәntәrı] добровóльный

volunteer [vɔlәn'tıә] 1. n добровóлец 2. v вызваться (что-л. сделать)

vote [vәut] 1. n 1) гóлос (на выборах) 2) голосование 2. v голосовать; ~r ['vәutә] избиратель

vow [vau] 1. n обёт; клятва 2. v давать обёт; клясться

vowel ['vauәl] гласный (звук)

voyage ['vɔıdʒ] путешёствие (по воде); ~r ['vɔıәdʒә] путешёственник (по морю)

vulgar ['vʌlgә] 1) вульгарный, пóшлый 2) грубый

W

wade [weıd] пробираться, идти с трудóм

wag [wæg] махать; размахивать; качать

wage [weıdʒ] 1) pl заработная плата (рабочего) 2): living ~ прожиточный минимум

waggon ['wægәn] повóзка; фургóн; вагóн-платфóрма

wail [weıl] 1. n вопль; вой 2. v вопить; выть

waist [weıst] талия; ~coat ['weıskәut] жилёт; ~line ['weıstlaın] талия, линия талии

wait [weıt] 1. v (for) ждать; ~ on прислуживать

2. *n:* lie in ~ for поджидáть, подстерегáть; ~er ['weɪtə] официáнт

waiting list ['weɪtŋlɪst] спúсок кандидáтов, спúсок очерéдников

waiting room ['weɪtŋru:m] 1) зал ожидáния 2) приёмная *(врача и т. п.)*

waitress ['weɪtrɪs] официáнтка

waive [weɪv] отка́зываться *(от права, требования)*

wake [weɪk] (woke, waked) будúть; пробуждáть(ся)

walk [wɔ:k] 1. *n* прогýлка; go for a ~ идтú гуля́ть 2. *v* идтú пешкóм; гуля́ть

wall [wɔ:l] стенá

wallet ['wɔlɪt] бумáжник

wallow ['wɔləu] 1) валя́ться, катáться *(в чём-л.)* 2) погря́знуть

wall painting ['wɔ:lpeɪntŋ] настéнная жúвопись

wallpaper ['wɔ:lpeɪpə] обóи

walnut ['wɔ:lnət] грéцкий орéх

walrus ['wɔ:lrəs] морж

wan [wɔn] 1) блéдный, болéзненный 2) тýсклый, слáбый

wander ['wɔndə] 1) бродúть; стрáнствовать 2) блуждáть; ~er ['wɔndərə] стрáнник

wanderings ['wɔndərŋz] *pl* стрáнствия

wane [weɪn]: on the ~ в упáдке, на ущéрбе

want [wɔnt] 1. *n* 1) недостáток; отсýтствие 2) нуждá; be in ~ нуждáться 3) *pl* потрéбности 2. *v* 1) желáть, хотéть 2) нуждáться

war [wɔ:] 1. *n* войнá 2. *a* воéнный

ward [wɔ:d] 1) палáта 2) (тюрéмная) кáмера

warden ['wɔ:dn] смотрúтель

wardrobe ['wɔ:drəub] платянóй шкаф; гардерóб

warehouse ['wɛəhaus] склад; пакгáуз

warfare ['wɔ:fɛə] войнá

warily ['wɛərɪlɪ] осторóжно, осмотрúтельно

warlike ['wɔ:laɪk] воúнственный

warm [wɔ:m] 1. *a* тёплый; *перен.* сердéчный; горя́чий 2. *v* грéться

warmth [wɔ:mθ] 1) теплó; теплотá 2) *перен.* сердéчность

warn [wɔ:n] предупреждáть; предостерегáть; ~ing ['wɔ:nŋ] предупреждéние; предостережéние

warp [wɔ:p] 1) искривля́ться, корóбиться, деформúроваться 2) искажáть, извращáть

warrant ['wɔrənt] 1. *n* 1) полномóчие 2) óрдер 2. *v* гарантúровать

warranty ['wɔrəntɪ] разрешéние, сáнкция

warrior ['wɔrɪə] вóин.

warship ['wɔ:ʃɪp] воéнный корáбль

wartime ['wɔːtaɪm] военное время

wary ['wɛərɪ] осторожный, осмотрительный

was [wɔz, wəz] *past sing om* be

wash [wɔʃ] **1.** *v* 1) мыть(ся) 2) смывать 3) стирать *(бельё)* **2.** *n* стирка

washed-out [wɔʃt'aut] 1) линялый, полинявший 2) измождённый, обессиленный

washed-up [wɔʃt'ʌp] конченый

washing machine ['wɔʃɪŋməʃiːn] стиральная машина

washing-up [wɔʃɪŋ'ʌp] мытьё посуды

washstand ['wɔʃstænd] умывальник

wasp [wɔsp] оса

waste I [weɪst] пустыня

waste II [weɪst] **1.** *n* 1) отбросы 2) излишняя трата **2.** *v* тратить; терять *(время)*

wasteful ['weɪstful] расточительный

wasteland ['weɪstlənd] пустырь

wastepaper basket [weɪst 'peɪpə'baːskɪt] корзина для бумаг

waste product ['weɪst prɔdʌkt] отходы (производства)

watch I [wɔtʃ] **1.** *v* 1) следить, наблюдать 2) сторожить **2.** *n* 1) бдительность; be on the ~ остерегаться;

keep ~ сторожить 2) стража, караул 3) *мор.* вахта

watch II [wɔtʃ] часы

watchful ['wɔtʃful] бдительный

watchman ['wɔtʃmən] (ночной) сторож

water ['wɔːtə] **1.** *n* вода **2.** *v* поливать; ~ biscuit галета; ~colour [-kʌlə] акварель; ~fall [-fɔːl] водопад

waterfront ['wɔːtəfrʌnt] порт, район порта; портовая часть города

watering can ['wɔːtərɪŋ kæn] лейка

watering place ['wɔːtərɪŋ pleɪs] 1) водопой 2) водный курорт

waterline ['wɔːtəlaɪn] ватерлиния

water main ['wɔːtəmeɪn] водопроводная магистраль

watermelon ['wɔːtəmelɔn] арбуз

water polo ['wɔːtəpəuləu] *спорт.* водное поло, ватерполо

waterproof ['wɔːtəpruːf] **1.** *a* непромокаемый **2.** *n* непромокаемый плащ

water skiing ['wɔːtəskiːɪŋ] *спорт.* водные лыжи

water supply ['wɔːtəsəplaɪ] водоснабжение

watertight ['wɔːtətaɪt] водонепроницаемый

watery ['wɔːtərɪ] водянистый

wave [weɪv] **1.** *n* 1) волна 2) взмах **2.** *v* 1) колыхаться, развева́ться 2) маха́ть 3) завива́ть(ся)

wavelength ['weɪvleŋθ] *ра-дио* длина́ волны́

wax [wæks] 1. *n* воск 2. *a* восково́й

waxworks ['wækswɔ:ks] *pl* восковы́е фигу́ры

way [weɪ] 1) доро́га, путь 2) мане́ра, спо́соб ◇ ~ out вы́ход; by the ~ ме́жду про́чим; a long ~ off далеко́; get one's own ~ доби́ться своего́

we [wi:] мы

weak [wi:k] сла́бый; ~en ['wi:kən] 1) слабе́ть 2) ослабля́ть; ~ness ['wi:knɪs] сла́бость

wealth [welθ] бога́тство; ~y ['welθɪ] бога́тый

wean [wi:n] 1) отнима́ть от груди́ 2) (from, off) отуча́ть

weapon ['wepən] ору́жие

wear [wɛə] (wore; worn) носи́ть *(одежду);* ~ out изна́шивать(ся)

weariness ['wɪərɪnɪs] уста́лость

weary ['wɪərɪ] 1. *a* 1) уста́лый 2) утоми́тельный 2. *v* 1) утомля́ть(ся) 2) уста́ть, потеря́ть терпе́ние

weasel ['wi:zəl] *зоол.* ла́ска

weather ['weðə] пого́да; ~ forecast прогно́з пого́ды; ~-beaten [-bi:tn] 1) обве́тренный 2) вида́вший ви́ды

weave [wi:v] (wove; woven)

1) ткать 2) плести́; ~r ['wi:və] ткач

web [web] паути́на

we'd [wi:d] *разг.* 1) = we had 2) = we should, we would

wedding ['wedɪŋ] сва́дьба

wedge [wedʒ] 1. *n* клин 2. *v* вбива́ть клин

Wednesday ['wenzdɪ] среда́

weed [wi:d] 1. *n* сорня́к 2. *v* поло́ть

week [wi:k] неде́ля; ~day ['wi:kdeɪ] бу́дний день, бу́дни; ~end [wi:k'end] о́тдых (с суббо́ты до понеде́льника); ~ly ['wi:klɪ] 1. *a* еженеде́льный 2. *n* еженеде́льник 3. *adv* еженеде́льно

weep [wi:p] (wept; wept) пла́кать

weigh [weɪ] 1) ве́сить 2) взве́шивать(ся) 3) име́ть вес, значе́ние

weight [weɪt] 1) вес; 2) тя́жесть; груз 3) ги́ря 4) значе́ние

weight lifting ['weɪt'lɪftɪŋ] подня́тие тя́жестей; тяжёлая атле́тика

weighty ['weɪtɪ] ве́ский

weir [wɪə] плоти́на, запру́да

weird [wɪəd] стра́нный, необы́чный

welcome ['welkəm] 1. *n* приве́тствие; warm ~ раду́шный приём 2. *a* жела́нный 3. *v* 1) приве́тствовать 2) раду́шно встреча́ть 4. *int* добро́ пожа́ловать!

weld [weld] *тех.* сваривать металл

welfare ['welfɛə] благополучие; ~ state система социальной защищённости

well I [wel] 1) колодец 2) родник

well II [wel] 1. *adv* хорошо; ~ done! прекрасно! 2. *a:* be ~ чувствовать себя хорошо 3. *int* ну?; ну что же?

we'll [wi:l] *разг.* = we shall; we will

wellbeing [wel'bi:ıŋ] благополучие

wellbred [wel'bred] воспитанный, с хорошими манерами

well-known [wel'nəun] хорошо известный

well-off [wel'ɔf] богатый, состоятельный

well-read [wel'red] начитанный

well-to-do [weltə'du:] состоятельный, зажиточный

went [went] *past от* go

wept [wept] *past и p. p. от* weep

were [wə:, wə] *past pl от* be

we're [wıə] *разг.* = we are

weren't [wə:nt] *разг.* = were not

west [west] 1. *n* запад 2. *a* западный 3. *adv* на запад(е), к западу; ~ern ['westən] западный; ~wards ['westwədz] к западу, в западном направлении

wet [wet] 1. *a* 1) мокрый,

влажный 2) дождливый 2. *v* смачивать, увлажнять

wet blanket ['wetblæŋkıt] *разг.* человек, отравляющий другим удовольствие, радость

whale [weıl] кит; ~bone ['weılbəun] китовый ус

what [wɔt] что; какой; ~ever [wɔt'evə] всё что; что бы ни

wheat [wi:t] пшеница

wheel [wi:l] 1. *n* 1) колесо 2) руль, штурвал 2. *v* катить; везти; ~barrow ['wi:l bærəu] тачка; ~chair ['wi:l tʃɛə] инвалидное кресло

when [wen] когда

whenever [wen'evə] всякий раз как; когда бы ни

where [wɛə] где; куда

whereas [wɛər'æz] 1) принимая во внимание 2) тогда как

wherever [wɛər'evə] где бы ни, куда бы ни

whether ['weðə] ли; или

which [wıtʃ] который, какой; ~ of you? кто из вас?

while [waıl] 1. *conj* пока; в то время как 2. *n* время, промежуток времени; for a ~ на время

whim [wım] причуда; каприз

whimper ['wımpə] хныкать

whimsical ['wımzıkəl] причудливый, прихотливый

whine [waın] 1. *n* визг 2. *v* скулить

whip [wıp] 1. *n* кнут;

хлыст **2.** *v* 1) хлестáть; сечь 2) взбивáть *(сливки, яйца)*

whip hand ['wɪphænd] власть, контрóль *(над ситуáцией)*

whirlwind ['wə:lwɪnd] вихрь

whiskers ['wɪskəz] *pl* 1) бакенбáрды 2) усы́ *(у живóтных)*

whisper ['wɪspə] **1.** *v* шептáть **2.** *n* шёпот

whistle ['wɪsl] **1.** *n* 1) свист 2) свистóк **2.** *v* 1) свистéть 2) давáть свистóк, гудóк

white [waɪt] **1.** *a* 1) бéлый 2) седóй **2.** *n* 1) белизнá 2) белóк

whitewash ['waɪtwɔʃ] **1.** *n* побéлка **2.** *v* белúть

who [hu:] ктó; котóрый; ~ever [hu:'evə] кто бы ни; котóрый бы ни

whole [həul] **1.** *a* весь; цéлый **2.** *n* цéлое

wholemeal ['həulmi:l] из непросéянной мукú

wholesale ['həulseɪl] **1.** *n* оптóвая торгóвля **2.** *a* оптóвый **3.** *adv* óптом

wholesome ['həulsəm] полéзный, здорóвый, благотвóрный

whom [hu:m] когó, комý

whooping cough ['hu:pɪŋ kɔf] коклюш

whose [hu:z] чей

why [waɪ] **1.** *adv* почемý **2.** *int* да ведь

wicked ['wɪkɪd] 1) злой; плохóй 2) безнрáвственный

wide [waɪd] **1.** *a* ширóкий; обшúрный **2.** *adv* широкó; ~n ['waɪdn] расширя́ть(ся)

widow ['wɪdəu] вдовá; ~er [-ə] вдовéц

width [wɪdθ] ширинá

wife [waɪf] женá

wig [wɪg] парúк

wild [waɪld] дúкий; ~ flower полевóй цветóк

wilderness ['wɪldənɪs] пусты́ня; глушь

wilful ['wɪlful] 1) своевóльный, упрямый 2) преднамéренный; умы́шленный

will I [wɪl] 1) вóля; желáние; at ~ по желáнию 2) завещáние

will II [wɪl] (would) 1) *как вспомогат. глагол служит для образования будущего времени 2-го и 3-го лица ед. и мн. ч.:* he ~ do it он сдéлает это 2) *в 1 лице выражает обещание, намерение:* I ~ help you я охóтно вам помогý

willing ['wɪlɪŋ]: he is ~ он соглáсен, он готóв (сдéлать что-л.); ~ly [-lɪ] охóтно

willow ['wɪləu] úва

willpower ['wɪlpauə] сúла вóли

wilt [wɪlt] вя́нуть, поникáть

wily ['waɪlɪ] лукáвый, хúтрый

win [wɪn] (won; won) 1)

выйгрывать 2) одержáть побéду

wince [wins] содрогáться, мóрщиться *(от боли)*

wind I [wind] вéтер

wind II [waind] (wound; wound) 1) намáтывать 2) заводѝть *(часы, механизм)*; ~ up а) кончáть; б) улáдить, разрешѝть *(вопрос и т. п.)*

windfall [ˈwindfɔːl] 1) пáданец 2) неожѝданная удáча *(особ. о деньгах)*

winding [ˈwaindiŋ] извѝлистый

wind instrument [ˈwind ˈinstrəmənt] духовóй инструмéнт

windmill [ˈwinmil] ветрянáя мéльница

window [ˈwindəu] окнó; ~dressing украшéние, оформлéние витрѝн; ~pane [-pein] окóнное стеклó; ~sill [-sil] подокóнник

windscreen [ˈwindskriːn] ветровóе стеклó

windsurfing [ˈwindsəːfiŋ] *спорт.* виндсéрфинг

windward [ˈwindwəd] с навéтренной стороны́

wine [wain] винó; ~glass бокáл; рюмка

wing [wiŋ] 1) крылó 2) флѝгель 3) *воен.* фланг 4): the ~s *театр.* кулѝсы

wink [wiŋk] 1. *v* моргáть, мигáть; ~ at а) подмѝгивать кому-л.; б) смотрéть сквозь пáльцы 2. *n* моргáние; мигáние

winner [ˈwinə] победѝтель *(в соревновании)*

winter [ˈwintə] 1. *n* зимá 2. *v* зимовáть

wipe [waip] вытирáть; осушáть; ~ out уничтожáть

wire [waiə] 1. *n* 1) прóволока; прóвод 2) телегрáмма 2. *v* телеграфѝровать; ~less [ˈwaiəlis] 1. *a* беспрóволочный 2. *n* рáдио

wire-tapping [ˈwaiətæpiŋ] подслýшивание телефóнных разговóров

wiry [ˈwaiəri] жѝлистый

wisdom [ˈwizdəm] мýдрость

wise [waiz] 1) мýдрый 2) благоразýмный

wisecrack [ˈwaizkræk] *разг.* остроýмный отвéт; острóта

wish [wiʃ] 1. *v* желáть; I ~ he's come хоть бы он пришёл 2. *v* желáние

wistful [ˈwistful] задýмчиво-печáльный

wit [wit] 1) ум; остроýмие 2) остроýмный человéк, острякѐ

witch [witʃ] вéдьма; ~craft [ˈwitʃkrɑːft] колдовствó; чёрная мáгия

with [wið] 1) с, вмéсте с 2) *перев. твор. пад.*: ~ a knife ножóм 3) *(по причине)* от; tremble ~ fear дрожáть от стрáха

withdraw [wiðˈdrɔː] (withdrew; withdrawn) отдёргивать; брать назáд: ~al [-əl]

1) изъя́тие, удале́ние 2) ухо́д; ~n [-n] *p. p. om* withdraw

withdrew [wɪð'dru:] *past om* withdraw

wither ['wɪðə] вя́нуть, со́хнуть

withhold [wɪð'həuld] уде́рживать, не отдава́ть

within [wɪð'ɪn] 1) внутри́ 2) в преде́лах *(чего-л.)*

without [wɪð'aut] без

witness ['wɪtnɪs] 1. *n* свиде́тель; очеви́дец; bear ~ to свиде́тельствовать 2. *v* 1) быть свиде́телем 2) свиде́тельствовать 3) заверя́ть *(подпись, документ)*

witty ['wɪtɪ] остроу́мный

wives [waɪvz] *pl om* wife

wizard ['wɪzəd] колду́н; маг, волше́бник

wobble ['wɔbl] шата́ться; кача́ться; вихля́ться

wobbly ['wɔblɪ] ша́ткий

woe [wəu] го́ре; скорбь, несча́стье; ~begone ['wəu bɪgɔn] го́рестный, удручё́нный

woke [wəuk] *past и p.p. om* wake

wolf [wulf] волк; ~hound ['wulfhaund] волкода́в

wolves [wulvz] *pl om* wolf

woman ['wumən] же́нщина

womb [wu:m] *анат.* ма́тка

women ['wɪmɪn] *pl om* woman

won [wʌn] *past и p. p. om* win

wonder ['wʌndə] 1. *n* 1) удивле́ние; it's a ~ удиви́тельно; no ~ неудиви́тельно 2) чу́до 2. *v* удивля́ться; I ~ хоте́л бы я знать; ~ful [-ful] замеча́тельный, удиви́тельный

won't [wəunt] *разг.* = will not

woo [wu:] 1) уха́живать, волочи́ться 2) угова́ривать, ула́мывать

wood [wud] 1) лес 2) де́рево *(материал)* 3) дрова́

woodcutter ['wudkʌtə] дровосе́к

wooden ['wudn] деревя́нный

woodland ['wudlənd] леси́стая ме́стность

woodpecker ['wudpekə] дя́тел

woodpulp ['wudpʌlp] древе́сная ма́сса

wool [wul] шерсть; ~len ['wulən] шерстяно́й

word [wə:d] сло́во; ~ing ['wə:dɪŋ] реда́кция, фо́рма выраже́ния, формулиро́вка

word processor ['wə:d prəsəsə] текстово́й проце́ссор

wore [wɔ:] *past om* wear

work [wə:k] 1. *n* 1) рабо́та; труд 2) произведе́ние 2. *v* рабо́тать; труди́ться

workaday ['wə:kədeɪ] бу́дничный, се́рый; ску́чный

workbook ['wə:kbuk] сбо́рник упражне́ний; рабо́чая тетра́дь

workday ['wə:kdeɪ] бу́дний день, рабо́чий день

worker ['wə:kə] рабо́чий

works [wə:ks] заво́д

workshop ['wə:kʃɔp] семина́р; симпо́зиум

workstudy ['wə:kstʌdɪ] соверше́нствование техноло́гии произво́дства

world [wə:ld] 1. n мир; свет 2. a мирово́й; ~ly ['wə:ldlɪ] све́тский, мирско́й

worm [wə:m] 1. n червь; глист; перен. ничто́жество 2. v: ~ out вы́ведать

worn [wɔ:n] p.p. от wear; ~-out [wɔ:n'aut] 1) изно́шенный 2) уста́лый

worried ['wʌrɪd] обеспоко́енный

worry ['wʌrɪ] 1. v беспоко́ить(ся) 2. n беспоко́йство, трево́га, забо́та

worse [wə:s] 1. a ху́дший 2. adv ху́же

worsen ['wə:sən] ухудша́ть

worship ['wə:ʃɪp] 1. n поклоне́ние 2. v боготвори́ть; поклоня́ться

worst [wə:st] 1. a наиху́дший 2. adv ху́же всего́ 3. n са́мое плохо́е

worth [wə:θ] 1. n 1) досто́инство 2) цена́ 2. a сто́ящий; be ~ сто́ить; ~less ['wə:θlɪs] ничего́ не сто́ящий, дрянно́й; ~y ['wə:ðɪ] досто́йный

would [wud] past от will II

wound I [wu:nd] 1. n ра́на 2. v ра́нить

wound II [waund] past и p.p. от wind II

wounded ['wu:ndɪd] ра́неный

wound-up [waund'ʌp] взви́нченный; взбудора́женный

wove [wəuv] past от weave; ~n [-n] p. p. от weave

wrangle ['ræŋgl] 1. n препира́ния, до́лгие спо́ры 2. v препира́ться, пуска́ться в до́лгие спо́ры

wrap [ræp] 1. v завёртывать; ~ oneself up ку́таться 2. n 1) шаль; плед 2) обёртка

wrapping(s) ['ræpɪŋ(z)] обёртка; обёрточная бума́га

wrath [rɔ:θ] гнев, я́рость

wreath [ri:θ] вено́к

wreck [rek] 1. n круше́ние 2. v 1) вы́звать круше́ние 2) ру́хнуть (о планах и т. п.)

wreckage ['rekɪdʒ] обло́мки

wrestle ['resl] боро́ться

wretch [retʃ] 1) несча́стный; poor ~ бедня́га 2) него́дяй; ~ed ['retʃɪd] несча́стный; жа́лкий

wring [rɪŋ] (wrung; wrung) 1) скру́чивать 2) выжима́ть

wrinkle ['rɪŋkl] 1. n морщи́на 2. v мо́рщить(ся)

wrist [rɪst] запя́стье; ~watch ['rɪstwɔtʃ] ручны́е часы́

writ [rɪt] пове́стка, предписа́ние

write [raɪt] (wrote; written) писа́ть; ~ down запи́сывать

writer ['raɪtə] писа́тель

writing ['raɪtɪŋ]: in ~ в пи́сьменной фо́рме; ~ pad блокно́т

written ['rɪtn] p. p. om write

wrong [rɔŋ] 1. a непра́вильный; не тот; something is ~ что́-то не в поря́дке 2. adv непра́вильно 3. n несправедли́вость 4. v быть несправедли́вым (к кому́-л.), ~doing ['rɔŋduːɪŋ] просту́пок; правонаруше́ние; ~ful ['rɔŋful] 1) несправедли́вый 2) незако́нный

wrote [rəut] past om write

wrought iron [rɔːt'aɪən] ко́вкая мя́гкая сталь

wrung [rʌŋ] past и p.p. om wring

wry [raɪ] криво́й, ки́слый (об улыбке и т. п.)

X

xenophobia [zenə'fəubɪə] нелюбо́вь, неприя́знь к иностра́нцам

xerox ['zɪərɔks] ксе́рокс

x-rays ['eks'reɪs] 1. n pl рентге́новы лучи́ 2. v просве́чивать рентге́новыми луча́ми

xylophone ['zaɪləfəun] ксилофо́н

Y

yacht [jɔt] я́хта

yard I [jɑːd] ярд

yard II [jɑːd] двор

yawn [jɔːn] 1. v зева́ть 2. n зево́та

year [jə:] год; ~ly ['jə:lɪ] 1. a ежего́дный 2. adv ежего́дно

yearning ['jə:nɪŋ] си́льное жела́ние; о́страя тоска́

yeast [jiːst] дро́жжи

yell [jel] 1. n пронзи́тельный крик 2. v крича́ть, вопи́ть

yellow ['jeləu] 1) жёлтый 2) зави́стливый, ревни́вый 3) разг. трусли́вый

yes [jes] да; ~man ['jesmæn] подхали́м, подпева́ла

yesterday ['jestədɪ] вчера́

yet [jet] 1. adv ещё; вдоба́вок 2. conj одна́ко; несмотря́ на э́то; and ~ и всё же

yield [jiːld] 1. v 1) уступа́ть, сдава́ться 2) приноси́ть (урожай); производи́ть 2. n 1) урожа́й 2) проду́кция

yoga ['jəugə] йо́га

yoke [jəuk] и́го, ярмо́

yolk [jəuk] желто́к

you [juː, ju] вы, ты

young [jʌŋ] молодо́й, ю́ный

youngster ['jʌŋstə] ю́ноша, юне́ц

your, yours [jɔ:, jɔ:z] ваш, твой; ва́ши, твои́

yourself, yourselves [jɔ:'self, jɔ:'selvz] 1) себя́, -ся 2) (ты) сам; (вы) са́ми

youth [ju:θ] 1) мо́лодость, ю́ность 2) молодёжь 3) ю́ноша; **~ful** ['ju:θful] ю́ный, ю́ношеский

Z

zeal [zi:l] усе́рдие, рве́ние; **~ous** ['zeləs] усе́рдный, ре́вностный

zebra crossing [zebrə 'krɔsɪŋ] пешехо́дный перехо́д

zenith ['zenɪθ] зени́т

zero ['zɪərəu] нуль; ничто́; **~ hour** час нача́ла выступле́ния, ата́ки *и т. n.*

zest [zest] «изю́минка», интере́с

zink [zɪŋk] 1. *n* цинк 2. *a* ци́нковый 3. *v* оцинко́вывать

zip fastener ['zɪpfɑ:snə] застёжка-мо́лния

zipper ['zɪpə] *см.* zip fastener

zodiac ['zəudɪæk] зодиа́к

zone [zəun] зо́на, по́яс; полоса́; райо́н

zoo [zu:] зоопа́рк

zoology [zəu'ɔlədʒɪ] зооло́гия

zoom [zu:m] 1) бы́стро передвига́ться с нараста́ющим гу́лом 2) взмыть

СПИСОК ГЕОГРАФИЧЕСКИХ НАЗВАНИЙ
GEOGRAPHICAL NAMES

Accra [ə'krɑ:] Аккра

Addis Ababa ['ædɪs 'æbəbə] Аддис-Абеба

Afghanistan [æf'gænɪstæn] Афганистан

Africa ['æfrɪkə] Африка

Alabama [ælə'bæmə] Алабама

Aland Islands ['ɑ:lənd 'aɪləndz] Аландские о-ва

Alaska [ə'læskə] Аляска

Albania [æl'beɪnjə] Албания

Algeria [æl'dʒɪərɪə] Алжир (страна)

Algiers [æl'dʒɪəz] Алжир (город)

Alps, the [ælps] Альпы

Amazon ['æməzən] р. Амазонка

America [əmerɪkə] Америка

Amman [ə'mɑ:n] Амман

Amsterdam ['æmste'dæm] Амстердам

Angola [æŋ'gəulə] Ангола

Ankara ['æŋkərə] Анкара

Antarctic, the [ænt'ɑ:ktɪk] Антарктика

Apennines, the ['æpɪnaɪnz] Апеннины

Arctic ['ɑ:ktɪk] Арктика

Arctic Ocean ['ɑ:ktɪk'əuʃn] Северный Ледовитый океан

Argentina [ɑ:dʒən'ti:nə] Аргентина

Arizona [ærɪ'zəunə] Аризона

Arkansas ['ɑ:kənsɔ:] Арканзас (штат и город)

Asia ['eɪʃə] Азия

Athens ['æθɪnz] Афины

Atlantic Ocean [ət'læntɪk'əuʃn] Атлантический океан

Australia [ɔs'treɪljə] Австралия

Austria ['ɔstrɪə] Австрия

Bag(h)dad ['bægdæd] Багдад

Bahrain [bə'reɪn] Бахрейн

Balkans, the ['bɔ:lkənz] Балканы

Baltic Sea ['bɔltɪk'si:] Балтийское море

Bamako [bɑ:mɑ:'kəu] Бамако

Bangladesh ['bæŋglədeʃ] Бангладеш

Belgium ['beldʒəm] Бельгия

Belgrade [bel'greɪd] Белград

Benin [bə'ni:n] Бенин

208

Berlin [bə:'lɪn] Берли́н

Bern(e) [bə:n] Берн

Birmingham ['bə:mɪŋəm] Би́рмингем

Bolivia [bə'lɪvɪə] Боли́вия

Bonn [bɔn] Бонн

Boston ['bɔstən] Бо́стон

Botswana [bɔ'tswɑ:nə] Ботсва́на

Brasilia [brə'zɪlɪə] Брази́лиа (город)

Brazil [brə'zɪl] Брази́лия (страна)

Brazzaville ['bræzəvɪl] Браззави́ль

Brussels ['brʌslz] Брюссе́ль

Bucharest ['bju:kərest] Бухаре́ст

Budapest ['bju:də'pest] Будапе́шт

Buenos Aires ['bwenəs 'aɪərɪz] Буэ́нос-А́йрес

Bulgaria [bʌl'gɛərɪə] Болга́рия

Burkina Faso [bu(r)-kɪ'nɑ:fʌ'sɔ:] Буркина́ Фасо́

Burma ['bə:mə] Би́рма; см. Myanma

Cabo Verde ['kʌbə'və:də] Ка́бо-Ве́рде

Cairo ['kaɪərəu] Каи́р

Calcutta [kæl'kʌtə] Кальку́тта

California [kælɪ'fɔ:njə] Калифо́рния

Cambodia [kəm'bəudɪə] Камбо́джа

Cambridge ['keɪmbrɪdʒ] Ке́мбридж

Cameroon [kæmə'ru:n] Камеру́н

Canada ['kænədə] Кана́да

Canberra ['kænbərə] Ка́нберра

Canterbury ['kæntəbərɪ] Ке́нтербери

Cape Town, Capetown ['keɪptaun] Ке́йптаун

Carpathians, the [kɑ:'peɪθjənz] Карпа́ты

Chad [tʃæd] Чад

Chicago [ʃɪ'kɑ:gəu] Чика́го

Chile ['tʃɪlɪ] Чи́ли

China ['tʃaɪnə] Кита́й

Clyde [klaɪd] Клайд

Colombia [kə'lɔmbɪə] Колу́мбия

Colombo [kə'lʌmbəu] Коло́мбо

Colorado [kɔlə'rɑ:dəu] Колора́до

Columbia [kə'lʌmbɪə] Колу́мбия

Conakry ['kɔnəkrɪ] Ко́накри

Congo ['kɔŋgəu] Ко́нго

Connecticut [kə'netɪkət] Конне́ктикут

Copenhagen [kəupn'heigən] Копенга́ген

Cordilleras, the [kɔ:dɪ'ljərəz] Кордилье́ры

Costa Rica ['kɔstə'ri:kə] Ко́ста-Ри́ка

Côte d'Ivoire ['kɔtdvu'ɑ:] Кот-д'Ивуа́р

Coventry ['kɔvəntrɪ] Ко́вентри

Crete [kri:t] Крит

Cuba ['kju:bə] Ку́ба

Cyprus ['saɪprəs] Кипр

Czechoslovakia ['tʃekəusləu'vækɪə] Чехослова́кия

Damascus [dəˈmɑːskəs] Дамáск

Dardanelles [dɑːdəˈnelz] Дарданéллы

Dar es Salaam, Daressalam [ˈdɑːressəˈlɑːm] Дáр-эс-Салáм

Delaware [ˈdeləwɛə] Дéлавэр

Delhi [ˈdelɪ] Дéли

Denmark [ˈdenmɑːk] Дáния

Detroit [dəˈtrɔɪt] Детрóйт

Djakarta [dʒəˈkɑːtə] Джакáрта

Dominican Republic [dəˈmɪnɪkənrɪˈpʌblɪk] Доминикáнская Респýблика

Dover [ˈdəuvə] Дувр

Dover, Strait of [ˈstreɪtəv ˈdəuvə] Па-де-Калé

Dublin [ˈdʌblɪn] Дýблин

Ecuador [ekwəˈdɔː] Эквадóр

Edinburgh [ˈedɪnbərə] Эдинбург

Egypt [ˈiːdʒɪpt] Егúпет

El Salvador [elˈsælvədɔː] Сальвадóр

England [ˈɪŋglənd] Áнглия

English Channel [ˈɪŋglɪʃˈtʃænl] Ла-Мáнш

Equatorial Guinea [ekwəˈtɔːrɪəlgɪnɪ] Экваториáльная Гвинéя

Erie, Lake [ˈleɪkˈɪərɪ] óзеро Эри

Ethiopia [iːθɪˈəupjə] Эфиóпия

Europe [ˈjuərəp] Еврóпа

Everest [ˈevərest] Эверéст

Finland [ˈfɪnlənd] Финлáндия

Florida [ˈflɔrɪdə] Флорúда

France [frɑːns] Фрáнция

Gabon [gəˈbɔːŋ] Габóн

Gambia [ˈgæmbɪə] Гáмбия

Geneva [dʒɪˈniːvə] Женéва

Georgia I [ˈdʒɔːdʒjə] Джóрджия *(штат США)*

Georgia II [ˈdʒɔːdʒjə] Грýзия

Germany [ˈdʒəːmənɪ] Гермáния

Ghana [ˈgɑːnə] Гáна

Gibraltar [dʒɪˈbrɔːltə] Гибралтáр

Glasgow [ˈglɑːsgəu] Глáзго

Great Britain [ˈgreɪt ˈbrɪtən] Великобритáния

Greece [griːs] Грéция

Greenland [ˈgriːnlənd] Гренлáндия

Greenwich [ˈgrɪnɪdʒ] Грúн(в)ич

Guatemala [gwætɪˈmɑːlə] Гватемáла

Guinea [ˈgɪnɪ] Гвинéя

Guinea-Bissau [ˈgɪnɪbɪˈsau] Гвинéя-Бисáу

Gulf Stream, the [ˈgʌlf ˈstriːm] Гольфстрúм

Guyana [gaɪˈɑːnə] Гайáна

Hague, the [heɪg] Гаáга

Haiti [ˈheɪtɪ] Гаúти

Hanoi [hæˈnɔɪ] Ханóй

Havana [həˈvænə] Гавáна

Hawaii [hɑːwaiiː] Гавáйские островá

Helsinki [ˈhelsɪŋkɪ] Хéльсинки

Himalaya(s), the [hɪmə
leɪə(z)] Гималáи

Hiroshima [hɪ'rɔ:ʃɪmɑ:]
Хирóсима

Honduras [hɔn'djuərəs]
Гондурáс

Hong Kong [hɔŋ'kɔŋ] Гон-
кóнг

Hungary ['hʌngərɪ] Вéнг-
рия

Huron, Lake ['leɪk
'hju:ərən] óзеро Гурóн

Iceland ['aɪslənd] Ислáн-
дия

Idaho ['aɪdəhəu] Айдáхо

Illinois [ɪlɪ'nɔɪ] Иллинóйс

India ['ɪndjə] Йндия

Indiana [ɪndɪ'ænə] Индиá-
на

Indian Ocean ['ɪndjən
'əuʃn] Индйнский окeáн

Indonesia [ɪndɔ'ni:zjə] Ин-
донéзия

Iowa ['aɪəuwə] Áйова

Iran [ɪ'rɑ:n] Ирáн

Iraq [ɪ'rɑ:k] Ирáк

Ireland ['aɪələnd] Ирлáн-
дия

Israel ['ɪzreɪəl] Изрáиль

Istanbul [ɪstæn'bu:l] Стамбýл

Italy ['ɪtəlɪ] Итáлия

Jamaica [dʒə'meɪkə]
Ямáйка

Japan [dʒə'pæn] Япóния

Jerusalem [dʒə'ru:sələm]
Иерусалйм

Jordan ['dʒɔ:dn] Иордá-
ния

Kabul [kə'bu:l] Кабýл

Kansas ['kænzəs] Кáнзас

Kentucky [kən'tʌkɪ] Кен-
тýкки

Kenya ['ki:njə] Кéния

Khart(o)um [kɑ:'tu:m]
Хартýм

Kiev ['ki:ev] Кйев

Kinshasa [kɪn'ʃɑ:sɑ:] Кин-
шáса

Klondike ['klɔndaɪk]
Клóндайк

Korea [kə'rɪə] Корéя

Kuwait [ku'weɪt] Кувéйт

Laos [lauz] Лаóс

Latin America ['lætɪnə
'merɪkə] Латйнская Амéрика

Lebanon ['lebənən] Ливáн

Lesotho [lə'səutəu] Лесóто

Liberia [laɪ'bɪərɪə] Либé-
рия

Libya ['lɪbɪə] Лйвия

Liechtenstein ['lɪktənstaɪn]
Лйхтенштейн

Lisbon ['lɪzbən]
Лис(с)абóн

Liverpool ['lɪvəpu:l] Лй-
верпуль

London ['lʌndən] Лóндон

Los Angeles [lɔs'ændʒɪli:z]
Лос-Áнджелес

Louisiana [lui:zɪ'ænə] Лу-
изиáна

Luxemburg ['lʌksəmbə:g]
Люксембýрг

Madagaskar [mædə'gæskə]
Мадагаскáр

Madrid [mə'drɪd] Мадрйд

Maine [meɪn] Мэн

Malawi [mə'lɑ:wɪ] Малáви

Malaysia [mə'leɪzɪə] Ма-
лáйзия

Maldives ['mɔ:ldɪvz] Мальди́вы

Mali ['mɑ:li:] Мали́

Malta ['mɔ:ltə] Ма́льта

Manchester ['mæntʃɪstə] Ма́нче́стер

Maryland ['mɛərɪlænd] Мэ́риленд

Massachusetts [mæsə'tʃu:sets] Массачу́сетс

Mauritania [mɔ:rɪ'teɪnjə] Маврита́ния

Mauritius [mə'rɪʃəs] Маври́кий

Mediterranean Sea [medɪtə'reɪnjən'si:] Средизе́мное мо́ре

Mexico ['meksɪkəu] Ме́ксика

Mexico (City) ['meksɪkəu ('sɪtɪ)] Ме́хико

Minnesota [mɪnɪ'səutə] Миннесо́та

Mississippi [mɪsɪ'sɪpɪ] Миссиси́пи

Missouri [mɪ'zuərɪ] Миссу́ри

Monaco ['mɔnəkəu] Мона́ко

Mongolia [mɔn'gəuljə] Монго́лия

Montana [mɔn'tænə] Монта́на

Morocco [mə'rɔkəu] Маро́кко

Moscow ['mɔskəu] Москва́

Mozambique [məuzəm'bi:k] Мозамби́к

Myanma ['mjɑ:nma] Мья́нма

Namibia [nə'mɪbjə] Нами́бия

Nanking [næn'kɪŋ] Нанки́н

Nebraska [nɪ'bræskə] Небра́ска

Nepal [nɪ'pɔ:l] Непа́л

Netherlands ['neðələndz] Нидерла́нды

Nevada [nə'vɑ:də] Нева́да

Newcastle ['nju:kɑ:sl] Ньюка́сл

New Hampshire [nju:'hæmpʃɪə] Нью-Ге́мпшир

New Jersey [nju:'dʒə:zɪ] Нью-Дже́рси

New Mexico [nju:'meksɪkəu] Нью-Ме́ксико

New York ['nju:'jɔ:k] Нью-Йо́рк

New Zealand [nju:'zi:lənd] Но́вая Зела́ндия

Nicaragua [nɪkə'rægjuə] Никара́гуа

Niger [naɪdʒə] Ни́гер

Nigeria [naɪ'dʒɪərɪə] Ниге́рия

Nile [naɪl] Нил

North Carolina ['nɔ:θkærə'laɪnə] Се́верная Кароли́на

North Dakota ['nɔ:θdə'kəutə] Се́верная Дако́та

North Sea ['nɔ:θ'si:] Се́верное мо́ре

Norway ['nɔ:weɪ] Норве́гия

Odessa [əu'desə] Оде́сса

Ohio [əu'haɪəu] Ога́йо

Oklahoma [əuklə'həumə] Оклахо́ма

Oregon ['ɔrɪgən] Орего́н

Oslo ['ɔsləu] О́сло

Ottawa ['ɔtəwə] Отта́ва

Oxford ['ɔksfəd] О́ксфорд

212

Pacific Ocean [pə'sɪfɪk 'əuʃən] Тихий океа́н

Pakistan [pɑːkɪs'tɑːn] Пакиста́н

Palestine ['pælɪstaɪn] Палести́на

Panama [pænə'mɑː] Пана́ма

Paraguay ['pærəgwaɪ] Парагва́й

Paris ['pærɪs] Пари́ж

Peking [piː'kɪŋ] Пеки́н

Pennsylvania [pensɪl'veɪnjə] Пенсильва́ния

Persian Gulf ['pəːʃən'gʌlf] Перси́дский зали́в

Peru [pə'ruː] Перу́

Philadelphia [fɪlə'delfjə] Филаде́льфия

Philippines ['fɪlɪpiːnz] Филиппи́ны

Plymouth ['plɪməθ] Пли́мут

Poland ['pəulənd] По́льша

Portsmouth ['pɔːtsməθ] По́ртсмут

Portugal ['pɔːtjugəl] Португа́лия

Prague [prɑːg] Пра́га

Pretoria [prɪ'tɔːrɪə] Прето́рия

Pyongyang ['pjɔːŋ'jɑːŋ] Пхенья́н

Pyrenees, the [pɪrə'niːz] Пирене́и

Quebec [kwɪ'bek] Квебе́к

Rangoon [ræŋ'guːn] Рангу́н; *см.* Yangown

Republic of South Africa [rɪ'pʌblɪkəvsauθ'æfrɪkə] Ю́жно-Африка́нская Респу́блика

Reykjavik ['reɪkjəviːk] Ре́йкьявик

Rhode Island [rəud'aɪlənd] Род-А́йленд

Rio de Janeiro ['riːəudədʒə 'nɪərəu] Ри́о-де-Жане́йро

Rocky Mountains ['rɔkɪ 'mauntɪnz] Скали́стые го́ры

Rome [rəum] Рим

R(o)umania [ruː'meɪnjə] Румы́ния

Russia ['rʌʃə] Росси́я

Sahara [sə'hɑːrə] Саха́ра

Saint Petersburg [seɪnt 'piːtəzbəːg] Санкт-Петербу́рг

Sana(a) [sɑː'nɑː] Сана́

San Francisco [sænfrən 'sɪskəu] Сан-Франци́ско

Santiago [sæntɪ'ɑːgəu] Сантья́го

Saudi Arabia ['saudɪə 'reɪbjə] Сау́довская Ара́вия

Scotland ['skɔtlənd] Шотла́ндия

Senegal [senɪ'gɔːl] Сенега́л

Seoul [səul] Сеу́л

Sevastopol [sə'vɑːstəpəl] Севасто́поль

Shanghai [ʃæŋ'haɪ] Шанха́й

Sheffield ['ʃefiːld] Ше́ффилд

Shetland Islands ['ʃetlənd'aɪləndz] Шетла́ндские о-ва́

Sierra Leone [sɪ'erəlɪ'əun] Сье́рра-Лео́не

Singapore [sɪŋgə'pɔː] Сингапу́р

Sofia ['səufjə] Софи́я

Somalia [səu'mɑ:lɪə] Сомали

South America ['sauθə'merɪkə] Южная Америка

South Carolina ['sauθkærə'laɪnə] Южная Каролина

South Dakota ['sauθdə'kəutə] Южная Дакота

Spain [speɪn] Испания

Sri Lanka [srɪ'læŋkə] Шри-Ланка

Stockholm ['stɔkhəum] Стокгольм

Sudan, the [su:'dɑ:n] Судан

Suez Canal ['su:ɪzkə'næl] Суэцкий канал

Superior, Lake ['leɪksju:-'pɪərɪə] озеро Верхнее

Swaziland ['swɑ:zɪlænd] Свазиленд

Sweden ['swi:dn] Швеция

Switzerland ['swɪtsələnd] Швейцария

Taiwan [taɪ'wæn] Тайвань

Tanganyika [tæŋgə'nji:kə] Танганьика

Tanzania [tænzə'nɪə] Танзания

Teh(e)ran [tɪə'rɑ:n] Тегеран

Tel Aviv ['telɑ:'vi:v] Тель-Авив

Tennessee [tenə'si:] Теннесси

Texas ['teksəs] Техас

Thailand ['taɪlænd] Таиланд

Thames [temz] Темза

Tibet [tɪ'bet] Тибет

Tirana [tɪ'rɑ:nə] Тирана

Togo ['təugəu] Того

Tokyo ['təukjəu] Токио

Tunisia [tju'nɪzɪə] Тунис

Turkey ['tə:kɪ] Турция

Uganda [ju'gændə] Уганда

Ulan Bator ['u:lɑ:n'bɑ:tɔ:] Улан-Батор

United Kingdom of Great Britain and Northern Ireland [ju:'naɪtɪd'kɪŋdəməvgreɪt'brɪtə nənd'nɔ:ðən'aɪələnd] Соединённое Королевство Великобритании и Северной Ирландии

United States of America [ju:'naɪtɪdsteɪtsəvə'merɪkə] Соединённые Штаты Америки

Uruguay ['urugwaɪ] Уругвай

Utah ['ju:tɑ:] Юта

Vatican ['vætɪkən] Ватикан

Venezuela [venə'zwi:lə] Венесуэла

Vermont [və:'mɔnt] Вермонт

Vienna [vɪ'enə] Вена

Vietnam ['vjet'næm] Вьетнам

Virginia [və'dʒɪnjə] Виргиния

Volga ['vɔlgə] Волга

Volgograd [vɔlgə'græd] Волгоград

Wales [weɪlz] Уэльс

Warsaw ['wɔ:sɔ:] Варшава

Washington ['wɔʃɪŋtən] Вашингтон

Wellington [ˈwelɪŋtən] Вéллингтон

West Virginia [ˈwestvə ˈdʒɪnjə] Зáпадная Виргúния

Winnipeg [ˈwɪnɪpeg] Вúннипег

Wisconsin [wɪsˈkɔnsɪn] Вискóнсин

Wyoming [waɪˈəumɪŋ] Вайóминг

Yangown [jæŋˈgəun] Янгóн

Yemen [ˈjemən] Йéмен

Yugoslavia [ˈjuːgəuˈslɑːvjə] Югослáвия

Zaire [zəˈiːrə] Заúр

Zambia [ˈzæmbɪə] Зáмбия

Zimbabwe [zɪmˈbɑːbwɪ] Зимбáбве

NTC's
Compact
RUSSIAN
and
ENGLISH
Dictionary

РУССКИЙ АЛФАВИТ
RUSSIAN ALPHABET

Аа	Ии	Рр	Шш
Бб	Йй	Сс	Щщ
Вв	Кк	Тт	Ъъ
Гг	Лл	Уу	Ыы
Дд	Мм	Фф	Ьь
Ее, Ёё	Нн	Хх	Ээ
Жж	Оо	Цц	Юю
Зз	Пп	Чч	Яя

А

а but; and; a то or (else); a
и́менно that is; námely

абажу́р lámpshade

абза́ц páragraph

абитурие́нт univérsity
éntrant

абон|еме́нт subscríption;
séason tícket; líbrary card
(*библиотечный*); ~е́нт
subscríber

або́рт abórtion

абрико́с ápricot

абсолю́тн|о útterly; ~ый
ábsolute; ~ый слух ábsolute
pitch

абстра́ктный ábstract

абсу́рд absúrdity

аванга́рд vánguard

ава́нс advánce; ~ом in
advánce

авантю́р|а advénture; ~и́ст
advénturer

ава́рия áccident (*несчастный случай*); crash (*круше-
ние*); *мор.* wreck

а́вгуст Áugust

авиаба́за air base

авиазаво́д áircraft works

авиакомпа́ния áirline

авиали́ния áirline

авиано́сец áircraft cárrier

авиапо́чта air mail

авиасъёмка air photó-
graphy

авиацио́нный air(-);
áircraft(-); aviátion(-)

авиа́ция aviátion, áircraft;
разве́дывательная ~ recónnaissance áircraft; истреби́-
тельная ~ fíghter áircraft;
гражда́нская ~ cívil air
fleet

авитамино́з avitaminósis

аво́сь perháps; на ~ on the
off chance

австрали́|ец, ~йский Aus-
trálian

автобиогра́фия auto-
biógraphy

автобус bus; coach (*марш-
рутный, туристский*)

автовокза́л coach státion

авто́граф áutograph

автозаво́д áutomobile plant

автома́т 1) automátic
machíne 2) (*телефон*)
(públic) télephone 3) (*билет-
ный и т. п.*) slot machíne 4)
воен. tómmy gun; ~и́ческий
automátic; ~чик *воен.* tómmy
gúnner

автомоби́ль (mótor)car,

219

áutomobile; áuto; грузовóй ~ lórry; truck (*амер.*)

автонóм|ия autónomy; ~ный autónomous; ~ная республика autónomous repúblic

автопилóт automátic pílot

автопортрéт sélf-pórtrait

áвтор áuthor

авторитáрный authoritárian

авторитéт authórity; ~ный authóritative

áвтор|ский áuthor's; ~ское прáво cópyright; ~ство áuthorship

автотрáнспорт mótor tránsport

агéнт ágent; ~ство ágency; ~ýра ágency; ágents

агит|áтор propagándist, ágitator; ~áция propagánda; agitátion; ~ировать make propagánda, ágitate (for, agáinst)

агитпýнкт electionéering céntre

агóния ágony

аграрный agrárian

агрегáт únit

агрессивный aggréssive

агрéсс|ия aggréssion; ~ор aggréssor

агронóм agrónomist; ~ический agronómic(al); ~ия agrónomy

ад hell

адвокáт láwyer; attórney (*амер.*); ~ýра the bar

администр|ативный admínistrative; ~áтор administrator, mánager; ~áция administrátion

адмирáл ádmiral

áдрес addréss; ~áт addressée; ~ный: ~ный стол inquíry óffice; ~ная книга diréctory; ~овáть addréss; send (*направлять*)

азáрт pássion, excítement; ~ный réckless, pássionate; ~ная игрá game of chance

áзбука álphabet

азербайджáн|ец Azerbaijánian; ~ский Azerbaiján (ian)

азиáтский Ásian; Asiátic

азóт nítrogen

áист stork

айвá quince

акадéм|ик mémber of an Acádemy; academícian; ~ический académic; ~ия Acádemy

аквалáнг *спорт.* áqualung

акварéль wátercolour

аккомпан|емéнт accómpaniment; ~ировать accómpany

аккóрд *муз.* chord

аккредитив létter of crédit

аккумулятор stórage báttery (cell), accúmulator

аккурáтн|ость punctuálity, regulárity (*точность*); néatness, tidiness (*опрятность*); ~ый púnctual, régular (*точный*); neat, tídy (*опрятный*); consciéntious (*добросовестный*)

акробáт ácrobat; ~ический acrobátic

акт 1) act 2) (*документ, протокол*) deed

актёр áctor.

актив 1) áctive mémbers 2) *фин.* ássets; ~ность actívity; ~ный áctive

актриса áctress

актуальный of présent ínterest; úrgent (*неотложный*)

акула shark

акустика acóustic

акцент áccent

акционер sháreholder; ~ный: ~ное общество jóint-stock cómpany

акция share

албанец Albánian

албанский Albánian

алгебра álgebra

алименты álimony

алкоголь álcohol

аллегория állegory

аллергия állergy

аллея álley; ávenue

алло! húlló!

алмаз díamond

алтарь áltar

алфавит álphabet; ~ный alphabétical

алчный gréedy, ávid

алый scárlet

альбом álbum; skétchbook (*для эскизов*)

альпинист mountainéer

алюминий alumínium

амбар barn, gránary

амбулатория dispénsary

американ|ец, ~ский Ámerican

амнистия ámnesty

ампула ámpoule

ампут|ация amputátion; ~ировать ámputate

амфитеатр *театр.* ámphitheatre, circle

анализ análysis; ~ировать ánalyse

аналогичный análogous, párallel

аналогия análogy

ананас píneapple

анархизм ánarchism

анархия ánarchy

анатом anátomist; ~ировать disséct

анатомия anátomy

ангар hángar

ангел ángel

ангина tonsillítis

английский Énglish

англичанин Énglishman

анекдот ánecdote, stóry

анкета form, questionnáire

аннексия annexátion

аннулировать annúl, cáncel

анонимный anónymous

ансамбль 1) group; cómpany 2) (*архитектурный*) ensémble

антенна anténna, áerial

антибиотики antibiótics

антивоенный ánti-wár

антикварный: ~ магазин antíque-shop

антиправительственный ánti-góvernment

антисанитарный insánitary

антифашист ánti-fáscist; ~ский ánti-fáscist

античный antíque

антоним ántonym

антракт ínterlude

аорта aórta

апартеид apártheid
апатичный apathétic
апатия ápathy
апелл|ировать appéal; ~яция appéal
апельсин órange
аплоди|ровать appláud; ~сменты appláuse (ед. ч.)
аппарат apparátus
аппендицит appendicítis
аппетит áppetite; ~ный áppetizing
апрель Ápril
аптека chémist's (shop); drúgstore (амер.)
араб Árab; ~ский Arábian
арбитраж arbitrátion
арбуз wátermelon
аргумент árgument
арена aréna, ring; перен. scene, field
аренд|а lease; ~átор ténant, léaseholder; ~овать rent
арест arrést; ~овать, ~овывать arrést
аристократ áristocrat; ~ический aristocrátic
арифметика aríthmetic
ария ária, air
арка arch
арктический árctic
армия ármy
арм|янин, ~янский Arménian
аромат pérfume; ~ный frágrant
арсенал ársenal
артель artél
артерия ártery
артилл|ерийский artíl-lery(-); ~ерист artílleryman; ~ерия artíllery
артист áctor (актёр); sínger (певец); perfórmer (музыкант, танцор и т. п.); ~ический artístic
арфа harp
археология archaeólogy
архив árchives (мн. ч.)
архипелаг archipélago
архитект|ор árchitect; ~ýра árchitecture; ~ýрный architéctural
аскорбинов|ый: ~ая кислота ascórbic ácid, vítamin C
аспект áspect
аспирант postgráduate (stúdent); ~ýра postgráduate course, reséarch schólarship
ассамблея assémbly; Генеральная Ассамблея Géneral Assembly
ассигновать assígn; apprópriate
ассистент assístant
ассортимент seléction of goods
ассоциация associátion
астма ásthma
астронавт ástronaut, spáceman
астроном astrónomer; ~ия astrónomy
асфальт asphált
атак|а attáck; ~овать attáck; charge
атеист átheist
атлантический Atlántic
атлас геогр. átlas
атлас sátin
атлет áthlete; ~ика athlétics

атмосфéр|а átmosphere (*тж. перен.*); ~ный atmosphéric; ~ное давлéние atmosphéric préssure

áтом átom; ~ный atómic; ~ный вес atómic weight; ~ная бóмба átom bomb; ~ная энéргия atómic énergy; ~ное ядрó atómic núcleus; ~ное орýжие atómic wéapons

атташé attaché

аттест|áт certíficate; ~ зрéлости schóol-leaving certíficate; ~овáть cértify; régister

аттракциóн sídeshow (*в парках*); númber (*в цирке*)

аудитóрия 1) (*помещение*) auditórium 2) (*слушатели*) áudience

аукциóн áuction

аýл aúl

афéра shády transáction

афúша póster; театрáльная ~ pláybill

африкáнский Áfrican

аэродрóм áerodrome

аэрозóль áerosol, spray

аэропóрт áirport

аэростáт (áir-)ballóon; ~ заграждéния bárrage ballóon

аэрофотосъёмка air photógraphy

Б

бáба *разг.* wóman ◇ снéжная ~ snówman

бáбочка bútterfly; ночнáя ~ moth

бáбушка grándmother; gránny (*разг.*)

багáж lúggage; bággage (*амер.*); сдавáть вéщи в ~ régister one's lúggage, have one's lúggage régistered

багрóвый deep red, crímson

бадминтóн bádminton

бáза base; *перен.* básis

базáр márket; bazáar (*на Востоке; тж. благотворительный и т. п.*)

базúровать base; ~ся (*на чём-л.*) base one's árguments upón

бáзис básis

байдáрка canóe, káyak

бак tank, cístern; bóiler (*для белья*)

бакалéйный: ~ магазúн grócery

бакалéя gróceries (*мн. ч.*)

баклажáн éggplant; áubergine

бактериó|лог bacteriólogist; ~логúческий bacteriológical; ~лóгия bacteriólogy

бактéрия bactérium

бал ball

балáнс bálance, bálance sheet

балерúна bállet dáncer

балéт bállet

бáлка beam

балкóн bálcony

баллáст bállast; *перен.* lúmber (*лишнее*), dead weight

баллотúровать vote, bállot; ~ся stand for

баллотиро́вка vóting bállot

балова́ть spoil; ~ся (*шалить*) be náughty, be nóisy; не балу́йся! beháve yoursélf!, don't be náughty!

бальза́м balm, balsám

бана́н banána

ба́нда band; gang

бандеро́ль prínted mátter; ~ю by bóokpost.

банди́т bándit; gángster (*амер.*); ~изм gángsterism

банк bank

ба́нка 1) (*стеклянная*) jar; (*жестяная*) tin; can (*амер.*) 2) *мед.* cúpping-glass

банке́т bánquet

банки́р bánker

банкро́тство bánkruptcy, insólvency; fáilure (*о фирме*)

бант bow

ба́ня báthhouse

бар bar

бараба́н 1) drum 2) *тех.* reel; ~ить drum

бара́к bárracks (*мн. ч.*), hut

бара́н ram; ~ина mútton

ба́ржа barge

баррика́да barricáde

барс snow léopard

барсу́к bádger

ба́рхат vélvet; ~ный vélvet

барье́р bárrier

бас bass

баскетбо́л básketball

баснословный fábulous

ба́сня fáble

бассе́йн básin, réservoir (*водохранилище*); ~ для пла́вания swímming bath, swímming pool; каменноуго́льный ~ cóalfield

бастова́ть strike, be on strike

батаре́йка *эл.* báttery

батаре́я 1) *воен.* báttery 2) rádiator

бато́н long loaf; bar

батра́к fármhand

башма́к shoe

ба́шня tówer; оруди́йная ~ gun túrret

бая́н *муз.* accórdion

бди́тельн|ость vígilance; ~ый vígilant

бег run(ning); ~а́ ráces

бе́гать run

бегле́ц fúgitive

бе́глый 1) (*о чтении, речи*) flúent 2) (*убежавший*) rúnaway

бего́м at a run, rúnning

бе́гство flight

бегу́н *спорт.* rúnner

беда́ misfórtune; ~ в том, что... the tróuble is that...

бе́дн|ость póverty; ~ота́ *собир.* the poor; ~ый poor; ~я́га poor thing; ~я́к poor man; ~яки́ *собир.* poor péople

бедро́ thigh (*ляжка*); hip (*бок*)

бе́дствие disáster, calámity

бежа́ть run; flee (*убегать*)

бе́женец refugée

без withóut; ~ пяти́ шесть five mínutes to six

безалкого́льный álcohol-free; soft

безбо́жник átheist

безболе́зненный páinless

безвкусный tásteless; insípid

безводный wáterless; árid (*сухой*)

безвозвратный irrévocable

безвоздушн|ый: ~ое пространство vácuum

безвозмездн|о free (of charge), grátis; ~ый free; gratúitous, unpáid

безво|лие wéakness of will; ~льный wéak-willed

безвредный hármless

безвыходный hópeless, désperate

безграмотн|ость illíteracy; ~ый illíterate

безграничный bóundless; *перен.* ínfinite

бездарный wórthless, dull, ungífted (*о художнике и т. п.*); féeble, uninspíred, médiocre (*о произведении и т. п.*)

бездейств|ие ináction; ~овать be out of órder (*о машине*); do nóthing, be ídle (*о человеке*)

бездель|е ídleness; ~ник ídler, lóafer; ~ничать ídle, loaf

бездна abýss

бездомн|ый hómeless; ~ая собака stray dog

бездушный héartless, cállous

безжалостный pítiless, mérciless; rúthless (*жестокий*)

безжизненный lífeless

беззаботный líght-héarted, cárefree

беззаветный útter, sélfless

беззащитный defénceless, hélpless

безличный impérsonal

безмолвный tácit

безнадёжный hópeless

безнаказанно with impúnity

безнравственный immóral

безобидный ínnocent

безобраз|ие 1) úgliness 2): ~! outrágeous!; ~ный 1) úgly 2) (*о поступке*) outrágeous

безоговорочн|ый uncondítional; ~ая капитуляция unconditional surrénder

безопасн|ость sáfety; secúrity; ~ый safe

безоружный unármed

безответственный irrespónsible

безошибочный corréct, right

безработ|ица unemplóyment; ~ный unemplóyed

безразличн|о it's all the same; ~ый indífferent

безразмерный óne-size

безрассудный réckless, fóolhardy

безрезультатн|о in vain; ~ый inefféctual, fútile

безукоризненный irrepróachable

безум|ие mádness; fólly; ~ный mad, crázy; ~ство *см.* безумие

безупречный irrepróachable

225

безусло́вно undóubtedly, cértainly; of course

безуспе́шн|о in vain; unsuccéssfully; ~ый unsuccéssful

безуча́стный indífferent

беле́ть 1) (*вдали*) gleam white 2) (*становиться белым*) whíten, becóme white

белизна́ whíteness

бели́ла zinc white (*цинковые*); white lead (*свинцовые*)

бе́лка squírrel

беллетри́стика fíction

бело́к 1) (*яйца́, глаза́*) the white 2) *хим., биол.* prótein, álbumen

белору́с Byelorússian

белору́сский Byelorússian

белосне́жный snów-white

белу́га white stúrgeon

бе́лый white

бельги́|ец, ~йский Bélgian

бельё línen (*постельное*); únderwear (*нижнее*)

бензи́н 1) *хим.* bénzine 2) (*горючее*) pétrol; gásoline, gas (*амер.*)

бензоколо́нка pétrol státion, fílling státion, sérvice státion; gas státion (*амер.*)

бе́рег shore; coast; bank (*реки́*)

береги́сь! look out!; take care!; cáution! (*автомобиля и т. п.*)

берегово́й cóastal

бережли́вый económical, thrífty

берёза birch

бере́менн|ая prégnant; ~ость prégnancy

берёт béret

бере́чь take care of (*заботиться*); guard (*хранить*); spare (*щадить*)

бесе́да conversátion, talk, chat

бесе́дка árbour, súmmer house

бесе́довать talk, chat

беси́ть enráge, mádden, infúriate

бескла́ссов|ый clássless; ~ое общество clássless socíety

бесконе́чный ínfinite; éndless, intérminable (*длинный*)

бескоры́стный disínterested

беспа́мятный forgétful

беспарти́йный 1. *прил.* nonpárty 2. *сущ.* nonpárty man

бесперспекти́вный hópeless

беспе́чн|ость cárelessness; ~ый cáreless, líght-héarted (*легкомысленный*)

беспла́тн|о grátis; free of charge; ~ый free

беспло́д|ие sterílity; ~ный stérile; bárren (*о почве*); *перен.* frúitless, fútile

бесповоро́тный irrévocable

беспоко́ить 1) (*волновать*) wórry 2) (*мешать, тревожить*) distúrb, tróuble; ~ся 1) (*волноваться*) wórry, be ánxious 2) (*утруждать себя*) bóther; не беспоко́йтесь! don't bóther!

беспокóй|ный réstless; ánxious; ~ство 1) (*тревога*) anxíety, unéasiness 2) (*хлопоты*) tróuble, wórry

беспо́ле́зный úseless

беспо́мощный hélpless

беспоря́док disórder; confúsion (*путаница*)

беспоса́дочный: ~ перелёт nón-stop flight, diréct flight

беспо́шлинный dúty-frée

беспоща́дный rúthless, mérciless

беспра́вный depríved of rights

беспреде́льный bóundless

беспреры́вный contínuous; úninterrúpted

беспреста́нный incéssant

беспризо́рный 1. *прил.* hómeless 2. *сущ.* waif, hómeless child

беспристра́стный impártial

беспро́волочный wíreless

беспросве́тный pítch-black; *перен.* hópeless

беспроце́нтный béaring no ínterest

бессвя́зный (*о речи*) incohérent

бессерде́чный héartless

бесси́|лие pówerlessness; ímpotence; ~льный pówerless; ímpotent

бессле́дно léaving no trace

бессме́ртн|ый immórtal; ~ая сла́ва undýing fame

бессмы́сл|енный absúrd; ~ица nónsense

бессо́вестный unscrúpulous

бессодержа́тельный émpty; cómmonplace (*о человеке*)

бессозна́тельный uncónscious; instínctive (*безотчётный*)

бессо́нн|ица insómnia; sléeeplessness; ~ый sléepless

бесспо́рн|о cértainly; ~ый indispútable

бессро́чный pérmanent

бесстра́стный impássive

бесстра́шный féarless, intrépid

бессты́дный shámeless

беста́ктный táctless

бестолко́вый 1) stúpid; múddle-héaded 2) (*путаный*) confúsed

бесхара́ктерный weak

бесхозя́йственность mismánagement

бесцве́тный cólourless

бесце́льный áimless

бесце́нный inváluable

бесце́нок: за ~ dirt cheap, for a song

бесчелове́чный inhúman

бесче́стный dishónourable

бесчи́сленный innúmerable

бесчу́вственный (*жестокий*) cállous

бесшу́мный nóiseless

бето́н cóncrete

бе́шен|ство 1) fúry 2) *мед.* hydrophóbia; rábies; ~ый mad; *перен.* fúrious

библиоте́ка líbrary; ~рь librárian.

Би́блия Bíble

бидо́н can

биéние beat; thrób(bing), palpitátion

бúзнес búsiness; ~мéн búsinessman

билéт 1) tícket 2) (*доку-мент*) card; ~ный: ~ная кácca bóoking óffice

билья́рд bílliards

бинóкль ópera gláss(es); полевóй ~ field gláss(es)

бинт bándage; ~овáть bándage

биогрáфия biógraphy

биó|лог biólogist; ~логи́ческий biológical; ~лóгия biólogy

би́ржа stock exchánge

бис encóre; на ~ as an encóre, by way of encóre

би́тва báttle

бить 1) beat 2) (*разбивать*) break 3) (*о часах*) strike ◇ ~ тревóгу sound the alárm

би́ться 1) (*бороться*) fight 2) (*о сердце*) beat 3) (*стараться*) strúggle

бич whip; *перен.* scourge

блáго *сущ.* wélfare

благодари́ть thank

благодáрн|ость grátitude; не стóит ~ости don't méntion it; ~ый gráteful; thánkful

благодаря́ ówing to; thanks to

благополýч|ие wéllbeing; ~но well; прибы́ть ~но arríve sáfely; ~ный succéssful

благоприя́тный fávourable

благоразýм|ие prúdence,

cómmon sense; ~ный prúdent, réasonable

благорóд|ный nóble; génerous; ~ство generósity

благосклóнный wéll-dispósed

благосостоя́ние prospérity, wéllbeing

благотвори́тельный cháritable

благоустрóенный cómfortable; equípped with módern convéniences

блажéнство bliss

бланк form

бледнéть turn pale

блéдн|ость pállor; ~ый pale

блеск lústre; brílliance

блеснýть flash

блестéть shine; glítter

блестя́щий brílliant; shíning

ближáйш|ий the néarest; где здесь ~ая стáнция метрó? where is the néarest métro státion?

бли́же néarer

близ near

бли́з|кий 1) near; close; ~кое расстоя́ние short dístance 2) (*о друге*) íntimate; ~ко near (by), close (to)

близнецы́ twins

близорýк|ий shórt-síghted; ~ость *мед.* myópia

бли́зость 1) proxímity 2) (*об отношениях*) íntimacy

блин páncake

блистáть shine

блок I *тех.* block, púlley

блок II *полит.* bloc, coalítion

блокáда blockáde

блокнóт wríting-pad; nóte-book

блохá flea

блуждáть roam

блýзка blouse

блюдо dish

блюдце sáucer

боб bean

бобёр béaver

Бог God

богáт|ство ríches (*мн. ч.*), wealth; ~ый rich, wéalthy

богатырь 1) légendary héro; wárrior 2) (*силач*) Hércules, strápping féllow

богáч 1) rich man 2) *мн. собир.* the rich

богослужéние divíne sérvice

бóдр|ость chéerfulness; ~ствовать be awáke; sit up (*ночью*); ~ый brisk, chéerful

боевóй fíghting; mílitant

боеприпáсы ammunítion

боеспосóбный effícient

боéц fíghter, sóldier

божéственный divíne

бой fight, báttle

бóйкий lívely

бойкóт bóycott

бóйня sláughterhouse; *пе-рен.* mássacre.

бок side

бокáл góblet, glass

боковóй láteral, side

бóком sídeways

бокс bóxing; ~ёр bóxer, púgilist

болгáрин Bulgárian

бóлее more; ~ или мéнее more or less; ~ тогó more; тем ~ all the more; тем ~, что espécially as; не ~ не мéнее, как áctually

болéзненный 1) (*слабый*) délicate 2) (*причиняющий боль*) páinful

болéзнь íllness; diséase (*определённая*)

болéльщик fan

болéть 1) ache, hurt 2) (*хворать*) be ill

болеутоляющее páinkiller

болóто bog; swamp, marsh

болт|áть (*говорить*) chátter; ~лúвый gárrulous

боль pain, ache

больнúца hóspital

больнúчный hóspital; ~ лист médical certíficate

бóльно 1. *нареч.* bádly; páinfully; дéлать комý-л. ~ hurt smb. 2. *безл.* it is páinful, it hurts

больнóй 1. *сущ.* pátient, ínvalid 2. *прил.* sick; ill; diséased (*о печени и т.п.*); sore (*оцарапанный, стёр-тый*); ~ ребёнок sick child; он бóлен he is ill

бóльше 1. *прил.* bígger, lárger 2. *нареч.* more

большинствó majórity

большóй big, large; *перен.* great; ~ пáлец thumb (*на ру-ке*); big toe (*на ноге*)

бóмба bomb

бомбардир|овáть bombárd; bomb *разг.*; ~óвка

bombárdment; ~óвщик bómber

бомб|ёжка *разг.* bómbing; ~и́ть *разг.* bomb

бомбоубе́жище bomb--shélter.

бор|éц 1) (*сторонник*) chámpion 2) *спорт.* wréstler

бормота́ть mútter

борода́ beard

борозда́ fúrrow

борона́ hárrow

боро́ться 1) fight, strúggle 2) *спорт.* wréstle

борт board; на ~у́ on board; за ~ом óverboard

борьба́ 1) strúggle 2) *спорт.* wréstling

бос|ико́м bárefoot; ~о́й bárefóoted

босоно́жки (*обувь*) (ópen--toe) sándals

бота́н|ик bótanist; ~ика bótany; ~и́ческий botánical; ~и́ческий сад botánical gárdens (*мн. ч.*)

бо́тики high óvershoes

боти́нки boots, shoes

бо́чка bárrel

боя́|знь fear; ~ться be afráid (of), fear

брак I márriage

брак II *тех.* spóilage; deféct (*изъян*)

брани́ть abúse, scold

брат bróther; ~ский brótherly, fratérnal; ~ство brótherhood

брать take; ~ся 1) (*предпринимать*) undertáke 2) (*руками*) touch

бревно́ beam; log

бред delírium; ~ить rave, be delírious

брезгли́вость fastídiousness

брезе́нт tarpáulin

бре́мя búrden

брига́д|а brigáde

бриллиа́нт, ~овый díamond

брита́нский Brítish

бри́тва rázor; безопа́сная ~ sáfety rázor

бри́тый cléan-shaven

брить shave; ~ся shave; have a shave

бровь éyebrow

броди́ть I wánder; rámble

броди́ть II *хим.* fermént

бродя́|га tramp, vágabond; vágrant; hóbo (*амер.*); ~чий wándering, róving

броже́ние 1) fermentátion 2) (*недовольство*) unrést

броневи́к ármoured car

бро́нза 1) bronze 2) (*изделия*) brónzes (*мн. ч.*)

брониро́ванный ármoured

бронхи́т bronchítis

броня́ ármour

броса́ть 1) throw 2) (*покидать*) abándon 3) (*переставать*) give up, stop; ~ся throw onesélf; rush ◇ ~ся в глаза́ strike

бро́сить(ся) *см.* броса́ть(ся)

брошь broach

брошю́ра pámphlet, bóoklet

бру́сья párallel bars

брыз|гать splash; spátter; ~ги spláshes; sparks (*металла*)

брюки tróusers

брюнéтка brunétte; dárk-haired girl

брюшнóй abdóminal; ~ тиф týphoid féver

будúльник alárm clock

будúть wake

бýдка box, cábin, booth

бýдни wéekday(s)

бýдничный éveryday; *перен.* dull

бýдто as if, as though

бýдущ|ee the fúture; ~ий fúture; в ~ем годý next year; ~ность fúture

бýйвол búffalo

бýй|ный víolent; ~ствовать rage, storm.

бýкв|а létter; прописнáя ~ cápital létter; ~áльный líteral; ~áрь ABC

букéт bóuquet, bunch of flówers

букинистúческий: ~ магазúн sécond-hand bóokshop

буксúр túg(boat)

булáвка pin; безопáсная ~ sáfety pin

бýл|ка loaf; ~очка roll; ~очная bákery

булыжник cóbblestone

бульвáр bóulevard

бульдóг búlldog

бульóн clear soup, broth

бумáга páper

бумáжник wállet, pócketbook

бумáжный I páper

бумáжный II (*о материи*) cótton

бунт revólt; ríot; ~овáть revólt; ~овщúк rébel

бурáн snówstorm

бурéние drílling, bóring

буржу|азúя bourgeoisíe; ~áзный bóurgeois

бурúть bore; drill

бýрный stórmy, víolent

бýрый brown

бýря storm

бýсы beads

бутербрóд sándwich

бутóн bud

бутылка bóttle

бýфер búffer

буфéт 1) refréshment room; snack bar; búffet 2) (*шкаф*) sídeboard

бухáнка loaf

бухгáлт|ер bóokkeeper; accóuntant; ~éрия bóokkeeping

бýхта bay

бушевáть storm, rage

бы: кто бы это мог быть? who could that be?; вы бы присéли sit down, won't you?; я хотéл бы I would like

бывáть 1) (*находиться*) be 2) (*случаться*) háppen 3) (*посещать*) vísit

бывший fórmer, late; ex-

бык bull

быстрый quick; rápid, fast

быт mode of life

бытиé béing, exístence

бытов|óй éveryday; ~ые услóвия condítions

быть be

бюджéт búdget

бюллетé|нь 1) búlletin;

избира́тельный ~ vóting páper 2) (*больничный лист*) dóctor's certíficate; быть на ~не be on a sick list

бюро́ óffice, buréau; спра́вочное ~ inquíry-óffice

бюрокра́т búreaucrat; ~и́ческий bureaucrátic, red tape; ~ия buréaucracy

бюст bust

бюстга́льтер brassière, bra

В

в 1) (*указывает на местонахождение*) in; at (*подразумевает посещение*); в ва́шем до́ме in your house; at your house (*у вас*); в теа́тре in the théatre (*в здании театра*); at the théatre (*на представлении*) 2) (*в значении «вовнутрь»*) in, ínto; класть в я́щик put in a box; войти́ в дом go ínto a house 3) (*указывает на направление*) to, for; е́хать в Москву́ go to Móscow; уезжа́ть в Москву́ leave for Móscow 4) (*указывает на время*) in (*о годе, месяце*); on (*о дне*); at (*о часе*); в 1990 году́ in 1990; в ию́не in June; в сре́ду on Wédnesday; в три часа́ at three o'clock; в про́шлом году́, ме́сяце last year, month

ваго́н cárriage; car (*амер.*)

вагоновожа́тый tram dríver

ва́жничать put on airs, give onesélf airs

ва́жн|o it is impórtant; ~ость 1) impórtance 2) (*надменность*) pompósity; ~ый 1) impórtant 2) (*надменный*) pómpous

ва́за vase

вака́нсия vácancy

вакци́на váccine

вал I *воен.* rámpart

вал II *тех.* shaft

вал III (*волна*) wave

ва́ленки felt boots

вале́т knave

вали́ть throw down; ~ся fall (down)

валю́та cúrrency; конверти́руемая ~ hard cúrrency

валя́ться lie abóut

вам you

ва́ми (by, with) you

ва́нн|а bath; приня́ть ~y have a bath; ~ая ба́throom

варёный boiled

варе́нье jam

вариа́нт vérsion; réading, váriant (*текста*)

вари́ть boil; cook (*готовить*)

вас you

василёк córnflower

ва́та cótton wool; cótton (*амер.*); wádding (*для подкладки*)

ваш your; yours

вбе|га́ть, ~жа́ть run in, come rúnning in

вбива́ть, вбить drive in

вблизи́ near

вброд: переходи́ть ~ ford

введе́ние introdúction

введи́ *см.* ввози́ть

вверх up, úpwards

вверху́ at the top

вверя́ть entrúst

ввести́ *см.* вводи́ть

ввиду́ in view (of); ~ того́, что since, as

вводи́ть bring in; introdúce

ввоз ímport; ~и́ть impórt

вглубь deep (ínto); ~ страны́ ínland

вгля́дываться look inténtly, peer ínto

вдалеке́, вдали́ in the dístance

вдаль ínto the dístance

вдво́е dóuble the (*с существи́тельным*); twice as (*с прилага́тельным*)

вдвоём togéther

вдвойне́ dóuble; twice

вдева́ть, вдеть: ~ ни́тку в иго́лку thread a néedle

вдоба́вок besídes

вдов|а́ wídow; ~е́ц wídower

вдо́воль to one's heart's contént

вдого́нку in pursúit of; áfter

вдоль 1. *предлог* alóng 2. *нареч.* léngthways ◇ ~ и попере́к far and wide

вдохнов|е́ние inspirátion; ~и́ть(ся) *см.* вдохновля́ть (ся); ~ля́ть inspíre; ~ля́ться becóme inspíred

вдохну́ть *см.* вдыха́ть

вдре́безги (*разбить*) to píeces, ínto smitheréens

вдруг súddenly

вду́мчивый thóughtful

вдыха́ть breathe in, inhále

вегетариа́нец vegetárian

ве́дома: без его́ ~ withóut his consént

ве́домость régister; платёжная ~ páyroll

ве́домство depártment

ведро́ pail

веду́щий léading

ведь but, why

ве́ер fan

ве́жлив|ость cóurtesy, políteness; ~ый cóurteous, políte

везде́ éverywhere

везе́ние luck

везти́ 1) *см.* вози́ть 2) *безл.* ему́ везёт he álways has luck, he is álways lúcky

век age (*эпоха*); céntury (*столетие*)

ве́ко éyelid

ве́ксель bill of exchánge; prómissory note (*амер.*)

веле́ть allów, permít

велика́н gíant

вели́к|ий 1) great 2) (*только кратк. формы — слишком большой*) too big (for); сапоги́ ему́ ~и́ the boots are too big for him

великоду́ш|ие generósity, magnanímity; ~ный génerous, big-héarted, magnánimous

великоле́пный spléndid, magníficent

вели́чественный majéstic

вели́чие májesty

величина́ 1) size 2) *мат.* quántity, válue

велогóнка (bí)cycle race

велосипéд (bí)cycle; ~íст cýclist

вельвéт córduroy; velvetéen

вéна vein

венгéрский Hungárian

венгр Hungárian

венерíческий venéreal

вéник broom, (straw) bésom

венóк wreath

вентиля|тор véntilator; fan; ~ция ventilátion

вéра faith; belíef

вéрба pússy wíllow

верблю́д cámel; drómedary (одногорбый)

верб|овáть recrúit; ~óвка recrúitment

верёвка cord; rope (толстая); string (бечёвка)

вéрить belíeve

вéрн|о 1) (правильно) corréctly; right 2) (преданно) fáithfully; ~ость 1) (преданность) fáithfulness 2) (правильность) truth, corréctness

вернýть (отдать обратно) give back; ~ся come back, retúrn

вéрный 1) (правильный) corréct, right 2) (преданный) fáithful, true 3) (надёжный) sure

веролóмный perfídious, tréacherous

вероя́тн|о próbably; I dare say; ~ость probabílity; ~ый próbable

вéрсия vérsion

вертéть turn; ~ся turn (round)

вертикáльный vértical

вертолёт hélicopter

вéрующий relígious pérson

верфь dóckyard

верх 1) top 2) (высшая степень) height ◇ одержáть ~ preváil; ~ний úpper

верхóвный supréme; Верхóвный Совéт Supréme Sóviet

верхóм on hórseback; éздить ~ ride

вершíна súmmit

вес weight

веселíться have fun; make mérry

весёлый mérry, gay

весéлье fun, mérrymaking

весéнний spring(-)

вéсить weigh

веслó oar; scull

весн|á spring; ~óй in spring

веснýшки fréckles

вестí condúct, lead ◇ ~ дневнíк keep a díary; ~ войнý wage war; ~ себя́ beháve; ~ хозя́йство keep house

вестибю́ль lóbby

вест|ь news; пропáсть бéз ~и be míssing

весы́ scales; bálance (ед. ч.)

весь all

весьмá híghly

ветвь branch, bough

вéтер wind

ветерáн véteran

ветеринáр véterinary súrgeon

ве́тка branch ◇ железно-
доро́жная ~ branch line

ве́то véto

ве́тхий old, rámshackle

ветчина́ ham

ве́чер évening; ~ом in the
évening; сего́дня ~ом tonight;
вчера́ ~ом last night

ве́чный etérnal

ве́шалка hállstand; peg
(*крючок*); hánger, tab (*на
одежде*); hánger (*плечики*)

ве́шать I 1) hang up 2)
(*казнить*) hang

ве́шать II (*взвешивать*)
weigh

вещество́ súbstance, mátter

ве́щи things, belóngings

вещь thing

ве́ялка winnowing machíne

ве́ять I (*о ветре*) blow

ве́ять II (*зерно*) winnow

взад: ~ и вперёд up and
down, to and fro, back and
forth

взаимн|ость reciprócity;
~ый mútual, recíprocal

взаимовы́годный mútually
advantágeous

взаимо|де́йствие inter-
áction; ~отноше́ния relátions,
interrelátions; ~по́мощь
mútual aid; ка́сса ~по́мощи
mútual aid fund; ~понима́ние
mútual understánding

взаймы́: брать ~ bórrow;
дава́ть ~ lend

взаме́н in exchánge

взбеси́ть infúriate; ~ся go
mad

взбешённый fúrious,
enráged

взве́|сить, ~шивать weigh

взвод platóon

взволнова́ть ágitate, excíte;
upsét (*расстроить*); move
(*растрогать*)

взгляд 1) look; glance 2)
(*мнение*) view

вздор nónsense

вздох deep breath; sigh
(*как выражение чувства*);
~ну́ть draw, take a deep
breath; sigh

вздра́гивать, вздро́гнуть
start, give a start

вздыха́ть sigh

взлёт *ав.* tákeoff

взлете́ть fly up; *ав.* take off
◇ ~ на во́здух (*взорваться*)
blow up

взлётн|ый: ~ая полоса́
táke-óff rúnway

взлома́ть break ópen

взмах stroke, flap

взмах|ивать, ~ну́ть wave;
flap (*крыльями*)

взмо́рье beach, séashore,
séaside

взнос páyment; чле́нский ~
mémbership dues (*мн. ч.*);
вступи́тельный ~ éntrance fee

взойти́ *см.* всходи́ть

взор look; gaze (*пристальный*)

взорва́ть(ся) *см.* взры-
ва́ть(ся)

взро́слый adúlt; grówn-úp
(*разг.*)

взрыв explósion ◇ ~ сме́ха

burst of láughter; ~áть blow up; ~áться explóde, burst

взры́вчат|ый: ~ое вещество́ explósive

взя́тка bribe

взя́точник bríber

взять take; ~ себя́ в ру́ки take onesélf in hand, pull onesélf togéther; ~ся *см.* бра́ться

вид 1) (*внешность*) appéarance, look, air, áspect 2) (*пейзаж*) view 3) (*разновидность*) varíety 4) *биол.* spécies

видео|за́пись vídeotape recórding ; ~кассе́та vídeo cassétte; ~магнитофо́н vídeotape (recórder); ~фи́льм videofílm

ви́деть see

ви́дим|ость visibílity; ~ый vísible

ви́дн|о *безл.* 1) one can see; отсю́да всё ~ you can see éverything from here 2) (*заметно*) it is óbvious; ~ый 1) vísible 2) (*выдающийся*) próminent

ви́за vísa

визг squeal; yelp (*собаки*)

визжа́ть squeal; yelp (*о собаке*)

визи́т vísit; call

ви́лка fork

ви́лы pítchfork

виля́ть: ~ хвосто́м wag its tail

вина́ guilt, fault

винегре́т Rússian sálad

вини́тельный: ~ паде́ж accúsative case

вини́ть blame

вино́ wine

вино́вн|ик cúlprit; *перен.* cause; ~ый guílty

виногра́д grapes (*мн. ч.*); ~ник víneyard

виноде́л wínegrower; ~ие wine grówing

винт screw

винто́вка rífle

винтов|о́й: ~а́я ле́стница wínding stáircase

виолонче́ль 'céllo

виртуо́з éxpert; virtuóso

ви́рус vírus; ~ный: ~ное заболева́ние vírus diséase

ви́селица gállows

висе́ть hang

висо́к témple

високо́сный: ~ год leap year

витами́н vítamin

витри́на shop wíndow; shówcase (*музейная*)

вить twist; ~ гнездо́ build a nest; ~ венки́ weave wreaths; ~ся 1) (*о волосах*) curl 2) (*о реке, дороге*) wind 3) (*кружиться*) dance; hóver (*о птице*)

вихрь whírlwind

вице-президе́нт vice-président

ви́шня 1) chérry 2) (*дерево*) chérry tree

вклад depósit; invéstment; *перен.* contribútion; ~чик depósitor; invéstor; ~ывать 1) put in; enclóse 2) (*деньги*) invést

включ|áть 1) inclúde 2) *эл., радио* switch on; **~áться** join in; **~éние** inclúsion; **~ítельно** inclúsive; **~ить(ся)** *см.* включáть(ся)

вкрáтце bríefly

вкрутýю: яйцó ~ hárd-boiled egg; **свари́ть яйцó** ~ boil an egg hard

вкус taste; **~ный** delícious, nice

влáга móisture

владé|лец ówner; **~ние** posséssion; **~ть** own, posséss; **~ть собóй** have sélf-contról; **~ть языкóм** know a lánguage

влáжн|ость móisture, humídity; dámpness (*сырость*); **~ый** moist, húmid; damp (*сырой*)

влáст|вовать dóminate, rule (óver); **~ный** impérious, despótic

власть 1) pówer; authórity 2) (*владычество*) rule

влéво to the left

влезáть, влезть get (*куда-л.*); climb (*на что-л.*)

влетáть, влетéть fly ínto

влечéние inclinátion

влечь: ~ **за собóй** invólve, entáil

вливáть pour in; **~ся** flow ínto

влить(ся) *см.* вливáть(ся)

влия́|ние ínfluence; **~тельный** influéntial; **~ть** ínfluence; have ínfluence

вложи́ть *см.* вклáдывать

влюб|и́ться *см.* влюблять-ся; **~лённый** in love with; **~ля́ться** fall in love with

вмéсте togéther ◇ ~ **с тем** at the same time

вмести́мость capácity

вмести́|тельный spácious; **~ть** *см.* вмещáть

вмéсто instéad of

вмешáтельство interférence

вмешáться, вмéшиваться interfére

вмещáть contáin, hold

вмиг in the twínkling of an eye

внаём: сдавáть ~ let

вначáле at first

внé óutside, out of; ~ **себя́** besíde onesélf

внедря́ть ínculcate; instíl; introdúce (*технику и т. п.*)

внезáпн|о súddenly; **~ый** súdden

внести́ *см.* вноси́ть

внéшн|ий 1) óutward, extérnal 2) (*о политике, торговле*) fóreign; **~ость** extérior; appéarance (*человека*)

внештáтный non-sálaried; frée-lance; not pérmanent

вниз dówn(wards); ~ **по лéстнице** downstáirs

внизý belów; downstáirs (*в нижнем этаже*)

внимá|ние atténtion ◇ **принимáть во** ~ take ínto considerátion; **~тельный** atténtive

вничью́: игрá ~ a draw

вновь agáin

вноси́ть 1) cárry in, bring in 2) (*плату*) pay (in) ◇ ~ предложе́ние bring a mótion; ~ измене́ния make alterátions; ~ в спи́сок énter on a list

внук grándson

вну́тренн|ий 1) ínner; ínside 2) (*о политике, торговле*) home (-); ~ости inte'stines; ~ость intérior

внутри́ ínside; in

внутрь in; ínto; ínside

вну́чка gránddaughter

внуш|áть inspíre (with); ~ мысль give *smb.* the idéa (of); put it ínto *smb.'s* head (that); ~éние suggéstion; inspirátion; ~и́ть *см.* внушáть

вня́тный distínct; áudible

вовлекáть draw in

вовлечéние dráwing in

вовле́чь *см.* вовлекáть

во́время in time

во́все at all; ~ нет not at all

вовсю́ with all one's might

во-вторы́х se'condly

водá wáter; ~ из-под крáна tap wáter

води́тель (*автомашины*) dríver

води́ть 1) lead; condúct 2) (*автомобиль*) drive

во́дный wáter (-); aquátic (*о спорте*)

водоворо́т whírlpool; éddy

водокáчка wáter tówer (*башня*)

водолáз díver

водонепроницáемый wátertight; wáterproof

водопáд wáterfall

водопо́й wátering place

водопрово́д wáter pipe (*в доме*); с ~ом with wáter laid on; ~чик plúmber

водоро́д hýdrogen

во́доросль séaweed

водоснабже́ние wáter-supply

водохрани́лище réservoir

водяни́стый wátery

водяно́й wáter (-)

воевáть make war (on); wage war (upón); be at war

военнообя́занный súbject to mílitary sérvice

военноплéнный prísoner of war

вое́нно-промы́шленный: ~ ко́мплекс war índustry

военн|ый 1. *прил.* war (-); mílitary; ~ая слу́жба mílitary sérvice; ~ая фо́рма mílitary úniform 2. *сущ.* mílitary man

вожáтый léader

вождь léader; chíeftain

во́жжи reins

воз cart

возбуди́тель stímulus

возбуди́ть, возбуждáть excíte; stímulate

возбужде́ние excítement

возбуждённый excíted

возврáт retúrn

возврати́ть(ся) *см.* возвращáть(ся)

возврáтный *грам.* refléxive

возвращ|áть retúrn; ~áться retúrn, come back; ~éние retúrn

возвы́|сить, ~шáть raise;

~шéние elevátion; éminence; plátform (*помост*)

возвышенн|ость height; ~ый high, élevated; lófty, exálted (*о мыслях, чувствах*)

возглáв|ить, ~лять be at the head of

вóзглас exclamátion; óutcry

воздв|игáть, ~úгнуть eréct

воздéйств|ие ínfluence; ~овать ínfluence

воздéрж|áние absténtion (from); ~áться *см.* воздéрживаться

воздéрживаться abstáin (from); refráin (from)

вóздух air

воздýшн|ый air(-); ~ое сообщéние air tránsport

воззвáние proclamátion; appéal

возúть cárry (*груз*); drive, take (*кого-л. на автомобиле и т. п.*); draw (*тележку*)

возúться 1) be búsy with 2) (*резвиться*) romp

возлагáть lay (on); ~ надéжды place one's hopes (on)

вóзле by, near

возложúть *см.* возлагáть

возлюбленн|ая *сущ.* swéetheart, belóved; místress (*любовница*); ~ый 1. *прил.* belóved 2. *сущ.* swéetheart, belóved; lóver (*любовник*)

возмéздие véngeance; retribútion

возме|стúть, ~щáть cómpensate; ~щéние compensátion

возмóжн|о 1. *безл.* it is póssible 2. *вводн. сл.* póssibly; perháps; óчень ~ véry líkely 3. *нареч.* as... as póssible; ~ость possibílity; opportúnity (*удобный случай*); ~ости means; ~ый póssible; líkely

возму|тúтельный outrágeous; ~тúться, ~щáться be indígnant; ~щéние (*негодование*) indignátion; ~щённый indígnant

вознагра|дúть, ~ждáть rewárd, récompense; ~ждéние rewárd, récompense

возник|áть aríse; ~новéние órigin, rise, begínning

вознúкнуть *см.* возникáть

возня 1) (*шум*) noise 2) (*хлопоты*) bóther

возобнов|úть *см.* возобновлять; ~лéние renéwal; ~лять renéw; resúme

возра|жáть objéct; ~жéние objéction; ~зúть *см.* возражáть

вóзраст age

возро|дúть revíve; regénerate; ~дúться revíve; ~ждáть(ся) *см.* возродúть(ся); ~ждéние revíval; эпóха Возрождéния Renáissance

вóин wárrior, sóldier; ~ский mílitary; ~ская обязанность mílitary dúty

воúнственный wárlike; mártial

вой howl

войнá war

войскá troops

войти́ *см.* входи́ть

вокза́л (ráilway) státion

вокру́г (a)róund

вол ox, búllock

волды́рь blíster

волево́й stróng-willed

волейбо́л vólleyball

во́лей-нево́лей wílly-nílly

волк wolf

волна́ wave

волне́ние 1) (*душевное*) agitátion, emótion 2) (*народное*) unrést

волни́стый wávy

волнова́ть excíte (*возбуждать*); upsét, wórry (*беспокоить*); ~ся be excíted (*быть возбуждённым*); be upsét, wórry (*беспокоиться*)

волну́ющий excíting, thrílling

волокно́ fíbre, fílament

во́лос a hair; ~ы hair (*ед. ч.*)

во́лчий wólfish

волше́бник magícian

волше́бный mágic, enchánting

во́льный free

во́л|я 1) will; си́ла ~и wíllpower 2) (*свобода*) fréedom

вон! get out!

вон|ь stench, stink; ~я́ть stink

вообра|жа́ть imágine, fáncy; ~же́ние imaginátion; ~зи́ть *см.* воображáть

вообще́ génerally, on the whole; ~ не at all; я его́ ~ не зна́ю I don't know him at all

воодушев|и́ть *см.* воодушевля́ть; ~ле́ние enthúsiasm; ~ля́ть inspíre

вооружа́ть arm; ~ся arm onesélf

вооруж|е́ние ármament; ~ённый armed; ~ённое восста́ние armed rísing; ~и́ть(ся) *см.* вооружáть(ся)

во-пе́рвых in the first place

вопию́щ|ий crýing; ~ая несправедли́вость crýing injústice

вопло|ти́ть, ~ща́ть embódy

вопль cry, wail

вопреки́ in spite of, despíte, cóntrary to

вопро́с quéstion; ~и́тельный interrógative; ~и́тельный знак quéstion mark

вор thief

ворва́ться burst ínto

воробе́й spárrow

воров|а́ть steal; ~ство́ theft

во́рон ráven

воро́на crow

воро́нка fúnnel; cráter (*от снаряда*)

воро́та gate

воротни́|к, ~чо́к cóllar

ворча́ть grúmble; growl (*о собаке*)

ворчли́вый quérulous; grúmpy

восемна́дца|тый eighteenth; ~ть eightéen

во́семь eight; ~деся́т éighty; ~со́т eight húndred

воск wax

воскли|кнуть excláim; ~ца́ние exclamátion; ~ца́-

тельный exclámatory; ~цательный знак exclamátion mark

воскресéнье Súnday

воспалéние inflammátion; ~ лёгких pneumónia

воспитáние educátion; úpbringing

воспи́танник púpil

воспи́танный wéll-bréd

воспитáть, воспи́тывать bring up; raise (амер.)

воспламен|и́ться, ~я́ться be inflámed (тж. перен.); catch fire (загореться)

воспóльзоваться use, make use of; ~ слу́чаем seize the opportúnity

воспоминáн|ие recolléction, remémbrance; ~ия лит. reminíscences, mémoirs

воспре|ти́ть, ~щáть prohíbit, forbíd; ~щáться: кури́ть ~щáется! no smóking!

воспри|и́мчивый suscéptible; ~нимáть grasp; ~я́тие percéption

воспроиз|вести́, ~води́ть 1) reprodúce 2) (в памяти) recáll

воспря́нуть: ~ ду́хом cheer up

восставáть rise; revólt, rebél

восстанáвливать 1) restóre 2) (силы, здоровье) recóver 3) (в памяти) revíve one's mémory of 4) (кого-л. против) put smb. agáinst

восстáние revólt, insurréction, rebéllion

восстанóв|и́ть см. восстанáвливать; ~лéние restorátion

восстáть см. восставáть

востóк east; Дáльний Востóк the Far East; Бли́жний Востóк the Near East; Срéдний Востóк the Middle East

востóрг delíght, enthúsiasm; ~áться be delíghted, be enthusiástic

востóчный éastern, oriéntal

вострéбован|ие: до ~ия poste réstante

восхити́|тельный delíghtful; delícious (вкусный); ~ть см. восхищáть

восхищ|áть delíght; enchánt; ~áться admíre; ~éние admirátion

восхóд: ~ сóлнца súnrise

восхождéние ascént (of)

восьмидеся́тый éightieth

восьмóй eighth

вот here; ~ он! here he is!; ~ э́тот this one; ~ хорошó! spléndid!; ~ как? réally?; ~ и всё that's all

воткну́ть thrust in

вошь louse

вою́ющий bellígerent

впадáть fall ínto

впáдина hóllow; глазнáя ~ eye sócket

впасть см. впадáть

впервы́е for the first time; я здесь ~ it's my first time here

вперёд fórward

впереди́ in front of; befóre, ahéad (of)

впечатле́ние impréssion

вписа́ть, впи́сывать insért; énter (*в список*)

впита́ть, впи́тывать absórb; *перен.* imbíbe

вплотну́ю close (by)

вплоть до down to, up to

вполго́лоса in an úndertone, in a low voice; напева́ть ~ hum

вполне́ quite, pérfectly

впопыха́х in one's haste

впо́ру: быть ~ fit (*об одежде, обуви*)

впосле́дствии áfterwards, láter

впотьма́х in the dark

впра́в|ить, ~ля́ть (*о кости*) set (a bone)

впра́во to the right

впредь in fúture

в продолже́ние dúring

впро́чем howéver; but

впры́с|кивание injéction; ~кивать, ~нуть injéct

впус|ка́ть, ~ти́ть let in

впусту́ю all for nóthing

враг énemy; *поэт.* foe

враж|да́ hostílity; ~де́бный hóstile

вра́жеский hóstile, énemy('s)

вразбро́д in disórder, hapházardly; rággedly (*недружно*)

вразре́з cóntrary (to)

врасплóх unawáres; by surpríse

вратáрь *спорт.* góalkeeper

врать lie, tell lies

врач dóctor

враче́бный médical

вращ|а́ть, ~а́ться revólve; turn; ~е́ние rotátion

вред harm, ínjury; dámage

вреди́тель *с.-х.* pest

вреди́ть harm, ínjure; dámage

вре́дный hármful, bad; unhéalthy (*нездоровый*)

вре́менн|о témporarily; ~ый témporary; provísional

вре́мя 1) time 2) *грам.* tense

вро́де like, such as

врождённый inhérent, inbórn

врозь apárt, séparately

вруч|а́ть hand (in), delíver; ~е́ние delívery; bestówal (*ордена и т. п.*); ~и́ть см. вруча́ть

врыва́ться см. ворва́ться

вряд ли scárcely; (be) unlíkely (to)

вса́дник ríder, hórseman

вса́сывать soak up, absórb

все all; éverybody

всё all; éverything; ~ равно́ it's all the same

всевозмо́жный várious, all kinds of

всегда́ álways

вселе́нная úniverse

всел|и́ть, ~я́ть instáll; move in; *перен.* inspíre

всеми́рный world(-); univérsal; Всеми́рный конгре́сс сторо́нников ми́ра World Peace Cóngress

всенаро́дный nátional, nátion-wide

всео́бщ|ий géneral, univérsal; ~ее избира́тельное пра́во univérsal súffrage

всерьёз sériously, in éarnest

всесторо́нний thórough; comprehénsive; áll-róund

всё-таки yet, still, nevertheléss

всеце́ло entírely

вска́кивать jump up

вска́пывать dig up

вскипа́ть, вскипе́ть boil up; перен. seethe

вскипяти́ть boil

вскользь cásually, by the way

вско́ре soon, in a short time

вскочи́ть см. вска́кивать

вскри́к|ивать, ~нуть cry out

вскрыва́ть 1) ópen 2) (обнару́живать) find out, discóver; expóse (разоблача́ть) 3) (труп) disséct, make a postmórtem examinátion

вскры́|тие анат. postmórtem, áutopsy; ~ть см. вскрыва́ть

вслед áfter

всле́дствие in cónsequence of, ówing to

вслух alóud

всма́триваться см. вгля́дываться

всмя́тку: яйцо́ ~ sóft-boiled egg; свари́ть яйцо́ ~ boil an egg líghtly

всоса́ть см. вса́сывать

вспаха́ть, вспа́хивать plough up

всплыва́ть, всплыть come to the súrface; emérge

вспомина́ть, вспо́мнить recolléct, remémber; recáll

вспомога́тельный auxíliary

вспыли́ть fire up, flare up, blaze up

вспы́льчив|ость irascibílity; ~ый hót-témpered

вспы́х|ивать, ~нуть flash; flare up; перен. burst out, break out

вспы́шка flare, flash; перен. óutburst, óutbreak

встава́ть get up; rise

встав|ить см. вставля́ть; ~ка 1) insértion 2) (в пла́тье) ínset

вставля́ть insért; put in

встать см. встава́ть

встрево́жить alárm; ~ся be alármed; take fright (испуга́ться)

встре́тить(ся) см. встреча́ть(ся)

встре́ч|а 1) méeting 2) (приём) recéption; ~а́ть 1) meet 2) (принима́ть) recéive; ~а́ть Но́вый год see the New Year in; ~а́ться meet; ~ный cóntrary; cóunter(-)

вступ|а́ть énter; ~ в па́ртию join the párty; ~и́тельный éntrance(-); introdúctory; ~и́тельный взнос éntrance fee; ~и́тельное сло́во ópening addréss; ~йть *см.* вступáть; ~лéние 1) (*куда-л.*) éntry 2) (*к чему-л.*) introdúction

всходи́ть 1) (*подниматься*) ascénd; mount 2) (*о светилах*) rise 3) (*о семенах*) sprout

всхóды shoots

всю́ду éverywhere

вся all

вся́кий 1. *прил.* ány; évery (*каждый*) 2. *в знач. сущ.* ányone, éveryone

вся́ческий in évery way

втáйне sécretly, in sécret

в течéние dúring; ~ недéли шёл дождь it rained for a week; ~ всегó дня the whole day long

втор|гáться, втóргнуться inváde; ~жéние intrúsion (ínto); invásion (of)

вторúчно for the sécond time

втóрник Túesday

вторóй sécond

второстепéнный sécondary; mínor

в-трéтьих thírdly

втрóе three times (as)

втроём the three of (us, you, them), all three

втя́гивать, втяну́ть 1) draw in 2) (*вовлекать*) invólve

вуáль veil

вуз (*вы́сшее учéбное завéдение*) hígher educátional ínstitute; univérsity, cóllege

вулкáн volcáno

вульгáрный vúlgar

вход éntrance; ~ воспрещáется! no admíttance!

входи́ть go in, come in, énter; войди́те! come in!; come! (*амер.*)

вчерá yésterday; ~шний yésterday's; ~шний день yésterday

вчéтверо four times (as)

вчетверóм the four of (us, you, them), all four

въезд 1) (*действие*) éntry 2) (*место*) drive, éntrance

въезжáть, въéхать 1) drive (in); ride in (*на велосипеде, верхом на лошади*) 2) (*в квартиру*) move (ínto)

вы you

выбирáть 1) choose; seléct (*отбирать*) 2) (*голосованием*) eléct

вы́бор choice; seléction (*отбор*)

вы́борный 1. *прил.* eléctive; vóting (*относящийся к выборам*) 2. *сущ.* délegate

вы́боры eléctions

выбрáсывать throw out; throw awáy

вы́брать *см.* выбирáть

вы́бросить *см.* выбрáсывать

выбывáть, вы́быть leave

вывáливать, вы́валить throw out; pour out

вы́везти *см.* вывози́ть

вы́вернуть *см.* выворáчивать

вы́вернуться wríggle out

(of a difficulty); éxtricate onesélf

вы́весить *см.* вывѐшивать

вы́веска sign (board)

вы́вести *см.* выводи́ть

вывѐшивать hang out

вы́винтить, выви́нчивать unscréw

вы́вих *мед.* dislocátion; ~нуть díslocate

вы́вод 1) (*войск*) evacuátion, remóval 2) (*заключение*) conclúsion; не спеши́те с ~ами don't rush to the conclúsions; ~и́ть 1) lead out 2) (*уничтожать*) extérminate; remóve (*пятно*) 3) (*делать заключение*) conclúde

вы́воз éxport; ~и́ть expórt

выворáчивать (*наизнанку*) turn insíde out

вы́гадать, выгáдывать gain; save

выгибáть bend

вы́гладить *см.* глáдить 2)

вы́глядеть look

выгля́дывать, вы́глянуть look out

вы́гнать *см.* выгоня́ть

вы́гнуть *см.* выгибáть

вы́говор 1) réprimand 2) (*произношение*) pronunciátion, áccent

вы́год|а prófit; advántage; ~ный prófitable; advantágeous

вы́гон pásture land

выгоня́ть drive awáy, turn out

выгружáть, вы́грузить unlóad

вы́грузка unlóading; disembarkátion (*с корабля*); detráining (*из вагона*)

выдавáть, вы́дать 1) give out, distríbute 2) (*предавать*) give awáy, betráy

вы́дача 1) delívery; distribútion 2) (*преступника*) extradítion

выдаю́щийся outstánding; (*о человеке тж.*) próminent

выдвигáть, вы́двинуть put fórward; promóte (*на должность, работу*)

выдвижéние 1) nominátion 2) (*по работе*) promótion

вы́делить *см.* выделя́ть

вы́делка 1) (*изготовление*) manufácture 2) (*качество*) make, quálity

выдéлывать 1) make, manufácture; prodúce 2) (*обрабатывать кожу*) dress léather

выделя́ть 1) (*отбирать*) pick out 2) (*отличать*) distínguish; síngle *smb.* out

вы́держ|анный 1) sélf-contrólled 2) (*сыр, табак и т. п.*) ripe, séasoned; ~ать *см.* выдéрживать; ~ать экзáмен pass an examinátion

выдéрживать bear, endúre, stand

вы́держка I (*самообладание*) sélf-contról, fírmness

вы́держка II (*из статьи, книги*) éxtract

вы́дох expirátion

вы́дохнуть breathe out

вы́дра ótter

вы́дум|ать *см.* выду́мывать; ~ка invéntion

выду́мывать invént; make up (*сочинять*)

вы́езд depárture

выезжа́ть, вы́ехать go awáy, leave; depárt

вы́жать squeeze out; wring out (*бельё*)

выжива́ть survíve; stay alíve

выжима́ть *см.* вы́жать

вы́жить *см.* выжива́ть

вы́звать *см.* вызыва́ть

выздора́вливать, вы́здороветь get well, recóver

выздоровле́ние recóvery

вы́зов 1) call 2) (*на соревнование*) chállenge

вызыва́ть 1) call 2) (*на соревнование*) chállenge 3) (*возбуждать*) cause; ~ интере́с aróuse ínterest

вызыва́ющий provócative; defíant

вы́играть, выи́грывать win

вы́игрыш gain; prize; ~ный wínning; *перен.* advantágeous; ~ный заём lóttery loan; ~ная роль rewárding part

вы́йти *см.* выходи́ть 1) *и* 2)

выки́дывать throw out

вы́кидыш abórtion; miscárriage

вы́кинуть *см.* выки́дывать

выкла́дывать spread, lay out

выключа́тель switch

выключа́ть, вы́ключить turn out (*свет*); turn off (*газ, воду*)

вы́копать dig up; dig out (*откопать*)

вы́кормить 1) (*ребёнка*) bring up 2) (*домашних животных*) rear; raise (*амер.*)

вы́корчевать, выкорчёвывать stub (up); *перен.* root out; erádicate

вы́крик cry, shout

вы́кроить cut out

вы́кройка páttern

вы́купать bathe

выкупа́ть redéem; ránsom (*пленного*)

выку́ривать, вы́курить (*откуда-л.*) smoke out

выла́вливать fish out

вы́лазка sálly

вылеза́ть, вы́лезти 1) get out (of) 2) *см.* выпада́ть 2)

вы́лет tákeoff; plane depárture

вылета́ть, вы́лететь fly out; *ав.* start

вылечивать, вы́лечить cure

вылива́ть, вы́лить pour out

вы́ловить *см.* выла́вливать

вы́ложить *см.* выкла́дывать

вы́м|ереть, ~ира́ть die out; becóme extínct (*о породе животных*)

вымог|а́тельство extórtion; ~а́ть extórt

вы́мысел fíction, invéntion

вы́мыть wash; ~ посу́ду wash up

вы́мя údder

вы́нести *см.* выноси́ть

вынима́ть take out; extráct (*извлекать*)

выноси́ть 1) take out, cárry out 2) (*терпеть*) endúre; не выношу́ его́! I can't bear (stand) him! ◇ ~ пригово́р séntence; ~ резолю́цию pass a resolútion; ~ реше́ние make a decísion

вынóслив|ость endúrance; ~ый tough; hárdy (*тж. о растениях*)

вы́нудить, вынужда́ть force, compél

вы́нужденный forced

вы́нуть *см.* вынима́ть

вы́пад attáck

выпада́ть, вы́пасть 1) fall 2) (*о волосах*) come out

выпека́ть, вы́печь bake

выпива́ть drink; take (*кофе, чай*)

вы́писать 1) write out 2) (*заказать*) órder

вы́писка 1) éxtract cútting 2) (*из больницы*) dischárge

выпи́сывать *см.* вы́писать

вы́пить *см.* выпива́ть

вы́плав|ить smelt; ~ка 1) smélting 2) (*металл*) smélted métal; ~лять smelt

вы́пл|ата páyment; ~атить, ~а́чивать pay (off)

выполне́ние 1) fulfílment 2) (*обязанностей и т. п.*) execútion

вы́полн|ить, ~я́ть cárry out, fulfíl

вы́полоскать rinse out

вы́править, выправля́ть 1) stráighten (out) 2) (*исправлять*) corréct

вы́пуклый 1) convéx 2) (*рельефный*) in relíef 3) (*выступающий*) próminent; búlging (*о глазах*)

вы́пус|к 1) (*продукции*) óutput 2) (*журнала, денег*) íssue 3) (*часть издания*) prínting, edítion; ~ка́ть 1) (*на свободу*) reléase; let out (*из окна, двери и т. п.*) 2) (*издавать*) públish; íssue 3) (*пропускать*) omít

выпускни́к final-year stúdent; (*школьник*) léaver

выпускно́й final-year; léavers'

вы́пустить *см.* выпуска́ть

вы́путаться, выпу́тываться éxtricate onesélf; ~ из беды́ get onesélf out of a scrape

выраба́тывать, вы́работать 1) prodúce 2) (*план*) work out

вы́работка 1) manufácture; óutput (*продукция*) 2) (*составление*) elaborátion, dráwing up

выраж|а́ть expréss; ~éние expréssion ◇ ~éние лица́ expréssion

вырази́тельный expréssive

вы́разить *см.* выража́ть

выраста́ть, вы́расти grow

вы́растить, выра́щивать 1) (*детей*) bring up; raise (*амер.*) 2) (*растения*) grow, raise

вы́рвать *см.* вырыва́ть I

вы́рез|ать cut out; ~ка (*га-*

зетная) cútting, clípping; (*сорт мяса*) fíllet

вы́ро|диться, **~ждáться** degénerate; **~ждéние** generátion

вы́ронить drop

вы́ругать scold; **~ся** swear

выручáть, вы́ручить 1) help *smb.* out; save (*спасти*) 2) (*деньги*) gain

вырывáть I pull out; extráct (*зуб*); tear out (*страни-цу*); snatch out (*из рук*)

вырывáть II, **вы́рыть** dig; dig up

вы́садить(ся) *см.* высáживать(ся)

вы́садка disembarkátion; lánding (*с судна*); detráin-ment (*с поезда*); ~ десáнта lánding; descént

высáживать, ~ся (*на бе-рег*) land, disembárk

выселéние evíction

вы́сел|ить, ~я́ть evíct

вы́сказать(ся) *см.* выскá-зывать(ся)

выскáзыва|ние opínion, sáying; **~ть, ~ться** speak out; expréss an opínion

вы́скочить jump out; leap out

вы́скочка *разг.* úpstart

вы́слать *см.* высылáть

вы́следить trace, track

вы́слуг|а: за **~у** лет for length of sérvice

вы́слушать, выслу́шивать 1) hear 2) *мед.* sound

высмéивать rídicule, make fun (of)

высóкий high; tall (*рос-лый*)

высококáчественный high-quálity

высокомéрный super-cílious, pátronizing

высокооплáчиваемый wéll-páid

высотá height; áltitude

вы́сохнуть *см.* высыхáть

вы́спаться have a good sleep; have *one's* sleep out

вы́ставить *см.* выставля́ть

вы́став|ка exhibítion; **~ля́ть** 1) (*вперёд*) push fórward; advánce 2) (*напо-каз*) exhíbit, displáy

вы́стрел shot; **~ить** shoot, fire (a shot)

выступáть, вы́ступить 1) come fórward 2) (*с речью*) speak

выступлéние 1) (*войск*) start; depárture 2) (*публич-ное*) (públic) appéarance; speech (*речь*); perfórmance (*на сцене*)

вы́сунуть put out, thrust out

высу́шивать, вы́сушить dry

вы́сш|ий hígher; the híghest; the supréme; ~ сорт best quálity; **~ая** математика hígher mathemátics; **~ee** образовáние hígher educátion

высылáть 1) (*посылку и т. п.*) send 2) (*администра-тивно*) éxile, bánish

высыхáть dry up

вытаскивать, вытащить 1) draw out 2) (*украсть*) steal

вытек|ать 1) (*из сосуда*) run out (of) 2) (*о реке*) have its source in 3) (*являться следствием*) fóllow; отсюда ~ает, что (hence) it fóllows that

вытереть *см.* вытирать

вытесн|ить, ~ять force *smb.* out; supplánt (*выжить*)

вытечь *см.* вытекать 1)

вытирать wipe; dry (*досуха*)

выть howl

вытягивать, вытянуть 1) draw out; extráct 2) (*растягивать*) stretch, pull out

выучить 1) (*что-л.*) learn 2) (*кого-л.*) teach, train

выхлопн|ой: ~ые газы exháust

выход éxit; way out (*тж. перен.*); другого ~а не было there was no altérnative; ~ить 1) go out 2) (*о книге и т. п.*) come out 3) (*об окне*) look out (on) ◇ ~ить из себя lose one's témper

выходной: ~ день day off

выцвести, выцветать fade

вычёркивать, вычеркнуть cross out, strike out, cáncel

вычесть *см.* вычитать

вычет dedúction

вычислительный cálculating, compúting

вычисл|ить, ~ять cálculate

вычистить clean, pólish; brush (*щёткой*)

вычита|ние *мат.* sub-

tráction; ~ть 1) dedúct 2) *мат.* subtráct

выше 1. *прил.* hígher; táller (*ростом*) 2. *нареч.* 1) hígher 2) (*раньше*) abóve; смотри ~ see abóve; как сказано ~ as státed abóve 3. *предлог* abóve; ~ нуля abóve zéro

вышеупомянутый abóve-méntioned

вышивать embróider

вышивка embróidery

вышина height

вышить *см.* вышивать

выяв|ить, ~лять discóver; revéal

выяснение elucidátion, cléaring up

выясн|ить, ~ять elúcidate; ascertáin, find out (*узнать*)

вьюга snówstorm

вяз elm

вязанье knítting

вязать knit

вязкий stícky; víscous; swámpy (*топкий*)

вял|ость lángour; ~ый lánguid

вянуть wíther; fade, lose heart (*о человеке*)

Г

гавань hárbour, port

гадать 1) (*предполагать*) guess; conjécture (*угадывать*) 2) (*кому-л. на картах и т. п.*) tell fórtunes

гáд|кий vile; násty, hórrid; **~ость** 1) trash, muck 2) (*под-лость*) dírty trick

гадю́ка ádder; víper

газ *хим.* gas

газéта néwspaper

гáзовый gas; ~ завóд gás-works

газóн lawn, turf

газопровóд gásmain

гáйка nut; fémale screw

галантерéйный: ~ магазúн háberdashery

галерéя gállery

гáлка jáckdaw, daw

галóпом at a gállop

галóши galóshes; rúbbers

гáлстук tie

гáмма *муз.* scale; *перен.* gámut

гантéли dúmbbells

гарáж gárage

гарантúровать guarantée

гарáнтия guarantée

гардерóб 1) clóakroom 2) (*шкаф*) wárdrobe 3) (*одеж-да*) wárdrobe

гардúны cúrtains

гармóния hármony

гарнизóн gárrison

гарнúр gárnish; végetables

гарнитýр set; suit

гасúть extínguish, put out

гáснуть go out

гастрóли tour (*ед. ч.*); guéstperformance (*ед. ч.*)

гастронóм food store(s); food shop; delicatéssen (*амер.*)

гвоздúка I (*цветок*) car-nátion

гвоздúка II (*пряность*) clove

гвоздь nail

где where

гдé-либо, гдé-нибудь, гдé--то sómewhere, ánywhere

генерáл géneral

генерáльный géneral; básic

гениáльн|ый of génius, great; ~ человéк génius; ~ труд the work of génius; ~ая идéя spléndid (brílliant) idéa

гéний génius

геóгр|аф geógrapher; ~афúческий geográphical; ~áфия geógraphy

геó|лог geólogist; ~логúче-ский geológical; ~лóгия geólogy; ~метрúческий geo-métrical; ~мéтрия geómetry

герáнь geránium

герб arms; госудáрствен-ный ~ State émblem

герметúчески hermétically

герó|úзм héroism; ~úня héroine; ~úческий heróic

герóй héro; Герóй Совéт-ского Сою́за Héro of the Sóviet Únion

гúбель ruin; ~ный rúinous; fátal, disástrous

гúбкий fléxible, súpple, plíant

гигáнт gíant; ~ский gi-gántic

гигиéна hýgiena

гид guide

гидро|плáн *ав.* hýdro-plane; ~стáнция wáterpower státion, hýdroeléctric státion

ги́льза (cártridge) case

гимн hymn; госуда́рственный ~ nátional ánthem

гимна́стика gymnástics

гипно́з 1) (*сила*) hýpnotism 2) (*состояние*) hypnósis

гипо́теза hypóthesis

ги́псовый pláster

ги́ря weight

гита́ра guitár

глава́ I head

глава́ II (*в книге и т. п.*) chápter

главнокома́ндующий Commánder-in-Chíef

гла́вн│ый chief, main; príncipal; ~ го́род cápital (*столица*) ◇ ~ым о́бразом máinly, móstly

глаго́л *грам.* verb

гла́│дить 1) (*ласкать*) stroke, caréss 2) (*бельё*) íron

гла́дкий smooth

глаз eye ◇ за ~á behínd *smb.'s* back; говори́ть с ~у на ~ have a prívate talk; ~но́й eye(-); ~но́й врач óculist

гла́нды tónsils

гла́сность ópenness; glásnost

гла́сный (*звук*) vówel

гли́на clay

глист intéstinal worm

глоба́льный glóbal

гло́бус globe

глота́ть swállow

гло́тк│а throat; во всю ~y at the top of one's voice

глото́к sip; gulp

гло́хнуть grow deaf

глуб│ина́ depth; ~о́кий deep; *перен. тж.* profóund; ~о́кая таре́лка soup plate; ~о́кая о́сень late áutumn

глу́п│ость stupídity; nónsense (*бессмыслица*); ~ый fóolish; sílly; stúpid (*тупой*)

глух│о́й deaf ◇ ~о́е ме́сто out-of-the-wáy place; ~онемо́й deaf mute; ~ота́ déafness

глушь wílderness; thícket (*лесная*)

глы́ба clod (*земли́*); block (*льда*)

гляде́ть look

гнать drive; chase, drive awáy (*прогонять*)

гнев ánger; ~ный ángry

гнездо́ nest

гнёт press; weight; *перен.* oppréssion; yoke (*иго*)

гни│е́ние rótting; decáy; corrúption; ~ло́й rótten; decáyed; ~ть rot; decáy

гной pus, mátter; ~ный púrulent; séptic; *мед.* súppurative

гну́сный vile, disgústing

гнуть, ~ся bend

говори́ть talk, speak; могли́ бы Вы ~ ме́дленнее? speak slówly, please

говя́дина beef

год year; про́шлый ~ last year; бу́дущий ~ next year; Но́вый ~ New Year's Day

годи́│ться do, be súitable;

Это (никуда) не ~тся! that won't do!

годи́чный а́nnual

го́дный 1) fit 2) (*действи-тельный*) válid

годов|о́й а́nnual; ~щи́на annivérsary

гол goal; заби́ть ~ score a goal

голла́ндец Dútchman

голла́ндский Dutch

голов|а́ head; ~но́й: ~на́я боль héadache; ~но́й убо́р hat

го́лод húnger; starvátion; fámine (*бедствие*); ~а́ть starve

голо́д|ный húngry; я го́лоден I'm húngry; ~о́вка húnger strike

гололёд ícing; сего́дня ~ it's áwfully slíppery todáy

го́лос 1) voice 2) (*избира-тельный*) vote; ~ова́ние vóting; pólling; та́йное ~ова́ние bállot, sécret vóting; ~ова́ть vote

голубо́й líght-blue

го́лубь pígeon, dove; ~ ми́ра the dove of peace

го́лый náked

го́льфы knée-length socks

гомеопа́т hómoeopath; ~ия homoeópathy

гоне́ние persecútion

го́нка haste, húrry; ~ вооруже́ний ármaments race

го́нки *спорт.* ráces

гонора́р páyment; fee; róyalties

гоня́ть drive; chase

гора́ móuntain

гора́здо much, far

горб hump, hunch; ~а́тый húmp-backed; ~иться stoop; ~у́н húnchback

горди́ться be proud of

го́рд|ость pride; ~ый proud

го́ре grief; ~ва́ть grieve

горе́лка búrner

горе́ть 1) burn; be on fire 2) (*блестеть*) spárkle

го́рец híghlander

го́речь bítterness

горизо́нт horízon; ~а́льный horizóntal

гори́стый móuntainous

го́рл|о throat; ~ышко (*бутылки*) bóttleneck

гормо́н hórmone

горн *муз.* bugle

горнолы́жный: ~ спорт móuntain skíing

го́рн|ый 1) móuntain(ous) 2) (*о промышленности*) míning; ~я́к míner

го́род town; cíty; ~ско́й town (-); úrban; munícipal (*об учреждениях*)

горожа́нин tównsman, cíty dwéller

горо́х pea(s)

горсть hándful

горта́нь lárynx

горчи́|ца mústard; ~чник mústard pláster

горшо́к pot

го́рький bítter

горю́чее fuel

горя́чий hot; warm (*о при-*

ёме, встрече); árdent (*страстный*)

горячи́ться fly ínto a pássion

го́спиталь (mílitary) hóspital

госпо́дств|о suprémacy; dominátion; ~овать dóminate; preváil (*преобладать*); ~ующий dóminant; preváiling (*преобладающий*)

гостеприи́мный hóspitable

гости́ница hotél; inn (*небольшая*)

гост|ь guest; vísitor; пойти́ в ~и pay a vísit; быть в ~ях be on a vísit

госуда́рственный State

госуда́рство State

гото́в|ить prepáre, make réady; cook (*пищу*); ~иться get réady, prepáre; ~ый 1) réady 2) (*о платье*) réady--máde

грабёж róbbery

граби́тель róbber

гра́бить rob; plúnder

гра́бли rake (*ед. ч.*)

гра́вий grável

гравю́ра engráving, print; étching (*офорт*)

град hail

гра́дус degrée; ~ник thermómeter

гражд|ани́н cítizen; ~а́нский cívil; ~а́нство cítizenship; приня́ть ~а́нство be náturalized

грамза́пись (grámophone) recórding

грамм grám(me)

грамма́тика grámmar

гра́мот|а 1) réading and wríting 2) (*документ*) credéntials (*мн. ч.*); ~ность líteracy; ~ный líterate; éducated

грана́т pómegranate

грана́та grenáde

грани́т gránite

грани́|ца 1) (*государственная*) fróntier; bóundary 2) (*предел*) límit; ~чить (*с чем--л.*) bórder (upón); *перен.* verge

грань side; fácet

графа́ cólumn

гра́фик schédule

гра́фика dráwing; gráphic art

графи́н decánter

грацио́зный gráceful

гра́ция grace

грач rook

гребёнка, гре́бень comb

гребе́ц óarsman

гре́бля rówing

грёзы dáydreams

грек Greek

гре́лка hót-water bóttle; hót-water bag (*амер.*); eléctric pad (*электрическая*)

греме́ть ráttle, thúnder (*о громе*)

грести́ row

греть warm; ~ся warm onesélf

грех sin

гре́цкий: ~ opéx wálnut

гре́ческий Greek

гречи́ха búckwheat

гриб múshroom

грива mane
грим máke-up
гримác|а grimáce; ~ничать make fáces
грипп 'flu
гроб cóffin
гроза thúnderstorm, storm
грозить thréaten
грозный térrible (*страшный*); ménacing (*угрожающий*)
гром thúnder ◇ ~ аплодисментов storms of appláuse
громадный enórmous
громк|ий loud; ~оговоритель loud spéaker
громоздкий búlky, unwíeldy
громоотвод líghtning condúctor
гроссмейстер grand máster
грохот crash, rúmble; ~ать rúmble
грубить be rude
груб|ость rúdeness; rude remárk; ~ый coarse; rough; rude (*невежливый*)
груда heap, pile
грудной: ~ ребёнок ínfant in arms, báby
грудь breast; chest (*грудная клетка*); bósom (*бюст*)
груз load; cárgo (*судна*)
грузин Géorgian; ~ский Géorgian
грузить load
грузный córpulent
грузовик lórry; truck (*амер.*)
грузчик loader (*ж.-д.*); stévedore (*судовой*)

грунт 1) (*почва*) soil 2) (*в живописи*) ground; ~овой: ~овые воды súbsoil wáters
группа group
грустить be sad, be mélancholy
грустный sad
грусть sádness
груша 1) pear 2) (*дерево*) pear tree
грызть gnaw; níbble
грызун *зоол.* ródent
гряда 1) (végetable) bed 2) (*гор*) ridge
грядка *см.* гряда 1)
грязный dírty
грязь dirt; mud (*слякоть*)
губа lip
губить ruin
губка sponge
губн|ой: ~ая помáда lípstick
гудеть buzz; hoot
гудок hóoter; síren (*фабричный*); horn (*автомобильный*)
гул rúmble; hum (*голосов*)
гулкий hóllow, resóunding
гулянье (*празднество*) públic mérrymaking
гулять walk, go for a walk
гуманизм húmanism
гуманитáрн|ый: ~ые науки the humánities
гуманный humáne
гусеница cáterpillar
густой thick; dense
гусь goose; ~ком in síngle file
гуща 1) (*осадок*) sédiment; grounds (*мн. ч.*) (*кофейная*);

lees, dregs (*мн. ч.*) (*пивная*)
2) (*леса*) thícket

Д

да I (*утвердительная частица*) yes

да II *союз* 1) (*соединительный*) and 2) (*противительный*) but

да III (*модальная частица*) (*пусть*): да здра́вствует! long live!

дава́|ть 1) give; да́йте мне, пожа́луйста... give me, please 2) (*позволять*) let, allów *smb.* (to) ◇ ~ знать let *smb.* know; ~йте игра́ть let's play; ~ доро́гу make way (for); ~ кля́тву swear

дави́ть 1) press, squeeze 2) (*раздавить*) crush 3) (*угнета́ть*) oppréss

да́вка crush

давле́ние préssure

да́вн|ий of long stánding, old; с ~их пор of old

давно́ long agó; for a long time; for áges

да́же éven

да́лее fúrther; then (*затем*); и так ~ and so on, etc.

далёк|ий remóte; ~ое расстоя́ние a great dístance

далеко́ far awáy, a long way off

даль dístance

дальне́йший fúrther

дальнови́дный farséeing

дальнозо́ркий lóng-sighted

да́ль|ность dístance; ~ше 1. *прил., нареч.* fárther, fúrther 2. *нареч.* (*затем*) then

да́ма lády

да́нн|ые dáta, facts; ~ый gíven; в ~ый моме́нт at the móment, at présent

дань tríbute

дар gift

дари́ть make a présent (of); give

да́ром free of charge, for nóthing, grátis

да́та date

да́тельный: ~ паде́ж dátive (case)

да́т|ский Dánish; ~ча́нин Dane

дать *см.* дава́ть

да́ч|а súmmer cóttage; búngalow; на ~е in the cóuntry; ~ный subúrban

два two

двадца́тый twéntieth

два́дцать twénty

два́жды twice

двена́дцатый twelfth

двена́дцать twelve

дверь door

две́сти two húndred

дви́гатель éngine; mótor

дви́гать, ~ся move

движе́ние móvement; у́личное ~ tráffic

дво́е two

двоето́чие cólon

дво́йка two; low mark (*отме́тка*)

двойни́к dóuble

двойно́й dóuble; twófold

двойня twins (*мн. ч.*)

двор yard

дворе́ц pálace

дво́рник jánitor, yárdman

дворяни́н nóble, nóbleman

дворя́нство nobílity, géntry

двою́родн|ый: ~ брат, ~ая сестра́ cóusin

двоя́кий dóuble

двули́чный dóuble-faced

двуру́шник dóuble-déaler; dóuble-crósser

двусмы́сленный ambíguous

двусторо́нний biláteral; twó-wáy

двухко́мнатн|ый: ~ая кварти́ра twó-room flat

двухэта́жный twó-stórey(ed)

двуязы́чный bilíngual

деба́ты debáte

де́бри thíckets; *перен.* lábyrinth

дебю́т début

дева́ть put; ~ся go; куда́ он де́лся? what has becóme of him?

деви́ца *разг.* girl

де́вочка (líttle) girl

де́вушка girl

девяно́сто nínety

девяно́стый nínetieth

девятна́д|цатый nínetéenth; ~цать nínetéen

девя́тый ninth

де́вять nine; ~со́т nine húndred

дёготь tar

деграда́ция degradátion

де́душка grándfather

дееприча́стие *грам.* gérund, advérbial párticiple

дежу́р|ить be on dúty; ~ный on dúty; *воен.* órderly

дезерти́р desérter

дезерти́ровать desért

дезинфе́кция disinféction

дезодора́нт deódorant; spray

де́йственный efféctive

де́йствие 1) deed, áction 2) (*влияние*) efféct 3) *театр.* act

действи́тельн|о réally, in fact; ~ость reálity; ~ый 1) áctual, real 2) (*о документе*) válid

де́йств|овать act; work; ~ующий in force; ~ующие ли́ца cháracters

дека́брь Decémber

дека́да décade

дека́н dean; ~а́т dean's óffice

деклара́ция declarátion

декорати́вный décorative; ornaméntal

декора́ция scénery, décor; the sets (*мн. ч.*)

декре́т decrée

де́лать do; make; ~ вы́вод draw a conclúsion; ~ся 1) (*становиться*) becóme 2) (*происходить*) háppen

делега́|т délegate, députy; ~ция delegátion

деле́ние divísion

деле́ц búsiness man

делика́тный 1) táctful 2) (*щекотливый*) délicate

дели́ть divíde; ~ся 1) be

divided 2) (*с кем-л.*) share (with)

де́ло 1) affáir, búsiness 2) (*поступок*) deed 3) (*цель, интересы*) cause; о́бщее ~ cómmon cause 4) *юр.* case 5) *канц.* file ◇ в чём ~? what's the mátter?; ~ в том the point is; как дела́? how are you?

делово́й búsiness(-); búsinesslike

де́льный effícient (*тк. о человеке*); práctical, sénsible (*тж. о предложении*)

дельфи́н dólphin

демаго́г démagogue

демокра́т démocrat

демократи́ческий democrátic

демокра́тия demócracy

демонстр|а́ция demonstrátion; ~и́ровать démonstrate

де́нежный móney(-); fináncial; ~ перево́д móney órder

день day; че́рез ~ évery óther day

де́ньги móney

депре́ссия depréssion

депута́т députy

дёргать pull; jerk

дереве́нский rúral; rústic; víllage(-)

дере́вня the cóuntry; víllage (*посёлок*)

де́рево 1) tree 2) (*материал*) wood

деревя́нный wóoden

держа́ва pówer

держа́ть hold; keep (*хра-*

нить) ◇ ~ сло́во keep one's prómise; ~ экза́мен go in for an examinátion; ~ся 1) (*за что-л.*) hold on (to) 2) (*на чём-л.*) be suppórted by; пу́говица де́ржится на ни́точке the bútton is hánging by a thread ◇ ~ся вме́сте keep togéther; ~ся в стороне́ stand asíde

дерз|кий ínsolent; dáring (*смелый*); ~ость ínsolence

дёрнуть *см.* дёргать

деса́нт lánding; ~ный: ~ные войска́ lánding force

десе́рт dessért

десна́ gum

десятибо́рье *спорт.* decáthlon

десятидне́вный tén-day

десятиле́т|ие décade; ~ний tén-year

десяти́чный décimal

деся́ток ten

деся́тый tenth

де́сять ten

дета́ль détail; ~но in détail

детекти́в 1) (*произведение*) detéctive stóry 2) (*сыщик*) detéctive

детёныш the young (of)

дет|и chíldren; ~ский child's; chíldren's; chíldish (*ребяческий*); ~ский сад núrsery school; kíndergarten; ~ский дом órphanage; ~ство chíldhood

де́ть(ся) *см.* дева́ть(ся)

дефе́кт deféct

дефици́т shórtage

дешев|е́ть fall in price;

becóme chéaper; go down; ~ѝзна low príces (*мн. ч.*)

дёшево cheap

дешёвый cheap

дéятель wórker; госудáрственный ~ státesman; ~ность actívity; ~ный áctive, energétic

джаз jazz

джéмпер júmper; púllover

джѝнсы jeans

джýнгли júngle

диáгноз diagnósis

диагонáль diágonal

диалéкт díalect

диалéкт|ика dialéctics; ~ѝческий dialéctic(al)

диалóг díalogue

диапозитѝв slide

диафрáгма díaphragm

дивáн sófa

дивéрсия sábotage; divérsion

дивѝзия divísion

диéт|а díet; ~ѝческий dietétic

дизáйн desígn

дизентерѝя dýsentery

дикáрь sávage

дѝкий wild

диктáнт dictátion

диктатýра dictátorship

диктовáть dictáte

дѝктор annóuncer; bróadcaster

дилетáнт ámateur

динáмика dynámics

динамѝт dýnamite

динамѝчный dynámic

диплóм diplóma; degrée

дипломáт díplomat; ~ѝче-

ский diplomátic; ~ия diplómacy

директѝва diréctions, instrúctions (*мн. ч.*)

дирéктор diréctor; mánager

дирижáбль dírigible

дирижёр condúctor

диск disk, disc

дисквалифицѝровать disquálify

дискотéка discothéque

дискредитѝровать discrédit

дискриминáция discriminátion

дискýссия discússion

диспансéр dispénsary

дисплéй displáy

дѝспут debáte

диссертáция thésis, dissertátion

дистáнция dístance

дисциплѝн|а 1) díscipline 2) (*отрасль науки*) súbject; ~ѝрованный well trained, dísciplined

дитя́ child

дифтерѝт diphthéria

дичь game

длинá length

длѝнный long

длѝтельный prolónged, long

длѝться last

для for; to; ~ чегó? what for?; ~ тогó, чтóбы in órder to

дневнѝк díary

дневнóй day-; ~ спектáкль matinée

днём in the dáytime

ДНО   ДОЖ   Д

дно bóttom; вверх ~м úpside-dówn

до 1) (*раньше*) befóre 2) (*указывает на временной предел*) to, till, untíl 3) (*указывает на пространственный предел*) (up, down) to ◇ до свидáния goodbýe

добáв|ить *см.* добавлять; ~лéние addítion; súpplement; ~лять add; ~очный addítional

добивáться seek; strive for

добúться achíeve, get; attáin

добрó I 1) good 2) (*имущество*) próperty; things (*мн. ч.*)

добрó II: ~ пожáловать! wélcome!

добровó|лец voluntéer; ~льный vóluntary

добродéтель vírtue

добродýшный good-nátured

доброжелáтельный benévolent, kind

доброкáчественный 1) good-quálity 2) *мед.* benígn, nón-malígnant

добросóвестный consciéntious

добротá kíndness

добр|ый good; kind ◇ по ~ой вóле of one's own free will; ~ая половúна a good half; ~ое ýтро! good mórning!; ~ день! good afternóon!; ~ вéчер! good évening!

добывáть, добыть 1) obtáin; get 2) (*полезные ископаемые*) extráct; mine

добыча 1) (*сырья*) extráction 2) (*добытое, захваченное*) prey; bóoty; plúnder (*награбленное*)

довéр|енность (wrítten) authorizátion; pówer of attórney; ~ие trust; cónfidence; ~ить *см.* доверять; ~чивый trústing, confíding

довершéние: в ~ всегó to crown all

доверять 1) (*что-л.*) entrúst 2) (*кому-л.*) trust; confíde in (*секрет, тайну*)

довести *см.* доводúть

дóвод réason, árgument

доводúть 1) lead (up to, to) 2) (*приводить к чему-л.*) bring, redúce (to)

довоéнный prewár

довóльно enóugh

довóльный sátisfied; pleased

догадáться *см.* догадываться

догáд|ка guess; ~ливый quíck-wítted; ~ываться guess; suspéct (*подозревать*)

дóгма dógma

догнáть *см.* догонять

договáриваться come to an agréement, negotiáte

договóр 1) agréement 2) *юр.* cóntract 3) *полит.* tréaty; ~úться *см.* договáриваться

догонять overtáke

дождь rain; ~ идёт it's ráining

259

доживáть, дожи́ть live untíl; reach

дóза dose

доистори́ческий prehistóric

дои́ть milk

дойти́ *см.* доходи́ть

док dock

доказ|áтельство proof; *юр.* évidence; ~áть, докáзывать prove

дóкер dócker

доклáд lécture; repórt (*отчётный*); ~чик spéaker

доклáдывать 1) infórm; repórt 2) (*о ком-л.*) annóunce

дóктор dóctor

докумéнт dócument

документáльный: ~ фильм documéntary

долг 1) (*обязанность*) dúty 2) (*обязательство*) debt

дóлгий long

долгожи́тель old man

долгоигрáющ|ий: ~ая пласти́нка lóng-pláyer

долгосрóчный lóng-térm

долготá *геогр.* lóngitude

должни́к débtor

должнó быть próbably

дóлжность post

дóлжный due; próper

доли́на válley

доложи́ть *см.* доклáдывать

долóй! awáy with!, down with!

дóля I (*судьба*) lot

дóля II (*часть*) share

дом house (*здание*); home (*домашний очаг*); ~ óтдыха rest home

дóма at home

домáшний doméstic

домини́ровать dóminate, predóminate

дóмна blast fúrnace

домóй home

домоуправлéние house administrátion

донес|éние repórt; dispátch; ~ти́ *см.* доноси́ть

дóнор dónor

донóс denunciátion; ~и́ть (*на кого-л.*) denóunce

доплá|та addítional páyment; éxtra páyment; ~ти́ть, ~чивать pay éxtra

дополн|éние cómplement; súpplement; ~и́тельно in addítion; ~и́тельный suppleméntary

дополн|ить, ~ять compléte

допрáшивать quéstion; intérrogate

допрóс interrogátion, cross-examinátion; ~и́ть *см.* допрáшивать

дóпус|к admíssion; ~кáть, ~ти́ть 1) admít 2) (*предполагать*) assúme

дореволюциóнный pre-revolútionary

дорóга 1) road; way 2) (*путешествие*) jóurney

дóрог|о dear; (*о стоимости тж.*) expénsive; ~ови́зна high príces; high cost of lίving; ~óй dear; (*о стоимости тж.*) expénsive

дорожи́ть válue

доро́ж|ка path; ~ный trávelling(-)

доса́д|а annóyance, vexátion; ~но: как ~но! what a núisance!; ~ный annóying

доска́ plank; board; кла́сс-ная ~ bláckboard; the board; ~ для объявле́ний nótice board

досло́вн|о líterally, word for word; ~ый líteral; verbátim

досро́чн|о pretérm, befóre the appóinted time; ~ый pretérm

достава́ть 1) (*каса́ться чего́-л.*) reach 2) (*выни-ма́ть*) take out 3) (*добы-ва́ть*) get

доста́в|ить *см.* доставля́ть; ~ка delívery; с ~кой на́ дом delívery to cústomer; ~ля́ть 1) (*това́ры и т. п.*) delíver 2) (*причиня́ть*) cause; give

доста́точн|о enóugh (*после прил.*); sufficiently (*перед прил.*); ~ умён cléver enóugh; sufficiently cléver; ~ый suf-fícient

доста́ть *см.* достава́ть

дост|ига́ть, ~и́гнуть reach; *перен.* achíeve; ~иже́ние achíevement

достове́рный relíable

досто́инств|о 1) dígnity; чу́вство со́бственного ~а sélf--respéct 2) (*ка́чество*) mérit, vírtue

досто́йный wórthy, de-sérving

достопримеча́тельности sights

достоя́ние próperty

до́ступ áccess

досту́пный accéssible; éasy

досу́г léisure

до́суха dry

до́сыта to one's heart's contént

дота́ция súbsidy, grant

дотра́гиваться, дотро́нуть-ся touch

дохо́д retúrns (*мн. ч.*); íncome (*регуля́рный*)

доходи́ть 1) reach 2) (*о су́мме и т.п.*) amóunt

дохо́дный prófitable

доце́нт réader, séniour lécturer; assístant proféssor

дочь dáughter

дошко́льный preschóol

доя́рка mílkmaid

драгоце́нн|ости jéwelry; ~ость jéwel; ~ый précious

дразни́ть tease

дра́ка fight

дра́ма dráma; ~ти́ческий dramátic; ~ту́рг pláywright

дра́ться fight

древ|еси́на wood; wood pulp; ~е́сный wood(-); ~éс-ный у́голь chárcoal

дре́в|ний áncient; ~ность antíquity

дрема́ть doze

дрему́чий thick, dense

дрессирова́ть train

дробь 1) (small) shot 2) *мат.* fráction

дрова́ fírewood (*ед. ч.*)

дрожа́ть trémble; shíver

дро́жжи yeast (*ед. ч.*)

дрозд thrush; чёрный ~ bláckbird

друг friend; ~ дрýга one anóther; each óther

другóй óther; anóther (*ещё один*)

дрýж|ба fríendship; ~еский, ~ественный fríendly

дружúть be friends

дрýжный (*единодушный*) unánimous

дряннóй wórthless

дряхлый decrépit

дуб oak (tree)

дублёнка shéepskin (coat)

дублúровать únderstudy (*в театре*); ~ фильм dub

дугá arc

дýло múzzle

дýмать think

дуновéние breath, whiff

дуплó hóllow

дур|áк fool; ~нóй bad

дуть blow

дух 1) spírit 2) *разг.*: присýтствие ~a présence of mind; пáдать ~ом lose heart; поднимáть ~ raise the morále; собрáться с ~ом pluck up one's cóurage

духú scent, pérfume

духовéнство clérgy

духóвка óven

духóвный spíritual

духовóй: ~ инструмéнт wind ínstrument; ~ оркéстр brass bánd (*медных инструментов*)

духотá (*жара*) súltriness; какáя ~! how stúffy it is!

душ shówer

душá soul

душéвный córdial, héartfelt

душúстый frágrant; swéet-scénted ◇ ~ горóшек sweet pea

душúть strángle

дýшный stúffy, close

дуэт dúet

дым smoke; ~úть, ~úться smoke; ~охóд flue

дыня mélon

дыр|á hole; ~явый rágged

дыхá|ние breath; ~тельный respíratory; ~тельное гóрло wíndpipe

дышáть breathe

дьявол dévil

дюжина dózen

дюна dune

дядя úncle

дятел wóodpecker

Е

Евáнгелие the Góspel

еврéй Jew; ~ский Jéwish

европé|ец, ~йский Européan

егó I (*род., вин. п. от* он, онó) him; (*для неодушевл. предм.*) it

егó II *мест. притяж.* his; (*для неодушевл. предм.*) its

едá food; meal (*завтрак, обед, ужин*)

едвá hárdly, scárcely; ~ ли it is dóubtful (whéther, that)

единéние únity

едини́ца 1) únit 2) (*цифра, отметка*) a one

едини́чный síngle; ísolated

единогла́сный unánimous

единоли́чный indivídual; pérsonal

единомы́шленник adhérent, conféderate; sýmpathizer (*сочувствующий*)

единообра́зие unifórmity

еди́нственн|ый ónly; ~ в своём ро́де uníque; ~ое число́ *грам.* síngular

еди́нство únity

еди́ный united (*объединённый*); indivísible (*неделимый*)

е́дкий cáustic; púngent (*о дыме*)

её I (*род., вин. п. от* она́) her; (*для неодушевл. предм.*) it

её II *мест. притяж.* her, hers; (*для неодушевл. предм.*) its

ёж hédgehog

ежеви́ка bláckberries; brámble

ежего́дн|ик yéarbook, ánnual; ~ый yéarly, ánnual

ежедне́вн|о, ~ый dáily

ежеме́сячный mónthly

еженеде́льн|ик wéekly; ~ый wéekly

езда́ ride, ríding; drive; dríving (*на машине*)

е́здить go; go by... (*на чём-л.*); drive (*на машине*); ride (*верхом*); trável (*путешествовать*)

ездо́к ríder, hórseman

ей her, to her; (*для неодушевл. предм.*) to it

е́ле, е́ле-е́ле hárdly, scárcely

ёлка fírtree; New Year's tree (*новогодняя*)

ель fírtree

ёмк|ий capácious; ~ость capácity; vólume

ему́ him, to him; (*для неодушевл. предм.*) to it

ено́т raccóon

е́ресь héresy; *перен. разг.* rúbbish

ёрзать fídget

ерунда́ nónsense

ёрш ruff

е́сли if; ~ бы не but for; ~ не if not, unléss; ~ то́лько províded

есте́ственный nátural

естествозна́ние nátural sciences

есть I eat

есть II 1) is 2) *безл.* there is, there are; *перев. тж. личн. формами гл.* have; у меня́ ~ I have

е́хать go; drive (*на машине*); ride (*верхом*)

ехи́дный cáustic; malícious; spíteful

ещё 1) (*всё ещё*) still; ~ не not yet 2) (*больше*) some more; ~ лу́чше (холодне́е *и т. п.*) still bétter (coóler, *etc.*); ~ раз once more

е́ю (by, with) her

263

Ж

жа́ба toad

жа́бры gills

жа́воронок (skу́)lark

жа́дный gréedy, avaricious

жа́жд|а thirst; испы́тывать ~y be thirsty; ~ать thirst, crave (for)

жаке́т jácket

жале́ть 1) (сожалеть) be sórry (for); píty 2) (щадить) spare 3) разг. (скупиться) grudge

жа́лить sting

жа́лкий pítiful, wrétched; míserable (ничтожный)

жа́лко (кого-л.) píty smb., be sórry (for); ~! too bad; как ~! what a píty!

жа́ло sting

жа́лоб|а compláint; ~ный pláintive

жа́ловаться compláin

жа́лость píty

жаль см. жа́лко; мне ~ его́ I am sórry for him

жанр génre

жар 1) (зной) heat 2) (пыл) árdour 3) (повышенная температура) témperature, féver

жара́ heat, hot wéather

жарго́н járgon; slang, cant

жа́р|еный róasted; fried; ~ хлеб toast; ~ить roast, fry; toast (о хлебе)

жа́ркий 1) hot; перен. тж.

árdent 2) (бурный) héated; ~ спор héated árgument

жарко́е roast, sécond course

жаропонижа́ющее fébrifuge

жасми́н jéssamin(e)

жа́тва hárvest

жать I 1) (давить) squeeze, press 2) (об обуви) pinch

жать II (рожь) reap

жгу́чий búrning; ~ стыд búrning shame

ждать wait; expéct

же I союз but, and; он уезжа́ет, я же остаю́сь he will go and I will stay here

же II усилительная частица: скорéй же be quick

же III означает тождество: тако́й же the same

жева́тельн|ый: ~ая рези́нка chéwing gum

жева́ть chew

жела́|ние wish, desíre; ~тельный desírable; ~ть wish, want; ~ю вам хорошо́ отдохну́ть I hope you will have a good rest

желе́ jélly

железа́ gland

желе́зная доро́га ráilway; ráilroad (амер.)

железнодоро́жн|ик ráilwayman; ~ый ráilway(-); ráilroad(-) (амер.)

желе́зный íron

желе́зо íron; ~бето́н ferrocóncrete

жёлоб groove; gútter (*на крыше*)

желтеть turn yéllow

желтизна yéllowness

желток yolk

жёлтый yéllow

желудок stómach

желудочный gástric

жёлудь ácorn

жёлчный bílious; *перен.* jáundiced

жёлчь gall; *перен. тж.* bile

жеманный míncing, afféncted

жёмчуг pearl

жена wife

женатый márried

женить, ~ся márry

жених fiancé

женский 1) féminine; fémale 2) (*для женщин*) wómen's 3) *грам.* féminine

женщина wóman

жердь pole

жеребёнок foal, colt

жеребец stállion

жеребьёвка cásting of lots

жерло mouth; ~ вулкана mouth of a volcáno

жертв|а 1) sácrifice 2) (*пострадавший*) víctim; ~овать give; *перен.* sácrifice

жест gésture; ~икулировать gestículate

жёсткий 1) hard; tough (*о мясе*) 2) (*негнущийся; тж. перен.*) rígid

жесток|ий crúel; *перен.* sevére; ~ость crúelty; *перен.* sevérity

жесть tin

жечь burn

живой 1) líving, alíve 2) (*оживлённый*) lívely; (*о разговоре и т. п. тж.*) ánimated

живописный picturésque

живопись páinting

живот stómach

животноводство stóck-raising

животное ánimal

живучий hárdy; endúring

жидк|ий líquid; wátery (*водянистый*); weak (*о чае, кофе*); ~ость líquid

жизненный vítal

жизнерадостный chéerful

жизнь life

жила vein; sínew (*сухожилие*)

жилет wáistcoat

жилец lódger

жилистый wíry; grístly (*о мясе*)

жилище dwélling

жилищно-строительный: ~ кооператив (ЖСК) hóusing coóperative

жилищный hóusing

жил|ой: ~ая площадь líving space

жильё dwélling

жир fat; greese; ~ный gréasy; rich (*о пище*); ~ное пятно gréasy stain

житель inhábitant; ~ство: место ~ства place of résidence, dómicile

жить live

жокей jóckey

жонглёр júggler

жребий lot, déstiny; бросáть (тянýть) ~ cast (draw) lots ◇ ~ брóшен the die is cast

жрец priest

жужжáть hum; buzz

жук béetle; bug; мáйский ~ cóckchafer

жýлик swíndler, crook

журáвль crane

журнáл 1) magazíne; jóurnal 2) (*книга записей*) régister; ~úст jóurnalist, néwspaperman

журч|áние múrmur, bábble, rípple; ~áть múrmur, bábble, rípple

жýткий uncánny; *разг.* ghástly

жюрú júry

З

за 1) (*о местоположении*) behínd, beyónd (*позади*); acróss, óver (*по ту сторону*); out of (*вне*) 2) (*вслед, следом*) áfter; день за днём day áfter day 3) (*во имя кого-л., чего-л.; вместо; в течение; при указании цены*) for; за дéньги for móney 4) (*старше*) past; óver; ей ужé за 30 she is past thírty 5) (*во время*) at; за обéдом at dínner 6) (*раньше*) befóre; за недéлю до óтого a week befóre ◇ за столóм at táble; за исключéнием with the excéption of

забáва amúsement

забавля́ть(ся) amúse (onesélf)

забáвный amúsing, fúnny

забаст|овáть go on strike; ~óвка strike; ~óвочный: ~óвочный комитéт strike commíttee; ~óвщик stríker

забвéние oblívion

забéг *спорт.* heat; предварúтельный ~ tríal

заберéменеть becóme prégnant

забивáть 1) drive in (*гвоздь*); nail down (*ящик*) 2) (*затыкать, загораживать*) block up

забинтовáть bándage

забúть *см.* забивáть; ~ся (*о сердце*) beat, thump

заблудúться lose one's way, get lost

заблужд|áться be mistáken; ~éние érror, mistáke

заболевáние diséase; illness

заболéть fall ill (*о человеке*); ache, hurt (*о части тела*)

забóр fence

забóт|а care; anxíety (*беспокойство*); tróuble (*хлопоты*); ~иться take care of; ~ливый cáreful, thóughtful

забраковáть rejéct

забрáсывать, забрóсить 1) throw 2) (*переставать заниматься*) negléct

забывáть forgét

забы́|тый forgótten; ~ть *см.* забывáть

завáр|ивать, ~и́ть make

заведéние institútion; учéбное ~ educátional institútion, school

завéд|овать mánage; ~ующий mánager

завéрить *см.* заверя́ть

завернýть, завёртывать 1) wrap up 2) (*кран и т. п.*) turn off ◇ завернýть зá угол turn the córner

заверш|áть compléte; ~áющий conclúding; ~éние complétion; в ~éние всегó to crown all; ~и́ть *см.* заверша́ть

заверя́ть 1) assúre 2) (*подпись*) witness, cértify

завéс|а cúrtain; screen (*дымовая и т. п.*); ~ить *см.* завéшивать

завести́ *см.* заводи́ть

завéт téstament; légacy; Вéтхий Завéт Old Téstament; Нóвый Завéт New Téstament

завéшивать cúrtain off; ~ окнó put up (window) cúrtains

завещá|ние will; ~ть leave; bequéath

завивáть wave; curl

зави́вка wave

зави́довать énvy

зави́с|еть depénd (on); ~имость depéndence

зави́стливый énvious

зáвисть énvy

зави́ть *см.* завива́ть

завóд fáctory, works, plant, mill

заводи́ть 1) (*куда-л.*) bring smb. to a place 2) (*приобре-*тать) acquíre; buy (*покупать*) 3) (*порядки и т. п.*) estáblish 4) (*часы и т. п.*) wind up

заводн|óй: ~áя игрýшка mechánical toy

завоев|áние cónquest; ~áть, завоёвывать 1) cónquer 2) (*добиться*) win

зáвтра tomórrow

зáвтрак bréakfast

зáвтракать (have) bréakfast

завязáть *см.* завя́зывать

завя́з|ка 1) string 2) (*драмы*) plot; ~ывать tie, bind ◇ ~ывать отношéния énter into relátions (with)

загáд|ка pýzzle, ríddle; mýstery (*тайна*); ~очный mystérious, enigmátic

загáр súnburn, tan

заги́б 1) bend 2) *разг.* (*преувеличение*) exaggerátion

заглáвие títle

заглуш|áть, ~и́ть drown (*звук*); suppréss (*чувства*); still (*боль*)

загля́дывать, заглянýть 1) peep; look ínto 2) (*заходить к кому-л.*) call (on *smb.*)

загнивáть, загни́ть decáy, rot

зáго|вор plot; conspíracy; ~вóрщик conspírator

заголóвок súbtitle, héading; héadline (*газетный*)

загорáть get brown, get súnburnt; tan onesélf

загорáться catch fire; *перен.* burn (with)

загорелый súnburnt, tanned

загореть *см.* загорать

загореться *см.* загораться

загородка fence

загородн|ый cóuntry (-); subúrban; ~ая прогулка cóuntry walk (*пешком*); trip to the cóuntry (*экскурсия*)

загот|авливать, ~овить 1) prepáre 2) (*запасать*) lay in, store up; ~овка stórage

загра|дить, ~ждать block

за границей, за границу abróad

заграничный fóreign

загромождéние blócking up; *перен.* overlóading

загрязнéние: ~ окружающей среды pollútion of envíronment

загрязн|ить, ~ять soil

загс (отдел записей актов гражданского состояния) régistry óffice

зад behínd; buttocks, seat

задавать set (*урок, задачу*); ~ вопрос put a quéstion; ask a quéstion

задание task

задатки inclinátions

задаток depósit

задать *см.* задавать

задача próblem; task (*задание*)

задевать 1) be caught on (*зацепляться*); brush agáinst (*касаться*) 2) (*обидеть, оскорбить*) sting, hurt

задержать, задéрживать detáin; deláy (*отсрочить*); я немного задержусь I'll be láter a bit

задéржка deláy

задéть *см.* задевать

задн|ий back; rear (*тех., воен.*); ~яя нога hind leg ◇ ~яя мысль méntal reservátion

задолжать owe

задóлженность debts (*мн. ч.*); liabílities (*мн. ч.*); arréars (*мн. ч.*)

задóр (*пыл*) férvour; defiance; ~ный defíant, provócative

задохнуться *см.* задыхаться

задум|ать plan, inténd; ~аться becóme thóughtful; be deep in thought; ~чивый thóughtful

задушить strángle

задыхаться be súffocated; choke; be out of breath (*запыхаться*)

заём loan

зажать *см.* зажимать

зажéчь *см.* зажигать

заживать heal; (*о ране тж.*) close

зажигá|лка líghter; ~ть set fire to; light

зажимать clutch (*в тисках, когтях*); grip, hold tight (*в руках*)

зажиточный wéll-to-dó, prósperous, wéll-óff

зажить I begín to live

зажить II *см.* заживать

заземлéние earth

заигрывать make up (to)

заикáться stámmer

заимствовать bórrow

заинтересов|анность ínterest; ~а́ть ínterest, excíte curiósity

заискивать cúrry fávour with

зайти́ *см.* заходи́ть

заказ órder; на ~ (made) to órder; ~а́ть *см.* зака́зывать; я хочу́ ~а́ть I would like to make an órder; ~ной: ~но́е письмо́ régistered létter; ~чик cústomer; ~ывать órder

закалённый témpered (*о стали*); hárdened (*о человеке*)

зака́лка tráining

зака́нчивать fínish

зака́пывать búry

зака́т (*солнца*) súnset; *перен.* declíne

закла́дывать I (*отдавать в залог*) pawn; mórtgage (*недвижимость*)

закла́дывать II (*фундамент*) lay

закле́|ивать, ~ить paste, gum; seal up (*письмо*)

заклейми́ть *см.* клейми́ть

заключ|а́ть conclúde; ~ соглаше́ние conclúde an agréement; ~ в себе́ contáin; ~ в тюрьму́ imprison; ~е́ние *в разн. знач.* conclúsion; тюре́мное ~е́ние imprisonment; ~ённый *сущ.* prísoner; ~и́тельный fínal, conclúding; ~и́тельное сло́во clósing words (*мн. ч.*); ~и́ть *см.* заключа́ть

заколдо́ванный enchánted

заколо́|ть 1) sláughter (*животное*); stab (*человека*) 2) *безл.*: у меня́ ~ло в боку́ I have a stitch in my side

зако́н law; ~ный légal, legítimate

законода́тельный législative

законода́тельство legislátion

закономе́рный régular

законопрое́кт bill, draft law

зако́нчить *см.* зака́нчивать

закопа́ть *см.* зака́пывать

закреп|и́ть, ~ля́ть fásten; secúre; fix

закрича́ть cry (out), shout

закрыва́ть shut, close; когда́ закрыва́ется (*магазин*)? when is the closing time?

закр|ы́тый closed ◇ ~ы́тое пла́тье high-nécked dress; ~ы́ть *см.* закрыва́ть

заку́пка púrchase

закур|ивать, ~и́ть light a cigarétte, pipe, *etc.*; разреши́те закури́ть? would you mind if I smoke?

закуси́ть have a bite

заку́с|ка snack; hors d'œuvre (*перед обедом*); ~очная snack bar

зал hall

зали́в bay, gulf

зал|ива́ть, ~и́ть 1) overflów, inundate 2) (*обливать*) pour óver

зало́г pledge; secúrity (*денежный*)

заложи́ть I, II *см.* закла́дывать I, II

зало́жник hóstage

залп vólley; dischárge (*заря́д*)

зама́н|ивать, **~и́ть** lure, entíce

замаскирова́ть 1) mask, disguíse 2) *воен.* cámouflage

заме́дл|ить, **~я́ть** slow down

заме́н|а 1) (*действие*) substitútion 2) (*то, что заменяет*) súbstitute; **~и́ть**, **~я́ть** súbstitute (for)

замерза́ть, **замёрзнуть** freeze

замести́тель vice-; députy

замести́ть *см.* замеща́ть

заме́т|ить *см.* замеча́ть; **~ка** note; páragraph (*в газете*)

заме́тн|ый nóticeable; **~ая** ра́зница a marked dífference

замеча́ние 1) remárk, observátion 2) (*выговор*) réprimand

замеча́тельный remárkable; spléndid (*великолепный*)

замеча́ть 1) nótice 2) (*делать замечание*) remárk, obsérve

замеша́тельство confúsion, perpléxity

замеща́ть repláce; act for (*исполнять обязанности*)

зами́нка hitch; hesitátion

за́мок cástle

замо́к lock; pádlock (*висячий*)

замолка́ть, **замо́лкнуть** *см.* замолча́ть

замолча́ть becóme sílent

замора́живать freeze

заморо́женный frózen

за́муж: вы́йти **~** márry

за́мужем márried

заму́чить tórture; wear out (*утомить*); bore *smb.* to death (*надоесть*)

за́мш|а suéde; chámois léather; **~евый** suéde

замыка́ние: коро́ткое **~** *эл.* short círcuit

за́мысел device, scheme, desígn; inténtion (*намерение*)

замы́|слить, **~шля́ть** concéive; plot

за́навес cúrtain

занаве́ска cúrtain

занести́ *см.* заноси́ть

занима́тельный entertáining

занима́ть I 1) óccupy 2) (*интересовать*) entertáin

занима́ть II (*брать взаймы*) bórrow

занима́ться 1) do; óccupy onesélf, be engáged in, atténd to 2) (*учиться*) stúdy, learn

за́ново all óver agáin

зано́за splínter

заноси́ть 1) (*приносить*) bring 2) (*вписывать*) put (write) down; énter ◇ **~** сне́гом cóver with snow

зано́счивый stuck-úp

зано́сы (snow) drífts

заня́тие 1) occupátion 2) (*учебное*) lésson; class

заня́тный amúsing

за́нято (*о телефоне*) engáged

занято́й búsy

за́нятость emplóyment

заня́ть I, II *см.* занима́ть I, II

заостр|и́ть, ~я́ть shárpen; *перен.* émphasize

забчн|о (*об обучении*) by correspóndence; **~ый: ~ое обуче́ние** correspóndence course

за́пад west; **~ный** west, wéstern

западня́ trap

запа́с stock, supplý; **~а́ть** store; províde for; **~а́ться** lay in ◇ **~а́ться терпе́нием** arm onesélf with pátience; **~но́й, ~ный** spare; **~ный вы́ход** emérgency éxit; **~ти́(сь)** *см.* запаса́ть(ся)

за́пах smell

запере́ть, запира́ть lock (in, up)

записа́ть *см.* запи́сывать

запи́с|ка note; **~ки** 1) (*воспоминания*) notes; mémoirs 2) (*научного общества*) transáctions; **~но́й: ~на́я кни́жка** nótebook

запи́сывать take down, write down; récord (*на плёнку*)

за́пись 1) registrátion 2) (*записанное*) éntry, récord

запла́та patch

заплати́ть pay

запове́дник reservátion; sánctuary

запо́лн|ить, ~я́ть fill in

запомина́ть, запо́мнить remémber

за́понка stud; cuff link (*на манжете*)

запо́р I bolt; **на ~е** bólted

запо́р II *мед.* constipátion

заправ|ить, ~ля́ть 1) (*еду*) séason, flávour, dress 2) (*горючим*) fill up, refúel

запра́вочн|ый: ~ая ста́нция fílling státion

запре́т prohibítion

запре|ти́ть, ~ща́ть forbíd, prohíbit

запреще́ние *см.* запре́т; **~ а́томного ору́жия** ban on atómic wéapons

запро́с inquíry

запро́сы demánds; expectátions

за́пуск (*ракеты и т. п.*) láunching

запус|ка́ть, ~ти́ть I (*ракету и т. п.*) launch

запус|ка́ть ~ти́ть II (*не заботиться*) negléct

запу́танный tángled; *перен.* íntricate, invólved

запу́тать(ся) *см.* запу́тывать(ся)

запу́тывать tángle; *перен.* múddle up; **~ся** entángle (onesélf)

запча́сти spare parts, spares

запя́стье wrist

запята́я cómma

зараб|а́тывать, ~о́тать earn

за́работная пла́та wáges (*мн. ч.*); sálary (*служащих*)

за́работок éarnings (*мн. ч.*)

зараж|а́ть inféct; **~е́ние** inféction; **~е́ние кро́ви** blood póisoning

зара́з|а inféction; **~и́тельный** inféctious; **~и́ть** *см.* заража́ть; **~и́ться** catch; **~ный** inféctious, contágious

зара́нее befórehand; in good time (*своевременно*)

за́рево glow

заре́зать kill; sláughter (*животное*)

заро́дыш émbryo; *перен.* germ

зарубе́жный fóreign

зарыва́ть, зары́ть búry

заря́ dawn; **вече́рняя ~** súnset, évening glow

заря́д charge; **~и́ть** *см.* заряжа́ть

заря́|дка *спорт.* sétting-up éxercises

заряжа́ть charge; load (*ружьё*)

заса́да ámbush

засева́ть sow

засед|а́ние sítting; méeting; **~а́ть** sit

засе́ять *см.* засева́ть

заслу́га mérit

заслу́ж|енный 1) mérited, wéll-desérved 2) (*звание*) hónoured; **~ивать, ~и́ть** mérit, desérve; be wórthy (of)

засмея́ться laugh, burst out láughing

засну́ть *см.* засыпа́ть I

засори́ть, засоря́ть lítter

засо́хший dried; wíthered, dead (*о растениях*)

заста́ва 1) gate, town gate (way) 2) *воен.* óutpost; **пограни́чная ~** fróntier guards (*мн. ч.*)

застава́ть find, catch; **~ врасплóх** take, catch unawáres

заста́в|ить, ~ля́ть make, compél

заста́ть *см.* застава́ть

застёгивать, застегну́ть bútton (up), fásten

застёжка fástening; clasp

засте́нок tórture chámber

засте́нчивый shy; báshful

засто́й stagnátion; déadlock; depréssion

застрахова́ть insúre

застрели́ть shoot; **~ся** shoot onesélf; blow out one's brains (*разг.*)

засту́п|а́ться, ~и́ться (за) intercéde; plead; stand up (for)

за́суха drought

засучи́ть: ~ рукава́ roll up one's sleeves

засыпа́ть I fall asléep

засыпа́ть II, засы́пать 1) (*яму*) fill up 2) (*покрывать*) cóver

затаи́ть: ~ дыха́ние hold one's breath; **~ оби́ду** bear a grudge

зата́пливать (*печку*) light a fire

затвор|и́ть, ~я́ть shut, close

затева́ть undertáke; start

затём then; ~ чтобы in órder that

затемнёние bláckout

затерйться be lost; *перен.* be forgótten

затёя énterprise

затёять *см.* затевáть

затúшье calm

заткнýть *см.* затыкáть

затмёние eclípse

затó but; ah, but

затонýть sink

затопúть I *см.* затáпливать

затопúть II, затоплйть (*наводнить*) flood

затóр block, jam

затормозúть put on the brakes; *перен.* slow down

затрáгивать afféct; *перен.* touch

затрáта expénditure

затрóнуть *см.* затрáгивать

затрудн|ёние dífficulty; ~úтельный dífficult; ~úть, ~йть tróuble, embárrass (*кого-л.*); put óbstacles in the way (of)

зáтхлый músty, móuldy; stúffy

затыкáть stop up ◇ ~ ýши stop one's ears

затылок back of the head; nape (of the neck)

затй|гивать, ~нýть 1) tíghten 2) (*срок*) deláy

захвáт séizure; usurpátion; ~úть *см.* захвáтывать; ~чик usúrper, aggréssor; ~ывать 1) (*завладевать*) seize; óccupy (*о территории*) 2) (*брать с собой*) take, bring

захлебнýться choke

захлóпнуть slam

захóд (*солнца*) súnset; ~úть 1) (*о солнце*) set 2) (*посещать*) drop in, call (on)

захотёть wish

зацеп|úть, ~лйть catch *smth.* (on)

зачáточный rudiméntary

зачём why (*почему*); what for (*для чего*); ~-то for some réason or óther

зачёркивать, зачеркнýть cross out, strike out

зачёт test; examinátion; сдать ~ pass a test

зачúнщик ínstigator

зачúслить, зачислйть inclúde; enlíst (*в армию*); take on the staff (*в штат*)

зашивáть, зашúть sew up; mend (*чинить*)

защúт|а defénce; protéction; ~úть *см.* защищáть; ~ник 1) protéctor, defénder 2) *юр.* bárrister, cóunsel (for the defénce) 3) (*в футболе*) fúllback

защищáть defénd

заявúть *см.* заявлйть

заявл|ёние declarátion, státement; applicátion (*ходатайство*); ~йть decláre

зáяц hare

звáние rank, títle; почётное ~ hónorary títle; учёное ~ (academíc) rank

звать 1) call; как вас зовýт? what's your name? 2) (*приглашать*) invíte

звездá star

звенеть ring; jingle (*о клю-чах и т. п.*)

звено link

звер|ский brútal; ~ство brutálity

зверь beast

звон rínging; ~и́ть ring; ~и́ть по телефо́ну ring up, call up; call (*амер.*); ~кий rínging, clear; ~о́к bell (*на двери*); ring (*звук*)

звук sound; ~ово́й sound (-); ~ово́й барье́р sónic bárrier

звуча́ть sound; ring

зву́чный resóunding, sonórous, rínging

зда́ние búilding

здесь here

здоро́ваться greet

здоро́вый héalthy; strong (*сильный*); whólesome (*полезный*); он здоро́в he is well

здоро́вье health; как Ва́ше ~? how are you?

здравоохране́ние health sérvices

здра́вствуй(те) how do you do; good mórning (áfternoon *и т. д.*)

здра́вый sénsible; sound

зева́ть, зевну́ть yawn; не зева́й(те)! look out!

зелёный green

зе́лень 1) (*раститель-ность*) vérdure 2) (*овощи*) végetables (*мн. ч.*)

земе́льный land

землевладе́лец lándowner

земле|де́лец fármer; ~де́-лие ágriculture

землетрясе́ние éarthquake

земля́ earth; land, próperty (*владение*); soil (*почва*); the world (*земной шар*)

земля́к cóuntryman, compátriot

земляни́ка wild stráwberry

земно́й éarthly; ~ шар the world

зени́т: в ~е сла́вы at the height of one's fame

зе́ркало lóoking glass, mírror

зерно́ grain; ко́фе в зёрнах cóffee beans

зерновы́е céreals

зернохрани́лище gránary

зигза́г zígzag

зима́ wínter

зи́мний wínter(-)

зимова́ть (spend the) wínter; *зоол.* híbernate

зимо́й in wínter

зла́ки céreals

злейший: ~ враг worst énemy

злить írritate; ~ся be ángry, be cross

зло 1. *сущ.* évil; harm (*вред*) 2. *нареч.* malíciously

зло́ба málice, ráncour

зло́бный malícious, ráncorous

злободне́вный: ~ вопро́с búrning quéstion

злоде́й víllain

злодея́ние crime

злой wícked; cross, bád-tempered (*сердитый*)

злока́чественный malígnant

злопа́мятный unforgíving, ráncorous

злора́дный spíteful

злосло́вие scándal, malígnant góssip

зло́стный ill-nátured

злоупотребл|éние abúse; ~я́ть abúse

змея́ snake; sérpent

знак sign; tóken (*символ*); ~ препина́ния punctuátion mark; мя́гкий ~ soft sign; доро́жный ~ tráffic sign; ~ разли́чия badge of rank; insígnia

знако́м|ить introdúce; ~иться 1) (*с чем-л.*) acquáint onesélf with; look ínto (*рассматривать*) 2) (*с кем-л.*) meet, make the acquáintance of; ~ство acquáintance; knówledge (of) (*знание*)

знако́мый 1. *прил.* famíliar 2. *сущ.* acquáintance

знамени́тый fámous, célebrated

знамено́сец stándard-bearer

зна́мя bánner

зна́ние knówledge

зна́тный nótable, distínguished

знато́к éxpert; connoisséur

знать know; я его́ зна́ю I have met him

значе́ние méaning, signíficance

зна́чит so, then

значи́тельный 1) (*важный*) impórtant 2) (*выразительный*) signíficant 3) (*довольно большой*) consíderable

зна́чить mean, sígnify

значо́к badge; mark (*пометка*)

знобить: меня́ зноби́т I féel chílly

зной heat; ~ный hot, súltry

зола́ áshes (*мн. ч.*)

зо́лот|о gold; ~о́й gold; *перен.* gólden

зо́на zone; ~ о́тдыха recreátion área

зонд probe

зонт umbrélla; parasól (*от солнца*)

зоологи́ческий zoológical

зооло́гия zoólogy

зоопа́рк zoo; zoológical gárdens (*мн. ч.*)

зо́ркий lýnx-eyed; vígilant

зрачо́к púpil

зре́лище sight, spéctacle; (*театральное*) perfórmance

зрел|ость matúrity; ~ый matúre

зре́ние éyesight

зреть rípen

зри́тель spectátor; ónlooker; *собир.* áudience; ~ный vísual; óptical; ~ный зал auditórium

зря all for nóthing, in vain

зуб tooth; ~но́й tooth(-); déntal; ~на́я па́ста tóothpaste; ~на́я щётка tóothbrush; ~на́я боль tóothache; ~но́й врач déntist

зубочи́стка tóothpick

зубча́тый toothed

зуд itch

зы́бкий unstéady (*тж. перен.*)

зя́бкий sénsitive to cold, chílly

зя́бнуть feel cold; be chílly

зять són-in-law (*муж дочери*); bróther-in-law (*муж сестры*)

И

и *союз* and; и... и... both... and...; и тот и друго́й both

и́ва wíllow

игла́ néedle

иглоука́лывание acupúncture

игнори́ровать ignóre

и́го yoke

иго́лка *см.* игла́

игр|**а́** 1) game 2) (*как действие*) play, pláying; ácting (*на сцене*); ~а́ть play; act (*на сцене*); ~о́к pláyer; gámbler (*в азартные игры*); ~у́шка toy, pláything

идеа́л idéal

идеали́ст idéalist

идеа́льный idéal

иде́йный ideológical; high--mínded (*о человеке*)

идео́лог ideólogist

идеоло́гия ideólogy

иде́я idéa

идио́ма ídiom

идио́т ídiot

и́дол ídol

ид|**ти́** 1) go 2) (*быть к лицу*) suit; becóme; э́та шля́па вам ~ёт this hat suits you

иждиве́н|**ец** depéndant;

~ие: быть на ~ии у кого́-л. be suppórted by sómebody

из 1) (*откуда*) from; out of (*изнутри*) 2) (*при обозначении части от целого; о материале*) of; из чего́ э́то сде́лано? what is it made of?

изба́ cóttage, péasant's house

изба́вить(**ся**) *см.* избавля́ть(ся)

избавля́ть delíver, save *smb.* from; ~ся get rid of, shake off

избало́ванный spoilt

избега́ть, избе́гнуть avóid

избежа́ние: во ~ to avóid

избива́ть beat; give a sevére béating, beat up

избира́|**тель** eléctor; vóter; ~тельный eléctoral; ~тельный уча́сток eléctoral área; ~ть eléct

изби́ть *см.* избива́ть

и́збранный chósen, selécted; elécted (*выбранный*)

избра́ть *см.* избира́ть

избы́ток súrplus; abúndance; plénty (*изобилие*)

изверже́ние erúption

изве́ст|**ие** news; ~и́ть *см.* извеща́ть

изве́стн|**о**: it is (well-)knówn; ~ость reputátion ◇ (по)ста́вить в ~ость infórm of; ~ый 1) well-knówn; notórious (*с плохой стороны*) 2) (*некоторый*) a cértain

и́звесть lime

извещ|**а́ть** nótify, let *smb.*

know; ~ение notificátion; nótice; súmmons (*повестка*)

извин|éние excúse; apólogy; ~ить, ~ять excúse; ~яться apólogize, beg párdon

извлекáть extráct; *перен.* deríve

извлечéние 1) (*действие*) extráction 2) (*выдержка*) éxtract

извлéчь *см.* извлекáть

извнé from óutside

изворóтливый resóurceful

извра|тить, ~щáть distórt, misrepresént, misintérpret; ~щéние pervérsion; distórtion, misinterpretátion (*искажение*)

изгиб bend, curve

изгнáние 1) bánishment 2) (*ссылка*) éxile

изгнáть *см.* изгонять

изголóвь|e head of a bed; сидéть у ~я sit at the bédside (of)

изгоня́ть 1) bánish 2) (*ссылать*) éxile

и́згородь fence

изготóвить, изготовля́ть make, manufácture

издавáть 1) (*книги*) públish 2) (*звуки*) útter

издалекá, и́здали from afár

издáние 1) edítion 2) (*производство*) publicátion

издáтель públisher; ~ство públishing house, públishers

издáть *см.* издавáть

издевá|тельство móckery; ~ться mock (at), scoff (at)

издéл|ие árticle; próduct;

~ия wares; (manufáctured) goods

издéржки 1) expénses 2) *юр.* costs

из-за 1) (*по причине*) ówing to; becáuse of 2) (*откуда-л.*) from behínd

излагáть state, set forth

излéч|ивать, ~ить cure

излиш|ек excéss, súrplus; ~ний supérfluous

излия́ние óutpouring

излож|éние accóunt; súmmary (*краткое*); exposítion, páraphrase (*школьное*); ~ить *см.* излагáть

излучéние radiátion

измéна tréachery; unfáithfulness (*неверность*); *полит.* tréason

изменéние change; alterátion

измени́ть(ся) *см.* изменя́ть(ся)

измéнник tráitor

измéнчивый chángeable

изменя́ть 1) (*менять*) change, álter 2) (*чему-л., кому-л.*) betráy, be unfáithful to; ~ся change

измерéние 1) méasuring 2) *мат.* diménsion

измéр|ить, ~ять méasure

изму́ченный exháusted, worn out

измя́ть crúmple; rúmple (*платье и т. п.*)

изнáнка wrong side; revérse

изнáшивать, ~ся wear out

277

изнем|огáть, ~óчь be exháusted

износи́ть(ся) *см.* изнáшивать(ся)

изнурéние exháustion

изнутри́ from withín

изоби́|лие abúndance; ~льный abúndant

изображ|áть represént; ~éние 1) (*действие*) representátion, portráyal 2) (*образ*) pícture, ímage

изобрази́тельн|ый: ~ые иску́сства gráphic arts

изобрази́ть *см.* изображáть

изобрести́ *см.* изобретáть

изобрет|áтель invéntor; ~áть invént; ~éние invéntion

изол|и́ровать ísolate; ~я́ция isolátion

изорвáть tear to píeces

из-под from benéath

израсхóдовать use (up); spend (*деньги*)

и́зредка évery now and then, occásionally

изречéние máxim, sáying; ádage

изувéчить crípple

изум|и́тельный wónderful, márvellous; ~и́ть *см.* изумля́ть; ~лéние amázement; ~ля́ть astónish, amáze

изумру́д émerald

изурóдовать disfígure, defórm

изуч|áть stúdy, learn; ~éние stúdy; ~и́ть *см.* изучáть

изъя́н flaw, deféct

изъя́|тие withdráwal; без ~тия withóut exémption; ~ть withdráw; cónfiscate

изыскáние investigátion, reséarch

изы́сканный súbtle; éxquisite, refíned

изю́м ráisins (*мн. ч.*)

изя́щ|ество grace; ~ный élegant

ик|áть, ~ну́ть híccup

икóна ícon

икрá I 1) (*рыбья*) roe 2) (*как кушанье*) cáviar(e)

икрá II (*ноги́*) calf

ил slime, silt

и́ли or; ~ же or else; ~ ... ~ ... éither... or...

иллю́зия illúsion

иллюстрáция illustrátion

им I (*тв. п. от* он) (by, with) him

им II (*дат. п. от* они́) them

имéние estáte

имени́ны name day

имени́тельный: ~ падéж nóminative (case)

и́менно just; a ~ námely

имé|ть have; ~ться *перев. дейст. формами глаг.* have *или оборотами* there is, there are; у меня́ ~ются вáши кни́ги I have your books

и́ми (by, with) them

имити́ровать ímitate

иммунитéт immúnity

импербáтор émperor

империал|и́зм impérialism; ~исти́ческий imperialístic

и́мпорт import; **~и́ровать** impо́rt

импровиза́ция improvisа́tion

и́мпульс ímpulse

иму́щество próperty

и́мя first name, chrístian name; gíven name (*амер.*); **~ существи́тельное** noun; **~ прилага́тельное** ádjective

ина́че 1) (*по-другому*) dífferently, in a dífferent way 2) (*в противном случае*) ótherwise, or else; **так и́ли ~** one way or anóther

инвали́д disábled wórker, sóldier

инвента́рь invéntory, stock

ингаля́ция inhalátion

инде́ец Américan Índian

инде́йка túrkey (-hen)

и́ндекс índex

индивидуа́льный indivídual

инди́|ец, ~йский Índian

индустриализ|а́ция industrializátion; **~и́ровать** indústrialize

индустриа́льный indústrial

инду́стрия índustry

индю́к, индю́шка túrkey

и́ней hóarfrost, rime

инéрц|ия inértia; **по ~ии** mechánically

инжене́р enginéer

инициа́лы inítials

инициати́ва inítiative

инициати́вный full of inítiative

инициа́тор inítiator

инкуба́тор íncubator

иногда́ sómetimes

ино́й (an)óther

инопланетя́нин a béing from anóther plánet

иностра́н|ец fóreigner; **~ный** fóreign

инсти́нкт ínstinct; **~и́вный** instínctive

институ́т 1) ínstitute 2) (*учреждение, установление*) institútion

инстр|укти́ровать instrúct; brief; **~у́ктор** instrúctor; **~у́кция** instrúctions, diréctions (*мн. ч.*)

инструме́нт 1) tool 2) (*музыкальный*) ínstrument

инсу́льт cérebral thrombósis; stroke

интелле́кт íntellect

интеллиге́н|т an intelléctual; **~тный** cúltured; éducated; **~ция** intelléctuals; the intelligéntsia

интенси́вный inténsive; áctive

интерва́л ínterval

интерве́нция intervéntion

интервью́ ínterview

интере́с ínterest; **~ный** ínteresting; **~ова́ться** be ínterested in

интерна́т bóarding school

интернационали́зm internátionalism

интернациона́льный internátional

инти́мный íntimate

интона́ция intonátion

интри́га intrígue

интуи́ция intuítion

инфа́ркт   co̒ronary
thrombo̒sis; heart atta̒ck
   инфекцио̒нный infe̒ctious
   инфе́кция infe̒ction
   инфинити́в infi̒nitive
   инфля́ция infla̒tion
   информ|а́ция informa̒tion;
~и́ровать info̒rm
   инциде́нт i̒ncident
   инъе́кция inje̒ction
   ипподро̒м ra̒cecourse
   ирла́ндец I̒rishman
   ирла́ндский I̒rish
   ирони́ческий iro̒nical
   иро̒ния i̒rony; зла́я ~ bi̒ting
i̒rony
   иск юр. suit, claim
   искаж|а́ть perve̒rt, disto̒rt;
~е́ние disto̒rtion
   исказить см. искажа́ть
   искале́чить cri̒pple
   иска́ть look for, search
   исключ|а́ть 1) expe̒l 2)
(из списка) strike off; ~ая
with the exce̒ption of; ~е́ние
exce̒ption; expu̒lsion (откуда-
-л.); в ви́де ~е́ния as an
exce̒ption; ~и́тельно ex-
clu̒sively; ~и́тельный exce̒p-
tional; ~и́ть см. исключа́ть
   ископа́емые fo̒ssils; поле́з-
ные ~ mi̒nerals
   искорен|и́ть, ~я́ть upro̒ot;
era̒dicate; exte̒rminate (уничи-
тожить)
   и́скоса si̒deways, si̒delong
   и́скра spark; перен. gleam
   и́скренн|ий since̒re; ~е
Ваш since̒rely yours; ~ость
since̒rity

искрив|и́ть см. искрив-
ля́ть; ~ле́ние disto̒rtion;
~ля́ть disto̒rt
   искуп|а́ть, ~и́ть: ~ вину́
ato̒ne for one's guilt
   иску́сный ski̒lful
   иску́сственный artifi̒cial
   иску́сство 1) art 2) (уме́-
ние) skill
   искуш|а́ть tempt; ~е́ние
tempta̒tion
   исла́м I̒slam
   исла́ндец I̒celander
   исла́ндский Icela̒ndic
   испа́нец Spa̒niard
   испа́нский Spa̒nish
   испар|е́ние 1) evapora̒tion
2) мн. fumes; ~и́ться, ~я́ться
eva̒porate; перен. va̒nish
   испа́чкать soil
   испе́чь bake
   и́споведь confe̒ssion
   исподтишка́ on the sly,
ste̒althily
   исполко̒м (исполни́тель-
ный комите́т) exe̒cutive
commi̒ttee
   исполн|е́ние execu̒tion;
fulfi̒lment; ~ обя́занностей
perfo̒rmance of one's du̒ties;
~и́тель exe̒cutor; perfo̒rmer
(артист)
   испо́лнить(ся) см. испол-
ня́ть(ся)
   исполня́ть 1) ca̒rry out,
e̒xecute, fulfi̒l; do (долг) 2)
(обещание) keep 3) play
(роль, музыкальное произведение); sing (петь); ~ся 1)
(о желаниях, предчувстви-

ях) come true 2): ему испо́лнилось 30 лет he is thírty

испо́льзовать use, make use of

испо́р|тить spoil; ~ своё здоро́вье rúin one's health; ~ченный 1) spoiled 2) (*о человеке*) deprа́ved

испра́в|ить(ся) *см.* исправля́ть(ся); ~ле́ние corréction; ~ля́ть corréct; rémedy; repа́ir (*чинить*); ~ля́ться refórm; ~ный in órder, in good repа́ir

испу́г fright, fear; ~а́ть fríghten; ~а́ться be fríghtened

испыта́|ние trіal; test; *перен.* ordéal; ~ я́дерного ору́жия núclear wéapon test; ~ть *см.* испы́тывать

испы́тывать 1) feel; expérience (*переживать*) 2) (*подвергать испытанию*) test, try

иссле́дов|ание investigа́tion; reséarch; ~атель invéstigator; explórer (*путешественнник*); ~ать exа́mine; invéstigate; explóre (*страну и т. п.*)

иссяка́ть, исся́кнуть dry up; be exhа́usted

истека́ть (*о сроке*) expíre

исте́рика hystérics

истече́ние (*срока*) expirа́tion

и́стин|а truth; ~ный true

исто́к source

исто́р|ик histórian; ~и́ческий histórical; histórical (*имеющий историческое значе*

ние); ~ия 1) hístory 2) (*повествование*) stóry

исто́чник spring; *перен.* source, órigin

истощ|а́ть exhа́ust; ~е́ние exhа́ustion; ~и́ть *см.* истоща́ть

истреб|и́тель *ав.* fíghter; ~и́ть, ~ля́ть destróy

истяз|а́ние tórture; ~а́ть tórture

исхо́д íssue; resúlt; óutcome; ~ный inítial; ~ное положе́ние point of depа́rture

исхуда́лый emа́ciated

исчеза́ть disappéar, vа́nish

исчезнове́ние disappéarance

исче́знуть *см.* исчеза́ть

исче́рпать, исче́рпывать exhа́ust; вопро́с исче́рпан the quéstion is séttled

исче́рпывающий exhа́ustive

исчисле́ние calculа́tion

ита́к so, and so

италья́н|ец, ~ский Itа́lian

и т. д. (и так да́лее) etc., and so on

ито́г sum; tótal; *перен.* resúlt ◇ в коне́чном ~e in the end; в ~e as a resúlt

их I (*род., вин. п. от* они́) them

их II *мест. притяж.* their, theirs

иша́к ass

ище́йка blóodhound; políce dog

июль Julý

ию́нь June

Й

йог yógi ['jəugı]
йод íodine

К

к 1) to; towárds, in the diréction of (*по направлению к*) 2) (*о времени*) by; abóut 3) (*по отношению к*) for, of, to; любóвь к мýзыке love of músic ◇ к обéду for dínner

кабáк pub

кабáн wild boar

кабачóк *бот.* végetable márrow

кáбель cáble

кабúна booth; cábin (*самолёта*)

кабинéт 1) stúdy, room; ~ врачá consúlting room 2) *полит.* cábinet

каблýк heel

кáверзный trícky; ~ вопрóс púzzling quéstion

кавкáзский Caucásian

кавы́чки quotátion marks, invérted cómmas

кáдка tub

кадр (*в кино*) still

кáдры personnél, staff (*ед. ч.*)

кáждый 1. *прил.* évery, each; ~ день évery day; ~ из нас each of us **2.** *в знач. сущ.* éveryone

кáжется it seems

казáк Cóssack

казáрма bárracks (*мн. ч.*)

казáться seem

казáх, ~ский Kazákh

казначéй tréasurer; ~ство tréasury

казнúть éxecute; put to death

казнь execútion; смéртная ~ cápital púnishment

как 1) (*вопросит.*) how; what **2)** (*относит.*) as ◇ ~ бýдто as if; ~ бы то нú было at all evénts; ~..., так и... both... and...; ~ раз just, exáctly; ~ тóлько as soon as

кáк-нибудь 1) sómehow **2)** (*когда-нибудь*) sometime

какóй what; which; ~ бы то нú было whatéver

какóй-либо, какóй-нибудь ány, some

какóй-то 1) some, a **2)** (*похожий на*) a kind of

кáк-то 1) sómehow **2)** (*однажды*) one day **3)** (*а именно*) that is

калéка crípple

календáрь cálendar

кáлий potássium

калúтка wícketgate

калькуля́тор cálculator

кáльций cálcium

кáмбала flátfish, plaice

каменúстый stóny

каменноýгольный coal

кáменный stone-; ~ ýголь coal

кáменщик brícklayer

кáмень stone

ка́мера 1) cell; ~ хране́ния cloakroom 2) *кино, фото* camera

ками́н fireplace

кампа́ния campaign; избира́тельная ~ election campaign

кана́ва ditch; gutter (*сточная*)

кана́д|ец Canadian; ~ский Canadian

кана́л canal; ~иза́ция sewerage

кана́т rope

кандалы́ fetters

кандида́т candidate; ~у́ра candidature

кани́кулы holidays; vacation (*ед. ч.*); мы прие́хали на ~ we are here on holidays

кану́н eve

канцеля́р|ия office; ~ский: ~ские принадле́жности stationery, office equipment

канцероге́нный carcinogenic

ка́нцлер chancellor

ка́п|ать drip; ~елька drop

капита́л capital; ~и́зм capitalism; ~и́ст capitalist; ~исти́ческий capitalist(ic)

капита́льн|ый fundamental; ~ая стена́ main wall; ~ ремо́нт major repairs

капита́н captain

капитуля́ция capitulation

капка́н trap

ка́пля drop

капри́з whim; ~ный

capricious, whimsical; naughty (*о ребёнке*)

ка́псула capsule

капу́ста cabbage; цветна́я ~ cauliflower

ка́ра punishment

кара́бкаться climb, clamber

карава́н caravan; *мор.* convoy

кара́куль astrakhan

караме́ль caramels

каранда́ш pencil

каранти́н quarantine

кара́сь crucian carp

кара́|тельный punitive; ~ть punish

карата́ karate

карау́л guard; почётный ~ guard of honour; ~ить watch

кардиогра́мма cardiogram

кардиоло́гия cardiology

каре́та coach, carriage

ка́рий brown, hazel

карикату́ра caricature

карка́с framework

ка́рлик dwarf

карма́н pocket

карнава́л carnival

карни́з cornice

карп carp

ка́рта 1) map 2) (*игральная*) card

карти́на picture

карто́н cardboard; ~ка cardboard box

карто́фель potatoes (*мн. ч.*)

ка́рточка card; фотографи́ческая ~ photo

карье́ра career

карьери́ст clímber, go-gétter

каса́|ться 1) touch 2) (*иметь отношение*) concérn; что ~ется меня́ as far as I am concérned

ка́ска hélmet

ка́сса 1) cash desk; pay desk; till bóoking óffice (*билетная*); cash régister (*автоматическая*) 2) (*наличность*) cash

кассе́та cassétte

касси́р cashíer

ка́ста caste

касто́рка cástor oil

кастрю́ля sáucepan

катало́г cátalogue

ката́ние: фигу́рное ~ fígure skáting

катастро́фа catástrophe, disáster

ката́ть 1) (*кого-л. в автомобиле*) take *smb.* for a drive; ~ ребёнка в коля́ске wheel a báby in a pram 2) (*что-л.*) roll; wheel (*на колёсах*)

ката́ться go for a drive (*в автомобиле, экипаже*); ~ на ло́дке go rówing; ~ на конька́х skate; ~ на велосипе́де cýcle; ~ с гор tobóggan

катего́рия cátegory, class

ка́тер mótorboat

като́к *спорт.* skáting rink

като́лик Róman cátholic

католи́ческий Róman Cátholic

ка́торга pénal sérvitude, hard lábour

кату́шка reel; *тех.* bóbbin

каучу́к rúbber

кафе́ café; cóffee shop, tea shop

ка́федра chair

кача́ть 1) rock; swing; shake; ~ голово́й shake one's head 2) (*насосом*) pump; ~ся 1) rock; swing 2) (*пошатываться*) stágger

каче́ли swing

ка́чественный high-quálity

ка́чество quálity

ка́ша pórridge

каш|ель cough; ~лять cough

кашне́ scarf

кашта́н chéstnut

каю́та cábin

ка́яться repént

квадра́т square; ~ный square

квалифи|ка́ция qualificátion; ~ци́рованный skilled; quálified

кварта́л 1) (*города*) block 2) (*четверть года*) quárter

кварт|и́ра apártment; flat; ~пла́та rent

кве́рху up, úpwards

квита́нция recéipt

ке́гли skíttles

кедр cédar

кем by (with) whom; ~ ты хо́чешь быть? what do you want to be?

ке́пка cap

кера́мика cerámics

кероси́н kérosene, petróleum

кефи́р yóghurt

кибернётика cybernétics

кивáть, кивнýть nod

кидáть throw

килó, килогрáмм kílogram(me)

киломéтр kílometre

кúлька sprat

кинжáл dágger

кинó cínema, píctures, móvies

кино|кáмера móvie cámera; ~режиссёр film diréctor; ~стýдия film stúdio; ~съёмки shóoting; ~теáтр cínema; ~фильм film; móvie

кúнуть *см.* кидáть

киóск stall, stand, booth

кипарúс cýpress

кипéть boil

кипя|тúть boil; ~тóк bóiling wáter; ~чёный boiled

киргúз, ~ский Kírghiz

кирпúч brick; ~ный brick; ~ный завóд bríckyard

кисéль thin jélly

кислорóд óxygen

кисл|отá ácid; ~óтность acídity

кúслый sour

кисть 1) (*художника, маляра*) (páint)brush 2) (*украшение*) tássel 3) (*рукú*) hand ◇ ~ виногрáда bunch of grapes

кит whale

китáец Chinése

китáйский Chinése

кишéчн|ик bówels (*мн. ч.*), intéstines (*мн. ч.*); ~ый intéstinal

кишкá 1) *анат.* intéstine

2) (*для полúвки*) hose, hósepipe

клавиатýра kéyboard (*компьютера и т. п.*)

клáвиша key

клад tréasure

клáдбище cémetery

кладовáя stóreroom

клáняться bow; greet (*приветствовать*)

клáпан valve

класс 1) (*общественный*) class 2) (*группа, разряд*) class 3) (*школьная аудитория*) clássroom

клáссик clássic; ~а the clássics

классúческий clássical

класть put, place; depósit (*деньги в банк*)

клевáть peck, pick; bite, níbble (*о рыбе*)

клéвер clóver

клеветá slánder, cálumny; líbel (*наказуемая законом*); ~ть slánder

клеёнка óilcloth

клéить glue; gum; paste (*мучным клеем*)

клей glue

клей|мúть brand; ~мó brand; trade mark (*фабричное*)

клён máple

клéтка 1) cage 2) *биол.* cell 3) (*рисунок*) check (*на материи*); square (*на бумаге*)

клéщи píncers

клúзма énema

клúка clique

кли́мат clímate

клин wedge

кли́ника clínic

клино́к blade

кли́чка níckname

клоп bug, bédbug

кло́ун clown

клочо́к scrap

клуб club

клубни́ка stráwberry

клубо́к ball

клу́мба flówerbed

клык tusk, fang; (*у человека*) cánine (tooth)

клюв beak

клю́ква cránberry

клю́нуть *см.* клева́ть

ключ I key (*тж. муз.*)

ключ II (*источник*) spring

ключи́ца cóllarbone

клю́шка club

кля́кса blot

кля́сться swear, vow

кля́тва oath

кни́га book

кни́жный book(-); *перен.* líterary, bóokish

кни́зу dównwards

кно́пка 1) (*на платье*) préss-stud; snap fástener (*амер.*) 2) (push) bútton 3) (*канцелярская*) dráwing pin; thúmbtack (*амер.*)

кнут whip

коали́ция coalítion

кобура́ hólster

кобы́ла mare

кова́рный insídious, cráfty

кова́ть forge

ковёр cárpet; rug (*небольшой*)

ковш scoop; ládle (*для воды*)

ковыря́ть pick (at)

когда́ when; ~ бы ни whenéver; ~-либо, ~-нибудь some day (*о будущем*); éver (*о прошлом; тж. в вопросит. предл.*); ~-то at one time, fórmerly

кого́ whom

ко́готь claw

код code

ко́декс code

ко́е-где́ here and there

ко́е-ка́к 1) (*небрежно*) ányhow 2) (*с трудом*) with dífficulty

ко́е-кто́ some (péople)

ко́е-что́ sómething

ко́жа 1) skin 2) (*материал*) léather; ~ный léather(-)

коз|а́, ~ёл goat ◇ ~ёл отпуще́ния scápegoat

ко́злы tréstle (*ед. ч.*)

ко́зни machinátions; intrígues

ко́зырь trump

ко́йка bed; *ж.-д., мор.* berth

коке́тка coquéttish girl

кокс coke

кокте́йль cócktail

колбаса́ sáusage

колго́тки tights

колду́н sórcerer; ~ья sórceress, witch

колеб|а́ние 1) oscillátion, vibrátion 2) (*нерешительность*) hesitátion; ~а́ться 1) óscillate 2) (*не решаться*) hésitate коле́но knee

колесо́ wheel

колея́ rut; *ж.-д.* track

коли́чество quántity

ко́лкость cáustic remárk

колле́га colléague

колле́гия board

коллекти́в colléctive (bódy); group, the commúnity

коллекти́вный colléctive; ~ догово́р colléctive agréement

коллекционе́р colléctor

колле́кция colléction

коло́дец well

ко́ло|ко́л, ~ко́льчик bell

колони|а́льный colónial; ~за́ция colonizátion

коло́ния cólony

коло́нка 1) (*автозаправочная*) fílling státion 2) (*столбец*) cólumn

коло́нна cólumn, píllar

колори́тный cólourful, picturésque

ко́лос ear, spike

колоти́ть beat, thrash

коло́ть I prick

коло́ть II (*раскалывать*) chop (*дрова*); crack (*орехи*); break (*сахар*)

колпа́к 1) cap 2) (*стеклянный*) béll-glass

колхо́з kolkhóz, colléctive farm

колыбе́ль crádle

колье́ nécklace

кольцо́ ring; *тех. тж.* hoop

колю́ч|ий príckly, thórny; ~ая про́волока barbed wire

коля́ска 1) cárriage 2) (*детская*) pram, báby-carriage

кома́нда 1) (*приказ*) commánd 2) (*отряд*) detáchment 3) *мор.* crew 4) *спорт.* team

команди́р commánder

командир|ова́ть send (on a míssion); ~о́вка míssion; búsiness trip

кома́нд|ный commánding; ~ование commánd; ~овать commánd; ~ующий commánder

кома́р mosquíto

комба́йн cómbine

комба́йнер cómbine óperator

комбина́т : ~ бытово́го обслу́живания repáir céntre

комбина́ция 1) combinátion 2) (*бельё*) slip

комбинезо́н óveralls (*мн. ч.*)

комбини́ровать combíne

коме́дия cómedy

коменда́нт commandánt

коме́та cómet

комиссио́нный: ~ магази́н sécond-hand shop

коми́ссия commíttee; commíssion

комите́т commíttee; исполни́тельный ~ *см.* исполко́м

коми́ческий cómic

коммента́рий cómmentary; explánatory note

комме́рческий commércial

комму́на cómmune

коммуна́льный cómmunal; munícipal

коммуни́зм cómmunism

коммута́тор switchboard

ко́мнат|а room; ~ный índoor; ~ная температу́ра índoor témperature; ~ная соба́ка hóuse-dog; láp-dog; ~ные и́гры índoor games

комо́д chest of dráwers

комо́к lump

компа́ния cómpany

ко́мпас cómpass

компенс|а́ция compensátion; ~и́ровать cómpensate

компете́нтный cómpetent

ко́мплекс cómplex

компле́кт set

компле́кция (bódily) constitútion

комплиме́нт cómpliment

компози́тор compóser

компо́т stewed fruit

компромети́ровать cómpromise

компроми́сс cómpromise

компью́тер compúter

кому́ whom

комфо́рт cómfort

конве́йер convéyor

конве́рт énvelope

конверти́руемый эк. convértible

конво́й éscort; cónvoy (мор.)

конгре́сс cóngress

конди́терская conféctioner's (shop)

конду́ктор guard; condúctor

кон|е́ц end; в ~це́ ~цо́в áfter all

коне́чно of course

коне́чности extrémities

коне́чный fínal

конкре́тный cóncrete

конкур|е́нция competítion; ~и́ровать compéte

ко́нкурс competítion

конопля́ hemp

консервати́вный consérvative

консервато́рия consérvatoire, consérvatory

консе́рвы tinned food; canned goods (амер.)

конспе́кт súmmary

конспир|ати́вный sécret; ~а́ция conspíracy

констати́ровать state

конституцио́нный constitútional

конститу́ция constitútion

констру́к|тор desígner; ~ция design; constrúction

ко́нсул cónsul

ко́нсуль|ский cónsular; ~ство cónsulate

консульт|а́нт consúltant; ~а́ция consultátion; ~и́ровать consúlt

конта́кт cóntact

конте́йнер contáiner

конте́кст cóntext

контине́нт cóntinent, máinland; ~а́льный continéntal

конто́ра óffice

контраба́нда smúggling

контра́кт cóntract

контрибу́ция contribútion

контрол|ёр 1) inspéctor 2) ж.-д., театр. tícket colléctor;

ticket inspéctor; ~ировать check

контро́ль contról

контрразве́дка secúrity, sécret sérvice

конту́женный shéll--shocked

ко́нтур cóntours, óutline

конура́ kénnel

конфедера́ция confederátion

конферансье́ cómpere

конфере́нц-за́л cónference hall

конфере́нция cónference

конфе́та sweet; cándy (амер.)

конфиденциа́льный confidéntial

конфиск|а́ция confiscátion; ~ова́ть cónfiscate

конфли́кт cónflict

конфронта́ция confrontátion

концентрацио́нный: ~ ла́герь concentrátion camp

концентри́ровать cóncentrate

конце́пция concéption

конце́рт cóncert

конце́ссия concéssion

конча́ть 1) fínish, end 2) (уче́бное заведе́ние) gráduate (from); ~ся (come to an) end; expíre (о сро́ке)

ко́нчить(ся) см. конча́ть(ся)

конь 1) horse 2) шахм. knight

коньки́ skates

конькобе́жец skáter

конъюнкту́ра state of affáirs; situátion

коню́шня stáble

коопер|ати́в 1) coóperative society; жили́щно-строи́тельный ~ hóusing coóperative 2) (магази́н) coóp(erative); ~а́ция cooperátion

копа́ть dig

копе́йка cópeck

ко́пи mines, pits

копирова́льн|ый: ~ая бума́га cárbon páper

копи́ровать cópy

копи́ть save up

ко́пия cópy

копна́ rick, stack

коп|о́ть soot; ~ти́ть smoke

копчёный smoked

копы́то hoof

копьё spear

кора́ bark; земна́я ~ crust

корабле|круше́ние shípwreck; ~строе́ние shípbuilding

кора́бль ship

коре́|ец, ~йский Koréan

корена́стый thicksét

коренно́й fundaméntal, rádical

ко́р|ень root; вы́рвать с ~нем tear up by the roots; перен. upróot, erádicate

корешо́к 1) бот. root 2) back (кни́ги); cóunterfoil, stub (че́ка)

корзи́н|а, ~ка básket; потреби́тельская ~ эк. consúmer goods básket

коридо́р córridor, pássage

кори́чневый brown

ко́рка crust (*хле́ба*); peel (*плода*); rind (*сы́ра*)

корм fо́dder

корма́ *мор.* stern, poop

корми́ть 1) feed; nurse (*гру́дью*) 2) (*содержа́ть*) keep

корнепло́д root, tу́ber

коро́бка box

коро́ва cow

короле́ва queen

коро́ль king

коро́на crown

коро́нка (*зуба*) crown

коро́ткий short

корпора́ция corporа́tion

корре́кт|ор prо́ofreader; ~у́ра proofs (*мн. ч.*)

корреспонде́н|т corre-spо́ndent; ~ция correspо́nd-ence

корру́пция corrу́ption

корт (tе́nnis-)court

ко́рчиться wrі́ggle; writhe

ко́ршун kite

коры́стный mе́rcenary

коры́то trough

корь measles

коря́вый rough; gnа́rled

коса́ I *с.-х.* scythe

коса́ II *геогр.* spit

коса́ III (*воло́с*) plait, tress, braid

ко́свенный indirе́ct

коси́лка mо́wer

коси́ть I *с.-х.* mow

коси́ть II: у неё глаз коси́т she has a cast in one eye (*слегка́*); she squints (*силь-но*)

косме́тика cosmе́tics

косми́ческий space; cо́smic; ~ кора́бль spа́ceship; ~ полёт space flight

космодро́м cо́smodrome

космона́вт cо́smonaut, а́stronaut

ко́смос space

ко́сность consе́rvatism; stagnа́tion

косну́ться *см.* каса́ться 1)

косо́й 1) slа́nting, oblі́que 2): он ~ he squints

костёр bо́nfire

ко́сточка 1) bone 2) (*пло-да*) pip, seed, stone

косты́ль crutch

кость 1) bone 2) *мн.* (*иг-ра́льные*) dice

костю́м cо́stume, suit

косы́нка kе́rchief

кот tо́mcat

котёл bо́iler

котело́к pot; kе́ttle (*амер.*)

коте́льная bо́iler room

котёнок kі́tten

котле́та rі́ssole; mе́atball; hа́mburger (*амер.*)

кото́рый who (*о лю́дях*); which (*о живо́тных и неоду-шевлённых предме́тах*)

ко́фе cо́ffee

кофева́рка pе́rcolator, exprе́sso

кофе́йник cо́ffeepot

кофемо́лка cо́ffee-mill

ко́фт|а, ~очка blouse

кочева́ть rove

коче́в|ник nо́mad; ~о́й nomа́dic

коченеть stі́ffen, grow numb

кочерга́ póker
кошелёк purse
ко́шка cat
кошма́р níghtmare
кра́деный stólen
краево́й régional
кра́жа theft; búrglary (со взло́мом)
край 1) bórder, edge 2) (ме́стность) région; cóuntry
кра́йн|ий extréme ◇ по ~ей ме́ре at least; ~ость 1) extrémes; extrémity 2) (необходи́мость) emérgency
кран tap; fáucet (амер.); подъёмный ~ crane
крапи́ва néttle
кра́пинка spot
краса́в|ец hándsome man; ~ица béautiful wóman, béauty
краси́вый béautiful
кра́сить paint; dye (материю, во́лосы)
крас|ка paint; dye (для материи, воло́с); ~ки cólours
красне́ть 1) (о лице́) blush, rédden 2) (о предме́тах) turn red
красно|речи́вый éloquent; ~ре́чие éloquence
кра́сный red
красота́ béauty
красть steal; ~ся steal, creep
кра́ткий brief, concíse
кра́тко bríefly
кратко|вре́менный tránsitory, shórt-lived; ~сро́чный shórt-term

крах crash; fáilure (банка, предприя́тия)
крахма́|л starch; ~лить starch; ~льный starched
кра́шеный páinted; dyed (о материи, волоса́х)
креди́т crédit; ~ор créditor
кре́йсер crúiser
крем cream
кремато́рий crematórium
креме́нь flint
кре́пкий strong; ~ сон sound sleep
крепостн|о́й: ~ое пра́во sérfdom
кре́пость воен. fórtress
кре́сло ármchair
крест cross
крести́ть baptíze
крестья́н|ин péasant; ~ство péasantry
креще́ние báptism
крив|изна́ cúrvature; ~о́й 1) curved, cróoked 2) разг. (одногла́зый) one-éyed
кри́зис crísis
крик cry, shout
кри́кнуть см. крича́ть
кримина́льный críminal
криста́лл crýstal
крите́рий critérion
кри́тик crític
кри́тик|а críticism; ~ова́ть críticize
крити́ческий crítical
крича́ть cry, shout
кров shélter; оста́ться без ~a be withóut a roof óver one's head
крова́вый blóody
крова́ть bed; bédstead (без

постельных принадлежностей)

крово|излия́ние háemorrhage; **~обраще́ние** circulátion (of the blood); **~проли́тие** blóodshed; **~тече́ние** bléeding; háemorrhage *(мед.)*

кровь blood

крои́ть cut out

кро́йка cútting (out)

кро́лик rábbit

кро́ме but, excépt, save; **~ того́** moreóver, besídes

кропотли́вый páinstaking, labórious

кросс cróss-cóuntry race

кроссво́рд cróssword (púzzle)

кроссо́вки tráining shoes

крот mole

кро́ткий mild, géntle

кро́шечный tíny

кроши́ть, ~ся crúmble

кро́шка 1) crumb 2) *(малю́тка)* líttle one

круг círcle; **~лый** round ◇ **~лый год** all the year round; **~ово́й** círcular; **~о́м** (a)róund

кругосве́тн|ый: ~ое путеше́ствие a vóyage aróund the world, cruise

кру́жево lace

кружи́ться turn, spin round

кру́жка mug

кружо́к círcle

круи́з cruise

крупа́ groats *(мн. ч.)*; **ма́нная ~** semolína

кру́пный 1) big 2) *(ва́жный)* great

крут|о́й *(о спуске)* steep ◇ **~ое яйцо́** hárd-bóiled egg

круше́ние áccident, wreck

крыжо́вник góoseberry

крыла́тый winged

крыло́ wing

крыльцо́ porch

кры́са rat

кры́ша roof

кры́шка lid, cóver

крюк, крючо́к hook

ксе́рокс Xérox

кста́ти to the point; by the way *(между про́чим)*; **э́то бы́ло бы ~** that would be very convénient

кто who; **~ ни** whoéver; **~-либо, ~-нибудь** sómebody; ánybody; **~-то** sómeone, sómebody

куб cube

ку́бики bricks; blocks *(амер.)*

ку́бок cup

кувши́н jug; pítcher *(большо́й)*

куда́ where (to); **~-нибудь, ~-то** sómewhere

ку́др|и locks; curls; **~я́вый** cúrly

кузне́ц blácksmith

кузне́чик grásshopper

ку́зница forge

ку́зов bódy

ку́кла doll

кукуру́за maize; corn *(амер.)*

куку́шка cúckoo

кула́к fist

кулина́рия cóokery, the cúlinary art

КУЛ

кули́с|ы *театр.* wings; за ~ами behínd the scenes

культ cult; ~ ли́чности personálity cult

культиви́ровать cúltivate

культу́р|а cúlture; ~ный cúltured

куми́р ídol

купа́|льник báthing suit; ~льный báthing; ~ние báthing; ~ть, ~ться bathe

купе́ *ж.-д.* compártment

купе́ц mérchant, trádesman

купи́ть buy; я хоте́л бы ~ I would like to buy

купле́т cóuplet

кура́нты chime

кур|и́льщик smóker; ~и́ть smoke

ку́рица hen; chícken (*кушанье*)

курно́сый snúb-nosed; túrned-up (*о носе*)

куро́к trígger, cock

куропа́тка pártridge

куро́рт health resórt

курс course; *перен.* pólicy; ~а́нт stúdent

ку́рсы cóurses

ку́ртка jácket

курье́р cóurier; méssenger

куря́щ|ий *сущ.* smóker; ваго́н для ~их smóking cárriage

куса́ть bite; sting (*о пчёлах, осах*)

кусо́к bit, piece, mórsel; lump (*сахару*) ◇ ла́комый ~ títbit

куст bush; ~а́рник shrúbbery

ЛАК   Л

куста́|рный hándicraft, hóme-máde; ~рные про́мыслы arts and crafts; ~рные изде́лия hándicraft wares; ~рь hándicraftsman

ку́таться wrap onesélf up

ку́хня kítchen

ку́ча 1) heap 2) (*множество*) heaps (*мн. ч.*)

куша́к belt

ку́шанье dish

ку́шать eat

куше́тка couch

Л

лабири́нт maze, lábyrinth

лаборато́рия labóratory

лави́на ávalanche

ла́вка I (*магазин*) shop; store (*амер.*)

ла́вка II (*скамья*) bench

лавр láurel

ла́герь camp

ла́дно all right, véry well; okáy (*амер.*)

ладо́нь palm

ла́зать climb, clámber

ла́зер láser

ла́зить *см.* ла́зать

лай bárk(ing)

ла́йнер líner; air líner

лак várnish, lácquer; pólish; ~ для ногте́й nail várnish

лаке́й fóotman; *перен.* flúnkey; ~ский sérvile

лакиро́ванн|ый várnished, lácquered; ~ая ко́жа pátent léather

293

ла́мп|а lamp; ~очка 1) *эл.* bulb 2) *радио* valve

ла́ндыш líly of the válley

ла́па paw

лапша́ nóodles (*мн. ч.*)

ларёк stall

ла́ск|а caréss; ~а́ть caréss; ~ово kíndly; ~овый afféctionate, kíndly

ласт flípper; *спорт.* swim fin

ла́сточка swállow

латви́йский Látvian

латы́ш Lett; Látvian; ~ский Léttish

лауреа́т láureate

ла́ять bark

лгать lie, tell lies

лгун líar

ле́бедь swan

лев líon

ле́вый 1) left 2) *полит.* léft-wing

лёгкий 1) (*на вес*) light 2) (*нетрудный*) éasy

лёгкое lung

легкомы́сленный frívolous, líght-mínded (*о человеке*); rash, cáreless (*о поступке*); irrespónsible (*об отношении к чему-л.*)

лёд ice

леденéц frúit-drop, lóllipop

ле́дник ícehouse; ícebox

ледни́к *геол.* glácier

ледоко́л ícebreaker

ледохо́д flóating of ice

ледяно́й ícy

лежа́ть lie

ле́звие blade

лезть climb

ле́йка wátering can, wátering pot (*амер.*)

лейкеми́я leukémia

лейкопла́стырь stícking pláster

лейкоци́т léucocyte

лейтена́нт lieuténant

лека́рство médicine, drug

лекси́ческий léxical

ле́ктор lécturer, réader

ле́кц|ия lécture; читáть ~ии lécture, give léctures; слу́шать ~ии atténd léctures

лён flax

лени́вый lázy

лени́ться be lázy

ле́нта 1) ríbbon 2) *тех.* band; tape

лентя́й slúggard, lázybones

лень láziness

леопа́рд léopard

лепесто́к pétal

ле́пет bábble, múrmur

лепёшка scone

лепи́ть módel, mould, scúlpture

лес 1) wood; fórest (*глухой*) 2) (*материал*) tímber; lúmber (*амер.*)

леса́ (*строительные*) scáffolding

лесно́й 1) forest 2) (*о материале, промышленности*) tímber(-)

лесонасажде́ние afforestátion

ле́стница stáircase; stairs (*мн. ч.*); ládder (*приставная*)

ле́стный fláttering

лесть fláttery

летáть, летéть fly

лéтний súmmer

лéтный flýing

лéт|о súmmer; ~ом in súmmer

летýч|ий: ~ая мышь bat

лётчик flíer, pílot, áviator

лечéбн|ица hóspital; ~ый cúrative; médical

леч|éние médical tréatment; ~úть treat; ~úться undergó (médical) tréatment; take cure (for)

лечь см. ложúться

лещ bream

лжец líar

лжúвый lýing; false

ли whéther

лúбо or; ~ ... ~ ... éither... or...

лúвень héavy dównpour

лúга league

лúдер léader

лизáть lick

ликвид|áция liquidátion; ~úровать líquidate

ликёр liquéur

ликов|áние exultátion; tríumph; ~áть exúlt, tríumph

лúлия líly

лилóвый púrple

лимóн lémon

линéйка rúler; slide rule (логарифмическая)

лúния line

линя́ть fade; run (в воде)

лúпа línden, lime (tree)

лúп|кий stícky; ~нуть stick

лисá, лисúца fox

лист leaf; sheet (бумаги); ~вá fóliage

лúственн|ый léaf-bearing; ~ое дéрево fóliage tree; shade tree (амер.)

листóвка léaflet

литератýр|а líterature; ~ный líterary

литóв|ец, ~ский Lithuánian

литр lítre

лить pour; shed (слёзы, кровь); ~ся flow, stream

лифт lift; élevator (амер.)

лихорáд|ка féver; ~очный féverish

лицемéр|ие hypócrisy; ~ить be hypocrítical; play the hýpocrite; ~ный hypocrítical

лиц|ó 1) face; ~óм к ~ý face to face; черты́ ~á féatures 2) (человек) pérson; дéйствующее ~ cháracter (в пьесе)

лúчн|о pérsonally; ~ый pérsonal

лишáть depríve; ~ся lose

лиш|ённый depríved of; lácking; ~úть(ся) см. лишáть(ся)

лúш|ний supérfluous; unnécessary (ненужный) ◇ бы́ло бы не ~не there would be no harm in

лишь ónly; ~ бы if ónly; ~ тóлько as soon as

лоб fórehead

ловúть catch; ~ ры́бу fish

лóвк|ий adróit; smart; ~ ход (шаг) cléver move; ~ость adróitness

ловýшка trap

логúч|еский, ~ный lógical

лоджия lóggia
лодка boat
лодырь *разг.* ídler, lóafer
ложа *театр.* box
ложиться lie (down); ~ спать go to bed
ложка spoon
ложный false; mistáken (*ошибочный*)
ложь lie
лозунг slógan
локон lock, curl
локоть élbow
лом I (*инструмент*) crów(bar)
лом II (*сломанные металлические предметы*) scrap
ломать, ~ся break
ломка bréaking
ломоть, ломтик slice
лопата shóvel, spade
лоп|аться, ~нуть burst
лопух búrdock
лосось sálmon
лось elk
лотерея lóttery
лото lótto
лохматый dishévelled; shággy (*о животных*)
лохмотья tátters, rags
лошадь horse
луг méadow
лужа púddle
лужайка lawn
лук I *бот.* ónion
лук II (*оружие*) bow
лукавый sly, cúnning
луна moon
лунн|ый moon; lúnar; ~ая ночь móonlit night

лупа mágnifying glass
луч ray; beam
лучев|ой 1) rádial 2) *физ.* radiátion ◇ ~ая болезнь radiátion síckness
лучистый rádiant
лучше bétter
лучш|ий bétter; the best ◇ в ~ем случае at best
лыж|а ski; ходить на ~ах ski; водные ~и wáter skis; горные ~и móuntain skis
лыж|ник skíer; ~ня skí-track
лыс|ина bald spot; ~ый bald
львин|ый líon's ◇ ~ая доля the líon's share
льгот|а prívilege, advántage; ~ный fávourable; preferéntial (*о пошлинах*)
льдина block of ice, ice floe
льнян|ой fláxen; línen (*о материи*); ~ое масло línseed oil; ~ое полотно línen
льстец flátterer
льстить flátter
любезный kind, oblíging, políte
любим|ец fávourite, pet; ~ый fávourite
любитель 1) lóver 2) (*непрофессионал*) ámateur; ~ский ámateur
любить love; like
любоваться admíre
любовн|ик lóver; ~ица místress
любовь love
любознательный cúrious, inquísitive

любо́й ány; ~ цено́й at ány price

любопы́т|ный cúrious, inquísitive; ~ство curiósity

лю́бящий lóving, afféctionate

лю́ди péople

лю́дный crówded (*об улице и т. п.*)

люкс de lúxe; (*номер*) suite

лю́стра chandelíer

ляга́ть, ~ся kick

лягу́шка frog

М

мавзоле́й mausoléum

магази́н shop; store; продово́льственный ~ food store

магистра́ль main line

маги́чсский mágic(al)

магни́т mágnet; ~ный magnétic; ~ное по́ле magnétic field

магнитофо́н tape recórder

ма́зать spread; ~ ма́слом bútter

мазь óintment

май May; Пе́рвое ма́я the First of May, May Day

ма́йка T-shirt, fóotball shirt

майоне́з mayonnáise

майо́р májor

ма́йский May; May Day (*о празднике*)

мак póppy

макаро́ны macaróni

максима́льный máximum

мале́йший least; slíghtest

ма́ленький 1. *прил.* 1) little, small 2) (*незначительный*) slight 2. *в знач. сущ.* (the) báby, (the) child

мали́н|а ráspberry; ~овый 1) ráspberry 2) (*цвет*) crímson

ма́ло not much; ónly a few; not enóugh (*недостаточно*) ◇ ~ того́ moreóver; ~ ли что! what abóut it?, what of it?

малокро́вие anáemia

малоле́тний young, júvenile, únder age; ~ престу́пник júvenile delínquent

малолитра́жный: ~ автомоби́ль mínicar

малонаселённый spársely populáted, thínly populáted

ма́ло-пома́лу grádually, líttle by líttle

малочи́сленный small (in númber), not númerous, scánty

ма́лый 1. *прил.* líttle; он ещё ~ ребёнок he is ónly a child 2. *сущ. разг.* chap, lad, féllow

малы́ш child, kíd(dy)

ма́льчик boy

маля́р hóuse-painter

маляри́я malária

ма́ма móther, mammá

мандари́н tangeríne

манёвр manóeuvre

манёвры *воен.* manóeuvres

мане́ра mánner, style

манже́та cuff

манифе́ст manifésto; ~а́ция demonstrátion

мара́ть soil, dírty

ма́рганец manganése

маргари́н margaríne

маргари́тка dáisy

марино́вать píckle; *перен.* shelve

ма́рка (póstage) stamp; фабри́чная ~ trade mark

ма́ркётинг márketing

ма́рля gauze

мармела́д fruit jéllies, mármalade

март March

марш march

ма́ршал márshal

маршироо́ать march

маршру́т route; itínerary

ма́ск|а mask; сбро́сить ~у throw off the mask; сорва́ть ~у unmásk

маскара́д másked ball, masqueráde

маск|ирова́ть mask; disguíse; *воен.* cámouflage; ~иро́вка disguíse; *воен.* cámouflage

масл|и́на, ~и́чный ólive

ма́сл|о bútter (*коровье*); oil (*растительное*) ◇ как по ~у swímmingly

ма́слян|ый óily, gréasy; ~ая кра́ска oil paint, oils

ма́сса 1) mass 2) (*множество*) a lot of

масса́ж mássage

масси́в mássif; ~ный mássive

ма́ссов|ый mass(-); ~ое произво́дство mass prodúction

ма́ссы the másses

ма́стер 1) (*на заводе*) fóreman; skilled wórkman 2)

(*знаток*) éxpert, máster; ~ская́ wórkshop; ~ство́ skill

масшта́б scale

мат *шахм.* chéckmate

матема́тик mathematícian

матема́тика mathemátics

материа́л matérial

материали́|зм matérialism; ~сти́ческий materialíst(ic)

материа́льн|ый matérial; fináncial; ~ые усло́вия líving condítions

матери́к cóntinent; máin-land

матери́н|ский matérnal; mótherly; ~ство matérnity

мате́рия 1) *филос.* mátter 2) (*ткань*) cloth, matérial, stuff

ма́тка 1) (*самка*) fémale; queen (*у пчёл*) 2) *анат.* úterus, womb

ма́товый mat; dull

матра́ц máttress

матро́с sáilor

матч *спорт.* match

мать móther

ма́фия máfia

мах|а́ть, ~ну́ть wave; flap (*крыльями*)

ма́чеха stépmother

ма́чта mast

маши́на 1) machíne; éngine 2) *разг.* (*автомобиль*) car; áuto (*амер.*)

машина́льно mechánically

машини́ст éngine dríver

машини́стка týpist

маши́нка (*пишущая*) týpewriter; (*швейная*) séwing machíne

машиностроéние mech-
ánical enginéering
маяк líghthouse
мáятник péndulum
мгла mist, haze
мгновéн|ие ínstant,
móment; ~ный instantáneous;
mómentary
мéбель fúrniture; мягкая ~
uphólstered fúrniture
меблир|овáть fúrnish; ~óв-
ка fúrnishing(s); (мебель)
fúrniture
мёд hóney
медáль médal
медвéдь bear
медицин|а médicine;
~ский médical; ~ская сестрá
(trained) nurse; hóspital nurse
мéдл|енный slow; ~ить be
slow, línger
мéдный cópper; brass (ла-
тунный)
медóвый hóney ◇ ~ мéсяц
hóneymoon
медпýнкт first aid post
медýза medúsa; jéllyfish
медь cópper
междомéтие грам.
interjéction
мéжду 1) betwéen 2) (сре-
ди) amóng ◇ ~ прóчим by
the way, by the by; ~ тем
méanwhíle; ~ тем как while
междугорóдный: ~ теле-
фóн trúnk line
междунарóдный inter-
nátional
межпланéтн|ый inter-
plánetary; ~ая стáнция inter-
plánetary státion

мел chalk
мелéть becóme shállow
мéлк|ий 1) (неглубокий)
shállow; ~ая тарéлка dínner
(flat) plate 2) (некрупный)
small; перен. pétty; ~ая бур-
жуазия pétty bourgeoisíe
мелóдия mélody, tune
мéлочный pétty
мéлочь 1) trífle 2) (деньги) (small) change
мель shállow; сесть на ~
run agróund
мельк|áть, ~нýть flash,
gleam
мéльком in pássing; увú-
деть ~ catch a glimpse of
мéльни|к míller; ~ца mill
мемуáры mémoirs
мéна exchánge
мéнеджер mánager
мéнее less ◇ тем не ~
nevertheléss
мéньше 1. прил. smáller 2.
нареч. less
меньшинствó minórity
меню́ ménu, bill of fare
меня me
менять change; ~ся 1)
change 2) (обмениваться)
exchánge
мéр|а méasure ◇ по мéнь-
шей ~е at least; по ~е тогó
как as; в ~у móderately
мéрзкий vile, lóathsome
мёрзнуть freeze
меридиáн merídian
мéрить 1) (измерять)
méasure 2) (примерять) try
on
мéрк|а méasure; снять ~у

299

с кого́-л. take sómebody's méasure

мéркнуть fade

мéрный méasured, régular

мероприя́тие méasure

мертвéц dead man

мёртвый dead

мерца́|ние shímmer, glímmer; ~ть glímmer

меси́ть knead

мести́ sweep

ме́стн|ость locálity, place; ~ый lócal; ~ый жи́тель inhábitant, dwéller; nátive

мéсто 1) place; spot (*истори́ческое, живопи́сное*) 2) (*свобо́дное простра́нство*) space; мест ско́лько уго́дно there is plénty of room 3) (*до́лжность*) post, job

местожи́тельство place of résidence

местоимéние *грам.* prónoun

местоположéние posítion, situátion; site

месть véngeance, revénge

мéсяц 1) month 2) (*луна́*) moon

мéсячный mónthly

метáлл métal; ~и́ческий metállic

металл|урги́ческий: ~ заво́д fóundry, works; ~у́ргия métallurgy

метáть throw, cast

метéль snówstorm

метеóр méteor

мéтить (*це́литься*) aim (at)

мéтка mark

мéтк|ий well-áimed; keen

(*о гла́зе*); *перен. тж.* póinted; ~ стрелóк good shot; ~ость márksmanship, áccuracy (*стрельбы́*)

метлá broom

мéтод méthod

метр métre; méter (*амер.*)

мéтрика, метри́ческое свидéтельство birth certíficate

метрó, метрополитéн únderground (ráilway); súbway (*амер.*); the Métro (*в Москве́*); tube (*в Ло́ндоне*)

мех fur

механ|изáция mechanizátion; ~изи́ровать méchanize; ~и́зм méchanism; machínery

механ|ик mechánic; ~ика mechánics; ~и́ческий mechánical

меховóй fur

меч sword

мечéть mósque

мечтá dream; ~ть dream

мешáть I (*разме́шивать*) stir, mix

мешáть II 1) (*препя́тствовать*) prevént, hínder 2) (*беспоко́ить*) distúrb

мешóк bag; sack (*большо́й*)

мещáн|ский Phílistine, nárrow-mínded; vúlgar; ~ство nárrow-míndedness; vulgárity; philistinism

миг ínstant

мигáть, мигну́ть blink

ми́гом in a flash, in a jíffy

миграция migrátion

мизи́нец líttle fínger

микро́б mícrobe

микроволно́вая печь mícrowave óven

микроско́п mícroscope

микрофо́н mícrophone; the mike (*разг.*)

ми́ксер míxer

милитар|и́зм mílitarism; ~и́ст mílitarist

мил|иционе́р milítiaman; ~и́ция milítia

миллиа́рд mílliard; bíllion (*амер.*)

миллиме́тр mílimetre

миллио́н míllion; ~е́р millionáire

милосе́рдие mércy, chárity

ми́лосты|ня alms; проси́ть ~ню beg

ми́лос|ть fávour; ~ти про́сим! wélcome!

ми́лый 1) nice; sweet 2) (*в обращении*) dear

ми́ля mile

ми́мо by, past; пройти́ ~ pass by, go past

мимолётный pássing, tránsient

мимохо́дом on one's way

ми́на *воен.* mine

минаре́т mínaret

минда́ль álmond

минера́л míneral; ~ьный míneral

минима́льный mínimum

министе́рство mínistry; depártment (*амер.*)

мини́стр mínister (for); sécretary

минова́ть pass; be óver; э́того не ~ it is inévitable

мину́вшее the past

ми́нус 1) mínus 2) (*недостаток*) dráwback

мину́та mínute

мину́ть *см.* минова́ть

мир I (*покой*) peace

мир II (*вселенная*) world; úniverse

мири́ть réconcile; ~ся 1) (*после ссоры*) make it up 2) (*с чем-л.*) réconcile onesélf to

ми́рн|ый péaceful; ~ догово́р peace tréaty; ~ое сосуществова́ние péaceful coexístence

мирово́й world(-)

миролюби́вый péaceable, péaceful; péace-loving

ми́ска básin, bowl

ми́ссия 1) (*поручение*) comíssion 2) (*дипломатическая*) míssion

ми́тинг méeting

миф myth

мише́нь tárget

младе́н|ец ínfant; báby; ~ческий ínfantile; ~чество ínfancy

мла́дший yóunger (*более молодой*); са́мый ~ the yóungest

млекопита́ющее mámmal

мне me

мне́ние opínion

мни́мый imáginary

мни́тельный hypochóndriac; distrústful, suspícious (*подозрительный*)

мно́гие mány

мно́го much; plénty of, a lot of (*сколько угодно*)

многокра́тн|о repéatedly; ~ый repéated, fréquent

многоле́тний 1) of long stánding 2) *бот.* perénnial

многонациона́льный multinátional

многосторо́нний mány--síded, vérsatile

многоступе́нчатый múltistage

многочи́сленный númerous

мно́жественное число́ *грам.* plúral

мно́жество a númber of, mány; heaps of (*куча*)

мно́жить múltiply

мной, мно́ю (by, with) me

мобилиз|а́ция mobilizátion; ~ова́ть móbilize

моги́ла grave, tomb

могу́чий míghty, pówerful

могу́щество might, pówer

мо́д|а fáshion; по ~е fáshionable; быть в ~е be in fáshion

моде́ль módel

мо́дный fáshionable

мо́жет быть perháps, may be

мо́жно one can; one may (*разрешено*)

мозг brain

мозо́|листый hórny; ~ль corn; blíster (*волдырь*)

мой my, mine

мо́кнуть get wet

мокро́та spútum

мо́крый wet

мол pier, bréakwater

молва́ rúmour

молдава́нин Moldávian

молда́вский Moldávian

моле́кул|а mólecule; ~я́рный molécular

моли́тва prayer

моли́ться pray (to)

мо́лния 1) líghtning 2) (*телеграмма*) expréss méssage 3) (*застёжка*) zip (fastener); zípper, slide fástener (*амер.*)

молодёжь youth, young péople

молоде́ц fine féllow, good sport; ~! brávo!, well done!, good for you!

молодо́й young

мо́лодость youth

молоко́ milk

мо́лот hámmer

молот|и́лка thréshing machíne; ~и́ть thresh

молото́к hámmer

моло́ть grind

моло́чн|ая dáiry; ~ый milk (-)

мо́лч|а sílently; ~али́вый táciturn, quíet, sílent; ~а́ние sílence; ~а́ть be sílent, be quíet

моль moth

мольба́ prayer, entréaty

моме́нт móment; ~а́льно ínstantly; ~а́льный instantáneous

мона́рхия mónarchy

монасты́рь mónastery; (*женский*) núnnery, cónvent

мона́х monk; ~иня nun

монго́л Móngol

монго́льский Mongólian

моне́та coin

монито́р *тех.* mónitor

моноли́тный mássive, uníted

монополисти́ческий monopolístic

монопо́лия monópoly

монта́ж 1) assémbling, móunting 2) (*в кино*) cútting

монтёр electrícian

монуме́нт mónument; ~а́льный monuméntal

мопе́д móped

мора́ль móral

мора́льн|ый móral; ~ое состоя́ние morále

морато́рий moratórium

морг|а́ть, ~ну́ть blink; wink (*одним глазом*)

мо́рда múzzle

мо́ре sea

мори́ть extérminate; ~ го́лодом starve

морко́вь cárrot

моро́женое ice cream

моро́з frost; ~ный frósty

морск|о́й sea(-); maríne; nával; ~а́я боле́знь séasickness; ~а́я ба́за nával base

морщи́на wrínkle

мо́рщить: ~ лоб knit one's brows, frown; ~ся wrínkle; frown; make fáces (*делать гримасы*)

моря́к séaman, sáilor

москвичи́ inhábitants of Móscow, Múscovites

мост bridge

мости́ть pave

мостова́я road

моте́ль motél

моти́в 1) *муз.* tune 2) (*причина*) mótive

мото́р éngine

моторо́ллер (mótor) scóoter

мотоци́кл mótor cýcle, mótor bike

мотылёк bútterfly; ночно́й ~ moth

мох moss

мохе́р móhair

мохна́т|ый háiry, shággy; ~ое полоте́нце Túrkish tówel

моча́ úrine

моча́лка bast, fácecloth; wáshcloth, wáshrag (*амер.*)

мочи́ть wet; soak (*вымачивать*)

мочь be áble to; я могу́ I can

моше́нник swíndler

мо́шка gnat

мо́щность pówer

мо́щный pówerful

мощь pówer; might

мрак dárkness, gloom

мра́мор márble

мра́чный glóomy; *перен. тж.* sómbre

мсти́тельный vindíctive

мстить 1) (*кому-л.*) revénge onesélf (upón) 2) (*за что-л.*) revénge onesélf (for)

мудре́ц sage

му́др|ость wísdom; ~ый wise

муж húsband

му́жественный brave; courágeous; mánly

му́жество cóurage

мужск|о́й 1) (*мужского*

пола) male 2) (*для мужчин*) man's, men's; ~áя шляпа a man's hat 3) *грам.* másculine

мужчи́на man

му́за muse

музе́й muséum

му́зык|а músic; ~áльный músical; ~áнт musícian

му́ка tórment

мука́ flour

мулла́ múllah

мультипликацио́нный: ~ фильм (ánimated) cartóon(s)

мунди́р úniform

мундшту́к cigarétte hólder

мураве́й ant; ~ник ánthill

му́скул múscle

му́сор rúbbish; gárbage (*амер.*); ~ный: ~ный ящик dústbin; gárbage-can (*амер.*)

мусульма́нин Móslem, Múslim

му́тный múddy, túrbid; ~ взгляд dull glance

му́ха fly

муче́ние 1) tórture 2) *разг.* (*беспокойство*) wórry, bóther

му́чить tormént, tórture; wórry (*беспокоить*)

мча́ться speed, tear alóng, húrry

мще́ние véngeance

мы we

мы́лить soap, láther

мы́ло soap; хозя́йственное ~ láundry soap; туале́тное ~ tóilet soap

мы́льн|ица sóapdish; ~ый soap(-); ~ая пе́на sóapsuds (*мн. ч.*), láther

мыс cape

мы́сленный 1) méntal 2) (*воображаемый*) imáginary

мысли́тель thínker

мысль thought

мыть wash; ~ся wash (onesélf)

мыча́ть low, béllow; moo (*разг.*)

мышело́вка móusetrap

мышле́ние way of thínking; mentálity

мы́шца múscle

мышь mouse

мю́зикл músical

мя́гкий soft; génial, mild (*о климате*); *перен.* géntle

мяс|ни́к bútcher; ~но́й meat

мя́со meat

мя́та mint

мяте́ж revólt; rebéllion; ~ник rébel; ~ный 1) rebéllious 2) (*бурный, неспокойный*) réstless, pássionate

мя́тный mint

мять rúmple; crúmple (*комкать*)

мяч ball

Н

на I 1) (*сверху, на поверхности; тж. указывает на местоположение*) on; на столе́ on the táble; го́род на Во́лге a town on the Vólga 2) (*указывает на местопребывание*) in; at; на ю́ге in the

South; на Украи́не in the Ukráine; на заво́де at the fáctory; на конце́рте at a cóncert 3) (*куда*) to; towárds (*в направлении*); на се́вер to the North; на Кавка́з to the Cáucasus; дви́гаться на ого́нь move towárds the fire 4) (*при обозначении способа передвижения*) by; in; е́хать на парохо́де go by stéamer 5) (*во время, в течение*) dúring; in (*при обозначении года*); on (*при обозначении дня*); на кани́кулах dúring the vacátion; на деся́том году́ in one's tenth year; на тре́тий день on the third day 6) (*при обозначении срока*) for; на два дня for two days

на! II (*возьми*) here you are!

набáт alárm; бить в ~ raise the alárm

набéг raid

нáбережная embánkment, quay

набирáть 1) gáther, colléct 2) *полигр.* set up 3) *воен.* recrúit ◇ ~ нóмер (*по телефóну*) díal

наблюд|áтель obsérver; ~áтельный obsérvant; ~áть 1) watch, obsérve 2) (*надзирать*) look áfter; ~éние 1) observátion 2) (*надзор*) supervísion

набóр 1) (*комплект*) set 2) (*учащихся*) admíssion, recéption 3) *воен.* lévy 4)

полигр. týpesetting; сдано́ в ~ at the printers'

набóрщик compósitor

набрáть *см.* набирáть

набрóсок sketch, rough draft

навéки for éver

навéрн|о(е) 1) (*несомненно*) for cértain 2) (*вероятно*) próbably; véry líkely; ~якá: он ~якá придёт he is sure to come

наверстáть, навёрстывать make up for

навéрх up, úpwards; upstáirs (*по лестнице*)

наверху́ abóve; upstáirs (*на верхнем этаже*)

навести́ *см.* наводи́ть

наве|сти́ть, ~щáть vísit, call on, go and see

наводи́ть (*направлять*) diréct; point (*оружие*) ◇ ~ на мысль put it ínto one's head; ~ спрáвки make inquíries

наводнéние flood, inundátion

навóз manúre

нáволочка píllowcase

навсегдá for éver; for good; раз ~ once and for all

навстрéчу towárds; идти́ ~ *перен.* meet *smb.* halfwáy

нáвык skill, práctical knówledge; expérience (*опыт*)

навязáть, навя́зывать tie on; *перен.* impóse *smth.* (on), thrust *smth.* (on); press *smth.* (on)

нагиба́ть bend; ~ся stoop, bend

на́гл|ость impudence, insolence; ~ый impudent, insolent

нагля́дн|о cléarly, gráphically; ~ый: ~ый уро́к óbject lésson; ~ые посо́бия vísual aids

нагну́ть(ся) *см.* нагиба́ть(ся)

нагото́ве réady, in réadiness

награ́|да rewárd; decorátion (*знак отличия*); prize (*школьная*); ~ди́ть, ~жда́ть rewárd; décorate (*орденом*)

нагрева́ть, нагре́ть warm, heat

нагру|жа́ть, ~зи́ть load; búrden (*обременять*)

нагру́зка load

над óver, abóve

надева́ть put on

наде́жда hope

надёжный relíable

наде́ть *см.* надева́ть

наде́яться hope; ~ на кого́-л. relý upón smb.

надзо́р supervísion

надлежа́щий próper, due

надме́нный háughty, árrogant

на дня́х one of these days, in a day or two (*о будущем*); the óther day, a day or two agó (*о прошлом*)

на́до it is nécessary; one must

на́добность necéssity; need

надоеда́ть, надое́сть bore; bóther, tróuble (*беспокоить*); мне э́то надое́ло I'm fed up with it

на́дпись inscríption

надува́ть 1) puff up; infláte 2) *разг.* (*обманывать*) cheat

надувн|о́й inflátable; ~а́я ло́дка rúbber inflátable boat

наду́манный fár-fétched

наду́ть *см.* надува́ть

наедине́ alóne, in prívate

наём hire; ~ный híred; ~ный труд wage lábour, híred lábour

нажа́ть, нажима́ть press (on); push

наза́д báck(wards); тому́ ~ agó

назва́|ние name; títle (*книги*); ~ть *см.* называ́ть

назло́ out of spite; как ~ as ill luck would have it; ~ кому́-л. to spite smb.

назнач|а́ть 1) (*на должность и т. п.*) appóint 2) (*устанавливать*) fix; ~е́ние 1) appóintment, nominátion 2) (*цель*) púrpose

назна́чить *см.* назнача́ть

назо́йливый 1) impórtunate, tíresome 2) (*неделикатный*) intrúsive, púshing

называ́ть call, name; ~ся be called

наибо́лее (the) most

найвн|ость naívety; simplícity; ~ый ingénuous, naíve

наизна́нку inside out, on the wrong side

наизу́сть by heart

наилу́чший best

на́искось oblíquely, aslánt; on the bías (в кройке)

найти́ см. находи́ть

наказ|а́ние púnishment; pénalty (взыскание); ~а́ть, нака́зывать púnish

накану́не the day befóre; on the eve (of) (перед каким-л. событием)

накла́дывать lay, put smth. on

наклоне́ние грам. mood

наклони́ть(ся) см. наклоня́ть(ся)

накло́нн|ость inclinátion; име́ть ~ к чему́-л. be inclíned to smth., have a téndency to smth.; ~ый slóping, oblíque, inclíned

наклоня́ть bend, bow; ~ся bend óver

наконе́ц at last, fínally

накоп|и́ть accúmulate; ~ле́ние accumulátion

накорми́ть feed

накрыва́ть, накры́ть cóver; ~ на стол lay the táble

нала́|дить, ~живать arránge; put smth. right (поправить)

нале́во to (on) the left

налегке́ 1) (без багажа) with no lúggage; light 2) (в лёгком костюме) lightly clad

налёт I raid

налёт II (слой) cóating; ~ в го́рле мед. patch

налива́ть, нали́ть pour out

налицо́: быть ~ be présent (о человеке); be aváilable (о предмете)

нали́чие présence

нали́чн|ый : ~ые де́ньги cash (ед. ч.); плати́ть ~ыми pay in cash

нало́г tax

наложи́ть см. накла́дывать

нам us, to us

нама́зать put, spread; ~ хлеб ма́слом bútter bread

намёк hint

намек|а́ть, ~ну́ть hint (at)

намерева́ться inténd

наме́рение inténtion; púrpose

наме́тить, намеча́ть 1) (кандидатов) nóminate 2) (план) óutline

на́ми (by, with) us

нанести́ см. наноси́ть

нанима́ть hire

наноси́ть 1) (песок и т. п.) drift 2) (причинять) inflíct; ~ уще́рб cause dámage

наня́ть см. нанима́ть

наоборо́т 1. вводн. сл. on the cóntrary 2. нареч. (не так, как следует) the wrong way

наобу́м at rándom

наотре́з flátly, categórically; отказа́ться ~ flátly refúse, refúse póint-blánk

напад|а́ть attáck, assáult;

~**а́ющий** *спорт.* fórward; ~**е́ние** attáck, assáult

напа́лм nápalm

напа́сть *см.* нападáть

напева́ть hum

напе́вный melódious

напёрсток thímble

написа́ть 1) write 2) (*карти́ну*) paint

напи́|ток drink, béverage; ~**ться** 1) (*утоли́ть жа́жду*) drink, quench one's thirst 2) (*опьяне́ть*) get drunk

наплы́в ínflux, rush

напои́ть give smb. sómething to drink

напока́з for show

напо́лн|ить, ~**я́ть** fill

наполови́ну half(-)

напомина́ть, **напо́мнить** remínd

напра́в|ить(ся) *см.* направля́ть(ся); ~**ле́ние** diréction; ~**ля́ть** 1) diréct 2) (*посыла́ть*) send; ~**ля́ться** go, be bound for

напра́во to (on) the right

напра́сн|о 1) (*зря*) in vain; úselessly; for nóthing 2) (*несправедли́во*) wróngfully; ~**ый** 1) (*бесполе́зный*) vain; úseless 2) (*несправедли́вый*) wróngful; unjúst

наприме́р for exámple

напрока́т on hire; брать ~ hire

напро́тив 1) ópposite 2) (*наоборо́т*) on the cóntrary

напря|га́ть strain; ~**же́ние** strain; ténsion; éffort (*уси-*

лие); ~**жённый** strained, tense

напря́чь *см.* напряга́ть

наравне́ équally with

нараста́ть grow, incréase

нарва́ть I (*цвето́в, пло-до́в*) pick

нарва́ть II *см.* нарыва́ть

наре́чие 1) díalect 2) *грам.* ádverb

нарисова́ть draw

нарко́з anaesthésia

наркома́н drug áddict

нарко́тик narcótic, drug

наро́д péople; ~**ность** nationálity; ~**ный** péople's, nátional; ~**ное хозя́йство** nátional ecónomy; ~**ный суд** Péople's Court

наро́чно on púrpose; púrposely for fun (*в шу́тку*)

нару́жн|ость appéarance; ~**ый** extérnal, extérior

нару́жу óutside; вы́йти ~ come out

нару́чн|ики hándcuffs; ~**ый**: ~**ые часы́** wrístwatch (*мн. ч.*)

наруш|а́ть break; infrínge, víolate (*зако́н, пра́вило*); distúrb (*тишину́*); ~**е́ние** breach; infríngement, violátion (*зако́нов, пра́вил*); distúrbance (*тишины́*)

нару́шить *см.* наруша́ть

нарци́сс narcíssus

нары́в ábscess; ~**а́ть** féster; gáther

наря́д dress, attíre; ~**и́ть(ся)** *см.* наряжа́ть(ся); ~**ный** smart

наряжа́ть, ~ся dress up

нас us

насади́ть, насажда́ть (im)plánt

насеко́мое ínsect

насел|éние populátion; ~ённый pópulated; ~и́ть см. населя́ть 1); ~я́ть 1) pópulate; séttle (поселять) 2) (обитать) inhábit

наси́л|ие víolence; ~овать force; rape (женщину)

наси́льственн|ый fórcible; forced; ~ая смерть víolent death

насквозь through

наско́лько 1) (вопросит.) how much 2) (относит.) as far as

на́скоро hástily, húrriedly

наслажд|а́ться enjóy, take pléasure; ~éние enjóyment, delíght, pléasure

наслéд|ие légacy; ~ник heir; ~овать inhérit; ~ство inhéritance

насмéш|ка móckery; ~ливый sarcástic, derísive

на́сморк cold

насо́с pump

наста́ивать insíst (on)

на́стежь wide ópen

насто́йчив|ость persístence; ~ый persístent; préssing

насто́лько so; ~ наско́лько as much as

насто́льн|ый: ~ая ла́мпа táble lamp

настоя́ть см. наста́ивать

настоя́щий 1) real 2) (о времени) présent

настроéние mood

наступа́тельный offénsive

наступа́ть I (ногой) tread on

наступа́|ть II fall; appróach; сро́ки ~ют the term is expíring

наступа́ть III воен. advánce, be on the offénsive

наступи́ть I, II см. наступа́ть I, II

наступлéние I cóming, appróach

наступлéние II воен. offénsive

насу́щный úrgent

насчёт as regárds, concérning

насчи́тывать, ~ся númber

насы́п|ать, ~а́ть 1) pour smth. ínto 2) (наполнить) fill

на́сыпь ж.-д. embánkment

ната́лкиваться 1) run agáinst 2) (встречаться) run acróss, meet with

на́тиск ónslaught

натолкну́ться см. ната́лкиваться

натоща́к on an émpty stómach

натюрмо́рт still life

натя́гивать, натяну́ть stretch; draw on

нау́ка scíence

научи́ть teach; ~ся learn

нау́чный scientífic

нау́шники радио éarphones, héadphones

нахáл impértinent (ímpudent) féllow

нахáль|ный impértinent, chéeky; ~ство impértinence, ímpudence, cheek

находи́ть 1) find 2) (счи-тать) consíder; ~ся be

нахóд|ка find; бюрó ~ок lost próperty óffice

нахóдчивый ingénious, resóurceful; quick-wítted; réady, quick (об ответе и т. п.)

национализ|áция nationalizátion; ~и́ровать nátionalize

национали́зм nátionalism

национáльн|ость nationálity; ~ый nátional

нáция nátion

начáло 1) begínning 2) (источник) órigin; source

начáльник chief, head; boss

начáльн|ый: ~ая шкóла eleméntary school

начáть, начинáть begín

начи́нка fílling

наш our, ours

наяву́ in one's wáking hours; сон ~ dáydream

не not; no, none (никакой, никакие)

небéсный celéstial, héavenly

неблагодáрный ungráteful; перен. thánkless

неблагоприя́тный unfávourable

неблагоразу́мный unréasonable

нéбо sky

нёбо pálate

небольшóй small; short (о расстоянии, сроке)

небоскрёб skýscraper

небрéжный négligent; cáreless

небывáлый unprécedented

невáжн|о 1. безл. it doesn't mátter, néver mind 2. нареч.: он себя́ ~ чу́вствует he doesn't feel véry well; ~ый (плохой) bad, poor

невéжество ígnorance

невéжливый rude, impolíte

невéрный 1) wrong 2) (изменивший) unfáithful; false (лживый)

невероя́тный incrédible

невéста fiancée, bride

невéстка dáughter-in-law (жена сына); síster-in-law (жена брата)

неви́данный unprécedented, incrédible

неви́нн|ость ínnocence; ~ый ínnocent

невку́сный unpálatable

невмешáтельство non-interférence, non-intervéntion

невнимá|ние inatténtion; ~тельный inatténtive

нéвод seine, swéep-net

невозмóжный impóssible

невозмути́мый impertúrbable

невóльн|о invóluntarily; ~ый invóluntary

невооружённ|ый unármed ◇ ~ым глáзом with the naked eye

невоспи́танный ill-bréd

невреди́мый unhármed, unínjured, safe; це́лый и ~ safe and sound

невы́годный unpró́fitable; unfávourable, disadvantágeous (*неблагоприятный*)

невыноси́мый unbéarable

невыполне́ние nón-execútion

невыполни́мый impóssible

негати́в *фото* négative

не́где there's no room; nówhere

негодова́|ние indignátion; ~ть be indígnant

негодя́й scóundrel

негр Négro

негра́мотн|ость illíteracy; ~ый illíterate

неда́вно látely, récently

недалеко́ not far awáy; ~ от not far from

неда́ром 1) (*не без основа́ния*) not withóut réason 2) (*не напрасно*) not in vain

недви́жимость real estáte; immóvables (*мн. ч.*)

недействи́тельный 1) inefféctive 2) *юр.* inválid

неде́ля week

недобросо́вестн|ость lack of consciéntiousness; ~ый unconsciéntious

недове́рие distrúst, mistrúst

недово́ль|ный displéased, discónténted, dissátisfied; ~ство dissatisfáction, discóntént

недога́дливый slow(-witted)

недо́лго not long; ~ ду́мая withóut stópping to think, as quick as thought

недооце́н|ивать, ~и́ть underéstimate

недопусти́мый inadmíssible

недоразуме́ние misunderstánding

недосмо́тр óversight; по ~y by an óversight

недост|ава́ть *безл.* not have enóugh; lack; ~а́ток 1) lack; deficiency, shórtage 2) (*дефект*) deféct, shórtcoming

недоста́точно insufficiently; он ~ умён he is not cléver enóugh

недостижи́мый unattáinable, unachíevable

недосто́йный unwórthy

недосту́пный inaccéssible

недоум|ева́ть be perpléxed, be bewíldered; ~е́ние perpléxity, bewílderment

недочёт 1) (*нехватка*) shórtage; déficit (*денежный*) 2) (*в работе*) deféct

неесте́ственный 1) unnátural 2) (*притворный*) affécted

не́жн|ость ténderness; ~ый ténder; délicate (*о красках и m. n.*)

незабу́дка forgét-me-nót

незави́сим|ость indepéndence; ~ый indepéndent

незако́нный illícit, unláwful

незамени́мый irrepláceable, indispénsable

незаме́тный impercéptible; unnóticeable; insigníficant (*незначительный*)

не́зачем there is no need

незащищённый unprotécted, unshéltered

нездоро́вый unhéalthy; он нездоро́в he is ill

незнако́м|ый unfamíliar; ~ые лю́ди strángers

незна́ние ígnorance

незначи́тельный insigníficant; unimpórtant

незре́лый unrípe; green; *перен. тж.* immatúre

неизбе́жный inévitable

неизве́стный unknówn

неизлечи́мый incúrable

неизме́нный 1) invа́riable 2) (*постоянный*) со́nstant

неизмери́мый imméasurable

нейскренний insincére

неисправи́мый incórrigible; *перен. тж.* hópeless

неиспра́вн|ость disrepа́ir; ~ый out of о́rder

неиспы́танный (*непережитый*) nóvel

неистощи́мый, неисчерпа́емый inexhа́ustible

нейтралите́т neutrа́lity

нейтра́льный néutral

нейтро́н *физ.* néutron

не́кий a cе́rtain

не́когда I (*когда-то*) once, at one time

не́когда II: мне ~ I have no time

не́который 1) a cе́rtain 2) *мн. ч.* some

некраси́в|о not nice; ~ый úgly

некроло́г obítuary

некста́ти not to the point, irrélevant; tа́ctless (*бестактно*)

не́кто sómebody, sómeone

не́куда nówhere

некульту́рный ígnorant, uncúltured

некуря́щ|ий *сущ.* non--smо́ker; ваго́н для ~их non--smо́king cа́rriage, non-smо́ker

нелега́льный illégal; únderground (*подпольный*)

неле́пый absúrd

нело́вк|ий а́wkward; ~о а́wkwardly; э́то ~о it's а́wkward

нельзя́ one can't, it is impо́ssible (*невозможно*); it is prohíbited (*запрещается*)

нелюбо́вь dislíke

нема́ло much, a good deal, quite a númber (lot); plénty of (*достаточно*)

неме́дленн|о immédiately; ~ый immédiate

не́мец Gе́rman

неме́цкий Gе́rman

немно́го a líttle, some; a few; ~ ма́сла a líttle bу́tter; ~ cа́хару some súgar; ~ люде́й a few pе́ople

немо́й 1. *прил.* dumb 2. *сущ.* dumb man

ненави́деть hate

не́нависть hа́tred

ненадёжный unrelíable; insecúre

ненорма́льный 1) abnórmal 2) (*психически*) mad

ненýжный unnécessary

необдýманный hásty, rash

необитáемый uninhábited; ~ óстров désert ísland

необоснóванный gróundless

необрабóтанный 1) (*о земле*) uncúltivated, untílled 2) (*о материале*) raw

необразóванный unéducated

необходúм|ость necéssity; ~ый nécessary, indispénsable, esséntial

необыкновéнный extraórdinary, remárkable

неогранúченный unlímited; unrestrícted; ábsolute (*о власти*)

неоднокрáтн|о repéatedly; ~ый repéated

неодобрéние disappróval

неожúданный unexpécted

неокóнченный unfínished

неопределённ|ость uncértainty; ~ый indéfinite, vague

неопровержúмый incontrovértible

неóпытный inexpérienced

неоснователный unfóunded, gróundless

неосторóжн|ость incáutiousness, imprúdence; ~ый imprúdent, cáreless, incáutious

неотлóжн|ый úrgent; ~ая пóмощь first aid

неохóтно relúctantly, unwíllingly

непобедúм|ость invincibílity; ~ый invíncible

неподвúжный immóvable, mótionless, still; fixed

неподходящий unsúitable, inapprópriate

непоколебúмый unshákable, stéadfast

непóлный incompléte

непонимáние fáilure; (inabílity) to understánd

непонятный incompréhénsible; strange

непослéдовательный inconsístent

непослýшный disobédient

непосрéдственный 1) diréct 2) (*естественный*) spontáneous

непостоянный chángeable; unstáble, incónstant (*о человеке*)

непохóжий unlíke, dífferent

непрáвда untrúth, lie; это ~ it is not true

непрáвильн|о wrong; ~ый 1) irrégular 2) (*неверный*) wrong, incorréct

непредвúденный unforeséen

непремéнно withóut fail; be sure to

непреодолúмый insúperable; irresístible (*о желании и т. п.*)

непрерывный contínuous, unbróken, uninterrúpted

непригóдный unfít, úseless

неприе́млемый unaccéptable, unsúitable

неприкоснове́нность inviolabílity; дипломати́ческая ~ diplomátic immúnity

неприли́чный indécent

непримири́мый implácable, irréconcilable

непринуждённ|о at ease; ~ый nátural, éasy

непристу́пный inaccéssible; imprégnable (о крепости)

неприя́тель énemy; ~ский énemy

неприя́тн|ость unpléasantness; ~ости tróubles; ~ый unpléasant, disagréeable

непроизводи́тельный unprodúctive

непромока́емый wáterproof; ~ плащ ráincoat

непроница́емый impénetrable

непро́чный unstáble, not strong; flímsy

нера́в|енство inequálity; ~ный unéqual; ~ные ша́нсы long odds

неразбо́рчивый 1) (в средствах) unscrúpulous 2) (о почерке) illégible

нера́звитый undevéloped; báckward (о ребёнке)

неразгово́рчивый táciturn, réticent, uncommúnicative

неразлу́чный inséparable

неразреш|ённый 1) unsólved 2) (недозволенный)

forbídden, prohíbited; ~и́мый insóluble

неразры́вный indissóluble, inséparable

нераствори́мый хим. insóluble

нерв nerve; ~ничать wórry, be nérvous; ~ный nérvous

нереши́тельн|ость indecísion; irrésoluteness; ~ый 1) (о человеке) irrésolute, undecíded 2) (об ответе и т. п.) half-héarted

неро́вный unéven

неря́шливый untídy

не́сколько 1. числит. a few; a little 2. нареч. (в некоторой степени) sómewhat, ráther

нескро́мный immódest; indiscréet (нетактичный)

неслы́ханный unhéard of, incrédible

несмотря́ на in spite of, notwithstánding

несовершенноле́тний 1. прил. únder-age 2. сущ. юр. mínor

несоверше́нный impérfect

несовмести́мый incompátible (with)

несогла́сие disagréement, difference of opínion

несозна́тельный 1) uncónscious; invóluntary (непроизвольный) 2) (неразумный) irrespónsible

несокруши́мый indestrúctible; invíncible (непобедимый)

несомне́нн|о undóubtedly;

without doubt; ~ый undóubted, évident, unmistákable

несостоя́тельный 1) insólvent; bánkrupt 2) (*о теории*) unténable

неспосо́бный incápable (of), unáble (to); dull (*об ученике*)

несправедли́в|ость injústice; ~ый unjúst, unfáir

несравн|ённый, ~и́мый incómparable

нести́ 1) cárry 2) (*терпеть*) bear

нести́сь 1) rush alóng 2) (*о курице*) lay eggs

несча́стный unfórtunate; ~ слу́чай áccident

несча́сть|е misfórtune, disáster; к ~ю unfórtunately

нет 1) no 2) (*не имеется*) there is no, there are no

нетерпели́вый impátient

нетерпи́мый intólerant

нето́чный ináccurate

нетрудоспосо́бный disábled

неуве́ренн|ость uncértainty, díffidence; ~ый díffident

неуда́ч|а fáilure; потерпе́ть ~у fail; ~ный unsuccéssful

неудо́б|ный inconvénient; uncómfortable; ~ство inconvénience

неудовлетвор|ённый dissátisfied; ~и́тельный unsatisfáctory

неуже́ли réally

неукло́нный stéadfast

неуклю́жий clúmsy, áwkward

неуме́стный inapprópriate; póintless; irrélevant

неумоли́мый reléntless, inéxorable

неурожа́й bad hárvest, poor crop

неусто́йчивый unstéady

неутоли́мый insátiable

неутоми́мый indefátigable, untíring

нефтепрово́д (óil) pípeline

нефт|ь oil; ~яно́й oil(-)

нехоро́ший bad

нехорошо́ 1. *нареч.* bádly 2. *безл.* that's too bad!

не́хотя unwíllingly, relúctantly

неча́янно accidéntally, uninténtionally

не́чего 1. *мест.* nóthing; ему́ ~ чита́ть he has nóthing to read 2. *безл.* (*бесполезно*) it's no use; ~ разгова́ривать it's no use tálking

нече́стный dishónest

нечётный odd

нечистопло́тный dírty; *перен.* unscrúpulous

не́что sómething

нея́вка ábsence, nonappéarance

нея́сный vague

ни néither, not; ни... ни... néither... nor...; ни оди́н none

ни́ва córnfield

нигде́ nówhere

ни́же 1. *прил.* lówer, shórter (*о росте*) 2. *нареч.*

НИЖ

lówer **3.** *предлог* belów; *перен.* benéath; ~ нуля́ belów zéro; ~ вся́кой кри́тики benéath contémpt

ни́жний únder; lówer; ~ эта́ж ground floor

низ lówest part; bóttom

ни́зкий 1) low **2)** *(подлый)* base, mean

ни́зменность lówland

ни́зость méanness

ника́к by no means; ~о́й none; no; not ány

никогда́ néver

никто́ nóbody, no one

никуда́ nówhere

ниско́лько not at all, not a bit

ни́тка thread

нитра́т *хим.* nítrate

нить *см.* ни́тка

ничего́ nóthing; ~! néver mind!; it doesn't mátter!

ниче́й nóbody's

ничто́ nóthing

ничто́жный insigníficant; contémptible *(презренный)*

ничу́ть *см.* ниско́лько

ничья́ *спорт.* a draw

ни́ша niche

нищета́ póverty

ни́щий 1. *сущ.* béggar **2.** *прил.* béggarly, póverty-stricken

но but

нова́тор ínnovator

нови́нка nóvelty

новичо́к new boy; *перен.* nóvice

нововведе́ние innováion

нового́дний new year's

НОТ

новорождённый néw-born

новосе́лье hóuse-warming

новостро́йка new búilding

но́вость news

но́вшество innováion

но́вый new

нога́ foot *(ступня)*; leg *(выше ступни)* ◇ идти́ в но́гу keep in step

но́готь nail; tóenail *(на ноге)*

нож knife

но́жницы scíssors

но́жны sheath *(ед. ч.)*

ноздря́ nóstril

ноль *см.* нуль

но́мер 1) númber **2)** *(обуви и т. п.)* size **3)** *(в гостинице)* room **4)** *(программы)* ítem

нора́ hole, búrrow

норве́ж|ец, ~ский Norwégian

но́рма norm, rate; дневна́я ~ *(работы)* dáily work quóta

норма́льный nórmal

нос 1) nose **2)** *(корабля)* bow

носи́лки strétcher *(ед. ч.)*, lítter *(ед. ч.)*

носи́льщик pórter

носи́ть 1) cárry **2)** *(одежду)* wear; ~ся **1)** *(по воде)* drift **2)** *(с кем-л., с чем-л.)* fuss óver, make a fuss abóut

носо́к 1) *(сапога, чулка)* toe **2)** *(короткий чулок)* sock

но́та note

нота́риус nótary

но́т|ы músic *(ед. ч.)*; иг-

316

рáть по ~ам play from músic;
игрáть без нот play by
heart

ноч|евáть pass (spend) the
night; ~лéг lódging for the
night

ночнúк níght-light

ночнóй night(-)

ночь night; ~ю in the night

нóша búrden

ноя́брь Novémber

нрáв|иться please; он мне
~ится I like him

нрáвственность morálity;
mórals

нрáвы mórals; ways

ну! well!

нуждá need; ~ться 1) (в
чём-л.) need, be in need of
2) (бедствовать) be véry
poor

нýжно it is nécessary; мне
~ I must, I have to

нýжный nécessary

нуль nought, zéro

нумерáция númbering

нýтрия nútria

ныр|нýть, ~я́ть dive

ню́хать smell

ня́нчить nurse; (ребёнка)
look áfter; dándle (на руках)

ня́ня nurse

О

о(б) 1) (относительно)
abóut, of; on (на тему);
кнúга о жúвописи a book on
art 2) (при обозначении со-

прикосновения, столкнове-
ния) agáinst, on, upóon; удá-
риться о дверь hit agáinst the
door

óба both

обвáл fall; collápse;
ávalanche (снежный);
~ивáться, ~úться fall

обвин|éние accusátion,
charge; ~úтель юр.
prósecutor; ~úтельный:
~úтельный приговóр vérdict
of guílty; ~úть см. обвиня́ть;
~я́емый accúsed; юр.
deféndant; ~я́ть accúse (of);
charge (with)

обгоня́ть overtáke; outstríp

обдýм|ать, ~ывать think
smth. óver, consíder

óбе both

обéд dínner; ~ать dine,
have dínner; ~енный: ~енный
перерыв lunch time

обезбóливание anaesthésia

обезврé|дить, ~живать
rénder smth. hármless

обездóленный déstitute

обезопáсить secúre
(agáinst)

обезорýж|ивать, ~ить
disárm

обезья́на mónkey; ape (человекообразная)

оберегáть protéct (from);
guard (agáinst)

обернýться см. оборáчи-
ваться

обеспéчен|ие secúrity;
guarantée; социáльное ~
sócial secúrity; ~ный 1)

provided with 2) *(состоятельный)* wéll-to-dó

обеспе́чи|вать, ~ть 1) *(снабжать)* provide (with) 2) *(гарантировать)* secúre, ensúre

обесси́леть grow féeble; *разг.* be tíred out

обессме́ртить immórtalize

обеща́|ние prómise; ~ть prómise

обже́чься *см.* обжига́ть(ся)

обжига́ть 1) burn 2) *тех.* fire, bake; ~ся burn onesélf

обзо́р súrvey, review

обива́ть *(мебель)* uphólster; ~ желе́зом bind with íron

оби́вка 1) *(мебели)* uphólstering 2) *(материал)* uphólstery

оби́да offénce; ínsult; ínjury

оби́д|еть(ся) *см.* обижа́ть(ся); ~но! what a píty!; мне ~но I am offénded; ~ный offénsive; ~чивый tóuchy

обижа́ть offénd, hurt; ~ся take offénce, be offénded, be hurt

оби́лие abúndance

оби́льный abúndant, pléntiful

обита́ть inhábit

оби́ть *см.* обива́ть

обла́ва raid

облага́ть *(налогами)* tax

облада́|ние posséssion; ~тель posséssor, ówner; ~ть posséss

о́блако cloud

областно́й régional

о́бласть région, dístrict; próvince *(тж. перен.)*

о́блачный clóudy

облегч|а́ть facílitate; make *smth.* éasy (for); relíeve *(боль);* ~éние relíef

облегчи́ть *см.* облегча́ть

обледене́ть be cóvered with ice

обле|та́ть, ~те́ть 1) fly round 2) *(о листьях)* fall

облива́ть pour (óver); spill óver *(нечаянно)*

облига́ция bond

о́блик appéarance; cháracter *(характер)*

обли́ть *см.* облива́ть

облич|а́ть, ~и́ть expóse; revéal

обложи́ть *см.* облага́ть

обло́жка cóver; (dúst) jácket *(суперобложка)*

обло́м|ки wréckage *(ед. ч.);* ~ок frágment

обма́н fraud, decéption; ~у́ть *см.* обма́нывать; ~чивый decéptive; ~щик fraud, impóstor; ~ывать 1) decéive 2) *(подводить)* disappóint

обма́тывать wind round

обме́н exchánge; ~иваться exchánge

о́бморок faint; па́дать в ~ faint

обмота́ть *см.* обма́тывать

обмундирова́|ние equípment; ~ть equíp

обнагле́ть grow ímpudent (ínsolent)

обнадёжи|вать, ~ть raise hopes

обнажа́ть expóse; bare

обнаро́довать prómulgate, make públic

обнару́жи|вать 1) (находить) discóver 2) (выказывать) displáy; ~ваться 1) (отыскиваться) be found, turn up 2) (выясняться) appéar, turn out; ~ть(ся) см. обнару́живаться

обнима́ть embráce; put one's arms round

обнища́|ние impóverishment; ~ть becóme impóverished

обнов|и́ть, ~ля́ть renéw, rénovate

обня́ть см. обнима́ть

обобща́ть géneralize, súmmarize

обобществи́ть см. обобществля́ть

обобществ|ле́ние socializátion; ~лённый sócialized; ~ля́ть sócialize

обобщи́ть см. обобща́ть

обога|ти́ть, ~ща́ть enrích; ~ще́ние enríchment

обогна́ть см. обгоня́ть

обогрева́ть, обогре́ть warm

ободре́ние encóuragement

ободр|и́ть, ~я́ть encóurage

обо́з 1) string of carts (sledges) 2) воен. tránsport; train (амер.)

обозн|ача́ть 1) (помечать) mark 2) (значить) mean; sígnify; ~а́чить см. обознача́ть 1)

обозрева́тель revíewer, cómmentator

обозрева́ть (осматривать) survéy

обозре́ние revíew

обо́и wállpaper (ед. ч.)

обо́йти см. обходи́ть

обойти́сь см. обходи́ться

обокра́сть rob

оболо́чка cóver; сли́зистая ~ múcous mémbrane

оболь|сти́ть, ~ща́ть charm, fáscinate; sedúce (соблазнить)

обоня́ние sence of smell

обора́чиваться turn (round)

оборва́ть см. обрыва́ть

оборо́н|а defénce; ~и́тельный defénsive; ~я́ть defénd; ~я́ться defénd onesélf

оборо́т 1) turn; (при вращении тж.) revolútion 2): на ~e on the back of; смотри́ на ~e p.t.o. (please turn óver)

обору́дова|ние equípment; machínery (машинное); ~ть equíp, fit out

обоснов|а́ние básis, ground; ~а́ть base, ground; ~а́ться séttle down

обосно́вывать(ся) см. обоснова́ть(ся)

обостр|е́ние (ухудшение) turn for the worse; ~и́ть(ся) см. обостря́ть(ся); ~я́ть make mátters worse, ággravate; ~я́ться becóme worse (о болезни); becóme strained (об отношениях)

обраба́тыв|ать treat;

cúltivate *(землю);* ~ающий: ~ающая промышленность manufácturing índustry

обрабóт|ать *см.* обрабáты-вать; ~ка tréatment; cultivátion *(землú)*

обрáдовать rejóice, make *smb.* háppy; ~ся be glad

óбраз 1) ímage 2) *(способ)* mánner; ~ жúзни mode of life ◇ какúм ~ом? how?; никóим ~ом by no means

образéц módel; sámple, páttern, spécimen

образовáние I formátion

образ|овáние II *(просве-щение)* educátion; дать ~ éducate; ~óванный (well) éducated

образовáть(ся) *см.* обра-зóвывать(ся)

образóвывать make, form; órganize *(организовать);* ~ся be formed

образцóвый módel, exémplary

обрáзчик spécimen; páttern *(матерuu)*

обратúть *см.* обращáть; ~ся *см.* обращáться 1)

обрáтн|о back; ~ый 1) *(противоположный)* revérse; ópposite 2): ~ый билéт retúrn tícket; ~ый путь the way back

обращáть turn; ~ внимá-ние nótice; pay atténtion (to); ~ чьё-л. внимáние (на) draw sómebody's atténtion (to); не ~ внимáния (на) not nótice; take no nótice (of), pay no atténtion (to);

disregárd; ignóre *(пренебре-гáть);* ~ на себя внимáние attráct atténtion (to onesélf) ◇ ~ в бéгство put *smb.* to flight

обращ|áться 1) *(к кому--л.)* addréss; appéal; applý to *(с просьбой)* 2) *(с кем-л.)* treat; ~éние 1) *(к кому-л.)* addréss; appéal 2) *(с кем-л.)* tréatment

обрéз|ать, ~áть cut off; ~áться cut onesélf

обрекáть, обрéчь condémn

обручéние betróthal

обрýш|иваться, ~иться come down

обрыв précipice

обрывáть tear off; pick *(цветы, плоды)*

обрызгать sprínkle, splash

обслéдова|ние inspéction; ~ть inspéct; invéstigate; exámine *(больного)*

обслýжива|ние sérvice; ~ть atténd to, serve; supplý *(снабжать)*

обстанóвка 1) *(мебель и m.n.)* fúrniture 2) *(положе-ние дела)* situátion 3) *(среда)* átmosphere

обстоятельство círcum-stance

обстрéл fire; shélling *(ар-тиллерийский);* ~ивать, ~я́ть ópen fire (upón); shell *(ар-тиллерийским огнём)*

обсу|дить, ~ждáть discúss; ~ждéние discússion

обтекáемый stréamlined

обуваться put on one's shoes

обувь fóotwear; shoes, boots

обуздать, обуздывать curb

обусловить 1) *(ограничить условием)* stípulate (for) 2) *(быть причиной)* cause, call forth

обуч|ать teach, instrúct; ~ение instrúction; ~ить *см.* обучать

обход round; пойти в ~ go round

обходить 1) *(вокруг)* go round 2) *(распространяться)* spread 3) *(избегать)* avóid; ~ молчанием pass óver in sílence 4) *(закон и т.п.)* eváde

обходиться 1) *(без чего--л.)* mánage without 2) *(стоить)* cost, come to 3) *(обращаться)* treat

обширный exténsive, vast

общаться assóciate with, meet

общежитие hóstel

общеизвестный well--knówn

общенародный públic, nátional

общение cóntact

обществен|ик sócial (públic) wórker; ~ость públic, públic opínion; ~ый sócial, públic; ~ая работа sócial work

общество socíety

общ|ий cómmon; géneral; для ~его пользования for géneral use; ничего ~его не

имеет has nóthing to do with

общительный sóciable

общность commúnity

объединение 1) *(союз)* únion 2) *(действие)* unificátion

объединённый united; combíned

объедин|ить(ся) *см.* объединять(ся); ~ять, ~яться uníte

объезжать go round, skirt

объект óbject; *воен.* objéctive

объектив lens, objéctive

объективный objéctive

объём vólume

объехать *см.* объезжать; ~ весь мир have been all óver the world

объявить *см.* объявлять

объявл|ение 1) annóuncement; advértisement 2) *(действие)* declarátion; ~ять decláre; annóunce

объясн|ение explanátion; ~ить(ся) *см.* объяснять(ся); ~ять expláin; ~яться expláin; have it out with *smb.* *(начистоту)*

объятие embráce

обыграть, обыгрывать beat *smb.;* кого-л. на пять рублей win five rúbles of smb.

обыкновен|но úsually, génerally; ~ный órdinary

обыск search; ~ать *см.* обыскивать

обыскивать search

обыч|ай cústom; ~но

úsually; ~ный *см.* обыкновенный

обязанн|ость dúty; ~ый oblíged; быть ~ым must *(сделать что-л.)*; owe smth. *(чем-л.)*; я ему́ мно́гим обя́зан I owe him much

обяза́тель|но cértainly, withóut fail; ~ный compúlsory; ~ство obligátion

обяза́ть, обя́зывать oblíge; э́то ко мно́гому обя́зывает that puts one únder great obligátions

овёс oats *(мн. ч.)*

овла|дева́ть, ~де́ть 1) take posséssion of; seize 2) *(знаниями)* máster

о́вощи végetables

овощно́й végetable; ~ магази́н gréengrocer's, végetable shop

овра́г ravíne

овца́ sheep

овцево́дство shéep-breeding

овча́рка shéep-dog

оглавле́ние (táble of) cóntents

огласи́ть *см.* оглаша́ть

огла́ска publícity

оглаш|а́ть 1) annóunce 2) *(предавать огласке)* make smth. públic; ~е́ние: не подлежи́т ~е́нию not for publicátion

огло́хнуть becóme deaf

оглуш|а́ть, ~и́ть 1) déafen 2) *(ударом)* stun

огляде́ть exámine, look

óver; ~ся look round; look abóut *(ориентироваться)*

огля|дываться, ~ну́ться look back

о́гненный fíery

огнеопа́сный inflámmable

огнестре́льное ору́жие fire-arms *(мн. ч.)*

огнетуши́тель fíre-extínguisher

огнеупо́рный fíreproof

огова́ривать, оговори́ть 1) *(обусловить)* stípulate (for) 2) *(оклеветать)* slánder

огово́рка reservátion

ого́нь 1) fire 2) *(свет)* light

огора́живать fence (in), enclóse

огоро́д kítchen gárden

огороди́ть *см.* огора́живать

огорч|а́ть distréss, pain, grieve; disappóint *(разочаровывать)*; ~е́ние grief, sórrow; к моему́ ~е́нию to my great disappóintment; ~и́ть *см.* огорча́ть

огра́б|ить rob; ~ле́ние róbbery; búrglary *(со взломом)*

огра́да fence; wall *(стена)*

огра|ди́ть, ~жда́ть protéct

огран|иче́ние limitátion; ~и́ченный 1) límited 2) *(неумный)* nárrow-mínded; ~и́чивать, ~и́чить límit, restríct

огро́мный huge, imménse

огуре́ц cúcumber

одарённый gífted, tálented

одева́ть dress; ~ся dress (onesélf)

одѐжда clothes *(мн.ч.)*

одеколо́н eau-de-Cológne

одержа́ть: ~ побѐду gain a víctory

одѐть(ся) *см.* одева́ть(ся)

одея́ло blánket; quilt *(стёганое)*

оди́н 1) one; ~ раз once; ~ и то́т же the same 2) *(в одиночестве)* alóne

одина́ков|о équally; ~ый idéntical, the same

оди́ннадца|тый eléventh; ~ть eléven

одино́|кий lónely, sólitary; síngle *(холостой)*; ~чество sólitude

одна́ *см.* оди́н

одна́жды once

одна́ко howéver, (and) yet

одно́ *см.* оди́н

одновремѐнн|о simultáneously; at the same time; ~ый simultáneous

однообра́з|ие monótony; ~ный monótonous

однора́зовый: ~ шприц síngle-use sýringe

однора́дный homogéneous, úniform

односторо́нний óne-síded

одноэта́жный one-stórey(ed)

одобрѐние appróval

одо́бр|ить, ~я́ть appróve (of)

одолева́ть, одолѐть overcóme

одолж|ѐние fávour; ~и́ть *(дать взаймы)* lend

одурма́н|ить, ~ивать stúpefy

одуря́ющий: ~ за́пах héavy scent

одухотворённый inspíred

одушев|и́ться, ~ля́ться be inspíred by

ожесточ|а́ть hárden, embítter; ~ѐние víolence; bítterness; ~ённый fierce; bítter

ожива́ть come to life

оживи́ть *см.* оживля́ть

оживл|ѐние 1) animátion 2) *(торговли, человека)* revíving; ~ённый ánimated; ~я́ть revíve; enlíven, bríghten up *(придавать бодрости)*

ожида́|ние expectátion; ~ть expéct

ожирѐние obésity

ожи́ть *см.* ожива́ть

ожо́г burn; scald *(кипятком, паром)*

озабо́ченный preóccupied; wórried

озагла́в|ить, ~ливать call, entítle

озелен|и́ть, ~я́ть plant vérdure

о́зеро lake

ози́мые wínter crops

озлоблѐние embítterment; animósity *(враждебность)*

ознако́м|иться, ~ля́ться becóme acquáinted with; acquáint, familiarize onesélf with

ознаменова́ть 1) *(отме-*

тить) sígnify, mark 2) *(от-праздновать)* célebrate

означа́ть mean, sígnify

озно́б (fit of) shívering

озо́н ózone; ~овый: ~овый слой ózone láyer

озя́бнуть be cold

оказа́ть(ся) *см.* ока́зывать(ся)

ока́зывать rénder; ~ся 1) turn out, prove (to be) 2) *(очутиться)* find onesélf

ока́нчивать fínish; ~ся end, términate

океа́н ócean

о́кись óxide

оккуп│а́ция occupátion; ~и́ровать óccupy

окла́д sálary

окле́│ивать, ~ить paste; ~ обо́ями páper

окно́ window

око́вы fétters

о́коло 1) near, by; next to *(рядом)* 2) *(приблизительно)* abóut

оконча́│ние 1) terminátion; end *(конец)* 2) *грам.* énding 3) *(учёбы)* graduátion; ~тельный fínal

око́нчить(ся) *см.* ока́нчивать(ся)

око́п trench

о́корок ham, gámmon

окра́ина *(города)* óutskirts *(мн. ч.)*

окра́ска 1) *(действие)* cólouring; páinting; *(ткани, волос)* dýeing 2) *(цвет)* tint, cólour

окре́пнуть grow strong

окре́стность néighbourhood

о́круг dístrict; избира́тельный ~ eléctoral dístrict, constítuency

округл│и́ть, ~я́ть round off

окруж│а́ть 1) surróund (by) 2) *воен.* encírcle; ~е́ние 1) envíronment 2) *воен.* encírclement 3) *(люди)* co-mátes; ~и́ть *см.* окружа́ть

окру́жность circúmference

октя́брь Octóber

окун│а́ть dip, plunge; ~а́ться plunge; ~у́ть(ся) *см.* окуна́ть(ся)

о́кунь perch

оку́рок *(сигареты)* (cígarette-)butt; *(сигары)* (cigár-)butt, cigár-stub

ола́дьи frítters

оле́нь deer; се́верный ~ réindeer

оли́вков│ый ólive; ~ое ма́сло ólive oil

олимпи́йск│ий: ~ие и́гры Olýmpic games

о́лово tin

омрач│а́ть cast a gloom óver; ~а́ться get dark; ~и́ть(ся) *см.* омрача́ть(ся)

о́мут whírlpool

он he; *(для неодушевл. предметов)* it

она́ she; *(для неодушевл. предметов)* it

ондатр│а músquash; ~овый: ~овая шу́ба músquash coat

онеме́ть grow dumb

они́ they

онко́лог éxpert in oncólogy

оно́ it

опа́здывать be late

опас|а́ться fear; ~éние fear

опа́сн|ость dánger; ~ый dángerous

о́пера о́pera

опера́тор 1) о́perator 2) *кино* cámeraman

опера́ция operátion

опере|ди́ть, ~жа́ть outstríp; be ahéad of, forestáll *(во времени)*

оперéние plúmage

оперéтта operétta, músical (cómedy)

опери́ровать о́perate

опеча́тка mísprint

опи́лки sáwdust *(ед.ч.)*

опира́ться lean agáinst

опис|а́ние descríption; ~а́ть *см.* опи́сывать

опи́сывать 1) descríbe 2) *(имущество)* distráin

о́пись list, invéntory

опла́|та páy(ment); ~ти́ть, ~чивать pay

оплеу́ха *разг.* slap in the face

опло́т strónghold

опло́шность cárelessness, slip, inadvértence

опозд|а́ние unpunctuálity; delа́y *(задержка)*; ~а́ть *см.* опа́здывать

опо́мниться come to one's sénses, colléct onesélf

опо́ра suppórt

опошл|и́ть, ~я́ть vúlgarize, debáse

оппози́ция opposítion

оппонéнт oppónent

опра́ва rim; sétting *(камня)*; frame *(очков)*

оправд|а́ние 1) justificátion; excúse 2) *юр.* acquíttal; ~а́ть(ся) *см.* опра́вдывать(ся)

опра́вдывать 1) excúse 2) *юр.* acquít; ~ся 1) excúse onesélf 2) *(сбываться)* prove true

определ|éние definítion; ~ённый définite; ~и́ть, ~я́ть defíne, detérmine

опро|верга́ть, ~вéргнуть refúte; ~вержéние refutátion

опроки́дывать, опроки́нуть upsét, overtúrn; knock óver

опромéтчивый rash, hásty

опро́с quéstioning; ~ общéственного мнéния públic poll

опря́тный tídy, neat

о́птика óptics

опто́вый whólesale

опубликова́|ние publicátion; ~ть públish

опуска́ть 1) lówer; ~ го́лову hang the head 2) *(пропуска́ть)* omít, leave out; ~ся fall; sink *(погружаться)*; *перен.* detériorate

опустéть becóme émpty, becóme desérted

опусти́ть(ся) *см.* опуска́ться

опустош|а́ть lay waste, dévastate; ~éние devastátion

опуха́ть, опу́хнуть swell (up)

о́пухоль swélling, túmour

ОПЫ

опыт 1) expérience 2) *(проба)* expériment; ~ный 1) *(знающий)* expérienced 2) *(научный)* experiméntal

опять agáin

орáва *разг.* mob, horde

орáнжевый órange

орáтор spéaker

óрган órgan

оргáн *муз.* órgan

организ|áтор órganizer; ~áция organizátion; Организáция Объединённых Нáций United Nátions Organizátion

органи́зм órganism; constitútion *(о здоровье)*

организ|овáть, ~óвывать órganize

óрден órder, decorátion; наградить ~ом décorate

орденонóсец pérson décorated with an órder

орёл éagle

орéх nut

оригинáльный original

оркéстр órchestra; band *(духовой)*

оросить, орошáть írrigate

орошéние irrigátion

орýди|е 1) ímplement; tool; ínstrument; ~я произвóдства means of prodúction 2) *воен.* gun

орýжие wéapon; arms *(мн. ч.)*

орфогрáфия spélling

осá wasp

осáда siege

осадить *см.* осаждáть

осáд|ки *(атмосферные)* precipitátions; ~ок sédiment

ОСЛ

осаждáть *воен.* besíege

осáнка cárriage, béaring

освáивать máster; ~ся feel at home

осведомитель infórmer

освéдом|иться, ~ляться make inquíries, inquíre

осве|тить, ~щáть illúminate, light (up); *перен.* throw light upón; ~щéние 1) *(действие)* illuminátion; *перен.* elucidátion 2) *(свет)* light, líghting

освободитель líberator; ~ный líberating; emáncipatory

освобо|дить, ~ждáть (set) free, líberate, reléase; ~ждéние reléase, liberátion

освóить(ся) *см.* освáивать(ся)

оседлáть sáddle

осéдлый séttled

осёл ass, dónkey

осéнний áutumn

óсень áutumn; fall *(амер.)*; ~ю in áutumn

осётр stúrgeon

осина asp

оскóлок splínter, frágment

оскорбить *см.* оскорблять

оскорб|лéние ínsult; ~лять insúlt

ослабевáть, ослабéть becóme weak

ослáбить, ослаблять 1) wéaken 2) *(уменьшить напряжение)* reláx

ослеп|ительный dázzling; ~ить *см.* ослеплять; ~лéние blíndness; ~лять blind; *перен.* dázzle ослéпнуть go blind, lose one's sight

осложн|éние complicátion; ~ить, ~ять cómplicate

ослы́шаться mishéar

осмáтривать inspéct, exámine; look at *(картины)*; go óver *(здание, завод и т.п.)*

осмéли|ваться, ~ться dare

осмóтр inspéction, examinátion

осмотрéть *см.* осмáтривать

осмотри́тельность cáution

оснóв|а base; básis; ~áние foundátion; *перен.* ground, réason; ~áтель fóunder; ~áтельный sólid; well--gróunded *(обоснованный)*; ~áть *см.* оснóвывать; ~нóй príncipal; fundaméntal

оснóвывать found

осóбенн|о espécially, particulary; in partícular; ~ость peculiárity; в ~ости espécially, partícularly; ~ый spécial; partícular

осóбый spécial; partícular

óспа smáll-pox

оспáривать contést, dispúte

оставáться 1) stay; remáin 2) *(быть оставленным)* be left; ~ на вторóй год fail to get one's remóve

остáв|ить, ~лять leave; abándon *(покинуть)*; ~ить в покóе leave *smb.* alóne

остальн|óе the rest; ~óй the rest of; ~ы́е the óthers *(о людях)*

останáвливать stop; ~ся stop; stay at *(в гостинице и т.п.)*; ни перед чéм не ~ся stop at nóthing

остан|ови́ть(ся) *см.* останáвливать(ся); ~óвка stop

остáток remáinder, the rest; rémnant *(о материале)*

остáться *см.* оставáться

остерегáться be cáreful; bewáre (of), look out for

остóрожн|ость cáution; cárefulness; ~ый cáutious, cáreful

остриё point; edge *(лезвия)*

остри́ть joke, jest

óстров ísland

острóта *(остроумное выражение)* joke, wítticism; wísecrack *(амер.)*

острота́ 1) *(ножа)* shárpness 2) *(положения и т.п.)* acúteness 3) *(слуха, зрения)* kéenness

остроýм|ие wit; ~ный wítty; ~ное изобретéние ingénious invéntion

óстрый sharp; *перен. тж.* keen

остывáть, осты́ть get cold, cool (down)

осуди́ть *см.* осуждáть

осужд|áть 1) *(порицать)* blame; críticize 2) *(приговаривать)* séntence; ~éние 1) *(порицание)* blame, cénsure, críticism 2) *(приговор)* convíction

осуществ|и́ть *см.* осуществля́ть; ~лéние realizátion;

~ля́ть cárry out; réalise; fulfíl, accómplish

осыпа́ть, осы́пать strew with, cóver with; ~ся fall

ось áxis; *тех.* áxle

осяза́|ние sense of touch; ~тельный tángible; ~ть feel

от from; of; от Москвы́ from Móscow

отбива́ть 1) beat off *(неприятеля, атаку)*; retúrn *(мяч)* 2) *(отламывать)* break off

отбивна́я chop

отбира́ть 1) *(отнимать)* take awáy 2) *(выбирать)* choose, seléct; pick out

отби́ть *см.* отбива́ть

отбо́р seléction; ~ный seléct, picked

отбра́сывать, отбро́сить throw asíde, rejéct

отбро́сы waste, réfuse; gárbage *(мусор)*

отбыва́ть, отбы́ть *(уехать, уйти)* depárt (from), leave ◇ ~ наказа́ние serve a séntence

отва́|га brávery, cóurage; ~жный féarless, courágeous

отва́р broth

отверга́ть, отве́ргнуть rejéct

отверну́ться *см.* отвора́чиваться

отве́рстие ópening, áperture, órifice

отвёртка scréwdriver

отве́с plúmmet

отве́сный vértical plumb; sheer *(о скале и т.п.)*

отвести́ *см.* отводи́ть

отве́т ánswer, replý; ~ить *см.* отвеча́ть

отве́тственн|ость responsibílity; ~ый respónsible; ~ый рабо́тник exécutive

отвеча́ть 1) ánswer, replý 2) *(за что-л.)* be respónsible for, ánswer for

отвлека́ть distráct, divért; ~ся *(от темы)* wánder from, digréss

отвлечённый ábstract

отвле́чь(ся) *см.* отвлека́ть(ся)

отводи́ть 1) lead, take; draw *smb.* asíde *(в сторону)* 2) *(отвергать)* rejéct 3) *(помещение, участок земли)* allót

отвора́чиваться turn awáy (from)

отвор|и́ть, ~я́ть ópen

отвра|ти́тельный disgústing; ~ще́ние disgúst

отвыка́ть, отвы́кнуть becóme unaccústomed to; ~ от куре́ния get out of (lose) the hábit of smóking

отвяза́ть, отвя́зывать untíe, unfásten; ~ся 1) get loose, come undóne 2) *разг. (отделяться)* get rid (of), shake off

отгада́ть *см.* отга́дывать

отга́д|ка ánswer, solútion; ~ывать guess

отгово́рка excúse, prétext

отдава́ть, отда́ть give; give back, retúrn *(возвращать)*

отде́л depártment; ~е́ние

ОТД

1) *(действие)* separátion 2) *(часть чего-л.)* séction; divísion; ~éние мил́ции lócal milítia státion; ~ить *см.* отделять

отдéлка *(украшение)* trímming

отдéльный séparate; indivídual

отделять séparate

отдохнýть *см.* отдыхáть

óтдых rest; ~áть rest

отéц fáther

отéчественный nátive; home; Велúкая Отéчественная войнá the Great Patriótic War

отéчество nátive land, móther cóuntry, fátherland

óтзыв opínion; recommendátion; revíew *(рецензия)*; дать хорóший ~ speak well of

отзывáть recáll

отзывáться 1) *(о ком-л.)* speak 2) *(отвечать)* respónd

отзывчивый respónsive

откáз refúsal; ~áть(ся) *см.* откáзывать(ся); ~ывать refúse; ~ываться 1) refúse, declíne 2) *(от)* give up

откладывать 1) *(в сторону)* lay asíde 2) *(про запас)* lay up 3) *(отсрочивать)* put off, deláy

óткл|ик respónse; écho; ~икáться, ~икнуться respónd

отклонéние deviátion

отклон|ить, ~ять declíne, rejéct

откóрмленный fat, fátted

ОТМ · О

откóс slope

откровéнн|ость fránkness; ~ый frank

открывáлка *разг.* ópener

открывáть 1) ópen 2) *(делать открытие)* discóver 3) *(разоблачать)* expóse

открыт|ие 1) ópening 2) *(научное)* discóvery; ~ка póstcard; ~ый ópen

открыть *см.* открывáть

откýда where... from; ~-нибудь from sómewhere or óther

откýпор|ивать, ~ить uncórk, ópen

откусить, откýсывать bite off

отлúв I ebb, low (fálling) tide

отлúв II *(оттенок):* с крáсным, зелёным ~ом shot with red, green

отличáть distínguish; ~ся 1) differ from 2) *(выделяться)* distínguish onesélf (by) 3) *(характеризоваться чем-л.)* be remárkable for

отлúч|ие distínction; знáки ~ия insígnia

отличúть *см.* отличáть; ~ся *см.* отличáться 2)

отлúчный *(превосходный)* éxcellent

отлóгий slóping

отложúть *см.* откладывать

óтмель sándbank, shállow

отмéн|а abolítion *(упразднение)*; revocátion *(закона);* ~úть, ~ять cáncel, abólish

отмé|тить, ~чáть mark, note

329

отнести́ *см.* относи́ть; ~сь *см.* относи́ться 1)

отнима́ть 1) take awáy 2) *(ампутировать)* ámputate

относи́тельно concérning, regárging

относи́тельный rélative

относи́ть cárry (awáy); ~ся 1) *(обращаться с кем-л.)* treat; хорошо́ ~ся like; пло́хо ~ся dislíke 2) *(иметь отношение)* concérn, applý to

отноше́н|ие 1) *(связь)* relátion; не име́ть ~ия к чему́-л. have nóthing to do with 2) *(позиция)* áttitude 3) *(обращение)* tréatment

отню́дь: ~ he by no means; ánything but

отня́ть *см.* отнима́ть

отобра́ть *см.* отбира́ть

отовсю́ду from éverywhere

отодвига́ть, отодви́нуть move asíde (back)

отождеств|и́ть, ~ля́ть idéntify (with)

отозва́ть *см.* отзыва́ть; ~ся *см.* отзыва́ться

отойти́ *см.* отходи́ть

отомсти́ть revénge onesélf upón

отопле́ние héating

оторва́ть(ся) *см.* отрыва́ть(ся)

отосла́ть *см.* отсыла́ть

отпада́|ть, отпа́сть fall off; вопро́с ~ет the quéstion no lónger aríses

отпере́ть *см.* отпира́ть

отпеча́ток ímprint; ~ па́льца fínger-print

отпира́ть ópen; unlóck *(ключом)*

отплати́ть repáy

отплыва́ть, отплы́ть sail

отпо́р rebúff; дать ~ rebúff

отправи́тель sénder

отпра́в|ить(ся) *см.* отправля́ть(ся); ~ка dispátch; ~ле́ние 1) *(поезда и т.п.)* depárture 2) *(обязанностей)* perfórmance; ~ля́ть send, dispátch; ~ля́ться set off, leave (for)

о́тпус|к hóliday(s), leave; vacátion; ~ка́ть, ~ти́ть let go; set free

отра́в|ить *см.* отравля́ть; ~ле́ние póisoning; ~ля́ть póison

отраж|а́ть 1) *(о свете и т.п., тж. перен.)* refléct 2) *(отбивать)* repúlse, párry; ~е́ние 1) *(света и т.п., тж. перен.)* refléction 2) *(нападения)* repúlse, wárding off

отрази́ть *см.* отража́ть

о́трасль branch

отраст|а́ть, ~и́ grow

отре́з|ать, ~а́ть cut off

отре|ка́ться renóunce; ábdicate *(от престола)*; ~че́ние renunciátion; abdicátion *(от престола)*

отре́чься *см.* отрека́ться

отрица́|ние deníal; ~тельный négative; ~ть dený

отрыва́ть tear awáy (off, from); ~ся 1) come off 2) *(отвлекаться от чего-л.)* tear onesélf awáy (from)

отры́вок frágment; *(из*

текста тж.) éxtract, pássage

отря́д detáchment

отсро́ч|ивать, ~ить postpóne, put off; ~ка postpónement

отстава́ть lag behínd; be slow *(о часах)*

отста́вка resignátion

отста́ивать defénd

отста́л|ость báckwardness; ~ый báckward

отста́ть *см.* отстава́ть

отстоя́ть *см.* отста́ивать

отступ|а́ть, ~и́ть retréat; *перен.* recóil; ~ле́ние retréat

отсу́тств|ие 1) ábsence 2) *(неимение)* lack (of); ~овать be ábsent

отсыла́ть send awáy (off)

отсю́да from here; *перен. (из этого)* hence

отта́лки|вать push awáy; ~вающий repúlsive

отте́нок shade

о́ттепель thaw

оттесн|и́ть, ~я́ть drive back

о́ттиск impréssion; print

оттого́ thérefore; ~ что becáuse

оттолкну́ть *см.* отта́лкивать

отту́да from here

отупе́ние stupefáction, stúpor

отходи́ть leave, go awáy from

отхо́ды *мн.* waste (próducts), scrap

отцве|сти́, ~та́ть cease

blóoming; fade *(увянуть);* ро́зы ~ли́ the róses are óver

отча́сти pártly

отча́ян|ие despáir; ~ный désperate

отчего́ why

о́тчество patronýmic

отчёт accóunt; repórt *(доклад)* ◇ отдава́ть себе́ ~ réalise

отчётливый distínct

о́тчим stépfather

отчита́ться, отчи́тываться give an accóunt

отше́льник hérmit; *перен.* reclúse

отъе́зд depárture

отыска́ть find

оты́скивать search for, look for

офице́р ófficer

официа́льный offícial

официа́нт wáiter; stéward *(на судне, самолёте)*

офо́рм|ить, ~ля́ть 1) *(придать форму)* put ínto shape 2) *(узаконить)* légalise

охвати́ть, охва́тывать embráce, compríse

охла|ди́ть, ~жда́ть cool down; ~жда́ться becóme cool

охо́та I húnting, shóoting

охо́та II *(желание)* inclinátion; desíre

охо́т|иться hunt, shoot; *перен.* run áfter; ~ник húnter

охо́тно wíllingly; gládly

охра́н|а 1) *(действие)* guárding 2) *(стража)* guard; ~я́ть guard

охри́пнуть becóme hoarse

оцён|ивать, ~и́ть éstimate; ~ка 1) evaluátion; estimátion 2) *(отметка)* mark

очáг 1) hearth; домáшний ~ home 2) *(рассадник)* céntre, hótbed

очар|овáтельный chárming, fáscinating; ~овáть, ~óвывать charm, fáscinate

очеви́дец éyewitness

очеви́дно évidently, appárently *(как будто)*; óbviously *(несомненно)*

óчень véry; véry much; ~ хóлодно it's véry cold; я егó ~ уважáю I respéct him véry much

очередн|óй 1) the next in turn 2) *(обычный)* the úsual; ~óе недоразумéние the úsual misunderstánding

óчередь 1) turn 2) *(хвост)* queue, line

óчерк sketch; éssay

очи́стить, очищáть 1) clean, púrify 2) *см.* чи́стить 2)

очки́ spéctacles, glásses; *(защитные)* góggles

очкó *спорт.* point, score

очну́ться regáin cónsciousness, come to onesélf

óчн|ый: ~ая стáвка confrontátion

очути́ться find onesélf

ошиб|áться, ~и́ться make a mistáke; be mistáken; be wrong

ошиб|ка mistáke; érror *(заблуждение)*; по ~ке by mistáke

оши́бочно erróneously, by mistáke

оштрафовáть fine

óщупью by touch

ощути́тельный percéptible, tángible

ощу|ти́ть, ~щáть feel; ~щéние féeling, sensátion

П

павильóн pavílion

павли́н péacock

пáдать fall

падéж *грам.* case

падéние fall

пáдчерица stépdaughter

паёк rátion

пай share; вступи́тельный ~ inítial shares *(мн. ч.)*; ~щик sháreholder

пакéт pácket, párcel; для вас ~ there's a létter for you

палáта 1) *(больничная)* ward 2) *(учреждение)* chámber; ~ óбщин the House of Cómmons; ~ мер и весóв Board of Weights and Méasures

палáтка 1) tent 2) *(ларёк)* booth, stall

палáч hángman; *перен.* bútcher

пáлец finger *(руки́)*; toe *(ноги́)*

пáлка stick

палóмник pílgrim

пáлуба deck

пáльма pálm (-tree)

пальто́ (óver)coat
па́мятник mónument; memórial *(тж. перен.)*
па́мять 1) mémory; плоха́я ~ poor mémory 2) *(воспоминание)* recolléction, remémbrance
па́ника pánic
панихи́да fúneral sérvice
панора́ма panoráma
пансио́н 1) *(школа)* bóarding-school 2) *(гостиница)* bóarding-house
панте́ра pánther
па́па I *(отец)* papá, dáddy
па́па II *(глава католической церкви)* Pope
па́пка file
па́поротник fern
пар I steam
пар II *с.-х.* fállow
па́ра pair
пара́граф páragraph
пара́д paráde; *воен.* review; ~ный gála; ~ная дверь front door
парализова́ть páralyse
парали́ч parálysis
паралле́ль párallel
парапсихоло́гия parapsychólogy
парашю́т párachute; ~и́ст párachutist, párachute-jumper
па́рень féllow, chap
пари́ bet; держа́ть ~ (lay a) bet
пари́к wig
парикма́хер háirdresser; bárber; ~ская háirdressing salóon; the háirdresser's

(разг.); the bárber's *(мужская)*
парите́т párity
парк park
парке́т párquet
парла́мент párliament
парни́к fórcing-frame
па́рный mátching; twin(-), pair
парово́з stéam-engine
парово́й steam(-)
паро́ль pássword
паро́м férry(-boat)
парохо́д stéamer, (stéam) ship
па́рта desk
парте́р *театр.* pit; stalls *(мн. ч.) (передние ряды)*
партиза́н guerílla; ~ский guerílla(-); ~ская война́ guerílla wárfare
парти́йность Párty-membership
па́ртия 1) párty; член па́ртии mémber of the Párty, Párty-member 2) *(отряд)* detáchment; párty 3) *(товара)* batch, consígnment 4) *(в игре)* game 5) *муз.* part
партнёр pártner
па́рус sail
паруси́на cánvas; tarpáulin *(просмолённая)*
парфюме́рия perfúmery
па́сека ápiary
па́смурный dull, místy, clóudy; *перен.* glóomy, súllen
пасова́ть pass
па́спорт pássport
пассажи́р pássenger; ~ский pássenger(-)

пасси́вный pássive

па́ста paste; зубна́я ~ tóoth-paste

па́стбище pásture

пасти́, ~сь graze

пасту́х shépherd

пасть I *гл.* fall

пасть II *сущ.* jaws *(мн. ч.)*; mouth

Па́сха Éaster

па́сынок stépson

пате́нт pátent, lícence

патрио́т pátriot; ~и́зм pátriotism; ~и́ческий patrió́tic

патро́н *воен.* cártridge

патру́ль patról

па́уза pause

пау́к spíder

паути́на có́bweb, spíder's web

паха́ть plough, till

па́хнуть smell

пацие́нт pátient

па́чка búndle; pack, pácket *(папирос)*

па́чкать soil, stain

па́шня árable

паште́т paste, pâté

пая́ть só́lder

пев|е́ц, ~и́ца sínger

педаго́г téacher; ~ика pedagó́gics; ~и́ческий pedagó́gical

педа́ль pédal

пейза́ж view, lándscape

пека́рня bákery

пелена́ть swáddle

пелёнка nápkin; díaper *(амер.)*

пельме́ни pelméni, meat dú́mplings

пе́на foam

пе́ние sínging

пе́нка skin

пенсионе́р pénsioner

пе́нсия pénsion

пень tré́e-stump

пе́пел ásh (es)

пе́пельница ásh-tray

пе́пельный áshy

пе́рвенство 1) prió́rity 2) *спорт.* chámpionship

первобы́тный prímitive

первокла́ссный fírst-rate

первоку́рсник fírst-year man (stúdent)

первонача́льный oríginal

первосо́ртный fírst-rate; best quálity *(о товаре)*

пе́рвый first

перебе|га́ть, ~жа́ть cross, run acró́ss

перебива́ть *(прерывать)* interrú́pt

переби́ть I *см.* перебива́ть

переби́ть II 1) *(уничтожить)* kill, extérminate 2) *(посуду и т.п.)* break

перебр|а́сывать, ~о́сить 1) throw *smth.* ó́ver 2) *(войска, грузы)* transfér

перева́л pass

перева́р|ивать, ~и́ть 1) overdó́ 2) *(о желудке)* digést

перевезти́ *см.* перевози́ть

переверну́ть, перевёртывать turn *smth.* ó́ver

перевести́ *см.* переводи́ть

перево́д 1) *(в другое место)* tránsfer 2) *(на другой язык)* translá́tion; interpretá́tion *(устный)* 3) *(де-*

нежный) remíttance; почтóвый ~ póstal órder; ~йть 1) *(в другое место)* transfér, move 2) *(на другой язык)* transláte; intérpret *(устно)* 3) *(деньги)* remít; ~чик translátor; intérpreter *(устный)*

перевозить transpórt

перевóзка tránsport, transportátion

переворóт óverturn; revolútion

перевыборы (re-)eléctions

перевыполнéние overfulfílment

перевыполн|ить, ~ять excéed

перевязáть *см.* перевязывать

перевяз|ка 1) bándage 2) *(действие)* dréssing; ~ывать 1) *(верёвкой)* tic up 2) *(перебинтовывать)* bándage; dress *(рану)*

перегнáть *см.* перегонять

переговóры negotiátions; *воен.* párley *(ед.ч.)*

перегонять outstríp; outrún

перегорóдка partítion

перегру|жáть, ~зить overlóad

перегрýзка overwórk

перегр|ызáть, ~ызть gnaw through

пéред 1) *(у)* in front of 2) *(до)* befóre; ~ обéдом befóre dínner

перёд front

передавáть 1) pass; give; hand *(вручать)* 2) *(по ра-*

дио) bróadcast 3) *(сообщать)* tell

передáтчик *радио* transmítter, transmítting set

передáть *см.* передавáть

передáча 1) *(действие)* tránsfer, hánding óver *(вручение)* 2) *(по радио)* bróadcast 3) *тех.* gear, transmíssion

передвигáть move; shift; ~ся move

передвижéн|ие móvement; срéдства ~ия means of communicátion

передвинуть(ся) *см.* передвигáть(ся)

передéл|ать álter; ~ка alterátion

передний front

перéдник ápron

перéдняя hall

передовáя *(статья в газете)* léader; editórial

передовóй advánced, progréssive

передýмать change one's mind

передышка réspite

переéзд 1) pássage; cróssing 2) *(на другое место)* remóval

пере|езжáть, ~éхать 1) *(через что-л.)* cross 2) *(на другое место)* move

переживáть *(испытывать)* go through, expérience

пережиток survíval

пережить 1) *см.* переживáть 2) *(кого-л.)* survíve, outlíve

переиз|бира́ть, ~бра́ть reeléct

переизд|ава́ть repúblish; reprínt; ~а́ние reprínt; reíssue; ~а́ть *см.* переиздава́ть

перейти́ *см.* переходи́ть

пе́рекись *хим.* peróxide; ~ водоро́да hýdrogen peróxide

перекла́дывать 1) shift, place sómewhere else 2) *(на музыку)* set to músic

перекли́чка róll-call

переключ|а́ть(ся), ~и́ть (ся) switch

перекрёстный: ~ допро́с cróss-examinátion; ~ ого́нь cróss-fire

перекрёсток cróss-roads; interséction, júnction

перекуси́ть *разг.* have a snack

перелёт 1) flight 2) *(птиц)* migrátion

пере|лета́ть, ~лете́ть fly óver, fly

перелива́ние: ~ кро́ви *мед.* transfúsion of blood

пере|лива́ть, ~ли́ть pour *smth.* (from... ínto...)

переложи́ть *см.* перекла́дывать

перело́м 1) *(кости)* frácture 2) *(кризис)* crísis 3) *(поворотный пункт)* túrning-point

перемен|а 1) change 2) *(в школе)* ínterval; ~и́ть, ~и́ться change

перемеша́ть mix; ~ся get míxed

переми́рие ármistice, truce

перенаселе́ние overpopulátion

перенести́ I, II *см.* переноси́ть I, II

переноси́ть I 1) *(куда-л.)* cárry, transfér 2) *(откладывать)* postpóne, put off

переноси́ть II *(боль и т.п.)* endúre, stand, bear

перено́сица bridge of the nose

переносн|ый: в ~ом смы́сле fíguratively, in the fígurative méaning

пере|одева́ться 1) change one's clothes 2) *(с целью маскировки)* dress up (as); disguíse onesélf as; ~оде́тый disguíse; ~оде́ться *см.* переодева́ться

переосмысле́ние revaluátion

переоце́н|ивать, ~и́ть overráte, overéstimate

перепа́лка *разг.* héated árgument

перепеча́тать reprínt; type

переписа́ть *см.* перепи́сывать

перепи́ска 1) *(действие)* cópying; týping *(на машинке)* 2) *(корреспонденция)* correspóndence, létters

перепи́сывать 1) cópy; type *(на машинке);* rewríte *(заново)* 2) *(составлять список)* make a list (of); ~ся correspónd (with)

пе́репись *(населения)* cénsus

переплести *см.* **переплетать**

переплёт bínding, (bóok-) cover

переплетать *(книгу)* bind

пере|плывать, ~**плыть** swim acróss; cross *(в лодке, на пароходе)*

переполненный overcrówded

переполох commótion

переправа 1) *(брод)* ford 2) *(временная)* témporary (flóating) bridge 3) *(на пароме, лодке)* férry

перепроизводство *эк.* overprodúction

перепрыг|ивать, ~**нуть** jump óver

перепутать entángle; confúse

перераст|ать, ~**и** devélop (into)

перерез|ать, ~**ать** cut; cut off *(отрезать)*

перерыв ínterval, break

пересадить *см.* **пересаживать**

пересадка 1) *(растений)* transplantátion 2) *ж.-д.* transfér, change

пересаживать 1) *(растение)* transplánt 2) *(кого-л.)* make *smb.* change pláces; ~**ся** change seats *(на другое место)*; change trains *(на другой поезд)*

пересекать cross

пересел|ение migrátion; ~**иться,** ~**яться** migráte; move *(на новую квартиру)*

пересесть *см.* **пересаживаться**

пересечь *см.* **пересекать**

пересказ narrátion, relátion

переслать *см.* **пересылать**

пересматривать, пересмотреть revíse, revíew, reconsíder *(решение)*

пересолить oversált

переспелый overrípe

переспр|ашивать, ~**осить** ask agáin

перест|авать, ~**ать** stop, cease

перестр|аивать, ~**оить** 1) reconstrúct 2) *(реорганизовать)* reórganize; ~**ойка** 1) reconstrúction 2) *(реорганизация)* reorganizátion 3) *полит.* perestróika

пересылать send

переулок síde-street, bý-street

переутом|иться, ~**ляться** tire onesélf out

переход 1) pássage; *воен.* march 2) *(превращение)* transítion; convérsion

переходить 1) pass, cross, go óver 2) *(превращаться)* turn 3) *(в другие руки)* pass (to); change (hands)

переходный 1) transítional 2) *грам.* tránsitive

перец pépper

перечень list

переч|ёркивать, ~**еркнуть** cross out

перечисл|ить, ~**ять** enúmerate

перечница pépper-box

перешáг|ивать, ~нýть step óver, cross

перешéек ísthmus

перúла ráil(ing); bánisters *(лестницы)*

перúод périod

перламýтр móther-of-pearl

перó 1) *(птичье)* féather; plume *(поэт.)* 2) *(для письмá)* pen

перочúнный: ~ нож pénknife

пéрсик peach

персонáж cháracter

персонáл staff

перспектúва 1) perspéctive 2) *(виды на будущее)* óutlook

пéрхоть dándruff

перчáтка glove

песéц pólar fox

пéсня song

песóк sand ◇ сáхарный ~ gránulated súgar

пёстрый mótley, gay; *перен.* mixed

пéтля 1) loop 2) búttonhole *(для пуговицы)*; eye *(для крючка)* 3) *(в вязании)* stitch 4) *(окна, двери)* hinge

петрýшка *бот.* pársley

петýх cock

петь sing

пехóта ínfantry

печáль grief, sórrow; ~ный sad, móurnful

печáтать print; ~ на машúнке type; ~ся 1) *(быть в печати)* be in print 2) *(печатать свои произведения)* write for; appéar in

печáть I seal, stamp

печáт|ь II 1) *(пресса)* press 2) *(печатание)* print; вы́йти из ~и come out, be públished 3) *(шрифт)* print, type

пéчень líver

печéнье bíscuit

печь I *сущ.* stove; óven *(духовáя)*; *тех.* fúrnace

печь II *гл.* bake

пешехóд pedéstrian

пéшка *шахм.* pawn

пешкóм on foot

пещéра cave

пианú|но (úpright) piáno; ~ст piánist

пúво beer

пиджáк coat

пижáма pyjámas *(мн.ч.)*

пúки *карт.* spádes

пикнúк pícnic

пил|á saw; ~úть saw; *перен.* nag, péster

пилóт pílot

пилю́ля pill

пиóн péony

пионéр pionéer

пионервожáтый pionéer léader

пир feast

пирóг pie; tart *(сладкий)*

пирóжное cake

пирожóк pátty

писáтель wríter

писáть write

пистолéт pístol

писчебумáжн|ый: ~ магазúн státioner's; ~ые принадлéжности státionary *(ед.ч.)*

пúсьменн|ый writing(-);

written; ~ стол wríting-table, desk; ~ая рабóта wrítten work

письмó létter

питá|ние nóurishment; ~тельный nóurishing; ~ться live (on), feed (on)

питóмник núrsery (gárden)

пить drink

пи́шущ|ий: ~ая маши́нка týpe-writer

пи́ща food

пища́ть squeak

пищеваре́ние digéstion

пла́вание 1) (вид спорта) swimming 2) (на судах) navigátion; vóyage, trip (путешествие)

пла́вать 1) swim; float (на поверхности воды) 2) (на судах) návigate, sail, cruise

пла́вить melt, smelt; ~ся melt

пла́вки swímming, báthing trunks

плака́т póster

пла́кать weep, cry

пла́мя flame

план plan

планёр glíder

плане́та plánet

плани́ровать plan

пла́но|вый planned; ~ме́рный systemátic; planned

пла́стик plástic

пласти́нка 1) plate 2) (для проигрывания) disk

пластма́сса plástic

пла́стырь pláster

пла́та páyment; fare (за проезд)

платёж páyment

пла́тина plátinum

плати́ть pay; ~ нали́чными pay in cash

плато́к shawl; носовóй ~ hándkerchief

платфóрма 1) (перрон) plátform 2) (вагон) truck 3) (полит. программа) plátform

пла́тье 1) (женское) dress, gown 2) (одежда) clothes (мн.ч.), clóthing

плацка́рта ж.-д. resérved seat

плач wéeping; ~éвный lámentable

плащ ráincoat

плева́ть spit

плед rug; plaid

пле́мя tribe

племя́нн|ик néphew; ~ица niece

плен captívity; взять в ~ take smb. prísoner, cápture

плёнка film

пле́нн|ик, ~ый prísoner

пле́нум plénum

пле́сень mould

плеск splash; lápping (волн)

плести́ weave (корзину, кружево); spin (паутину)

плести́сь drag alóng

плечó shóulder

плита́ (кухонная) cóoking range; gás-stove (газовая)

пли́тка 1) slab; bar (шоколада) 2): электри́ческая ~ eléctric stove

пловéц swímmer

плод fruit

плодоро́дный fértile

плодотво́рный frúitful

пломб|а 1) seal 2) *(зубная)* stópping; fílling *(амер.)*; поста́вить ~у stop a tooth; fill a tooth *(амер.)*

пло́ский 1) flat 2) *(пошлый)* banál

плот raft

плоти́на dam, dike

пло́тник cárpenter

пло́тн|ость dénsity; ~ый dense

плох|о bád(ly); not good; not well; он ~ себя́ чу́вствует he doesn't feel well; ~о́й bad

площа́дка 1) ground 2) *(для игр)* pláyground; (spórts-)ground *(спортивная)*; те́ннисная ~ ténnis-court 3) *(лестницы)* lánding 4) *(вагона)* plátform

пло́щадь 1) square 2) *мат.* área

плуг plough

плут cheat; ~ова́ть cheat

плыть *см.* пла́вать

плю́нуть *см.* плева́ть

плюс 1) *мат.* plus 2) *(преимущество)* advántage

пляж beach

пляса́ть dance

по 1) *(на):* идти́ по траве́ walk on the grass 2) *(вдоль)* alóng 3) *(посредством; согласно)* by; óver; по по́чте by post; по ра́дио óver the rádio; по распоряже́нию by órder 4) *(вследствие)* by; *(из-за)* through; по оши́бке by mistáke; по чьей-л. вине́

through smb.'s fault 5) *(при обозначении времени)* in, at, on; по ноча́м at nights; по вечера́м in the évenings; по суббо́там on Sáturdays 6) *(при разделении):* по́ два, по́ три two, three each 7) *(до)* to; up to; по по́яс (up) to one's waist

побе́г I *(бегство)* escápe, flight

побе́г II *(росток)* sprout, shoot

побе́д|а víctory; ~и́тель winner, víctor; ~и́ть *см.* побежда́ть; ~оно́сный victórious

побежда́ть win; *(преодолева́ть)* cónquer

побере́жье sea coast

поби́ть beat

побледне́ть turn pale

побли́зости near

побо́и béating *(ед.ч.)*

побу|ди́ть, ~жда́ть impél

побужде́ние mótive, indúcement

побыва́ть be, vísit

по́вар cook

поведе́ние beháviour, cónduct

повели́тельный impérative, authóritative

пове́рить belíeve

поверну́ть(ся) *см.* повора́чивать(ся)

пове́рх óver

пове́рхностный superfícial

пове́рхность súrface

пове́сить hang

пове́стка nótice; súmmons

(в суд) ◇ ~ дня agénda, órder of the day

пóвесть stóry

повидáться see one anóther, meet

по-вúдимому appárently

повúдло jam

повинов|áться obéy; submít (to); ~éние obédience; submíssion (to)

пóвод occásion; réason; по ~y in connéction with

повора́чивать, ~ся turn

поворóт túrning *(дороги)*; bend *(реки́); перен.* túrning-point

повре|дúть, ~ждáть hurt; spoil *(машину и т.п.)*; ~ждéние ínjury; dámage *(о вещах)*

повсю́ду éverywhere

повтор|éние repetítion; ~úть, ~я́ть repéat

повы́сить(ся) *см.* повышáть(ся)

повыш|áть raise; ~áться rise; ~éние rise

повя́зка bándage

погасúть put out, extínguish; ~ свет turn off the light

погибáть, погúбнуть pérish

погло|тúть, ~щáть absórb

поговóрка sáying

погóда wéather

погранúчн|ик fróntier-guard; ~ый fróntier(-)

пóгреб céllar

погребéние intérment, búrial

погремýшка ráttle

погружáть plunge; ~ся sink, plunge (ínto)

погрузúть(ся) *см.* погружáть(ся)

погрýзка lóading

погубúть rúin

погуля́ть stroll, take a walk

под 1) únder 2) *(около)* near 3) *(накануне)* on the eve of 4) *(наподобие)* in imitátion 5) *(в сопровождении)* to; петь ~ мýзыку sing to músic ◇ ~ дождём in the rain; ~ вéчер towárds évening; ~ ýтро towárds mórning

подавáть give; serve *(за столом)*; ~ заявлéние hand in an applicátion

подав|úть *см.* подавля́ть; ~лéние suppréssion

подáвленный depréssed, dispírited

подавля́ть suppréss

подарúть give; presént *smb.* with

подáрок presént, gift

подáть *см.* подавáть

подáча *спорт.* sérvice, serve

подбирáть 1) *(поднимать)* pick up 2) *(отбирать)* seléct 3) *(мелодию)* play by ear

подбóр seléction

подборóдок chin

подвáл 1) básement 2) *(погреб)* céllar

подвезтú *(попутно)* give a lift

подвергáть expóse (to); ~ся

ПОД

be expósed (to); udergó *(испытанию)*

подвéр|гнуть(ся) *см.* под-
вергáть(ся); ~женный súbject
(to)

подвестú *см.* подводúть

пóдвиг éxploit, feat

подвижнóй móbile

подвúжный *(о человеке)*
áctive, lívely

подвúнуть move; ~ся 1)
(вперёд) advánce 2) *(посто-
ронúться)* make room; ~ся
блúже draw néarer

подводúть 1) lead *smb.* up
to 2) *(ставить в неприят-
ное положение)* let *smb.*
down ◇ ~ итóг sum up

подвóдный súbmarine

подгот|áвливать prepáre;
~овúтельный prepáratory;
~óвить *см.* подготáвливать;
~óвка preparátion; *(обуче-
ние)* tráining

пóддан|ный súbject; ~ство
cítizenship

поддéл|ать *см.* поддéлы-
вать; ~ка fórgery *(докумен-
та)*; imitátion *(вещи)*;
~ывать forge; cóunterfeit
(деньги)

поддержáть *см.* поддéр-
живать

поддéрж|ивать suppórt;
~ка suppórt

подéржанный sécond-hand

поджáри|вать, ~ть roast,
fry

поджéчь, поджигáть set
fire (to), set *smth.* on fire

поджóг árson

ПОД

подзéмный únderground,
subterránean; ~ перехóд
súbway

подклáдка líning

подключ|áться, ~úться 1)
эл. be connécted up 2) *разг.*
(стать участником) get the
hang of things

подкóв|а hórseshoe; ~áть,
~ывать shoe

подкóп undermíning

под|крáдываться, ~крáсть-
ся steal up to

пóдкуп bríbery; graft
(амер.)

подкупáть bribe; graft
(амер.); *перен.* win óver

подлежáщее *грам.* súbject

подлéц scóundrel

подлúвка sauce; grávy
(мясная)

пóдлинн|ик oríginal; ~ый
génuine, authéntic

подлóг fórgery

подлóжный forged

пóдлый base

подмéн|úть, ~ять súbstitute
smth. (for)

подме|стú, ~тáть sweep

подмётка sole

подмúг|ивать, ~нýть wink
(at)

под мышкой: нестú ~ cárry
únder one's arm

поднимáть 1) raise 2)
(подбирать) pick up; ~ся
rise

поднóжие *(горы)* foot

поднóс tray

подня́ть(ся) *см.* подни-
мáть(ся)

342

ПОД

подо́бн|о like; ~ый like, similar ◇ ничего́ ~ого nóthing of the kind

подобра́ть *см.* подбира́ть

подо|грева́ть, ~гре́ть warm (up)

пододея́льник blánket co´ver, slip

подозр|ева́ть suspéct; ~е́ние suspícion; ~и́тельный suspícious; físhy *(разг.)*

подойти́ *см.* подходи́ть

подоко́нник window-sill

подо́лгу long; for hours

подорва́ть *см.* подрыва́ть

подоро́жник pla´ntain

подохо́дный: ~ нало́г íncome-tax

подо́шва sole

подписа́ть(ся) *см.* подпи́сывать(ся)

подпи́с|ка subscríption; ~чик subscríber; ~ывать sign; ~ываться 1) sign 2) *(на что-л.)* subscríbe

по́дпись sígnature

подража́|ние imitátion; ~ть ímitate

подразумева́ть implý, mean

подраст|а́ть, ~и́ grow up

подре́з|ать, ~а́ть cut, trim; prune

подро́бн|ость détail; ~ый détailed

подро́сток téenager, youth

подру́|га (girl-)friend; ~жи́ться make friends

по́д руку: идти́ ~ walk árm-in-árm (with); брать ~ take *smb.'s* arm

ПОД П

подры́в undermíning; ~а́ть undermíne

подря́д rúning, in succéssion; четы́ре дня ~ four days rúnning

подсве́чник cándlestick

подск|аза́ть, ~а́зывать prompt

подслу́ш(ив)ать overhéar *(невольно)*; éavesdrop *(нарочно)*

подсне́жник snówdrop

подсо́лнух súnflower

подстро́чник wórd-for-wórd translátion

подсуди́мый the deféndant

подсчёт calculátion; ~ голосо́в poll

подтвер|ди́ть, ~жда́ть confírm; corróborate; ~жде́ние confirmátion; corroborátion

подтя́жки bráces; suspénders *(амер.)*

поду́мать think

поду́шка píllow; cúshion *(диванная)*

подхали́м tóady

подхо́д appróach

подходи́ть 1) come up to, appróach 2) *(годиться)* do; suit *(кому-л.)*

подходя́щий súitable

подчёркивать, подчеркну́ть underlíne; *перен.* émphasize, lay stress on

подчин|е́ние submíssion; ~ённый subórdinate; ~и́ть(ся) *см.* подчиня́ть(ся); ~я́ть subdúe, subjéct; ~я́ться submít

подш|ива́ть, ~и́ть 1) *(юбку)* hem 2) *(к делу)* file

подъéзд éntrance, porch, dóorway

подъезжáть drive up (to)

подъём 1) *(грузов и т.п.)* lífting 2) *(восхождение)* ascént 3) *(ноги)* ínstep 4) *(развитие)* devélopment 5) *(воодушевление)* enthúsiasm, animátion

подъёмный: ~ кран crane

подъéхать *см.* подъезжáть

пóезд train

поéздка trip, excúrsion; tour *(гастрольная)*

поéсть have *smth.* to eat

поéхать go

пожáлуйста please *(просьба)*; not at all!, here you are!, cértainly!, with pléasure! *(разрешение, согласие)*; have some... *(при угощении)*

пожáр fire; ~ный 1. *прил.* fire(-); ~ная комáнда fire-brigade 2. *сущ.* fíreman

пожáть *см.* пожимáть

пожелáние wish

пожéртвовать sácrifice

поживá|ть: как ~ете? how are you?

пожúзненный life(-)

пожилóй élderly

пожимáть: ~ плечáми shrug one's shóulders; пожáть друг дрýгу рýки shake hands

позавчерá the day befóre yésterday

позадú behínd

позвáть call

позвóл|ить, ~ять allów

позвонúть ring; ring up *(по телефону)*

позвонóчник spine, báckbone

позднéе láter

пóзд|ний, ~но late

поздорóваться greet

поздрáв|ить, ~лять congrátulate; ~ когó-л. с Нóвым гóдом wish smb. a háppy New Year; ~ляю вас с Нóвым гóдом a háppy New Year to you

пóзже láter (on)

позúция 1) position 2) *(отношение)* áttitude

познакóмиться acquáint onesélf with *(с чем-л.);* meet, make the acquáintance of *(с кем-л.)*

позóр disgráce; ~ный disgráceful

пóиски search (for), pursúit (of) *(ед. ч.)*

поúть give *smth.* to drink; wáter *(о скоте)*

поймáть catch

пойтú go

покá 1. *союз* 1) *(в то время как)* while 2) *(до тех пор пока)* till 2. *нареч.* *(до сих пор)* so far; ~ всё тúхо éverything is quíet so far; вы ~ порабóтайте you work in the méantime

покáз show

показáние *юр.* téstimony, évidence

показáтель 1) índex 2) *мн. ч.* fígures; ~ный signíficant; módel *(образцовый)*

показ|а́ть show; ~а́ться 1) show oneself; come in sight 2) *безл.*: мне ~а́лось it seemed to me, I thought

показу́ха *разг.* window--dréssing, show

пока́зывать *см.* показа́ть; ~ся *см.* показа́ться 1)

покида́ть, поки́нуть abán-don; leave *(уезжать)*

покло́н bow; переда́йте мой ~ (give) my cómpliments to; ~и́ться bow

поко́й rest, peace

поко́йник the decéased

поко́йный *(умерший)* late

поколе́ние generátion

поко́нчить put an end (to) ◇ ~ с собо́й commít súicide

покор|е́ние cónquest; ~и́ть-ся *см.* покоря́ть(ся)

поко́рный obédient, submís-sive

покоря́ть subdúe; cónquer *(завоёвывать)*; ~ся submít (to)

покрасне́ть *см.* красне́ть

покрови́тельствовать pát-ronize

покро́й cut

покрыв|а́ло veil; ~а́ть cóver; ~а́ться cóver onesélf; get cóvered

покры́|ть(ся) *см.* покры-ва́ть(ся); ~шка *(шины)* tíre--cover

покуп|а́тель cústomer; búyer *(оптовый)*; ~а́ть buy

поку́пк|а púrchase; де́лать ~и go shópping

покуш|а́ться attémpt; ~е́ние attémpt

пол I floor

пол II *биол.* sex

полага́|ть suppóse; assúme; guess *(амер.)*; ~ться 1) *(рассчитывать)* relý (upón) 2) *безл.* ~ется one is suppósed (to); не ~ется you mustn't

полго́да six months

по́лдень noon

по́ле 1) field; ~ зре́ния field of vísion 2) *мн.ч. (кни-ги, тетради)* márgins 3) *мн.ч. (шляпы)* brim *(ед.ч.)*; ~во́й field; ~вы́е цветы́ wild flówers

поле́зн|ый 1) úseful; good for; э́то ему́ бу́дет ~о it will do him good; it will be good for him 2) *(для здоровья)* héalthy, whólesome

поле́мика polémics; dispúte

поле́но log

полёт flight

полете́ть fly

по́лз|ать, ~ти́ creep, crawl

пол|ива́ть wáter; ~и́вка wátering

полиго́н fíring ground

полиграфи́я prínting índustry

поликли́ника outpátients clínic, polyclínic

полиня́ть *см.* линя́ть

полиомиели́т poliomyelítis

полиро́ванный pólished

поли́т|ика pólitics; pólicy *(линия поведения)*; ~и́че-ский polítical полить *см.* поливать

полицейский políceman

полиция políce

полк régiment

полка shelf

полковник cólonel

полководец géneral

полковой regiméntal

полнолуние full moon

полномоч|ие authórity; ~ный plenipoténtiary

полностью fúlly, in full

полнота 1) plénitude *(оби-лие)*; complèteness *(цельность)* 2) *(тучность)* córpulence

полночь mídnight

полный 1) *(наполненный)* full 2) *(весь)* complète 3) *(совершенный)* ábsolute 4) *(о человеке)* stout, fat

поло *спорт.*: водное ~ wáter pólo

половина half

положение 1) situátion; posítion 2) *(социальное, общественное)* státus, stánding 3) *(устав)* regulátions *(мн.ч.)*, státute; ~ о выборах státute of eléctions ◇ ~ дел state of affáirs

положительный 1) pósitive 2) *(об ответе)* affírmative 3) *(о человеке)* relíable

положить put; ~ся *см.* полагаться

полоса 1) stripe 2) *(узкий кусок)* strip 3) *геогр.* zone; ~тый stríped

полоскать rinse; ~ горло gárgle

полотенце tówel

полотн|о 1) línen; cánvas *(картина)* 2) ж.-д. pérmanent way; ~яный línen

полоть weed

полтора one and a half; ~ста a húndred and fífty

полугодие hálf-yéar

полузащитник *спорт.* hálf-báck

полукруг sémicircle

полумрак dusk

полуостров península

полуфабрикат prepáred foods

полуфинал *спорт.* sémi-final

получ|ать recéive; ~аться *(выходить)* come out; ~ить(ся) *см.* получать(ся)

получка pay

полушарие hémisphere

полчаса half an hour

польз|а use; good, bénefit; ~оваться use, make use of *(использовать)*; enjóy *(иметь)*; ~оваться случаем take an opportúnity

польский Pólish

полюбить grow fond of; fall in love with *(влюбиться)*

полюс pole

поляк Pole

поляна glade

полярный pólar, árctic; ~ круг pólar círcle

помада: губная ~ lípstick

поместить(ся) *см.* помещать(ся)

помесь cróss-breed, hýbrid; *перен.* míxture

помéха híndrance; óbstacle *(препятствие)*

помешáтельство insánity; *перен.* craze

помешáть I *(размешать)* stir

помешáть II 1) *(препятствовать)* hínder 2) *(обеспокоить)* distúrb

помешáться go mad; ~ на be mad abóut

помещ|áть place; ~áться be sítuated; ~éние 1) *(жилое)* prémises *(мн. ч.)* 2) *(действие)* plácing

помéщик lándowner, lándlord

помидóр tomáto

помúловать párdon

помúмо 1) *(кроме)* apárt from 2) *(без ведома кого-л.)* withóut *smb.'s* knówledge

помирúть réconcile

пóмнить remémber; keep in mind

помогáть help

по-мóему 1) *(по моему мнению)* in my opínion 2) *(по моему желанию)* as I would have it

помóчь *см.* помогáть

помóщник assístant; help

пóмощь help; пéрвая ~ first aid

понедéльник Mónday

понемнóгу líttle by líttle, grádually

пониж|áть lówer, redúce; ~áться fall, sink; ~éние fall

понúзить(ся) *см.* понижáть(ся)

понимá|ние understánding; ~ть understánd

понóс diarrhóea

понóшенный worn, shábby

пóнчик dóugh-nut

понятие idéa, nótion; *филос.* concéption

понятный intélligible, clear

понять *см.* понимáть

поочерёдно by turns

поощр|éние encóuragement; материáльное ~ fináncial incéntive, bónus; ~úть, ~áть encóurage

попадáть, попáсть 1) *(куда-л.)* get; catch *(на поезд и т.п.)*; find onesélf in *(очутиться)* 2) *(в цель)* hit

поперёк acróss

попеременно in turn

пополáм in two, in half

пополудни p. m., post merídiem

поправ|ить(ся) *см.* поправлять(ся); ~ка 1) corréction; améndment *(к закону)* 2) *(починка)* repáiring 3) *(о здоровье)* recóvery; ~лять 1) *(чинить)* repáir 2) *(ошибку)* corréct; ~ляться *(выздоравливать)* recóver

по-прéжнему as álways

попрóбовать try; taste *(на вкус)*

попугáй párrot

популярный pópular

попýтно in pássing, on one's way

попýтчик féllow-tráveller

попытáться try, attémpt, endéavour

попы́тка attémpt, endéavour

пора́ 1. *сущ.* time; давно́ ~ it's high time; с каки́х пор? since when?; до сих по́р hithertó *(о времени)*; so far, up to here *(о месте)* 2. *безл.* it is time

порабоще́ние enslávement; subjugátion

поража́ть 1) *(наносить удар)* strike; deféat *(неприятеля)* 2) *(удивлять)* amáze

пораже́ние deféat

порази́|тельный astóunding; extraórdinary *(удивительный)*; ~ть *см.* поража́ть

поре́зать cut; ~ся cut oneself

порица́|ние blame, cénsure; ~ть repróach (with), cénsure (for)

по́ровну équally

поро́г thréshold

поро́ги *(на реке)* rápids

поро́да 1) breed 2) *геол.* rock

поро́к vice

поросёнок súcking-pig

по́рох (gún)powder

порошо́к pówder; стира́льный ~ detérgent

порт port

по́ртить spoil; ~ся be spoilt; decáy *(о зубах)*

портн|и́ха dréssmaker; ~о́й táilor

портре́т pórtrait

портсига́р cigarétte-case

португа́лец Portuguése

португа́льский Portuguése

портфе́ль bríef-case; bag

по-ру́сски (in) Rússian; напи́сано ~ written in Rússian; говори́ть ~ speak Rússian

поруч|а́ть charge with; entrúst with *(вверять)*; ~е́ние commíssion; méssage *(устное)*

по́ручень hándrail

поручи́ть *см.* поруча́ть

по́рци|я pórtion; hélping *(кушанья)*; dose *(лекарства)*; три ~и моро́женого three íces; две ~и сала́та sálad for two

по́рча dámage

поры́в 1) *(ветра)* gust 2) *(чувства)* fit; burst; ímpulse; ~истый impúlsive

поря́док órder

поря́дочный 1) *(честный)* décent 2) *(большой)* consíderable

посади́ть 1) *(растение)* plant 2) *(усадить)* seat, place

поса́дка 1) *(растений)* plánting 2) embarkátion *(на пароход)*; bóarding, entráining *(на поезд)* 3) *ав.* lánding

по-своему in one's own way

посвя|ти́ть, ~ща́ть 1) devóte 2) *(произведение)* dédicate 3) *(в тайну и т.п.)* inítiate

посе́в sówing; ~но́й: ~на́я пло́щадь área únder crop; ~на́я кампа́ния sówing campáign

посе́вы crops

поселить séttle; ~ся séttle
посёлок small víllage; séttlement
посередине in the míddle
посети|тель vísitor; частый ~ fréquent vísitor; ~ть *см.* посещать
посеща|емость atténdance; ~ть 1) vísit 2) *(лекции и т.п.)* atténd
посещение vísit; call
посеять sow
поскользнуться slip
поскольку 1) *(насколько)* so far as 2) *(так как)* so long as, since ◇ постольку ~ (in) so far as
посланец méssenger
послание méssage
посланник énvoy, émissary
послать *см.* посылать
после 1. *нареч.* láter (on); áfterwards 2. *предлог* áfter
последний last
последователь fóllower
последовательный 1) *(логичный)* consístent 2) *(о порядке)* succéssive, consécutive
последствие cónsequence
послезавтра the day áfter tomórrow
пословица próverb
послушный obédient
посмертный pósthumous
посмотреть look
пособие 1) grabt, relíef 2) *(учебник)* téxt-book
посол ambássador
посольство émbassy
поспевать I *(созревать)* rípen

поспевать II *(успевать)* be in time
поспеть I, II *см.* поспевать I, II
поспешность húrry, haste
посред|и, ~ине in the míddle (of)
посредник intermédiary
посредственный médiocre
посредством by means of
поссориться quárrel
поставить *см.* ставить
постав|ка supplý(ing); ~лять supplý; ~щик supplíer
постановить *см.* постановлять
постановка 1) *театр.* prodúction 2): ~ вопроса formulátion of the quéstion 3): ~ голоса voice tráining
постановл|ение decrée; resolútion *(решение)*; *юр.* rúling; ~ять decrée; decíde *(решать)*
постель bed; постелить ~ make the bed
постепенный grádual
посторониться make way, step asíde
посторонн|ий 1. *сущ.* stránger, outsíder; ~им вход воспрещён no admíttance 2. *прил.* óutside; irrélevant; ~яя помощь outsíde aid; ~ие дела irrélevant mátters
постоян|ный cónstant; pérmanent *(неизменный)*; perpétual *(вечный)*; ~ство cónstancy
постричься have one's hair cut

построить build, construct

постройка building

поступ|а́ть, ~и́ть 1) act; do 2) (в шко́лу, организа́цию и т.п.) enter; join

посту́пки (поведе́ние) behaviour (ед.ч.)

посту́пок act(ion)

по́ступь step

постуча́ть, ~ся knock (at)

посу́да plates and dishes; ча́йная ~ tea-things; фая́нсовая ~ crockery; фарфо́ровая ~ china; ку́хонная ~ cooking utensils

посыла́ть send, dispatch; ~ по по́чте post; mail (амер.)

посы́лка 1) (де́йствие) sending 2) (почто́вая) parcel

посыпа́ть, посы́пать sprinkle (са́харом и т.п.); strew (песко́м, гра́вием)

посяг|а́ть, ~ну́ть encroach (upon)

пот perspiration, sweat

потасо́вка разг. brawl, fight

потепле́ние rise in temperature

потерпе́вший сущ. victim

потерпе́ть suffer

потёртый shabby

поте́ря loss; ~ вре́мени waste of time

потеря́ть lose; ~ся be lost

поте́ть perspire, sweat

потихо́ньку (тайко́м) stealthily

пото́к stream torrent; flow

потоло́к ceiling

пото́м afterwards (по́сле); then (зате́м); later on (по́зже)

пото́мство posterity

потому́, ~-то that is why; ~ что because

потопи́ть sink

потреб|и́тель consumer; ~ле́ние consumption; ~ля́ть consume, use

потре́бность requirements (мн. ч.); demand (спрос)

потрясе́ние shock

потуха́ть, поту́хнуть go out

похвал|а́ praise; ~и́ть praise

похи́тить, похища́ть steal; kidnap (челове́ка)

похо́д campaign

похо́дка walk

похожде́ние adventure

похо́ж|ий: ~ на like; он похо́ж на бра́та he is like his brother; э́то на него́ ~e it's just like him; ~e на то, что бу́дет дождь it looks like rain

похолода́ние fall in temperature

похорони́ть bury

похоро́нный funeral(-)

по́хороны funeral (ед.ч.)

похуде́ть grow thin

поцелова́ть kiss

поцелу́й kiss

по́чва soil

почему́ why

по́черк handwriting

почёт honour; ~ный honorary

по|чини́ть repair; mend; ~чи́нка repairing; repairs (мн.ч.); mending по́чка I *анат.* kídney

по́чка II *бот.* bud

по́чт|а 1) post 2) *(почто́вое отделе́ние)* póst-office 3) *(корреспонде́нция)* mail; ~альо́н póstman; ~а́мт póst-office

почте́н|ие respéct; estéem; ~ный respéctable, hónourable

почти́ álmost

почти́тельный respéctful

почто́в|ый póst(al); ~ я́щик létter-box; ~ая бума́га nóte-paper; ~ые расхо́ды póstage *(ед. ч.)*

пошатну́ть shake

по́шлина cústoms dúty

по́шл|ость banálity, cómmonplace; ~ый banál; vúlgar

пощáд|а mércy; ~и́ть spare

пощёчина slap in the face

поэ́|зия póetry; ~ма póem

поэ́т póet; ~и́ческий poétic(al)

поэ́тому thérefore, that's why, cónsequently

появ|и́ться *см.* появля́ться; ~ле́ние appéarance; ~ля́ться appéar

по́яс 1) belt 2) *геогр.* zone

поясн|е́ние explanátion, elucidátion; ~и́ть *см.* поясня́ть

поясни́ца loins

поясня́ть expláin, elúcidate

прабáбка gréat-grándmother

прáвд|а truth; э́то ~ that is true; ~и́вый trúthful

прáвил|о rule; ~а у́личного движе́ния dríving regulátions, tráffic regulátions

прáвильн|о corréctly; ~! quite right!; э́то ~ that's right; ~ый 1) right; corréct 2) *(симметри́чный, регуля́рный)* régular

прави́тельст|венный governmént(al); ~во góvernment

прáвить 1) *(страно́й)* góvern, rule; reign *(о мона́рхе)* 2) drive *(лошадьми́, маши́ной)* 3) *(судно́м, я́хтой)* steer

правле́ние 1) góvernment 2) *(учрежде́ния)* the mánagement, board (of diréctors)

прáвнук gréat-grándson

прáв|о 1) right; ~ го́лоса vote, súffrage 2) *(нау́ка)* law 3) *мн. ч. (свиде́тельство)* lícence; води́тельские ~á dríver's lícence

правово́й légal

правонаруше́ние offénce

правописáние spélling, orthógraphy

правосу́дие jústice

прáвый 1) right 2) *полит.* right-wing

прáвящий rúling

прáдед gréat-grándfather

прáздн|ик hóliday; ~овать célebrate

прáздный ídle

прáкт|ика práctice; ~икáнт trainée; ~и́ческий práctical

прах dust; áshes *(мн. ч.)* *(остáнки)*

ПРА

пра́ч|ечная láundry; ~ка láundress, wásherwoman

пребыва́ние sójourn; stay

превзойти́, превосходи́ть outdó, surpáss

превосхо́дный spléndid, éxcellent

превосхо́дство superiórity

превра|ти́ть(ся), ~ща́ть (ся) turn (into)

превы́|сить, ~ша́ть excéed

прегра́да óbstacle

прегра|ди́ть, ~жда́ть block (up)

предава́ть betráy ◇ ~ суду́ sue; ~ся give onesélf up to, indúlge (in)

пре́данн|ость devótion; ~ый devóted, fáithful

преда́тель tráitor; ~ский tréacherous; ~ство tréachery; tréason (измена)

преда́ть(ся) см. предава́ть(ся)

предвари́тельный prelíminary

предви́деть foresée, foreknów

предвы́борн|ый pre-eléction(-); ~ая кампа́ния electionéering campáign

преде́л límit; положи́ть ~ (чему-л.) put a stop to

предисло́вие préface, fóreword, introdúction

пре́дки fórefathers, áncestors

предлага́ть 1) óffer, propóse 2) (советовать) suggést

ПРЕ

предло́г I (повод) excúse, prétext

предло́г II грам. preposítion

предложе́ние I 1) óffer, propósal, suggéstion; mótion (на собрании) 2) эк. supplý; спрос и ~ supplý and demánd

предложе́ние II грам. séntence; гла́вное ~ príncipal clause; прида́точное ~ subórdinate clause

предложи́ть см. предлага́ть

предло́жный: ~ падёж preposítional case

предме́стье súburb

предме́т 1) óbject 2) (тема) súbject; ~ догово́ра mátter

предназн|ача́ть, ~а́чить inténd (for)

пре́док fórefather, áncestor

предоста́в|ить, ~ля́ть 1) (давать) give 2) (позволять) leave; ~ кого́-л. само-му́ себе́ leave one to onesélf

предосте|рега́ть, ~ре́чь warn

предосторо́жность precáution

предотвра|ти́ть, ~ща́ть prevént, avért, ward off

предохрани́тель тех. sáfety devíce

предохран|и́ть, ~я́ть protéct (from, agáinst)

предписа́ние órder; instrúctions (мн.ч.)

предписа́ть, предпи́сывать órder

предполага́ть 1) *(намереваться)* inténd, propóse 2) *(думать)* suppóse

предполо|**же́ние** supposítion, hypóthesis; **~жи́ть** *см.* предполага́ть

предпосле́дний last but one

предпоч|**е́сть**, **~ита́ть** prefér; **~те́ние** préference

предприи́мчивый énterprising; resóurceful *(находчивый)*

предпринима́тель emplóyer, manufácturer; búsinessman

предпри|**нима́ть**, **~ня́ть** undertáke

предприя́тие undertáking, énterprise; búsiness *(деловое)*; совме́стное ~ joint vénture

предрасположе́ние predisposítion

предрассу́док préjudice

председа́тель cháirman *(собрания)*; président *(правления и т.п.)*

пред|**сказа́ть**, **~ска́зывать** foretéll; forecást *(погоду)*

представи́тель representátive; **~ство** representátion

представ|**ить(ся)** *см.* представля́ть(ся); **~ле́ние** 1) *театр.* perfórmance 2) *(документов и т.п.)* presentátion 3) *(понятие)* idéa; **~ля́ть** 1) *(предъявлять)* presént; prodúce 2) *(знакомить)* introdúce, presént *smb.* (to) 3): **~ля́ть**

себе́ imágine 4): **~ля́ть** собо́ю represént 5) *(доставлять)* óffer; э́то не **~ля́ет** для меня́ интере́са it's of no ínterest to me; **~ля́ться** 1) *(возникать)* aríse, presént itsélf 2) *(знакомиться)* introdúce onesélf

предсто|**я́ть**: мне **~и́т** I shall have to; I am faced with; **~я́щий** cóming, fórthcoming; impénding *(неминуемый)*

предубежде́ние préjudice

предупре|**ди́ть**, **~жда́ть** 1) *(известить)* let *smb.* know; nótify 2) *(предостеречь)* warn 3) *(предотвратить)* prevént, avért 4) *(опередить)* forestáll; **~жде́ние** 1) nótice 2) wárning 3) prevéntion

предусма́тривать, **предусмотре́ть** 1) foresée 2) *(обеспечивать)* províde for

предусмотри́тельный prúdent

предчу́вств|**ие** preséntiment; **~овать** have a preséntiment

предше́ств|**енник** prédecessor; **~овать** precéde

предъяв|**и́тель** béarer; **~и́ть**, **~ля́ть** prodúce; show *(показать)*; **~ля́ть** тре́бования make a demánd; **~и́те** биле́ты! tíckets, please!

предыду́щий precéding

пре́жде befóre; fórmerly *(в прежнее время)*

пре́жний prévious; fórmer, ex- *(бывший)*

презервати́в cóndom

президе́нт présidént

прези́диум presídium

през|ира́ть despíse; ~ре́ние contémpt; ~ре́нный déspicable, contémptible; ~ри́тельный contémptuous

преиму́щество advántage

прекра́сн|о éxcellently, spléndidly; ~! spléndid!; ~ый 1) *(красивый)* béautiful 2) *(отличный)* éxcellent, cápital, fine

прекра|ти́ть, ~ща́ть stop, cease; ~ще́ние cessátion

преле́стный chárming, delíghtful, lóvely

пре́лесть charm

премирова́ть awárd a prize; awárd a bónus

пре́мия bónus; prize, rewárd *(награда)*

премье́ра first night

премье́р-мини́стр prime mínister

пренебре|га́ть negléct, disregárd; ~же́ние 1) negléct (of); disregárd (of) *(к обязанностям и т.п.)* 2) *(презрение)* scorn, disdáin (for)

пренебре́чь *см.* пренебрега́ть

пре́ния debáte *(ед. ч.)*

преоблада́ть predóminate; preváil

преодолева́ть, преодоле́ть overcóme

преподава́|ние téaching; ~тель téacher; ~ть teach

препя́тств|ие óbstacle, impédiment; ~овать prevént

smb. from; hínder *smb.* *(мешать)*

прерва́ть, прерыва́ть break off; interrúpt *(кого-л.)*

пресле́дова|ние 1) *(погоня)* pursúit 2) *(притеснение)* persecútion; ~ть 1) *(гнаться)* pursúe, chase; *перен.* haunt 2) *(притеснять)* pérsecute

пресмыка́ющееся *зоол.* réptile

пре́сный 1) *(о воде)* fresh 2) *(безвкусный)* insípid

пресс press

пре́сса the press

пресс|-конфере́нция press cónference; ~-центр press céntre

прест|упле́ние crime; ~у́пник críminal

претендова́ть claim

прете́нзия claim

преуве|личе́ние exaggerátion; ~ли́чивать, ~ли́чить exággerate

при 1) *(около)* by, at, near 2) *(в присутствии кого-л.)* in the présence of; ~ мне in my présence 3) *(во время, в эпоху)* únder, in the time of 4) *(при известных обстоятельствах)* when 5) *(с собой)* with; abóut; ~ себе́ with (abóut, on) one

приба́в|ить add; ~ка 1) addítion 2) *(к зарплате)* rise; raise *(амер.)*; ~ля́ть *см.* приба́вить

прибега́ть I come rúnning

ПРИ ПРИ П

при|бега́ть II, ~бе́гнуть resórt to, have recóurse to

прибежа́ть *см.* прибега́ть I

при|бива́ть, ~би́ть 1) *(гвоздями)* fásten down, nail 2) *(к берегу и т.п.)* throw, wash *smth.* (ashóre)

приближ|а́ться appróach, come néarer; ~е́ние appróach

приблизи́тельн|о appróximately; ~ый appróximate

прибли́зиться *см.* приближа́ться

прибо́й surf

прибо́р 1) apparátus 2) desk set *(письменный)*; dínner-set *(столовый)*; tóilet set *(туалетный)*

прибыва́ть 1) arríve 2) *(о воде)* rise

при́быль prófit; ~ный prófitable

прибы́|тие arríval; ~ть *см.* прибыва́ть

прива́л halt

приватиз|а́ция privatizátion; ~и́ровать prívatize

привезти́ *см.* привози́ть

приве́рженец adhérent

привести́ *см.* приводи́ть

приве́т regárds *(мн.ч.)*, ~ливый áffable, fríendly; ~ствие gréeting; ~ствовать 1) greet 2) *(одобрять)* wélcome

прив|ива́ть 1) *мед.* inóculate; ~ о́спу váccinate 2) *бот.* engráft; ~и́вка 1) *мед.* inoculátion; ~и́вка о́спы vaccinátion 2) *бот.*

engráfting; ~и́ть *см.* привива́ть

при́вкус taste, flávour

привлека́тельный attráctive

привлека́ть, привле́чь attráct, draw; ~ к суду́ prósecute

приводи́ть 1) *(куда-л.)* bring 2) *(к чему-л.)* lead (to), resúlt (in) 3) *(цитаты, примеры)* cite 4) *(в отчаяние и т.п.)* drive *smb.* to; ~ в поря́док put in órder; ~ в исполне́ние cárry out; ímplement

приводне́ние splásh-down

привози́ть bring

при|выка́ть, ~вы́кнуть get accústomed (to), get used to; ~вы́чка hábit

привя́занн|ость attáchment; ~ый: быть ~ым к кому́-л., чему́-л. be fond of

при|вяза́ть, ~вя́зывать tie, fásten

пригла|си́ть, ~ша́ть invíte; ~ше́ние invitátion

пригово́р séntence; ~и́ть séntence, condémn

пригоди́ться come in hándy

при́город súburb; ~ный subúrban; ~ный по́езд lócal train

приготов|ить(ся) *см.* приготовля́ть(ся); ~ле́ние preparátion; ~ля́ть 1) prepáre 2) *(пищу)* cook; ~ля́ться prepáre (for)

придава́ть: ~ большо́е значéние attách great impórtance to

придýм|ать, ~ывать invént

приéз|д arríval; ~жáть arríve

приéзжий vísitor; guest; newcómer, (new)arríval

приём 1) recéption 2) *(способ)* méthod; ~ная *(у врача)* consúlting-room; wáiting-room

приёмник *радио* rádio

приёмный 1) *(усынов-лённый)* adópted 2) *(день, час и т.п.)* recéption(-)

приéхать *см.* приезжáть

при|жáть, ~жимáть press; clasp *(к груди)*

приз prize

призвáние vocátion, inclinátion

призвáть *см.* призывáть

приземл|éние lánding; ~íться, ~яться land

признавáть admít; ~ся conféss; ~ся в любви decláre one's féelings

прúзнак sign

признáние 1) *(чего-л.)* acknówledgement 2) *(в чём--л.)* conféssion; declarátion *(в любви)*

прúзнанный acknówledged, récognized

признáть(ся) *см.* признавáть(ся)

призовóй prize(-)

прúзрак ghost

призы́в 1) appéal 2) *(лозунг)* slógan 3) *(в армию)* cálling-up; ~áть 1) call 2) *(на военную службу)* call up

прúиск mine; золоты́е ~и góldfields

прийтú(сь) *см.* приходúть(ся)

прикáз órder, command; ~áние órder; ~áть, ~ывать órder, command

прикасáться touch

приклáд *(ружья)* butt

прикладнóй applíed

приключéн|ие advénture; ~ческий advénture; ~ческий фильм thríller

прикомандировáть attách

прикосн|овéние touch; ~ýться *см.* прикасáться

прикреп|úть, ~лять fásten; attách; я к вам ~лён I have been sent to you for help

при|крывáть, ~кры́ть cóver; shield *(защищать)*

прилáвок cóunter

прилагáтельное *грам.* ádjective

прилагáть 1) applý 2) *(к письму)* enclóse

прилéжный díligent

приле|тáть, ~тéть arríve

прилúв 1) flow; high tide; *перен.* surge 2) *(крови)* rush

прилúч|ие décency; ~ный décent; respéctable

прилож|éние 1) *(к журналу и т.п.)* súpplement 2) *(к письму и т.п.)* enclósure; ~úть *см.* прилагáть

примáнка bait

примен|éние applicátion;

use; ~йть, ~ять applý, use, emplóy

примéр exámple

примéрить *см.* примерять

примéрка fítting

примéрный 1) *(образцовый)* exémplary 2) *(приблизительный)* appróximate

примерять try on

прúмесь admíxture; с ~ю mixed with

примечáние cómment; fóotnote *(сноска)*

примирéние reconciliátion

примирú|ться, ~яться réconcile

примкнýть join

примыкáть 1) *см.* примкнýть 2) *(граничить)* bórder (on); adjóin

принад|лежáть belóng (to); ~лéжности accéssories, things; постéльные ~лéжности bédding *(ед. ч.)*

принестú *см.* приносúть

принимáть 1) take 2) *(посетителя)* recéive 3) *(закон, резолюцию)* pass 4) *(в какую-л. организацию и т.п.)* accépt 5) *(приобретать)* assúme

приносúть bring ◇ ~ пóльзу be of use

принудúтельный forced, compúlsory

принý|дить, ~ждáть force

прúнцип prínciple; ~иáльно on prínciple; ~иáльный of prínciple

прин|ятие *(закона, резо-* люции) pássing (of); ~ять *см.* принимáть

приобре|стú, ~тáть 1) acquíre 2) *(купить)* buy

припáдок fit, attáck; pároxysm

припáсы supplíes

припéв refráin

приписáть, припúсывать *(что-л. кому-л.)* áttribute, ascríbe

припоминáть, припóмнить recáll

приправа séasoning, flávouring

прирóд|a náture; ~ный 1) nátural 2) *(врождённый)* inbórn

прирóст growth, íncrease

прируч|áть, ~úть tame

присвáивать *см.* присвóить

присв|оéние appropriátion; ~óить 1) apprópriate 2) *(звание и т.п.)* confér upón

приседáть, присéсть *(на корточки)* squat

прислáть *см.* присылáть

прислон|úться, ~яться lean (agáinst)

прислýш|аться, ~иваться lísten

присоедин|éние 1) addítion *(чего-л.)*; jóining *(кого--л.)* 2) эл. connéction; ~úть (ся) *см.* присоединять(ся); ~ять 1) add, join 2) эл. connéct; ~яться join

приспосóб|ить *см.* приспособлять; ~лéние *(устрой-*

ПРИ

ство) devíce; gádget *(разг.)*;
~ля́ть adápt

приставать 1) *(к берегу)*
put in 2) *(надоедать)* péster,
vex

приста́вка *грам.* préfix

при́стальный stéady, fixed

при́стань pier, quay; wharf
(товарная)

приста́ть *см.* приставать

пристра́стие bent, wéak-
ness (for); *(необъективное)*
bías; относи́ться с ~м be
préjudiced agáinst *(враждеб-
но)*; show partiálity for *(доб-
рожелательно)*

пристра́стный pártial;
bíassed; préjudiced *(предвзя-
тый)*

при́ступ *(припадок)* fit,
attáck

приступ|а́ть, ~и́ть *(к де-
лу)* set to

прису|ди́ть, ~жда́ть 1)
condémn; adjúdge 2) *(пре-
мию, степень)* awárd; confér
(on)

прису́тств|ие présence;
~овать be présent

присыла́ть send

прися́га oath

притвор|и́ться, ~я́ться pre-
ténd, feign

притесн|éние oppréssion,
restríction; ~я́ть oppréss, deal
hárdly

прито́к 1) *(реки)* tríbutary
2) *(подъём)* surge

прито́м besídes, moreóver

притя́гивать attráct

ПРО

притяже́ние: земно́е ~
grávity

притяну́ть *см.* притя́гивать

приуч|а́ть, ~и́ть train,
accústom

прихо́д 1) arríval 2) *бухг.*
recéipts *(мн. ч.)*

приходи́ть come

приходи́ться *безл.:* мне
(ему́) пришло́сь I (he) had
to

прице́п tráiler

причал|ивать, ~ить moor

прича́стие *грам.* párticiple

причём: ~ тут я? what
have I to do with it?

причеса́ть(ся) *см.* причё-
сывать(ся)

причёс|ка hair style; hair-
-do *(разг.)*; ~ывать do smb.'s
hair; ~ываться do one's hair;
have one's hair done *(у па-
рикмахера)*

причи́на cause; reason *(основание)*; побуди́тельная ~
mótive

причин|и́ть, ~я́ть cause,
do

при|шива́ть, ~ши́ть sew
(on)

прищеми́ть pinch

прищёпка clóthes peg

прию́т shélter, réfuge; *(детский)* órphanage

прия́тель friend, pal,
cróny; ~ский fríendly,
ámicable

прия́тный pléasant, agré-
able

про abóut; ~ себя́ to onesélf

про́ба 1) *(действие)* tríal,

test 2) *(образчик)* sámple 3) *(клеймо)* háll-mark

пробе́г run

про|бега́ть, ~бежа́ть run (by)

пробе́л gap

пробива́ть break through, píerce

пробира́ться make one's way

проби́ть *см.* пробива́ть

про́бка 1) cork; stópper *(стеклянная)* 2) *(затор уличного движения)* tráffic jam

пробле́ма próblem

про́блеск gleam

про́бовать try; taste *(на вкус)*

пробо́р párting; косо́й ~ side párting; прямо́й ~ míddle párting

пробра́ться *см.* пробира́ться

пробы́ть stay

прова́л *(неудача)* fáilure; ~и́ться 1) *(упасть)* fall, come down 2) *(потерпеть неудачу)* fail

прове́р|ить *см.* проверя́ть; ~ка 1) verificátion; examinnátion *(документов, знаний и т. п.)* 2) *(контроль)* chéck-up; ~я́ть check, vérify

провести́ *см.* проводи́ть II

прове́три|вать, ~ть air, véntilate

прови́зия provísions *(мн. ч.)*

провини́ться be guílty (of)

про́вод wire

проводи́ть I *см.* провожа́ть

проводить II 1): ~ доро́гу build a road; ~ электри́чество instáll eléctrical equípment 2) *(работу и т. п.)* condúct 3) *(осуществлять)* cárry out

проводни́к 1) guide 2) *(в поезде)* guard 3) *физ.* condúctor

провожа́ть accómpany; see *smb.* off

прово́з tránsport

провозгла|си́ть, ~ша́ть procláim

провока́ция provocátion

про́волока wire

прогл|а́тывать, ~оти́ть swállow

прогна́ть *см.* прогоня́ть

прогно́з wéather fórecast; *мед.* prognósis

проголода́ться be (feel) húngry

прогоня́ть drive awáy

програ́мма prógramme

программ|и́рование prógramming; ~и́ровать prógramme; ~и́ст prógrammer

прогре́сс prógress; ~и́вный progréssive

прогу́л ábsence from work; absénteeism

прогу́лка walk

продава́ть sell; ~ся be for sale

продав|е́ц séller; sálesman, shóp-assistant *(в магазине)*; ~щи́ца shóp-girl; shóp-assistant продаж|а sale; ~ный (*подкупный*) corrúpt

продать *см.* продавать

продвигаться advánce

продвижéние adváncement

продвинуться *см.* продвигаться

продл|éние prolongátion; ~ёнка *разг.* exténded-day class; ~ить prolóng

продлиться last

продовольств|енный food (-); ~ие food; provísions (*мн. ч.*)

продолж|ать contínue; ~áйте! go on!; ~éние continuátion; séquel (*романа*); ~éние следует to be contínued

продолжительность durátion

продóлжить *см.* продолжать

продукт próduct

продуктивный prodúctive

продуктóвый: ~ магазин grócery

продукция prodúction, óutput

проéзд pássage; ~ воспрещён! no thóroughfare!

проезднóй: ~ билéт (séason) tícket

проéздом while pássing through, on one's way (to)

проезжáть pass (by, through); go (past, by)

проéкт próject, desígn; ~ резолюции draft resolútion; ~ировать make desígn (for)

проéхать *см.* проезжáть

прожéктор séarchlight

проживáть 1) (*жить*) live, resíde 2) (*тратить*) spend

прóза prose

прóзвище níckname

прозрáчный transpárent

проигрáть *см.* проигрывать

проигрыватель récord-player; phónograph

проигрывать lose

прóигрыш lósses (*мн. ч.*)

произведéн|ие work; избранные ~ия selécted works

произвести *см.* производить

производительность prodúctivity

производить 1) prodúce 2) (*выполнять*) make, éxecute

произвóдственник prodúction wórker

произвóдственн|ый: ~ процéсс prócess of prodúction; ~ план prodúction plan; ~ые отношéния prodúction relátions

произвóдство 1) prodúction 2) *разг.* (*фабрика, завод*) fáctory, works, plant

произвóл árbitrary rule; ~ьный árbitrary; unfóunded

произн|ести, ~осить pronóunce; ~ речь make a speech; ~ошéние pronunciátion

про|изойти, ~исходить 1) (*случиться*) háppen, take place 2) (*откуда-л.*) come (from) 3) (*из-за чего-л.*) be the resúlt of

происхожде́ние órigin

происше́ствие íncident; evént *(событие)*

пройти́ *см.* проходи́ть

прока́т *тех.* 1) rólling 2) *(изделие)* rolled métal

прокла́дывать make, build; ~ путь build a road; *перен.* pave the way (for)

прокл|ина́ть, ~я́сть curse; ~я́тие curse

прокуро́р públic prósecutor

пролетариа́т proletáriat(e)

пролета́р|ий proletárian; ~ский proletárian

проли́в strait

пролива́ть, проли́ть 1) spill 2) *(кровь, слёзы)* shed

проложи́ть *см.* прокла́дывать

про́мах miss *(при стрельбе); перен.* slip; blúnder *(грубая ошибка)*

промедле́ние deláy

промежу́ток 1) ínterval 2) *(между досками, в двери и т. п.)* gap

промёрзлый frózen

промока́тельн|ый: ~ая бума́га blótting-paper

промока́ть, промо́кнуть get wet through

промолча́ть say nóthing, maintáin sílence

промочи́ть: ~ но́ги get one's feet wet

промтова́рный: ~ магази́н depártment store

промтова́ры manufáctured goods, consúmer goods

промча́ться *(мимо)* dart by, rush by

про́мысел trade, craft

промы́шленн|ость índustry; ~ый indústrial

пронзи́тельный píercing

проника́ть, прони́кнуть pénetrate

проница́тельный pénetrating

пропага́нд|а propagánda; ~и́ровать propagándize

пропада́ть, пропа́сть be lost; disappéar *(исчезать)*

про́пасть précipice, abýss

прописа́ть(ся) *см.* пропи́сывать(ся)

пропи́с|ка registrátion; ~ывать 1) *(лекарство)* prescríbe 2) *(регистрировать)* régister; ~ываться régister

про́пуск 1) *(документ)* pass 2) *(пустое место)* blank, gap 3) *(в тексте)* omíssion; cut

пропус|ка́ть, ~ти́ть 1) *(дать пройти)* let *smb.* pass 2) *(выпускать)* omít, leave out 3) *(занятия, случай)* miss

проры́в break; ~а́ть break (through)

просвещ|а́ть enlíghten; ~е́ние enlíghtment; educátion *(образование)*

проси́ть ask

прослав|и́ться *см.* прославля́ться; ~ленный fámous; ~ля́ться becóme fámous

проследи́ть trace

просма́тривать *(книгу)* go through

просмо́тр súrvey; préview *(картины, пьесы)*

просмотре́ть 1) *см.* просма́тривать 2) *(не заме́тить)* overlóok 3) *(пьесу)* see

просну́ться *см.* просыпа́ться

про́со míllet

проспа́ть 1) oversléep 2) *(пропустить)* miss

просро́чи|ть: я ~л биле́т my tícket has expíred; он ~л па́спорт his pássport has run out; она́ ~ла о́тпуск she overstáyed her leave

простира́ться stretch, reach (to)

проститу́тка próstitute; call girl; *(уличная)* stréetwalker

прости́ть *см.* проща́ть; ~ся *см.* проща́ться

просто́й símple; éasy *(лёгкий)*; órdinary, cómmon *(обыкновенный)*

простоква́ша sour milk

просто́р space, room; ~ный spácious

простота́ simplícity

простра́н|рый détailed; eláborate *(об объяснении, извинении)*; ~ство space

просту́д|a cold, chill; ~и́ться catch cold

простыня́ sheet

просыпа́ться wake up

про́сьба requést

проте́з artificial limb

протека́ть 1) flow, run 2) *(просачиваться)* leak 3) *(о времени)* elápse

проте́ст prótest; ~ова́ть protést

про́тив 1) agáinst 2) *(напротив)* ópposite

про́тивень óven-pan

проти́вник oppónent; énemy *(враг)*

проти́вный disgústing; objéctionable *(неприятный)*

противоа́томн|ый ánti-núclear; ~ая защи́та ánti-núclear defence

противога́з gás-mask

противоде́йствие counteráction; opposítion

противополо́жн|ость cóntrast; ~ый ópposite

противопоста́в|ить, ~ля́ть oppóse

противораке́тн|ый ánti-míssile; ~ая защи́та ánti-míssile defénce

противоре́ч|ие contradíction; ~ить contradíct

противостоя́ть oppóse; resíst

проткну́ть *см.* протыка́ть

протоко́л mínutes *(мн. ч.)*; prótocol

прото́чн|ый: ~ая вода́ rúnning wáter

протыка́ть pierce

протя́гивать, протяну́ть stretch (out), exténd

проучи́ть give *smb.* a lésson

профессиона́льный proféssional

профессия proféssion; trade *(ремесло)*

профессор proféssor

профилакторий preventórium

профиль prófile

профориентация vocátional gúidance

профсоюз trade únion; ~ный tráde-union; ~ный билет tráde-union card

прохлад|а cóolness; ~ный cool

проход pássage; ~ закрыт! no thóroughfare!; ~ить go, pass

прохожий pásser-by

процвет|áние prospérity; ~áть prósper

процент percéntage; per cent

процесс prócess; судебный ~ tríal

процессия procéssion

прочесть, прочитать read

прочный *(крепкий)* strong, sólid; *перен.* lásting

прочь awáy; руки ~! hands off!; ~ отсюда! get out!

прошедш|ее the past; ~ий past; ~ее время *грам.* past tense

прошлогодний last year's

прошл|ое the past; ~ый the last *(последний)*

прощá|й!, ~йте! goodbýe!; ~льный párting, farewéll; ~ние párting

прощáть forgíve

прощáться take leave (of), say goodbýe (to)

прощéние forgíveness, párdon

проявитель devéloper

прояв|ить *см.* проявлять; ~лéние 1) manifestátion 2) *фото* devélopment; ~лять 1) show, displáy 2) *фото* devélop

пруд pond

пружина spring

прыг|ать, ~нуть jump

прыжок jump

прядь lock

пряжа yarn

пряжка búckle

прям|о straight; ~ой 1) straight 2) *(непосредственный)* diréct

пряник gíngerbread; медóвый ~ hóney-cake

пряности spíces

прясть spin

прятать hide; concéal; ~ся hide (onesélf)

псевдоним pséudonym, *(литературный)* pén-name

психический méntal, psýchical

психология psychólogy

птица bird; домашняя ~ póultry

птицеводство póultry-breeding

птицефабрика póultry farm

ПТУ (профессионáльно-технúческое учúлище) (vocátional) téchnical school/cóllege

публика públic; áudience *(зрители)*

публиковáть públish
публи́чный públic
пугáть fríghten
пугли́вый tímorous, tímid
пу́говица bútton
пу́др|а pówder; ~еница cómpact; ~ить pówder
пузырёк *(бутылочка)* bóttle (for médicine, scent)
пузы́рь 1) *(мыльный и т.п.)* búbble 2) *анат.* bládder 3) *(волдырь)* blíster
пулемёт machíne-gun
пульс pulse; ~и́ровать pulsáte
пу́ля búllet
пункт 1) póint 2) *(организационный центр)* státion 3) *(параграф)* ítem; clause
пургá snówstorm
пускáть, пусти́ть 1) *(отпустить)* let *smb.* go; set *smb.* free 2) *(впускать)* let *smb.* in
пусто́|й émpty; *(о разговоре тж.)* ídle; ~тá 1) émptiness 2) *физ.* vácuum
пусты́нный desérted; uninhábited *(безлюдный)*
пусты́ня désert
пусты́рь waste land; émpty lot *(в городе)*
пусть *переводится через* let + *inf.*; ~ он придёт let him come
пустя́к trífle
пу́та|ница múddle; ~ть confúse
путёвка pass; vóucher; órder; у меня́ ~ в санато́рий

I have a pass to the sanatórium
путеводи́тель gúide(-book)
путепрово́д óverpass; únderpass; bridge
путеше́ст|венник tráveller; ~вие jóurney; ~вовать trável
пут|ь road, way; по ~и́ on the way
пух down
пу́хнуть swell
пуши́стый flúffy
пу́шка gun, cánnon
пушни́на furs *(мн. ч.)*
пчел|á bee; ~ово́дство bée-keeping
пшени́ца wheat
пшено́ míllet
пыл árdour
пылáть blaze, be in flames
пылесо́с vácuum cléaner
пы́лкий árdent
пыль dust; ~ный dústy
пытáть tórture
пытáться attémpt, try
пы́тка tórture
пы́шный 1) respléndent; magníficent 2) *(о растительности)* luxúriant, rich
пье́са play
пьяне́ть get drunk
пья́н|ица drúnkard; ~ство drúnkenness; ~ый drunk
пюре́ mash; карто́фельное ~ máshed potátoes
пя́теро five
пятибо́рье pentáthlon
пятидеся́тый fíftieth
пятиконе́чный pentágonal
пятиле́тка five-year plan
пятиле́тний five-year

пя́титься back
пя́тка heel
пятна́дца|тый fiftéenth; ~ть fiftéen
пятни́стый spótted; spótty
пя́тница Fríday
пятно́ spot; *перен. тж.* stáin
пя́тый fifth
пять five
пятьдеся́т fífty
пятьсо́т five húndred

Р

раб slave
рабо́т|а work; ~ать work; ~ник, ~ница wórker; дома́шняя ~ница sérvant, maid; help *(амер.)*
работоспосо́бность capácity for work
рабо́ч|ий 1. *сущ.* wórker 2. *прил.* wórking; ~ класс wórking class; ~ день wórking hours
ра́бство slávery, sérvitude, bóndage
ра́венство equálity
равни́на plain
равно́: всё ~ all the same
равнове́сие bálance, equilíbrium
равноду́ш|ие indífference; ~ный indífferent; disínterested *(амер.)*
равноме́рный régular; éven
равнопра́вие equálity (of rights)

ра́вный équal
равня́ться 1) be équal, amóunt to 2) *воен.* dress
рад glad; я рад I am glad
ра́ди for the sake of; ~ кого́-л. for smb.'s sake
радиа́ция radiátion
ра́дио rádio; передава́ть по ~ bróadcast
радиоакти́вн|ость radioactívity; ~ый radioáctive; ~ые вещества́ radioáctive matérials
ра́дио|веща́ние bróadcasting; ~люби́тель rádio ámateur, rádio ham; ~переда́ча bróadcast; ~приёмник rádio (set); ~ста́нция bróadcasting státion; ~устано́вка rádio
ради́ст wíreless óperator; *мор.* telégraphist
ра́диус rádius
ра́д|овать gládden; ~оваться be glad; rejóice; ~остный jóyful; ~ость joy
ра́дуга ráinbow
раду́шный córdial, héarty
раз I 1) time; ещё ~ once more 2) *(при счёте)* one
раз II 1. *нареч. (однажды)* once 2. *союз;* ~ так if that's the case
разба́в|ить, ~ля́ть dilúte
разбе́г: прыжо́к с ~а rúnning jump
разбе|га́ться, ~жа́ться run off; scátter *(в разные стороны)*
разбива́ть 1) break 2) *воен.* deféat; ~ся break

разбира́тельство investi-
gá́tion

разбира́ть 1) *(на части)*
take apárt 2) *(расследовать)*
look ínto; invéstigate 3)*(стараться понять)* try to make
out; ~ся understánd

разби́тый bróken

разби́ть(ся) *см.* разби-
ва́ть(ся)

разбогате́ть get rich

разбо́й róbbery; ~ник
róbber, bándit

разбо́р análysis

разбо́рчивый 1) *(о почерке)* légible 2) *(требователь-
ный)* fastídious

разбра́сывать, разброса́ть
throw *smth.* abóut, scátter

разбуди́ть wake; wake up;
перен. awáken, aróuse

разва́л collápse, decáy;
disorganizá́tion; rúining;
~ивать *(работу и т. п.)*
disórganize; wreck; ~иваться
collápse; go to píeces; ~ины
rúins; ~и́ть(ся) *см.* разва́ли-
вать(ся)

ра́зве réally; ~ он при-
éхал? oh, has he come? has
he come then?; ~ вы не зна́е-
те? d'you mean to say you
háven't heard?

развева́ться flútter, fly

разведе́ние bréeding *(животных)*; cultivá́tion *(растений)*

разве́д|ка 1) *геол.* pro-
spécting 2) *воен.* intélligence;
recónnaissance; ~чик 1) scout
2) *воен.* intélligence ófficer

3) *(агент)* sécret sérvice
man

разверну́ть, развёртывать
unfóld; unwráp; *перен.*
devélop

развести́ *см.* разводи́ть

развести́сь *см.* разводи́ть-
ся

развива́ть, ~ся devélop

развива́ющ|ийся: ~иеся
стра́ны devéloping cóuntries

разви́тие devélopment

развито́й 1)*(физически)*
wéll-devéloped, wéll-grówn 2)
(умственно) intélligent

разви́ть(ся) *см.* разви-
ва́ть(ся)

развле|ка́ть entertáin,
amúse; ~ка́ться amúse
onesélf; ~че́ние amúsement

развле́чь(ся) *см.* развле-
ка́ть(ся)

разво́д divórce

разводи́ть breed *(живо-
тных, птиц)*; cúltivate,
grow *(растения)*

разводи́ться divórce

развра́т deprávity; ~и́ть *см.*
развраща́ть; ~ный deprá́ved

развраща́ть corrúpt

развяза́ть *см.* развя́зывать

развя́зка dénouement *(в
романе, пьесе)*; óutcome
(дела)

развя́зный free and éasy

развя́зывать undó

разгада́ть, разга́дывать
solve

разга́р clímax; híghest
point; в ~e in full swing

разгла|си́ть, ~ша́ть 1)

(распространить) spread abróad 2) *(тайну)* give awáy

разгова́ривать talk, speak

разгово́р conversátion; ~ник phrásebook; ~ный collóquial; ~чивый tálkative

разгоня́ть drive awáy, dispérse

разгорячи́ться get excíted

разграниче́ние demarcátion

разгро́м rout; crúshing deféat; ~ить smash

разгру|жа́ть, ~зи́ть unlóad

разгру́зка unlóading

раздава́ть distríbute, give out

раздава́ться *(о звуках)* resóund

раздави́ть crush

разда́ть *см.* раздава́ть

разда́ться *см.* раздава́ться

раздева́лка clóakroom

раздева́ть undréss; ~ся undréss; take off one's things

разде́л, ~е́ние divísion; ~и́ть, ~я́ть 1) divíde; séparate 2) *(участь, мнение)* share

разде́ть(ся) *см.* раздева́ть(ся)

раздо́р díscord, dissénsion

раздраж|а́ть írritate; ~е́ние irritátion; ~и́тельный írritable, iráscible

раздува́ть *(преувеличивать)* exággerate

разду́мать change one's mind

разду́мье 1) meditátion, thóughtful mood 2) *(колебание)* hesitátion

разду́ть *см.* раздува́ть

разже́чь, разжига́ть kíndle; *перен.* infláme

разлага́ться decompóse

разла́д díscord

разли́в *(реки)* flood

разл|ива́ть, ~и́ть 1) *(проливать)* spill 2) *(наливать)* pour out

различа́ть distínguish; ~ся differ from

различ|ие 1) *(отличительный признак)* distínction 2) *(неодинаковость)* difference; ~и́ть *см.* различа́ть; ~ный 1) *(неодинаковый)* dífferent 2) *(разнообразный)* divérse, várious

разлож|е́ние *(упадок)* decáy; ~и́ться *см.* разлага́ться

разлу́|ка separátion, párting; ~ча́ть, ~ча́ться part; ~чи́ть(ся) *см.* разлуча́ть(ся)

разлюб|и́ть: она́ его́ ~и́ла she doesn't love him ány more

разма́х *(деятельности и т. п.)* range, scope; ~ивать swing; brándish; ~ивать рука́ми gestículate

размен|ивать, ~я́ть *(деньги)* change

разме́р size

разме|сти́ть, ~ща́ть place

размнож|а́ться breed, múltiply; ~е́ние 1) mánifolding 2) *биол.* reprodúction

размышл|е́ние refléction; ~я́ть refléct, think; méditate

разнести́ *см.* разноси́ть

ра́зница dífference; dispárity *(неравенство)*

разнови́дность sort, varíety

разногла́сие disagréement

разнообра́з|ие varíety, divérsity; ~ный várious, váried

разноро́дный héterogéneous

разноси́ть delíver *(письма́)*; spread *(распространя́ть)*

разносторо́нний vérsatile

разноцве́тный of dífferent cólours

ра́зный 1) *(неодина́ковый)* dífferent 2) *(непа́рный)* odd 3) *(разнообра́зный)* divérse, várious

разоблач|а́ть expóse, unmásk; ~е́ние expósure; ~и́ть *см.* разоблача́ть

разобра́ть(ся) *см.* разбира́ть(ся)

разогна́ть *см.* разгоня́ть

разогрева́ть, разогре́ть warm up

разозли́ть make *smb.* ángry; ~ся get ángry

разойти́сь *см.* расходи́ться

разорва́ть(ся) *см.* разрыва́ть(ся)

разор|е́ние 1) rúin 2) *(страны́ и т. п.)* devastátion; ~и́ть(ся) *см.* разоря́ть(ся)

разоруж|е́ние disármament; ~и́ть(ся) disárm

разоря́ть 1) destróy 2) *(кого́-л.)* rúin; ~ся be rúined

разосла́ть sent out, distríbute

разочар|ова́ние disappóintment; ~о́ванный disappóinted; ~ова́ть, ~о́вывать disappóint; disillúsion

разраб|а́тывать, ~о́тать 1) *(вопро́с и т. п.)* work out 2) *(не́дра)* explóit

разража́ться, разрази́ться break out

разре́з cut; ~а́ть, ~а́ть cut

разреш|а́ть 1) *(позволя́ть)* allów, permít 2) *(реша́ть)* solve *(пробле́му)*; decíde *(вопро́с)*; ~е́ние 1) *(позволе́ние)* permíssion 2) *(вопро́са)* solútion; ~и́ть *см.* разреша́ть

разро́зненн|ый: ~ые тома́ odd númbers; ~ые уси́лия uncoórdinated éfforts

разру́ха rúin, devastátion; disorganizátion

разруш|а́ть destróy; ~е́ние destrúction

разру́шить *см.* разруша́ть

разры́в rúpture; ~а́ть 1) tear 2) *(порыва́ть)* break off; ~а́ться 1) break; tear *(о мате́рии)* 2) *(взрыва́ться)* explóde

разрыда́ться burst ínto tears

разря́д I *(катего́рия)* cátegory; sort

разря́д II *эл.* dischárge

разря́дка détente

ра́зум mind, intélligence

разуме́ется of course; само́ собо́й ~ it goes withóut sáying

разу́мный réasonable

разу́ч|ивать, ~и́ть stúdy; ~и́ться forgét

разъедин|и́ть, ~я́ть 1) *эл.* cut off 2) *(разделить)* séparate

разъе́зд 1) *(отъезд)* depárture 2) *ж.-д.* pássing track

разъясн|е́ние elucidátion; explanátion *(толкование)*; ~и́ть, ~я́ть elúcidate

разыска́ть find

разы́скивать look (for)

рай páradise

райо́н, ~ный dístrict

рак I cráyfish

рак II *мед.* cáncer

раке́та 1) rócket; míssile; косми́ческая ~ space rócket 2) *(судно)* hýdrofoil

раке́та-носи́тель cárrier rócket

раке́тка *(теннисная)* rácket

ра́ковина 1) shell 2) *(водопроводная)* sink

ра́ма frame

ра́на wound

ра́нен|ый 1. *прил.* wóunded 2. *сущ.* wóunded man; ~ые the wóunded

ра́нить wound

ра́нний éarly

ра́но éarly

ра́ньше éarlier; fórmerly *(когда-то)*

рапи́ра foil

ра́порт repórt

ра́са race

раска́иваться repént

раскалённый red-hót

раская́|ние repéntance; ~ться *см.* раска́иваться

раскладу́шка *разг.* cámp-bed

расклан|иваться, ~яться bow; greet

раско́л split

раскра́|сить, ~шивать paint, cólour

раскрепо|сти́ть, ~ща́ть líberate; ~ще́ние emancipátion

раскритикова́ть críticize sevérely

раскр|ыва́ть, ~ы́ть ópen; uncóver *(обнажать)*; *перен.* revéal

раскуп|а́ть, ~и́ть buy up, buy all

раску́пор|ивать, ~ить uncórk, ópen

раскуси́ть 1) bite through 2) *разг. (понять)* see through

раску́сывать *см.* раскуси́ть 1)

ра́совый rácial

распа́д disintegrátion, bréak-up

распак|ова́ть, ~о́вывать unpáck

распа́рывать unríp, rip ópen

распахну́ть ópen wide, throw ópen

распашо́нка báby's vest

распеча́тать ópen, unséal

расписа́ние tímetable, schédule

расписа́ться *см.* распи́сываться

распи́с|ка recéipt; ~ывать-ся sign

распла́каться burst ínto tears

распла́|та páyment; *перен.* atónement; ~ти́ться, ~чивать-ся (с) pay (off), séttle accóunts (with)

расплеска́ть spill, splash abóut

располага́ть 1) *(разме-щать)* arránge; place 2) *(на-страивать)* dispóse *smb.* (to) 3) *(иметь в своём рас-поряжении)* have at one's dispósal; ~ся séttle down

расположе́ние 1) *(разме-щение)* arrángement 2) *(мес-тоположение)* situátion 3) *(настроение)* mood; inclinátion *(склонность)*

расположи́ть *см.* располага́ть 1) *и* 2); ~ся *см.* располага́ться

распоря|ди́ться, ~жа́ться give órders (of) *(чем-л.)*; ~же́ние 1) *(приказ)* órder, instrúction 2) *(указ)* decrée

расправ|а reprísals *(мн. ч.)*; учини́ть ~y mete out púnishment

распредел|е́ние distribútion; ~и́ть, ~я́ть distríbute

распрода́жа sale

распростран|е́ние spréading, circulátion; ~ённый wídespread; ~и́ть, ~я́ть spread

распуска́ть 1) *(организа-цию, войска́)* dissólve, dismíss, disbánd 2) *(паруса, знамёна)* unfúrl 3) *(распро-*странять) spread 4) *(бало-вать)* let *smb.* get out of hand; ~ся 1) *(о цветах)* ópen 2) *(о детях и т. п.)* get out of hand

распусти́ть(ся) *см.* распуска́ть(ся)

распу́т|ать, ~ывать disentángle

распу́щенность *(о нра-вах)* immorálity, deprávity

рассади́ть, расса́живать 1) *(по местам)* seat 2) *(врозь)* séparate 3) *(растения)* plant out

рассве́т dawn

рассе́ивать dispérse; drive awáy; ~ся dispérse; clear awáy

рассерди́ть make *smb.* ángry, ánger; ~ся get ángry

рассе́янный ábsent-mínded, abstrácted

рассе́ять(ся) *см.* рассе́ивать(ся)

расска́з 1) stóry, tale 2) *(жанр)* short stóry; ~а́ть, ~ывать tell, reláte

рассле́дов|ание investigátion; ~ать invéstigate

рассма́тривать, рассмотре́ть exámine; consíder *(де-ло)*

расспра́шивать, расспроси́ть quéstion, make inquíries

рассро́чк|а: в ~y by instálments

расстава́ться part (with)

расста́в|ить, ~ля́ть place, arránge

расста́ться *см.* расстава́ться

расстёгивать, расстегну́ть unbútton, undó; unhóok (*крючок*)

расстоя́ние dístance

расстра́ивать upsét; ~ся be upsét

расстре́л shóoting; ~ивать, ~я́ть shoot

расстро́ить(ся) *см.* расстра́ивать(ся)

расстыко́вка (*в космосе*) undócking

рассуди́ть 1) judge 2) (*обдумать*) consíder

рассу́док réason

рассужд|а́ть réason; árgue (*в споре*); ~е́ние réasoning

рассчита́ть *см.* рассчи́тывать 1) *и* 4); ~ся *см.* рассчи́тываться

рассчи́тывать 1) cálculate, count up 2) (*на кого-л.*) count on 3) (*предполагать*) inténd; mean 4) (*увольнять*) dismíss; ~ся settle accóunts (with)

рассы́п|ать, ~а́ть scátter, spill

раста́ять thaw

раство́р *хим.* solútion; ~и́мый sóluble; ~и́мый ко́фе ínstant cóffee; ~и́ться *хим.* dissólve

расте́ние plant

растере́ть *см.* растира́ть

расте́рянн|ость confúsion; ~ый confúsed, embárrassed

растеря́ть lose; ~ся lose one's head

расти́ grow

растира́ть rub; mássage (*тело*)

расти́тельность vegetátion

растор|га́ть, расто́ргнуть cáncel, annúl; ~же́ние cancellátion; annúlment

растра́т|а embézzlement; ~ить embézzle; ~чик embézzler

растро́гать move, touch

растя́|гивать 1) stretch, strain 2) (*продлить*) prolóng; ~же́ние: ~же́ние свя́зок *мед.* stráined lígaments; ~ну́ть *см.* растя́гивать

расхи́|тить, ~ща́ть misapprópriate; embézzle (*деньги*)

расхо́д expénditure, óutlay

расходи́ться 1) leave, go home (*с собрания, вечера и т. п.*); dispérse 2) (*о линиях*) divérge 3) (*расставаться*) part, séparate 4) (*о тучах*) be dispérsed 5) (*о мнениях*) díffer 6) (*распродаваться*) be sold out

расхо́довать spend

расхо́ды expénses

расхожде́ние divérgence, discrépancy

расхохота́ться burst out láughing

расцвести́ *см.* расцвета́ть

расцве́т bloom; *перен.* héyday; в ~е сил in the prime of life; ~а́ть bloom, blóssom

расцве́тка cólour scheme

расце́н|ивать, ~и́ть 1) éstimate, válue 2) (*квалифи-

цировать) intérpret; как вы ~иваете это? what do you make of that?; ~ка valuátion

расчеса́ть *см.* расчёсывать

расчёска comb

расчёсывать comb

расчёт 1) calculátion 2): производи́ть ~ с кем-л. séttle accóunts with smb.; ~ливый cálculating, prúdent

расшире́ние exténsion, expánsion

расши́р|ить, ~я́ть wíden, bróaden; *перен.* exténd

расшифр|ова́ть, ~о́вывать decípher

расщепле́ние splítting

ратифика́ция ratificátion

ра́унд *спорт.* round

рационализа́ция rationalizátion

рациона́льный rátional

рва́ный torn; lácerated

рвать 1) *(на части)* tear 2) *(собирать цветы, ягоды и т. п.)* pick 3) *(выдёргивать)* upróot

рва́ться I tear; break

рва́ться II *(стреми́ться)* long to; ~ в бой be éager for the báttle

рве́ние férvour, árdour

рво́та vómiting

реабилит|а́ция réhabilitátion; ~и́ровать rehabílitate

реаги́ровать reáct; respónd *(отзыва́ться)*

реакцио́нный reáctionary

реа́кция reáction

реализа́ция sale

реали́зм réalism

реа́льн|ость reálity; ~ный real; prácticable *(осуществи́мый)*

реанима́ция reanimátion

ребёнок child

ребро́ rib

ребя́|та chíldren; ~ческий chíldish

рёв roar; howl *(вой)*

рева́нш revénge

реве́ть roar; béllow *(о быке)*; howl *(выть)*; cry *(пла́кать)*

ревизио́нн|ый: ~ая коми́ссия inspéction commíttee

реви́зия inspéction

ревизова́ть inspéct, exámine

ревмати́зм rhéumatism

ревн|и́вый jéalous; ~ова́ть be jéalous (of)

ре́вностный jéalous

ре́вность jéalousy

револьве́р revólver

революционе́р revolútionary

революцио́нный revolútionary

револю́ция revolútion

ре́гби rúgby

регио́н région

региона́льный régional

регистр|ату́ра régistry óffice; ~а́ция registrátion; ~и́ровать régister

регла́мент *(на собрании и т. п.)* time límit

регул|и́ровать régulate; ~я́рный régular

редакти́ровать édit

редáк|тор éditor; ~циóн-
ный editórial; ~ция 1)
editórial óffice; *(коллектив)*
the éditors *(мн. ч.)* 2) *(процесс)* éditing 3) *(формули-
ровка)* wórding; vérsion *(ва-
риант)*

редúска rádish

рéд|кий 1) rare; uncóm-
mon *(необычный)* 2) thin *(о
волосах)*; sparse *(о лесе)*;
~ко séldom; я егó ~ко вúжу I
don't óften see him; ~кость
rárity

рéдька rádish

режúм regíme; *(работы)*
schédule

режиссёр diréctor, prodú-
cer

рéзать 1) cut 2) sláughter
(скот); kill *(птицу)*

резéрв resérve

резúна rúbber

резúнка 1) *(для стира-
ния)* eráser, rúbber 2) *(тесь-
ма)* elástic 3) *(подвязка)*
suspénder; gárter *(круглая)*

резúновый rúbber

рéзкий sharp, harsh;
abrúpt *(внезапный)*

резолюция resolútion

результáт resúlt, óutcome

рейд 1. *воен.* raid 2. *мор.*
roads *(мн. ч.)*, róadstead

рейс trip, pássage

рекá ríver

реквизú|ровать requisítion;
~ция requisítion

реклáм|а advértisement;
publícity *(как мероприя-
тие)*; ~úровать ádvertise

рекоменд|áтельный: ~á-
тельное письмó létter of
introdúction; credéntials *(мн.
ч.)*; ~áция recommendátion,
~овáть recomménd

реконстрýкция recon-
strúction

рекóрд récord

рекордсмéн chámpion

релúгия relígion

рельс rail

ремéнь strap, thong; belt
(пояс)

ремéсленник cráftsman

ремеслó trade, hándicraft

ремóнт repáir; ~úровать
repáir

рентáбельность profit-
abílity

рентгéн X-rays; ~овский
X-ray; ~овский снúмок
rádiograph; ~овский кабинéт
X-ray room

рéпа túrnip

репертуáр répertoire

репетúция rehéarsal

репорт|áж repórt; ~ёр
repórter

репрéссия représsion

репродýктор loud spéaker

репродýкция reprodúction

репутáция reputátion

реснúца éyelash

респýблик|а repúblic; ~áн-
ский repúblican

рессóра spring

ресторáн réstaurant

ресýрсы resóurce *(ед. ч.)*

референт assístant

рефóрма refórm

рецéнзия review; *(на рукопись)* opínion

рецéпт récipe; *мед.* prescríption

рéчка (small) ríver

речнóй ríver(-)

речь speech ◇ чáсти рéчи parts of speech

решáть decíde; solve *(задачу)*; ~ся make up one's mind, decíde

решáющий decísive

решéние 1) decísion 2) *(задачи и т. п.)* solútion

решётка gráting

реши́|мость, ~тельность resolútion; ~тельный decísive; résolute *(твёрдый)*; ~ть(ся) *см.* решáть(ся)

ржáветь rust

ржáвчина rust

ржанóй rye(-)

ржать neigh

ринг *спорт.* ring

рис rice

риск risk; ~нýть, ~овáть risk

рисов|áние dráwing; ~áть draw

рисýнок dráwing

ритм rhythm

ритми́ческ|ий rhýthmical; ~ая гимнáстика aeróbics

ри́фма rhyme

рóбкий tímid, shy

рóбот róbot

ров ditch

ровéсник: мы ~и we are of the same age

рóвн|о *(точно)* exáctly; sharp *(о времени)*; ~ в два

часá at two o'clock sharp; ~ый éven

рог horn

род 1) fámily 2) *грам.* génder 3) *(вид)* sort, kind

роддóм (роди́льный дом) matérnity hóspital

рóдин|а nátive land, móther cóuntry; любóвь к ~е love of one's cóuntry, pátriotism

роди́тели párents

роди́тельный: ~ падéж posséssive (case)

роди́ть have a báby; give birth (to); ~ся be born

родн|óй 1) *(находящийся в родстве)* own; ~ брат bróther; ~áя сестрá síster 2) *(отечественный)* nátive; ~ язы́к móther tongue 3) *ласк.* own; ~ мой my dárling, my own; ~ы́е rélatives; one's péople

рóдственник rélative

родствó relátionship

рóды delívery, chíldbirth *(ед. ч.)*

рожáть *см.* роди́ть

рожд|áемость bírthrate; ~áться *см.* роди́ться; ~éние birth; день ~éния bírthday; мéсто ~éния bírthplace

Рождествó Chrístmas

рожь rye

рóза rose

рознь díscord

рóзовый pink; róse-coloured

рóзыгрыш draw

рой swarm

ро́лики róller skates

роль part, role

рома́н nóvel

рома́нс románce; song

рома́шка dáisy; *мед.* cámomile

роня́ть drop, let fall

ро́п|от múrmur; **~та́ть** grúmble

роса́ dew

роско́шный luxúrious

ро́скошь lúxury

ро́слый tall, wéll-grówn

ро́спись páinting

ро́спуск dismíssal

росси́йский Rússian

рост 1) *(процесс)* growth 2) *(вышина)* height

рот mouth

ро́та cómpany

ро́ща grove

роя́ль grand piáno

ртуть mércury

руба́шка shirt *(мужская)*; chemíse *(женская)*; ночна́я ~ níghtdress *(женская)*

рубе́ж bóundary, bórder (line)

руби́н rúby

руби́ть chop; fell *(деревья)*

рубль róuble

ру́брика héading; *(раздел)* cólumn

ру́гань, руга́тельство abúse, bad lánguage

руга́ть scold, abúse; crítisize *(в печати)*; **~ся** 1) swear 2) *(ссориться)* quárrel

руда́ ore

рудни́к mine

ружьё rífle, gun

рука́ hand; arm *(от кисти до плеча)* ◇ де́лать что-л. на ско́рую ру́ку dash smth. off, do smth. hástily

рука́в 1) sleeve 2) *(реки́)* arm

руково́д|итель léader, head; **~и́ть** lead; diréct *(управля́ть)*

руково́дство guídance, léadership; supervísion

руководя́щий léading

рукоде́лие néedlework, fáncy-work

ру́копись mánuscript; týpescript

рукоплеск|а́ние appláuse; **~а́ть** appláud

рукопожа́тие hándshake

руль rúdder, helm; wheel *(автомоби́ля)*

румы́н Románian

румы́нский Románian

румя́н|ец flush; **~ый** rósy

ру́пор spéaking-trumpet, mégaphone

руса́лка mérmaid

ру́сло bed

ру́сский Rússian

ру́сый light brown

рути́на routíne; stagnátion

руча́ться vouch for, ánswer for *(за кого́-л.)*; guarantée *(за что-л.)*

руче́й stream

ру́чка 1) *(рукоя́тка)* hándle 2) *(для письма́)* pen

ручно́й 1) hand(-) 2) *(о зве́ре)* tame

ры́б|а fish; **~а́к** físherman;

~ий fish(-); ~ий жир cód-
-liver oil; ~ный fish(-)

рывóк jerk; *перен.* spurt

рыдáние sóbbing

рыдáть sob

рыжий red, áuburn

рыло snout; mug *(разг.)*

рынок márket; мировóй ~
world márket

рысью at a trot

рыть dig

рыхлый crúmbly, fríable;
(о человеке) flábby

рыцарь knight

рычáг léver

рычáть grówl

рэкет rácket

рюкзáк knápsack

рюмка wíneglass

рябина 1) *(ягода)* rówan,
áshberry 2) *(дерево)* rówan-
-tree

рябóй *(от оспы)*
póckmarked

ряд 1) row, line 2) *(серия)*
séries; цéлый ~ a séries (of)
3) *воен.* file

рядовóй 1. *прил.* órdinary
2. *сущ. воен.* prívate

рядом near, close by

С

с 1) with; and; с детьми
with the chíldren; с большим
интерéсом with great ínterest;
брат с сестрóй ушли bróther
and síster went awáy 2) *(откуда)* from; *(прочь тж.)* off;

приéхать с Кавкáза come
from the Cáucasus; сбрóсить
со столá throw off the táble
3) *(с неопределённого мо-
мента)* since; from

сáбля sword

сад gárden

садиться sit down

садóвник gárdener

садовóдство hórticulture,
gárdening

садóвый: ~ учáсток gárden
plot; dácha

сáжа soot

сажáть 1) seat 2) *(помещать)* put 3) *(о растениях)*
plant

салáт sálad; *(растение)*
léttuce

сáло fat; grease *(амер.)*;
lard *(свиное)*

салфéтка nápkin; бумáж-
ная ~ páper nápkin

салют salúte

сам mysélf *(1 л.)*, yoursélf
(2 л.), himsélf, hersélf, itsélf
(3 л.)

самéц male

сáми oursélves *(1 л.)*, your-
sélves *(2 л.)*, themsélves *(3
л.)*

сáмка fémale

самовáр sámovar

самовóльный withóut permíssion

самодéятельность ámateur
perfórmances *(мн. ч.)*

самодовóльный sélfsátis-
fied, complácent

самозащита sélf-deféнce

самолёт áeroplane, áircraft; plane

само|люби́вый tóuchy, proud; ~лю́бие sélf-respéct

самомне́ние concéit

самонадея́нный concéited, cock-súre

самооблада́ние sélf-cóntrol

самооборо́на sélf-defénce

самообразова́ние sélf-educátion

самообслу́живан|ие sélf-sérvice; магази́н ~ия sélf-sérvice shop

самоопределе́ние sélf-determinátion

самоотве́рженн|ость sélflessness; ~ый sélfless

самопоже́ртвование sélf-sácrifice

саморо́док ore; núgget; *перен.* nátural génius; a nátural

самостоя́тельн|ость indepéndence; ~ый indepéndent

самотёк drift

самоуби́йство súicide

самоуве́ренный sélf-cónfident; búmptious

самоуправле́ние sélf-góvernment

самоучи́тель mánual; téach-yoursélf book

самочу́вствие: как ва́ше ~? how do you feel?

са́м|ый 1) the véry; тот же ~ the same 2) *(для образова́ния превосх. ст.)* the most ◇ ты в ~ом де́ле так ду́маешь? do you réally belíeve

that?; на ~ом де́ле as a mátter of fact

санато́рий sanatórium

са́ни sleigh *(ед. ч.)*

санита́р male nurse, hóspital atténdant; ~ный sánitary

са́нки tobóggan *(ед. ч.)*

санкциони́ровать sánction

са́нкция sánction

санте́хника sánitary equípment

сантиме́тр céntimetre

сапёр sápper

сапо́г boot, tóp-boot

сапо́жник shóe-maker

сара́й shed

саранча́ lócust

сарде́льки sáusages

сарди́ны sárdines

сати́н satéen

сати́ра sátire

са́уна sáuna

са́хар súgar; ~ница súgar-básin; ~ный súgar; ~ный песо́к gránulated súgar

сбега́ться, сбежа́ться run (to)

сберега́тельн|ый: ~ банк sávings bank; ~ая кни́жка sávings book

сбере|га́ть save; ~же́ния sávings

сбере́чь *см.* сберега́ть

сближа́ть, сбли́зить bring togéther

сбо́ку from the side; at the side

сбор 1) colléction; yield *(урожая)*; ~ виногра́да víntage 2) *воен.* múster 3) *(встреча)* gáthering, méeting; быть в ~e be assémbled; все в ~e? are we all here? 4) *эк.* dues; fee; lévy

сбóрник colléction; seléction; ~ стихóв a colléction of vérses

сбрáсывать, **сбрóсить** throw off

сбывáться come true

сбыт sale, márket

сбы́ться *см.* сбывáться

свáдьба wédding

свáливать throw; knock down; fell *(дерево)*; ~ вину́ на другóго shift the blame on to sómebody élse's shóulders; ~ рабóту на другóго leave the work to sómebody else; ~ся fall down; break down, fall ill *(заболевать)*

свали́ть(ся) *см.* свáливать(ся)

свари́ть 1) cook 2) *mex.* weld

свáрка wélding

свáя pile

свéдение informátion

свéдущий infórmed; expérienced

свежезаморóженный quick-frózen

свéж|есть fréshness; ~ий fresh

свёкла béet(root); сáхарная ~ súgar beet

свёкор fáther-in-law

свекрóвь móther-in-law

сверráть, свéргнуть throw down; overthrów

свержéние óverthrow

сверкáть, **сверкну́ть** spárkle, glítter; flash *(о молнии)*

сверли́ть bore, drill, pérforate

сверлó bórer, drill

свернýть 1) *см.* свёртывать 2) *(в сторону)* turn

свёрт|ок búndle; ~ывать 1) *(в рулон, трубку)* roll up 2) *(сокращать)* curtáil

сверх 1) *(над)* óver 2) *(в добавление)* in addítion to, óver and abóve 3) *(превосходя)* beyónd

свéрху from abóve

сверхурóчный óvertime

сверчóк crícket

свести́(сь) *см.* своди́ть(ся)

свет I light

свет II *(мир)* wórld

свети́л|о lúminary; небéсные ~а héavenly bódies

свети́ть, ~ся shine

свéтлый light, bright; clear *(ясный)*

светофóр tráffic lights *(мн. ч.)*

свечá, свéчка cándle

свидáн|ие appóintment, ínterview; *(влюблённых)* réndezvous; date *(разг.)* ◇ до ~ия! goodbýe!

свидéтель wítness; ~ство 1) *(показание)* évidence 2) *(документ)* certíficate, lícence; ~ствовать bear wítness

свинéц lead

свини́на pork

свиновóдство píg-bréeding

свинцóвый léad(en)

свинья́ pig; *(разг. тж.)* swine

свире́пый fierce

свист whistle

свиста́ть, свисте́ть whistle

свисто́к whistle

сви́тер sweater

свобо́д|а freedom; liberty; ~ный free

свод domed ceiling, vault

своди́ть 1) take; take down *(вниз)*; bring together *(вместе)* 2) *(к чему-л.)* reduce to; ~ся come to

сво́дка summary, report; ~ пого́ды weather report

своевре́менн|о in time; ~ый opportune, well-timed

свой my, his, her, its; our, your, their *(мн. ч.)*

свойст|венный characteristic (of); ~во property *(предметов)*; quality *(людей)*

свысока́ condescendingly

свы́ше 1. *нареч.* from above 2. *предлог* over

связа́ть, свя́зывать tie; bind; *перен.* connect

связь 1) tie; bond; *перен.* connection 2) *(железнодорожная, телеграфная и т. п.)* communication

свяще́нник priest

свяще́нный sacred

сгиба́ть, ~ся bend

сгово́рчивый compliant, amenable

сгора́ть, сгоре́ть burn out; be consumed (by)

сгущёнка *разг.* condensed milk

сгущённый thickened; condensed

сдава́ть 1) hand in, give; let *(помещение)*; register *(багаж)*; check *(амер.)* 2) *(карты)* deal 3) *(крепость)* surrender 4): ~ экза́мен pass an examination; ~ся surrender, capitulate

сда́ть(ся) *см.* сдава́ть(ся)

сда́ча 1) *воен.* surrender 2) *(деньги)* change

сде́лать *см.* де́лать

сде́лка deal, bargain

сде́льный piece-work

сде́ржанный reserved, reticent *(в речах)*; self-controlled *(спокойный)*

сдержа́ть, сде́рживать 1) restrain, hold back *(кого-л.)*; restrain, suppress *(чувства)* 2) *(слово, обещание)* keep

сеа́нс *(в кино)* show

себесто́имость cost price

себя́ myself, yourself, himself, herself, itself; ourselves, yourselves, themselves *(мн. ч.)*; oneself *(безл. в ед. ч.)*

сев sowing

се́вер north; ~ный north(ern)

се́веро-восто́к north-east

се́веро-за́пад north-west

сего́дня today; ~шний today's

седе́ть become grey; turn grey *(о волосах)*

седина́ grey hair

седло́ sáddle
седо́й gréy(-haired)
седьмо́й séventh
сезо́н séason
сейча́с 1) *(теперь)* now 2) *(скоро)* in a mínute
секре́т sécret
секрета́рь sécretary
секре́тный sécret
се́ктор 1) *мат.* séctor 2) *(отдел)* depártment 3): госуда́рственный ~ státe-ówned séctor
секу́нда sécond
секундоме́р stópwatch
се́кция séction
селёдка hérring
селезёнка spleen
село́ víllage
се́льск|ий rúral, víllage; ~ое хозя́йство ágriculture
сельскохозя́йственный agricúltural
сельсове́т (се́льский сове́т) víllage Sóviet
семафо́р sígnal
семе́й|ный fámily(-); ~ство fámily
семена́ seeds
семе́стр term
семидеся́тый séventieth
семина́р séminar
семна́дцатый seventéenth
семь séven; ~десят séventy; ~со́т séven húndred
семья́ fámily
се́мя seed
се́но hay; ~ва́л háyloft; ~кос háymaking; ~коси́лка mówing machíne
сентя́брь Septémber

се́ра súlphur
серви́з set
се́рвис sérvice
серде́чный 1) córdial; héarty 2) *мед.* heart(-)
серди́тый ángry, cross
серди́ться be ángry
се́рдце heart; ~бие́ние palpitátion
серебро́ sílver
сере́бряный sílver
середи́на míddle
сержа́нт sérgeant
се́рия séries; part *(фильма)*
серп síckle; ~ и мо́лот hámmer and síckle
сертифика́т certíficate
сёрфинг *спорт.* súrfing
се́рый grey
серьга́ éarring
серьёзный sérious, éarnest
се́ссия séssion; экзаменацио́нная ~ examinátions *(мн. ч.)*
сестра́ síster
сесть *см.* сади́ться
се́тка, сеть net
се́ялка séeder; drill
се́ять sow
сжа́литься take píty (on)
сжа́тый 1) compréssed 2) *(об изложении)* concíse
сжать I *см.* сжима́ть
сжать II *см.* жать II
сжечь, сжига́ть burn
сжима́ть press; squeeze; clench *(зубы, ру́ки)*
сза́ди from behínd; behínd *(позади)*
сига́ра cigár

СИГ

сигаре́та cigarétte
сигна́л sígnal
сигнализа́ция 1) sígnalling 2) *(приспособление)* alárm sýstem
сиде́лка (síck-)nurse
сиде́нье seat
сиде́ть 1) sit 2) *(о платье)* fit
си́л|а strength; force; *тех.* pówer; вооружённые ~ы armed fórces
си́лос sílage
си́льн|ый strong; pówerful *(мощный)*; ~ое жела́ние inténse desíre
си́мвол sýmbol
симпати́чный nice
симпа́тия líking
симпто́м sýmptom
синте́т|ика synthétics *(мн. ч.)*; ~и́ческий synthétic
симф|они́ческий symphónic; ~о́ния sýmphony
си́ний blue
синхро́нный: ~ перево́д simultáneous translátion
синя́к bruise
сире́нь lílac
сирота́ órphan
систе́ма sýstem; ~ти́ческий systemátic
си́тец cótton print
сия́ние rádiance; се́верное ~ Auróra Boreális
сия́ть shine; *перен.* be rádiant (with)
сказа́ть say; tell *(что-л., кому-л.)*
сказа́ться *см.* ска́зываться

СКЛ

ска́зка stóry; волше́бная ~ fáiry-tale
сказу́емое *грам.* prédicate
ска́зываться tell on; го́ды начина́ют ~ на нём his years are begínning to tell on him
скака́ть 1) jump, leap 2) *(на коне)* gállop
скала́ rock
скам|е́йка, ~ья́ bench
сканда́л row, scéne; ~ить make a row
скарлати́на scárlet féver
ска́терть táblecloth
ска́чки ráces
скачо́к jump, leap
скважина 1) *(замочная)* kéyhole 2) *(буровая)* drill hole
сквер (públic) gárden; square
скве́рный bad, násty
сквозня́к draught
сквозь through
скворе́ц stárling
скеле́т skéleton
ски́дка díscount, rebáte
скипида́р túrpentine
склад wárehouse, store; *воен.* dépot
скла́дка fold, pleat; *(на брюках)* crease
складно́й fólding, collápsible
скла́дывать 1) fold 2) *(убирать)* put awáy 3) *мат.* add (up), sum up; ~ся turn out *(об обстановке)*; devélop, be formed *(о характере, мнении)*

C

381

СКЛ

склé|ивать, ~ить paste togéther

склон slope

склонéние *грам.* declénsion

склони́ть(ся) *см.* склоня́ть(ся)

склóн|ный inclíned; ~я́ть 1) inclíne 2) *грам.* declíne; ~я́ться be inclíned

скóбка brácket

сковородá, сковорóдка frýing pan

скользи́ть slide, slip

скóльзкий slíppery

скóлько how mány; how much

скончáться die, pass awáy

скорбь grief, sórrow

скорлупá shell

скóр|о 1) *(вскоре)* soon 2) *(быстро)* quíckly; ~овáрка préssure cóoker; ~ость speed; ~ый 1) *(быстрый)* quick, fast; ~ая пóмощь first aid 2) *(по времени)* near

скот cáttle; ~овóдство cáttle-breeding

скрип créaking *(двери, пола)*

скрипáч víolinist

скрипéть creak

скри́пка violín

скрóмн|ость módesty; ~ый módest

скрывáть hide, concéal

скры́тный réticent

скры́тый sécret; *физ.* látent

скрыть *см.* скрывáть

скря́га míser

скýдный scánty, poor

СЛЕ

скýка bóredom

скулá chéekbone

скýльпт|ор scúlptor; ~ýра scúlpture

скупóй *прил.* stíngy; mean

скучáть be bored; ~ по кому́-л. miss smb.

скýчный bóring, dull

слаби́тельное láxative, purge

слáб|ость wéakness; ~ый weak, féeble; ~ое здорóвье délicate health

слáва fame, glóry

слáвный 1) glórious, fámous 2) *разг. (хороший)* nice

славяни́н Slav

славя́нский Slavónic

слáд|кий sweet; ~ости sweet things, sweets

слайд slide

слáлом *спорт.* slálom

слéва to the left

слегкá slíghtly

след trace, track; fóot-print *(ноги́)*

следи́ть 1) watch, spy, fóllow 2) *(присматривать)* look áfter

слéдователь examíning mágistrate; invéstigator

слéдовательно cónsequently, thérefore

слéдовать fóllow

слéдствие 1) cónsequence 2) *(судебное)* judícial investigátion, ínquest

слéдующий fóllowing, next

слезá tear

слезáть, слезть come down;

dismóunt *(с лошади)*; get off, alíght (from) *(с трамвая)*

слеп|о́й 1. *прил.* blind 2. *сущ.* blind man; ~ота́ blíndness

сле́сарь ло́cksmith

слёт *(собрание)* rálly

сли́ва 1) plum 2) *(дерево)* plúm tree

сливáться merge

сли́в|ки cream; ~очный: ~очное ма́сло bútter

слизь slime; *физиол.* múcus

сли́ться *см.* сливáться

сли́шком too (much), óver(-)

слия́ние blénding, mérging

словáрь díctionary; vocábulary *(запас слов)*

сло́вно as if, as though

сло́во word; ~сочета́ние combinátion of words, word combinátion

слог 1) sýllable 2) *(стиль)* style

слоёный: ~ пиро́г fláky pástry

сложе́ние 1) *мат.* addítion 2) *(тела)* constitútion; build

сложи́ть(ся) *см.* скла́дывать(ся)

сло́жный 1) cómplicated 2) *(составной)* cómpound

слой láyer; *геол.* strátum

сломáть, ~ся break

слон élephant; ~о́вый: ~о́вая кость ívory

слугá sérvant

слу́жащий employée

слу́жба sérvice; work, job

служе́бный offícial

служи́ть 1) serve 2) *(рабо-тать)* work ◇ ~ приме́ром be an exámple

слух 1) héaring; ear *(музыкальный)*; игрáть по ~у play by ear 2) *(молва)* rúmour

слу́чай 1) case 2) *(возможность)* occásion, chance 3) *(случайность)* chance 4) *(происшествие)* evént, íncident

случáйн|о accidéntally, by chance; ~ встре́титься háppen to meet; ~ость chance; ~ый accidéntal, chance, cásual

случ|áться, ~и́ться take place, háppen; occúr

слу́ш|атель lístener, héarer; stúdent; ~ать 1) lísten (to); ~аю! *(по телефону)* hulló! 2) *(лекции)* atténd; ~аться obéy

слы́шать hear

слюнá salíva

сля́коть slush, mire

смáз|ать, ~ывать *(маслом)* oil

смéл|ость cóurage, audácity, bóldness; ~ый courágeous, dáring, bold

смéн|а 1) change 2) *(на заводе)* shift 3) *воен.* relíef; ~и́ть, ~я́ть 1) change 2) *воен.* relíeve

смеркáться grow dark

смерте́льный mórtal; déadly; fátal *(о ране)*

смерть death

смерч whirlwind; wáterspout *(водяной)*

смесь mixture

смета éstimate

сметана sour cream

сметь dare

смех láughter

смешать, смешивать mix

смешной fúnny; ridículous (*смехотворный*)

смещение remóval; displácement

смеяться laugh; ~ над кем-л. mock at smb., make fun of smb.

смирен|ие humílity, méekness; ~ный húmble, meek

смирн|о 1) quíetly 2) *воен.* ~! atténtion!; ~ый quíet

смола résin; tar (*жидкая*)

сморкаться blow one's nose

смородина cúrrant

сморщ|енный wrínkled; ~иться wrínkle

смотр inspéction

смотреть 1) look 2) (*за кем-л., чем-л.*) look áfter

смочь *см.* мочь

смуглый dark, swárthy

сму|тить, ~щать confúse, embárrass; ~щённый confúsed; embárrassed

смывать wash off; wash awáy (*сносить*)

смысл sense; méaning (*значение*)

смыть *см.* смывать

смычок bow

смягч|ать, ~ить sóften; exténuate (*вину*)

смятение confúsion, dismáy

смять rúmple; crúmple (*скомкать*)

снаб|дить, ~жать supplý with; províde with; ~жение supplý

снаружи on the outsíde; from the outsíde (*с наружной стороны*)

снаряд shell

снаря|дить, ~жать equíp; ~жение equípment

снаст|ь 1) *мор.* rope; ~и rígging 2): рыболовная ~ fishing táckle

сначала at first

снег snow; ~ идёт it's snówing

снегирь búllfinch

снегопад snówfall

снегурочка Snów-máiden

снежинка snówflake

снести *см.* сносить

сниж|ать redúce; lówer; ~ение décrease; redúction, cut (*о ценах*)

снизить *см.* снижать

снизу from belów

снимать 1) take off 2) (*фотографировать*) phótograph; ~ся have one's phótograph táken, be phótographed

снимок phótograph

снисходительный condescénding, indúlgent

сниться dream

снова agáin

сноп sheaf

сносить 1) (*дом*) pull down 2) (*терпеть*) bear, put

up with; ~ся get in touch (with); commúnicate (with)

сноска fóotnote

сносн|о not bad; ~ый tólerable, fáirly good (неплохой)

снотворн|ый sopoгific; ~ое sléeping pill

сношения íntercourse (ед. ч.); déalings; relátions

снять(ся) см. снимать(ся)

со см. с

соавтор co-áuthor

соба|ка dog; ~чий dog ◇ ~чий холод béastly cold

собеседник interlócutor, compánion

собирать 1) gáther; colléct 2) (машину) assémble; ~ся 1) (вместе) gáther, meet 2) (намереваться) be góing to (+ inf.)

соблазн temptátion; ~ительный témpting; ~ить, ~ять tempt; sedúce (обольщать)

соблю|дать, ~сти (правила) obsérve; ~ тишину keep sílence

соболезнование condólence; выразить своё ~ expréss one's sýmpathy

соболь sáble

собор cathédral

собрание 1) méeting 2) (коллекция) colléction; полное ~ сочинений compléte works (of)

собранный precíse, áccurate (о человеке)

собрать(ся) см. собирать(ся)

собственник ówner, propríetor

собственн|ость próperty; ~ый own; имя ~ое próper name

событие evént

сова owl

совершать 1) do 2) (преступление) commít; ~ ошибку make a mistáke; ~ посадку make a lánding (о самолёте)

совершенно quite, ábsolutely

совершеннолетний adúlt; of age

совершен|ный 1) (идеальный) pérfect 2) (абсолютный) ábsolute; ~ство perféction; ~ствовать perféct; impróve

совершить см. совершать

совесть cónscience

совет I (орган государственной власти) Sóviet; Верховный Совет Supréme Sóviet; Совет народных депутатов Sóviet of People's Députies

совет II (административный орган) cóuncil; Совет Министров Cóuncil of Mínisters

совет III (наставление) advíce

советник advíser, cóunsellor

советовать advíse; ~ся consúlt

советский Sóviet

совеща|ние cónference; ~тельный consúltative; ~тельный голос delíberative voice

совеща́ться confér, consúlt

совладе́лец joint ówner

совме|сти́мость compatibílity; ~сти́ть combíne (with)

совме́стный joint, combíned

совмещ|а́ть *см.* совмести́ть

совок *(для мусора)* dústpan

совпад|а́ть coincíde; tálly *(соответствовать)*; ~е́ние coíncidence

совпа́сть *см.* совпада́ть

совреме́нн|ик contémporary; ~ый contémporary; módern *(соответствующий эпохе)*

совсе́м quite

совхо́з sovkhóz, state farm

согла́с|ие 1) consént 2) *(мир)* accórd 3): в ~ии in accórdance with; ~и́ться *см.* соглаша́ться

согла́сно accórding to

согла́сный *(звук)* cónsonant

соглас|ова́ть, ~о́вывать coórdinate, adjúst

соглаш|а́ться consént *(на что-л.)*; agrée *(с кем-л.)*; ~е́ние agréement; understánding

согну́ть(ся) *см.* сгиба́ть(ся)

согрева́ть, согре́ть warm; ~ся get warm

со́д|а só da; ~овая: ~овая вода́ sóda-water

содейств|ие assístance; ~овать assíst; ~овать успе́ху contríbute to the succéss

содерж|а́ние 1) máintenance 2) *(содержимое)* conténts *(мн. ч.)*; ~а́ть 1) *(заключа́ть в себе́)* contáin 2) *(семью)* suppórt, maintáin

со́евый sóya-bean

соедин|е́ние 1) *(действие)* jóining; júnction 2) *(сочетание)* combinátion; ~и́ть(ся), ~я́ть(ся) uníte

сожале́|ние regrét; píty *(жалость)*; ~ть regrét; píty, be sórry for

сожже́ние búrning; cremátion *(трупа)*

созва́ниваться get in touch by phone

созва́ть *см.* созыва́ть

созве́здие constellátion

созвони́ться *см.* созва́ниваться

созву́чие accórd

созд|ава́ть creáte; ~а́ние 1) *(действие)* creátion 2) *(существо)* créature; ~а́тель creátor; fóunder *(основатель)*; ~а́ть *см.* создава́ть

сознава́ть be cónscious (of); réalize; ~ся admít, conféss

созна́ние cónsciousness

созна́ть(ся) *см.* сознава́ть(ся)

созрева́ть, созре́ть rípen

созы́в convocátion; ~а́ть call; convóke *(съезд и т. п.)*

сойти́ *см.* сходи́ть; ~ с

рельсов be deráiled; ~сь *см.* сходиться

сок juice; sap *(растений)*; ~овыжимáлка squéezer; júicer

сóкол fálcon

сокра|тить, ~щáть 1) *(сделать короче)* shórten; abrídge *(книгу)* 2) *(расходы)* redúce 3) *(уволить)* dismíss; ~щéние 1) shórtening; abbreviátion 2) *(книги)* abrídgement 3) *(расходов, штатов)* redúction; ~щён-ный brief, short, concíse; abbréviated *(о слове)*

сокрóвище tréasure

сокруш|áть smash; ~áться be distréssed; ~ительный crúshing; stággering

сокрушить *см.* сокрушáть

солгáть lie, tell lies

солдáт sóldier

солёный salt; sálted *(посоленный)*; sálty *(на вкус)*

солéнья pickles, sálted food(s)

солидáрность solidárity

солидный sérious; consíderable *(значительный)*

солист, солистка sóloist

солить salt; pickle *(огурцы и т. п.)*

сóлнечный súnny, sun(-); ~ свет súnlight, súnshine; ~ луч súnbeam

сóлнце sun

соловéй níghtingale

солóм|а straw; ~енный straw; ~инка straw

солóнка sáltcellar

соль salt

сóльный sólo

сом shéatfish

сомн|евáться doubt; ~éние doubt; ~ительный dóubtful; dúbious *(подозрительный)*

сон sleep; dream *(сновиде-ние)*; ~ный sléepy

соображ|áть 1) *(понимать)* understánd 2) *(разду-мывать)* consíder; ~éние 1) considerátion 2) *(понимание)* understánding 3) *(причина)* réason

сообра|зительный quíck-witted; ~зить *см.* сообра-жáть; я не ~зил I didn't think

сообщá togéther

сообщ|áть repórt, com-múnicate, infórm; ~éние 1) *(известие)* repórt, com-municátion, informátion, státement 2) *(связь)* com-municátion; плохóе ~éние poor connéction; прямóе ~éние through sérvice; ~ить *см.* сообщáть

сообщник accómplice, pártner

сооруж|áть eréct; ~éние building, strúcture, constrúc-tion

соотвéтств|енно accórd-ingly; in accórdance with; ~енный correspónding; ~ие accórdance, confórmity; complíance ~овать correspónd (to)

соотéчественник compát-riot; cóuntryman

соотношéние correlátion

сопе́рни|к rival; ~чество rivalry

сопоста́в|ить, ~ля́ть compáre (to, with)

сопри|каса́ться come ínto cóntact; ~косновéние cóntact

сопровожд|а́ть accómpany; ~éние accómpaniment

сопротивл|éние resístance; opposítion; ~я́ться resíst

сор lítter; dust, rúbbish; swéepings (мн. ч.)

сорва́ть(ся)см. срыва́ть(ся)

соревнова́|ние competítion; ~ться compéte

сори́ть lítter

со́рн|ый lítter; ~я́к weed

со́рок fórty

соро́ка mágpie

сороково́й fórtieth

соро́чка shirt (мужская); chemíse (женская)

сорт sort, kind (разновидность); quálity, grade (качество), ~ирова́ть sort

соса́ть suck

сосе́д néighbour; ~ний néighbouring; next

соси́ска sáusage

со́ска cómforter, báby's dúmmy; teat, nípple (на бутылочку)

соск|а́кивать, ~очи́ть jump off; come off (отделяться)

соску́читься 1) (по кому--л., по чему-л.) miss 2) (почувствовать скуку) get bored (with); grow wéary (of)

сослага́тельный: ~ое наклонéние subjúnctive mood

сосла́ть см. ссыла́ть; ~ся см. ссыла́ться

сосна́ pínetree

сосо́к nípple

сосредото́чить cóncentrate

соста́в 1) composítion; strúcture 2) (коллектив людей) staff; ~ить, ~ля́ть compóse; ~но́й cómpound; compónent

состоя́ние 1) condítion; state 2) (богатство) fórtune

состоя́ть 1) (быть) be 2) (заключаться) consíst (of, in); ~ся take place

сострада́ние compássion

состяз|а́ние cóntest, competítion; ~а́ться compéte

сосу́д véssel

сосу́лька ícicle

сосуществова́ние coexístence

сосчита́ть count

со́т|ка разг. húndredth part; уча́сток земли́ в шесть ~ок a plot of six húndredth parts

со́тня a húndred

сотру́дн|ик 1) colláborator 2) (служащий) employée; ~ичать colláborate (with); ~ичество cooperátion

сотрясéние: ~ мо́зга concússion of the brain

со́ты hóneycomb

со́тый húndredth

со́ус sauce; grávy (мясной); dréssing (к салату и т. п.)

соуча́ст|ие participátion;

~ник partícipant; accómplice (*сообщник*)

софа́ sófa

со́хнуть dry

сохран|е́ние preservátion; ~и́ть(ся) *см.* сохраня́ть(ся); ~я́ть keep; presérve; retáin; ~я́ться survíve

социали́зм sócialism

социали́ст sócialist

социалисти́ческий sócialist

социа́льный sócial

социо́|лог sociólogist; ~ло́гия sociólogy

сочета́|ние combinátion; ~ть(ся) go (with), combíne

сочин|е́ние work; composítion; ~и́ть, ~я́ть 1) write (*написать*); compóse (*музыку*) 2) (*выдумать*) invént, make up

со́чный júicy; rich (*о красках и т. п.*)

сочу́вств|ие sýmpathy; ~овать sýmpathize (with)

сощу́риться screw up one's eyes

сою́з I (*государство*) Únion; Сове́тский Сою́з Sóviet Únion

сою́з II (*объединение*) allíance, únion

сою́з III *грам.* conjúnction

сою́зник allý

сою́зный I (*относящийся к Советскому Союзу*) Únion(-), of the Únion

сою́зный II allíed

со́я soya bean

СП (совме́стное предприя́тие) joint énterprise

спад 1) *эк.* slump, recéssion 2) (*воды, жары*) abátement; ~а́ть 1) fall down 2) (*о воде, жаре*) abáte

спазм spasm

спа́льный: ~ ваго́н sléeping car

спа́льня bédroom

спа́ржа aspáragus

спаса́тель réscuer, lífesaver

спаса́тельн|ый: ~ по́яс life belt; ~ая ло́дка lífeboat; ~ая па́ртия réscue párty; ~ая экспеди́ция réscue párty

спаса́ть save, réscue; ~ся escápe

спасе́ние réscue; *перен.* salvátion

спаси́бо! thank you!, thanks!

спасти́(сь) *см.* спаса́ть(ся)

спать sleep; ложи́ться ~ go to bed

спекта́кль perfórmance, play

спекул|и́ровать spéculate; ~я́нт spéculator, profitéer; ~я́ция speculátion, profitéering

спе́лый ripe

сперва́ at first

спе́реди in front of; in front (*впереди*)

спёртый close, stúffy

спеть I sing

спеть II (*зреть*) rípen

специали́ст spécialist, éxpert

специа́льн|ость speciálity; ~ый spécial

спецко́р (со́бственный

корреспондент) spécial correspóndent

спецодёжда óveralls *(мн. ч.)*

спешить húrry; be fast *(о часах)*

спешка húrry, haste

спешн|о hástily; úrgently; ~ый úrgent, préssing

спидóметр speedómeter

спина back

спинка *(стула)* back

спиннинг spínning rod *(снасть)*

спиннóй spínal; ~ мозг spínal cord

спираль spíral

спирт álcohol; ~нóй: ~ные напитки spírits, alcohólic drinks

списáть *см.* списывать

список list, roll, récord

списывать cópy

спица 1) *(вязальная)* knítting néedle 2) *(колесá)* spoke

спичка match

сплав 1) *(лéса)* float 2) *(метáллов)* álloy

сплáчивать(ся) rálly, uníte

сплести, сплетáть interláce; weave *(корзину)*

сплетáться, сплестись interláce

сплéтня góssip

сплотить(ся) *см.* сплáчивать(ся)

сплочённ|ость solidárity; ~ый united; sérried *(о строе)*

сплошн|óй unbróken, contínuous, sólid, compáct *(о*

массе)* ◇ ~áя выдумка sheer invéntion

спокóй|ный quíet; calm; ~ствие cálmness, tranquíllity

сполáскивать rinse

сполз|áть, ~ти 1) slip down 2) *разг. (с трудом спускаться)* scrámble down

сполнá complétely, in full

сполоснуть *см.* сполáскивать

спор árgument, dispúte; discússion *(обсуждение)*

спóр|ить árgue, dispúte; ~ный quéstionable; debátable; ~ный пункт point at íssue

спорт sport; ~ивный spórting; ~ивная площáдка sports ground

спортсмéн spórtsman

спóсоб way, méthod; ~ употреблéния how to use; такúм ~ом in this way

спосóбн|ость abílity; tálent *(талант)*; ~ый 1) *(одарённый)* áble; cléver; gífted 2) *(на что-л.)* cápable of

спосóбствовать fúrther, assíst; promóte

споткнуться, спотыкáться stúmble (óver)

спохватиться recolléct; bethínk onesélf

спрáва to the right

справедлив|ость jústice; ~ый just; fair *(разг.)*; это ~o that's fair

спрáвиться *см.* справлятьcя

спрáвка 1) informátion;

réference 2) *(документ)* certíficate

справля́ться 1) *(осведом-ляться)* ask (abóut); make inquíries; look it up *(по кни-ге)* 2) *(с чем-л.)* mánage, cope with

спра́вочник réference book, hándbook, diréctory

спра́шивать ask

спрос demánd ◇ без ~a withóut permíssion

спроси́ть *см.* спра́шивать

спря|га́ть *грам.* cónjugate; ~же́ние *грам.* conjugátion

спря́тать 1) *(скрыть)* hide 2) *(убрать)* put awáy

спуск 1) *(с горы)* descént 2) *(самолёта)* lánding 3) *(откос)* slope

спуска́ть 1) *(вниз)* lówer; ~ куро́к pull the trígger 2) *(судно на воду)* launch; ~ся go down, descénd

спусти́ть(ся) *см.* спуска́ть(ся)

спустя́ áfter

спу́тник 1) compánion 2) *астр.* sátellite; spútnik *(искусственный)*; запусти́ть ~ launch a sátellite, a spútnik

спя́чка hibernátion

сравне́ние compárison

сра́вн|ивать compáre; ~и́тельно compáratively

сравни́ть *см.* сра́внивать

сраж|а́ться fight; ~е́ние báttle

срази́ться *см.* сража́ться

сра́зу at once

сраст|а́ться, ~и́сь grow togéther; knit *(о костях)*

среда́ I *(окружение)* surróundings *(мн. ч.)*; envíronment

среда́ II *(день недели)* Wédnesday

среди́ amóng

средиземномо́рский Mediterránean

сре́дн|ий áverage; míddle *(находящийся посередине)*; ~ие века́ the Míddle Áges

сре́дство means; rémedy *(мед.)*

сре́з|ать, ~а́ть cut off

срисова́ть, срисо́вывать сópy

срок 1) *(назначенное время)* term, date 2) *(промежуток времени)* périod

сро́чн|о quíckly *(быстро)*; úrgently *(спешно)*; ~ый úrgent; ~ый зака́з rush órder

срыва́ть 1) *(цветок)* pick 2) *(сдёргивать)* tear off 3) *(портить)* spoil, rúin; ~ся 1) *(падать)* fall 2) *(с цепи и т. п.)* break loose 3) *(не удаваться)* fail, miscárry

сса́дина scratch; abrásion

ссо́р|а quárrel; ~иться quárrel (with)

ссу́да loan; advánce

ссыла́ть éxile

ссыла́ться refér to

ссы́лка I *(изгнание)* éxile

ссы́лка II *(сноска)* réference

стаб|илиза́тор stábilizer; ~и́льный stáble

ста́вить 1) put; place; set 2) *(пьесу)* stage, prodúce, put on 3) *(условия)* lay down

ста́вка 1) *(зарплата)* rate 2) *(в игре)* stake 3) *воен.* héadquarters

ста́вня shútter

стагна́ция stagnátion

стадио́н stádium

ста́дия stage

ста́до herd; flock *(овец, коз)*

стаж length of sérvice; ~ёр probátioner; ~ирова́ться work on probátion

стака́н glass

сталелите́йный: ~ заво́д stéelworks; ~ цех stéelplant

ста́лкиваться collíde with, run ínto; *перен.* come acróss

сталь steel; ~но́й steel

стаме́ска chísel

стан I *(фигура)* fígure

стан II *тех.* mill

станда́рт stándard

станкостройтельный: ~ заво́д machine-tool plant

становийться 1) *(занимать место)* stand; станови́сь! *воен.* fall in! 2) *(делаться)* becóme, get

стано́к bench; lathe *(тока́рный)*

ста́нция státion; телефо́нная ~ télephone exchánge

стара́|ние éffort; díligence *(усердие)*; ~тельный díligent, páinstaking; ~ться try; endéavour

старе́ть grow old

старий|к old man; ~нный

áncient; old *(давнишний)*; old-fáshioned *(старомо́дный)*

ста́роста *(группы, класса)* léader

ста́рость old age

старт start; на ~! on your marks!; ~ёр stárter; ~ова́ть start

стару́ха old wóman

ста́рший 1) *(по годам)* ólder; óldest, éldest 2) *(по положению)* sénior

старшина́ *воен.* sérgeant májor

ста́рый old

стати́ст *театр.* súper, éxtra

стати́ст|ика statístics; ~и́ческий statístic(al)

ста́тный státely

ста́туя státue

стать *см.* станови́ться

статья́ árticle

ста́чка strike

ста́я flock *(птиц)*, shoal *(рыб)*; pack *(собак, волков)*

ствол 1) *(дерева)* trunk 2) *(оружия)* bárrel

сте́бель stem

стёган|ый quílted; ~ое одея́ло quilt

стека́ть flow down, tríckle down; ~ся *(о людях)* gáther

стекл|о́ glass; ~я́нный glass

стели́ть spread; ~ посте́ль make a bed

стелла́ж shélving; shelves

сте́лька ínner sole

стена́ wall

стенд stand

стён|ка (мебель) fúrniture séctions; ~ной wall

стенограмма shórthand récord

стёпень degrée

степь steppes

стерéть см. стирáть I

стерéчь guard, watch

стéржень pívot

стесня́ть embárrass; ~ся feel embárrassed, be (feel) shy

стечéние: ~ обстоя́тельств coíncidence

стиль style

стúмул stímulus, incéntive

стипéндия schólarship

стирáльн|ый wáshing; ~ порошóк detérgent; wáshing pówder; ~ая маши́на wáshing machíne

стирáть I wipe off

стирáть II (бельё) wash

стúрка (белья) wáshing

стúс|кивать, ~нуть squéeze; clench (зубы)

стихú póetry (ед. ч.), póems

стихúйный eleméntal; spontáneous (самопроизволь-ный)

стихú|я élement ◇ быть в своéй ~и be in one's élement

стихотворéние póem

сто húndred

стог stack

стóи|мость cost; эк. válue; ~ть 1) cost 2) (заслуживать) desérve, be wórthy (of)

стóйка (бара) bar, cóunter

стóйкий firm, stéady

стол 1) táble 2) (питание) board

столб píllar

столбéц cólumn

столбня́к 1) мед. tétanus 2) перен. stúpor

столéтие céntury

столú|ца cápital; ~чный cápital

столкновéние collísion

столкнýться см. стáлки-ваться

столóвая 1) (в квартире) díning room 2) (общественная) cafetéria

стóлько so mány, so much; ~ скóлько as much as

столя́р jóiner

стон moan, groan; ~áть moan, groan

стопá (ноги) foot

стопроцéнтный húndred per cent

стоп-сигнáл bráke-light

стóрож guard; wátchman (ночной); cáretaker (при доме); ~úть guard; watch óver; keep watch (óver)

сторон|á 1) side 2) (в споре) párty 3) (местность) place ◇ с другóй ~ы́ on the óther hand

сторóнник adhérent, suppórter; ádvocate; ~и мúра suppórters of peace, defénders of peace

стоя́нка (автомашин) párking lot; ~ таксú táxi rank; амер. cab rank, cábstand

стоя́ть 1) stand 2) (нахо-

диться) be ◇ ~ за *(защищать)* be for

страда|ние súffering; ~тельный: ~ залóг *грам.* pássive voice; ~ть súffer

стрáжа guard, watch

странá cóuntry

страни́ца page

стрáнный strange, odd

стрáнствовать wánder

страстн|óй: ~áя недéля *церк.* Hóly Week

стрáстный pássionate

страсть pássion

стратéгия strátegy

стрáус óstrich; ~овый óstrich

страх fear; на свой ~ at one's risk

страховá|ние insúrance; социáльное ~ sócial insúrance; ~ть insúre

страхóв|ка insúrance, guárantee; ~óй insúrance

стрáшный térrible, dréadful

стрекозá drágonfly

стрелá árrow

стрéлка 1) néedle *(компаса)*; hand *(часов)* 2) *ж.-д.* ráilway point; switch

стрелóк shot; márksman

стрéлочник *ж.-д.* switchman

стрельбá shóoting

стреля́ть shoot

стремглáв héadlong

стреми́тельный impétuous

стрем|и́ться (к) strive (for); long for *(страстно*

желáть)*; ~лéние téndency; aspirátion

стрéмя stírrup

стремя́нка stép-ladder

стресс stress

стри́женый short *(о волосах)*; shorn *(об овцах)*

стри́жка 1) *(волос)* háircut 2) *(овец)* shéaring

стрипти́з stríp-tease

стричь 1) cut 2) *(овец)* shear; ~ся have one's hair cut

строгáть plane

стрóг|ий strict *(требовательный)*; sevére *(суровый)*; ~ость stríctness; sevérity

строевóй I: ~ лес tímber

строев|óй II *воен.:* ~ые учéния drill; ~óй офицéр cómbatant ófficer

стро|éние 1) *(постройка)* building, constrúction 2) *(структура)* strúcture; ~и́тель búilder; ~и́тельный building; ~и́тельство constrúction

стрóить build, constrúct

строй 1) sýstem, órder; социалисти́ческий ~ sócialist sýstem 2) *воен.* órder

стрóйка building, constrúction

стрóйный 1) slénder, slim 2) *(о пении)* harmónious

строкá line

строчи́ть 1) *(шить)* stitch 2) *разг. (писать)* scríbble

стрóчка *см.* строкá

строчн|óй: ~áя бýква small létter

структýра strúcture

струна́ string
стру́нный stringed
стру́сить quail
струя́ stream, jet; cúrrent (*воздуха*)
стря́пать cook
стря́х|ивать, ~ну́ть shake off
студе́нт stúdent
сту́день áspic
сту́дия stúdio
стук knock; tap (*тихий*); ~нуть *см.* стуча́ть
стул chair
ступе́нь (*стадия*) stage
ступе́нька step
ступня́ foot
стуча́ть knock; bang (*по столу*); ~ся knock; ~ся в дверь knock at the door
стыд shame; ~и́ться be ashámed; ~ли́вый shámefaced
стык joint; ~ова́ться join; dock
стыко́вка dócking
стюарде́сса (air) stéwardess
стя́гивать, стяну́ть 1) draw togéther; tie up (*верёвкой*) 2) (*войска*) gáther
суббо́та Sáturday
субси́дия súbsidy
субтро́пики the subtrópics
субье́кт 1) *грам.* súbject 2) *разг.* (*о человеке*) indivídual; ~и́вный subjéctive
сувени́р sóuvenir, kéepsake
суверените́т sóvereignty
суверн́нный sóvereign
сугро́б snów-drift

суд 1) court (of law, of jústice) 2) (*процесс*) tríal
суда́к zánder
суди́ть judge; *юр.* try; ~ся (*за что-л.*) be tried (for)
су́дно ship, véssel
су́доро|га cramps (*мн. ч.*); ~жный convúlsive
судо|строе́ние shípbuilding; ~хо́дный návigable; ~хо́дство navigátion
судьба́ fate, déstiny
судья́ judge
суеве́р|ие superstítion; ~ный superstítious
сует|а́ fuss; ~и́ться fuss; ~ли́вый fússy, réstless
сужде́ние júdgement; opínion (*мнение*)
сук branch
су́ка bitch
сук|но́ cloth; ~о́нный cloth
сумасше́дший 1. *прил.* mad 2. *сущ.* mádman, lúnatic
сумато́ха bústle
сумбу́рный múddled, confúsed
су́мерки twílight (*ед. ч.*)
суме́ть be able (to), succéed in
су́мка bag; pouch; (hánd)bag (*дамская*)
су́мма sum
су́мр|ак dusk; ~ачный glóomy
сунду́к trunk, chest
суп soup
суперобло́жка dust jácket
супру́г húsband
супру́га wife

сургу́ч séaling wax

суро́вый sevére, austére, stern; rígorous (о климате)

суррога́т súbstitute

суста́в joint

су́тки day (and night)

суту́л|**иться** stoop; **~ый** róund-shouldered

суть éssence; **~** де́ла main point

суфлёр prómpter

су́ффикс грам. súffix

суха́рь piece of toast; rusk (сладкий)

сухожи́лие téndon

сухо́й dry; curt (об ответе, отказе, поклоне)

су́ша (dry) land

суш|**ёный** dried; **~и́ть** dry

су́шка drýing

суще́ственный esséntial

существи́тельное грам. noun

существ|**о́** 1) béing, créature 2) (сущность) éssence, gist; по **~у́** as a mátter of fact

существов|**а́ние** exístence; **~а́ть** exíst

су́щность éssence

сфе́ра sphere

схвати́ть, схва́тывать seize, grasp, catch

схе́ма scheme

сходи́ть 1) descénd, go down; get off (слезать) 2) (о коже, о краске и т. п.) come off 3) (за кого-л.) pass as; **~ся** 1) meet 2) (собираться) gáther

схо́дство líkeness, resémblance

сце́н|**а** 1) театр. stage 2) (явление) scene 3) (скандал) scene; устро́ить **~у** make a scene; **~а́рий** scenário, script; **~ари́ст** scenário wríter, script wríter

сцепле́ние 1) физ. cohésion 2) тех. cóupling

счастли́вый háppy; fórtunate, lúcky (удачный)

сча́стье 1) háppiness 2) (удача) luck

счёт 1) calculátion 2) бухг. accóunt 3) (за товар) bill 4) муз. bar, méasure ◇ приня́ть на свой **~** take smth. to heart; **~ный** accóunt

счетово́д bookkéeper, accóuntant

счётчик méter

счита́ть 1) count 2) (полагать) consíder; **~ся** 1) réckon with 2) (слыть) be consídered, pass for

сшить 1) (платье) make; have a dress made (у портнихи) 2) (вместе) sew togéther

съеда́ть eat, eat up

съёжи|**ваться, ~ться** shrível, shrink

съезд cóngress; **~** па́ртии Párty Cóngress

съезжа́ться assémble

съёмка súrvey; shóoting (фильма)

съестн|**о́й: ~ы́е** припа́сы fóodstuffs; éatables

съесть см. съеда́ть

съéхаться *см.* съезжáться

сы́воротка 1) моло́чная ~ whey 2) *мед.* sérum

сыгрáть play

сын son

сы́пать pour, strew; scátter *(остротами, словами)*

сыпь rash

сыр cheese

сыро́й 1) *(влажный)* damp 2) *(неварёный, необрабо-танный)* raw

сы́рость dámpness

сырьё raw matérial

сы́т|ный nóurishing; ~ обéд héarty meal; ~ость satíety; ~ый sátisfied; он сыт he has had enóugh

сы́щик detéctive

сюдá here

сюжéт 1) súbject, tópic 2) *(романа)* plot

сюрпри́з surpríse

сюрту́к frock cóat

Т

та that

табáк tobácco

таблéтка pill

табли́ца táble; ~ умножé-ния multiplicátion táble

табло́ indicátor board; scóreboard

табу́н drove (of hórses)

табурéтка stool

таджи́к Tadjík

таджи́кский Tadjík

таёжный taigá

таз I básin; pan *(для ва-ренья)*

таз II *анат.* pélvis

таи́нственный mystérious

тайгá taigá

тайко́м sécretly

тайм half; périod

тáйн|а sécret; mýstery; ~о sécretly, in sécret; ~ый sécret

так so; like that; ~ как as, since

тáкже álso; too; éither *(в отрицат. предложениях)*

так|о́й such; ~и́м о́бразом thus; thérefore

тáкса I fixed price

тáкса II *(собака)* dáchshund

такси́ táxi; ~ст táxi-driver

такт I tact

такт II *муз.* time *(ритм)*; в ~ in time

тáкт|ика táctics; ~и́ческий táctic(al)

такти́чный táctful

талáнт tálent; gift; ~ливо fínely *(прекрасно)*; ~ливый tálented, gífted

тáлия waist

талóн cóupon

тáлый mélted; ~ снег mélted snow, slush

там there

тамóж|енный cústoms; ~ня cústoms

тáнго tángo

тáнец dance

танк tank

тáнкер tánker

танц|евáть dance; ~о́вщик, ~о́вщица (bállet) dáncer

тáпочки slíppers *(домашние)*; gym shoes *(спортивные)*

тáра contáiner; *(мягкая)* pácking

таракáн cóckroach

таратóрить *разг.* chátter ráttle on

тарáщить *разг.* stare

тарéлка plate

тарúф táriff

таскáть 1) cárry; pull, drag 2) *разг. (воровать)* steal

тасовáть shúffle *(карты)*

татáр|ин Tá(r)tar; ~ский Tá(r)tar

тафтá táffeta

тахтá óttoman, sófa

тáчка whéelbarrow

тащúть *см.* таскáть 1)

тáять 1) melt; thaw *(о льде, снеге)* 2) *(чахнуть)* waste awáy

твердéть hárden

твердúть reíterate, say óver and óver agáin

твёрд|о fírmly; ~ость solídity, hárdness; *перен.* fírmness; ~ый hard; *перен.* firm

твой your, yours

творé|ние creátion, work; ~ц creátor

творúтельный: ~ падéж the insruméntal

творúть creáte; ~ся go on, take place; что тут творúтся? what is góing on here?

твóрóг curds *(мн. ч.)*, cóttage cheese

твóрче|ский creátive;

~ство creátion; work *(произведения)*

те those

т. е. *см.* тó есть

теáтр théatre; ~áльный theátrical

тебé you

тебя́ you

тёзка námesake

текст text; words *(мн. ч.)* *(к музыке)*

текстúль téxtile; ~ный téxtile

текýщий cúrrent

телевú|дение télevision, TV; ~зор télevision set; TV set *(разг.)*

телéга cart

телегрáмма télegram, wíre; cáble *(каблограмма)*

телегрáф télegraph; ~úровать télegraph, wíre; cáble *(по кабелю)*; ~ный télegraph; ~ный бланк télegraph form

телéжка hándcart

тéлекс télex

телемóст space bridge

телёнок calf

телепáтия telépathy

телескóп télescope

телéсный córporal

телестýдия TV stúdio

телетáйп téletype

телефóн télephone

телефóн-автомáт 1) públic télephone 2) *(будка)* call box

телефонúстка télephone óperator

телефóнн|ый télephone; ~ая кнúга télephone diréctory

телеце́нтр TV céntre

тёлка héifer

те́ло bódy; ~сложе́ние build, frame; ~храни́тель bódyguard

теля́тина veal

тем I *(тв. п. от* тот*)* by this, with this; ~ вре́менем méanwhile

тем II *(дат. п. от* те*)* them

тем III 1. *союз* the; чем ..., ~ ... the... the...; чем бо́льше, ~ лу́чше the more the bétter 2. *употр. как нареч. в сочета́ниях:* ~ лу́чше so much the bétter; ~ ху́же so much the worse; ~ бо́лее (что) espécially (as); ~ не ме́нее nevertheléss

те́ма 1) súbject, tópic 2) *муз.* theme

тембр tímbre

темн|е́ть get (grow) dark; ~ота́ dárk(ness)

тёмн|ый 1) dark 2) *(нея́сный)* obscúre; vague 3) *(подозри́тельный)* suspícious; dúbious; ~ая ли́чность suspícious pérson; ~ое де́ло dúbious affáir

темп pace; témpo

темпера́мент témperament

температу́ра témperature

тенденцио́зный tendéntious; bías(s)ed

тенде́нция téndency *(скло́нность)*

теневóй shády; ~ кабине́т shádow cábinet

те́ннис ténnis; ~и́ст, ~и́стка ténnis-player; ~ный ténnis

тень shade *(ме́сто)*; shádow *(чья-л.)*

теоре́ма théorem

теоре́тик théorist

теорети́ческий theorétical

тео́рия théory

тепе́рь now, at présent

тепле́ть get warm

тепли́ца gréenhouse

тепло́ warmth; ~во́й thérmal; ~та́ heat; *перен.* warmth

теплохо́д mótor ship

теплоцентра́ль héating plant

тёплый warm

терап|е́вт physícian; ~ия therapéutics; thérapy *(ме́тод лече́ния)*

тере́ть rub, grate *(измельча́ть)*

терза́ть *(му́чить)* tormént

тёрка gráter

те́рмин term

термина́л *вчт.* términal

термо́метр thermómeter

те́рмос thérmos (flask)

термоя́дерный thermonúclear

терни́стый thórny

терп|ели́вый pátient; ~е́ние pátience

терпе́ть endúre, bear; tólerate *(допуска́ть)*

терра́са térrace; verándah; porch *(амер.)*

территориа́льный territórial

терри́тория térritory

террóр térror; **~йзм** térrorism; **~йст** térrorist

терять lose; waste *(напрасно тратить)*

теряться be lost *(тж. перен.)*

тесёмка tape; braid *(отделка)*

теснот|á nárrowness; crush *(давка)*; в ~é, да не в обиде *погов.* ≈ the more the mérrier

тéсный 1) cramped; tight; nárrow *(о помещении, улице)* 2) *(близкий)* close, íntimate

тест test

тéсто dough

тесть fáther-in-law

тесьмá braid; tape

тéтерев bláckcock

тётка aunt

тетрáдь nótebook; éxercise book *(школьная)*

тётя aunt

тéфтéли (small) méatballs

тéхн|ик technícian; **~ика** techníques, téchnics *(мн. ч.)*; **~икум** júnior téchnical cóllege; **~ический** téchnical

течéние 1) *(о времени)* course 2) *(ток, струя)* cúrrent, stream 3) *(направление)* trend, téndency

течь 1) flow; run 2) *(протекать)* leak

тёща móther-in-law

тигр tíger

тúна slime

тип type; **~úчный** týpical; **~овóй** stándard, módel

типогрáф|ия prínter's; **~ский** typográphical

тир shóoting gállery

тирáж 1) circulátion; príntrun 2) *(займа)* dráwing

тирé dash

тискú vice *(ед. ч.)*; *перен.* grip

тúтры *(перед началом фильма)* crédit títles

тúтул títle

тиф týphus

тúхий quíet, calm; low *(о голосе)*

тихоокеáнский Pacífic

тúше! sílence!; sh!

тишинá calm, quíet; sílence

ткань 1) fábric, cloth 2) *биол.* tíssue

ткать weave

ткачúха wéaver

тлеть 1) *(гнить)* rot, decáy 2) *(гореть)* smóulder

то I that

то II *союз* then, ótherwise; то... то... now... now...

тобóю (by, with) you

товáр wares, goods *(мн. ч.)*

товáрищ cómrade; mate, féllow

товáрищество *(объединение)* cómpany

товáрный: ~ пóезд goods train; freight train *(амер.)*

товаровéд éxpert on mérchandise

товарооборóт commódity circulátion

тогдá 1. *нареч.* then 2. *союз:* ~ как whereás, while

тó есть that is

тождéственный idéntical

тóждество idéntity

тóже álso, too; я ~ so do I; nor do I; он лю́бит му́зыку. — Я ~ he loves músic. — So do I; он не ку́рит. — Я ~ he doesn't smoke. — Néither do I

ток 1) эл. cúrrent 2) с.-х. thréshing-floor

тóкарь túrner

толк 1) (смысл) sense 2) (польза) use, good

толк|áть, ~ну́ть push

толковáние interpretátion

толковáть 1) intérpret 2) разг. (разговаривать) talk

толкотня́ crush

толóчь pound

толп|á crowd; ~и́ться crowd

толстéть grow stout (fat)

тóлстый 1) thick 2) (о человеке) fat, stout

толчóк push; shock (при землетрясении); перен. ímpetus

толщинá thíckness

тóлько ónly; ~ что just

том vólume

томáтный tomáto; ~ сок tomáto juice; ~ сóус tomáto sauce

томи́ться lánguish, pine

тон tone ◇ хорóший ~ good style

тóнк|ий 1) (о фигуре) slénder, slim 2) (утончённый) délicate, súbtle 3) (о слухе и т. п.) keen

тóнна ton

тоннéль см. туннéль

тону́ть drown; sink (о предмете)

тóпать stamp

топи́ть I (печи) heat

топи́ть II (жиры, воск) melt

топи́ть III (утопить) drown; sink (судно)

топлён|ый: ~ое мáсло clárified bútter

тóпливо fúel

тóполь póplar

топóр axe

тóпот stamp

топтáть trámple (on)

торг|овáть trade; deal in; ~óвец mérchant, trádesman; ~óвля trade; cómmerce; ~óвый tráding, commércial; ~óвый центр súpermarket

торжéственный sólemn

торжествó 1) (победа) tríumph 2) (праздник) celebrátions (мн. ч.)

тóрмоз brake; ~и́ть put the brake on; перен. hínder, hámper

торопи́ть húrry, hásten; ~ся be in a húrry

торпéда torpédo

торт cake

торф peat

торчáть stick out (наружу); stick up (вверх)

торшéр stándard lamp

тоск|á mélancholy (грусть); bóredom (скука); ~ по lónging (for); ~ли́вый lónely (одинокий); mélancholy (грустный); dull, bóring *(скучный)*; ~овáть pine (for), be sick at heart; ~овáть по комý-л. long for smb.

тост toast

тот that

тóтчас immédiately, at once

точи́ть shárpen

тóчка 1) point 2) *(знак)* dot 3) *(знак препинания)* full stop ◇ ~ зрéния point of view

тóчн│о exáctly; ~ость áccuracy; precísion; ~ый exáct; áccurate

точь-в-тóчь *разг.* exáctly, precísely

тошн│и́ть feel sick; меня ~и́т I feel sick; ~отá síckness, náusea

травá grass

трави́ть *(преследовать)* pérsecute

трáвля húnting; persecútion

трáвма ínjury

трагéдия trágedy

трáктор tráctor

трамвáй tram; stréetcar *(амер.)*

трампли́н spríngboard

транзи́стор *(радио-приёмник)* transístor

трансконтинентáльный transcontinéntal

трансля́ция bróadcast

трáнспорт tránsport

траншéя trench

трáсса route, line

трáт│а expénditure; waste *(напрасная)*; ~ить spend; waste *(напрасно)*

трáур móurning; ~ный fúneral

трéбов│ание demánd; ~ательный demánding; ~ать 1) demánd 2) *(нуждаться)* requíre; ~аться need, be requíred

тревó│га alárm; anxíety *(беспокойство)*; ~жить alárm *(пугать)*; distúrb, tróuble *(беспокоить)*; ~жный unéasy; alárming, distúrbing

трéзв│ость 1) sobríety 2) *(разумность)* sóberness; ~ый sóber

трек *спорт.* track

тренажёр tráiner, símulator

трéние fríction

тренировáть train; ~ся be in tráining

трениróвка tráining

трéпет trémor, trémbling; ~áть trémble

треск crash, crack

трескá cod

трéснуть crack, burst *(лопнуть)*

трест trust

трéтий third

треть one third

треугóльн│ик tríangle; ~ый thrée-córnered, triángular

трéфы *карт.* clubs

трёхэтáжный thrée-stóreyed

трещáть crack

трéщина crack; cleft *(в земле)*

три three

трибýна tríbune

тридца́тый thírtieth

три́дцать thírty

три́жды three times

трико́ kníckers *(мн. ч.)* *(панталоны)*; tights *(мн. ч.)* *(театральное)*

трикота́ж knítted wear, jérsey

трина́дца|тый thirtéenth; ~ть thirtéen

три́ста three húndred

триу́мф tríumph

тро́гательный tóuching

тро́гать touch; *перен.* move, touch

тро́гаться start, move; ~ в путь set out

тро́е three

тройно́й tríple

тролле́йбус trólleybus

тро́нуть *см.* тро́гать; ~ся *см.* тро́гаться

тро́пики trópics

тропи́нка path

тропи́ческий trópical

тростни́к reed; са́харный ~ súgarcane

трость cane; wálking stick

тротуа́р pávement; sídewalk *(амер.)*

трофе́й tróphy

труба́ 1) pipe, tube 2) chímney *(дымовая)*; (smóke)stack, fúnnel *(на пароходе, паровозе)* 3) *муз.* trúmpet

тру́бка pipe

трубопрово́д pípeline

трубочи́ст chímneysweep

труд lábour, work; ~и́ться work; toil

тру́дный dífficult

трудово́й wórking

трудолюби́вый hárd--wórking

трудоспосо́бный áble--bódied; fit for work

трудя́щийся wórker

труп corpse

тру́ппа cómpany, troupe

трус cóward

тру́сить be afráid (of), be shy (of)

трусли́вый cówardly

тру́сость cówardice

трусы́ shorts

трущо́бы shems

трюк trick

трюм *мор.* hold

тря́пка rag

тря́ска sháking, jólting

тряс|ти́ shake; jolt *(в маши́не и т. п.)*; ~ти́сь shake; shíver

туале́т 1) *(одежда)* dress 2) *(уборная)* lávatory

туберкулёз tuberculósis

ту́го 1) tíght(ly) 2) *(с трудом)* with dífficulty

туда́ there

туз *карт.* ace

тузе́м|ец nátive; ~ный nátive, indígenous

ту́ловище trunk, bódy; tórso

тулу́п shéepskin coat

тума́н mist, fog

тунне́ль túnnel

тупи́к blind álley ◇ поста́вить в ~ embárrass, disconcért; nonplús; стать в ~

403

be in a quándary; be nonplússed

тупóй 1) *(о ноже и т. п.)* blunt; ~ ýгол obtúse ángle 2) *(о человеке)* stúpid, dull

тур round

турбáза tóurist hóstel

турбúна túrbine

турéцкий Túrkish

турúзм tóurism

турúст tóurist

туркмéнский Túrkmen

турнúр tóurnament

тýрок Turk

тýсклый dim, dull

тут here; кто ~? who is here?

тýф|ля shoe; домáшние ~ли slíppers

тýх|лый rótten, bad; ~нуть go bad

тýча cloud

тушёный stewed

тушúть put out, extínguish; blow out *(задувать)*; switch off *(электричество)*; turn off *(газ)*

тщáтельный cáreful, thórough

тщеслáв|ие vánity; ~ный vain

тщéтно in vain

ты you

тýква púmpkin

тыл rear

тýсяча thóusand

тьма dárk(ness)

тюбик tube

тюк bale

тюлéнь seal

тюль tulle

тюльпáн túlip

тюрéмный príson

тюрьмá príson

тýгостный páinful, distréssing

тяжелó: с ним ~ рабóтать he is not véry éasy to work with; мне ~ егó вúдеть it grieves me to see him; éсли вам не бýдет ~ if it isn't too much tróuble (for you)

тяжёлый 1) héavy 2) *(мучительный)* sad, páinful 3) *(трудный)* hard; dífficult *(тж. о человеке, характере)*

тýжесть weight; búrden *(бремя)*

тýжкий grave, sérious; páinful *(мучительный)*

тянýть pull, draw; ~ся 1) stretch 2) *(длиться)* last

У

у 1) *(около, возле)* at, by, near 2) *(при, вместе)* with; at *smb.'s* place *(в доме)* 3): у меня *(есть)* I have ◇ у влáсти in pówer; у нас в странé in our cóuntry

убегáть run away, make off

убедú|тельный convíncing; ~ть(ся) *см.* убеждáть(ся)

убежáть *см.* убегáть

убежд|áть persuáde, convínce; ~áться be convínced; ~éние convíction, belíef

убе́жище réfuge; shélter (укрытие)

убива́ть kill; múrder

убий|ство múrder; assassinátion (предательское); ~ца múrderer; assássin (наёмный)

убира́ть 1) take awáy (прочь); put awáy (прятать) 2) (комнату) tídy; décorate (украшать) 3) (урожай) hárvest, bring in

уби́ть см. убива́ть

убо́рка 1) с.-х. hárvesting 2): ~ ко́мнаты dóing a room

убо́рная 1) lávatory; tóilet (амер.) 2) театр. dréssing--room

убо́рочн|ый: ~ая кампа́ния hárvest campáign

убо́рщица chárwoman

убра́ть см. убира́ть

убыва́ть decréase; subsíde (о воде)

убыт|ок loss; возмести́ть ~ки pay dámages

убы́ть см. убыва́ть

уваж|а́емый respécted, dear (в письме); ~а́ть respéct; ~е́ние respéct

уве́дом|ить см. уведомля́ть; ~ле́ние informátion; nótice; ~ля́ть infórm; nótify

увезти́ см. увози́ть

увеличе́ние íncrease; rise (повышение); exténsion (расширение)

увели́чивать 1) incréase; raise (повышать); enlárge (расширять) 2) (увеличительным стеклом) mágnify;

~ся incréase; rise (повышаться); enlárge (расширяться)

увели́чить(ся) см. увели́чивать(ся)

уве́ренн|ость cónfidence; в по́лной ~ости in the firm belief; ~ый cónfident (в себе); cértain, sure (в чём-л.)

уве́р|ить, ~я́ть assúre; make belíeve (that)

увести́ см. уводи́ть

увида́ть, уви́деть see

увлека́тельный fáscinating

увлека́ться be keen on

увлече́ние 1) pássion; craze (мода) 2) (пыл) enthúsiasm

увле́чься см. увлека́ться

уводи́ть lead awáy, take awáy

увози́ть take awáy

уво́лить см. увольня́ть

уво́льн|е́ние dismíssal, dischárge; ~я́ть dismíss, dischárge

увы́! alás!

увяда́|ние wíthering; ~ть fade, wíther, droop

увяза́ть, увя́зывать 1) tie up 2) (согласовать) coórdinate

увя́нуть см. увяда́ть

угада́ть, уга́дывать guess

уга́р gás-poisoning, chárcoal póisoning

угаса́ть, уга́снуть die awáy

углеко́п (cóal-)míner, cóllier

углеро́д cárbon

углуби́ть(ся) *см.* углуб-
ля́ть(ся)

углубл|е́ние hóllow;
~ённый deep, profóund; ~я́ть
déepen; ~я́ться go deep ínto

угнет|а́ть oppréss; *перен.*
depréss; ~е́ние oppréssion;
перен. depréssion; ~ённый
oppréssed; *перен.* depréssed;
~ённые наро́ды oppréssed
péople

угова́ривать try to per-
suáde; ~ся arránge; agrée

угово́р agréement; ~и́ть
persuáde; ~и́ться *см.* угова́-
ривать(ся); ~ы persuásion
(ед. ч.)

угоди́ть *см.* угожда́ть

уго́дно: как вам ~ just as
you like; что вам ~? what can
I do for you?; что ~ ánything;
куда́ ~ ánywhere

угожда́ть please

у́гол 1) córner 2) *мат.*
ángle

уголо́вный críminal

уголо́к córner; nook

у́голь *(каменный)* coal;
~ный coal(-)

уго|сти́ть, ~ща́ть give;
treat (to); ~ще́ние food (and
drink); refréshments *(мн. ч.)*

угрожа́|ть thréaten;
~ющий thréatening

угро́за threat, ménace

угрызе́ния: ~ со́вести
remórse *(ед. ч.)*

угрю́мый súllen, moróse,
glóomy

удава́ться 1) be a succéss
2) *безл.:* ему́ удало́сь he

succéeded (in); he mánaged
(to)

удал|и́ть, ~я́ть remóve

уда́р blow, *перен. тж.*
shock

ударе́ние áccent, stress

уда́р|ить strike; deal a
blow; ~иться hit (agáinst);
~я́ть(ся) *см.* уда́рить(ся)

уда́ться *см.* удава́ться

уда́ч|а succéss; good luck;
~ный succéssful

удва́ивать, удво́ить dóuble

уде́л lot, déstiny

удел|и́ть, ~я́ть spare, give

удержа́ть(ся) *см.* уде́ржи-
вать(ся)

уде́рживать 1) *(кого-л.)*
hold back 2) *(подавлять)*
suppréss 3) *(деньги)* dedúct;
~ся 1) *(на ногах)* keep one's
feet 2) *(от чего-л.)* keep
from, refráin from

удиви́тельный wónderful,
extraórdinary, astónishing

удиви́ть(ся) *см.* удив-
ля́ть(ся)

удивле́ние astónishment,
surpríse

удивля́ть astónish, surpríse;
~ся be astónished, be
surprísed

удила́ bit *(ед. ч.)*; заку-
си́ть ~ take the bit betwéen
one's teeth

удира́ть run awáy

уди́ть fish

удлин|и́ть, ~я́ть léngthen;
prolóng *(о времени)*

удо́бный cómfortable;
convénient *(подходящий)*

удобре́ние manúre, fértilizer

удо́бр|ить, ~я́ть manúre, fértilize

удо́бств|а convéniences; ~o convénience, cómfort

удовлетвор|е́ние satisfáction; ~и́тельный satisfáctory; ~и́ть(ся) см. удовлетворя́ть(ся); ~я́ть sátisfy; ~я́ться be sátisfied; be contént with

удово́льстви|е pléasure; c ~ем with pléasure

удостовере́ние certíficate

удостове́р|ить, ~я́ть cértify; ~ по́дпись wítness a sígnature

у́дочка físhing-rod

удра́ть см. удира́ть

удруча́ть depréss; demóralize

уду́шливый súffocating

уедин|е́ние sólitude, seclúsion; ~ённый sólitary; lónely (одинокий)

уезжа́ть, уе́хать go awáy, leave

уж зоол. gráss-snake

у́жас hórror; térror (страх); како́й ~! how áwful!

ужа́сный térrible; áwful (разг.)

уже́ alréady; часто не переводится: вы ~ обе́дали? have you had lunch?

у́жин súpper; ~ать have súpper

узако́н|ивать, ~ить légalize

узбе́к Uzbék

узбе́кский Uzbék

узда́ brídle

у́зел 1) knot 2) (свёрток) búndle

у́зкий nárrow; tight (об одежде)

узн|ава́ть, ~а́ть 1) (получать сведения) hear, learn; find out (выяснять) 2) (признавать) know, récognize

узо́р desígn, páttern, fígure, trácery

уйти́ см. уходи́ть

ука́з decrée, édict

указа́ние indicátion; instrúctions (мн. ч.)

указа́тель 1) índex; guide 2) тех. índicator

указа́ть, ука́зывать point out, índicate, show

укла́дывать 1) lay; ~ в посте́ль put smb. to bed 2) (вещи) pack (up); ~ся 1) (упаковываться) pack (up) 2) (в определённые пределы) confíne onesélf (to), keep (withín)

укло́н inclinátion; перен. deviátion; ~и́ться см. уклоня́ться; ~чивый evásive; ~я́ться déviate (в сторону); avoid, eváde (избегать)

уко́л 1) prick 2) мед. injéction

уко́р repróach

укорен|и́вшийся déep-rooted; ~и́ться, ~я́ться take root

укоря́ть repróach

укра́дкой fúrtively, surreptítiously; by stealth

украи́н|ец, ~ский Ukráinian

укра́|сить, ~ша́ть adórn; décorate; ~ше́ние órnament

укреп|и́ть *см.* укрепля́ть; ~ле́ние stréngthening; fortificátion; ~ля́ть stréngthen; fórtify *(тж. воен.)*

укро́п dill, fénnel

укрыва́ть, укры́ть 1) concéal *(скрывать)*; shélter *(защищать)* 2) *(укуты-вать)* cóver

у́ксус vínegar

уку́с bite; ~и́ть bite

ула́вливать catch

ула́|дить, ~живать settle, arránge

у́лей béehive, hive

уле|та́ть, ~те́ть fly (awáy); самолёт ~те́л на се́вер the áirplane went north; бума́жка ~те́ла со стола́ the páper was blown off the táble

ули́ка évidence; clue

у́лиц|а street; на ~e out (of doors)

улич|а́ть, ~и́ть catch, convíct

уло́в catch, take

улови́ть *см.* ула́вливать

уло́вка trick, devíce

уложи́ть(ся) *см.* укла́ды-вать(ся)

улучш|а́ть impróve; ~е́ние impróvement

улу́чшить *см.* улучша́ть

улыба́ться smile

улы́б|ка smile; ~ну́ться *см.* улыба́ться

ультима́тум ultimátum

ультразвуково́й supersónic

ум mind; íntellect

ума́лчивать fail to méntion, suppréss

уме́|лый skílful, cómpetent; ~ние skill, abílity

уменьш|а́ть decréase, dimínish; redúce; ~е́ние décrease

уме́ренный móderate; témperate

умере́ть *см.* умира́ть

уме́стный apprópriate; tímely *(своевременный)*

уме́ть can; be áble to; know how (to)

умира́ть die

умнож|а́ть 1) incréase 2) *мат.* múltiply; ~е́ние multiplicátion

умно́жить *см.* умножа́ть

у́мный cléver, intélligent

умоля́ть implóre, entréat

умори́|ть kill; ~ го́лодом starve *smb.* to death; он ~л меня́ со́ смеху свои́м расска́-зом his stóry was so fúnny I néarly died of láughing

у́мственный intelléctual, méntal

умыв|а́льник wáshstand; ~а́ние wáshing

умыва́ть wash; ~ся wash (onesélf)

у́мысел design, inténtion

умы́ть(ся) *см.* умы-ва́ть(ся)

умы́шленный delíberate, inténtional

унести́ *см.* уноси́ть

универма́г (универса́льный магазин) stores *(мн. ч.)*, depártment store

универсáльный univérsal

университéт univérsity

униж|áть humíliate; ~éние humiliátion

унизúтельный humíliating

уникáльный excéption; uníque

унитáз lávatory pan

унифицúровать únify

уничт|ожáть, ~óжить destróy; wipe out *(противника)*

уносúть cárry awáy, take awáy

унывáть lose heart, be cast down

унылый glóomy; dréary; in low spírits *(о человеке)*

упáдок declíne, decáy

упáдочн|ый décadent *(об искусстве)*; ~ое настроéние low spírits *(мн. ч.)*

упаковáть *см.* упакóвывать

упакóв|ка pácking; ~ывать pack up

упáсть fall

уплá|та páyment; ~тúть, ~чивать pay

уполномóч|енный represéntative; ~ить áuthorize

упом|инáть, ~янýть méntion

упóр|ный persístent *(настойчивый)*; ~ство persístence; ~ствовать persíst *(in)*

употреб|úтельный órdinary; cómmon; in géneral use;

~úть *см.* употреблять; ~лéние use; ~лять use

управлéние 1) *(руководство)* mánagement; góvernment *(страной)* 2) *(учреждéние)* óffice, administrátion, board

управлять 1) *(руководить)* mánage, contról; góvern *(страной)* 2) *тех.* óperate; drive *(автомобилем)*; steer *(рулём)*

управляющий mánager

упражн|éние éxercise; práctice; ~яться práctise

упразднять abólish; annúl

упрёк repróach

упрек|áть, ~нýть repróach

упро|стúть, ~щáть símplify

упрýг|ий resílient, spríngy; ~ость resílience, elastícity

упряжь hárness

упрям|ство óbstinacy; ~ый óbstinate

упус|кáть, ~тúть let escápe *(выпускать)*; miss *(прозевать)*; ~тúть из виду forgét; lose sight (of)

упущéние omíssion; negléct *(халатность)*

урá! hurráh!

уравнéние 1) equalizátion 2) *мат.* equátion

урáвнивать, уравнять lével

урагáн húrricane

урáн uránium

урегулúровать régulate; contról

ýрна urn

ýровень lével

урóд mónster; ~ливый

defórmed; úgly; ~ство defórmity; úgliness

урожа́й yíeld, hárvest; ~ность productívity

уроже́нец nátive

уро́к lésson

уро́н lósses *(мн. ч.)*

урони́ть drop, let fall

усади́ть *см.* уса́живать

уса́живать seat; ~ся take a seat, sit down

усва́ивать, усво́ить assímilate; digést *(пищу)*; learn, máster *(овладевать)*

усе́рд|ие zeal; ~ный zéalous

у́сики *(насекомого)* anténnae

усиле́ние reinfórcement; intensificátion

уси́ленный inténsive

уси́ливать inténsify; stréngthen

уси́лие éffort

уси́лить *см.* уси́ливать

ускольз|а́ть, ~ну́ть slip (out of, awáy)

ускоре́ние accelerátion, spéed-up

уско́р|ить, ~я́ть speed up, accélerate

усла́вливаться agrée upón; arránge

усло́в|ие condítion; ~иться *см.* усла́вливаться; ~ный 1) condítional 2) *(принятый)* convéntional

усложн|и́ть, ~я́ть cómplicate

услу́|га sérvice; ~жливый oblíging

услыха́ть, услы́шать hear

усмех|а́ться, ~ну́ться sneer

усме́шка irónic smile

усмир|и́ть, ~я́ть pácify; suppréss; put down

усмотре́ни|е: на ~, по ~ю at one's discrétion

усну́ть fall asléep

усоверше́нствовать impróve, perféct

успева́ть, успе́ть 1) have time; be in time 2) *(в науках)* make prógress

успе́х succéss

успе́шный succéssful

успок|а́ивать, ~о́ить calm, soothe

уста́в chárter; státutes *(мн. ч.)*; regulátions *(мн. ч.) (воен.)*; ~ па́ртии Párty státutes *(мн.ч.)*

устава́ть be tired

уста́л|ость fatígue, wéariness; ~ый tired, wéary

устан|а́вливать, ~ови́ть 1) *(налаживать)* estáblish 2) *тех.* mount; ~о́вка 1) diréctions *(мн. ч.)*; дать ~о́вку recomménd a course of áction 2) *тех.* móunting

устаре́лый out of date, óbsolete

уста́ть *см.* устава́ть

у́стный óral

усто́йчивый stéady; stáble

устоя́ть *(против)* resíst, withstánd

устра́ива|ть arránge; órganize; ~ет ли э́то вас? does that suit you?

устран|е́ние remóval;

~и́ть, ~я́ть remóve; elíminate (уничтожить)

устраше́ни|е: сре́дство ~я detérrent

устро́ить *см.* устра́ивать

устро́йство arrángement; organizátion

уступ|а́ть, ~и́ть yield; give in

усту́пка concéssion; ~ в цене́ abátement

у́стье mouth, éstuary

усы́ moustáche *(ед.ч.)*; whískers *(у животных)*

усынов|и́ть, ~ля́ть adópt

усып|и́ть, ~ля́ть lull to sleep; put to sleep

утверди́тельный affírmative

утвер|ди́ть, ~жда́ть 1) affírm, maintáin 2) *юр.* rátify, confírm; ~жде́ние 1) affirmátion; státement 2) *юр.* ratificátion; confirmátion

утека́ть flow awáy

утёс rock, cliff

утеш|а́ть cómfort, consóle; ~е́ние cómfort, consolátion

уте́шить *см.* утеша́ть

утильсырьё scrap; réfuse

утиха́ть, ути́хнуть quíet down, calm *(успокаивать)*; abáte, subsíde *(о буре, боли)*; cease *(о шуме)*

у́тка duck

утол|и́ть, ~я́ть assuáge; quench, slake *(жажду)*; sátisfy *(голод)*

утом|и́тельный tíring; ~и́ть *см.* утомля́ть; ~ле́ние fatígue; ~я́ть tire, fatígue

утону́ть be drowned; sink *(о предмете)*

утончённый refíned; súbtle

утопа́ть 1) *см.* утону́ть 2): ~ в ро́скоши be rólling in lúxury; ~ в зе́лени be búried in vérdure

утопи́ть drown; sink *(предмет)*

утопи́ческий Utópian

уточн|и́ть, ~я́ть spécify; make *smth.* precíse

утра́та loss

у́тро mórning; ~м in the mórning

утю́г íron

уха́ fish soup

уха́живать 1) *(за больны́м)* nurse, look áfter 2) *(за же́нщиной)* court, make love ·(to)

ухвати́ться catch hold (of); *перен.* catch at

ухитр|и́ться, ~я́ться contríve, mánage

ухмы́лка grin

у́хо ear

ухо́д I depárture

ухо́д II *(забота)* care; núrsing *(за больны́м)*

уходи́ть go awáy, leave, depárt; retíre *(со слу́жбы)*

ухудш|а́ть make *smth.* worse; ~а́ться detériorate; ~е́ние change for the worse

уху́дшить(ся) *см.* ухудша́ть(ся)

уцеле́ть survíve

уценённый *(о това́рах)* cút-price

участвовать participate (in); take part (in)

участ|ие 1) participátion 2) *(сочувствие)* sýmpathy (for); ínterest; ~ник partíc-ipant; mémber *(член)*

участок 1) *(земли́)* plot 2) *(административный)* dís-trict 3) *воен.* séctor

ýчасть fate

учащийся púpil, schóolboy *(школьник)*; stúdent *(студе́нт)*

учёба stúdies *(мн. ч.)*

учебн|ик téxtbook, mánual; ~ый schóol(-); ~ый год schóol year

учéние 1) téachings *(мн. ч.)*, dóctrine *(философское и т. п.)* 2) *(учёба)* stúdies *(мн. ч.)*

учени́к púpil; discíple *(последователь)*

учёность léarning

учёный 1. *прил.* léarned 2. *сущ.* schólar; scíentist

учéсть *см.* учи́тывать

учёт calculátion; registrátion

учи́лище school

учи́тель téacher

учи́тывать take ínto accóunt

учи́ть 1) *(кого-л.)* teach 2) *(изучать)* learn; stúdy; ~ся learn; stúdy

учре|ди́ть, ~ждáть estáblish; found; set up; ~ждéние institútion; estáb-lishment

уши́б ínjury; bruise; ~áть-ся, ~и́ться hurt (onesélf)

ущéлье ravíne, cányon

ущéрб dámage, ínjury

ую́тный cósy, cómfortable

уязви́мый vúlnerable

уясн|и́ть, ~я́ть understánd

Ф

фábр|ика fáctory; mill, plant; ~и́чный fáctory; ~и́чная мárka trade mark

фáза phase

фáкел torch

факт fact; ~и́чески práctically, áctually; in fact *(в сущности)*; ~и́ческий áctual, real

фáктор fáctor

фактýра 1) strúcture 2) *эк.* ínvoice

факультéт fáculty, depárt-ment

фальсифици́ровать fálsify

фальши́вый false; forged *(подделанный)*

фами́лия fámily name, súrname

фамильярный uncerembóni-ous, famíliar

фанáт|ик fanátic; ~и́чный fanátical

фанéра plýwood

фантазёр dréamer

фантáзия 1) imaginátion 2) *(причуда)* whim, fáncy

фантáстика: наýчная ~ scíence fiction

фантасти́ческий fantástic

фáра *(автомобиля, паровоза)* héadlight

фармацевт pharmacéutist
фартук ápron
фарфор chína, pórcelain
фарш stúffing
фаршированный stúffed
фасад facáde, front
фасоль háricot (beans)
фасон style; cut *(покрой)*
фауна fáuna
фаш|изм fáscism; ~ист fáscist
фаянс póttery
февраль Fébruary
федеративный féderative
федерация federátion
фейерверк fíreworks *(мн. ч.)*
фельетон árticle
фен (háir-)drýer
феномен phenómenon
феодализм féudalism
ферзь queen
ферм|а farm; ~ер fármer
фестиваль féstival
фетровый felt
фехтование féncing
фехтовать fence
фиалка víolet
фигур|а fígure; ~ировать fígure (as), pass (for)
фигурист fígure-skáter
фигурн|ый: ~ое катание fígure skáting
физи|к phýsicist; ~ка phýsics
физио|лог physiólogist; ~логический physiológical; ~логия physiólogy
физический phýsical; ~ труд mánual lábour
физкультура phýsical cúlture; лечебная ~ médical gymnástics

фиктивный fictítious
филателист stamp colléctor
филе sírloin
филиал branch
филин éagle-owl
фило|лог philólogist; ~логический philológical; ~логия philólogy
фило|соф philósopher; ~софия philósophy; ~софский philosóphical
фильм film
фильтр fílter
финал finále; final *(спорт.)*
финанс|ировать finánce; ~овый fináncial
финансы finánces
финик date
финиш *спорт.* finish
финн Finn
финский Fínnish
фиолетовый víolet
фирма firm
фитиль wick
флаг flag; поднять ~ hoist a flag
флакон (scent) bóttle
фланг flank
флейта flute
флигель wing
флиртовать flirt
фломастер felt pen
флора flóra
флот fleet; военно-морской ~ Návy; воздушный ~ air force; морской ~ maríne; торговый ~ mércantile maríne

ФЛЮ

флюс *(опухоль)* swóllen cheek

фля́га, фля́жка flask

фойе́ fóyer, lóbby

фо́кус I *мед., физ.* fócus

фо́кус II *(трюк)* trick

фольга́ foil

фолькло́р fólklore

фон báckground

фона́рь lántern; у́личный ~ stréet lamp; карма́нный электри́ческий ~ flásh-light, eléctric torch

фонд fund

фоне́тика phonétics

фонта́н fóuntain

фо́рма 1) shape, form 2) *(одежда)* úniform

форма́льн|ость formálity; ~ый fórmal

форма́т size; formát

формирова́ть form

фо́рмула fórmula

формули́р|овать fórmulate; ~о́вка fórmula

форпо́ст óutpost

форси́ровать 1) *(ускоря́ть)* speed up 2) *воен.* force; ~ ре́ку force a cróssing

фортепиа́но piáno

фортифика́ция fortificátion

фо́рточка ventilátion pane

фо́рум fórum

фо́сфор phósphorus

фо́то phóto; ~аппара́т cámera

фото́|граф photógrapher; ~графи́ровать (take a) phótogfaph; ~гра́фия 1) photógraphy 2) *(снимок)* pícture 3) *(учреждение)*

ХАЛ

photógrapher's; ~ко́пия phótocopy

фрагме́нт frágment

фра́за phrase, séntence

фрак évening dress

фра́кция fráction

франт dándy

францу́з Frénchman; ~ский French

фрахт freight

фре́ска frésko

фронт front; ~ови́к frónt-line sóldier

фрукт fruit; ~о́вый fruit; ~о́вый сад órchard

фуже́р glass

фунда́мент foundátion; ~а́льный fundaméntal

функциони́ровать fúnction

фунт pound

фура́ж fódder

фура́жка sérvice cap

фурго́н van

furу́нкул boil

фут foot

футбо́л fóotball; sóccer; ~и́ст fóotball pláyer, fóotballer

футбо́лка T-shirt

футля́р case

фуфа́йка jérsey, swéater

фы́рк|ать, ~нуть snort; chúckle

фюзеля́ж fúselage

Х

ха́ки kháki

хала́т dréssing-gown *(домашний)*; báthrobe *(купаль-*

414

ный); óverall (рабочий); súrgical coat (врача)

халáтн|ость négligence; ~ый cáreless, négligent

халтýра háckwork

хандр|á depréssion; ~ить be depréssed

ханжá phárisee, hýpocrite, prig

xáoc cháos

хаóс разг. mess

харáктер cháracter; témper (человека); ~истика characterístic; cháracter (отзыв)

характéрный characterístic; týpical (типичный)

хвалúть praise; ~ся boast (of)

хваст|áть, ~áться boast (of); brag; ~овствó bóasting; ~ýн bóaster; brággart

хватáть I (схватывать) seize; catch hold (of), grasp

хватáть II безл. (быть достáточным) suffíce; be enóugh; хвáтит! that will do!; enóugh!

хватúть см. хватáть II

хвóйный coníferous

хворáть be ill

хвост tail

хвóя píne-needles (мн. ч.)

хúжина hut, cábin

хúлый síckly, áiling

хúм|ик chémist; ~ический chémical; ~ический карандáш indélible péncil

хúмия chémistry

химчúстка (химúческая

чúстка) 1) drý-cléaning 2) (мастерская) drý-cléaner's

хúна quiníne

хúппи híppie, híppy

хирýрг súrgeon; ~ический súrgical; ~ия súrgery

хúтр|ость cúnning; slýness; ~ый cúnning, sly; ártful (коварный)

хихúкать gíggle

хúщник beast of prey (о звере); bird of prey (о птице)

хладнокрóв|ие compósure, présence of mind; ~ный cool, compósed

хлам rúbbish, trash

хлеб 1) bread 2) (зерно) corn, grain

хлебозаготóвки grain colléction; corn stórage

хлебопечéние bread báking; óutput of bread

хлев cáttle shed; перен. pígsty

хлóп|ать, ~нуть bang, slam (каким-л. предмéтом); clap, slap, tap (рукой); flap (крыльями)

хлóпок cótton

хлопотáть 1) bústle; fuss 2) (о ком-л., о чём-л.) intercéde (for)

хлóпоты éfforts; pains

хлопчатобумáжный cótton

хлóпья (снега) flakes

хлы́нуть gush out

хлыст (hórse)whip

хмелéть get drunk

хмель бот. hop

хму́рить: ~ бро́ви knit one's brows; ~ся frown

хму́рый gloomy, sullen; dull *(о погоде)*

хны́кать whimper

хо́бби hobby

хо́бот trunk

ход 1) *(движение)* motion, speed; course *(дела, событий)* 2) *(проход)* passage; entrance, entry *(вход)* 3) *шахм.* move

ходи́ть go; walk *(пешком)*; ~ в чём-л. *(в какой-л. одежде)* go about (in)

ходьб|а́ walking; в 10 мину́тах ~ы́ от ста́нции ten minutes walk from the station

хозя́ин master; boss; owner, proprietor *(владелец)*; host *(по отношению к гостям)*

хозя́й|ничать manage everything; be the boss; ~ственный 1) *(экономический)* economic 2) *(расчётливый)* practical, thrifty; ~ство economy; дома́шнее ~ство housekeeping; фе́рмерское ~ство farm

хоккей (ice) hockey

холе́ра *мед.* cholera

холм hill; ~и́стый hilly

хо́лод cold; ~á cold weather *(ед. ч.)*

холоди́льник refrigerator; fridge

хо́лодно 1. *безл.* it is cold 2. *нареч.* coldly

холо́дный cold

холост|о́й unmarried; ~ за-

ря́д blank cartridge; ~я́к bachelor

холст canvas

хор chorus

хорони́ть bury

хоро́шенький pretty

хороше́ть improve in looks

хоро́ший good

хорошо́ well; quite well *(о здоровье)*; ~! all right!, very well! *(ладно)*

хот|е́ть want; я ~е́л бы I would like

хоть, хотя́ (al)though; ~ бы if only

хо́хот laughter; burst of laughter; ~а́ть laugh; roar with laughter

храбр|ость courage; ~ый brave, courageous

храм temple

хран|е́ние storage *(товара)*; сдать ве́щи на ~ register one's luggage; check one's baggage *(амер.)*; ~и́ть keep

храпе́ть snore

хребе́т 1) *(спинной)* spine 2) *(горный)* mountain range

хрен horse-radish

хрестома́тия reader

хрип wheeze, wheezing

хрипе́ть be hoarse

хрип|лый hoarse; ~ота́ hoarseness

христи|ани́н Christian; ~а́нский Christian; ~а́нство Christianity

хром|а́ть limp; ~о́й 1. *прил.* lame 2. *сущ.* lame man

хро́ника current events; newsreel, news film *(кино)*

хрони́ческий chrónic
хронологи́ческий chrono-lógical
хру́пкий frail, frágile; brі́ttle *(ломкий)*
хруста́ль, ~ный cútglass, crу́stal
хрусте́ть, хру́стнуть crunch; cráckle
хрю́кать grunt
хрящ cártilage
худе́ть grow thin; lose weight
худ|о: нет ~а без добра́ ≈ évery cloud has a sílver lіning
худо́жественный artі́stic
худо́жник ártist
худо́й I thin, lean
худо́й II *(плохой)* bad; на ~ коне́ц if the worst comes to the worst
ху́дший worse; the worst
ху́же worse
хулига́н hóoligan, rúffian
ху́тор fárm(stead)

Ц

ца́пля héron
цара́п|ать scratch; ~ина scratch; ~нуть *см.* цара́пать
цари́ть reign
ца́рский tsárist
ца́рство kіngdom; ~вать reign, rule
царь tsar

цвести́ flówer
цвет *(окраска)* cólour
цвете́ние *бот.* flówering, floréscence
цветн|о́й cóloured; ~ фильм cólour film; ~а́я фотогра́фия cólour photógraphy ◇ ~а́я капу́ста cáuliflower
цвето́к flówer; blóssom *(на кустах, деревьях)*
цвету́щий flówering; *перен.* flóurishing
целе́бн|ый cúrative; medі́cinal; ~ые тра́вы medі́cinal herbs
целе|сообра́зный réasonable; expédient; ~устремлённый detérmined, púrposeful
целико́м whólly, entі́rely, complétely
цели́н|а́ vі́rgin soil, fállow; ~ный: ~ные зе́мли vі́rgin land *(ед. ч.)*
це́лить, ~ся aim (at)
целлофа́н céllophane
целова́ть kiss *smb.;* ~ся kiss
це́л|ое the whole; ~ость: в ~ости и сохра́нности intáct; safe and sound; ~ый: 1) whole; ~ый день all day 2) *(нетронутый)* intáct, safe
цель 1) aim, púrpose; goal, óbject 2) *(мишень)* tárget
цеме́нт cemént
цена́ prі́ce, cost
ценз qualificátion; right
цензу́ра cénsorship

417

ценитель judge, connoisséur

ценить válue, appréciate; éstimate *(оценивать)*

ценн|ость válue; ~ый váluable; ~ое письмó régistered létter with státement of válue

цéнтнер métric céntner *(100 кг)*; húndredweight *(в Англии = 50,8 кг, в США = 45,3 кг)*

центр céntre

центрáльный céntral

цéпкий tenácious

цепляться cling to; catch on *(зацепиться)*

цепь chain

церемóн|иться stand (up) on céremony; ~ия céremony; ~ный ceremónious

цéрковь church

цех shop; ~овóй shop(-)

цивилизáция civilizátion

цикл cýcle

циклóн cýclone

цилиндр 1) *тех.* cýlinder 2) *(шляпа)* top hat

цинИчный cýnical

цинк zinc

цирк círcus

циркуль cómpasses *(мн. ч.)*

цистéрна tank

цит|áта quotátion; ~ировать quote, cite

циферблáт díal; face *(у часов)*

цифра fígure

цыгáн, ~ский Gípsy

цыплёнок chícken; chick, poult

цыпочк|и: на ~ax on típtoe

Ч

чад smell of cóoking; fumes *(мн.ч.)* *(угар)*; быть как в ~ý be dazed

чаевые tip *(ед.ч.)*

чай tea

чáйка (séa)gull

чáйник *(для заварки чая)* téapot; *(для кипячения)* kéttle

чан vat, tub

чародéй magícian; enchánter

чáры charms

час 1) *(60 минут)* hour 2) *(при обознач. времени)*: шесть ~óв six o'clóck; котóрый ~? what's the time? ◇ в дóбрый ~! good luck!

часовóй I *сущ. воен.* séntinel; séntry

часовóй II *прил. (относящийся к часам)* watch(-), clock(-)

часовщИк wátchmaker

частИца párticle

частИчно pártly, in part

чáстник *разг.* prívate tráder

чáстнос|ть: в ~ти in particular

чáстный 1) prívate; ~ая сóбственность prívate próperty 2): ~ слýчай spécial

case; an excéption *(исключе-
ние)*

ча́ст|о óften; ~ый fréquent

часть part; share *(доля)*; бо́льшей ~ю móstly, for the most part

часы́ clock; watch *(кар-
манные, ручные)*

ча́х|лый síckly; stúnted *(о растительности)*; ~нуть fade awáy; wíther *(о расте-
ниях)*

чахо́тка consúmption

ча́шка cup

ча́ща thícket

ча́ще more óften; ~ всего́ móstly

ча́яния expectátions, hopes

чва́нство pompósity, snóbbishness

чего́ what

чей whose

чек cheque; check *(амер.)*

чека́нить mint, coin

челове́|к pérson, man; húman being; он хоро́ший ~ he is a good man; она́ плохо́й ~ she is a bad wóman; он не тако́й ~ he's not such a pérson; ~ческий húman; ~че-
ство humánity; mankínd

челове́чн|ость humánity; ~ый humáne

че́люсть jaw

чем I *(тв. п. от что I)* what

чем II *союз* than

чемода́н súitcase, bag

чемпио́н chámpion; ~ по ша́хматам chess chámpion

чемпиона́т chámpionship

чему́ (to) what

чепуха́ nónsense

че́рвы *карт.* hearts

черв|ь, ~я́к worm

чердáк gárret; áttic

чередова́ться álternate, interchánge

че́рез 1) acróss; óver; through *(сквозь)*; ~ окно́ through the wíndow 2) *(о времени)* in; ~ два часá in two hours

черёмуха bird chérry

че́реп skull

черепа́ха tórtoise, túrtle *(морская)*

черепи́ца tile

чересчу́р too much

чере́шня 1) chérry 2) *(дерево)* chérry-tree

чернéть 1) *(вдали)* show black; loom 2) turn black, blácken

черни́ка bílberry

черни́ла ink

черновѝк rough cópy

чернозём chérnozem, black earth

чернорабо́чий unskílled wórker

черносли́в *собир.* prunes *(мн. ч.)*

чёрный black; ~ хлеб black (brown) bread

че́рпать draw

черствéть get stale

чёрствый stale; *перен.* cállous

чёрт dévil

черт|á 1) *(линия)* line 2) *(особенность)* féature; traite

(характера); ~ы лицá féatures

чертёж draught, draft, díagram; ~ник dráughtsman

чертúть draw

черчéние dráughting, dráwing

чесáть scratch; ~ся itch *(о чём-л.)*; scratch onesélf *(о ком-л.)*

чеснóк gárlic

чéствов|ание celebrátion; ~ать célebrate

чéстн|ость hónesty; ~ый hónest; ~ое слóво word of hónour

чéсто|любúвый ambítious; ~лю́бие ambítion

честь hónour

четвéрг Thúrsday

четверéньк|и: на ~ах on all fours

чéтверо four

четвёртый fourth

чéтверть quárter

чёткий clear, precíse; légible *(о почерке)*

чётный éven

четы́р|е four; ~еста four húndred; ~надцатый fourtéenth; ~надцать fourtéen

чех Czech

чехóл case; slíp-cover *(для мебели и т. п.)*

чéшский Czech

чешуя́ scales *(мн. ч.)*

чин rank, grade

чинúть I mend, repáir

чинúть II *(причинять)* cause

чинóвник official

числ́енность númber

числúтельное *грам.* númeral

числó 1) númber 2) *(дата)* date

чúстильщик cléaner; ~ сапóг bóotblack

чúст|ить 1) clean; brush *(щёткой)* 2) *(овощи, фрукты)* peel; ~ка cléaning

чистокрóвный thóroughbred

чистосердéчный sincére, frank, cándid

чистотá cléanliness, néatness; *перен.* púrity

чúст|ый 1) clean 2) *(без примеси)* pure *(тж. перен.)*; ~ая прúбыль clear prófit, net prófit

читáль|ный зал, ~ня réading room

читáтель réader

читáть read; ~ лéкции give léctures; lécture

чихáть, чихну́ть sneeze

член 1) mémber 2) *грам.* árticle; ~ский mémber's, mémbership; ~ство mémbership

чóпорн|ость stíffness, prímness; ~ый stiff, prim

чрезвычáйный extraórdinary

чтéние réading

что I *мест.* what; ~ э́то такóе? what's that?

что II *союз* that; я так рад, ~ вы пришлú I'm so glad (that) you came

что III *нареч.* *(почему)*

why; ~ он молчи́т? why is he silent?

чтóбы in órder to

чтó-либо, чтó-нибудь sómething; ánything *(при вопрóсе)*

чтó-то 1. *мест.* sómething 2. *нареч.* sómehow

чувстви́тельн|ость sénsitiveness; ~ый sénsitive, sentiméntal; percéptible *(заметный)*

чýвство sense; féeling *(ощущéние);* ~вать feel

чугýн cast íron

чудáк crank, eccéntric

чудéсный wónderful, márvellous; *разг.* lóvely

чуднóй strange, queer

чýдный márvellous

чýдо míracle

чудóвище mónster

чуждáться avóid, keep awáy (from)

чýждый álien (to)

чуж|óй 1) *(принадлежащий другúм)* sómebody élse's; ~и́е дéньги óther people's móney 2) *(посторóнний)* strange

чулóк stócking

чумá plague

чýтк|ий sénsitive; keen *(о слýхе);* délicate, táctful *(деликáтный);* ~ость délicacy, tact

чýточку just a bit

чуть scárcely; ~ ли не álmost, all but

чутьё ínstinct, flair; scent *(у живóтных)*

чýчело 1) stuffed (ánimal) *(живóтного);* stuffed (bird) *(птицы)* 2) *(пугáло)* scárecrow

чушь nónsense, rúbbish

чýять smell; *перен.* feel

чьё, чья whose

Ш

шаблóн mould, páttern; sténcil *(для рисýнка)*

шаг step; ~и́ fóotsteps; ~áть stride, pace

шáгом at a walk

шáйка gang

шалáш tent (of branches)

шали́ть *(о дéтях)* be náughty; romp *(резви́ться)*

шал|ость prank; ~ýн míschievous boy

шаль shawl

шампýнь shampóo

шанс chance; имéть все ~ы на успéх stand to win

шантáж bláckmail

шáпка cap

шар sphere; ball; воздýшный ~ ballóon

шарф scarf, múffler

шасси́ úndercarriage

шатáться 1) *(о гвоздé, зубé)* get loose 2) *(качáться)* reel, stágger 3) *разг. (слоняться)* loaf abóut

шатéн brówn-háired

шáткий unstéady; sháky

шахмати́ст chéss-player

шáхматы chess *(ед. ч.)*

ша́хт|а mine; pit; ~ёр míner

ша́шки *(игра)* draughts; chéckers *(амер.)*

швед Swede; ~ский Swédish

швейн|ый: ~ая маши́на séwing machíne

швейца́р pórter; dóor--keeper

швейца́рец Swiss

швейца́рский Swiss

швыр|ну́ть, ~я́ть throw, fling, hurl

шевели́ть, ~ся move, stir

шевельну́ть(ся) *см.* шевели́ть(ся)

шеде́вр másterpiece

шелесте́ть rústle

шёлк, ~овый silk

шелуха́ husk; péelings *(мн. ч.) (картофельная)*

шепеля́вить lisp

шепну́ть *см.* шепта́ть

шёпот whísper; ~ом in a whísper, únder one's breath

шепта́ть, ~ся whísper

шере́нга rank

шерст|ь wool; ~яно́й wóolen

шерша́вый rough

шест pole

шестна́дца|тый sixtéenth; ~ть sixtéen

шесто́й sixth

шесть six; ~деся́т síxty; ~со́т six húndred

шеф chief; ~ство pátronage

ше́я neck

ши́ло awl

ши́на tyre, tire

шине́ль óvercoat, gréatcoat

шип thorn

шипе́|ние híss(ing); ~ть hiss

шипо́вник wild rose, dógrose

ширина́ width, breadth

ши́рма screen

шир|о́кий broad; wide; ~око́ wide, wídely

широкоэкра́нный: ~ фильм wide screen

широта́ 1) breadth 2) *геогр.* látitude

шить sew

шифр code, cípher

ши́шка 1) lump; bump *(от ушиба)* 2) *бот.* cone

шкала́ scale

шкату́лка box, cásket

шкаф cúpboad; платяно́й ~ wárdrobe; кни́жный ~ bóokcase; несгора́емый ~ safe

шко́ла school

шко́льн|ик schóolboy; ~ый school(-)

шку́ра hide, skin

шланг hose

шлем hélmet

шлифова́ть pólish

шлюз lock, sluice

шлю́пка boat

шля́па hat

шнур cord; ~ова́ть lace up; ~о́к lace; ~о́к для боти́нок shóe-lace; shóe-string

шов seam

шок shock; ~и́ровать shock

шокола́д, ~ный chócolate

шо́рох rústle

шо́рты shorts

шоссе́ híghway

ШОТ

шотла́ндец Scot, Scótsman
шотла́ндский Scóttish
шофёр dríver
шпа́га sword
шпага́т twine, string
шпарга́лка *разг.* crib
шпи́лька háirpin
шпио́н spy; ~а́ж éspionage; ~ить spy
шприц sýringe; однора́зовый ~ síngle-use sýringe
шпро́ты sprats in oil
шрам scar
шрифт type, print
штаб staff, headquárters; генера́льный ~ Géneral Staff
штамп stamp
штаны́ tróusers
штат I state
штат II *(служащие)* staff, personnél
штéпсель switch, plug
штóп|ать darn; ~ка 1) dárning 2) *(нитки)* dárning cótton; dárning thread
штóпор 1) córkscrew 2) *ав.* spin
штóра blind
шторм storm
штраф fine; ~ова́ть fine
штрих stroke, touch
шту́ка 1) piece; пять штук яйц five eggs 2) *разг. (вещь)* thing, trick
штукату́рка pláster
штурм attáck, storm
шту́рман *мор., ав.* návigator
штурмова́ть storm, assáult

ЩИТ Щ

штык báyonet
шу́ба fur coat
шум noise
шумéть make a noise; be nóisy
шу́мный nóisy
шуршáть rústle
шути́ть joke
шу́т|ка joke; ~ли́вый jócular; playful; ~очный facétious, cómic
шушу́каться whísper

Щ

щавéль sórrel
щади́ть spare
щéдр|ость generósity; ~ый génerous; open-hánded
щекá cheek
щекотáть tíckle
щёлк|ать, ~нуть click; crack
щель chink, split
щенóк púppy
щепети́льный scrúpulous
щéпка chip
щети́на brístle
щётка brush; broom *(половая)*
щи cábbage-soup
щип|áть 1) pinch 2) *(траву)* níbble, crop, browse; ~нуть *см.* щипáть 1)
щипцы́ 1) tongs; nútcrackers *(для орехов)* 2) *тех.* píncers
щит 1) shield 2) *эл.* switchboard

щитови́дная железа́ *анат.* thýroid gland

щу́ка pike

щу́пать feel; touch; ~ пульс feel the pulse

щу́рить: ~ глаза́ screw up one's eyes; ~ся blink

Э

эваку|а́ция evacuátion; ~и́ровать evácuate

ЭВМ compúter

эволю́ция evolútion

эго|и́зм sélfishness, égoism; ~и́ст égoist; ~исти́чный sélfish

эй! hi!

эква́тор equátor

эквивале́нт equívalent

экза́мен examinátion; вы́держать ~ pass an examinátion; ~ова́ть exámine

экземпля́р сópy; spécimen *(образец)*

экзоти́ческий exótic

экипа́ж 1) véhicle; cárriage 2) *(команда)* crew

эколо́гия ecólogy

эконо́мика ecónómics

эконо́м|ить ecónomize; ~ия ecónomy; ~ный ecónómical

экра́н screen

экску́рсия excúrsion, trip

экскурсово́д guide

экспа́нсия expánsion

экспеди́ция 1) expedítion

2) *(в учреждении)* dispátch óffice

экспериме́нт expériment

экспе́рт éxpert

эксплуат|а́ция exploitátion; ~и́ровать explóit

экспона́т exhíbit

э́кспорт éxport(s); ~и́ровать expórt; ~ный éxport, for éxport

экспре́сс *ж.-д.* expréss (train)

экстравага́нтный eccéntric

экстрасе́нс héaler

экстрема́льный extréme

экстреми́ст extrémist

э́кстренный spécial; ~ вы́пуск spécial edítion

эласти́чный elástic

элева́тор élevator

элега́нтный élegant

электр|ифика́ция electrificátion; ~и́ческий eléctric(al); ~и́чество electrícity

электри́чка *разг.* (eléctric) train

электробытов|о́й: ~ые прибо́ры eléctrical applíances

электрокардиогра́мма eléctric cárdiogram

электро́н *физ.* eléctron

электро́нно-вычисли́тельн|ый: ~ая маши́на (ЭВМ) compúter

электроста́нция pówer státion

электроте́хник electrícian

элеме́нт élement; ~а́рный eleméntary

эма́ль enámel

эмалиро́ванн|ый: ~ая по-
су́да ená́melware
эмансипа́ция emancipá́tion
эмба́рго embá́rgo
эмбле́ма é́mblem
эмигра́нт é́migrant; emigré́
эмигра́ция emigrá́tion
эмигри́ровать é́migrate
эмоциона́льный emó́tional
эму́льсия emú́lsion
энерги́чный energé́tic
эне́ргия é́nergy
энтузиа́зм enthú́siasm
энциклопе́дия encyclo-
pá́edia
эпиде́мия epidé́mic
эпизо́д é́pisode; í́ncident
эпило́г epiló́gue
эпице́нтр é́picentre
эпо́ха é́poch
э́ра é́ra
эруди́ция erudí́tion,
lé́arning
эска́др|а мор. squá́dron;
~и́лья ав. flý́ing squá́dron
эскала́тор é́scalator, mó́ving
stá́ircase
эски́з sketch
эстафе́та relá́y (-race)
эсте́тика aesthé́tics
эсто́н|ец, ~ский Estó́nian
эстра́д|а 1) stage, plá́tform
2) (вид искусства) varí́ety
show
э́та this, that
эта́ж floor, stó́rey; пе́рвый
~ ground floor; второ́й ~ first
floor
этало́н stá́ndard
эта́п stage

э́ти these, those
э́тика é́thics
этике́тка lá́bel
этни́ческий é́thnic
э́то this, that
э́тот this, that
этю́д 1) лит., иск. stú́dy;
sketch 2) муз. stú́dy, etú́de
эфи́р é́ther
эффе́кт effé́ct; ~и́вность
é́fficacy; ~и́вный effé́ctive;
~ный effé́ctive, strí́king;
shó́wy
э́хо é́cho
эшело́н é́chelon; train

Ю

юбиле́й jú́bilee; ~ный
jú́bilee
ю́бка skirt
ювели́р jé́weller
юг south
юго-восто́к south-é́ast
юго-за́пад south-wé́st
ю́жный south, só́uthern
ю́мор hú́mour; ~исти́че-
ский hú́morous, có́mic
ю́ность youth
ю́нош|а youth, lad; ~ес-
кий yó́uth (ful); ~ество youth,
young pé́ople
ю́ный young, yó́uthful
юриди́ческ|ий lé́gal; ~ая
консульта́ция lé́gal adví́ce
юри́ст lá́wyer
ю́ркий brisk, ní́mble
юсти́ция jú́stice

ютиться find shélter; be cooped up *(в тесноте)*

Я

я *мест.* I

я́бло|ко ápple; глазно́е ~ éyeball; ~ня ápple-tree; ~чный ápple

яви́ться *см.* явля́ться

я́вка appéarance; présence

явл|е́ние 1) appéarance; phenómenon 2) *театр.* scene; ~я́ться 1) appéar 2) *(быть кем-л.)* be

я́вный évident, óbvious; ~ вздор dównright (sheer) nónsense

я́гнёнок lamb

я́года bérry

я́годица *анат.* búttock

яд póison; ~ови́тый póisonous; vénomous

я́дерн|ый núclear; ~ая война́ núclear war; ~ые держа́вы núclear pówers

ядро́ 1) kérnel 2) *физ.* núcleus

я́зва úlcer

язви́тельный cáustic, bíting

язы́к 1) tongue 2) *(речь)* lánguage

языкозна́ние linguístics

язы́ческий págan, héathen

яи́чница ómelet(te);

scrambled eggs *(мн. ч.) (болтунья);* fríed eggs *(мн.ч.) (глазунья)*

яйцо́ egg

я́кобы as if, as though; suppósedly

я́корь ánchor

я́ма pit; помо́йная ~ dústheap

я́мочка *(на щеке)* dímple

янва́рь Jánuary

янта́рь ámber

япо́нец Japanése

япо́нский Japanése

я́ркий bright

ярлы́к lábel

я́рмарка fair

яров|о́й spring; ~ы́е хлеба́ spring corn

я́рос|тный fúrious; ~ть rage, fúry

я́рус *театр.* círcle; tier

я́сли 1) *(детские)* crèche; núrsery (school) 2) *(для скота)* mánger

я́сн|о clear; ~ый clear; distínct

я́стреб hawk

я́хта yacht

яхтсме́н yáchtsman

ячейка cell

ячме́нь I *(растение)* bárley

ячме́нь II *(на глазу)* sty

я́шма jásper

я́щерица lízard

я́щик 1) box 2) *(выдвижной)* dráwer

СПИСОК ГЕОГРАФИЧЕСКИХ НАЗВАНИЙ
GEOGRAPHICAL NAMES

Австра́лия Austrália
А́встрия Áustria
Адди́с-Абе́ба Ádis Ábaba
Азербайджа́н Azerbaiján
А́зия Ásia
Азо́вское мо́ре Sea of Azóv
Алба́ния Albánia
Алжи́р 1) Algéria 2) *(го-
род)* Algíers
Алма́-Ата́ Álma-Atá
Алта́й Altái
А́льпы the Alps
Аме́рика América
Амударья́ Amú Daryá
Аму́р Amúr
Ангара́ Angará
А́нглия Éngland
Анго́ла Angóla
Анкара́ Ánkara
Антаркти́да the Antárctic
Cóntinent
Анта́рктика the Antárctic
Ара́льское мо́ре Arál Sea
Аргенти́на Argentína
А́рктика Árctic
Арме́ния Arménia
Арха́нгельск Arkhángelsk
Атланти́ческий океа́н the
Atlántic Ócean
Афганиста́н Afghánistan
Афи́ны Áthens
А́фрика África
Ашхаба́д Ashkhabád

Багда́д Bág(h)dad
Байка́л Baikál
Баку́ Bakú
Балка́ны Bálkans
Балти́йское мо́ре Bálti(
Sea
Бангладе́ш Bangladésh(i)
Ба́ренцево мо́ре Báren\
Sea
Бату́ми Batúmi
Бахре́йн Bahráin
Белгра́д Belgráde
Бе́лое мо́ре White Sea
Белору́ссия Byelorússia
Бе́льгия Bélgium
Бени́н Benín
Бе́рингово мо́ре Béring
Sea
Берли́н Berlín
Берн Bern(e)
Бишке́к Bishkék
Болга́рия Bulgária
Боли́вия Bolívia
Бонн Bonn
Ботни́ческий зали́в Gulf
of Bóthnia
Ботсва́на Botswána
Браззави́ль Brázzaville
Брази́лиа *(город)* Brasília
Брази́лия *(страна)* Brazíl
Брюссе́ль Brússels
Будапе́шт Búdapest

427

Буркина́ Фасо́ Burkiná Fasó
Бухаре́ст Búcharest

Варша́ва Wársaw
Ватика́н Vátican
Вашингто́н Wáshington
Великобрита́ния Great Brítain
Ве́на Viénna
Ве́нгрия Húngary
Венесу́эла Venezuéla
Ви́льнюс Vílnius
Владивосто́к Vladivostók
Во́лга the Vólga
Волгогра́д Vólgograd
Вьетна́м Vietnám

Гаа́га the Hague
Габо́н Gabón
Гава́на Gavána
Гаи́ти Haíti
Гайа́на Guyána
Га́мбия Gámbia
Га́на Ghána
Гватема́ла Guatemála
Гвине́я Guínea
Гвине́я-Бисау Guínea-Bissáu
Герма́ния Gérmany
Гибралта́р Gibráltar
Гимала́и Himaláya(s)
Голла́ндия Hólland
Гондура́с Hondúras
Гонко́нг Hong Kóng
Гренла́ндия Gréenland
Гре́ция Greece
Гру́зия Géorgia

Дама́ск Damáscus
Да́ния Dénmark
Де́ли Délhi
Днепр the Dníeper

Доминика́нская Респу́блика Domínican Repúblic
Дон the Don
Ду́блин Dúblin
Дуна́й Dánube
Душанбе́ Dyushánbe

Евро́па Éurope
Еги́пет Égypt
Енисе́й the Eniséi
Ерева́н Yereván

Жене́ва Genéva

Заир Zaire
За́мбия Zámbia
Зимба́бве Zimbábwe

Иерусали́м Jerúsalem
Изра́иль Ìsrael
Инди́йский океа́н the Ìndian Ócean
Йндия Ìndia
Индоне́зия Indonésia
Иорда́ния Jórdan
Ира́к Iráq
Ира́н Irán
Ирла́ндия Ìreland
Исла́ндия Ìceland
Испа́ния Spain
Ита́лия Ìtaly

Йе́мен Yémen

Ка́бо-Ве́рде Cábo Vérde
Кабу́л Kábul
Кавка́з the Cáucasus
Казахста́н Kazakhstán
Каи́р Cáiro
Ка́ма the Káma
Камбо́джа Cambódia
Камеру́н Cámeroon
Камча́тка Kamchátka

428

Кана́да Cánada
Ка́нберра Cánberra
Карпа́ты the Carpáthians
Ка́рское мо́ре Kára Sea
Каспи́йское мо́ре Cáspian Sea
Ке́ния Kénya
Ки́ев Kíev
Кинша́са Kinshása
Кита́й Chína
Кишинёв Kishinév
Колу́мбия Colómbia
Ко́нго Cóngo
Копенга́ген Copenhágen
Коре́я Koréa
Ко́ста-Ри́ка Cósta Ríca
Кот-д'Ивуа́р Côte d'Ivoíre
Крым the Criméa
Ку́ба Cúba
Куве́йт Kuwáit
Кури́льские о-ва Kuríl íslands; the Kuríls
Кыргызста́н Kirghistán

Ла́дожское о́зеро Lake Ládoga
Ла-Ма́нш Énglish Chánnel
Лао́с Láos
Ла́птевых мо́ре Láptev Sea
Ла́твия Látvia
Лати́нская Аме́рика Látin América
Ле́на the Léna
Лесо́то Lesóto
Либе́рия Libéria
Лива́н Lébanon
Ли́вия Líbya
Лис(с)або́н Lísbon
Литва́ Lithuánia
Лихтенште́йн Líechtenstein
Ло́ндон Lóndon

Львов Lvov
Люксембу́рг Lúxemburg

Маври́кий Maurítius
Маврита́ния Mauritánia
Мадагаска́р Madagáskar
Мадри́д Mádrid
Мала́ви Maláwi
Мала́йзия Maláysia
Мали́ Máli
Мальди́вы the Máldives
Ма́льта Málta
Маро́кко Morócco
Ме́ксика México
Минск Minsk
Мозамби́к Mozambíque
Молдо́ва Moldóva
Мона́ко Mónaco
Монго́лия Mongólia
Москва́ Móscow
Му́рманск Murmánsk
Мья́нма Myánma

Ками́бия Namíbia
Нева́ the Néva
Непа́л Nepál
Ни́гер Níger
Ниге́рия Nigéria
Нидерла́нды Nétherlands
Никара́гуа Nicarágua
Нил Nile
Новосиби́рск Novosibírsk
Норве́гия Nórway
Нью-Йо́рк New York

Объединённые Ара́бские Эмира́ты United Árab Emirates
Обь the Ob
Оде́сса Odéssa
Ока́ the Oká

Онёжское озеро Lake Onéga

Осло Óslo

Оттáва Óttawa

Охóтское мóре Sea of Okhótsk

Пакистáн Pakistán

Палестúна Pálestine

Памúр the Pamírs *(мн. ч.)*

Панáма Panamá

Парагвáй Páraguay

Парúж Páris

Пекúн Pekíng

Персúдский залúв Pérsian Gulf

Пéру Perú

Пиренéи the Pyrenées

Пóльша Póland

Португáлия Pórtugal

Прáга Prague

Претóрия Pretória

Пхеньáн Pyóngyáng

Рéйкьявик Réykjavik

Рейн Rhine

Рúга Ríga

Рим Rome

Россúя Rússia

Румы́ния R(o)umánia

Сальвадóр El Sálvador

Санкт-Петербýрг Saint Pétersburg

Сантьяго Santiágo

Саýдовская Арáвия Sáudi Arábia

Сахалúн Sakhalín

Сахáра Sahára

Свáзиленд Swazíland

Севастóполь Sevastópol

Сéверный Ледовúтый океáн the Árctic Ócean

Сенегáл Senegál

Сеýл Seóul

Сибúрь Sibéria

Сингапýр Singapóre

Сúрия Sýria

Скандинáвский полуóстров Scandinávian Península

Соединённое Королéвство Великобритáнии и Сéверной Ирлáндии United Kíngdom of Great Brítain and Nórthen Íreland

Соединённые Штáты Амéрики (США) United States of América (USA)

Сомалú Somália

Софúя Sófia

Средизéмное мóре Mediterránean (Sea)

Стамбýл Istanbúl

Стокгóльм Stóckholm

Судáн the Sudán

Сырдарья́ the Syr Daryá

Сьéрра-Леóне Siérra Leóne

Таджикистáн Tadjikistán

Таилáнд Tháiland

Тайвáнь Taiwán

Тáллинн Tállinn

Танзáния Tanzanía

Ташкéнт Tashként

Тбилúси Tbilísi

Тегерáн Teh(e)rán

Тель-Авúв Tel Avív

Тéмза Thames

Тибéт Tibét

Тирáна Tiránа

Тúхий океáн the Pacífic Ócean

Тóго Tógo

Тóкио Tókyo

Тунúс Tunísia

430

Туркмениста́н Turkme-
nistán
Ту́рция Túrkey
Тянь-Ша́нь Tíen Shán

Уга́нда Ugánda
Узбекиста́н Uzbekistán
Украи́на Ukráine
Ула́н-Ба́тор Ulán Bátor
Ура́л Úral
Уругва́й Úruguay

Филиппи́ны Phílippines
Финля́ндия Fínland
Фи́нский зали́в Gulf of
Fínland
Фра́нция France

Хано́й Hanói
Хе́льсинки Hélsinki
Хироси́ма Hiróshima

Чад Chad
Чёрное мо́ре Black Sea
Чехослова́кия Czécho-
slovákia

Чика́го Chicágo
Чи́ли Chíle

Швейца́рия Switzerland
Шве́ция Swéden
Шотла́ндия Scótland
Шри-Ла́нка Sri Lánka

Эвере́ст Éverest
Эквадо́р Ecuadór
Экваториа́льная Гвине́я
Equatórial Guínea
Эсто́ния Estónia
Эфио́пия Ethiópia

Югосла́вия Yugoslávia
Ю́жная Аме́рика South
América
Ю́жно-Африка́нская Ре-
спу́блика Repúblic of South
África
Яма́йка Jamáica
Япо́ния Japán
Япо́нское мо́ре Sea of
Japán

ТАБЛИЦЫ ПЕРЕВОДА АНГЛО-АМЕРИКАНСКИХ ЕДИНИЦ ИЗМЕРЕНИЙ В МЕТРИЧЕСКУЮ СИСТЕМУ
WEIGHTS AND MEASURES

Линейные меры
1 mile (ml) миля = 1,760 yards = 5,280 feet = 1.609 kilometres

1 yard (yd) ярд = 3 feet = 91.44 centimetres

1 foot (ft) фут = 12 inches = 30.48 centimetres

1 inch (in.) дюйм = 2.54 centimetres

Меры веса (Avoirdupois Measure)
1 hundredweight (cwt) (gross, long) хандредвейт (большой, длинный) = 112 pounds = 50.8 kilogram(me)s

1 hundredweight (cwt) (net, short) хандредвейт (малый, короткий) = 100 pounds = 45.36 kilogram(me)s

1 stone стоун = 14 pounds = 6.35 kilogram(me)s

1 pound (lb) фунт = 16 ounces = 453.59 gram(me)s

1 ounce (oz) унция = 28.35 gram(me)s

1 grain гран = 64.8 milligram(me)s

Меры жидкостей
1 barrel (bbl) баррель = 31-42 gallons = 140.6-190.9 litres

1 barrel (for liquids) 1) British = 36 Imperial gallons = 163.6 litres; 2) U.S. = 31.5 gallons = 119.2 litres

1 barrel (for crude oil) 1) British = 34.97 gallons = 158.988 litres; 2) U.S. = 42.2 gallons = 138.97 litres

1 gallon (gal) галлон 1) British Imperial = 8 pints = 4.546 litres; 2) U.S. = 0.833 British gallon = 3.785 litres

1 pint (pt) пинта 1) British = 0.57 litre; 2) U.S. = 0.47 litre

Соотношение температурной шкалы Фаренгейта и Цельсия
TEMPERATURE CONVERSION

	шкала Фаренгейта	шкала Цельсия
Точка кипения	212°	100°
	194°	90°
	176°	80°
	158°	70°
	140°	60°
	122°	50°
	104°	40°
	86°	30°
	68°	20°
	50°	10°
Точка замерзания	32°	0°
	14°	-10°
	0°	-17,8°
Температура абсолютного нуля	-459,67°	-273,5°

При переводе из шкалы Фаренгейта в шкалу Цельсия из исходной цифры вычитают 32 и умножают на 5/9.

При переводе из шкалы Цельсия в шкалу Фаренгейта исходную цифру умножают на 9/5 и прибавляют 32.

DICTIONARY STAFF

Managing Editor
L. P. Popova

Editors
L. K. Genina
N. A. Otsup
I. I. Samoylenko
S. M. Shkunayeva
L. B. Chaykina
L. S. Robaten

Art Director
N. I. Terekhov

Camera-ready copy produced by S. B. Barsovoy
with Microsoft WORD®

Production Editor
E. S. Sobolevskaya

Proofreader
G. N. Kuzmina